번역·주해 **김성언**

학교 대학원을 졸업하고
에서 박사학위를 받았다.
대학교, 한신대학교에서
관련 과목을 가르쳤다.
지금은 교수와 연세대학교 객원교수로 있으며,
구약성서와 이스라엘 관련 과목을 가르치고 있다.
저서로 해외에서 출간될
Polemical and Intertextual Reading of the Scroll of Esther
(논쟁과 상호텍스트성으로 읽는 에스더)를 집필 중이며,
역서로 『스탠리 마틴 의료선교사 편지 1916-1941』가 있다.
주요 논문으로 「속임수 전략으로 읽는 솔로몬의 재판」
「창세기 속임수 내러티브 어떻게 이해할 것인가?」
「에스더와 다윗: 상호본문성 접근」 등이 있다.

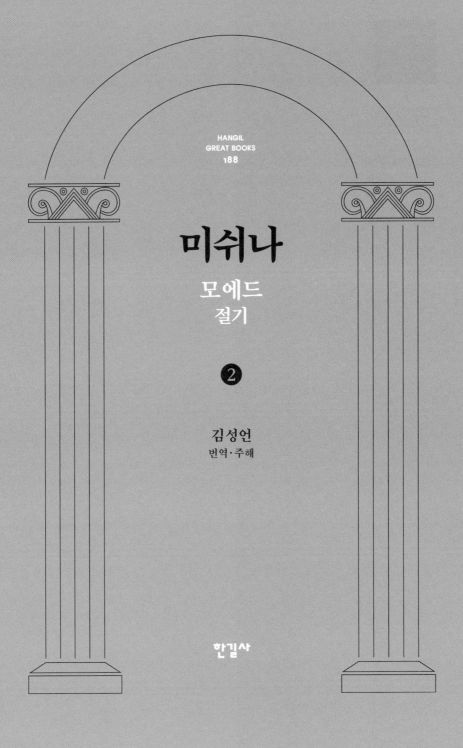

HANGIL
GREAT BOOKS
188

미쉬나

모에드
절기

2

김성언
번역·주해

한길사

HANGIL
GREAT BOOKS
188

משנה
סדר מועד

MISHNAH: Seder Moed

Translated & Commentary by Kim Sung-On

Published by Hangilsa Publishing Co., Ltd., Korea 2024

유대 전통문헌 『미쉬나』 번역·주해서를 펴내며

　2017년 9월에 이 사업을 시작하여 2021년 여름까지 꼬박 만 4년의 세월이 흐르는 동안 연구에 참여한 아홉 명의 연구원들은 혼연일체가 되어 혼신의 노력 끝에 '유대 전통문헌 『미쉬나』 번역·주해서'를 탈고했다. 우리나라 최초의 일이자, 동아시아 전체에서도 처음 있는 일이다.

　『미쉬나』(משנה, *Mishnah*)는 『구약성서』 『탈무드』와 함께 히브리-유대학의 3대 고전으로 불린다. 고전학으로서 히브리-유대학의 범주는 『히브리 성서』(*Hebrew Bible*)를 비롯하여 고전 랍비 문헌(ספרות ל"זח, Classical Rabbinic Literature)을 포함한다. 『히브리 성서』가 대략 기원전 10세기부터 3세기까지 생산된 문헌이라면, 랍비 문헌은 기원전 3세기 초부터 6세기 말까지 생산된 『미쉬나』와 『탈무드』 두 권을 주로 가리킨다. 특히 『미쉬나』는 기원후 200년 랍비 예후다 한나씨(Rabbi Judah ha-Nassi)가 편집하여 집대성한 유대 랍비 전통의 문헌을 일컫는다. 『미쉬나』는 성문토라(모세법)를 기초로 삼고 새 시대에 맞는 계율을 보충하여 더 명료하게 체계화한 구전토라(Oral Torah) 모음집이자 『탈무드』의 모체(母體)다.

오래전부터 우리가 『미쉬나』를 번역해보자는 데 의기투합한 까닭은 '현실'과 '이상' 사이의 괴리 때문이었다. '현실'이란 우리나라에 소개된 수백 종의 『탈무드』관련 서적들이 거의 예외 없이 흥미 위주의 번역서이고, 실제로는 방대한 『탈무드』 또는 그 뿌리인 『미쉬나』와 전혀 맥락을 같이하고 있지 않다는 것이다. '이상'이란 이스라엘에서 유학을 하거나 히브리-유대학을 전공한 사람들이 있으니 본격적으로 일을 벌여도 좋지 않을까 하는 막연한 희망을 말한다. 우리의 지식 시장이 이렇게 혼탁해진 이유가 어느 정도 전공자들의 수수방관 때문이라는 도의적 책임감도 느끼면서, 뜻을 함께하는 사람들이 모이게 되었다.

넘치는 의욕은 우리에게 엄청난 중압감으로 다가왔다. 나름 히브리어에 일가견이 있다는 연구자들로 팀을 구성했고, 사업 착수 초기부터 매주 모여(코로나-19 이후에는 영상으로) 각자 맡은 본문을 한 줄씩 읽어나가면서 토론하고 의견을 교환했다. 하지만 『미쉬나』가 매우 '불친절한' 텍스트인 것을 깨닫는 데는 그리 오랜 시간이 걸리지 않았다. 끊임없이 등장하는 생소한 어휘가 우리를 한 걸음도 앞으로 나아갈 수 없게 가로막았으며, 1,800년의 시간 간격 때문에 맥락을 알 수 없는 내용이 우리를 미궁으로 빠뜨렸다.

'번역 없이는 사상의 교류도 없다'는 우리의 신념은 맥을 추지 못했다. 원문의 뜻을 분명하게 파악한 후에 그것을 어법에 맞게 표현하는 것은 번역의 기본 원칙이다. 하지만 우리 스스로 뜻을 파악할 수 없다면 번역해놓아도 소용이 없는 일이다. 시행착오를 거쳐 조금씩 미로를 빠져나오는 데 오랜 시간이 걸렸다. 하지만 여전히 '원문을 읽는 번역자'와 '번역문을 읽는 독자' 사이에 이해의 간극을 없애기란 결코 쉬운 일이 아니다.

'유대 전통문헌『미쉬나』번역·주해서' 발간사업을 진행하면서 이미『히브리 성서』에 나오는 고유명사(인명과 지명)의 경우 독자들이 어느 정도 익숙해진 용어이므로 그대로 따랐다.『미쉬나』만의 개념을 담은 어휘는 우리말로 번역하는 대신 히브리어 음가를 그대로 차용했으며, 전문용어 색인에 따라 정리해서 덧붙였다. 각 마쎄켓에 등장하는 같은 낱말의 번역어 통일에도 힘썼다. 번역체는 역자의 주체성을 존중하여 직역이나 의역 모두 수용했다. 주해는 히브리어 뜻풀이를 충실히 하면서 본문의 이해를 돕는 데 역점을 두었고, 많은 주석가들의 해석 차이는 최소한으로 제한했다. 이는 후속 연구자들의 과제가 되어야 한다고 판단했기 때문이다.

　아무쪼록 한국어로 최초 발간되는 '유대 전통문헌『미쉬나』번역·주해서'를 초역(抄譯)으로 여겨주기 바란다. 완역(完譯)으로 가기 위한 길라잡이랄까. 앞으로 후속 세대의 비판과 질정, 해석과 재해석이 교차하면서 명실공히 우리 사회에서 고전 랍비 문헌의 연구가 활발해지는 계기가 되기를 희망한다. 원문 대조본을 고집한 이유이기도 하다.

　이 책이 나오기까지 지원해준 한국연구재단과 어려운 시기에 출판을 맡아준 한길사 김언호 대표님께 진심으로 감사드린다. 누구보다도 부족한 사람을 따라 끝까지 책임감 있게 참여해준 연구원 모두에게 사의(謝意)를 표한다.

최창모[*]
'유대 전통문헌『미쉬나』번역·주해서' 연구책임자

---

[*] 건국대학교 중동연구소 소장으로『미쉬나』번역·주해서' 출판 작업을 준비하던 최창모 교수는 2022년 초 갑작스러운 병환으로 타계했다.

미쉬나 ❷ 모에드(절기)

미쉬나 ❶ 제라임(농경)

유대 전통문헌 『미쉬나』 번역·주해서를 펴내며 | 최창모
랍비 유대교 전통의 출발점이 된 고전 『미쉬나』 | 윤성덕

하나님의 복 주심과 한 해의 농사짓기 | 권성달

옮긴이의 말 | 이스라엘에서의 고난을 지나 『미쉬나』의 산을 넘다

미쉬나 ❸ 나쉼(여성들)

억압과 보호의 시각이 공존하는 여성 관련법 | 이영길

옮긴이의 말 ı 유대학 볼모지에서 첫발을 떼다

미쉬나 ❻ 토호롯(정결한 것들)

'정결함'과 '부정함'으로 세상 이해하기 ı 윤성덕

옮긴이의 말 ı 그날 나는 새로운 언어를 만났다

미쉬나 길라잡이

미쉬나의 세계로 독자들을 초대하며
미쉬나는 탈무드의 뿌리다 | 최중화

일러두기

1. 이 책을 번역하고 주해하는 데 다음과 같은 자료를 참고했다. 예루살렘 탈무드 (Jerusalem Talmud), 바벨 탈무드(The Babylonian Talmud, Soncino Press), 주석가들 인 라브(Rav)·라쉬(Rash)·람밤(Rambam) 등의 주석은 물론 하녹 알벡(Hanokh Albeck)의 비평판 주해서, 허버트 댄비(Herbert Danby), 필립 블랙맨(Philip Black-man), 제이콥 뉴스너(Jacob Neusner) 등의 미쉬나 번역서를 참고했으며, 야드 아브 라함(Yad Abraham), 옥스퍼드 미쉬나 주해(The Oxford Annotated Mishnah), 조슈아 컬프(Joshua Kulp)의 해설서도 보조자료로 사용했다. 번역에 사용한 본문은 하녹 알 벡판을 참조했다.

2. 기본적으로 본문을 직역하면서 주해로 보충설명하는 원칙을 따랐다. 하지만 미쉬 나 본문은 축약과 생략이 많아서 그대로 직역하면 비문이 되거나 뜻을 이해하기가 매우 어렵기 때문에 때로 의역이 불가피했다. 이에 문장의 흐름과 이해를 돕기 위해 본문에 생략되어 있다고 추정되는 내용을 대괄호〔〕에 넣었다. 소괄호( )는 본문 속 에서 문법적으로나 구문론적으로 꼭 필요하지는 않으나 주해자의 판단에 따라 도 움이 될 말을 첨가한 것이다.

3. 미쉬나 본문에는 시제가 불분명한 경우가 적지 않으며, 과거와 현재 시제를 하나의 미쉬나에서 혼용하기도 한다. 이에 가능한 한 우리말로 자연스럽게 읽히면서 원문 이 훼손되지 않게 번역했다. 히브리어 동사에는 성(性)과 수(數)가 이미 포함되어 있 기에 주어가 따로 표기되지 않는 일이 빈번하다. 역자는 가독성을 위해 이 생략된 주 어를 문맥에 따라 내용을 해치지 않는 선에서 집어넣기도 했다. 반면 경우에 따라 소 유격 인칭대명사는 굳이 번역하지 않고 생략했다. 유럽어 문법의 이식 과정에서 생 겨난 3인칭 대명사 '그녀'의 사용을 최대한 피하되, 필요하면 소괄호( )를 사용해 지 시대상을 보충설명했다. 미쉬나 문체에서 계속 등장하는 הרי(하레이: 영어 번역본에서 는 hereby로 번역되거나 생략됨)는 극히 일부 경우를 제외하고는 가독성을 위해 굳이 번역하지 않았다.

4. 미쉬나는 방대한 하나의 책으로 상위 범주인 '쎄데르'와 하위 범주인 '마쎄켓'으로 구성된다. 쎄데르(סדר, Seder)는 '질서' '절차'를 뜻하며 미쉬나의 6개 큰 주제(큰 책) 를 가리키고, 마쎄켓(מסכת, Masekhet)은 '묶음'을 뜻하며 미쉬나의 63개 작은 주제(작 은 책)를 가리킨다. 두 용어에 해당하는 정확한 우리말은 없지만 이번 번역·주해서 에서는 편집 체계상 일반 책과 같이 '권'(卷)과 '부'(部)의 개념을 적절히 사용했다.

5. 이 번역·주해서는 6개 '쎄데르'를 각 권으로 편집해 전 6권으로 구성했다. 1. 제라임 (농경), 2. 모에드(절기), 3. 나쉼(여성들), 4. 네지킨(손해), 5. 코다쉼(거룩한 것들), 6. 토 호롯(정결한 것들)이다. 각 쎄데르는 6~12개의 마쎄켓(부)으로, 그 아래 다시 '장'(페 렉)과 '미쉬나'로 구성된다. 따라서 미쉬나는 하나의 책이며 동시에 가르침의 최소 단위를 의미한다.

6. 미쉬나의 구성과 체계를 명확히 구분하고 드러내기 위해 쎄데르는 겹낫표『 』, 마쎄 켓은 홑낫표「 」로 표시한다. 특히 미쉬나는 세부적인 주제인 마쎄켓 이름이 더 중요 하고 그것으로 통용되므로 출처는 마쎄켓 이름에 장과 미쉬나의 숫자로 표시한다. 예를 들어 「브라홋」1, 2는 "마쎄켓 브라홋 1장의 두 번째 미쉬나"라는 의미다. 많고 복잡한 마쎄켓들을 쉽게 파악할 수 있게 『제라임』「브라홋」1, 2'처럼 쎄데르(권) 이 름을 같이 제시하기도 했다.

7. 본문의 이해를 돕기 위해 각 마쎄켓(부), 장, 미쉬나에 들어가기에 앞서 다룰 내용과 주제를 간략하게 소개하는 개요문이나 짧은 요약문을 제시했다.

8. 미쉬나에 나오는 주요 화폐와 도량형 환산표(무게, 거리, 부피, 넓이), 성경과 미쉬나 관 련 구절 찾아보기, 번역·주해서 전 6권에서 정리한 주제·용어 찾아보기는 『미쉬나 길라잡이』부록에 수록했다.

9. 주해와 각주 설명에서 미쉬나, 성경, (예루살렘/바벨) 탈무드, 토쎕타, 랍비문학서, 주 석(서) 등의 출처를 소괄호( )로 병기했다. 이는 관련된 내용과 구절, 주장으로 그 자 료를 참조하라는 표시다. 특히, 탈무드(게마라)를 인용할 때 a는 앞면(오른쪽), b는 뒷 면(왼쪽)을 나타낸다.

10. 미쉬나에 나오는 히브리어 낱말의 풀이는 주로 마르쿠스 야스트로(Marcus Jastrow) 사전을 참조했다.

11. 본문에서 미쉬나, 성경, (예루살렘/바벨) 탈무드, 토쎕타, 랍비문학서, 주석서 등은 별도의 책 표시를 하지 않았다.

12. 인명·용어 등 히브리어 표기는 다음 면에 실은 히브리어 한글음역 원칙에 따랐다.

히브리어 한글음역 원칙

1. 이 음역 원칙은 히브리어 문법을 설명하기 위한 것이 아니고, 미쉬나 본문을 한글로 번역하기 위한 방법이다. 히브리어 자모를 완벽하게 한글로 표기하는 것이 목적이 아니며, 미쉬나 히브리어 낱말을 가장 히브리어답게 모사하는 것이 목적이다.

2. 미쉬나 본문은 유대인들의 전통이므로 성서 히브리어를 표기하는 목적으로 고안된 영미권 학자들의 발음이 아니라 서아시아 문화권의 특징을 반영하는 유대인들의 발음을 기준으로 음역한다(바브나 셰바의 문제).

3. 문교부(1986.1.7)의 외래어 표기 원칙은 가능한 한 존중하되 히브리어 자음을 표기하는 데 꼭 필요한 된소리도 사용했다.

4. 음역법의 방향

   1) 일반론
      - 묵음이 아니더라도 발음이 되지 않는 경우 표기하지 않는다.
      - 음절 단위로 쓰는 한글의 특성을 살려서 히브리어의 음절 구분을 살린다.
      - 서로 다른 히브리어 자음은 음역도 달리한다.

   2) 모음
      - 모음의 장단은 따로 표시하지 않는다.
      - 유성 셰바는 'ㅔ'나 'ㅡ'로 표기한다.
      - 무성 셰바는 표기하지 않는 것을 원칙으로 하되, 종성의 자음가를 표기하기 위해 'ㅡ'를 붙여 적는 것을 허용한다.

   3) 자음
      - z은 'ㅈ', ṣ는 'ㅉ', k와 q는 'ㅋ', ṭ와 t는 'ㅌ', p는 'ㅍ'으로 음역하고, š은 '샤, 셰, 쉬, 쇼, 슈'로 음역한다.
      - 연강점이 없는 v, g, d, k, f, t는 구별하여 적지 않는다.
      - 자모의 위치에 따른 음역을 고려한다.

5. 그 외 세목은 박동현의 안을 따른다(박동현, 「개역한글판 히브리어 고유명사 한글 음역 방식과 히브리어 한글 음역 시안」, 『성경원문연구』(8), 2001, 106-157쪽).

히브리어	라틴음역	한글: 초성	한글: 음절 종성	한글: 낱말 종성
א	ʼ	ㅇ	-	-
ב	b/v	ㅂ	ㅂ/브	ㅂ
ג	g	ㄱ	ㄱ/그	ㄱ
ד	d	ㄷ	ㅅ/드	ㅅ
ה	h	ㅎ	흐	-
ו	w	ㅂ	브	브
ז	z	ㅈ	즈	즈
ח	ḥ	ㅎ	흐/크	흐/크
ט	ṭ	ㅌ	ㅅ/트	ㅅ/트
י	y	이(+모음)	-	이
כ	k	ㅋ	크/ㄱ	ㄱ
ל	l	ㄹ/ㄹ-ㄹ	ㄹ/ㄹ-르	ㄹ
מ	m	ㅁ	ㅁ/므	ㅁ
נ	n	ㄴ	ㄴ/느	ㄴ
ס	s	ㅆ	ㅅ/쓰	ㅅ/쓰
ע	ʻ	ㅇ	-	-
פ	p/f	ㅍ	프/ㅂ	ㅂ
צ	ṣ	ㅉ	쯔	쯔
ק	q	ㅋ	ㄱ/크	ㄱ
ר	r	ㄹ	르	르
שׂ	ś	ㅅ	스	스
שׁ	š	시(+ 모음)	쉬	쉬
ת	t	ㅌ	ㅅ/트	ㅅ/트

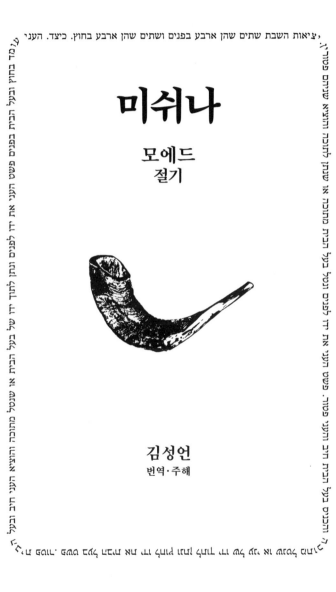

미쉬나

모에드
절기

김성언
번역·주해

여러 절기법과 관련된 세부 규칙들

• 들어가며

김성언 장로회신학대학교 특임교수

쎄데르(제2권) 『모에드』는 안식일을 비롯해서 여러 절기와 관련된 규정들을 다루는 책이다. 히브리어 '모에드'(מועד)는 '만남'(meeting)과 관련 있는 말이다. 일차적으로 '만남의 장소' 또는 '만남의 시간'이라는 의미이지만 '절기'나 '축제'라는 확장된 의미를 갖게 되었다.

『모에드』의 규정은 특별히 레위기 23장에 나와 있는 안식일, 유월절, 칠칠절(초실절), 초막절 등과 같은 여러 절기법과 관련된 세부 규칙들을 다룬다. 다만 이러한 절기 중에서 칠칠절(초실절) 규정은 『모에드』에서 다루지 않고 쎄데르(제1권) 『제라임』(농경)에서 다룬다. 그 이유는 랍비들은 후대에 추가된 칠칠절의 세부 규정들이 '절기'의 측면보다는 '농사'와 더 연관이 있다고 판단했기 때문이다.

『모에드』는 12개의 마쎄켓(부)으로 구성되어 있다. 마쎄켓의 순서와 관련해서 몇 가지 서로 다른 편집본들이 존재한다. 일반적으로는 중세 유대 주석가인 람밤(Rambam)이 기술한 미쉬나 주석 서문에 나오는 순서를 따른다. 거기에 근거해 『모에드』의 내용을 대략 요약하면 다음과 같다.

마쎄켓(부)	제목	의미	장수	주요 내용
1	샤밧 (שבת)	안식일	24	안식일에 금지하는 대표적인 39가지 일과 그 외 랍비들이 금지하는 규정들을 다룬다.
2	에루빈 (עירובין)	혼합	10	랍비들은 안식일에 반경 2,000아마(약 1킬로미터)를 넘어 걸어가는 것을 금했다는 사실이 이 책을 통해 확인된다.
3	페싸힘 (פסחים)	유월절	10	주로 누룩(효모)을 제거하는 규정들을 다룬다. 유월절 음식인 쓴 나물과 무교병에 관한 규정들도 다룬다.
4	쉐칼림 (שקלים)	쉐켈	8	공동체 제의를 위해 매년 성전에 바치는 성전세인 반 쉐켈과 성전 제의에 사용되는 비용 등을 다룬다.
5	요마 (יומא)	그날	8	속죄일의 규정들과 대제사장이 행하는 의식을 다룬다.
6	쑤카 (סוכה)	초막	5	초막절과 관련된 규정들, 장막을 짓는 법, 초막절을 기념하는 네 종류의 식물에 대해 다룬다.
7	베짜 (ביצה)	계란	5	'계란'이라는 이름은 이 마쎄켓의 첫 단어에서 기인한다. 안식일이나 절기들에 준비하는 음식들을 다룬다.
8	로쉬 하샤나 (ראש השנה)	신년	4	달의 시작을 선언하는 과정, 양각나팔을 부는 순서, 신년 기도 등을 다룬다.
9	타아닛 (תענית)	금식	4	가뭄이나 불행한 상황에서 하는 금식을 다룬다.
10	메길라 (מגילה)	두루마리	4	에스더서를 비롯해서 부림절(Purim)에 읽을 책 목록을 다룬다.
11	모에드 카탄 (מועד קטן)	소절기	3	유월절이나 초막절과 같은 절기의 중간 기간에 대하여 다룬다.
12	하기가 (חגיגה)	축제	3	3대 절기에 성전을 방문해야 하는 의무 등과 이러한 특별한 절기에 바치는 개인 제의에 관한 규정을 다룬다.

각 마쎄켓(부)을 구성하고 있는 분량(장)을 보면 다른 쎄데르(권)와 비슷한 경향을 보인다. 먼저 나오는 마쎄켓의 장이 많고 뒤에 나오는 마쎄켓일수록 장이 더 적다. 이것은 중요한 마쎄켓일수록 앞에 나오고 더 많은 법규정을 가지고 있으며, 결과적으로 더 많은 설명을 하기 때문이다.

미쉬나의 다른 쎄데르(권)들처럼 『모에드』도 신약시대와 그 이후 랍비 시대 유대인들의 법률 제도를 반영한다. 그래서 구약성서를 통해 안식일이나 절기법과 관련된 핵심적인 내용을 확인할 수 있지만 그 이후에 추가된 세부 규정들은 미쉬나를 통해서만 알 수 있다. 그런데 이러한 발전은 미쉬나에서 그치지 않는다. 미쉬나에 대한 랍비들의 논의가 더해져서 최종적으로 탈무드로 집대성된다. 구약성서 오경(토라)의 법들에 기초한 미쉬나가 후에 탈무드로 발전하는 과정을 아래처럼 도식화할 수 있다.

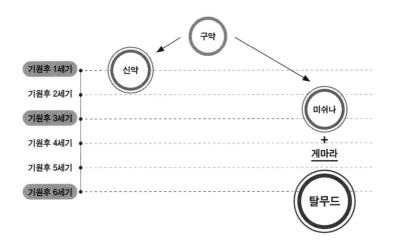

탈무드는 미쉬나라는 법규정에 랍비들의 다양한 해석인 게마라(Gemara)가 더해진 것이다. 따라서 탈무드의 핵심은 곧 미쉬나이고

미쉬나의 확장판이 탈무드라고 볼 수 있다. 분량적으로 설명하자면 『모에드』를 구성하는 12개 마쎄켓(부)이 탈무드에서는 각각의 독립된 한 권의 책으로 발전했다. 물론 사용자 편의를 위해 탈무드를 편찬할 때 분량이 많으면 두 권으로 나눠 편집하고, 분량이 적으면 한 권으로 묶어 편집한다. 그렇지만 전반적으로 미쉬나 각 쎄데르(권)를 이루는 각 마쎄켓(부)이 탈무드에서는 독립된 한 권의 책이 되었다고 말해도 무방하다. 조금 더 구체적으로 설명하자면 「샤밧」(안식일), 「에루빈」(혼합), 「페싸힘」(유월절)처럼 마쎄켓 하나의 분량이 많으면 보통 두 권으로 편집하고 「쉐칼림」(쉐켈), 「베짜」(계란), 「로쉬 하샤나」(신년), 「타아닛」(금식), 「메길라」(두루마리), 「모에드 카탄」(소절기), 「하기가」(축제)처럼 마쎄켓 하나의 분량이 적으면 2개의 마쎄켓을 한 권에 묶어 편집한다. 그 결과 우리가 지금 살펴보게 될 쎄데르 『모에드』가 아래 참고문헌에 있는 슈타인잘츠(Steinsaltz) 탈무드에서는 총 12권으로 늘어난다. 따라서 구약성서의 법을 보다 폭넓게 이해하기 위해서 미쉬나를 알아야 하고 탈무드라는 거대한 바다로 나아가기 위해서는 첫 관문인 미쉬나를 반드시 통과해야 한다.

참고문헌

Blackman, Philip. 1983. *Mishnayoth Vol II: Order Moed*. Gateshead: Judaica Press.

Danby, Herbert. 2015. *The Mishnah: Translated from the Hebrew with Introduction and Brief Explanatory Notes*. Peabody, Mass: Hendrickson Publishers. (Originally published in 1933 by Oxford University Press)

Gehati, Pinhas. 1994. *Mishnah: Seder Moed Vol. 1-3*. Jerusalem: Maor Wallach Press.

Jastrow, Marcus. 2004. *A Dictionary of the Targumim, the Talmud Babli and Yerushalmi, and the Midrashic Literature*. Lauwrence, New York: Judaica Press.

Neusner, Jacob. 1988. *The Mishnah: A New Translation*. New Haven and London: Yale University Press.

Sherman, Nosson and Meir Zlotowitz(eds.). 2006. *The Mishnah Seder Moed*. The ArtScroll Mishnah Series. Brooklyn, N.Y.: Yad Avraham and Mesorah Publications.

Steinsaltz, Adin Even-Israel. 2012. *Koren Talmud Bavli* (Noé Edition). Jerusalem: Koren Publishers. (Originally published in 1965)

שבת

1

샤밧
안식일

안식일 저녁 해질녘에 세 가지를 말할 필요가 있다. 십일조를 구별해놓았는가? 에루브 마당을 만들어놓았는가? 안식일 등잔불을 밝혔는가? 해가 졌는지 지지 않았는지 불분명할 때에는 확실하게 십일조로 바치지 않은 것을 십일조로 구별하지 않는다. 그릇들은 물에 담그지 않는다. 안식일 등잔불을 켜지 않는다. 대신에 십일조인지 불분명한 것을 십일조로 구별하고, 에루브 마당을 준비하고, 열기를 간직해야 할 것을 덮는다. _「샤밧」2, 7

개요

구약성서 율법(토라)에서는 안식일과 관련해 두 가지 의무를 명시하고 있다. 첫째, 안식일을 기억해야 하며(출 20:8), 둘째, 일을 해서는 안 된다(20:10). 그러나 어떤 일을 해서는 안 되는지 오경은 일괄적으로 나열하고 있지 않다. 다만, 안식일에는 양식을 구하기 위해 밖으로 나가거나(16:29) 불을 피우는 행위도 안 되며(35:3), 안식일에 나무를 한 사람이 투석형에 처해진 경우도 있다(민 15:32-35). 그리고 밭을 갈거나 추수하는 것과 같이 가장 중요한 일들이라도 안식일에는 해서는 안 된다고 분명히 말하고 있다(출 34:21).

출애굽기 35장은 성막을 짓는 장면을 묘사하기 전에 안식일에는 일을 해서는 안 된다고 말한다(1-3). 이 장면에 착안해서 유대 현자들은 안식일에 금지된 일들이 성전을 짓는 것과 짓기 전에 준비하는 일과 연관이 있다고 추론하게 되었다.

마쎄켓(제1부)「샤밧」은 안식일에 운반해서는 안 되는 물건들에 대해서 먼저 다루고 안식일 전에 준비해야 할 일들을 언급한다. 이렇게 구체적인 일들을 먼저 열거한 다음에 제7장에 이르러 안식일 규정의 일반원칙을 제시한다. 이러한 구성은 「샤밧」만의 구조는 아니며 오히려 미쉬나 전체적으로 선호하는 구조다.

안식일에 금하는 39가지 일

안식일에 금하는 대표적인 일을 39가지(ל"ט אבות מלאכה, 라메드-테트 아봇 멜라카)[1]로 정했다. 언제 어떤 이유로 이런 목록으로 확정되었는지 역사적 사실을 재구성하기는 힘들다. 다만 랍비들은 이 일들이 성막을 짓는 것과 관련 있다고 해석한다.

번호	우리말	히브리어	영어
1	씨뿌리기	하조레아(הזורע)	sowing
2	밭 갈기	하호레쉬(החורש)	plowing
3	거두기	하코쩨르(הקוצר)	reaping
4	단 묶기	하메아메르(המעמר)	gathering
5	타작하기	하다쉬(הדש)	threshing
6	까부르기	하조레(הזורה)	winnowing
7	구분하기	하보레르(הבורר)	sorting
8	빻기(갈기)	하토헨(הטוחן)	grinding
9	체질하기	하메라케드(המרקד)	sifting
10	반죽하기	하라쉬(הלש)	kneading
11	빵 굽기	하오페(האופה)	baking
12	양털 깎기	하고제즈(הגוזז)	shearing
13	표백하기	하멜라벤(המלבן)	whitening

---

1) 라메드-테트(ל"ט)는 히브리어 숫자 표기로 39를 의미한다. 라메드(ל)가 30, 테트(ט)가 9를 의미한다.

번호	우리말	히브리어	영어
14	빗질하기	하메나페쯔(המנפץ)	combing
15	염색하기	하쪼베아(הצובע)	dyeing
16	실잣기	하토베(הטווה)	spinning
17	날실 펴기	하메쎅(המסך)	mounting the warp
18	두 잉아 만들기	하오쎄 슈네이 바테이 니린 (העושה שני בתי נירין)	Setting two heddles
19	두 실 엮기	하오레그 슈네이 후틴 (האורג שני חוטין)	weaving
20	두 실 분리하기	하포쩨아 슈네이 후틴 (הפוצע שני חוטין)	Removing threads
21	매듭 묶기	하코쉐르(הקושר)	tying
22	매듭 풀기	하마티르(המתיר)	untying
23	두 박음 바느질	하토페르 슈테이 테피롯 (התופר שתי תפירות)	sewing
24	두 박음질을 위해 찢기	하코레아(הקורע)	tearing
25	사슴 사냥	하짜드 쯔비(הצד צבי)	trapping
26	도살하기	하쇼헤트(השוחט)	slaughtering
27	가죽 벗기기	하마프쉬트(המפשיט)	skinning
28	소금에 절이기	하몰레악(המולח)	salting
29	가죽 말리기	하메아베드(המעבד)	tanning
30	매끄럽게 하기	하모헥 [오르] (המוחק [עור])	smoothing
31	재단하기	하메하텍(המחתך)	cutting
32	글자 쓰기	하코테브(הכותב)	writing
33	글자 지우기	하모헥 [크타브] (המוחק [כתב])	erasing

번호	우리말	히브리어	영어
34	집짓기	하보네(הבונה)	building
35	집 허물기	하쏘테르(הסותר)	demolishing
36	불 끄기	하메카베(המכבה)	extinguishing
37	불 피우기	하마브이르(המבעיר)	kindling
38	망치질하기	하마케 베파티쉬 (המכה בפטיש)	blowing
39	물건 운반하기	하모찌 미레슛 레레슛 (המוציא מרשות לרשות)	transferring

책임과 면제

이스라엘 사람은 오경(토라)에서 말하는 속죄제의 규정을 반드시 지켜야 한다. 그런데 오경에 구체적으로 언급되어 있지는 않지만 안식일을 범할 때, 랍비들은 속죄제를 드려야 하는 경우와 그렇지 않는 경우를 추가하고 있다. 이를 랍비 규정이라고 한다. 랍비 규정에 따라 속죄제를 드려야 하는 경우를 속죄제를 드려야 한다는 의미에서 '책임이 있다'(חיב, liable)라고 말하고, 비록 안식일을 범하기는 했지만 속죄제를 드릴 의무가 없는 경우에 '면제된다'(פטור, exempt)라고 말한다.

치워둔 물건과 준비된 물건

랍비들은 안식일이나 휴일을 온전히 지키기 위해 사용해도 되는 물건들과 사용해서는 안 되는 물건들을 미리 구별해놓고 있다. 안식일이나 휴일에는 일(노동)과 밀접하게 관련이 있는 물건들을 옮기거나 사용할 수 없도록 특별히 '치워둔 물건'(מוקצה 무크쩨, set aside)으로 구별하고 있다. 히브리어로 무크쩨는 '분리된' '치워둔'이라는 의미다. 미쉬나에는 이러한 '무크쩨'가 명시적으로 사용되고 있지는 않지만 그 개념은 나타나기 시작해서 탈무드에 이르러 더욱 발전하게 된다. 특별히 제17장은 무크쩨 규정에서 제외되어 안식일에도 사용할 수 있도록 '준비된 물건'(מוכן 무칸, prepared)들에 대해 언급한다.

• **관련 성경구절** | 출애굽기 16:29; 20:10; 23:12; 34:21; 35:1–3; 민수기 15: 32–35

제1장

안식일에는 물건을 한 곳에서 다른 곳으로 옮기는 것을 엄격히 제한한다. 심지어 가난한 사람에게 도움을 주기 위해 음식을 전해줄 때에도 이 규정은 지켜져야 한다.

안식일 규정은 안식일 전날인 금요일 오후에 해서는 안 되는 일까지 확대된다. 왜냐하면 금요일 해가 지게 되면 더 이상 일을 해서는 안 되는 안식일이 시작되기 때문에 그 전에 마칠 수 있을 때에만 일하는 것이 허락된다. 세부적인 규정들에 대하여 샴마이 학파와 힐렐 학파가 다 동의한 것들도 있고 동의하지 못한 것들도 있다. 제1장에서는 먼저 두 학파가 모두 동의한 규정들을 언급하고 이어서 동의하지 못한 규정들을 열거하고 있다.

1, 1

יְצִיאוֹת הַשַּׁבָּת שְׁתַּיִם שֶׁהֵן אַרְבַּע בִּפְנִים, וּשְׁתַּיִם שֶׁהֵן אַרְבַּע בַּחוּץ. כֵּיצַד.
הֶעָנִי עוֹמֵד בַּחוּץ וּבַעַל הַבַּיִת בִּפְנִים, פָּשַׁט הֶעָנִי אֶת יָדוֹ לִפְנִים וְנָתַן לְתוֹךְ
יָדוֹ שֶׁל בַּעַל הַבַּיִת, אוֹ שֶׁנָּטַל מִתּוֹכָהּ וְהוֹצִיא, הֶעָנִי חַיָּב וּבַעַל הַבַּיִת פָּטוּר.
פָּשַׁט בַּעַל הַבַּיִת אֶת יָדוֹ לַחוּץ וְנָתַן לְתוֹךְ יָדוֹ שֶׁל עָנִי, אוֹ שֶׁנָּטַל מִתּוֹכָהּ
וְהִכְנִיס, בַּעַל הַבַּיִת חַיָּב וְהֶעָנִי פָּטוּר. פָּשַׁט הֶעָנִי אֶת יָדוֹ לִפְנִים וְנָטַל בַּעַל
הַבַּיִת מִתּוֹכָהּ, אוֹ שֶׁנָּתַן לְתוֹכָהּ וְהוֹצִיא, שְׁנֵיהֶם פְּטוּרִין. פָּשַׁט בַּעַל הַבַּיִת
אֶת יָדוֹ לַחוּץ וְנָטַל הֶעָנִי מִתּוֹכָהּ, אוֹ שֶׁנָּתַן לְתוֹכָהּ וְהִכְנִיס, שְׁנֵיהֶם פְּטוּרִין:

안식일에 〔물건을〕 옮기는 〔방법〕은 안에서는 〔실제로〕 네 가지인 두 가지가 있고, 밖에서는 〔실제로〕 네 가지인 두 가지가 있다. 어떠한 경우들인가? 〔만약〕 가난한 사람이 〔집〕 밖에 서 있고 집주인이 안에 서 있는 경우에, 걸인이 자신의 손을 안으로 뻗어 집주인의 손에 놓거나 혹은 그가 안에 있는 것을 밖으로 가져가는 경우에는, 그 가난한 사람은 책임이 있지만 집주인은 면제된다. 〔만약〕 집주인이 자신의 손을 밖으로 뻗어 〔무엇인가를〕 걸인의 손에 주거나 혹은 그가 〔무엇인가를〕 취하여 안으로 가져오는 경우에는 집주인은 책임이 있지만 걸인은 면제된다. 〔만약〕 가난한 사람이 안으로 손을 뻗었고 집주인이 그 안에 있는 것을 취하거나 혹은 〔집주인이〕 그 안에 무엇인가 넣고 〔걸인이〕 그것을 가져가는 경우에는 그 두 사람 모두 면제된다. 〔만약〕 집주인이 그의 손을 밖으로 뻗고 걸인이 〔무엇인가〕 취하거나 혹은 〔무엇인가〕 그 안에 넣고 〔집주인이〕 안으로 가져가는 경우에는 그 두 사람 모두 면제된다.

- 가난한 사람이 집 안쪽으로 손을 뻗어 무엇인가 가져가거나, 아니면 집주인이 집 안에 있는 것을 밖에 있는 가난한 사람에게 주는 것도 금지된다. 이러한 행위도 물건을 운반하는 것으로 간주하여 안식일에 금지하기 때문이다. 다만, 두 사람이 일을 반반씩 나누어 하는 경우에는 허락된다. 이것은 운반하는 '일'을 절반으로 줄여 마치 일반적인 일이 아닌 것으로 만들었기 때문이다.

1, 2

> לֹא יֵשֵׁב אָדָם לִפְנֵי הַסַּפָּר סָמוּךְ לַמִּנְחָה, עַד שֶׁיִּתְפַּלֵּל. לֹא יִכָּנֵס אָדָם לַמֶּרְחָץ וְלֹא לַבֻּרְסְקִי וְלֹא לֶאֱכֹל וְלֹא לָדִין. וְאִם הִתְחִילוּ, אֵין מַפְסִיקִין. מַפְסִיקִין לִקְרוֹת קְרִיאַת שְׁמַע, וְאֵין מַפְסִיקִין לִתְפִלָּה:

이미 기도를 마친 경우가 아니라면 오후 기도 시간이 가까울 때는 이발사에게 가서 앉아서는 안 된다. 목욕탕이나 무두질하는 곳에 들어가서는 안 된다. 식사를 하기 시작하거나 재판을 받아서는 안 된다. 다만 이미 시작했다면 중단할 필요는 없다. 쉐마를 읽기 위해서는 하던 일을 중단해야 하지만, 기도하기 위해 중단할 필요는 없다.

- 이 미쉬나는 안식일 전날에 지켜야 할 규정에 대해 말하고 있다. 오후 기도 시간을 히브리어로 '민하'(מנחה)[2]라고 하는데 오늘날 시간 개념으로 오후 3시 30분경이다. 이발 시간이 길어져 기도 시간을 잊어버리거나 이미 해가 져버린다면 기도를 드릴 수 없게 된다.
- 유대교에서 중요하게 생각하는 신명기 6:4 말씀을 '쉐마'라고 부른다. 이 말씀의 첫 단어가 '쉐마'로 시작하기 때문이다. 랍비 유대교 전통에서는 '쉐마'를 아침과 저녁, 하루에 두 번 암송했다.

1, 3

לֹא יֵצֵא הַחַיָּט בְּמַחְטוֹ סָמוּךְ לַחֲשֵׁכָה, שֶׁמָּא יִשְׁכַּח וְיֵצֵא. וְלֹא הַלַּבְלָר בְּקֻלְמוֹסוֹ. וְלֹא יְפַלֶּה אֶת כֵּלָיו, וְלֹא יִקְרָא לְאוֹר הַנֵּר. בֶּאֱמֶת אָמְרוּ, הַחַזָּן רוֹאֶה הֵיכָן תִּינוֹקוֹת קוֹרְאִים, אֲבָל הוּא לֹא יִקְרָא. כַּיּוֹצֵא בוֹ, לֹא יֹאכַל הַזָּב עִם הַזָּבָה, מִפְּנֵי הֶרְגֵּל עֲבֵרָה:

재단사는 망각하고 나간 경우가 아니라면 [금요일] 해질녘에 바늘을 가지고 나가서는 안 된다. 서기관은 펜을 가지고 [나가서는 안 된다]. [벼룩을 잡으려고] 옷을 뒤져서는 안 된다. 등불을 가지고 책을 읽어서는 안 된다. 실제로 그들은 말한다. 학교 교사는 학생들이 읽고 있을 때 보고 있어야 하지만 그 자신이 읽어서는 안 된다. 같은 방식으로 남자 유출병자는 여자 유출병자와 [음식을 함께 먹어서는] 안 된다. 왜냐하면 이것은 죄를 유발하기 때문이다.

- 전통 유대교 학교에서 가르치는 교사를 '하잔'이라 한다.
- 남자 유출병자는 자브(זב)이고 여자 유출병자는 자바(זבה)다. 참고로 레위기 15:19과 민수기 5:2에서 언급하고 있다. 두 사람 모두 이

---

2) 민하(Minchah)는 본래 '소제'(素祭)라는 곡식 제물을 바치는 제사명이었으나 나중에는 이 제물을 바치는 시간을 지칭하게 되었다.

미 부정한 사람들이기 때문에 같이 식사를 해도 추가적인 문제가 없어 보이지만 미쉬나는 이것마저도 금하고 있다.

1, 4

וְאֵלּוּ מִן הַהֲלָכוֹת שֶׁאָמְרוּ בַעֲלִיַּת חֲנַנְיָה בֶּן חִזְקִיָּה בֶּן גֻּרְיוֹן כְּשֶׁעָלוּ לְבַקְּרוֹ. נִמְנוּ וְרַבּוּ בֵּית שַׁמַּאי עַל בֵּית הִלֵּל, וּשְׁמֹנָה עָשָׂר דְּבָרִים גָּזְרוּ בוֹ בַיּוֹם:

이것은 그들이 구리온의 손자이고 히즈키야의 아들인 하나니야를 방문했을 때 위층 회의실에서 내린 결정들이다. 그들은 [투표인을] 세어보았더니 샴마이 학파의 수가 힐렐 학파를 능가했다. 그들은 그 날 18개 규정을 선포했다.

- 이 미쉬나는 샴마이 학파와 힐렐 학파가 동의한 18개 규정들이 언제 어디에서 선포되었는지 말하고 있다. 위 미쉬나 1, 1에서 8개 그리고 미쉬나 1, 2-3에서 각각 5개씩 모두 18개의 미쉬나 규정들은 두 학파가 안식일에 해서는 안 되는 일로 동의한 것들이다.
- 뒤에 이어지는 4개의 미쉬나에서는 두 학파가 동의하지 못한 규정들을 다룬다(1, 5-8).

1, 5

בֵּית שַׁמַּאי אוֹמְרִים, אֵין שׁוֹרִין דְּיוֹ וְסַמְמָנִים וְכַרְשִׁינִים, אֶלָּא כְּדֵי שֶׁיִּשׁוֹרוּ מִבְּעוֹד יוֹם. וּבֵית הִלֵּל מַתִּירִין:

샴마이 학파는 말한다. "[금요일 오후] 낮 동안에 완전히 [물에] 담글 수 없다면, 잉크나 염료 또는 살갈퀴를 담가서는 안 됩니다." 반면에 힐렐 학파는 허락한다.

- 잉크나 염료를 생산할 수 있는 식물을 물에 담가서 사용한다. 살갈퀴는 콩과 식물로 물에 담가 부드럽게 만들어 보통 가축의 식량으로 사용된다. 이 모든 과정이 금요일 해 지기 전에 완료되어야 한다.

1, 6

בֵּית שַׁמַּאי אוֹמְרִים, אֵין נוֹתְנִין אוּנִין שֶׁל פִּשְׁתָּן לְתוֹךְ הַתַּנּוּר, אֶלָּא כְּדֵי שֶׁיַּהְבִּילוּ מִבְּעוֹד יוֹם, וְלֹא אֶת הַצֶּמֶר לַיּוֹרָה, אֶלָּא כְּדֵי שֶׁיִּקְלֹט הָעָיִן. וּבֵית הִלֵּל מַתִּירִין. בֵּית שַׁמַּאי אוֹמְרִים, אֵין פּוֹרְשִׂין מְצוּדוֹת חַיָּה וְעוֹפוֹת וְדָגִים, אֶלָּא כְּדֵי שֶׁיִּצּוֹדוּ מִבְּעוֹד יוֹם. וּבֵית הִלֵּל מַתִּירִין:

삼마이 학파는 말한다. "〔금요일 오후〕 낮 동안에 증기에 쐴 시간이 충분하지 않다면 아마 섬유 묶음을 화로 안에 넣으면 안 됩니다. 그리고 염색을 흡수할 시간이 충분히 주어지지 않았다면, 양털을 〔염색업자의〕 가마솥에 넣으면 안 됩니다." 반면에 힐렐 학파는 그것을 허락한다. 샴마이 학파는 말한다. "〔금요일〕 낮 동안에 잡을 시간이 충분히 있지 않다면 들짐승이나 새 또는 물고기를 잡으려고 그물을 치면 안 됩니다." 반면에 힐렐 학파는 그것을 허락한다.

- 금요일 오후에 하던 일은 해가 지기 전까지 마무리되어야 한다. 해가 지면 안식일이 시작되기 때문에 더 이상 일을 할 수 없다.
- 위에서 열거한 일들에 대하여 삼마이 학파는 힐렐 학파보다 훨씬 더 엄격한 입장이다.

1, 7

בֵּית שַׁמַּאי אוֹמְרִים, אֵין מוֹכְרִין לַנָּכְרִי וְאֵין טוֹעֲנִין עִמּוֹ וְאֵין מַגְבִּיהִין עָלָיו, אֶלָּא כְּדֵי שֶׁיַּגִּיעַ לְמָקוֹם קָרוֹב. וּבֵית הִלֵּל מַתִּירִין:

삼마이 학파는 말한다. "외부인에게 〔물건을〕 팔아서는 안 되며 그와 함께 〔나귀에〕 짐을 실어도 안 됩니다. 그리고 만약 〔안식일 전에〕 가까운 곳으로 옮길 만한 충분한 시간이 있지 않다면, 짐을 들어 등에 지게 해서는 안 됩니다." 그런데 힐렐 학파는 허락한다.

- 안식일에는 비유대인도 유대인의 일을 대신해줄 수 없다. 유대인이 안식일 직전에 비유대인과 무슨 일을 같이 하면, 비유대인이 안식일 동안에 그 일을 계속하는 것으로 간주되기 때문에 해서는 안 된다.

1, 8

בֵּית שַׁמַּאי אוֹמְרִים, אֵין נוֹתְנִין עוֹרוֹת לְעַבְּדָן וְלֹא כֵלִים לְכוֹבֵס נָכְרִי, אֶלָּא כְּדֵי שֶׁיֵּעָשׂוּ מִבְּעוֹד יוֹם. וּבְכֻלָּן בֵּית הִלֵּל מַתִּירִין עִם הַשָּׁמֶשׁ:

샴마이 학파는 말한다. "낮 동안에 할 수 있는 시간이 충분하지 않으면, 〔외부인〕 무두장이에게 가죽을 주거나 외부인 세탁장이에게 옷을 주어서는 안 됩니다." 힐렐 학파는 이 모든 경우들에 대해서 해가 떠 있는 한 허락했다.

- 샴마이 학파는 비유대인이 안식일 전에 마칠 수 있는 충분한 시간이 있을 경우에만 일을 맡겨야 한다는 입장이다. 일감이 남아 비유대인이 안식일에 유대인이 맡긴 일을 계속 해서는 안 된다. 하지만 힐렐 학파는 금요일 오후에 해가 있는 동안에는 일을 맡길 수 있다고 본다. 남은 일을 비유대인이 안식일에 하는 것에 대하여는 관여하지 않겠다는 입장이다.

1, 9

אָמַר רַבָּן שִׁמְעוֹן בֶּן גַּמְלִיאֵל, נוֹהֲגִין הָיוּ בֵּית אַבָּא שֶׁהָיוּ נוֹתְנִין כְּלֵי לָבָן לְכוֹבֵס נָכְרִי שְׁלֹשָׁה יָמִים קֹדֶם לַשַּׁבָּת. וְשָׁוִין אֵלּוּ וָאֵלּוּ, שֶׁטּוֹעֲנִין קוֹרוֹת בֵּית

라반 쉼온 벤 감리엘이 "나의 아버지의 집에서는 외부인 세탁장이들에게 흰 옷을 안식일 3일 전에 주곤 했습니다"라고 말했다. 이들이나 저들 [모두] 동의한 것은 올리브 짜는 기둥이나 포도주 짜는 굴림대를 내려놓는 것이다.

- 라반 감리엘은 자신의 아버지 집안에서는 안식일 규정을 훨씬 더 엄격하게 준수하여 안식일 3일 전까지만 세탁업자에게 옷을 맡기는 관습이 있었다고 회상한다. 이렇게 되면 안식일 전까지 세탁을 마치는 충분한 시간이 주어질 것이다.
- 샴마이 학파나 힐렐 학파 모두 올리브기름을 짜거나 포도주를 만드는 과정에서 안식일 전에 기둥이나 굴림대를 올려놓는 것에 동의했다. 대부분의 올리브나 포도는 기둥이나 굴림대를 올려놓는 직후에 으깨어질 것이다. 그리고 안식일 동안에 자동적으로 지속되는 것은 일로 간주하지 않기 때문에 가능하다.

1, 10

אֵין צוֹלִין בָּשָׂר, בָּצָל, וּבֵיצָה, אֶלָּא כְּדֵי שֶׁיִּצוֹלוּ מִבְּעוֹד יוֹם. אֵין נוֹתְנִין פַּת
לַתַּנּוּר עִם חֲשֵׁכָה, וְלֹא חֲרָרָה עַל גַּבֵּי גֶחָלִים, אֶלָּא כְּדֵי שֶׁיִּקְרְמוּ פָנֶיהָ
מִבְּעוֹד יוֹם. רַבִּי אֱלִיעֶזֶר אוֹמֵר, כְּדֵי שֶׁיִּקְרֹם הַתַּחְתּוֹן שֶׁלָּהּ:

[금요일] 낮 동안에 완전히 구울 시간이 충분하지 않다면 고기와 양파와 계란을 구워서는 안 된다. 위 표면에 껍질이 만들어질 시간이 충분하지 않다면, 어둠이 내릴 때 빵을 화덕에 넣거나 케익을 석탄 위에 올려놓으면 안 된다. 랍비 엘리에제르가 말한다. "바닥 [표면]에 껍질이 만들어질 충분한 시간입니다."

- 고기·양파·계란은 금요일 해가 지기 전에 이미 익어야 한다. 그렇지 않을 경우에는 화덕에 넣어서는 안 된다.
- 빵이나 케익은 익어가면서 아래 표면부터 딱딱하게 껍질이 생기고 윗부분에도 껍질이 생기면 완성이 된다. 랍비 엘리에제르는 아래 표면에 껍질이 생길 정도로 시간이 주어질 때 빵을 구워도 된다는 보다 관대한 입장이다.

1, 11

מְשַׁלְשְׁלִין אֶת הַפֶּסַח בַּתַּנּוּר עִם חֲשֵׁכָה. וּמַאֲחִיזִין אֶת הָאוּר בִּמְדוּרַת בֵּית הַמּוֹקֵד. וּבַגְּבוּלִין, כְּדֵי שֶׁיֶּאֱחֹז הָאוּר בְּרֻבָּן. רַבִּי יְהוּדָה אוֹמֵר, בְּפֶחָמִין, כָּל שֶׁהוּא:

유월절 희생제물은 〔안식일 시작 전〕 해질녘에 화덕에 내려놓는다. 그리고 〔성전의 제사장들은〕 난롯방 벽난로에 불을 붙일 수 있다. 그러나 지방(地方)[3]에서는 대부분의 〔나무〕에 불이 붙기 충분할 때에만 〔불을 붙일 수 있다〕. 랍비 예후다는 말한다. "석탄은 어떤 양이든지 〔허용됩니다〕."

- 안식일이 시작되기 전에 고기가 완전히 익을 충분한 시간이 있을 때에만 화덕에 넣을 수 있다. 하지만 유월절 희생제물은 예외적으로 해질녘 전에 화덕에 넣어 고기가 익을 때까지 기다리면 된다. 이때도 고기가 빨리 익도록 석탄을 긁어모으는 일을 해서는 안 된다.
- 성전 뜰에는 불을 항상 피워놓고 있는 커다란 방이 있다. 이 불은 제단의 불을 지속적으로 유지시킬 때에도 사용된다.
- 랍비 예후다는 보다 온건한 내용을 주장한다. 석탄의 경우는 비록

---

3) 성전이 있는 예루살렘 이외의 지역을 말한다.

양이 적어도 불이 꺼지지 않고 오래 지속되는 경향이 있다. 따라서 석탄을 안식일에 추가하지 않아도 되기 때문에 허용된다는 것이다.

제2장

이번 장에서는 안식일이 다가오는 저녁에 등불을 밝히는 방법에 대하여 말한다. 어떤 재료를 사용할 수 있고 어떤 재료를 사용해서는 안 되는지 구체적으로 열거한다. 다시 말해 심지, 기름, 등잔에 대하여 설명한다. 특별히 랍비들은 올리브기름 외에도 다양한 종류의 기름을 안식일에 사용할 수 있다고 허용하고 있다. 이것은 올리브기름이 충분하지 않은 지역이나 경제적인 이유 등을 고려한 것으로 보인다. 그럼에도 불구하고 등잔불에 잘 붙지 않는 기름들은 금지한다.

2, 1

בַּמֶּה מַדְלִיקִין וּבַמָּה אֵין מַדְלִיקִין. אֵין מַדְלִיקִין לֹא בְלֶכֶשׁ, וְלֹא בְחֹסֶן, וְלֹא בְכָלָךְ, וְלֹא בִפְתִילַת הָאִידָן, וְלֹא בִפְתִילַת הַמִּדְבָּר, וְלֹא בִירוֹקָה שֶׁעַל פְּנֵי הַמָּיִם. וְלֹא בְזֶפֶת, וְלֹא בְשַׁעֲוָה, וְלֹא בְשֶׁמֶן קִיק, וְלֹא בְשֶׁמֶן שְׂרֵפָה, וְלֹא בְאַלְיָה, וְלֹא בְחֵלֶב. נַחוּם הַמָּדִי אוֹמֵר, מַדְלִיקִין בְּחֵלֶב מְבֻשָּׁל. וַחֲכָמִים אוֹמְרִים, אֶחָד מְבֻשָּׁל וְאֶחָד שֶׁאֵינוֹ מְבֻשָּׁל, אֵין מַדְלִיקִין בּוֹ:

[안식일 등불을] 무엇으로 밝힐 수 있으며 밝힐 수 없는 것은 무엇일까? 향나무 섬유, 빗질하지 않은 아마, 생견, 인피 섬유, 광야에서 풀, 물풀을 사용해서는 안 된다. 역청, 밀랍, 피마자유, 태워야 할 [거제] 기름, 지방 꼬리, 수지(樹脂)를 사용해서는 안 된다. 나훔 함마디가 말한다. "녹인 수지로 불을 밝힐 수 있습니다." 하지만 현자들은 말한다. "녹인 것이든 녹이지 않은 것이든 수지로 불을 밝혀서는 안 됩니다."

- 등잔에 사용되는 심지와 기름으로 사용할 수 없는 것들을 열거하고 있다. 우선, 기름을 잘 흡수하지 못하는 것들은 심지로 부적절하다. 왜냐하면 기름이 심지를 더 잘 적시도록 등잔을 기울인다면 이것은 불을 피우는 행동으로 안식일에 해서는 안 된다.
- 비슷한 이유로 위에서 열거한 기름들도 불을 밝히는 데 부적절하다. 예외적으로 제사장에게 거제로 드린 기름 중에서 부정해진 기름은 태워 없애야 하는 기름으로 안식일에 사용해서는 안 된다.

2, 2

אֵין מַדְלִיקִין בְּשֶׁמֶן שְׂרֵפָה בְּיוֹם טוֹב. רַבִּי יִשְׁמָעֵאל אוֹמֵר, אֵין מַדְלִיקִין
בְּעִטְרָן, מִפְּנֵי כְבוֹד הַשַּׁבָּת. וַחֲכָמִים מַתִּירִין בְּכָל הַשְּׁמָנִים, בְּשֶׁמֶן שֻׁמְשְׁמִין,
בְּשֶׁמֶן אֱגוֹזִים, בְּשֶׁמֶן צְנוֹנוֹת, בְּשֶׁמֶן דָּגִים, בְּשֶׁמֶן פַּקּוּעוֹת, בְּעִטְרָן וּבְנֵפְט.
רַבִּי טַרְפוֹן אוֹמֵר, אֵין מַדְלִיקִין אֶלָּא בְשֶׁמֶן זַיִת בִּלְבָד:

태워야 할 [거제] 기름으로 명절날 불을 밝히는 데 사용해서는 안 된다. 랍비 이쉬마엘은 말한다. "안식일에 경의를 표하기 위해 타르 (tar)로 불을 밝혀서는 안 됩니다." 하지만 현자들은 다음의 기름들을 모두 허용했다. 참기름, 견과기름, 무[씨]기름, 물고기기름, 박기름, 타르, 그리고 나프타. 랍비 타르폰은 말한다. "올리브기름을 제외하고 다른 [기름으로] 불을 켜서는 안 됩니다."

- 위에서 언급한 기름들 중에 유일하게 태워야 할 거제 기름은 명절날 에 사용해서는 안 된다. 다른 기름들은 명절날 사용할 수 있다. 앞에 서 설명한 대로 나머지 기름들을 안식일에 사용 금지한 이유는 등불 이 잘 타지 않아 등잔을 기울일 염려가 있기 때문이다. 안식일과 달 리 명절날은 이런 행동을 해도 문제가 되지 않는다.
- 그럼에도 불구하고 랍비 타르폰은 등잔용으로 가장 좋은 올리브기

름만 안식일에 사용할 수 있다고 주장하고 있다.

2, 3

כָּל הַיּוֹצֵא מִן הָעֵץ אֵין מַדְלִיקִין בּוֹ אֶלָּא פִּשְׁתָּן. וְכָל הַיּוֹצֵא מִן הָעֵץ אֵינוֹ
מְטַמֵּא טֻמְאַת אֹהָלִים אֶלָּא פִּשְׁתָּן. פְּתִילַת הַבֶּגֶד שֶׁקִּפְּלָהּ וְלֹא הִבְהֲבָהּ,
רַבִּי אֱלִיעֶזֶר אוֹמֵר, טְמֵאָה, וְאֵין מַדְלִיקִין בָּהּ. רַבִּי עֲקִיבָא אוֹמֵר, טְהוֹרָה,
וּמַדְלִיקִין בָּהּ:

나무에서 나는 것 중에서 아마 섬유를 제외하고 〔다른 것〕으로 〔안식일〕 등불을 밝혀서는 안 된다. 나무에서 나는 것 중에서 아마 섬유를 제외하고 〔다른 것〕은 덮기 부정으로 부정해지지 않는다. 천을 꼬아 만든 심지가 그슬러지지 않은 경우에, 랍비 엘리에제르가 말한다. "그것은 부정합니다. 그래서 그것으로 불을 밝혀서는 안 됩니다." 랍비 아키바가 말한다. "그것은 정결합니다. 그래서 그것으로 불을 밝힐 수 있습니다."

- 아마 섬유로 만든 심지가 등잔용으로는 가장 적절하다. 미쉬나는 이 부분을 '덮기 부정'(장막 부정) 개념을 통해 설명하고 있다. 이것은 장막이 보통 아마로 만들어지기 때문이다. 랍비들은 민수기 19:14을 확대 적용하여, 장막 안에서 사람이 죽은 경우에 그 안에 있는 모든 것은 부정한 것으로 간주한다.
- 천을 꼰 후 그슬려 심지를 만든다. 그런데 그슬리지 않은 심지로 불을 밝혀도 되는지 랍비 엘리에제르와 랍비 아키바가 논쟁한다. 랍비 엘리에제르는 그슬리지 않은 것은 여전히 천으로 간주되기 때문에 부정해지기 쉽다고 본다. 따라서 이것으로 불을 밝혀서는 안 된다. 하지만 랍비 아키바는 천을 꼬았기 때문에 이것은 이미 천이 아니다. 따라서 부정해지지 않기 때문에 사용 가능하다.

לֹא יִקֹּב אָדָם שְׁפוֹפֶרֶת שֶׁל בֵּיצָה וִימַלְאֶנָּה שֶׁמֶן וְיִתְּנֶנָּה עַל פִּי הַנֵּר בִּשְׁבִיל שֶׁתְּהֵא מְנַטֶּפֶת, אֲפִלּוּ הִיא שֶׁל חֶרֶס. וְרַבִּי יְהוּדָה מַתִּיר. אֲבָל אִם חִבְּרָהּ הַיּוֹצֵר מִתְּחִלָּה, מֻתָּר, מִפְּנֵי שֶׁהוּא כְּלִי אֶחָד. לֹא יְמַלֵּא אָדָם אֶת הַקְּעָרָה שֶׁמֶן וְיִתְּנֶנָּה בְּצַד הַנֵּר וְיִתֵּן רֹאשׁ הַפְּתִילָה בְּתוֹכָהּ, בִּשְׁבִיל שֶׁתְּהֵא שׁוֹאֶבֶת. וְרַבִּי יְהוּדָה מַתִּיר:

달걀 껍질에 구멍을 뚫어 기름으로 채운 다음 그것을 등잔 입구에 올려 놓아 그 안으로 기름이 떨어지도록 해서는 안 된다. 설령 도기로 만들었어도 〔안 된다〕. 하지만 랍비 예후다는 그것을 허용했다. 그러나 만약 그 도공이 처음부터 참여했다면, 그것은 허용되는데 그 이유는 이것이 하나의 도구이기 때문이다. 우묵한 그릇에 기름을 담아 등잔 옆에 두고, 심지 끝을 그 안에 넣어 그것이 기름을 끌어당기게 해서는 안 된다. 그러나 랍비 예후다는 그것을 허용했다.

- 등잔에 기름을 채우는 것은 안식일 전에 해야 한다. 안식일에 어떤 도구를 사용해서 기름을 채우는 것은 불을 피우는 '일'로 간주하기 때문이다.

הַמְכַבֶּה אֶת הַנֵּר מִפְּנֵי שֶׁהוּא מִתְיָרֵא מִפְּנֵי גוֹיִם, מִפְּנֵי לִסְטִים, מִפְּנֵי רוּחַ רָעָה, וְאִם בִּשְׁבִיל הַחוֹלֶה שֶׁיִּישָׁן, פָּטוּר. כְּחָס עַל הַנֵּר, כְּחָס עַל הַשֶּׁמֶן, כְּחָס עַל הַפְּתִילָה, חַיָּב. וְרַבִּי יוֹסֵי פּוֹטֵר בְּכֻלָּן חוּץ מִן הַפְּתִילָה, מִפְּנֵי שֶׁהוּא עוֹשָׂהּ פֶּחָם:

만약 어떤 이가 외국인들, 강도들, 악령들을 두려워하여 등불을 끄거나 아니면 병자가 수면을 취하도록 〔등불을 끈 경우는, 속죄제〕가 면제된다. 하지만 그가 만약 등잔을 아끼거나 기름을 아끼거나 심지를 아끼기 위해서 등불을 끈다면 〔속죄제〕의 책임이 있다. 랍비 요쎄는 심지를 제외한 모든 경우들을 면제해 주었는데, 그것은 그가 숯을 만들기 때문이다.

- 랍비들은 안식일에 등불을 켜는 것도 금지하고 있지만 불을 끄는 행위도 금지한다. 하지만 등불을 끄더라도 생명과 연관이 있는 경우에는 예외적으로 속죄제를 면제해주고 있다.
- 랍비 요쎄는 본래의 목적과 다른 행동을 일로 간주하지 않는다. 이번 경우에 어둡게 하기 위한 목적이 아닌 절약을 목적으로 등불을 끈 경우는 '일'로 간주하지 않는다. 따라서 속죄제의 책임이 없다고 주장한다. 하지만 심지가 타면서 검게 그을러지는 것을 일종의 숯이 되는 과정으로 본다면 그것을 중단시키는 행위를 '일'로 볼 수 있다는 흥미로운 주장을 하고 있다.

2, 6

עַל שָׁלֹשׁ עֲבֵרוֹת נָשִׁים מֵתוֹת בִּשְׁעַת לֵדָתָן, עַל שֶׁאֵינָן זְהִירוֹת בַּנִּדָּה וּבַחַלָּה וּבְהַדְלָקַת הַנֵּר:

여자들이 출산을 하다가 죽는 것은 세 가지를 위반했기 때문이다. 그녀들이 월경 때나 안식일 빵 반죽할 때, 그리고 〔안식일〕 등불을 밝힐 때 주의를 기울이지 않았기 때문이다.

- 랍비들은 여자들이 출산하다 죽은 경우를 지켜야 할 법들을 위반해서 생긴다고 해석하고 있다.

2, 7

שְׁלֹשָׁה דְבָרִים צָרִיךְ אָדָם לוֹמַר בְּתוֹךְ בֵּיתוֹ עֶרֶב שַׁבָּת עִם חֲשֵׁכָה. עִשַּׂרְתֶּם. עֵרַבְתֶּם. הַדְלִיקוּ אֶת הַנֵּר. סָפֵק חֲשֵׁכָה סָפֵק אֵין חֲשֵׁכָה, אֵין מְעַשְּׂרִין אֶת

הַדְּמַאי, וְאֵין מַטְבִּילִין אֶת הַכֵּלִים, וְאֵין מַדְלִיקִין אֶת הַנֵּרוֹת, אֲבָל מְעַשְּׂרִין
אֶת הַדְּמַאי, וּמְעָרְבִין, וְטוֹמְנִין אֶת הַחַמִּין:

안식일 저녁 해질녘에 세 가지를 말할 필요가 있다. 십일조를 구별
해놓았는가? 에루브 마당을 만들어놓았는가? 〔안식일〕 등잔불을 밝
혔는가? 해가 졌는지 지지 않았는지 불분명할 때에는 확실하게 십일
조로 바치지 않은 것을 십일조로 구별하지 않는다. 그릇들은 물에 담
그지 않는다. 〔안식일〕 등잔불을 켜지 않는다. 대신에 십일조인지 불
분명한 것을 십일조로 구별하고, 에루브 마당을 준비하고, 열기를 간
직해야 할 것을 덮는다.

- 안식일 저녁이 되기 전에 미리 점검해야 할 가장 중요한 세 가지 항
  목들을 말하고 있다. '안식일 저녁'(ערב שבת, 에레브 샤밧)은 정확
  하게 말하자면 안식일이 시작되기 전날 저녁이다. 그래서 오늘날 토
  요일이 안식일인데 안식일 저녁은 토요일 저녁이 아니라 금요일 저
  녁을 말한다. 유대교에서는 해가 진 후 저녁부터 다음 날의 시작으
  로 보는 전통이 생겨났다. 이것은 창세기 1장에 대한 해석에서 비롯
  되었는데 오늘날 사라 야펫(Sarah Japhet)과 같은 많은 성서 학자들
  은 이러한 해석에 반대하여 성서 시대에 하루의 시작은 해가 떠오르
  는 시점으로 보고 있다.
- '에루브 마당'은 히브리어로 '에루브'로 불린다. 에루브는 안식일에
  물건을 나르거나 이동할 수 있도록 만들어주는 공간으로 두 종류가
  있다. 하나는 사적 공간과 공적 공간 사이에 에루브를 만들어두면 안
  식일에도 여기에 물건을 옮겨놓을 수 있다. 다른 하나는 안식일에 걸
  어갈 수 있는 최대 거리에 에루브를 만들어놓으면, 이곳을 출발점으
  로 다시 최대로 이동할 수 있게 된다. 자세한 내용은 「에루빈」을 참
  조하라.

● 해질녘은 해가 지고 어두워지기 시작하는 시점이고 완전히 어두워
지면 안식일이 시작된다. 안식일에 해서는 안 되는 일은 이때에도
해서는 안 된다. 왜냐하면 혹시라도 이미 안식일이 시작되는 시점이
라면 안식일법을 위반하게 되기 때문이다.

제3장

이 장은 안식일 이전에 이미 요리된 음식을 안식일 동안 따뜻하게
유지하기 위해 열판(난로) 위에 두는 경우에 주의해야 할 수칙을 다
룬다. 대표적으로 음식을 더 따뜻하게 하기 위해 석탄을 긁어모으면
안 된다. 이 행동이 요리하는 것으로 간주되기 때문이 아니라 불을 피
우는 '일'로 간주되기 때문에 금지한다.

3, 1

כִּירָה שֶׁהִסִּיקוּהָ בְקַשׁ וּבְגְבָבָא, נוֹתְנִים עָלֶיהָ תַבְשִׁיל. בְּגֶפֶת וּבְעֵצִים, לֹא
יִתֵּן עַד שֶׁיִּגְרֹף, אוֹ עַד שֶׁיִּתֵּן אֶת הָאֵפֶר. בֵּית שַׁמַּאי אוֹמְרִים, חַמִּין אֲבָל לֹא
תַבְשִׁיל. וּבֵית הִלֵּל אוֹמְרִים, חַמִּין וְתַבְשִׁיל. בֵּית שַׁמַּאי אוֹמְרִים, נוֹטְלִין אֲבָל
לֹא מַחֲזִירִין. וּבֵית הִלֵּל אוֹמְרִים, אַף מַחֲזִירִין:

쌍화로를 그루터기나 짚으로 데웠다면, 그 위에 요리된 음식을 올
려 두어도 된다. 쌍화로를 토탄이나 나무로 데웠다면, [토탄이나 나
무]를 끄집어내거나 그 위에 재를 뿌린 다음에 비로소 요리된 음식
을 둘 수 있다. 이에 대하여 샴마이 학파는 뜨거운 물은 올려 두어도
되지만 음식은 안 된다고 한다. 하지만 힐렐 학파는 뜨거운 물과 음
식 모두 올려 둘 수 있다고 한다. 샴마이 학파는 일단 그것을 화로 위
에서 옮긴 다음에는 다시 제자리에 가져다 둘 수 없다고 한다. 하지만

힐렐 학파는 그것을 허락한다.

- 쌍화로를 짚이나 그루터기로 데웠다면, 이미 익힌 음식을 안식일 전에 화로(열판)에 올려놓아도 된다. 왜냐하면 짚이나 그루터기는 숯이 남지 않으므로 행여 숯을 모으는 '일'을 할 염려가 없기 때문이다.

- 쌍화로를 토탄이나 나무로 데웠다면, 음식을 안식일 동안 그 위에 올려놓아서는 안 된다. 왜냐하면 토탄이나 나무는 숯이 되는데 혹시라도 안식일에 음식을 더 따뜻하게 하고자 그것을 끌어모을 위험이 있기 때문이다. 그러한 위험을 피하기 위해서는 안식일 전에 미리 숯을 꺼내거나 숯에 재를 뿌려 식힌 다음 그 화로를 사용할 수는 있다.

- 안식일 동안에 쌍화로(토탄이나 나무로 데운) 위에 올려놓을 수 있는 것이 무엇인가에 대하여 샴마이 학파와 힐렐 학파가 논쟁을 하고 있다. 샴마이 학파는 요리된 음식을 올려놓는 것은 금하고 오직 뜨거운 물만 올릴 수 있다고 한다. 그 이유는 할라카(Halakah)는 안식일에 요리를 하는 것에 대하여 더욱 엄격히 금지하고 있기 때문이다. 하지만 힐렐 학파에 따르면 할라카는 음식과 물에 동일한 법을 적용하고 있다고 주장한다.

3, 2

תַּנּוּר שֶׁהִסִּיקוּהוּ בְקַשׁ וּבִגְבָבָא, לֹא יִתֵּן בֵּין מִתּוֹכוֹ בֵּין מֵעַל גַּבָּיו. כֻּפָּח שֶׁהִסִּיקוּהוּ בְקַשׁ וּבִגְבָבָא, הֲרֵי זֶה כְכִירַיִם, בְּגֶפֶת וּבְעֵצִים, הֲרֵי הוּא כְתַנּוּר:

만약 그루터기나 짚으로 화덕을 데운 것이라면, 그 화덕 안이나 위에 냄비를 올려서는 안 된다. 짚이나 그루터기로 데워진 화로 한 개는 쌍화로와 같이 여기지만, 나무나 토탄으로 데워진 것은 화덕으로 간주한다.

- 화로보다 화덕의 열기가 더 강하므로 화덕 위에는 어떤 것도 올려
  놓아서는 안 된다.
- 화로가 나무나 토탄으로 데워진 것이면, 화덕처럼 뜨거운 열기가 남
  아 있는 것으로 여기기 때문에 그 위에 음식을 올려둘 수 없다.

3, 3

אֵין נוֹתְנִין בֵּיצָה בְּצַד הַמֵּחַם בִּשְׁבִיל שֶׁתִּתְגַּלְגֵּל. וְלֹא יַפְקִיעֶנָּה בְּסוּדָרִין. וְרַבִּי
יוֹסֵי מַתִּיר. וְלֹא יַטְמִינֶנָּה בְּחֹל וּבַאֲבַק דְּרָכִים בִּשְׁבִיל שֶׁתִּצָּלֶה:

계란을 〔물을 데우는〕 그릇 옆에 두어 그것이 익게 해서는 안 된다.
그것을 뜨거운 천 안에 깨어 넣어서는 안 된다. 랍비 요쎄는 그것을
허락했다. 계란을 뜨거운 모래나 도로에 두어 그것을 익게 하면 안
된다.

- 랍비들은 열기가 남아있는 그릇이나 유사한 기구들로 계란을 익히
  는 것을 금하고 있다. 계란은 뜨거운 모래나 재 안에 묻어도 그 열기
  로 익는다. 랍비 요쎄는 이것도 금한다.

3, 4

מַעֲשֶׂה שֶׁעָשׂוּ אַנְשֵׁי טְבֶרְיָא וְהֵבִיאוּ סִלּוֹן שֶׁל צוֹנֵן לְתוֹךְ אַמָּה שֶׁל חַמִּין.
אָמְרוּ לָהֶן חֲכָמִים, אִם בְּשַׁבָּת, כְּחַמִּין שֶׁהוּחַמּוּ בְשַׁבָּת, אֲסוּרִין בִּרְחִיצָה
וּבִשְׁתִיָּה; בְּיוֹם טוֹב, כְּחַמִּין שֶׁהוּחַמּוּ בְיוֹם טוֹב, אֲסוּרִין בִּרְחִיצָה וּמֻתָּרִין
בִּשְׁתִיָּה. מוּלְיָאר הַגָּרוּף, שׁוֹתִין הֵימֶנּוּ בְשַׁבָּת. אַנְטִיכִי, אַף עַל פִּי שֶׁגְּרוּפָה,
אֵין שׁוֹתִין מִמֶּנָּה:

언젠가 티베리아 사람들이 찬물 관이 온천수로를 지나가게 했던

일이 있었다. 현자들이 그들에게 말하기를, 만약 그 일이 안식일에 일어났다면, 그것은 마치 물을 덥힌 것과 같다. 그 물을 마셔서도 그 물로 씻어서도 안 된다. 만약에 명절날 그 일을 했다면, 그것은 명절날 물을 데운 것과 같다. 그러므로 그 물로 씻는 것은 금지되지만 그 물을 마실 수는 있다. 밀리아리움은 재를 제거했으면 그 안에 〔있는 물을〕 안식일에 마실 수 있다. 안티키는 재를 제거했더라도 그 안에 〔있는 물을〕 마실 수 없다.

- 이스라엘 티베리아 지역은 온천수로 유명하다. 찬물이 관을 통해 온천수를 지나게 되면 물이 데워진다. 랍비들은 이러한 방식으로 데운 물이라도 안식일에 사용하는 것을 금하고 있다.
- '욤 토브'(יום טוב, Yom Tov)'를 직역하면 '좋은 날', '기쁜 날'인데 절기 전체 기간 중 첫날과 마지막 날을 의미한다. 절기 기간 중에 첫날과 마지막 날만 안식일처럼 일해서는 안 되는 날이며 정해진 일을 할 수 있는 절기 중간 날들과 구별된다. 욤 토브(명절날)에 대한 자세한 규정들은 「베짜」(계란)에서 다루고 있고, 절기 중간에 대한 규정들은 「모에드 카탄」(소절기)에서 소개하고 있다.
- '밀리아리움'(miliarium, μιλιάριον)은 청동으로 만든 용기로 바깥쪽 칸에 뜨거운 석탄을 넣어 인접한 안쪽 칸에 있는 물을 데우는 데 사용된다.
- '안티키'(antiki)는 구리로 만든 큰 냄비로 많은 양의 석탄을 담을 수 있어 빠른 시간에 물을 뜨겁게 데울 수 있다.

3, 5

הַמֵּחַם שֶׁפִּנָהוּ, לֹא יִתֵּן לְתוֹכוֹ צוֹנֵן בִּשְׁבִיל שֶׁיֵּחַמּוּ, אֲבָל נוֹתֵן הוּא לְתוֹכוֹ אוֹ לְתוֹךְ הַכּוֹס כְּדֵי לְהַפְשִׁירָן. הָאִלְפָּס וְהַקְדֵרָה שֶׁהֶעֱבִירָן מְרֻתָּחִין, לֹא יִתֵּן

לְתוֹכָן תְּבָלִין, אֲבָל נוֹתֵן הוּא לְתוֹךְ הַקְּעָרָה אוֹ לְתוֹךְ הַתַּמְחוּי. רַבִּי יְהוּדָה
אוֹמֵר, לַכֹּל הוּא נוֹתֵן, חוּץ מִדָּבָר שֶׁיֵּשׁ בּוֹ חֹמֶץ וְצִיר:

〔불 위에서〕옮긴 주전자 안에 물을 부으면 데워지기 때문에 안 된
다. 그러나 〔물〕을 그 안이나 컵에 부어 〔식히는 것〕은 가능하다. 끓고
있는 동안에 〔불〕에서 옮긴 팬이나 냄비 안에 양념을 넣어서는 안 되
지만, 양념을 접시나 큰 그릇에 담긴 음식에는 넣을 수 있다. 랍비 예
후다가 말한다. "효모나 소금물이 들어간 것을 제외한 모든 〔양념〕을
넣을 수 있습니다."

- 팬이나 냄비가 끓고 있는 동안에 양념을 넣으면 그것이 익으면서 요
  리가 되기 때문에 금지된다. 하지만 음식을 다른 그릇에 옮겨 담은
  후에 양념을 넣은 것은 요리로 간주하지 않기 때문에 허락된다.

3, 6

אֵין נוֹתְנִין כְּלִי תַחַת הַנֵּר לְקַבֵּל בּוֹ אֶת הַשֶּׁמֶן. וְאִם נְתָנוֹ מִבְּעוֹד יוֹם, מֻתָּר.
וְאֵין נֵאוֹתִין מִמֶּנּוּ, לְפִי שֶׁאֵינוֹ מִן הַמּוּכָן. מְטַלְטְלִין נֵר חָדָשׁ, אֲבָל לֹא יָשָׁן.
רַבִּי שִׁמְעוֹן אוֹמֵר, כָּל הַנֵּרוֹת מְטַלְטְלִין, חוּץ מִן הַנֵּר הַדּוֹלֵק בְּשַׁבָּת. נוֹתְנִין
כְּלִי תַחַת הַנֵּר לְקַבֵּל נִיצוֹצוֹת. וְלֹא יִתֵּן לְתוֹכוֹ מַיִם, מִפְּנֵי שֶׁהוּא מְכַבֶּה:

〔안식일에 떨어지는〕기름을 담기 위해 등잔 밑에 그릇을 두어서는
안 된다. 하지만 해가 있는 동안에 그 그릇을 두었다면 허락된다. 하
지만 그것은 유용하지 않은데, 왜냐하면 준비된 물건이 아니기 때문
이다. 새 등잔을 만질 수는 있으나, 오래된 것은 안 된다. 랍비 쉼온이
말한다. "모든 등잔을 만질 수 있지만, 안식일에 타는 등잔을 만져서
는 안 됩니다." 불똥이 떨어지는 것을 담기 위해 등잔 아래 그릇을 둘
수는 있다. 하지만 〔안식일에〕그 불똥에 물을 부어서는 안 된다. 왜
냐하면 그것은 불을 끈 것이다.

- 랍비들은 안식일에 사용할 수 있는 도구를 '준비된 물건'으로, 사용해서는 안 되는 도구를 '치워둔 물건'으로 구별하고 있다(「샤밧」 개요). 그리고 치워둔 물건과 접촉한 물건도 같이 치워둔 물건이 되어 안식일에 사용할 수 없다. 기름은 일종의 '치워둔 물건'이다. 따라서 안식일에 기름을 담기 위해 다른 그릇을 두면 안 된다.

- 오래 사용한 등잔도 '치워둔 물건'으로 간주하여 안식일에 만져서는 안 된다. 하지만 아직 사용해본 적이 없는 새 등잔은 '치워둔 물건'으로 보지 않기 때문에 안식일에도 조작하는 것이 가능하다.

- 물을 부어 불꽃을 제거하는 것은 일종의 불을 끄는 '일'이다. 안식일에는 불을 켜는 행위도 금지되지만 불을 끄는 행위도 금지된다.

제4장

이번 장은 음식을 따뜻하게 유지하기 위해 덮어둘 수 있는 방법들에 대해 말한다. 열기를 직접적으로 사용하지 않으면서 음식의 온기를 유지하기 위한 다양한 방법들을 통해 랍비들과 유대인들의 지혜를 엿볼 수 있다. 이번 장은 비교적 짧게 두 개의 미쉬나로 이루어졌다.

4, 1

בַּמֶּה טוֹמְנִין וּבַמֶּה אֵין טוֹמְנִין. אֵין טוֹמְנִין לֹא בַגֶּפֶת וְלֹא בְזֶבֶל, לֹא בְמֶלַח וְלֹא בְסִיד וְלֹא בְחֹל, בֵּין לַחִים בֵּין יְבֵשִׁים. לֹא בְתֶבֶן וְלֹא בְזָגִים וְלֹא בְמוֹכִין וְלֹא בַעֲשָׂבִים בִּזְמַן שֶׁהֵן לַחִים, אֲבָל טוֹמְנִין בָּהֶן כְּשֶׁהֵן יְבֵשִׁין. טוֹמְנִין בִּכְסוּת וּבְפֵרוֹת, בְּכַנְפֵי יוֹנָה וּבִנְסֹרֶת שֶׁל חָרָשִׁים וּבִנְעֹרֶת שֶׁל פִּשְׁתָּן דַּקָּה. רַבִּי יְהוּדָה אוֹסֵר בְּדַקָּה וּמַתִּיר בְּגַסָּה:

음식을 덮는 데 사용할 수 있는 것들과 사용할 수 없는 것들은 무엇인가? 토탄, 퇴비, 소금, 석회, 모래는 젖은 것이든 마른 것이든 〔음식을 덮는 데 사용하면〕 안 된다. 짚, 포도 껍질, 해진 천, 또는 풀은 젖었을 때는 안 되지만, 마른 것은 음식을 덮을 수 있다. 옷, 비둘기 날개, 재단사의 톱밥, 잘 다듬어진 아마로 음식을 덮을 수 있다. 랍비 예후다는 고운 아마에 음식을 보관하는 것은 금했지만, 거친 아마를 사용하는 것은 허락했다.

- 토탄, 퇴비, 소금, 석회, 모래는 어떤 경우든 열기가 있는 것으로 간주하기 때문에 사용이 금지된다.
- 아마는 열기를 가하는 기능은 없고 다만 보온의 기능만 있는 것으로 간주한다. 따라서 아마로 음식을 덮어 보온을 유지할 수 있다.

4, 2

טוֹמְנִין בְּשַׁלָּחִין, וּמְטַלְטְלִין אוֹתָן, בְּגִזֵּי צֶמֶר, וְאֵין מְטַלְטְלִין אוֹתָן. כֵּיצַד הוּא
עוֹשֶׂה, נוֹטֵל אֶת הַכִּסּוּי וְהֵן נוֹפְלוֹת. רַבִּי אֶלְעָזָר בֶּן עֲזַרְיָה אוֹמֵר, קֻפָּה,
מַטָּה עַל צִדָּהּ וְנוֹטֵל, שֶׁמָּא יִטֹּל וְאֵינוֹ יָכֹל לְהַחֲזִיר. וַחֲכָמִים אוֹמְרִים, נוֹטֵל
וּמַחֲזִיר. לֹא כִסָּהוּ מִבְּעוֹד יוֹם, לֹא יְכַסֶּנּוּ מִשֶּׁתֶּחְשָׁךְ. כִּסָּהוּ וְנִתְגַּלָּה, מֻתָּר
לְכַסּוֹתוֹ. מְמַלֵּא אֶת הַקִּיתוֹן וְנוֹתֵן לְתַחַת הַכַּר, אוֹ תַחַת הַכֶּסֶת:

가죽으로 음식을 덮을 수 있고 또한 그것을 만지거나 옮길 수 있다. 그러나 양털로 음식을 덮었다면 그것들은 만지거나 옮길 수 없다. 냄비의 뚜껑을 열다가 양털이 그 속으로 떨어진다면 어떻게 될까? 아자리야의 아들 랍비 엘아자르가 말한다. "냄비를 담고 있는 바구니를 기울여 음식을 꺼낼 수 있습니다." 그러나 현자들은 말한다. "냄비를 꺼내 그것을 바꿀 수 있습니다." 만약 솥에 뚜껑을 덮지 않았다면, 밤이 지나서 덮을 수 없다. 만약에 뚜껑을 덮었던 것이 벗겨진 것이라면 다시 뚜껑을 덮을 수 있다. 주전자에 찬물을 채워 베개 아래나 담요 아래 둘 수 있다.

- 동물의 가죽은 보온의 기능만 있으므로 안식일에 음식을 덮는 데 사용할 수 있다.
- 양털은 일반적으로 옷을 만드는 재료다. 따라서 안식일에 그것을 다루는 것은 금지된다. 단, 음식을 덮어두는 데는 사용할 수 있다. 그렇지만 이 경우에도 양털에 손을 대면 안 된다.

제5장

구약성서 출애굽기 23장은 안식일에는 짐승들도 일하지 않게 한다고 되어 있다. 그런데 미쉬나 5, 1은 동물이 안식일에 일하는 예외적인 경우를 다룬다.

5, 1

בַּמֶּה בְהֵמָה יוֹצְאָה וּבַמֶּה אֵינָהּ יוֹצְאָה. יוֹצֵא הַגָּמָל בְּאַפְסָר, וְנָאקָה בַחֲטָם, וְלֻבְדְּקִיס בִּפְרֻמְבְּיָא, וְסוּס בְּשֵׁיר, וְכָל בַּעֲלֵי הַשֵּׁיר יוֹצְאִים בְּשֵׁיר וְנִמְשָׁכִים בְּשֵׁיר, וּמַזִּין עֲלֵיהֶן וְטוֹבְלִין בִּמְקוֹמָן:

안식일에 가축이 밖으로 나갈 수 있는 경우와 그렇지 못한 경우는 언제인가? 코에 링을 끼운 암 낙타를 밖으로 조금 끌고 나갈 수 있다. 철로 만든 굴레를 씌운 리비아 당나귀, 사슬을 씌운 말, 그밖에 사슬을 씌운 모든 동물을 밖으로 끌고 나갈 수 있다. 〔정결케 하는 물을〕 그것들 위에 뿌릴 수 있고, 그것들을 씌운 그대로 담글 수 있다.

- 가축에게 씌운 사슬이 더럽혀졌을 경우, 그것을 정결케 해야 한다.

חֲמוֹר יוֹצֵא בְמַרְדַּעַת, בִּזְמַן שֶׁהִיא קְשׁוּרָה לוֹ. זְכָרִים יוֹצְאִין לְבוּבִין. רְחֵלוֹת
יוֹצְאוֹת שְׁחוּזוֹת, כְּבוּלוֹת וּכְבוּנוֹת. הָעִזִּים יוֹצְאוֹת צְרוּרוֹת. רַבִּי יוֹסֵי אוֹסֵר
בְּכֻלָּן, חוּץ מִן הָרְחֵלִין הַכְּבוּנוֹת. רַבִּי יְהוּדָה אוֹמֵר, עִזִּים יוֹצְאוֹת צְרוּרוֹת
לְיַבֵּשׁ, אֲבָל לֹא לֶחָלָב:

안장 깔개를 얹은 당나귀는 밖으로 나갈 수 있다. 가죽으로 묶인 숫양들은 밖으로 나갈 수 있다. 꼬리가 위로, 아래로 묶여 있거나 덮인 암양들은 밖으로 나갈 수 있다. 젖통이 묶인 염소들은 밖으로 나갈 수 있다. 랍비 요쎄는 암양을 제외한 이 모든 경우를 금지한다. 랍비 예후다는 말한다. "염소들은 [젖통]이 묶인 채 밖으로 나갈 수 있지만, [이것은 젖통을] 말리기 위해서이지, 우유를 모으기 위해서는 아닙니다."

- 당나귀 등에 있는 안장은 나귀의 옷과 같은 것이므로 착용하고 나가는 것이 가능하다. 하지만 떨어지지 않도록 잘 묶여 있어야 한다.
- 가죽은 숫양을 보호하기 위한 용도로 보인다. 어떤 학자는 가슴을 보호한다고 주장하고, 어떤 이들은 생식기를 보호한다고 생각한다.
- 염소의 젖통은 건조시키거나 우유를 보호하기 위하여 묶어 놓는다. 랍비 예후다는 안식일에 염소 젖통을 건조시키기 위해서 묶고 나가는 것은 가능하지만 우유를 모으기 위해서 젖통을 묶은 채 밖으로 데려가면 안 된다고 주장한다.

5, 3

וּבַמֶּה אֵינָהּ יוֹצְאָה. לֹא יֵצֵא גָמָל בִּמְטוּטֶלֶת, לֹא עָקוּד וְלֹא רָגוּל, וְכֵן שְׁאָר
כָּל הַבְּהֵמוֹת. לֹא יִקְשֹׁר גְּמַלִּים זֶה בָזֶה וְיִמְשֹׁךְ. אֲבָל מַכְנִיס חֲבָלִים לְתוֹךְ יָדוֹ
וְיִמְשֹׁךְ, וּבִלְבַד שֶׁלֹּא יִכְרֹךְ:

그러면 어떤 경우에 가축들을 밖으로 끌고 나갈 수 없는가? 보호대를 얹은 낙타는 밖으로 나갈 수 없다. 앞다리들이 묶인 채이거나, 뒷다리들이 묶인 채로는 밖으로 나갈 수 없다. 다른 동물들도 마찬가지다. 낙타들을 함께 묶은 다음, 그중 하나를 끌어당겨서는 안 된다. 그러나 손으로 줄들을 잡아 그것들을 엉키지 않도록 잡아당길 수 있다.

- 낙타 한 마리를 끌고 가는 것은 마치 시장으로 가는 것처럼 보이기 때문에 금지되지만, 여러 마리를 같이 줄로 묶어 끌고 가는 것은 허락된다.

5, 4

אֵין חֲמוֹר יוֹצֵא בְמַרְדַּעַת בִּזְמַן שֶׁאֵינָהּ קְשׁוּרָה לוֹ, וְלֹא בְזוֹג, אַף עַל פִּי שֶׁהוּא פָקוּק, וְלֹא בְסֻלָּם שֶׁבְּצַוָּארוֹ, וְלֹא בִרְצוּעָה שֶׁבְּרַגְלוֹ. וְאֵין הַתַּרְנְגוֹלִין יוֹצְאִין בְּחוּטִין, וְלֹא בִרְצוּעוֹת שֶׁבְּרַגְלֵיהֶם. וְאֵין הַזְּכָרִים יוֹצְאִין בַּעֲגָלָה שֶׁתַּחַת הָאַלְיָה שֶׁלָּהֶן. וְאֵין הָרְחֵלִים יוֹצְאוֹת חֲנוּנוֹת. וְאֵין הָעֵגֶל יוֹצֵא בְגִימוֹן. וְלֹא פָרָה בְעוֹר הַקֻּפָּר, וְלֹא בִרְצוּעָה שֶׁבֵּין קַרְנֶיהָ. פָּרָתוֹ שֶׁל רַבִּי אֶלְעָזָר בֶּן עֲזַרְיָה הָיְתָה יוֹצְאָה בִרְצוּעָה שֶׁבֵּין קַרְנֶיהָ, שֶׁלֹּא בִרְצוֹן חֲכָמִים:

나귀는 안장 깔개가 묶여 있지 않은 상태로 밖을 나가서는 안 된다. 종을 착용하고 [나가서는] 안 된다. 설령 그것이 끼워져 있다고 하더라도. 목 주변에 사다리 [모양의 멍에를] 착용하고 [나가서는] 안 된다. 발에 끈이 매어진 상태로 [나가서는] 안 된다. 새는 발에 끈이나 리본을 맨 상태로 나가서는 안 된다. 숫양은 꼬리 아래에 수레를 달고 나가서는 안 된다. 암양은 하눈을 달고 나가서는 안 된다. 송아지는 작은 멍에를 메고 나가서는 안 된다. 암소는 고슴도치 가죽을 [젖통]에 달거나 끈을 뿔 사이에 매고 나가서는 안 된다. 랍비 엘아자르의 암소는 랍비들의 허락 없이 뿔 사이에 끈을 매고 나가곤 했다.

- 안장 깔개가 떨어지면 주인이 그것을 들어 올려야 하는데 이것은 안식일에 금지된 동작이다.
- 나귀가 종을 차고 나가면 주인이 시장에서 파는 것으로 비춰진다.
- '하눈'(חנון, hanun)은 허브의 일종으로 암양의 코에 달아놓아 벌레들이 코에서 나오도록 유도한다.
- 새의 발에 매어진 끈이나 리본은 주인이 누구인지 알려주는 표시가 된다.
- 암소의 젖통 아래에 고슴도치 가죽을 매면 다른 가축들이 젖을 먹는 걸 막아준다.

제6장

랍비들은 안식일에 사적인 공간에서 공적인 공간으로 짐을 가지고 나가는 것을 금지하고 있다. 그리고 짐을 나르는 일을 하여 안식일을 범하게 되면 속죄제를 드려야 한다. 안식일에 들고 나갈 수 있는 물건들을 정하는 문제도 어렵다. 일반적으로 옷에 장신구를 착용하고 공적인 공간으로 나가는 것은 허락된다. 장신구는 짐이나 물건이 아니고 착용하는 의복의 일부이기 때문이다. 하지만 안식일에 착용하고 나가면 안 되는 장신구들도 있다. 장신구를 금지하는 주된 이유는 장신구가 떨어져 본의 아니게 들고 다니게 되거나 다른 사람에게 자랑하기 위해서 장신구를 몸에서 분리하여 임의로 들고 다니는 것을 방지하기 위함이었다. 장신구가 옷이나 신체에서 분리되어 본래의 기능을 상실할 경우에는 일종의 짐으로 취급되어 결과적으로 안식일에 짐을 나르면 안 된다는 규정을 범하게 된다. 이처럼 비록 작은 장신구라 할지라도 안식일에는 짐처럼 들고 다니면 안 될 정도로 안식일을 준수하는 문제는 유대교에서 가장 중요한 가치 중 하나였다.

6, 1

בַּמֶּה אִשָּׁה יוֹצְאָה וּבְמֶה אֵינָהּ יוֹצְאָה. לֹא תֵצֵא אִשָּׁה לֹא בְחוּטֵי צֶמֶר וְלֹא
בְחוּטֵי פִשְׁתָּן וְלֹא בִרְצוּעוֹת שֶׁבְּרֹאשָׁהּ. וְלֹא תִטְבֹּל בָּהֶן עַד שֶׁתְּרַפֵּם. וְלֹא
בְטֹטֶפֶת וְלֹא בְסַנְבּוּטִין בִּזְמַן שֶׁאֵינָן תְּפוּרִין. וְלֹא בְכַבּוּל לִרְשׁוּת הָרַבִּים. וְלֹא
בְעִיר שֶׁל זָהָב, וְלֹא בְקַטְלָא, וְלֹא בִנְזָמִים, וְלֹא בְטַבַּעַת שֶׁאֵין עָלֶיהָ חוֹתָם,
וְלֹא בְמַחַט שֶׁאֵינָהּ נְקוּבָה. וְאִם יָצְאָת, אֵינָהּ חַיֶּבֶת חַטָּאת:

여성이 〔안식일에〕 무엇을 착용하고 나갈 수 있으며 또는 착용하고
나갈 수 없는가? 여성은 양털로 된 끈이나 아마로 된 끈 그리고 띠를
머리에 매고 나갈 수 없다. 여성은 그것들을 제거하고 나서야 물에 들
어가 씻을 수 있다. 〔모자에〕 붙어 있지 않은 앞이마 띠나 머리찌를 차
고 공적인 공간에 갈 수 없다. 금관, 목걸이나 코걸이, 인장이 없는 반
지 그리고 귀 없는 바늘을 착용할 수 없다. 하지만 그녀가 이런 것들을
착용하고 나가더라도 속죄제를 드릴 필요는 없다.

- 물에 들어가 씻는 것은 부정한 것을 만지거나 더러워졌을 때 정결
  의식을 통해 깨끗하게 제거하는 행위다. 여성들은 보통 생리 기간이
  지나면 정결 의식으로 몸을 깨끗하게 했다.
- 앞이마 띠나 머리찌가 모자에 붙어 있으면 이것들이 몸에서 분리되
  는 것을 염려할 필요가 없다. 왜냐하면 결혼한 유대 여성은 머리카
  락을 보여주면 안 되기 때문에 모자를 벗어 들고 다닐 리가 없기 때
  문이다.
- 귀 없는 바늘은 보통 금으로 도금되었는데 주중에 여성들이 가르마
  를 탈 때 사용하는 장신구로 여겨진다.
- 여성들이 남들에게 보이기 위해 착용하는 장신구를 금하는 것은 랍

비 유대교 규정들이지 오경의 율법을 어긴 것은 아니다. 따라서 속죄제를 드릴 필요는 없다.

6, 2

לֹא יֵצֵא הָאִישׁ בְּסַנְדָּל הַמְסֻמָּר, וְלֹא בְיָחִיד בִּזְמַן שֶׁאֵין בְּרַגְלוֹ מַכָּה, וְלֹא בִתְפִלִּין, וְלֹא בְקָמֵעַ בִּזְמַן שֶׁאֵינוֹ מִן הַמֻּמְחֶה, וְלֹא בְשִׁרְיוֹן, וְלֹא בְקַסְדָּא, וְלֹא בְמַגָּפַיִם. וְאִם יָצָא, אֵינוֹ חַיָּב חַטָּאת:

남성은 [안식일에] 못이 박힌 샌들을 신고 밖으로 나갈 수 없다. 그리고 그 발에 상처가 있는 것이 아니라면 한 짝만 신고 나갈 수 없다. 그리고 테필린 또는 전문가가 만들지 않은 부적도 가지고 나가면 안된다. 하지만 그가 이런 것들을 가지고 나가더라도 속죄제를 드릴 필요는 없다.

- 못이 박힌 샌들에 대한 금기는 유대인 박해 시기에 있었던 한 사건으로 인해 생겨났다. 한 무리의 유대인들이 피난 중에 적들을 피해 동굴에 숨어 있었는데 못이 박힌 샌들이 낸 소리가 나자 적들이 다가오는 것으로 오해해서 두려움으로 인해 유대인들끼리 서로 죽이는 사태가 발생했었다. 이후로 부정하다 하여 안식일에는 못이 박힌 샌들을 신고 나가는 것을 금했다.
- 테필린(tefillin)은 그 안에 성경구절이 적혀 있는 종이가 들어 있는 '성구함'(聖句函)이라고 할 수 있다.
- 부적에는 기도문이나 하나님의 이름이 적혀 있었다. 부적에는 병을 치유하기 위한 목적으로 나물 뿌리가 붙어 있기도 했다. 부적을 3회 이상 만든 경험이 있는 전문가가 만들지 않는 부적은 자칫 떨어질 염려가 있어 금지되었다.

לֹא תֵצֵא אִשָּׁה בְמַחַט הַנְּקוּבָה, וְלֹא בְטַבַּעַת שֶׁיֵּשׁ עָלֶיהָ חוֹתָם, וְלֹא
בְכוֹלְיָאר, וְלֹא בְכוֹבֶלֶת, וְלֹא בִצְלוֹחִית שֶׁל פְּלַיְטוֹן. וְאִם יָצְתָה, חַיֶּבֶת
חַטָּאת, דִּבְרֵי רַבִּי מֵאִיר. וַחֲכָמִים פּוֹטְרִין בְּכוֹבֶלֶת וּבִצְלוֹחִית שֶׁל פְּלַיְטוֹן:

여성이 [안식일에] 귀가 있는 바늘이나 인장이 찍힌 반지 또는 달팽이 모양 브로치, 향료통, 향수병을 가지고 나가면 안 된다. 그녀가 (이런 것들을 가지고) 나갈 경우에 속죄제를 드려야 한다고 랍비 메이르가 말했다. 반면에 현자들은 향료통과 향수병을 허락했다.

- 귀가 있는 바늘은 바느질할 때 사용하는 것으로 장신구가 아니라 일종의 짐(a burden)으로 여겨진다.
- 남자(보통 남편)의 이름이 적힌 도장[인장]을 여자가 착용하는 것은 장식품이라기보다는 일하기 위함으로 여겼기 때문에 금한다.
- 위에 언급된 물품들은 장신구가 아니라 일종의 짐이기 때문에 오경의 율법을 범한 것이다. 따라서 속죄제를 드려야 한다.

לֹא יֵצֵא הָאִישׁ לֹא בְסַיִף, וְלֹא בְקֶשֶׁת, וְלֹא בִתְרִיס, וְלֹא בָאַלָּה, וְלֹא בְרֹמַח.
וְאִם יָצָא, חַיָּב חַטָּאת. רַבִּי אֱלִיעֶזֶר אוֹמֵר, תַּכְשִׁיטִין הֵן לוֹ. וַחֲכָמִים אוֹמְרִים,
אֵינָן אֶלָּא לִגְנַאי, שֶׁנֶּאֱמַר (ישעיה ב) וְכִתְּתוּ חַרְבוֹתָם לְאִתִּים וַחֲנִיתוֹתֵיהֶם
לְמַזְמֵרוֹת, לֹא יִשָּׂא גוֹי אֶל גּוֹי חֶרֶב וְלֹא יִלְמְדוּ עוֹד מִלְחָמָה. בִּירִית,
טְהוֹרָה, וְיוֹצְאִין בָּהּ בְּשַׁבָּת. כְּבָלִים, טְמֵאִין, וְאֵין יוֹצְאִין בָּהֶם בְּשַׁבָּת:

남성이 [안식일에] 가지고 갈 수 없는 것들은 칼, 활 또는 방패, 곤봉 또는 창이다. 이것들을 가지고 나갔으면 속죄제를 드려야 한다. 랍비 엘리에제르는 말한다. "이것들은 남자에게 장식품과도 같습니다." 하지만 현자들은 말한다. "그것들은 책망을 받을 것이다. 왜냐하면 성서에서는 "무리가 그들의 칼을 쳐서 보습을 만들고 그들의 창을 쳐서 낫을 만들 것이며 이 나라와 저 나라가 다시는 칼을 들고 서로 치지 아니하며 다시는 전쟁을 연습하지 아니하리라"(사 2:4)고 말하고 있기 때문이다." 가터는 정결하다. 안식일에 그것을 착용하고 나갈 수 있다. 발목 사슬은 부정하다. 안식일에 그것을 착용하고 나가면 안 된다.

- 칼이나 활과 방패 같은 것을 장신구로 보기는 어렵다. 따라서 속죄제를 드려야 한다. 소수 의견으로 랍비 엘리에제르는 남자들에게 이것들은 장신구나 다름없다고 주장했지만 현자들은 이것을 받아들이지 않는다.
- 가터는 양말이 흘러내리지 않게 넓적다리에 착용하는 도구다. 발목 사슬은 발목에 착용하는 장신구다.

6, 5

יוֹצְאָה אִשָּׁה בְחוּטֵי שֵׂעָר, בֵּין מִשֶּׁלָּה בֵּין מִשֶּׁל חֲבֶרְתָּהּ בֵּין מִשֶּׁל בְּהֵמָה,
וּבְטֹטֶפֶת וּבְסַנְבּוּטִין בִּזְמַן שֶׁהֵן תְּפוּרִין. בִּכְבוּל וּבְפֵאָה נָכְרִית לֶחָצֵר. בְּמוֹךְ
שֶׁבְּאָזְנָהּ וּבְמוֹךְ שֶׁבְּסַנְדָּלָהּ וּבְמוֹךְ שֶׁהִתְקִינָה לְנִדָּתָהּ. בְּפִלְפֵּל וּבְגַרְגִּיר מֶלַח
וּבְכָל דָּבָר שֶׁתִּתֵּן לְתוֹךְ פִּיהָ, וּבִלְבַד שֶׁלֹּא תִתֵּן לְכַתְּחִלָּה בְּשַׁבָּת. וְאִם נָפַל,
לֹא תַחֲזִיר. שֵׁן תּוֹתֶבֶת וְשֵׁן שֶׁל זָהָב, רַבִּי מַתִּיר, וַחֲכָמִים אוֹסְרִים:

여성은 자신이나 다른 여성의 머리카락 또는 가축의 털로 만든 머리띠를 착용하고 나갈 수 있다. [모자에] 붙어 있는 앞이마 띠나 머리찌는 착용 가능하다. 그리고 그녀가 자신의 뜰에 머물고 있을 때에는 머리에 쓰는 망이나 가발도 가능하다. 그리고 양모 뭉치를 자신의 귀나 샌들 밑창 또는 생리대로 사용하는 것은 가능하다. 입 안에 후추나 소금 조각을 넣고 나갈 수 있다. 다만 그녀가 안식일에 그것을 처음으로 넣어서는 안 된다. [안식일에] 그것이 땅에 떨어졌으면 다시 집어

넣을 수는 없다. 랍비는 인공 치아나 금도금 치아를 허락했다. 반면에
현자들은 그것을 금했다.

- 여성들은 정결의식을 할 때에도 머리카락이나 가축의 털로 만든 띠를 착용한 상태로 물속에 들어갈 수 있다. 따라서 안식일에 이러한 것들을 착용하고 공적인 공간으로 나가도 된다.
- 후추는 입 냄새를 제거하기 위해서 그리고 소금 조각은 치통을 완화하기 위해서 사용되었다.
- 귀에서 흘러내리는 분비물을 흡수하기 위해 양모 뭉치를 사용한 것으로 보인다.
- 인공 치아나 금으로 도금한 치아에 대해 사람들이 비난하게 되면 여자는 그것을 빼내서 가지고 다니게 될 수도 있기 때문에 현자들은 이런 문제를 원천적으로 차단하기 위해서 이런 치아들을 끼고 나오는 것을 금했다.

6, 6

יוֹצְאָה בְסֶלַע שֶׁעַל הַצִּינִית. הַבָּנוֹת קְטַנּוֹת יוֹצְאוֹת בְּחוּטִין וַאֲפִלּוּ בְקִסְמִין
שֶׁבְּאָזְנֵיהֶם. עַרְבִיּוֹת יוֹצְאוֹת רְעוּלוֹת, וּמָדִיּוֹת פְּרוּפוֹת, וְכָל אָדָם, אֶלָּא
שֶׁדִּבְּרוּ חֲכָמִים בַּהֹוֶה:

그들은 [은전] 쎌라[4]를 물집 위에 붙이고 나갈 수 있다. 여자 아이들은 실을 가지고 나가거나 귀에 귀찌를 차고 나가도 된다. 아라비아 출신 여성과 마다이 출신 (유대) 여성들은 어깨 위로 망토를 두르고 나갈 수 있다. 다른 사람들도 마찬가지인데 현자들은 현행 관습들에 대해서만 말했다.

---

4) 쎌라(Sela)는 은전으로 대략 17그램이다. 1쎌라는 2쉐켈이다.

- 발바닥에 물집(צִינִית)이 잡혔을 때 은전 쎌라를 환부에 묶어 치료했다. 일부 학자들은 이 낱말을 굳은살로 보기도 한다.
- 여자 아이들은 귓불에 구멍을 뚫을 수는 있지만 아직 귀걸이를 착용할 수 없다. 따라서 안식일에도 구멍이 막히지 않도록 실이나 귀찌를 차고 나갈 수 있다.

6, 7

פּוֹרֶפֶת עַל הָאֶבֶן וְעַל הָאֱגוֹז וְעַל הַמַּטְבֵּעַ, וּבִלְבַד שֶׁלֹּא תִפְרֹף לְכַתְּחִלָּה בְּשַׁבָּת:

여성은 자신의 망토를 돌이나 견과류 또는 동전으로 채울 수 있다. 단 안식일에 처음으로 채울 수는 없다.

- 망토가 풀리지 않도록 견과류나 동전 등을 단추로 사용해서 옷을 채웠다.
- 미쉬나에 대한 주석인 게마라(Gemara)는 안식일에 처음으로 단추로 사용할 수 없는 것은 동전이라고 말한다.

6, 8

הַקִּטֵּעַ יוֹצֵא בְקַב שֶׁלּוֹ, דִּבְרֵי רַבִּי מֵאִיר. וְרַבִּי יוֹסֵי אוֹסֵר. וְאִם יֶשׁ לוֹ בֵית קִבּוּל כְּתוּתִים, טָמֵא. סְמוֹכוֹת שֶׁלּוֹ, טְמֵאִין מִדְרָס, וְיוֹצְאִין בָּהֶן בְּשַׁבָּת, וְנִכְנָסִין בָּהֶן בָּעֲזָרָה. כִּסֵּא וְסְמוֹכוֹת שֶׁלּוֹ, טְמֵאִין מִדְרָס, וְאֵין יוֹצְאִין בָּהֶן בְּשַׁבָּת, וְאֵין נִכְנָסִין בָּהֶן בָּעֲזָרָה. אַנְקַטְמִין טְהוֹרִין, וְאֵין יוֹצְאִין בָּהֶן:

"다리가 불구인 사람은 나무 그루터기를 가지고 나갈 수 있습니다" 라고 랍비 메이르가 말했다. 하지만 랍비 요쎄는 이를 금했다. 보호대에 구멍이 있으면, 그것은 쉽게 부정해진다. 그의 무릎 보호대는 접촉에 의해 쉽게 부정해지지만, 안식일에도 가지고 나가거나 성전 뜰에 들어갈 수 있다. 그의 의자와 방석은 접촉에 의해 쉽게 부정해지기 때문에 안식일에 가지고 나가거나 성전 뜰에 들어갈 수 없다. 인조 팔고리는 쉽게 부정해지지는 않지만 누구도 그것을 [안식일에] 가지고 나가면 안 된다.

- 나무 그루터기는 인공 의족으로 사용된다.
- 무릎 보호대가 나무 그루터기와 접촉하면서 접촉면에 피가 묻을 수 있다. 이것은 부정하게 된 것이다.
- 여기서 의자(כיסא)는 등받이와 발걸이가 없는 휴대용 의자다.

6, 9

הַבָּנִים יוֹצְאִין בִּקְשָׁרִים, וּבְנֵי מְלָכִים בְּזוֹגִין. וְכָל אָדָם, אֶלָּא שֶׁדִּבְּרוּ חֲכָמִים בַּהוֶה:

남자 아이들은 끈을 묶고 나갈 수 있다. 그리고 왕자들은 종을 가져갈 수 있다. 다른 사람들도 마찬가지다. 하지만 현자들은 현행 관습들에 대해서만 말했다.

- 종(bell)은 아마도 옷에 장식용으로 달았을 것이다. 다른 사람들도 마찬가지로 종을 달고 나갈 수 있다.

6, 10

יוֹצְאִין בְּבֵיצַת הַחַרְגּוֹל, וּבְשֵׁן שׁוּעָל, וּבְמַסְמֵר מִן הַצָּלוּב, מִשׁוּם רְפוּאָה, דִּבְרֵי רַבִּי מֵאִיר. וַחֲכָמִים אוֹמְרִים, אַף בְּחֹל אָסוּר, מִשׁוּם דַּרְכֵי הָאֱמוֹרִי:

"메뚜기 알이나 여우 이빨 혹은 교수대에서 빼낸 못을 치료용으로 가지고 나갈 수 있습니다"라고 랍비 메이르[5]는 말했다. 하지만 현자들은 아모리 족속의 관습이기 때문에 평일에도 금한다고 말한다.

- 게마라(67a)에 따르면, 메뚜기 알은 귓병 있는 사람들이 가지고 다녔다. 여우 이빨은 수면장애가 있는 사람들이 가지고 다녔다. 중세 유대 주석가 라쉬(Rashi, 1040-1105)에 따르면 사람들은 교수대에서 빼내온 못이 부은 상처를 가진 사람에게 효험이 있다고 믿었다고 말한다. 반면 람밤(Rambam, 일명 마이모니데스Maimonides, 1135-1204)은 이 못을 고열 환자들이 가지고 다녔다고 주장한다.

제7장

이번 장에서는 안식일 규정의 대원칙과 세부 원칙들을 제시한다. 기본적으로 안식일을 한 번 범하는 경우에 속죄제를 한 번 드려야 한다. 그런데 안식일의 핵심 규정들을 기억하고 있는 경우와 그렇지 않은 경우, 그리고 그날이 안식일인지 아닌지를 알고 범한 경우와 그렇지 않은 경우에 각각 다른 규정이 적용된다. 비록 안식일을 범한 사실은 동일하더라도 규정을 어긴 사람의 세부적인 상황에 따라 각각 다른 규정을 적용시키는 랍비들의 세밀함을 엿볼 수 있다.

제7장의 두 번째 미쉬나 규정에는 안식일에 해서는 안 되는 대표적인 일의 목록 39가지가 열거되고 있다. 이 39가지의 일이 언제 확정되었는지 불분명하다. 39라는 숫자를 말할 때 '40에서 하나 부족'하다고 말하는 부분이 흥미롭다. 이것은 아마도 40이라는 숫자가 유대 전통

---

5) 일부 사본에서는 위에 등장하는 랍비의 이름들이 다르다. 랍비 메이르 대신 랍비 요쎄로 되어 있고, 현자들 대신 랍비 메이르로 되어 있다.

에서 일종의 '완전수'라는 상징적인 의미를 가지고 있기 때문으로 보인다.

미쉬나는 운반할 물건의 가치나 양에 대한 세부 규정도 말하고 있다. 가치가 있는 것은 저장을 하고 운반하기 때문에 속죄제를 드려야 한다. 그리고 안식일에도 운반할 수 있는 최소량이 어느 정도인지도 자세히 정하고 있다.

7, 1

כְּלָל גָּדוֹל אָמְרוּ בַשַּׁבָּת. כָּל הַשּׁוֹכֵחַ עִקַּר שַׁבָּת וְעָשָׂה מְלָאכוֹת הַרְבֵּה
בְּשַׁבָּתוֹת הַרְבֵּה, אֵינוֹ חַיָּב אֶלָּא חַטָּאת אֶחָת. הַיּוֹדֵעַ עִקַּר שַׁבָּת וְעָשָׂה
מְלָאכוֹת הַרְבֵּה בְּשַׁבָּתוֹת הַרְבֵּה, חַיָּב עַל כָּל שַׁבָּת וְשַׁבָּת. הַיּוֹדֵעַ שֶׁהוּא
שַׁבָּת וְעָשָׂה מְלָאכוֹת הַרְבֵּה בְּשַׁבָּתוֹת הַרְבֵּה, חַיָּב עַל כָּל אַב מְלָאכָה
וּמְלָאכָה. הָעוֹשֶׂה מְלָאכוֹת הַרְבֵּה מֵעֵין מְלָאכָה אַחַת, אֵינוֹ חַיָּב אֶלָּא
חַטָּאת אֶחָת:

〔랍비들은〕 안식일에 관한 대원칙들을 말했다. 어떤 사람이 안식일의 핵심을 기억하지 못하고 여러 안식일에 걸쳐 여러 가지 일들을 했다면 단지 한 번의 속죄제만 드리면 된다. 안식일의 핵심을 잘 아는 사람이 여러 안식일에 걸쳐 여러 가지 일들을 했다면, 각각의 안식일에 대해 속죄제를 드려야 한다. 안식일임을 알면서도 여러 가지 일들을 여러 안식일에 걸쳐 행하였다면, 각각의 주요 일들에 대해 속죄제를 드려야 한다. 〔안식일에〕 여러 번 일을 했는데 그 일이 한 종류였다면, 속죄제를 한 번만 드리면 된다.

- 이 미쉬나는 안식일의 대원칙을 말한다. 랍비들에 의해 안식일에 금지된 39가지 대표적인 일들을 '주요 일들'(אבות מלאבות, 아봇 멜라콧)이라고 부른다. 단수 형태는 '주요 일'(אב מלאכה, 아브 멜라카)이다. 직역하면 '일의 아버지(조상)들'이다. 아버지는 '근본'을 의미한

다. 주요 일들은 아래에서 구체적으로 말하고 있듯이 39가지다.

- '일' 또는 '노동'으로 옮길 수 있는 '멜라카'(מלאכה)라는 단어는 십
계명의 제4계명 가운데 "아무 일도 하지 말라"는 구절에 사용된 단
어다(출 20:10).

7, 2

אֲבוֹת מְלָאכוֹת אַרְבָּעִים חָסֵר אֶחָת. הַזּוֹרֵעַ. וְהַחוֹרֵשׁ. וְהַקּוֹצֵר. וְהַמְעַמֵּר.
הַדָּשׁ. וְהַזּוֹרֶה. הַבּוֹרֵר. הַטּוֹחֵן. וְהַמְרַקֵּד. וְהַלָּשׁ. וְהָאוֹפֶה. הַגּוֹזֵז אֶת
הַצֶּמֶר. הַמְלַבְּנוֹ. וְהַמְנַפְּצוֹ. וְהַצּוֹבְעוֹ. וְהַטּוֹוֶה. וְהַמֵּסֵךְ. וְהָעוֹשֶׂה שְׁנֵי בָתֵּי
נִירִין. וְהָאוֹרֵג שְׁנֵי חוּטִין. וְהַפּוֹצֵעַ שְׁנֵי חוּטִין. הַקּוֹשֵׁר. וְהַמַּתִּיר. וְהַתּוֹפֵר
שְׁתֵּי תְפִירוֹת. הַקּוֹרֵעַ עַל מְנָת לִתְפֹּר שְׁתֵּי תְפִירוֹת. הַצָּד צְבִי. הַשּׁוֹחֲטוֹ.
וְהַמַּפְשִׁיטוֹ. הַמּוֹלְחוֹ. וְהַמְעַבֵּד אֶת עוֹרוֹ. וְהַמּוֹחֲקוֹ. וְהַמְחַתְּכוֹ. הַכּוֹתֵב שְׁתֵּי
אוֹתִיּוֹת. וְהַמּוֹחֵק עַל מְנָת לִכְתֹּב שְׁתֵּי אוֹתִיּוֹת. הַבּוֹנֶה. וְהַסּוֹתֵר. הַמְכַבֶּה.
וְהַמַּבְעִיר. הַמַּכֶּה בַפַּטִּישׁ. הַמּוֹצִיא מֵרְשׁוּת לִרְשׁוּת. הֲרֵי אֵלּוּ אֲבוֹת
מְלָאכוֹת אַרְבָּעִים חָסֵר אֶחָת:

〔안식일에 금지된〕 주요 일들은 마흔에서 하나 부족하다. 씨뿌리
기, 밭 갈기[6], 거두기, 단 묶기, 타작하기, 까부르기, 구분하기, 빨기, 체
질하기, 반죽하기, 빵 굽기, 양털 깎기, 표백하기, 빗질하기, 염색하기,
실잣기, 날실 펴기, 두 잉아 만들기, 두 실 엮기, 두 실 분리하기, 매듭
묶기, 매듭 풀기, 두 박음 바느질, 두 박음질을 하기 위해 찢기, 사슴
사냥, 도살하기, 가죽 벗기기, 소금에 절이기, 가죽 말리기, 매끄럽게
하기, 재단하기, 두 글자 새기기, 두 글자 쓰려고 〔기존 글자〕 지우기,
집짓기, 집 허물기, 불 끄기, 불 피우기, 망치질하기, 공적인 공간에서
사적인 장소로 〔물건〕 운반하기. 이것들이 마흔에서 하나 부족한 주
요 일들이다.

---

6) 씨뿌리기와 밭 갈기의 순서가 바뀐 사본도 있다.

- 안식일에 금하는 대표적인 일들은 39가지다. 이것들을 크게 네 종류로 나눌 수 있다. 1) 농사짓고 빵 만들기, 2) 양털로 옷 만들기, 3) 사냥하고 글자 쓰기, 4) 집짓기와 요리하기.
- "마흔에서 하나 부족"이라는 말은 39를 뜻한다. 이것은 40이라는 숫자가 완전수를 나타내기 때문에 하나의 기준으로 삼고 있다.
- 잉아는 베틀의 날실을 한 칸씩 걸러서 끌어 올리도록 맨 굵은 실이다. 잉앗실이라고도 한다.
- 사슴(צְבִי, 쯔비)은 사냥감을 대표한다. 안식일에 다른 동물을 사냥하는 것도 금지된다.
- 가죽을 말리기 전에 반드시 염해야 한다. 그렇지 않으면 부패의 원인이 된다. 말린 가죽에는 털 같은 것이 남아 있지 않도록 매끄럽게 만들어야 한다.
- 성경에서는 이미 안식일에 불 피우는 것을 금하고 있다(출 35:3).

7, 3

וְעוֹד כְּלָל אַחֵר אָמְרוּ. כָּל הַכָּשֵׁר לְהַצְנִיעַ וּמַצְנִיעִין כָּמוֹהוּ וְהוֹצִיאוֹ בְּשַׁבָּת,
חַיָּב עָלָיו חַטָּאת, וְכָל שֶׁאֵינוֹ כָּשֵׁר לְהַצְנִיעַ וְאֵין מַצְנִיעִין כָּמוֹהוּ וְהוֹצִיאוֹ
בְּשַׁבָּת, אֵינוֹ חַיָּב אֶלָּא הַמַּצְנִיעוֹ:

〔랍비들은〕 다른 부가적인 원칙을 말했다. 저장할 만한 〔가치가 있는〕 것을 안식일에 저장하고 운반하는 모든 경우에 속죄제를 드려야 한다. 저장할 만하지 않아 저장하지 않고 안식일에 운반했으면 속죄제를 드릴 필요가 없지만 〔가치가 있다고 보고〕 저장한 사람은 속죄제를 드려야 한다.

- 속죄제를 드려야 하는지 여부가 물건의 저장 가치에 달려 있다. 물건 자체가 저장할 만한 가치가 없거나 아니면 양이 너무 적어 저장

하지 않고 운반할 경우에는 속죄제를 드릴 필요가 없다. 하지만 비록 소량이라도 그것을 저장할 가치가 있다고 보고 저장한 사람이 그것을 운반한 경우에는 속죄제를 드려야 한다.

7, 4

הַמּוֹצִיא תֶבֶן, כִּמְלֹא פִי פָרָה. עֵצָה, כִּמְלֹא פִי גָמָל. עָמִיר, כִּמְלֹא פִי טָלֶה. עֲשָׂבִים, כִּמְלֹא פִי גְדִי. עֲלֵי שׁוּם וַעֲלֵי בְצָלִים, לַחִים, כִּגְרוֹגֶרֶת, יְבֵשִׁים, כִּמְלֹא פִי גְדִי. וְאֵין מִצְטָרְפִין זֶה עִם זֶה, מִפְּנֵי שֶׁלֹא שָׁווּ בְשִׁעוּרֵיהֶן. הַמּוֹצִיא אֳכָלִים כִּגְרוֹגֶרֶת, חַיָב, וּמִצְטָרְפִין זֶה עִם זֶה, מִפְּנֵי שֶׁשָׁווּ בְשִׁעוּרֵיהֶן, חוּץ מִקְּלִפֵּיהֶן וְגַרְעִינֵיהֶן וְעֻקְצֵיהֶן וְסֻבָּן וּמֻרְסָנָן. רַבִּי יְהוּדָה אוֹמֵר, חוּץ מִקְּלִפֵּי עֲדָשִׁים שֶׁמִּתְבַּשְׁלוֹת עִמָּהֶן:

〔만약〕 어떤 사람이 밀짚을 운반하는데 암소의 한 입만큼이면 〔책임이 있다〕. 콩대는 낙타의 한 입만큼, 밀단은 양의 한 입만큼, 입사귀들은 산양의 한 입만큼, 마늘 입사귀들과 양파 입사귀들은 〔만약 그것들이〕 신선하다면 말린 무화과만큼, 건초는 산양의 한 입만큼 운반하면 〔책임이 있다〕. 이것들은 단위가 각각 다르기 때문에 함께 섞으면 안 된다. 〔만약〕 음식을 운반할 때에는 마른 무화과 정도면 〔책임이 있다〕. 이것들은 함께 섞을 수 있는데, 왜냐하면 그 단위가 같기 때문이다. 그런데 각 곡식들의 껍질, 씨앗, 줄기, 굵은 밀기울, 가는 밀기울은 제외된다. 랍비 예후다는 말한다. "함께 요리되는 편두 껍질은 예외입니다."

- 안식일에 운반해서는 안 되는 최소량을 규정하고 있다. 각각의 식물들에 대한 최소 운반량은 그것을 주로 먹는 동물의 한 입 분량이다. 그 정도 분량을 운반한 경우에는 안식일을 위반한 것으로 보아 속죄제를 드려야 한다.
- 밀짚보다 거친 콩대는 주로 낙타의 먹이로 사용된다. 낙타의 한 입

은 보통 소의 한 입보다 크다.

- 암소 반 입 양의 밀짚과 낙타 반 잎 양의 콩대처럼 단위가 다른 것을 섞어서 운반할 수 없다.
- 사람이 먹는 음식물은 서로 섞어서 운반하더라도 최소 운반량인 마른 무화과 정도면 속죄제의 책임이 있다. 먹을 수 없는 껍질, 씨앗, 줄기, 밀기울 등은 분량을 정할 때 제외된다. 밀기울은 밀을 빻고 체로 친 후에 남은 찌꺼기다.
- 그런데 렌틸콩(lentils)이라고 부르는 편두(עדשים, 아다쉼)는 껍질도 같이 요리하기 때문에 음식에 포함된다. 이 편두는 야곱이 형 에서를 위해 죽을 만든 재료로 알려져 있다(창 25:34).

제8장

앞 장 마지막 미쉬나에서 안식일에 한 장소에서 다른 장소로 옮길 수 있는 가축들의 식량이 어느 정도일 때 속죄제의 책임이 있는지 열거했다. 이번 장에서는 같은 방식으로 다양한 음료, 음료수류, 그 외 물건들에 대해 말한다.

8, 1

הַמּוֹצִיא יַיִן, כְּדֵי מְזִיגַת הַכּוֹס. חָלָב, כְּדֵי גְמִיעָה. דְּבַשׁ, כְּדֵי לִתֵּן עַל הַכָּתִית. שֶׁמֶן, כְּדֵי לָסוּךְ אֵבֶר קָטָן. מַיִם, כְּדֵי לָשׁוּף בָּהֶם אֶת הַקִּילוֹר. וּשְׁאָר כָּל הַמַּשְׁקִין, בִּרְבִיעִית, וְכָל הַשּׁוֹפְכִין, בִּרְבִיעִית. רַבִּי שִׁמְעוֹן אוֹמֵר, כֻּלָּן בִּרְבִיעִית, וְלֹא אָמְרוּ כָל הַשִּׁעוּרִין הַלָּלוּ אֶלָּא לְמַצְנִיעֵיהֶן:

포도주는 한 컵 정도 운반하는 사람은 [책임이 있다]. 우유는 한 모금, 꿀은 상처 부위에 바를 정도, 기름은 신체 일부를 적실 정도, 물은 세안제(洗眼劑)를 지울 정도 가능하다. 나머지 다른 음료수를 나르는 사람은 1/4로그[7], 폐수도 1/4로그〔가능하다〕. 랍비 쉼온이 말한다. "모든 것은 1/4로그입니다. 〔랍비들〕은 그것을 저장하는 사람을 제외하고 이 모든 양을 말하지 않았습니다."

- 신체 일부는 갓 태어난 아이의 발가락 하나 정도로 작은 신체 부위를 의미한다.
- 랍비 쉼온은 기존의 주장과 달리 안식일에는 모든 음료수를 1/4로그(log) 운반할 수 있다고 주장한다.

8, 2

הַמּוֹצִיא חֶבֶל, כְּדֵי לַעֲשׂוֹת אֹזֶן לְקֻפָּה. גֶּמִי, כְּדֵי לַעֲשׂוֹת תְּלַאי לְנָפָה
וְלִכְבָרָה. רַבִּי יְהוּדָה אוֹמֵר, כְּדֵי לִטֹּל מִמֶּנּוּ מִדַּת מִנְעָל לְקָטָן. נְיָר, כְּדֵי לִכְתֹּב
עָלָיו קֶשֶׁר מוֹכְסִין. וְהַמּוֹצִיא קֶשֶׁר מוֹכְסִין, חַיָּב. נְיָר מָחוּק, כְּדֵי לִכְרֹךְ עַל פִּי
צְלוֹחִית קְטַנָּה שֶׁל פְּלַיְטוֹן:

밧줄을 운반하는 사람은 바구니의 손잡이를 만들 정도면 〔책임이 있다〕. 갈대는 체 걸이를 만들 정도면 〔책임이 있다〕. 랍비 예후다는 말한다. "〔갈대는〕 아이 신발 크기 정도입니다." 종이는 세금 영수증으로 쓸 정도. 세금 영수증을 가져간 사람은 책임이 있다. 〔글자를〕 지운 종이는 작은 향수병을 감쌀 정도면 〔책임이 있다〕.

- 적은 양의 밧줄이라도 바구니 손잡이를 만들 수 있기에 책임이 있다.

---

7) 1/4로그는 히브리어로 레비잇(**רְבִיעִית**)이라고 부른다. 대략 76밀리리터에 해당하는 부피다.

עוֹר, כְּדֵי לַעֲשׂוֹת קָמֵעַ. קְלָף, כְּדֵי לִכְתֹּב עָלָיו פָּרָשָׁה קְטַנָּה שֶׁבַּתְּפִלִּין, שֶׁהִיא שְׁמַע יִשְׂרָאֵל. דְּיוֹ, כְּדֵי לִכְתֹּב שְׁתֵּי אוֹתִיּוֹת. כֹּחֵל, כְּדֵי לִכְחֹל עַיִן אֶחָת:

가죽은 부적을 만들 정도면 〔책임이 있다〕. 종이는 "이스라엘아 들으라" 정도의 작은 성구를 적을 정도면 〔책임이 있다〕. 잉크는 두 단어 정도 적을 수 있는 정도면 〔책임이 있다〕. 눈 화장은 한쪽 눈을 칠할 정도면 〔책임이 있다〕.

- "이스라엘아 들으라"는 신명기(6:4) 말씀으로 두 단어로 이루어졌다.

דֶּבֶק, כְּדֵי לִתֵּן בְּרֹאשׁ הַשַּׁבְשֶׁבֶת. זֶפֶת וְגָפְרִית, כְּדֵי לַעֲשׂוֹת נֶקֶב. שַׁעֲוָה, כְּדֵי לִתֵּן עַל פִּי נֶקֶב קָטָן. חַרְסִית, כְּדֵי לַעֲשׂוֹת פִּי כוּר שֶׁל צוֹרְפֵי זָהָב. רַבִּי יְהוּדָה אוֹמֵר, כְּדֵי לַעֲשׂוֹת פִּטְפּוּט. סֻבִּין, כְּדֵי לִתֵּן עַל פִּי כוּר שֶׁל צוֹרְפֵי זָהָב. סִיד, כְּדֵי לָסוּד קְטַנָּה שֶׁבַּבָּנוֹת. רַבִּי יְהוּדָה אוֹמֵר, כְּדֵי לַעֲשׂוֹת כִּלְכּוּל. רַבִּי נְחֶמְיָה אוֹמֵר, כְּדֵי לַעֲשׂוֹת אַנְדִּיפִי:

접착제는 올가미 윗부분에 바를 정도. 역청은 작은 구멍 하나 만들 정도. 밀랍은 작은 구멍 입구에 넣을 정도. 점토는 금을 정제하는 솥에 구멍을 만드는 정도. 랍비 예후다는 말한다. "〔삼각대〕의 다리를 만드는 정도면 〔책임이 있습니다〕." 겨는 금을 정제하는 솥의 입구를 바를 정도. 석회는 작은 여자 아이에게 바를 정도. 랍비 예후다는 말한다. "관자놀이에 있는 털을 뽑을 정도면 〔책임이 있습니다〕." 랍비 느헤미야는 말한다. "이마의 털을 뽑을 정도면 〔책임이 있습니다〕."

- 올가미는 나뭇가지에 끈적한 접착제를 칠해서 만든다.

- 석회는 팔이나 다리에 있는 털을 뽑는 데 사용되곤 한다.

8, 5

אֲדָמָה, כְּחוֹתָם הַמַּרְצוּפִים, דִּבְרֵי רַבִּי עֲקִיבָא. וַחֲכָמִים אוֹמְרִים, כְּחוֹתָם
הָאִגְּרוֹת. זֶבֶל וְחֹל הַדַּק, כְּדֵי לְזַבֵּל קֶלַח שֶׁל כְּרוּב, דִּבְרֵי רַבִּי עֲקִיבָא.
וַחֲכָמִים אוֹמְרִים, כְּדֵי לְזַבֵּל כְּרֵשָׁא. חֹל הַגַּס, כְּדֵי לִתֵּן עַל מְלֹא כַף סִיד.
קָנֶה, כְּדֵי לַעֲשׂוֹת קֻלְמוֹס. וְאִם הָיָה עָב אוֹ מְרֻסָּס, כְּדֵי לְבַשֵּׁל בּוֹ בֵּיצָה קַלָּה
שֶׁבַּבֵּיצִים, טְרוּפָה וּנְתוּנָה בָאִלְפָּס:

"진흙은 꾸린 짐에 봉인할 정도면 [책임이 있습니다]"라고 랍비 아
키바는 말했다. 하지만 현자들은 말한다. "편지를 봉인할 정도면 [책
임이 있습니다]." "거름과 가는 모래는 양배추를 기름지게 할 정도입
니다"라고 랍비 아키바가 말했다. 하지만 현자들은 말한다. "대파를
기름지게 할 정도입니다." 굵은 모래는 회반죽 흙손에 담을 정도다.
갈대는 펜을 만들 정도다. 만약 갈대가 두껍거나 쪼개졌다면 깨뜨려
냄비에 넣은 작은 계란을 요리할 정도다.

8, 6

עֶצֶם, כְּדֵי לַעֲשׂוֹת תַּרְוָד. רַבִּי יְהוּדָה אוֹמֵר, כְּדֵי לַעֲשׂוֹת מִמֶּנּוּ חָף. זְכוּכִית,
כְּדֵי לִגְרֹר בּוֹ רֹאשׁ הַכַּרְכָּר. צְרוֹר אוֹ אֶבֶן, כְּדֵי לִזְרֹק בָּעוֹף. רַבִּי אֱלִיעֶזֶר בַּר
יַעֲקֹב אוֹמֵר, כְּדֵי לִזְרֹק בַּבְּהֵמָה:

뼈는 숟가락을 만들 정도다. 랍비 예후다는 말한다. "열쇠의 이빨을
만들 정도면 [책임이 있습니다]." 자갈이나 돌은 새에게 던질 정도의
크기다. 랍비 엘리에제르 벤 야아콥은 말한다. "가축에게 던질 정도
입니다."

- 미쉬나 시대에 열쇠의 일부인 이빨은 보통 뼈로 만들었다.

חֶרֶס, כְּדֵי לִתֵּן בֵּין פַּצִים לַחֲבֵרוֹ, דִּבְרֵי רַבִּי יְהוּדָה. רַבִּי מֵאִיר אוֹמֵר, כְּדֵי
לַחְתּוֹת בּוֹ אֶת הָאוּר. רַבִּי יוֹסֵי אוֹמֵר, כְּדֵי לְקַבֵּל בּוֹ רְבִיעִית. אָמַר רַבִּי
מֵאִיר, אַף עַל פִּי שֶׁאֵין רְאָיָה לַדָּבָר, זֵכֶר לַדָּבָר, וְלֹא יִמָּצֵא בִמְכִתָּתוֹ חֶרֶשׂ
לַחְתּוֹת אֵשׁ מִיָּקוּד. אָמַר לוֹ רַבִּי יוֹסֵי, מִשָּׁם רְאָיָה, וְלַחְשֹׂף מַיִם מִגֶּבֶא
(שם):

"토기 조각은 판과 판 사이에 끼울 정도면 [책임이 있습니다]"라고
랍비 예후다가 말했다. 랍비 메이르는 말한다. "불을 쓸어 담을 정도
입니다." 랍비 요쎄는 말한다. "그것으로 1/4[로그]을 담을 정도입니
다." 랍비 메이르는 말한다. "이에 대한 증거는 없지만, 암시는 있습니
다. 부서진 조각 중에서 아궁이의 불을 취할 토기를 발견하지 못할 것
이다. 물 웅덩이에서 물을 뜰 것도 [얻지 못할 것이다](사 30:14)"

- 건축물의 기둥이나 판에 간격이 생길 때 토기 조각을 끼우곤 했다.
  랍비 예후다는 이것이 안식일에 운반할 때 책임을 지는 최소 단위라
  고 주장한다. 랍비 메이르는 숯불을 담을 수 있는 정도의 양으로 좀
  더 큰 조각이라고 주장한다. 이를 위해 랍비 메이르는 이사야의 성
  서 구절을 인용하고 있다.

제9장

이 장의 전반부에서는 안식일에 운반하는 일 가운데 부정한 것을
만드는 일들에 대하여 말한다. 후반부에서는 다시 8장에 이어 안식일
에 운반하면 속죄제의 책임이 있는 최소량이 어느 정도인지 말한다.
물건에 따라서는 양과 상관없이 어떤 양이든지 운반해서는 안 되는

것들도 있다.

9, 1

אָמַר רַבִּי עֲקִיבָא, מִנַּיִן לַעֲבוֹדַת כּוֹכָבִים שֶׁמְטַמְּאָה בְמַשָּׂא כַּנִּדָּה, שֶׁנֶּאֱמַר
(ישעיה ל) תִּזְרֵם כְּמוֹ דָוָה, צֵא תֹּאמַר לוֹ, מַה נִּדָּה מְטַמְּאָה בְמַשָּׂא, אַף
עֲבוֹדָה זָרָה מְטַמְּאָה בְמַשָּׂא:

랍비 아키바가 말했다. "우상을 운반하는 일이 마치 생리중인 여성처럼 부정하다는 사실을 어디서 [알 수 있을까?] [성서에서] 말하고 있듯이, "불결한 물건을 던짐같이 던지며 이르기를 나가라 하리라"(사 30:22). 생리중인 여성이 운반으로 부정하게 만든 것처럼 우상을 운반하는 것은 부정하다.

- 랍비 아키바는 월경하는 여성이 접촉뿐만 아니라 앉아 있기만 해도 부정하게 만드는 것처럼 우상도 운반하기만 해도 부정하게 된다고 설명하고 있다.

9, 2

מִנַּיִן לִסְפִינָה שֶׁהִיא טְהוֹרָה, שֶׁנֶּאֱמַר (משלי ל) דֶּרֶךְ אֳנִיָּה בְלֶב יָם. מִנַּיִן
לַעֲרוּגָה שֶׁהִיא שִׁשָּׁה עַל שִׁשָּׁה טְפָחִים שֶׁזּוֹרְעִין בְּתוֹכָהּ חֲמִשָּׁה זֵרְעוֹנִין,
אַרְבָּעָה בְּאַרְבַּע רוּחוֹת הָעֲרוּגָה וְאֶחָד בָּאֶמְצַע, שֶׁנֶּאֱמַר (ישעיה סא) כִּי
כָאָרֶץ תּוֹצִיא צִמְחָהּ וּכְגַנָּה זֵרוּעֶיהָ תַצְמִיחַ, זַרְעָהּ לֹא נֶאֱמַר, אֶלָּא זֵרוּעֶיהָ:

배가 정결하다는 것을 어디서 [알 수 있을까?] "바다로 지나가는 배의 자취"(잠 30:19)라고 [성서에서] 말했다. 가로세로가 6테팍[8]인 화단 안에 다섯 [종류의] 씨앗이 있다면 네 개는 가장자리에 그리고 가

---

8) 1테팍은 손바닥 넓이 정도로 대략 9센티미터다.

운데 한 개라는 것을 어디서 〔알 수 있을까〕? 〔성서에서〕 말하고 있 듯이, "땅이 싹을 내며 동산이 거기 뿌린 것을 움돋게 함 같이"(사 61:11). 〔성서는〕 "그 싹"이라고 말하지 않고, "그 싹들"이라고 말하고 있다.

- 바다가 부정하지 않는 것처럼 배도 부정하지 않다.
- 랍비들은 일반적으로 섞어짓기(כִּלְאַיִם, 킬아임)[9]를 금지하는데 이런 식으로 심으면 섞어 짓기 규정을 어기지 않게 된다.

9, 3

מִנַּיִן לְפוֹלֶטֶת שִׁכְבַת זֶרַע בַּיּוֹם הַשְּׁלִישִׁי שֶׁהִיא טְמֵאָה, שֶׁנֶּאֱמַר (שמות יט) הֱיוּ נְכֹנִים לִשְׁלֹשֶׁת יָמִים. מִנַּיִן שֶׁמַּרְחִיצִין אֶת הַמִּילָה בַּיּוֹם הַשְּׁלִישִׁי שֶׁחָל לִהְיוֹת בְּשַׁבָּת, שֶׁנֶּאֱמַר (בראשית לד) וַיְהִי בַיּוֹם הַשְּׁלִישִׁי בִּהְיוֹתָם כֹּאֲבִים. מִנַּיִן שֶׁקּוֹשְׁרִין לָשׁוֹן שֶׁל זְהוֹרִית בְּרֹאשׁ שָׂעִיר הַמִּשְׁתַּלֵּחַ, שֶׁנֶּאֱמַר (ישעיה א) אִם יִהְיוּ חֲטָאֵיכֶם כַּשָּׁנִים כַּשֶּׁלֶג יַלְבִּינוּ:

여성이 생리대를 제3일에 버렸다면 부정하다는 것을 어디서 〔알 수 있을까? 성서에〕 "셋째 날을 기다리라"(출 19:15)고 기록하였다. 할례 받은 아이를 제3일에 목욕시켜야 하는 것을 어디서 〔알 수 있을까? 심지어〕 그날이 안식일에 시작하더라도. 〔성서에〕 기록되었듯이, "제삼일에 아직 그들이 아파할 때에"(창 34:25). 〔대속죄일에 아사셀(Azazel)[10]〕 염소 머리에 붉은색 양모 끈을 매어 내보내는 것을 어디서 〔알 수 있을까? 성서에〕 기록되었듯이, "너희의 죄가 주홍 같을지라도 눈과 같이 희어질 것이요"(사 1:18).

---

9) 킬아임에 대한 보다 자세한 설명은 「쉐칼림」 1, 1-2를 참조하라.
10) 대속죄일에 광야로 염소를 보내는 관습은 아사셀에게 염소를 바치는 레위기 16:8-10에서 유래했다.

- 랍비들은 미쉬나 규정들의 근거를 성서와 연결시켜 설명하려고 노력했다. 하지만 직접적인 연관성이 없는 경우가 많다.
- 생리 후 3일까지는 생리대가 부정을 전이하지만 그 이후에는 부정을 초래하지 않는다.

9, 4

מִנַּיִן לְסִיכָה שֶׁהִיא כַשְׁתִיָּה בְּיוֹם הַכִּפּוּרִים, אַף עַל פִּי שֶׁאֵין רְאָיָה לַדָּבָר, זֵכֶר לַדָּבָר, שֶׁנֶּאֱמַר (תהלים קט) וַתָּבֹא כַמַּיִם בְּקִרְבּוֹ וְכַשֶּׁמֶן בְּעַצְמוֹתָיו:

대속죄일에 [몸에] 기름을 바르는 것이 [물을] 마시는 것과 같다는 것을 어디서 [알 수 있을까]? 비록 이에 대한 증거는 없지만 암시는 있다. [성서에서] 말하길, "물같이 그의 몸 속에 들어가며 기름같이 그의 뼈 속으로 들어갔나이다"(시 109:18).

- 대속죄일에 금지되는 일들은 「요마」 8, 1에 열거하고 있다. 이 미쉬나에서는 시편 109:18을 인용하면서 기름 바르는 것을 물 마시는 것과 같은 개념이라고 주장한다.

9, 5

הַמּוֹצִיא עֵצִים, כְּדֵי לְבַשֵּׁל בֵּיצָה קַלָּה. תַּבְלִין, כְּדֵי לְתַבֵּל בֵּיצָה קַלָּה, וּמִצְטָרְפִין זֶה עִם זֶה. קְלִפֵּי אֱגוֹזִים, קְלִפֵּי רִמּוֹנִים, אִסְטִיס וּפוּאָה, כְּדֵי לִצְבֹּעַ בָּהֶן בֶּגֶד קָטָן בְּסִבְכָה. מֵי רַגְלַיִם, נֶתֶר וּבֹרִית, קִמּוֹנְיָא וְאַשְׁלָג, כְּדֵי לְכַבֵּס בָּהֶן בֶּגֶד קָטָן בְּסִבְכָה. רַבִּי יְהוּדָה אוֹמֵר, כְּדֵי לְהַעֲבִיר עַל הַכֶּתֶם:

나무를 운반하는 사람은 계란 반숙을 삶을 정도면 [책임이 있다]. 조미료는 계란 반숙을 조리할 정도, 그리고 이것저것 섞여 있어도 [그렇다]. 호두 껍질, 석류 껍질, 대청이나 꼭두서니는 두건에 있는 작은 옷을 물들일 정도. 소변, 질산소다, 비누, 솔장다리는 두건에 있는 작은 옷을 세탁할 정도. 랍비 예후다는 "얼룩 위로 지나갈 정도면〔책임이 있습니다]"라고 말한다.

- 꼭두서니 식물은 빨간색 염료로 사용된다.
- 고대에 소변은 얼룩을 없애는 데 사용되었다.

9, 6

פִּלְפֶּלֶת, כָּל שֶׁהוּא. וְעִטְרָן, כָּל שֶׁהוּא. מִינֵי בְשָׂמִים וּמִינֵי מַתָּכוֹת, כָּל שֶׁהֵן.
מֵאַבְנֵי הַמִּזְבֵּחַ וּמֵעֲפַר הַמִּזְבֵּחַ, מֶקֶק סְפָרִים וּמֶקֶק מִטְפְּחוֹתֵיהֶם, כָּל שֶׁהוּא,
שֶׁמַּצְנִיעִין אוֹתָן לְגָנְזָן. רַבִּי יְהוּדָה אוֹמֵר, אַף הַמּוֹצִיא מִמְּשַׁמְּשֵׁי עֲבוֹדַת
כּוֹכָבִים, כָּל שֶׁהוּא, שֶׁנֶּאֱמַר (דברים יג) וְלֹא יִדְבַּק בְּיָדְךָ מְאוּמָה מִן הַחֵרֶם:

후추는 어떤 양이든지〔책임이 있다〕. 올리브 찌꺼기는 어떤 양이든지〔책임이 있다〕. 각종 향수와 각종 귀금속은 어떤 양이든지〔책임이 있다〕. 제단의 돌들과 제단에서 나온 흙, 지운 두루마리들과 지운 겉표지들은 어떤 양이든지〔책임이 있다〕. 왜냐하면 그것들은 감추기 위해 저장하기 때문이다. 랍비 예후다는 말한다. "우상 숭배에 사용되는 그릇들을 운반하는 사람은 어떤 양이든지〔책임이 있다〕. 왜냐하면, 〔성서에〕 기록되기를, "너는 이 진멸할 물건을 조금도 네 손에 대지 말라"(신 13:17).

- 후추는 아주 소량이라도 음식의 맛을 낼 수 있기 때문에 안식일에 가지고 나가는 것이 제한된다.
- 성서(신 13:17)의 내용을 참고하여 랍비 예후다는 우상 숭배와 관련된 소량의 물건이라도 안식일에 가지고 나가면 책임이 있다고 주장한다.

הַמּוֹצִיא קֻפַּת הָרוֹכְלִין, אַף עַל פִּי שֶׁיֵּשׁ בָּהּ מִינִין הַרְבֵּה, אֵינוֹ חַיָּב אֶלָּא
חַטָּאת אֶחָת. זֵרְעוֹנֵי גִנָּה, פָּחוֹת מִכַּגְרוֹגֶרֶת. רַבִּי יְהוּדָה בֶּן בְּתֵירָא אוֹמֵר,
חֲמִשָּׁה. זֶרַע קִשּׁוּאִין, שְׁנַיִם. זֶרַע דְּלוּעִין, שְׁנַיִם. זֶרַע פּוֹל הַמִּצְרִי, שְׁנַיִם. חָגָב
חַי טָהוֹר, כָּל שֶׁהוּא. מֵת, כַּגְרוֹגֶרֶת. צִפֹּרֶת כְּרָמִים, בֵּין חַיָּה בֵּין מֵתָה, כָּל
שֶׁהוּא, שֶׁמַּצְנִיעִין אוֹתָהּ לִרְפוּאָה. רַבִּי יְהוּדָה אוֹמֵר, אַף הַמּוֹצִיא חָגָב חַי
טָמֵא, כָּל שֶׁהוּא, שֶׁמַּצְנִיעִין אוֹתוֹ לְקָטָן לִשְׂחֹק בּוֹ:

봇짐장수의 바구니를 운반하는 사람은 비록 그 안에 여러 가지가
들어 있지만 한 가지 속죄제만 책임이 있다. 정원의 씨앗들은 마른 무
화과보다 적을 때 〔책임이 있다〕. 랍비 예후다 벤 브테라는 말한다.
"다섯 개입니다." 오이씨 두 개, 박씨 두 개, 이집트 콩씨 두 개. 살아
있는 정결한 메뚜기는 양이 얼마든지 〔책임이 있다〕. 죽은 〔메뚜기〕는
마른 무화과만큼. 포도원의 새는 살아 있는 것이든 죽은 것이든 양이
얼마든지 〔책임이 있다〕. 왜냐하면 그것은 약재로 저장된다. 랍비 예
후다는 말한다. "살아 있는 부정한 메뚜기를 운반하는 사람은 양이 얼
마든지 〔책임이 있습니다〕. 왜냐하면 아이들이 그것을 가지고 놀 수
있도록 저장하기 때문입니다."

- 한 바구니 안에 안식일을 위반하는 물건이 여러 개 있다고 하더라도
  속죄제는 한 번만 드리면 된다.
- 문맥적으로 볼 때, '포도원의 새'는 메뚜기의 한 종류로 보인다.

제10장

안식일에 해서는 안 되는 일을 하는데도 경우에 따라서 속죄제의
책임이 있을 때도, 면제될 때도 있다. 대표적으로 안식일에 금지된 일
을 나누어서 행하는 경우다. 한 사람이 할 수 있는 일을 두 사람이 분
담해서 할 때에는 '일'로 간주하지 않아 속죄제의 책임이 없다. 그리
고 금지된 일이라고 하더라도 한번에 다 행하는 것이 아니라 부분적
으로 하고 멈춘 후 다시 했을 때에는 책임을 면한다.

10, 1

הַמַּצְנִיעַ לְזֶרַע וּלְדֻגְמָא וְלִרְפוּאָה, וְהוֹצִיאוֹ בְּשַׁבָּת, חַיָּב בְּכָל שֶׁהוּא.
וְכָל אָדָם אֵין חַיָּב עָלָיו אֶלָּא כְשִׁעוּרוֹ. חָזַר וְהִכְנִיסוֹ, אֵינוֹ חַיָּב עָלָיו אֶלָּא
כְשִׁעוּרוֹ:

〔씨앗을〕 뿌리기 위해서나 견본으로 또는 약용으로 저장한 사람이
그것을 안식일에 운반했다면, 그는 양과 상관없이 책임이 있다. 모든
사람들은 규정된 양이 아니면 책임이 없다. 〔만약〕 그가 〔꺼낸 것을〕
다시 집어넣었으면, 그는 규정된 양이 아니면 책임이 없다.

- 안식일에 각각의 물건을 운반하는 최소량이 정해져 있다. 그 이하로
  운반하는 경우에는 속죄제의 책임이 없다. 하지만 사용할 목적으로
  저장한 것은 그 양에 무관하게 안식일에 운반한 경우에는 속죄제의
  책임이 있다(「샤밧」 7, 3).

10, 2

הַמּוֹצִיא אֳכָלִין וּנְתָנָן עַל הָאַסְקֻפָּה, בֵּין שֶׁחָזַר וְהוֹצִיאָן בֵּין שֶׁהוֹצִיאָן אַחֵר,
פָּטוּר, מִפְּנֵי שֶׁלֹּא עָשָׂה מְלַאכְתּוֹ בְּבַת אֶחָת. קֻפָּה שֶׁהִיא מְלֵאָה פֵרוֹת

וּנְתָנָהּ עַל הָאַסְקֻפָּה הַחִיצוֹנָה, אַף עַל פִּי שֶׁרֹב הַפֵּרוֹת מִבַּחוּץ, פָּטוּר, עַד
שֶׁיּוֹצִיא אֶת כָּל הַקֻּפָּה:

음식을 〔부엌에서〕 가지고 나와 문지방에 놓은 사람은 〔나중에〕 그
가 〔다시〕 돌아와서 그것을 밖으로 운반했든지, 아니면 다른 사람이
그것을 밖으로 운반했든지 면제된다. 왜냐하면 그가 〔운반하는〕 일을
한번에 하지 않았기 때문이다. 〔만약 어떤 사람이〕 과일이 가득 찬 바
구니를 문지방 바깥쪽에 놓았다면, 대부분의 과일이 밖에 있더라도
바구니 전체를 밖으로 운반하기 전까지는 면제된다.

- 물건을 안(사적인 공간)에서 밖(공적인 공간)으로 한번에 운반해야
  안식일을 범하는 '일'을 한 것으로 간주한다. 그렇지 않고 시간차를
  두고 절반씩 나누어서 한다면 이것은 일로 보지 않기 때문에 속죄제
  의 책임이 없다.
- 운반하는 물건이 바구니 안에 담겨 있을 때, 대부분의 내용물이 문
  지방 바깥쪽에 있고 수량이 안쪽에 있으면 아직 안식일을 위반한 것
  으로 보지 않는다. 전체 바구니가 완전히 공적인 공간에 있을 때 비
  로소 안식일을 위반한 것이다.

10, 3

הַמּוֹצִיא בֵּין בִּימִינוֹ בֵּין בִּשְׂמֹאלוֹ, בְּתוֹךְ חֵיקוֹ אוֹ עַל כְּתֵפוֹ, חַיָּב, שֶׁכֵּן מַשָּׂא
בְנֵי קְהָת. כִּלְאַחַר יָדוֹ, בְּרַגְלוֹ, בְּפִיו וּבְמַרְפְּקוֹ, בְּאָזְנוֹ וּבִשְׂעָרוֹ, וּבְפֻנְדָּתוֹ וּפִיהָ
לְמַטָּה, בֵּין פֻּנְדָּתוֹ לַחֲלוּקוֹ, וּבִשְׂפַת חֲלוּקוֹ, בְּמִנְעָלוֹ, בְּסַנְדָּלוֹ, פָּטוּר, שֶׁלֹּא
הוֹצִיא כְּדֶרֶךְ הַמּוֹצִיאִין:

오른손이나 왼손으로, 또는 무릎이나 어깨에 〔물건〕을 운반하는 사
람은 책임이 있다. 이것은 케핫(Kehat)의 후손들의 운반 방법이다. 그
러나 손등이나 발, 입, 팔꿈치, 귀, 머리카락, 아래쪽을 향한 허리띠,

또는 그의 팔꿈치 등을 들고 다니면 허리띠와 그의 셔츠, 또는 그의 셔츠의 옷자락이나 신발이나 샌들로 [운반했다면] 면제된다. 왜냐하면 그가 일반적인 방식으로 운반하지 않았기 때문이다.

- 일반적인 방식으로 운반했을 때 '일'로 간주한다. 비정상적인 방식으로 운반하는 경우는 안식일을 위반한 것으로 보지 않는다.

10, 4

הַמִּתְכַּוֵּן לְהוֹצִיא לְפָנָיו וּבָא לוֹ לְאַחֲרָיו, פָּטוּר, לְאַחֲרָיו וּבָא לוֹ לְפָנָיו, חַיָּב. בֶּאֱמֶת אָמְרוּ, הָאִשָּׁה הַחוֹגֶרֶת בְּסִינָר בֵּין מִלְּפָנֶיהָ וּבֵין מִלְּאַחֲרֶיהָ חַיֶּבֶת, שֶׁכֵּן רָאוּי לִהְיוֹת חוֹזֵר. רַבִּי יְהוּדָה אוֹמֵר, אַף מְקַבְּלֵי פִתְקִין:

앞으로 운반하려고 했는데 [물건을] 뒤에 흘린 사람은 면제되고, 뒤로 운반하려고 [했는데 물건이] 앞으로 온 사람은 책임이 있다. [현자들은] 진실로 말했다. 앞치마를 두른 여자가 그녀 앞쪽에 [둘렀든지] 아니면 뒤쪽에 [둘렀든지] 책임이 있다. 왜냐하면 뒤집히는 것이 충분히 예상되기 때문이다. 랍비 예후다가 말한다. "편지 배달자도 마찬가지입니다."

- 일반적인 방식대로 물건을 신체 앞쪽에 두고 운반할 경우에는 책임이 있지만, 의도와 달리 물건이 몸 뒤에 위치한 상태에서 운반할 경우에는 '일'로 간주하지 않는다. 하지만 일이 되지 않기 위해 뒤로 운반하려고 했는데, 결국 물건이 몸 앞쪽으로 왔다면 속죄제의 책임을 져야 한다.
- 하지만 충분히 예상되면 앞으로 운반하든 뒤로 운반하든지 책임이 있다.

הַמּוֹצִיא כִּכָּר לִרְשׁוּת הָרַבִּים, חַיָּב. הוֹצִיאוּהוּ שְׁנַיִם, פְּטוּרִין. לֹא יָכֹל אֶחָד
לְהוֹצִיאוֹ וְהוֹצִיאוּהוּ שְׁנַיִם, חַיָּבִים. וְרַבִּי שִׁמְעוֹן פּוֹטֵר. הַמּוֹצִיא אֲכָלִין פָּחוֹת
מִכַּשְׁעוּר בִּכְלִי, פָּטוּר אַף עַל הַכְּלִי, שֶׁהַכְּלִי טְפֵלָה לוֹ. אֶת הַחַי בְּמִטָּה,
פָּטוּר אַף עַל הַמִּטָּה, שֶׁהַמִּטָּה טְפֵלָה לוֹ. אֶת הַמֵּת בְּמִטָּה, חַיָּב. וְכֵן כַּזַּיִת
מִן הַמֵּת וְכַזַּיִת מִן הַנְּבֵלָה וְכָעֲדָשָׁה מִן הַשֶּׁרֶץ, חַיָּב. וְרַבִּי שִׁמְעוֹן פּוֹטֵר:

〔빵〕 덩어리를 공적인 공간으로 가지고 나간 사람은 책임이 있다.
두 사람이 운반했다면 면제된다. 혼자 나를 수 없어서 두 사람이 운반
했다면 책임이 있다. 그러나 랍비 쉼온은 〔그들을〕 면제했다. 음식을
그릇에 규정된 양보다 더 적게 운반하는 경우는 면제된다. 왜냐하면
그릇이 음식에 부속되는 물품이기 때문이다. 침대에 살아있는 사람
을 운반하는 경우는 면제된다. 왜냐하면 침대가 그 사람에게 부속된
물품이기 때문이다. 〔만약〕 침대에 시체를 나르는 경우는 책임이 있
다. 마찬가지로 올리브 크기의 시체 또는 올리브 크기의 동물 사체 또
는 편두 크기의 기는 동물의 〔사체를 운반하는 사람〕은 책임이 있다.
그러나 랍비 쉼온은 〔그를〕 면제했다.

- 혼자 나를 수 있는 분량을 두 사람이 운반했다면 '일'로 간주하지 않
  는다. 한 사람이 나를 수 없어서 두 사람이 운반하는 경우는 '일'로
  간주되어 속죄제의 책임이 있다.
- 살아 있는 사람을 운반하는 경우에는 비록 그가 침대 위에 있다고
  하더라도 운반하는 사람은 속죄제의 책임이 없다. 이때 침대는 살아
  있는 사람의 부속(장식)품으로 여기기 때문에 역시 책임이 없다.
- 사체의 최소 단위 이상을 운반하는 경우도 '일'로 보았고, 이런 경우
  시체의 부정이 전이되기 때문에 속죄제를 드릴 책임이 있다.

הַנּוֹטֵל צִפָּרְנָיו זוֹ בָזוֹ, אוֹ בְשָׁנָּיו, וְכֵן שְׂעָרוֹ, וְכֵן שְׂפָמוֹ, וְכֵן זְקָנוֹ, וְכֵן הַגּוֹדֶלֶת,
וְכֵן הַכּוֹחֶלֶת, וְכֵן הַפּוֹקֶסֶת, רַבִּי אֱלִיעֶזֶר מְחַיֵּב, וַחֲכָמִים אוֹסְרִין מִשּׁוּם
שְׁבוּת. הַתּוֹלֵשׁ מֵעָצִיץ נָקוּב, חַיָּב, וְשֶׁאֵינוֹ נָקוּב, פָּטוּר. וְרַבִּי שִׁמְעוֹן פּוֹטֵר
בָּזֶה וּבָזֶה:

자신의 손톱을 그의 다른 손톱이나 이빨로 제거하는 사람이나 같
은 방식으로 그의 머리카락, 수염, 턱수염을 뽑은 사람이나 또는 머리
카락을 땋는 사람, 〔눈꺼풀에〕 색칠하는 사람, 〔얼굴〕에 연지를 찍은
사람에 대해서 랍비 엘리에제르는 〔이 사람들이〕 책임이 있다고 생
각하지만, 현자들은 〔이들 행위들이〕 안식법을 위반하기 때문에 금지
하고 있다. 〔만약에〕 구멍이 난 화분에서 〔자라는 식물〕을 뽑으면 그
는 책임이 있다. 그러나 화분에 구멍이 뚫리지 않으면 그는 면제된다.
반면에 랍비 쉼온은 두 경우 모두 면제한다고 생각했다.

• 적절한 도구를 사용하지 않고 비정상적으로 행해지는 일들에 대하
  여 랍비 엘리에제르는 이러한 일들이 안식일에 해서는 안 되는 일들
  로 보고 속죄제의 책임이 있다고 본다. 반면에 다른 랍비들은 속죄
  제의 책임이 있는 것은 아니지만 안식일에 휴식을 취해야 하는 안식
  법(שבות, 쉐붓)[11]를 어기기 때문에 금지하고 있다. 만약 도구를 사
  용한다면 랍비들도 속죄제의 책임이 있다고 말할 것이다.
• 화분에 구멍이 나면 식물이 화분을 뚫고 땅에서 자라기 때문에 안식
  일에 뽑는 일을 해서는 안 된다.

---

11) '안식법'(쉐붓)은 성서에 근거하지는 않지만 랍비들이 안식일에 해서는 안 되
   는 일로 금지한 것들이다. 쉐붓에 대해서는 「에루빈」 10, 3; 10, 15를 참조하라.

제11장

지금까지는 한 공간에서 다른 공간으로 물건을 운반하는 것을 다루었는데 이번 장에서는 물건을 던지는 경우에 대하여 말한다.

11, 1

הַזּוֹרֵק מֵרְשׁוּת הַיָּחִיד לִרְשׁוּת הָרַבִּים, מֵרְשׁוּת הָרַבִּים לִרְשׁוּת הַיָּחִיד, חַיָּב.
מֵרְשׁוּת הַיָּחִיד לִרְשׁוּת הַיָּחִיד וּרְשׁוּת הָרַבִּים בָּאֶמְצַע, רַבִּי עֲקִיבָא מְחַיֵּב,
וַחֲכָמִים פּוֹטְרִין:

사적인 공간에서 공적인 공간으로 또는 공적인 공간에서 사적인 공간으로 〔물건을〕 던진 사람은 책임이 있다. 사적인 공간에서 사적인 공간으로 또는 공적인 공간에서 정중앙으로 〔던지는 사람은〕, 랍비 아키바는 책임이 있다고 말한다. 하지만 현자들은 면제했다.

- 물건을 던지는 경우는 운반하는 경우와 동일한 행동으로 간주하기 때문에 사적인 공간에서 공적인 공간으로 그리고 반대의 경우도 속죄제의 책임이 있다.

11, 2

כֵּיצַד. שְׁתֵּי גְזֻזְטְרָאוֹת זוֹ כְנֶגֶד זוֹ בִּרְשׁוּת הָרַבִּים, הַמּוֹשִׁיט וְהַזּוֹרֵק מִזּוֹ לְזוֹ,
פָּטוּר. הָיוּ שְׁתֵּיהֶן בִּדְיוֹטָא אַחַת, הַמּוֹשִׁיט חַיָּב, וְהַזּוֹרֵק פָּטוּר, שֶׁכָּךְ הָיְתָה
עֲבוֹדַת הַלְוִיִּם, שְׁתֵּי עֲגָלוֹת זוֹ אַחַר זוֹ בִּרְשׁוּת הָרַבִּים, מוֹשִׁיטִין הַקְּרָשִׁים
מִזּוֹ לְזוֹ, אֲבָל לֹא זוֹרְקִין. חֻלְיַת הַבּוֹר וְהַסֶּלַע שֶׁהֵן גְּבוֹהִין עֲשָׂרָה וְרָחְבָּן
אַרְבָּעָה, הַנּוֹטֵל מֵהֶן וְהַנּוֹתֵן עַל גַּבָּן, חַיָּב, פָּחוֹת מִכֵּן, פָּטוּר:

어떻게 그러한가? 공적인 공간을 가운데 두고 마주보는 두 발코니가 있는데, 한쪽에서 다른 쪽으로 건네거나 던진 사람은 면제된다. 두 사람이 같은 줄에 있다면 건네준 사람은 책임이 있는데, 던진 사람은 면제된다. 왜냐하면 이것은 레위인들의 일이기 때문이다. 두 개의 수레가 공적인 공간에 앞뒤로 있으면, 한쪽에서 다른 쪽으로 판을 전달할 것이지만, 〔그것들을〕 그들은 던지지 않을 것이다. 높이가 10〔테팍〕이고 너비가 4〔테팍〕인 물 저장고와 바위가 있는데, 그것들을 움직이거나 그 위에 〔물건을〕 올려 둔 경우에 그 〔사람〕은 책임이 있다. 〔지름이〕 이보다 작으면 그는 면제된다.

- 앞 미쉬나에서 말한 사적인 공간 내에서 또는 공적인 공간 내에서 물건을 던지거나 건네는 경우를 예를 들면서 구체적으로 설명한다.
- 레위인들의 일이라는 것은 레위인들이 장막을 지을 때 하던 작업 방식과 유사하다는 의미다.
- 두 수레는 각각의 사적인 공간이고 그 사이는 공적인 공간으로 여겨진다.

11, 3

הַזּוֹרֵק אַרְבַּע אַמּוֹת בַּכֹּתֶל, לְמַעְלָה מֵעֲשָׂרָה טְפָחִים, כְּזוֹרֵק בָּאֲוִיר, לְמַטָּה
מֵעֲשָׂרָה טְפָחִים, כְּזוֹרֵק בָּאָרֶץ. הַזּוֹרֵק בָּאָרֶץ אַרְבַּע אַמּוֹת, חַיָּב. זָרַק
לְתוֹךְ אַרְבַּע אַמּוֹת וְנִתְגַּלְגֵּל חוּץ לְאַרְבַּע אַמּוֹת, פָּטוּר. חוּץ לְאַרְבַּע אַמּוֹת,
וְנִתְגַּלְגֵּל לְתוֹךְ אַרְבַּע אַמּוֹת, חַיָּב:

벽으로 4아마[12] 〔거리를〕 던진 사람이 〔만약〕 10테팍만큼 위로 던졌으면 공중으로 던진 사람과 같고, 〔만약〕 10테팍만큼 아래로 던졌으면 땅에 던진 사람과 같다. 땅에서 4아마만큼 던진 사람은 책임이 있다. 4아마 안쪽으로 던졌는데 4아마 밖으로 굴러갔다면 면제된다. 4아

---

12) 1아마(אמה, ammah)는 대략 50센티미터다.

마 밖으로 [던졌는데] 4아마 안쪽으로 굴러들어 왔다면 책임이 있다.

- 안식일에 공적인 공간에서 땅으로 4아마 거리 이상을 던진 사람은
  속죄제의 책임이 있다.

11, 4

הַזּוֹרֵק בַּיָּם אַרְבַּע אַמּוֹת, פָּטוּר. אִם הָיָה רְקַק מַיִם וּרְשׁוּת הָרַבִּים מְהַלֶּכֶת
בּוֹ, הַזּוֹרֵק לְתוֹכוֹ אַרְבַּע אַמּוֹת, חַיָּב. וְכַמָּה הוּא רְקַק מַיִם, פָּחוֹת מֵעֲשָׂרָה
טְפָחִים. רְקַק מַיִם וּרְשׁוּת הָרַבִּים מְהַלֶּכֶת בּוֹ, הַזּוֹרֵק בְּתוֹכוֹ אַרְבַּע אַמּוֹת,
חַיָּב:

바다에서 4아마 [거리를] 던진 사람은 면제된다. 만약 물웅덩이가
있고 공적인 공간이 그곳으로 이어지는데, 어떤 사람이 [웅덩이 안
에] 4아마를 던지면 책임이 있다. 물웅덩이 [깊이가] 얼마나 되나? 최
소 10테팍이다. 만약 물웅덩이가 있고 공적인 공간이 그곳으로 이어
지는데, 어떤 사람이 [웅덩이 안에] 4아마를 던지면 책임이 있다.

- 바다는 사적인 공간도 공적인 공간도 아닌 곳으로 간주된다. 따라서
  여기에서 물건을 4아마 거리 던진다고 해서 속죄제의 책임이 있지
  는 않다.
- 위 법규정을 적용하기 위해 물웅덩이 크기가 관건이 된다.
- 마지막 규정은 바로 앞에서 말한 규정을 다시 반복한다.

11, 5

הַזּוֹרֵק מִן הַיָּם לַיַּבָּשָׁה וּמִן הַיַּבָּשָׁה לַיָּם, וּמִן הַיָּם לַסְּפִינָה וּמִן הַסְּפִינָה לַיָּם,
וּמִן הַסְּפִינָה לַחֲבֶרְתָּהּ, פָּטוּר. סְפִינוֹת קְשׁוּרוֹת זוֹ בָזוֹ, מְטַלְטְלִין מִזּוֹ לָזוֹ. אִם
אֵינָן קְשׁוּרוֹת, אַף עַל פִּי שֶׁמֻּקָּפוֹת, אֵין מְטַלְטְלִין מִזּוֹ לָזוֹ:

바다에서 육지로 던지거나 육지에서 바다로 던지거나 바다에서 배로 또는 배에서 바다로 그리고 배에서 옆 배로 던진 사람은 면제된다. 배가 서로 묶여 있으면 여기에서 저기로 옮길 수 있다. 만약 배가 묶여 있지 않으면 두 배가 가까이 있다고 하더라도 한곳에서 다른 곳으로 옮겨서는 안 된다.

- 육지는 공적인 공간으로 여기고 배는 사적인 공간으로 간주한다. 그런데 바다는 사적 공간도 아니고 공적인 공간도 아니다. 따라서 바다에서 배나 육지로 던진 경우에는 속죄제의 책임이 없다.

11, 6

הַזּוֹרֵק וְנִזְכַּר לְאַחַר שֶׁיָּצְתָה מִיָּדוֹ, קְלָטָהּ אַחֵר, קְלָטָהּ כֶּלֶב, אוֹ שֶׁנִּשְׂרְפָה, פָּטוּר. זָרַק לַעֲשׂוֹת חַבּוּרָה, בֵּין בְּאָדָם בֵּין בִּבְהֵמָה, וְנִזְכַּר עַד שֶׁלֹּא נַעֲשָׂה חַבּוּרָה, פָּטוּר. זֶה הַכְּלָל, כָּל חַיָּבֵי חַטָּאוֹת אֵינָן חַיָּבִין עַד שֶׁתְּהֵא תְחִלָּתָן וְסוֹפָן שְׁגָגָה. תְּחִלָּתָן שְׁגָגָה וְסוֹפָן זָדוֹן, תְּחִלָּתָן זָדוֹן וְסוֹפָן שְׁגָגָה, פְּטוּרִין, עַד שֶׁתְּהֵא תְחִלָּתָן וְסוֹפָן שְׁגָגָה:

〔물건을〕 던진 사람이 〔안식일에〕 자신의 손에서 나간 것을 나중에 기억했거나 아니면 다른 사람이나 개가 그것을 가로챘거나 아니면 불타 없어졌으면 그는 면제된다. 사람이나 가축에게 상처를 입히려고 〔돌을〕 던졌던 사람이 부상을 입기 전에 〔안식일이라는 사실을〕 기억했다면 면제된다. 원칙은 다음과 같다. 속죄제의 책임이 있는 사람은 〔행동〕이 처음부터 마지막까지 몰랐던 경우가 아니라면 면제된다. 시작은 의도하지 않았는데 마지막은 의도적이라든지, 〔아니면 만약〕 시작은 의도적이었는데 마지막이 의도하지 않았다면 그들은 면제된다. 처음부터 마지막까지 의도하지 않는 한 그렇다.

- 처음부터 끝까지 안식일인 줄 모르고 부지불식간에 일한 경우는 속죄제의 책임이 있다. 중간에 이를 알았다면 그는 책임이 없다.

제12장

지금까지 운반하는 일과 관련된 여러 상황을 다루었는데 이번 장은 다른 일들로 주제가 바뀐다. 집을 어느 정도 이상 지었을 때나 글자를 어느 정도 이상 쓰게 될 때 안식일을 범하게 되는지 등을 다룬다.

12, 1

הַבּוֹנֶה, כַּמָּה יִבְנֶה וִיהֵא חַיָּב, הַבּוֹנֶה כָּל שֶׁהוּא, וְהַמְסַתֵּת, וְהַמַּכֶּה בַּפַּטִּישׁ וּבְמַעֲצָד, הַקּוֹדֵחַ כָּל שֶׁהוּא, חַיָּב. זֶה הַכְּלָל, כָּל הָעוֹשֶׂה מְלָאכָה וּמְלַאכְתּוֹ מִתְקַיֶּמֶת בְּשַׁבָּת, חַיָּב. רַבָּן שִׁמְעוֹן בֶּן גַּמְלִיאֵל אוֹמֵר, אַף הַמַּכֶּה בְקֻרְנָס עַל הַסַּדָּן בִּשְׁעַת מְלָאכָה, חַיָּב, מִפְּנֵי שֶׁהוּא כִמְתַקֵּן מְלָאכָה:

건축하는 사람이 〔건물을〕 어느 정도 짓게 되면 〔속죄제〕 책임이 있는가? 건축하는 사람은 얼마를 지었든지, 즉 돌 쪼는 사람, 망치나 손도끼로 치는 사람, 구멍을 뚫는 사람은 얼마를 지었든지 책임이 있다. 원칙은 다음과 같다. 일을 하는 모든 사람은 그리고 그의 일이 안식일에 지속된다면 책임이 있다. 랍비 쉼온 벤 감리엘은 말한다. "일할 때 망치로 모루 위를 치는 사람은 책임이 있습니다. 왜냐하면 그가 일을 진행시키기 때문입니다."

- 집을 짓는 것과 관련된 다양한 일을 하는 사람들은 어느 정도 일을 한 것과 상관없이 모두 속죄제의 책임이 있다. 다시 말해 운반하는 일과 달리 건축에서는 최소량의 개념이 없다.

הַחוֹרֵשׁ כָּל שֶׁהוּא, הַמְנַכֵּשׁ וְהַמְקַרְסֵם וְהַמְזָרֵד כָּל שֶׁהוּא, חַיָּב. הַמְלַקֵּט
עֵצִים, אִם לְתַקֵּן, כָּל שֶׁהֵן, אִם לְהֶסֵּק, כְּדֵי לְבַשֵּׁל בֵּיצָה קַלָּה. הַמְלַקֵּט
עֲשָׂבִים, אִם לְתַקֵּן, כָּל שֶׁהוּא, אִם לִבְהֵמָה, כִּמְלֹא פִי הַגְּדִי:

어느 정도의 씨를 뿌린 사람, 잡초를 뽑는 사람, 〔마른〕 가지를 치는
사람, 〔어린〕 순을 솎아내는 사람은 책임이 있다. 나무를 모으는 사람
은, 만약 〔나무를〕 성장시키기 위해서 〔가지치기를 했다면〕 어떤 양
이든지 〔책임이 있다〕. 하지만 만약 불을 피우려고 했다면, 작은 계
란을 삶을 정도가 되어야 〔책임이 있다〕. 풀을 모으는 사람은, 〔들판
을〕 기름지게 하려고 한다면 어떤 양이든지 〔책임이 있다〕. 하지만 만
약 가축을 〔먹이기〕 위해서라면 산양의 한 입 정도가 되어야 〔책임이
있다〕.

- 잡초를 뽑고 가지를 치고 순을 뽑는 '일은 안식일에 금지된 39가지
  주요 일들 목록'(「샤밧」 7, 2)에는 언급되지 않았지만, 이러한 일들
  은 '씨뿌리기'에 준하는 일들이기 때문에 금지되는 것으로 보인다.
- 풀을 잘라 모으는 일도 거름을 목적으로 했다면 양과 무관하게 책임
  이 있지만, 가축을 먹이기 위해서는 최소 산양이 한 입 정도 먹을 양
  이 되어야 한다.

12, 3

הַכּוֹתֵב שְׁתֵּי אוֹתִיּוֹת, בֵּין בִּימִינוֹ בֵּין בִּשְׂמֹאלוֹ, בֵּין מִשֵּׁם אֶחָד בֵּין מִשְּׁנֵי
שֵׁמוֹת, בֵּין מִשְּׁנֵי סַמְמָנִיּוֹת, בְּכָל לָשׁוֹן, חַיָּב. אָמַר רַבִּי יוֹסֵי, לֹא חִיְּבוּ שְׁתֵּי
אוֹתִיּוֹת אֶלָּא מִשּׁוּם רֹשֶׁם, שֶׁכָּךְ הָיוּ כוֹתְבִין עַל קַרְשֵׁי הַמִּשְׁכָּן, לֵידַע אֵיזוֹ בֶן
זוּגוֹ. אָמַר רַבִּי, מָצִינוּ שֵׁם קָטָן מִשֵּׁם גָּדוֹל, שֵׁם מִשִּׁמְעוֹן וּשְׁמוּאֵל, נֹחַ מִנָּחוֹר,
דָּן מִדָּנִיֵּאל, גָּד מִגַּדִּיאֵל:

두 글자를 쓴 사람은 오른손으로 하든지 왼손으로 하든지 같은 글자든지 〔다른〕 두 글자든지 두 가지 잉크든지 어떤 언어든지 책임이 있다. 랍비 요쎄는 말했다. "그들은 표식을 위해서 두 글자를 〔적어야〕 책임이 있다고 선포했습니다. 왜냐하면 회막용 판자에 어떤 것이 어떤 것과 짝인지 알아보도록 그렇게 〔두 글자를〕 적었기 때문입니다." 랍비가 말했다. "우리는 〔공식적인〕 긴 이름에서 〔줄인〕 짧은 이름을 찾았습니다. 쉼온이나 사무엘에서 쉠을, 나홀에서 노아를, 다니엘에서 단을, 가디엘에서 가드를 〔찾았습니다〕."

- 다수의 랍비들은 두 글자를 적으면 책임이 있다고 보았다. 하지만 랍비 요쎄는 알아볼 수만 있다면 표식 하나만 하더라도 책임이 있다고 주장한다. 반대로 랍비 예후다는 경우에 따라서 두 글자만으로는 누구인지 정확히 알지 못하기 때문에 책임이 없다고 말했다. 예를 들어, '쉠'은 노아의 아들 중 한 명일 수도 있고, 쉼온이나 사무엘의 약자일 수도 있다.

12, 4

הַכּוֹתֵב שְׁתֵּי אוֹתִיּוֹת בְּהֶעְלֵם אֶחָד, חַיָּב. כָּתַב בִּדְיוֹ, בְּסַם, בְּסִקְרָא, בְּקוֹמוֹס וּבְקַנְקַנְתּוֹם, וּבְכָל דָּבָר שֶׁהוּא רוֹשֵׁם, עַל שְׁנֵי כָתְלֵי זָוִיּוֹת וְעַל שְׁנֵי לוּחֵי פִנְקָס, וְהֵן נֶהֱגִין זֶה עִם זֶה, חַיָּב. הַכּוֹתֵב עַל בְּשָׂרוֹ, חַיָּב. הַמְסָרֵט עַל בְּשָׂרוֹ, רַבִּי אֱלִיעֶזֶר מְחַיֵּב חַטָּאת, וְרַבִּי יְהוֹשֻׁעַ פּוֹטֵר:

한번 부지중에 두 글자를 쓴 사람은 책임이 있다. 〔만약〕 글자를 적은 사람이 잉크나, 비소나, 붉은색 석회암이나, 나무진이나, 황산제철 등 어떤 것으로 표시했든지, 두 벽의 모서리나 두 장의 장부에 〔적은 경우에〕, 그 〔글자〕들을 각각 읽을 수 있다면 책임이 있다. 자기 피부에 쓴 사람은 책임이 있다. 자기 피부를 긁은 사람에 관해, 랍비 엘리에제르는 책임이 있다고 말했다. 랍비 예호수아는 면제했다.

- 일반적인 잉크만이 아니라 글을 쓸 수 있는 다양한 종류로 적은 경우에도 책임이 있다. 그리고 떨어진 두 벽이나 한 장부의 두 면에 각각 적은 경우에도 글자가 이어서 읽어지는 경우에도 책임이 있다. 심지어 자신의 피부에 글자를 적은 경우도 마찬가지다.
- 단순히 피부를 긁는 경우에 랍비 엘리에제르와 랍비 예호수아의 주장이 갈린다.

12, 5

כָּתַב בְּמַשְׁקִין, בְּמֵי פֵרוֹת, בַּאֲבַק דְּרָכִים, בַּאֲבַק הַסּוֹפְרִים, וּבְכָל דָּבָר שֶׁאֵינוֹ מִתְקַיֵּם, פָּטוּר. לְאַחַר יָדוֹ, בְּרַגְלוֹ, בְּפִיו וּבְמַרְפְּקוֹ, כָּתַב אוֹת אַחַת סְמוּךְ לִכְתָב, וּכְתַב עַל גַּבֵּי כְתָב, נִתְכַּוֵּן לִכְתֹּב חֵי»ת וְכָתַב שְׁנֵי זַי»נִין, אֶחָד בָּאָרֶץ וְאֶחָד בַּקּוֹרָה, כָּתַב עַל שְׁנֵי כָתְלֵי הַבַּיִת, עַל שְׁנֵי דַפֵּי פִנְקָס וְאֵין נֶהֱגִין זֶה עִם זֶה, פָּטוּר. כָּתַב אוֹת אַחַת נוֹטָרִיקוֹן, רַבִּי יְהוֹשֻׁעַ בֶּן בְּתֵירָא מְחַיֵּב, וַחֲכָמִים פּוֹטְרִין:

어떤 사람이 〔글자를〕 음료수로, 과일즙으로, 길가의 흙으로, 서기관의 흙처럼 오래 남지 않는 것으로 썼으면 면제된다. 〔이미 씌어진〕 글자 옆에 적었거나, 글자 위에 적었거나, 〔철자〕 '헷'을 〔적으려다〕 대신 두 개의 '자인'을 〔적은 경우나〕, 하나는 땅에 하나는 천장에, 한 집의 두 벽에, 두 장의 장부에 〔적었는데〕, 그것〔글자들을〕 따로 읽을 수 없다면 책임이 없다. 축약형으로 쓴 경우에 대하여, 랍비 예호수아 벤 브테라는 책임이 있다고 말한 반면에 다른 현자들은 면제했다.

- 글자를 금방 사라지는 음료수로 적은 경우나 손이 아닌 다른 신체를 이용해서 적은 경우에도 속죄제의 책임이 없다.
- 한 집의 두 벽이나 한 장부의 두 면에 적은 경우에 글자들이 서로 연

결해서 읽어지지 않는다면 책임이 없다.

- 히브리어 철자인 '헷'(ח)은 한 글자인데 이것이 떨어져서 마치 두 개의 '자인'(ז)을 적은 것처럼 보이는 경우에도 책임이 없다.

12, 6

הַכּוֹתֵב שְׁתֵּי אוֹתִיּוֹת בִּשְׁנֵי הֶעְלָמוֹת, אַחַת שַׁחֲרִית וְאַחַת בֵּין הָעַרְבַּיִם, רַבָּן גַּמְלִיאֵל מְחַיֵּב, וַחֲכָמִים פּוֹטְרִין:

어떤 사람이 두 글자를 두 번의 부지중에, 즉 한 번은 아침에 한 번은 저녁에 적은 경우에 대하여, 라반 감리엘은 그가 책임이 있다고 말한 반면에, 다른 현자들은 그를 면제했다.

- 두 글자를 서로 다른 시간에 적은 경우에 대부분의 랍비들은 책임이 없다는 입장이다. 소수 견해로 감리엘은 책임이 있다고 주장한다.

제13장

13, 1

רַבִּי אֱלִיעֶזֶר אוֹמֵר, הָאוֹרֵג שְׁלֹשָׁה חוּטִין בַּתְּחִלָּה וְאַחַת עַל הָאָרִיג, חַיָּב. וַחֲכָמִים אוֹמְרִים, בֵּין בַּתְּחִלָּה בֵּין בַּסּוֹף, שִׁעוּרוֹ שְׁנֵי חוּטִין:

랍비 엘리에제르는 말한다. "처음에 세 〔가닥의〕 실로 엮고 나중에 그 엮은 〔천〕에 한 〔가닥을 추가했다면〕 책임이 있습니다." 현자들은 말한다. "처음이든지 나중이든지 두 〔가닥의〕 실이 정해진 양입니다."

- 랍비 엘리에제르와 달리 대부분의 랍비들은 안식일에는 두 가닥의 실을 엮어서는 안 된다고 생각한다.

13, 2

הָעוֹשֶׂה שְׁנֵי בָתֵּי נִירִין בַּנִּירִין, בַּקֵּרוֹס, בַּנָּפָה, בַּכְּבָרָה וּבַסַּל, חַיָּב. וְהַתּוֹפֵר
שְׁתֵּי תְפִירוֹת, וְהַקּוֹרֵעַ עַל מְנָת לִתְפֹּר שְׁתֵּי תְפִירוֹת:

베틀에 두 잉아를 설치하는 사람, 체, 바구니에 [갈대를 놓는 사람
은] 책임이 있다. 두 박음질하는 사람이나 두 박음질을 위해 뜯어내
는 사람도 [책임이 있다].

● 베를 짤 때나 바구니를 만들 때 최소 단위가 두 줄이다. 고대 이스라
  엘의 베틀 장치가 우리가 사용하는 기구와 정확히 일치한다고 볼 수
  는 없지만 베틀의 날실을 끌어올리도록 맨 줄을 잉아라고 한다.

13, 3

הַקּוֹרֵעַ בַּחֲמָתוֹ וְעַל מֵתוֹ, וְכָל הַמְקַלְקְלִין, פְּטוּרִין. וְהַמְקַלְקֵל עַל מְנָת לְתַקֵּן,
שִׁעוּרוֹ כִּמְתַקֵּן:

분노나 죽음으로 인해 [옷]을 찢는 사람, 그리고 [물건을] 파괴하
는 모든 사람은 면제된다. 수리하기 위해 파괴할 때 그가 [책임을 져
야 할] 양은 수리해야 할 양이다.

● 옷을 찢는 행위가 건설적인 목적을 위해 행한 일이 아니기 때문에
  면제된다. 유사하게 파괴적인 행위는 속죄제의 대상에서 제외된다.

13, 4

שִׁעוּר הַמְלַבֵּן וְהַמְנַפֵּץ וְהַצּוֹבֵעַ וְהַטּוֹוֶה, כִּמְלֹא רֹחַב הַסִּיט כָּפוּל. וְהָאוֹרֵג
שְׁנֵי חוּטִין, שִׁעוּרוֹ כִּמְלֹא הַסִּיט:

표백하기, 빗질하기, 염색하기, 실잣기의 [최소] 양은 집게손가락의

두 배 넓이다. 두 [가닥의] 실로 짜는 사람은 집게손가락 넓이다.

- 이 미쉬나에서 열거하는 일들은 모두 주요 일들에서 금지한다(「샤 밧」 7, 2).

13, 5

רַבִּי יְהוּדָה אוֹמֵר, הַצָּד צִפּוֹר לַמִּגְדָּל וּצְבִי לַבַּיִת, חַיָּב. וַחֲכָמִים אוֹמְרִים, צִפּוֹר לַמִּגְדָּל, וּצְבִי לַבַּיִת וְלֶחָצֵר וְלַבֵּיבָרִין. רַבָּן שִׁמְעוֹן בֶּן גַּמְלִיאֵל אוֹמֵר, לֹא כָל הַבֵּיבָרִין שָׁוִין. זֶה הַכְּלָל, מְחֻסַּר צִידָה, פָּטוּר, וְשֶׁאֵינוֹ מְחֻסַּר צִידָה, חַיָּב:

랍비 예후다는 말한다. "새를 [몰아] 탑에 가둔 사람과 사슴을 집에 가둔 사람은 책임이 있습니다." 하지만 현자들은 말한다. "새를 탑에 그리고 사슴을 집이나 마당이나 사육장에 [가둔 사람에게 책임이 있습니다]." 랍비 쉼온 벤 감리엘은 말한다. "모든 사육장이 동일하지는 않습니다." 원칙은 다음과 같다. [더 확실하게] 잡을 필요가 있는 사람은 면제되는 반면에 [더 확실하게] 잡을 필요가 없는 사람은 책임이 있다.

- 이 미쉬나는 사냥과 관련된 일을 다루고 있다. 하지만 이 시대의 사냥은 새나 짐승을 살아 있는 상태로 잡는 것을 의미하고 우리 시대처럼 죽이는 것이 아니다.

13, 6

צְבִי שֶׁנִּכְנַס לַבַּיִת וְנָעַל אֶחָד בְּפָנָיו, חַיָּב. נָעֲלוּ שְׁנַיִם, פְּטוּרִין. לֹא יָכֹל אֶחָד לִנְעֹל וְנָעֲלוּ שְׁנַיִם, חַיָּבִין. וְרַבִּי שִׁמְעוֹן פּוֹטֵר:

사슴이 집 안으로 들어왔고 한 사람이 문을 닫았으면 책임이 있다. [만약] 두 사람이 닫았으면 면제된다. 한 사람이 닫을 수 없어서 둘이 닫았으면 그들은 책임이 있다. 랍비 쉼온은 그들을 면제했다.

- 한 사람이 할 수 있는 일을 두 사람이 하는 경우 일로 보지 않는다.

13, 7

יָשַׁב הָאֶחָד עַל הַפֶּתַח וְלֹא מִלְּאָהוּ, יָשַׁב הַשֵּׁנִי וּמִלְּאָהוּ, הַשֵּׁנִי חַיָּב. יָשַׁב
הָרִאשׁוֹן עַל הַפֶּתַח וּמִלְּאָהוּ, וּבָא הַשֵּׁנִי וְיָשַׁב בְּצִדּוֹ, אַף עַל פִּי שֶׁעָמַד
הָרִאשׁוֹן וְהָלַךְ לוֹ, הָרִאשׁוֹן חַיָּב וְהַשֵּׁנִי פָּטוּר. הָא לְמָה זֶה דוֹמֶה, לְנוֹעֵל אֶת
בֵּיתוֹ לְשָׁמְרוֹ וְנִמְצָא צְבִי שָׁמוּר בְּתוֹכוֹ:

한 사람이 문 입구에 앉아 있는데 그는 그 [사슴]을 가두지 못했고,
다른 사람이 앉아 있는데 그가 그것을 가두었으면 그 두 번째 사람이
책임이 있다. 첫 번째 사람이 입구에 앉아 있다가 그것을 가두었는데,
두 번째 사람이 와서 그 옆에 앉아 있는 경우에, 비록 첫 번째 사람이
일어서서 떠났다 할지라도, 첫 번째 사람이 책임이 있고 그 두 번째
사람은 면제된다. 이것은 어떤 경우와 비슷한가? 자기 집을 [도둑으
로부터] 지키려고 잠가 두었는데 사슴이 그 안에서 갇히는 [경우와
유사하다].

- 첫 번째 사람이 사슴을 잡은 후 자리를 떠난 경우에 두 번째 사람은
  사슴을 잡는 것과 아무런 상관이 없기 때문에 속죄제의 책임이 없
  다. 이것은 마치 잠겨진 집에 사슴이 스스로 들어간 경우처럼 아무
  런 역할을 하지 않는 경우와 유사하다.

제14장

이번 미쉬나는 사냥과 관련된 나머지 규정들을 가르치고 있다. 그리고 안식일에 동물에 상해를 입히는 경우에 대해 말한다.

14, 1

שְׁמֹנָה שְׁרָצִים הָאֲמוּרִים בַּתּוֹרָה, הַצָּדָן וְהַחוֹבֵל בָּהֶן, חַיָּב. וּשְׁאָר שְׁקָצִים וּרְמָשִׂים, הַחוֹבֵל בָּהֶן פָּטוּר, הַצָּדָן לְצֹרֶךְ, חַיָּב, שֶׁלֹּא לְצֹרֶךְ, פָּטוּר. חַיָּה וָעוֹף שֶׁבִּרְשׁוּתוֹ, הַצָּדָן פָּטוּר, וְהַחוֹבֵל בָּהֶן חַיָּב:

토라(오경)에서 말하고 있는(레 11:29-30) 여덟 가지 〔땅에〕 기는 것들이 〔있는데〕, 그것들을 사냥하고 상처를 입힌 사람은 책임이 있다. 하지만 다른 해충이나 기어다니는 것에 상처를 입힌 사람은 면제된다. 필요에 의해서 사냥한 사람은 책임이 있는 반면에, 필요로 하지 않은 사람은 면제된다. 자기 집 울타리 안에 있는 동물이나 새를 사냥한 사람은 면제되지만, 상처를 입힌 사람은 책임이 있다.

- 필요에 의해서 사냥을 한 경우에는 책임이 있지만, 무익한 동물을 잡거나 상처를 입힌 사람은 면제된다.
- 이미 울타리 안에 있는 동물이나 새를 잡는 것은 사냥하는 일이 아니다. 하지만 가죽을 벗기기 위해 상처를 냈다면 이 사람은 속죄제의 책임이 있다.

14, 2

אֵין עוֹשִׂין הֵילְמֵי בְשַׁבָּת, אֲבָל עוֹשֶׂה הוּא אֶת מֵי הַמֶּלַח וְטוֹבֵל בָּהֶן פִּתּוֹ וְנוֹתֵן לְתוֹךְ הַתַּבְשִׁיל. אָמַר רַבִּי יוֹסֵי, וַהֲלֹא הוּא הֵילְמֵי, בֵּין מְרֻבֶּה וּבֵין מְעַט. וְאֵלּוּ הֵן מֵי מֶלַח הַמֻּתָּרִין, נוֹתֵן שֶׁמֶן בַּתְּחִלָּה לְתוֹךְ הַמַּיִם אוֹ לְתוֹךְ הַמֶּלַח:

안식일에 〔절임용〕 소금물을 만들어서는 안 된다. 하지만 소금물을 먼저 만들고 그 안에 빵을 넣은 후 그것을 조리한 음식에 곁들이는 것은 가능하다. 랍비 요쎄는 말했다. "〔양이〕 많든지 적든지 이것이 절임용 소금물이 아닙니까? 그보다 허락된 소금물은 어떤 것입니까? 먼저 물이나 소금 안에 기름을 넣은 것입니다."

- 절임용 소금물과 일반 소금물의 차이는 불명확하다. 학자들에 따라서 절임용 소금물은 대량으로 전문가가 만드는 소금물이고, 일반 소금물은 소량으로 일반인이 만드는 것으로 설명한다.
- 랍비 요쎄는 양이 많고 적음으로 구별할 수 없고 소금물은 먼저 기름을 넣고 나중에 물을 넣는다고 설명하고 있다.

14, 3

אֵין אוֹכְלִין אֵזוֹב יוֹן בְּשַׁבָּת, לְפִי שֶׁאֵינוֹ מַאֲכַל בְּרִיאִים, אֲבָל אוֹכֵל הוּא אֶת יוֹעֶזֶר וְשׁוֹתֶה אַבּוּב רוֹעֶה. כָּל הָאֳכָלִין אוֹכֵל אָדָם לִרְפוּאָה, וְכָל הַמַּשְׁקִין שׁוֹתֶה, חוּץ מִמֵּי דְקָלִים וְכוֹס עִקָּרִים, מִפְּנֵי שֶׁהֵן לַיֵּרוֹקָה. אֲבָל שׁוֹתֶה הוּא מֵי דְקָלִים לִצְמָאוֹ, וְסָךְ שֶׁמֶן עִקָּרִין שֶׁלֹּא לִרְפוּאָה:

안식일에 그리스 히솝 풀[13])을 먹어서는 안 된다. 왜냐하면 그것은 〔몸이〕 건강한 사람들이 먹는 음식이 아니기 때문이다. 치료에 도움이 되는 어떤 음식이나 음료를 마실 수 있지만 대추야자 나무에서 나온 물과 〔식물들의〕 뿌리에서 얻은 물은 제외된다. 왜냐하면 이것들은 황달에 도움이 되기 때문이다. 하지만 갈증을 〔달래기〕 위해 대추야자 물을 마실 수 있다. 그리고 치료 목적이 아니라면 기름으로 자신을 적실 수 있다.

---

13) 히솝 풀이 다른 사본에는 두 글자로 '에조브 욘'(איזוב יון)으로 쓰여 있다. 한편 게마라에서는 '에조브욘'(איזוביון)으로 해석하고 있다.

- 치료의 목적이 아니라면 건강한 사람은 건강에 좋은 어떤 종류의 음식이나 음료를 먹어도 된다. 이것은 음식을 먹는 것이 치료의 목적이 아니기 때문이다. 하지만 얼굴이 노란 사람이 황달에 좋은 음식을 먹는다면 이것은 치료 목적이라는 사실을 누구나 알 수 있기 때문에 금지된다.

14, 4

הַחוֹשֵׁשׁ בְּשִׁנָּיו, לֹא יִגְמַע בָּהֶן אֶת הַחֹמֶץ, אֲבָל מְטַבֵּל הוּא כְדַרְכּוֹ, וְאִם
נִתְרַפֵּא נִתְרַפֵּא. הַחוֹשֵׁשׁ בְּמָתְנָיו, לֹא יָסוּךְ יַיִן וְחֹמֶץ, אֲבָל סָךְ הוּא אֶת
הַשֶּׁמֶן, וְלֹא שֶׁמֶן וֶרֶד. בְּנֵי מְלָכִים סָכִין שֶׁמֶן וֶרֶד עַל מַכּוֹתֵיהֶן, שֶׁכֵּן דַּרְכָּם
לָסוּךְ בַּחֹל. רַבִּי שִׁמְעוֹן אוֹמֵר, כָּל יִשְׂרָאֵל בְּנֵי מְלָכִים הֵם:

자신의 치아에서 [통증을] 느낀 사람은 식초를 치아를 통해 삼키면 안 되지만, 일반적인 방식대로 [빵을] 적시는 것은 된다. 만약 그가 치료된다면 치료되는 것이다. 자신의 허리에서 [통증을] 느낀 사람은 포도주나 식초를 먹으면 안 된다. 왕자들은 상처에 장미 기름을 발라도 된다. 이는 주중에 기름을 바르는 것이 [그들의] 관습이기 때문이다. 랍비 쉼온은 말했다. "모든 이스라엘[사람들]이 왕의 자녀들이다."

- 식초에 적신 빵을 먹다가 자연스럽게 치료가 되어 치아의 통증이 사라지기도 한다. "만약 치료된다면 치료되는 것이다"라는 표현은 이런 경우를 묘사한다. 아래 미쉬나 22, 6에서도 다시 사용되고 있다.

제15장

이번 장에서는 매듭 묶기와 매듭 풀기를 다룬다. 미쉬나는 안식일과 관련해서 세 종류의 매듭 묶기를 가르친다. 첫 번째는 범할 경우 속죄제를 드려야 하는 경우, 두 번째는 속죄제를 드릴 필요는 없지만 랍비들이 금하는 경우, 세 번째는 매듭 묶기를 해도 되는 경우다.

15, 1

אֵלּוּ קְשָׁרִים שֶׁחַיָּבִין עֲלֵיהֶן, קֶשֶׁר הַגַּמָּלִין וְקֶשֶׁר הַסַּפָּנִין. וּכְשֵׁם שֶׁהוּא חַיָּב עַל קִשּׁוּרָן כָּךְ הוּא חַיָּב עַל הֶתֵּרָן. רַבִּי מֵאִיר אוֹמֵר, כָּל קֶשֶׁר שֶׁהוּא יָכוֹל לְהַתִּירוֹ בְּאַחַת מִיָּדָיו, אֵין חַיָּבִין עָלָיו:

이것들이 [속죄제] 책임이 있는 매듭 묶기다. 낙타 몰이꾼의 묶기, 선원의 묶기. 매듭 묶기가 책임이 있듯이 매듭 풀기도 책임이 있다. 랍비 메이르는 다음과 같이 말한다. "한 손으로 풀 수 있는 모든 매듭에 대해서는 [속죄제의] 책임이 없습니다."

- 낙타나 배에는 밧줄이 튼튼하게 잘 매어져 있어야 한다. 그래서 매듭을 묶고 푸는 일은 안식일에 금지된다. 하지만 랍비 메이르는 한 손으로 매면 가능하다고 주장한다.

15, 2

יֵשׁ לְךָ קְשָׁרִים שֶׁאֵין חַיָּבִין עֲלֵיהֶן כְּקֶשֶׁר הַגַּמָּלִין וּכְקֶשֶׁר הַסַּפָּנִין. קוֹשֶׁרֶת אִשָּׁה מִפְתַּח חֲלוּקָהּ, וְחוּטֵי סְבָכָה וְשֶׁל פְּסִיקְיָא, וּרְצוּעוֹת מִנְעָל וְסַנְדָּל, וְנוֹדוֹת יַיִן וָשֶׁמֶן, וּקְדֵרָה שֶׁל בָּשָׂר. רַבִּי אֱלִיעֶזֶר בֶּן יַעֲקֹב אוֹמֵר, קוֹשְׁרִין לִפְנֵי הַבְּהֵמָה בִּשְׁבִיל שֶׁלֹּא תֵצֵא. קוֹשְׁרִין דְּלִי בִּפְסִיקְיָא, אֲבָל לֹא בְחֶבֶל. רַבִּי יְהוּדָה מַתִּיר. כְּלָל אָמַר רַבִּי יְהוּדָה, כָּל קֶשֶׁר שֶׁאֵינוֹ שֶׁל קְיָמָא, אֵין חַיָּבִין עָלָיו:

낙타 몰이꾼의 매듭 묶기와 선원의 매듭 묶기와 달리, 〔속죄제의〕 책임이 없는 매듭 묶기가 있다. 여성은 겉옷의 앞쪽, 머리망의 끈이나 허리띠, 신발이나 샌들 끈, 포도주와 기름통, 고기 단지를 묶을 수 있다. 랍비 엘리에제르 벤 야아콥은 말한다. "가축이 〔앞으로〕 가지 못하도록 앞에서 묶을 수 있습니다. 두레박을 허리띠로 묶을 수는 있지만, 밧줄은 안 됩니다." 하지만 랍비 예후다는 밧줄로 묶는 것도 허락했다. 랍비 예후다가 일반 원칙을 말했다. "계속 묶여진 상태가 아닌 매듭은 책임이 없습니다."

- 일시적으로 묶여 있는 것은 책임이 없고 매어진 상태가 지속될 경우에 책임이 있다. 이러한 일반 원칙을 랍비 예후다가 말했다.

15, 3

מְקַפְּלִין אֶת הַכֵּלִים אֲפִלּוּ אַרְבָּעָה וַחֲמִשָּׁה פְעָמִים, וּמַצִּיעִין אֶת הַמִּטּוֹת
מִלֵּילֵי שַׁבָּת לְשַׁבָּת, אֲבָל לֹא מִשַּׁבָּת לְמוֹצָאֵי שַׁבָּת. רַבִּי יִשְׁמָעֵאל אוֹמֵר,
מְקַפְּלִין אֶת הַכֵּלִים וּמַצִּיעִין אֶת הַמִּטּוֹת מִיּוֹם הַכִּפּוּרִים לְשַׁבָּת, וְחֶלְבֵי שַׁבָּת
קְרֵבִין בְּיוֹם הַכִּפּוּרִים. (אֲבָל לֹא שֶׁל יוֹם הַכִּפּוּרִים בְּשַׁבָּת). רַבִּי עֲקִיבָא
אוֹמֵר לֹא שֶׁל שַׁבָּת קְרֵבִין בְּיוֹם הַכִּפּוּרִים, וְלֹא שֶׁל יוֹם הַכִּפּוּרִים קְרֵבִין
בְּשַׁבָּת:

안식일 저녁에 안식일을 위해서는 〔옷을〕 심지어 세 번이나 네 번까지도 접어서 갤 수 있고 침대를 정리할 수도 있다. 하지만 안식일에 그 다음 날을 위해서 〔이런 일을 해서는〕 안 된다. 랍비 이쉬마엘은 말한다. "대속죄일에 안식일을 위해서 옷을 접거나 침대를 정리할 수 있으며, 안식일 기름을 대속죄일을 위해 사용할 수 있습니다." 랍비 아키바는 안식일에 바칠 번제물은 대속죄일에 바칠 수 없고, 대속죄일에 바칠 번제물은 안식일에 바칠 수 없다고 말한다.

- 안식일 전날 저녁에 안식일을 위해서 옷을 접어 두거나 침대를 정리할 수 있지만, 이런 일들을 안식일에 그 다음 날을 위해 해서는 안 된다.
- 랍비 이쉬마엘은 대속죄일보다 안식일이 더 거룩하다고 본다. 따라서 대속죄일이 안식일 앞에 올 때 대속죄일에 안식일을 준비하거나 안식일 기름을 대속죄일에 사용하는 것은 문제가 안 된다. 하지만 랍비 아키바는 두 날이 동등하게 거룩하다고 보기 때문에 번제물을 혼용해서는 안 된다.

제16장

이번 장에서는 안식일에 화재가 발생했을 경우에 무엇을 할 수 있고 무엇을 해서는 안 되는지를 다룬다. 불을 끄는 일마저도 안식일을 고려해야 할 정도로 랍비들은 안식일의 거룩성을 훼손하지 않기 위해 부단히 노력했다.

16, 1

כָּל כִּתְבֵי הַקֹּדֶשׁ מַצִּילִין אוֹתָן מִפְּנֵי הַדְּלֵקָה, בֵּין שֶׁקּוֹרִין בָּהֶן וּבֵין שֶׁאֵין קוֹרִין בָּהֶן. וְאַף עַל פִּי שֶׁכְּתוּבִים בְּכָל לָשׁוֹן, טְעוּנִים גְּנִיזָה. וּמִפְּנֵי מָה אֵין קוֹרִין בָּהֶן, מִפְּנֵי בִטּוּל בֵּית הַמִּדְרָשׁ. מַצִּילִין תִּיק הַסֵּפֶר עִם הַסֵּפֶר, וְתִיק הַתְּפִלִּין עִם הַתְּפִלִּין, וְאַף עַל פִּי שֶׁיֵּשׁ בְּתוֹכָן מָעוֹת. וּלְהֵיכָן מַצִּילִין אוֹתָן, לְמָבוֹי שֶׁאֵינוֹ מְפֻלָּשׁ. בֶּן בְּתֵירָא אוֹמֵר, אַף לִמְפֻלָּשׁ:

모든 거룩한 문서들은 읽는 문서든지 아니면 읽는 문서가 아니든지 간에 화재로부터 구해내야 한다. 비록 그것들이 어떤 언어로 기록되었더라도 특별한 장소에 두어야 한다. 왜 우리는 그것들을 읽지 않는가? 학교가 없어졌기 때문이다. 두루마리가 들어 있는 두루마리 상자를 구해야 하고 기도문이 들어 있는 기도문 상자를 구해야 한다, 비록 그 안에 돈이 들어 있다 하더라도. 우리는 어디로 그것들을 옮길 수 있을까? 막다른 골목으로 [옮길 수 있다]. 벤 브테라는 말한다. "열린 골목에 [옮겨도] 됩니다."

- 거룩한 문서는 성서를 말하는데 읽지 않는 성서는 안식일에 읽지 않는다는 의미로 보인다. 일부 학자들은 개인적으로 읽지 않는다고 해석하기도 한다.

16, 2

מַצִּילִין מְזוֹן שָׁלֹשׁ סְעֻדּוֹת, הָרָאוּי לְאָדָם לְאָדָם, הָרָאוּי לִבְהֵמָה לִבְהֵמָה.
כֵּיצַד. נָפְלָה דְלֵקָה בְּלֵילֵי שַׁבָּת, מַצִּילִין מְזוֹן שָׁלֹשׁ סְעֻדּוֹת, בְּשַׁחֲרִית, מַצִּילִין
מְזוֹן שְׁתֵּי סְעֻדּוֹת, בְּמִנְחָה, מְזוֹן סְעֻדָּה אֶחָת. רַבִּי יוֹסֵי אוֹמֵר, לְעוֹלָם מַצִּילִין
מְזוֹן שָׁלֹשׁ סְעֻדּוֹת:

각 사람마다 그리고 각 가축마다 세 끼 분량의 식량을 구해낼 수 있다. 어떻게? 안식일 저녁에 화재가 발생했다면, 세 끼 식사분을 구해낼 수 있다. 그리고 아침이면 두 끼 식사분을 구해낼 수 있고 [오후이면] 한 끼 식사분을 빼낼 수 있다. 랍비 요쎄는 말한다. "우리는 항상세 끼 식사분을 구해낼 수 있습니다."

- '안식일 저녁'은 금요일 저녁을 뜻한다. 여기에서 세 끼 식사분은 금요일 저녁, 토요일 아침과 점심을 일컫는다.

מַצִּילִין סַל מָלֵא כִּכָּרוֹת, וְאַף עַל פִּי שֶׁיֵּשׁ בּוֹ מֵאָה סְעֻדוֹת, וְעִגּוּל שֶׁל דְּבֵלָה,
וְחָבִית שֶׁל יַיִן. וְאוֹמֵר לַאֲחֵרִים, בּוֹאוּ וְהַצִּילוּ לָכֶם. וְאִם הָיוּ פִקְחִין, עוֹשִׂין
עִמּוֹ חֶשְׁבּוֹן אַחַר הַשַּׁבָּת. לְהֵיכָן מַצִּילִין אוֹתָן, לְחָצֵר הַמְעֹרֶבֶת. בֶּן בְּתֵירָא
אוֹמֵר, אַף לְשֶׁאֵינָהּ מְעֹרֶבֶת:

빵으로 가득 찬 바구니는 건질 수 있다. 그 안에 많은 식사분이나 말린 무화과나 포도주가 들어 있는 바구니도 건질 수 있다. 서로 말하기를 "와서 당신들을 위해서 [음식을] 가져가세요!" 만약 그들이 [안식일 법을 알아] 현명하다면 안식일이 지나고 그와 함께 계산할 것이다. 그것들을 어디로 건져내는가? 에루브인 마당으로 [건져낼 수 있다]. 벤 브테라는 말한다. "에루브인 마당이 아니어도 [가능합니다]."

- 한 바구니 안에 여러 끼니 식사분이 있어도 바구니 전체를 구하는 것은 가능하다. 이 규정은 자칫 최대 세 끼 식사분을 구할 수 있다는 앞 미쉬나 16, 2와 모순되어 보인다. 하지만 바구니는 하나의 물건으로 보기 때문에 그것을 구하는 것은 가능하다.

- 주인은 이웃들에게 음식을 가져가라고 외칠 수 있다. 그러면 이웃들은 최대 세 끼니 식사분을 불길에서 구할 수 있다. 물론 화재 이후에 주인이 돌려받기를 원한다면 적절하게 계산이 이루어질 것이다.

- 화재 시에도 물건을 공적인 공간으로 옮기는 것은 운반하는 일을 함으로써 안식일을 위반하게 된다. 가능한 방법은 안식일에도 골목의 이웃들이 물건을 옮길 수 있도록 공동으로 조성한 '에루브' 마당, 즉 사적 영역과 공적 영역이 혼합된 지대로 옮기는 것이다(「에루빈」).

וּלְשָׁם מוֹצִיא כָּל כְּלֵי תַשְׁמִישׁוֹ, וְלוֹבֵשׁ כָּל מַה שֶׁיָּכוֹל לִלְבּשׁ, וְעוֹטֵף כָּל מַה
שֶׁיָּכוֹל לַעֲטֹף. רַבִּי יוֹסֵי אוֹמֵר, שְׁמֹנָה עָשָׂר כֵּלִים. וְחוֹזֵר וְלוֹבֵשׁ וּמוֹצִיא,
וְאוֹמֵר לַאֲחֵרִים, בֹּאוּ וְהַצִּילוּ עִמִּי:

그리고 거기[에루브 마당]에 그가 사용하는 모든 도구를 옮겨놓을
수 있고 입을 수 있는 것은 어떤 것이나 입을 수 있다. 감쌀 수 있는
모든 것으로 감쌀 수 있다. 랍비 요쎄는 말한다. "열여덟 벌까지[가
능합니다]." 돌아와서 옷을 입고 밖으로 나가 다른 사람들에게 말한
다. "와서 나와 함께 꺼냅시다!"

● 모든 도구를 다 옮겨놓을 수 있다는 다수의 랍비들과 달리 랍비 요
쎄는 옷은 열여덟 벌까지만 가능하다고 주장한다. 탈무드에서는 일
주일에 입는 옷이 보통 열여덟 벌이라고 흥미롭게 부연 설명한다.

רַבִּי שִׁמְעוֹן בֶּן נַנָּס אוֹמֵר, פּוֹרְסִין עוֹר שֶׁל גְּדִי עַל גַּבֵּי שִׁדָּה תֵּבָה וּמִגְדָּל
שֶׁאָחַז בָּהֶן אֶת הָאוּר, מִפְּנֵי שֶׁהוּא מְחָרֵךְ. וְעוֹשִׂין מְחִצָּה בְּכָל הַכֵּלִים, בֵּין
מְלֵאִים בֵּין רֵיקָנִים, בִּשְׁבִיל שֶׁלֹּא תַעֲבֹר הַדְּלֵקָה. רַבִּי יוֹסֵי אוֹסֵר בִּכְלֵי חֶרֶס
חֲדָשִׁים מְלֵאִין מַיִם, לְפִי שֶׁאֵין יְכוֹלִין לְקַבֵּל אֶת הָאוּר וְהֵן מִתְבַּקְעִין וּמְכַבִּין
אֶת הַדְּלֵקָה:

랍비 쉼온 벤 난나스는 말한다. "산양 가죽을 [이제 막] 불이 붙은
박스, 상자, 그리고 옷장 위에 덮을 수 있다. 왜냐하면 그 [가죽]은 그
을리기만 하기 때문이다. 불이 번지지 않도록 물이 채워져 있든지 비
어 있든지 모든 그릇들로 방벽을 만들어야 한다. 랍비 요시는 새 토기
에 물이 채워져 있는 것은 [사용을] 금했다. 왜냐하면 그 토기들은 불
을 견디지 못하고 금이 가서 불을 끄게 된다.

- 가죽으로 이제 막 불이 붙은 나무상자를 덮으면 불도 꺼지고 가죽이 그을리기만 하기 때문에 화재를 효과적으로 진화할 수 있다.

16, 6

נָכְרִי שֶׁבָּא לְכַבּוֹת, אֵין אוֹמְרִים לוֹ כַּבֵּה וְאַל תְּכַבֶּה, מִפְּנֵי שֶׁאֵין שְׁבִיתָתוֹ
עֲלֵיהֶן, אֲבָל קָטָן שֶׁבָּא לְכַבּוֹת, אֵין שׁוֹמְעִין לוֹ, מִפְּנֵי שֶׁשְּׁבִיתָתוֹ עֲלֵיהֶן:

외부인이 불을 끄려고 오면 "불을 끄세요" 또는 "끄지 마세요"라고 말할 수 없다. 왜냐하면 그의 안식이 그들에게 의무가 아니기 때문이다. 하지만 아이가 불을 끄려고 오면 그들이 그의 말을 들으면 안 된다. 왜냐하면 그의 안식은 그들의 의무이기 때문이다.

- 유대인이 안식일에 비유대인에게 불을 꺼달라고 요청할 수 없다. 불을 끄고 끄지 않고는 오로지 비유대인의 의사에 달려 있다.
- 어린아이가 안식일에 해서는 안 되는 일을 하지 못하도록 막는 것은 어른들이 해야 할 역할이다. 어린아이가 불을 끄려고 해도 어른들은 이를 막아야 한다.

16, 7

כּוֹפִין קְעָרָה עַל גַּבֵּי הַנֵּר בִּשְׁבִיל שֶׁלֹּא תֶאֱחֹז בַּקּוֹרָה, וְעַל צוֹאָה שֶׁל קָטָן,
וְעַל עַקְרָב שֶׁלֹּא תִשֹּׁךְ. אָמַר רַבִּי יְהוּדָה, מַעֲשֶׂה בָא לִפְנֵי רַבָּן יוֹחָנָן בֶּן זַכַּאי
בַּעֲרָב, וְאָמַר, חוֹשְׁשַׁנִי לוֹ מֵחַטָּאת:

기둥에 불이 붙지 않게 하기 위해서 사발을 등불 위에 덮을 수 있다. 그리고 아이의 배설물[14] 위에, 전갈에 쏘이지 않도록 전갈을 덮

---

14) 아이의 배설물이라기보다 문맥상 '아이를 위해' 즉, 아이가 배설물에 오염되지 않도록 덮어두는 것이다.

을 수 있다. 랍비 예후다는 말했다. "라반 요하난 벤 자카이가 아랍[15]에 있을 때 일어난 일입니다. 그가 다음과 같이 말했습니다. '나는 그가 속죄제를 드려야 하지 않을까 싶습니다'."

- 랍비 예후다는 라반 요하난의 주장을 말하면서 안식일에 배설물이나 전갈을 덮는 행위를 해서는 안 된다고 말한다. 우선 배설물은 더러운 것으로 안식일에 사용하지 않을 물건 즉 '치워둔 물건'(מוקצה, 무크쩨)이다. 그리고 전갈에 물리지 않기 위해 잡는 것은 가능하지만 치료의 목적으로 전갈을 잡아서는 안 된다(『네지킨』「에두욧」2, 5).

16, 8

נָכְרִי שֶׁהִדְלִיק אֶת הַנֵּר, מִשְׁתַּמֵּשׁ לְאוֹרוֹ יִשְׂרָאֵל, וְאִם בִּשְׁבִיל יִשְׂרָאֵל,
אָסוּר. מִלֵּא מַיִם לְהַשְׁקוֹת בְּהֶמְתּוֹ, מַשְׁקֶה אַחֲרָיו יִשְׂרָאֵל, וְאִם בִּשְׁבִיל
יִשְׂרָאֵל, אָסוּר. עָשָׂה גוֹי כֶּבֶשׁ לֵירֵד בּוֹ, יוֹרֵד אַחֲרָיו יִשְׂרָאֵל, וְאִם בִּשְׁבִיל
יִשְׂרָאֵל, אָסוּר. מַעֲשֶׂה בְרַבָּן גַּמְלִיאֵל וּזְקֵנִים שֶׁהָיוּ בָאִין בִּסְפִינָה, וְעָשָׂה גוֹי
כֶּבֶשׁ לֵירֵד בּוֹ, וְיָרְדוּ בּוֹ רַבָּן גַּמְלִיאֵל וּזְקֵנִים:

외부인이 등불을 켰다면 그 빛을 유대인이 사용할 수 있다. 하지만 〔비유대인이〕 유대인을 위해서 〔그렇게 하는 것은〕 금한다. 〔비유대인이〕 자신의 가축을 위해 물을 채워놓았다면 그 뒤에 〔남은 물을〕 유대인이 자신의 가축에게 먹일 수 있다. 하지만 〔비유대인이〕 유대인을 위해 〔그렇게 하는 것은〕 금한다. 외국인이 임시 다리[16]를 만들어 〔배에서〕 내린 후에 유대인이 〔뒤따라〕 내릴 수 있다. 하지만 유대인을 위해 〔그렇게 하는 것은〕 금한다. 라반 감리엘과 장로들에게 이

---

15) '아랍'은 장소명으로 갈릴리 세포리스(Sepphoris) 근처다. 오늘날의 아라비아 반도와 혼돈해서는 안 된다.
16) '임시 다리'는 배에서 내릴 수 있도록 널빤지 등으로 만든 다리다.

런 일이 있었다. 그들이 배를 타고 갔는데 외국인이 임시 다리를 만들었고, 라반 감리엘과 장로들이 뒤따라 내렸다.

- 안식일에 해서는 안 되는 일을 비유대인에게 유대인을 위해서 시켜서는 안 된다.

제17장

랍비들은 안식일이나 휴일을 온전히 지키기 위해 사용할 수 있도록 '준비된' 물건들과 사용할 수 없도록 별도로 '치워둔 물건'들을 구분한다. 안식일이나 휴일에는 일(노동)과 밀접하게 관련이 있는 물건들을 옮기거나 사용할 수 없도록 특별히 '치워둔 물건'(מוקצה, 무크쩨)으로 구별한다. 미쉬나에는 '무크쩨'라는 용어 자체는 사용되고 있지 않지만 그 개념은 나타나기 시작해서 탈무드에서 더욱 발전하게 된다. 이 장에서는 무크쩨 규정에서 제외되어 안식일에도 사용할 수 있도록 '준비된 물건'(מוכן, 무칸)들에 대하여 언급한다.

17, 1

כָּל הַכֵּלִים נִטָּלִין בְּשַׁבָּת וְדַלְתוֹתֵיהֶן עִמָּהֶן, אַף עַל פִּי שֶׁנִּתְפָּרְקוּ בְּשַׁבָּת.
שֶׁאֵינָן דּוֹמִין לְדַלְתוֹת הַבַּיִת, לְפִי שֶׁאֵינָן מִן הַמּוּכָן:

모든 [가재]도구들과 거기에 붙어 있는 문들은 비록 안식일에 분리해 놓는 물건이긴 하지만 안식일에 가져갈 수 있다. 이것들은 준비된 물건이 아닌 집 안의 문들과는 다르다.

- 가구의 문들은 옮길 수 있지만 집 안의 문들은 옮길 수 없다. 집 안의

문들도 집과 분리는 가능하다. 하지만 그것들은 본래부터 이동하려고 제작된 것이 아니기 때문에 안식일에 옮길 수 없다.

- 집 안의 문들은 운반용으로 만들어지지 않았다. 이것을 미쉬나는 운반용으로 '준비되지' 않았다고 말하고 있다. 따라서 집 안 문들은 안식일에 운반해서는 안 된다. 반면에 가재도구들에 붙은 문들은 옮기거나 사용 가능하다. 이것들은 안식일에 '준비된 물건'에 속한다.

17, 2

נוֹטֵל אָדָם קֻרְנָס לְפַצֵּעַ בּוֹ אֶת הָאֱגוֹזִים, וְקַרְדֹּם לַחְתּוֹ אֶת הַדְּבֵלָה. מְגֵרָה,
לִגְרֹר בָּהּ אֶת הַגְּבִינָה. מַגְרֵפָה, לִגְרֹף בָּהּ אֶת הַגְּרוֹגְרוֹת. אֶת הָרַחַת וְאֶת
הַמַּזְלֵג, לָתֵת עָלָיו לְקָטָן. אֶת הַכּוּשׁ וְאֶת הַכַּרְכָּר, לִתְחֹב בּוֹ. מַחַט שֶׁל יָד,
לִטֹּל בּוֹ אֶת הַקּוֹץ, וְשֶׁל סַקָּאִים, לִפְתֹּחַ בּוֹ אֶת הַדָּלֶת:

[안식일에] 사람이 견과류를 까는 나무망치는 사용할 수 있다. 말린 무화과를 자르는 손도끼, 치즈를 자르는 톱, 말린 무화과를 퍼 올리는 삽, 아이에게 [먹을거리를] 주기 위해 키질하는 삽과 쇠스랑. [과일을] 찌르는 데 사용되는 축과 베 짜는 자의 갈대. 가시 뺄 때 사용하는 손바늘과 문을 열 때 사용하는 [가죽] 부대 제작자의 [바늘은 사용할 수 있다].

- 무화과를 말려서 눌러놓은 것은 딱딱하게 굳어 있어서 자르기 위해서는 손도끼가 필요하다.
- 키질용 삽은 보통 키질할 때 사용하고 쇠스랑은 짚을 뒤집을 때 사용한다. 하지만 손이 부정해서 음식을 만지면 안 되는 경우 아이에게 음식을 주기 위해서는 이것들 위에 먹을거리를 올려서 아이에게 주기도 한다.
- 안식일에도 바늘을 사용해서 살에 박힌 가시를 빼는 것은 허락되었다.

- 가죽 부대를 만들 때 사용되는 바늘은 일반 바늘보다 커서 비상시에 열쇠 대신 문을 열 때 사용할 수도 있다.

17, 3

קָנֶה שֶׁל זֵיתִים, אִם יֵשׁ קֶשֶׁר בְּרֹאשׁוֹ, מְקַבֵּל טֻמְאָה, וְאִם לָאו, אֵין מְקַבֵּל טֻמְאָה. בֵּין כָּךְ וּבֵין כָּךְ, נִטָּל בְּשַׁבָּת:

올리브용 갈대는 그 끝에 점이 있으면 부정해지기 쉽다. 그리고 점이 없으면 부정해지지 않을 것이다. 어떤 경우이든지 안식일에 사용할 수 있다.

- 올리브용 갈대는 짠 올리브기름을 모을 때 사용된다.

17, 4

רַבִּי יוֹסֵי אוֹמֵר, כָּל הַכֵּלִים נִטָּלִין, חוּץ מִן הַמַּסָּר הַגָּדוֹל וְיָתֵד שֶׁל מַחֲרֵשָׁה. כָּל הַכֵּלִים נִטָּלִין לְצֹרֶךְ וְשֶׁלֹּא לְצֹרֶךְ. רַבִּי נְחֶמְיָה אוֹמֵר, אֵין נִטָּלִין אֶלָּא לְצֹרֶךְ:

랍비 요쎄는 말한다. "도구들은 가져갈 수 있는데, 큰 톱과 쟁기의 날은 제외됩니다." 모든 도구들은 필요가 있든지 아니면 없든지 가져갈 수 있다. 랍비 느헤미야는 말한다. "필요가 있을 때에만 가져갈 수 있습니다."

- 큰 톱과 쟁기의 날은 가격이 비싼 물건으로 다른 용도로는 안 되고 농사일에 사용된다. 따라서 랍비 요쎄는 안식일에 농사일을 하면 안되기 때문에 이런 물건들을 가지고 가는 것도 금지한다.

כָּל הַכֵּלִים הַנִּטָּלִין בְּשַׁבָּת, שִׁבְרֵיהֶן נִטָּלִין עִמָּהֶן, וּבִלְבַד שֶׁיִּהְיוּ עוֹשִׂין מֵעֵין מְלָאכָה. שִׁבְרֵי עֲרֵבָה, לְכַסּוֹת בָּהֶן אֶת פִּי הֶחָבִית. שִׁבְרֵי זְכוּכִית, לְכַסּוֹת בָּהֶן אֶת פִּי הַפָּךְ. רַבִּי יְהוּדָה אוֹמֵר, וּבִלְבַד שֶׁיִּהְיוּ עוֹשִׂין מֵעֵין מְלַאכְתָּן. שִׁבְרֵי עֲרֵבָה, לָצוּק לְתוֹכָן מִקְפָּה. וְשֶׁל זְכוּכִית לָצוּק לְתוֹכָן שָׁמֶן:

안식일에 사용할 수 있는 모든 도구들의 부서진 조각들도 사용 가능하고 이것들로 어떤 일들을 할 수 있다. [예를 들어] 여물통 조각으로는 항아리 입구를 막을 수 있다. 유리 조각으로는 플라스크 입구를 막는 데 사용할 수 있다. 랍비 예후다는 말한다. "[부서진] 조각들은 본래 용도와 비슷한 경우에만 사용 가능합니다. [예를 들어] 여물통 조각에는 죽을 담을 수 있고 유리 조각은 기름을 담을 수 있습니다."

- 랍비 예후다는 부서진 조각은 본래 도구와 유사한 용도로만 사용 가능하다고 주장한다.

הָאֶבֶן שֶׁבְּקֵרוּיָה, אִם מְמַלְּאִין בָּהּ וְאֵינָהּ נוֹפֶלֶת, מְמַלְּאִין בָּהּ. וְאִם לָאו, אֵין מְמַלְּאִין בָּהּ. זְמוֹרָה שֶׁהִיא קְשׁוּרָה בְטָפִיחַ, מְמַלְּאִין בָּהּ בְּשַׁבָּת:

[두레]박 안에 돌이 있는데 만약 물을 긷는데 돌이 떨어지지 않으면 그것으로 [물을] 길을 수 있다. 만약 그렇지 않으면 그것으로 물을 길을 수 없다. 만약 나뭇가지가 물병에 잘 붙어 있으면, 안식일에 그것을 사용해 물을 길을 수 있다.

- 두레박은 가볍기 때문에 물을 긷기 위해서는 돌을 묶어 사용한다. 이때 돌이 떨어지지 않도록 잘 고정시켜야 한다.

פְּקַק הַחַלּוֹן, רַבִּי אֱלִיעֶזֶר אוֹמֵר, בִּזְמַן שֶׁהוּא קָשׁוּר וְתָלוּי, פּוֹקְקִין בּוֹ, וְאִם לָאו, אֵין פּוֹקְקִין בּוֹ. וַחֲכָמִים אוֹמְרִים, בֵּין כָּךְ וּבֵין כָּךְ פּוֹקְקִין בּוֹ:

창문 가리개에 대하여, 랍비 엘리에제르는 말한다. "창문 가리개가 [집에] 연결되어 붙어 있으면 그것으로 창문을 덮을 수 있습니다. 그러나 만약 그렇지 않다면 그것으로 덮을 수 없습니다." 하지만 현자들은 말한다. "이런 경우이든지 저런 경우이든지 그것으로 창문을 덮을 수 있습니다."

● 미쉬나 시대에는 아직 유리를 창문에 설치하지 않았다. 이때에는 창문을 나무나 가죽 등을 사용하여 커튼 형식으로 가렸다.

כָּל כְּסוּיֵי הַכֵּלִים שֶׁיֵּשׁ לָהֶם בֵּית אֲחִיזָה נִטָּלִים בְּשַׁבָּת. אָמַר רַבִּי יוֹסֵי, בַּמֶּה דְבָרִים אֲמוּרִים. בְּכִסּוּי קַרְקַע, אֲבָל בְּכִסּוּי הַכֵּלִים, בֵּין כָּךְ וּבֵין כָּךְ נִטָּלִים בְּשַׁבָּת:

뚜껑에 손잡이가 있는 모든 도구들은 안식일에 운반할 수 있다. 랍비 요쎄는 말했다. "무엇에 대해 말하고 있는가? 바닥의 [구멍을 막는] 뚜껑입니다. 하지만 물건들의 뚜껑은 이렇든지 저렇든지 안식일에 사용할 수 있습니다."

● 손잡이가 있는 뚜껑으로 바닥의 구멍을 임시로 막을 수 있다. 하지만 손잡이가 없는 뚜껑으로는 영구적으로 막을 수 있다. 이것은 일종의 '건축'으로 집을 짓는 행위와 유사하기 때문에 랍비 요쎄가 금지하고 있다.

제18장

이 장에서는 안식일에 하면 안 되는 39가지 일들 외에 과도한 노동이 필요한 일들에 대해서도 추가적으로 금지하고 있다. 주중에 하는 일들을 원칙적으로 금지한다. 하지만 손님을 위해 자리를 마련하는 것이나 산모를 돕는 일과 같이 선의를 베푸는 일들은 허락한다.

18, 1

מְפַנִּין אֲפִלּוּ אַרְבַּע וְחָמֵשׁ קֻפּוֹת שֶׁל תֶּבֶן וְשֶׁל תְּבוּאָה מִפְּנֵי הָאוֹרְחִים וּמִפְּנֵי
בְטוּל בֵּית הַמִּדְרָשׁ, אֲבָל לֹא אֶת הָאוֹצָר. מְפַנִּין תְּרוּמָה טְהוֹרָה, וּדְמַאי,
וּמַעֲשֵׂר רִאשׁוֹן שֶׁנִּטְּלָה תְרוּמָתוֹ, וּמַעֲשֵׂר שֵׁנִי וְהֶקְדֵּשׁ שֶׁנִּפְדּוּ, וְהַתֻּרְמוֹס
הַיָּבֵשׁ, מִפְּנֵי שֶׁהוּא מַאֲכָל לַעֲנִיִּים. אֲבָל לֹא אֶת הַטֶּבֶל, וְלֹא מַעֲשֵׂר רִאשׁוֹן
שֶׁלֹּא נִטְּלָה תְרוּמָתוֹ, וְלֹא אֶת מַעֲשֵׂר שֵׁנִי וְהֶקְדֵּשׁ שֶׁלֹּא נִפְדּוּ, וְלֹא אֶת
הַלּוּף, וְלֹא הַחַרְדָּל. רַבָּן שִׁמְעוֹן בֶּן גַּמְלִיאֵל מַתִּיר בְּלוּף, מִפְּנֵי שֶׁהוּא מַאֲכָל
עוֹרְבִין:

손님을 [맞이하기] 위해서나 학교 공부가 취소된 경우에는 짚이나 농작물을 심지어 넷이나 다섯 단이라도 치우는 것이 가능하지만 창고 [전체]를 비우는 것은 안 된다. 정결한 거제,[17] 드마이,[18] 거제[19]를 구별한 첫째 십일조,[20] 대속한 둘째 십일조와 성물,[21] 가난한 사

---

17) '거제'(תרומה, 테루마)는 농산물 중 일부를 떼어 제사장 몫으로 주어지는 제물로서 초태생, 십일조, 화목제 등 각종 희생제물의 일부가 이에 해당한다.

18) '드마이'(דמאי, 의심 소산물)는 백성들이 십일조로 구별해놓은 농산물이나 열매들 중에서 적절한 절차와 적절한 때에 구별해놓은 것이 맞는지, 규정에 어긋나는지에 대해 불확실하거나 의심되는 것들이다(『제라임』「드마이」).

19) 레위인들이 자기 몫으로 받은 십일조 중 1/10을 제사장에게 거제로 바친다.

20) 랍비 유대교에서는 첫째 십일조, 둘째 십일조, 가난한 자들의 십일조 등 십일조에 대해 자세하게 규정하고 있다. 쎄데르(제1권) 『제라임』을 참조하시오.

21) 둘째 십일조와 성물은 돈으로 대속해 예루살렘으로 가져가서 필요한 것을 구입한다.

람들의 음식이 되는 말린 루핀[22])은 치우는 것이 가능하다. 하지만 십일조를 드리지 않은 것, 거제를 구별하지 않은 첫째 십일조, 대속하지 않은 둘째 십일조와 성물, 토란, 겨자는 옮길 수 없다. 하지만 랍비 쉼온 벤 감리엘은 토란을 허락했는데 이것이 큰 까마귀의 먹이가 되기 때문이다.

- 손님이 앉을 자리를 마련하기 위해서 하는 일은 가능하지만, 개인적인 목적으로 창고를 비우는 일은 안 된다.
- 안식일에도 먹을 수 있는 음식들을 치우는 것은 허락되지만, 안식일에 먹을 수 없는 음식들은 치울 수 없다. 거제는 제사장, 드마이는 가난한 사람들, 첫째 십일조는 레위인들이 먹는다.

18, 2

חֲבִילֵי קַשׁ וַחֲבִילֵי עֵצִים וַחֲבִילֵי זְרָדִים, אִם הִתְקִינָן לְמַאֲכַל בְּהֵמָה, מְטַלְטְלִין אוֹתָן. וְאִם לָאו, אֵין מְטַלְטְלִין אוֹתָן. כּוֹפִין אֶת הַסַּל לִפְנֵי הָאֶפְרוֹחִים, כְּדֵי שֶׁיַּעֲלוּ וְיֵרְדוּ. תַּרְנְגֹלֶת שֶׁבָּרְחָה, דּוֹחִין אוֹתָהּ עַד שֶׁתִּכָּנֵס. מְדַדִּין עֲגָלִין וּסְיָחִין בִּרְשׁוּת הָרַבִּים. אִשָּׁה מְדַדָּה אֶת בְּנָהּ. אָמַר רַבִּי יְהוּדָה, אֵימָתַי, בִּזְמַן שֶׁהוּא נוֹטֵל אַחַת וּמֵנִיחַ אַחַת, אֲבָל אִם הָיָה גוֹרֵר, אָסוּר:

[짚] 그루터기 묶음들과 나무[가지] 묶음들 그리고 초록색 가지들은 만약 어떤 사람이 그것들을 가축의 먹이로 준비했으면 옮길 수 있다. 하지만 [준비하지] 않았으면 옮길 수 없다. 닭들을 위해 그것들이 모이통 위에 올라가고 내려가도록 하기 위해서 모이통을 뒤집어놓을 수 있다. 닭이 도망갔으면 그것들을 밀어서 [닭장 안에] 들어가게 할 수 있다. 송아지나 새끼 당나귀가 공적인 공간에서 거닐도록 놔둘 수

---

22) 루핀(Lupin)은 일명 층층이부채꽃으로 불리는 콩과 식물로 쓴맛이 나고 딱딱하지만 가난한 사람들의 음식이 된다.

있다. 여성은 자신의 아이를 거닐게 할 수 있다. 랍비 예후다는 다음과 같이 말했다. "언제〔그렇게 할 수〕있는가? 그〔아이〕가 한쪽 다리를 들고 다른 쪽 다리로 설 수 있을 때입니다. 하지만 만약〔올렸던 다리를 땅에〕끈다면〔거니는 것이〕금지됩니다."

- 밀짚이나 보리짚이 없을 경우에 그 짚의 그루터기로 대신한 것은 출애굽기 5:12에 잘 나와 있다.
- 닭이 스스로 걸어서 닭장 안으로 들어가도록 만들 수는 있지만 닭을 손으로 잡아서 닭장 안으로 넣는 일을 해서는 안 된다.

18, 3

אֵין מְיַלְּדִין אֶת הַבְּהֵמָה בְּיוֹם טוֹב, אֲבָל מְסַעֲדִין. וּמְיַלְּדִין אֶת הָאִשָּׁה
בַּשַּׁבָּת, וְקוֹרִין לָהּ חֲכָמָה מִמָּקוֹם לְמָקוֹם, וּמְחַלְּלִין עָלֶיהָ אֶת הַשַּׁבָּת,
וְקוֹשְׁרִין אֶת הַטַּבּוּר. רַבִּי יוֹסֵי אוֹמֵר, אַף חוֹתְכִין. וְכָל צָרְכֵי מִילָה עוֹשִׂין
בַּשַּׁבָּת:

명절날 가축이 태어나도록 받아내서는 안 되지만, 작은 도움을 줄 수는 있다. 안식일에도 여자가 아이를 낳도록 도와줄 수 있다. 그녀를 위해 여기 저기〔수소문하여〕산파를 부를 수도 있으며 그녀를 위해 안식일을 범할 수도 있으며 탯줄을 묶을 수도 있다. 랍비 요쎄는 심지어〔그것을〕자를 수도 있다고 말했다. 할례와 관련된 모든 필요한 행위들을 안식일에 할 수 있다.

- 가축의 새끼를 어미의 자궁에서 나오도록 하는 일은 과도한 노동을 요구하는 일이기 때문에 금지한다. 하지만 산모가 아이를 낳을 때 받아내는 것은 허락된다.
- 할례와 관련해서 필요한 모든 일들을 안식일에 할 수 있다.

제19장

할례와 관련된 여러 규정들을 다룬다. 안식일에도 태어난 지 8일째 되는 사내아이에게 할례를 행할 수 있다. 랍비들은 할례를 안식일 규정 내에서 지키기 위해 세부 규정들을 제시한다.

19, 1

רַבִּי אֱלִיעֶזֶר אוֹמֵר, אִם לֹא הֵבִיא כְלִי מֵעֶרֶב שַׁבָּת, מְבִיאוֹ בְשַׁבָּת מְגֻלֶּה. וּבַסַּכָּנָה, מְכַסֵּהוּ עַל פִּי עֵדִים. וְעוֹד אָמַר רַבִּי אֱלִיעֶזֶר, כּוֹרְתִין עֵצִים לַעֲשׂוֹת פֶּחָמִין וְלַעֲשׂוֹת כְּלִי בַרְזֶל. כְּלָל אָמַר רַבִּי עֲקִיבָא, כָּל מְלָאכָה שֶׁאֶפְשָׁר לַעֲשׂוֹתָהּ מֵעֶרֶב שַׁבָּת אֵינָהּ דּוֹחָה אֶת הַשַּׁבָּת, וְשֶׁאִי אֶפְשָׁר לַעֲשׂוֹתָהּ מֵעֶרֶב שַׁבָּת דּוֹחָה אֶת הַשַּׁבָּת:

랍비 엘리에제르는 말한다. "어떤 사람이 〔할례용〕 도구를 안식일 저녁에 가져오지 않았다면, 그는 안식일에 보이는 상태로 가져와야 합니다." 만약 〔부정해질〕 위험이 있다면 그것을 증인들이 보는 앞에서 덮어야 한다. 랍비 엘리에제르는 덧붙여 말했다. "숯을 만들어 철제 도구를 만들기 위해 나무를 자를 수 있습니다." 랍비 아키바가 원칙을 말했다. "안식일 저녁에 할 수 있는 일은 안식일을 능가하지 못한다. 그리고 안식일을 능가하는 일은 안식일 저녁에 해서는 안 된다.

- 랍비 엘리에제르는 만약 할례용 칼이 없으면 숯을 만들어 철을 제련해서 칼을 만드는 것도 가능하다고 주장한다.
- 랍비 아키바는 안식일과 관련된 하나의 대원칙을 정했다. 그것은 안식일이 시작하는 전날 저녁에 끝마칠 수 있는 일은 안식일 당일에 해서는 안 된다. 반대로 안식일 당일 하는 일은 안식일 전날 저녁에 해서는 안 된다.

עוֹשִׂין כָּל צָרְכֵי מִילָה בְשַׁבָּת, מוֹהֲלִין, וּפוֹרְעִין, וּמוֹצְצִין, וְנוֹתְנִין עָלֶיהָ
אַסְפְּלָנִית וְכַמּוֹן. אִם לֹא שָׁחַק מֵעֶרֶב שַׁבָּת, לוֹעֵס בְּשִׁנָּיו וְנוֹתֵן. אִם לֹא טָרַף
יַיִן וְשֶׁמֶן מֵעֶרֶב שַׁבָּת, יִנָּתֵן זֶה בְעַצְמוֹ וְזֶה בְעַצְמוֹ. וְאֵין עוֹשִׂין לָהּ חָלוּק
לְכַתְּחִלָּה, אֲבָל כּוֹרֵךְ עָלֶיהָ סְמַרְטוּט. אִם לֹא הִתְקִין מֵעֶרֶב שַׁבָּת, כּוֹרֵךְ עַל
אֶצְבָּעוֹ וּמֵבִיא, וַאֲפִלּוּ מֵחָצֵר אַחֶרֶת:

할례와 관련된 모든 필요한 행위들을 안식일에 할 수 있다. 즉, 표
피 자르고 〔귀두를〕 노출시키고 〔피를〕 닦고 붕대로 감고 쿠민[23] 기
름을 바른다. 만약 안식일 저녁에 찧어놓지 않았다면 그는 치아로 그
〔쿠민〕을 으깨놓을 수 있다. 만약 안식일 저녁에 포도주와 기름을 섞
어놓지 않았다면 하나가 〔접시에〕 들어가고 다른 하나가 들어가 섞
이도록 한다. 〔안식일에〕 처음처럼 〔할례 부위에 씌울〕 주머니를 만
들 수 없다. 대신 헝겊으로 감을 수 있다. 만약 안식일 전에 〔헝겊을〕
준비하지 않았다면 자신의 손가락에 감아서 심지어 다른 마당에서도
가져올 수 있다. 쿠민 기름을 치아를 이용해서 임시로 으깨는 것은 가
능하지만 맷돌같은 도구를 사용해서는 안 된다.

- 할례가 어떻게 이루어지는지 과정과 순서가 제시되고 있다.
- 포도주와 기름은 상처 부위를 소독하고 상처를 완화한다. 선한 사마
  리아인 이야기에서도 이 사실이 잘 드러나고 있다(눅 10:34).

19, 3

מַרְחִיצִין אֶת הַקָּטָן, בֵּין לִפְנֵי הַמִּילָה וּבֵין לְאַחַר הַמִּילָה, וּמְזַלְּפִין עָלָיו
בְּיָד, אֲבָל לֹא בִכְלִי. רַבִּי אֶלְעָזָר בֶּן עֲזַרְיָה אוֹמֵר, מַרְחִיצִין אֶת הַקָּטָן בַּיּוֹם

---

23) 쿠민(Cumin)은 오늘날 사용하지는 않지만 미쉬나 시대에 할례 후에 상처 부
위에 바르는 기름이다.

הַשְּׁלִישִׁי שֶׁחָל לִהְיוֹת בְּשַׁבָּת, שֶׁנֶּאֱמַר (בראשית לד) וַיְהִי בַיּוֹם הַשְּׁלִישִׁי
בִּהְיוֹתָם כֹּאֲבִים. סָפֵק וְאַנְדְּרוֹגִינוֹס אֵין מְחַלְּלִין עָלָיו אֶת הַשַּׁבָּת, וְרַבִּי
יְהוּדָה מַתִּיר בְּאַנְדְּרוֹגִינוֹס:

할례 전이나 할례 후에 아이를 목욕시킬 수 있다. 손으로 아이 위에 물을 뿌릴 수는 있지만 도구를 사용해서는 안 된다. 랍비 엘리에제르 벤 아자리야는 말한다. "안식일이 시작되는 셋째 날에 아이를 목욕시킬 수 있는데 성서에 다음과 같이 기록되었습니다. "제삼일에 아직 그들이 아파할 때에"(창 34:25). 〔할례를 받았는지〕 의심스러운 자나 자웅동체(남녀 양성자)[24]는 안식일을 더럽혀서는 안 된다. 한편, 랍비 예후다는 자웅동체를 허락했다.

19, 4

מִי שֶׁהָיוּ לוֹ שְׁתֵּי תִינוֹקוֹת, אֶחָד לָמוּל אַחַר הַשַּׁבָּת וְאֶחָד לָמוּל בְּשַׁבָּת,
וְשָׁכַח וּמָל אֶת שֶׁל אַחַר הַשַּׁבָּת בְּשַׁבָּת, חַיָּב. אֶחָד לָמוּל בְּעֶרֶב שַׁבָּת וְאֶחָד
לָמוּל בְּשַׁבָּת, וְשָׁכַח וּמָל אֶת שֶׁל עֶרֶב שַׁבָּת בְּשַׁבָּת, רַבִּי אֱלִיעֶזֶר מְחַיֵּב
חַטָּאת, וְרַבִּי יְהוֹשֻׁעַ פּוֹטֵר:

어떤 사람에게 두 영아가 있었는데 한 아이는 안식일 다음 날 할례를 해야 하고 한 아이는 안식일에 행해야 한다. 그런데 망각해서 안식일 다음 날 〔할례를 행할 아이〕를 안식일에 했다면 〔속죄제〕 책임이 있다. 〔두 영아가 있었는데〕 한 아이는 안식일 저녁에 할례를 해야 하고 한 아이는 안식일에 행해야 한다. 그런데 망각해서 안식일 저녁에 행해야 할 아이를 안식일에 행했다. 랍비 엘리에제르는 속죄제의 책임이 있다고 말한 반면에 랍비 여호수아는 면제했다.

---

24) 남자와 여자의 성기를 모두 가지고 있는 남녀 양성자는 일명 양성구유자라고도 불린다.

- 아직 자격이 되지 않고 다음 날 해야 할 아이를 안식일에 할례를 했다면 안식일을 더럽히는 결과를 초래한다. 따라서 이를 행한 아버지는 속죄제의 책임이 있다.
- 안식일 전날 저녁에 해야 할 아이를 다음 날인 안식일에 할례를 한 경우에 대하여 랍비 엘리에제르는 속죄제의 책임이 있다는 반면에 랍비 여호수아는 없다고 주장한다.

19, 5

קָטָן נִמּוֹל לִשְׁמֹנָה, לְתִשְׁעָה, וְלַעֲשָׂרָה, וּלְאַחַד עָשָׂר, וְלִשְׁנֵים עָשָׂר, לֹא פָחוֹת וְלֹא יוֹתֵר. הָא כֵיצַד. כְּדַרְכּוֹ, לִשְׁמֹנָה. נוֹלַד לְבֵין הַשְּׁמָשׁוֹת, נִמּוֹל לְתִשְׁעָה. בֵּין הַשְּׁמָשׁוֹת שֶׁל עֶרֶב שַׁבָּת, נִמּוֹל לַעֲשָׂרָה. יוֹם טוֹב לְאַחַר הַשַּׁבָּת, נִמּוֹל לְאַחַד עָשָׂר. שְׁנֵי יָמִים טוֹבִים שֶׁל רֹאשׁ הַשָּׁנָה, נִמּוֹל לִשְׁנֵים עָשָׂר. קָטָן הַחוֹלֶה, אֵין מוֹהֲלִין אוֹתוֹ עַד שֶׁיַּבְרִיא:

아이는 팔일이나 구일이나 십일이나 십일일이나 십이일째 〔되는 날〕에 할례를 받을 수 있고 그 전이나 후는 안 된다. 어떻게 그렇게 되는가? 일반적으로는 팔일째 되는 날이다. 만약 그가 해질녘에 태어났으면 구일째 되는 날 할례를 한다. 안식일 저녁 해질녘에 태어난 아이는 십일째 되는 날 할례한다. 안식일 다음 날이 명절날일 경우 십일일째 되는 날 할례한다. 명절이 신년 이틀이면 십이일째 되는 날 할례한다. 아이가 아프다면 건강해질 때까지 할례를 하지 않는다.

- 보통 태어난 지 8일 만에 할례를 받지만 8일째가 안식일이면 그날 행해도 되고, 9일째가 되는 그 다음 날로 연기할 수 있다.
- 해질녘은 태어난 시점이 정확히 전날인지 그 다음 날인지 알 수 없는 불명확한 시간이다. 이렇게 불확실한 경우에는 해가 진 후 태어난 것으로 간주한다. 그래서 결과적으로 9일 만에 할례를 받게 된다.

그런데 금요일 해질녘에 태어난 아이처럼 9일째가 안식일이 되는 경우에는 10일째가 되는 그 다음 날 일요일에 할례를 받아야 한다. 안식일에 할례를 받을 수 있는 경우는 정확히 8일째가 안식일이 되는 경우다.

- 안식일 다음 날인 일요일이 명절일 경우에는 그 다음 날로 연기되어 태어난 지 11일째 되는 월요일에 할례를 받는다. 명절날도 안식일과 마찬가지로 정확히 8일째 되는 날이 명절날이면 이날 할례를 받을 수 있지만 그렇지 않으면 다음 날로 연기된다.

- 마지막으로 할례를 받아야 할 날이 신년 이틀이 월요일과 화요일이라면 할례는 12일째가 되는 화요일에 받게 된다. 결론적으로 금요일 해질녘에 태어난 아이는 9일째 되는 날이 안식일이라 다음 날 일요일로 연기되는데, 일요일과 월요일이 신년 명절이라 최종적으로 화요일까지 연기되어 할례를 받게 된다.

- 건강한 아이는 태어난 지 8일부터 12일 사이에 할례를 받지만, 아픈 아이는 건강해질 때까지 연기가 된다.

19, 6

אֵלּוּ הֵן צִיצִין הַמְעַכְּבִין אֶת הַמִּילָה, בָּשָׂר הַחוֹפֶה אֶת רֹב הָעֲטָרָה. וְאֵינוֹ אוֹכֵל בַּתְּרוּמָה. וְאִם הָיָה בַּעַל בָּשָׂר, מְתַקְּנוֹ מִפְּנֵי מַרְאִית הָעַיִן. מָל וְלֹא פָרַע אֶת הַמִּילָה, כְּאִלּוּ לֹא מָל:

〔포피에 남아 있는〕 자투리 살은 할례를 무효로 만든다. 왕관 대부분을 덮고 있는 살이다. 〔이런 경우에〕 그는 성물을 먹어서는 안 된다. 만약 그가 살쪘다면, 〔할례 부위가〕 외관상 〔보이도록〕 고쳐야 한다. 그가 할례를 했지만 〔할례 부위가〕 드러나지 않는다면, 이것은 마치 할례를 안 한 것과 같기 때문이다.

- 할례가 무효라는 것은 할례를 받지 않은 것과 같다는 의미다. 그는 할례받은 사람들만 먹을 수 있는 성물을 먹어서는 안 된다.
- 귀두를 '왕관'으로 우회적으로 부르고 있다.

제20장

안식일에 일을 할 수 없는 것과 마찬가지로 명절날에도 일을 해서는 안 된다. 그런데 명절날에는 안식일과 달리 음식 준비와 관련해서 허락되는 일들이 있다.

20, 1

רַבִּי אֱלִיעֶזֶר אוֹמֵר, תּוֹלִין אֶת הַמְשַׁמֶּרֶת בְּיוֹם טוֹב, וְנוֹתְנִין לִתְלוּיָה בְּשַׁבָּת. וַחֲכָמִים אוֹמְרִים, אֵין תּוֹלִין אֶת הַמְשַׁמֶּרֶת בְּיוֹם טוֹב, וְאֵין נוֹתְנִין לִתְלוּיָה בְּשַׁבָּת, אֲבָל נוֹתְנִין לִתְלוּיָה בְּיוֹם טוֹב:

랍비 엘리에제르는 다음과 같이 말했다. "명절날 [포도주] 거르개를 걸 수 있고 안식일에 [포도주를] 거르개에 통과시킬 수 있습니다." 현자들은 말한다. "명절날 거르개를 걸 수 없고 안식일에 거르개에 통과시킬 수 없습니다. 다만 명절날 거르개에 통과시킬 수 있습니다."

- 현자들은 포도주 거르개(여과기)를 거는 것과 거기에 포도주를 통과시키는 것에 대하여 랍비 엘리에제르보다 더 완강한 입장이다. 명절 전에 미리 걸어 둔 거르개에 명절날 포도주를 통과시키는 것만 가능하다. 이것은 명절날 음식을 준비하는 것이 허락되는 것과 일맥상통한다.

נוֹתְנִין מַיִם עַל גַּבֵּי הַשְּׁמָרִים בִּשְׁבִיל שֶׁיִּצֹּלוּ, וּמְסַנְּנִין אֶת הַיַּיִן בְּסוּדָרִין
וּבִכְפִיפָה מִצְרִית, וְנוֹתְנִין בֵּיצָה בְּמִסְנֶנֶת שֶׁל חַרְדָּל, וְעוֹשִׂין אֲנוֹמְלִין בְּשַׁבָּת.
רַבִּי יְהוּדָה אוֹמֵר, בְּשַׁבָּת, בְּכוֹס, בְּיוֹם טוֹב, בְּלָגִין, וּבַמּוֹעֵד, בְּחָבִית. רַבִּי
צָדוֹק אוֹמֵר, הַכֹּל לְפִי הָאוֹרְחִין:

[포도주 거르개를] 깨끗하게 하기 위해 물을 포도주 찌꺼기 위에
부을 수 있다. 포도주를 옷이나 야자나무 가지로 만든 바구니로 여과
시킬 수 있다. 생계란을 겨자 거르개에 넣을 수 있다. 꿀이 들어간 포
도주를 안식일에 만들 수 있다. 랍비 예후다는 말한다. "안식일에 한
컵, 명절날 한 병, 그리고 절기에 한 통 [만들 수 있습니다]." 랍비 짜
독은 말한다. "모든 것은 손님 수에 달렸습니다."

● 특정 옷이나 바구니로 포도주를 거를 수 있는데 그 이유에 대하여
  학자들은 몇 가지로 설명한다. 하나는 옷과 바구니를 안식일 전에
  미리 준비해두었다고 해석한다. 다른 한 가지는 평일에는 일반적인
  거르개를 사용해야 하지만 임시방편의 도구를 사용해서 가능하다
  고도 설명한다.

20, 3

אֵין שׁוֹרִין אֶת הַחִלְתִּית בְּפוֹשְׁרִין, אֲבָל נוֹתֵן לְתוֹךְ הַחֹמֶץ. וְאֵין שׁוֹרִין אֶת
הַכַּרְשִׁינִין וְלֹא שָׁפִין אוֹתָן, אֲבָל נוֹתֵן לְתוֹךְ הַכְּבָרָה אוֹ לְתוֹךְ הַכַּלְכַּלָה. אֵין
כּוֹבְרִין אֶת הַתֶּבֶן בִּכְבָרָה, וְלֹא יִתְּנֶנּוּ עַל גַּבֵּי מָקוֹם גָּבוֹהַּ בִּשְׁבִיל שֶׁיֵּרֵד
הַמֹּץ, אֲבָל נוֹטֵל הוּא בִּכְבָרָה וְנוֹתֵן לְתוֹךְ הָאֵבוּס:

아위[25]를 뜨거운 물에 담그면 안 되지만 그것을 식초에 담글 수는
있다. 살갈퀴를 담그거나 문지르면 안 되고 다만 체나 바구니에 넣을

---

25) 아위(asafoetida)는 허브의 하나로 향신료와 의료용으로 사용된다.

수 있다. 짚을 체로 칠 수 없고 왕겨가 떨어질 수 있어서 높은 곳에 둘
수 없다. 다만 체에 두거나 여물통에 둘 수 있다.

- 아위를 뜨거운 물에 담글 수 없는 이유는 불분명하다. 학자들에 따
  라서 이것이 치료의 일환이기 때문에 금지된다고 설명한다.

20, 4

גּוֹרְפִין מִלִּפְנֵי הַפִּטָּם, וּמְסַלְּקִין לְצָדְדִין מִפְּנֵי הָרְעִי, דִּבְרֵי רַבִּי דוֹסָא. וַחֲכָמִים
אוֹסְרִין. נוֹטְלִין מִלִּפְנֵי בְהֵמָה זוֹ וְנוֹתְנִין לִפְנֵי בְהֵמָה זוֹ בְּשַׁבָּת:

"마구간 황소 앞에 있는 〔여물통을〕 갈퀴질해서 〔남은 것을〕 방목
하는 〔황소〕 옆에 치워둘 수 있습니다." 이것은 랍비 도싸의 말이다.
하지만 현자들은 금지했다. 안식일에 이 가축 앞에 있는 〔먹을 것〕을
가져다 다른 가축 앞에 둘 수 있다.

- 랍비들은 안식일에 갈퀴질하고 청소하다가 구멍을 막을 수 있기 때
  문에 그 일을 금지한다. 구멍을 막는 것은 안식일에 해서는 안 되는
  일이다.

20, 5

הַקַּשׁ שֶׁעַל גַּבֵּי הַמִּטָּה, לֹא יְנַעְנְעוֹ בְּיָדוֹ, אֶלָּא מְנַעְנְעוֹ בְּגוּפוֹ. וְאִם הָיָה
מַאֲכָל בְּהֵמָה, אוֹ שֶׁהָיָה עָלָיו כַּר אוֹ סָדִין, מְנַעְנְעוֹ בְּיָדוֹ. מַכְבֵּשׁ שֶׁל בַּעֲלֵי
בָתִּים, מַתִּירִין, אֲבָל לֹא כוֹבְשִׁין. וְשֶׁל כּוֹבְסִין, לֹא יִגַּע בּוֹ. רַבִּי יְהוּדָה אוֹמֵר,
אִם הָיָה מֻתָּר מֵעֶרֶב שַׁבָּת, מַתִּיר אֶת כֻּלּוֹ וְשׁוֹמְטוֹ:

침상 위에 있는 짚을 손으로 옮기면 안 되지만 몸으로 옮기는 것은
가능하다. 만약 그것이 가축의 꼴이거나 아니면 베개나 시트가 그 위
에 있으면 손으로 들어도 된다. 집 안의 〔옷〕 누르개를 풀 수는 있지

만 조여서는 안 된다. 세탁자의 〔옷〕 누르개는 손대면 안 된다. 랍비 예후다는 말한다. "만약 안식일 저녁에 풀었으면 전체를 다 풀고 치워야 합니다."

- 짚은 보통 화로의 원료로 사용되기 때문에 안식일에 운반해서는 안 되는 물품이다. 하지만 손이 아닌 다른 신체 부위로 옮기는 것은 운반이 아니기 때문에 허락된다.
- 옷 누르개는 두 개의 판으로 되어 있는데 그 사이에 옷을 놓아 보관해둔다. 안식일에 옷을 꺼내어 입을 수는 있지만 다시 넣고 누르개 판을 조여 옷을 '고정시키는 일'을 해서는 안 된다.

제21장

안식일에 운반할 수 있는 물건들이 있고 운반해서는 안 되는 물건들이 있다. 원칙적으로 안식일과 무관한 물건들(무크쩨, 치워둔 물건)을 운반해서는 안 된다. 대표적인 무크쩨는 돌이다. 돌은 안식일에 필요한 도구가 전혀 아니기 때문이다. 하지만 이러한 돌을 운반해도 될 때가 있는데 이러한 상황들에 대하여 구체적으로 언급한다.

21, 1

נוֹטֵל אָדָם אֶת בְּנוֹ וְהָאֶבֶן בְּיָדוֹ, וְכַלְכַּלָּה וְהָאֶבֶן בְּתוֹכָהּ. וּמְטַלְטְלִין תְּרוּמָה טְמֵאָה עִם הַטְּהוֹרָה וְעִם הַחֻלִּין. רַבִּי יְהוּדָה אוֹמֵר, אַף מַעֲלִין אֶת הַמְדֻמָּע בְּאֶחָד וּמֵאָה:

손에 돌을 들고 있는 아들이나 돌이 들어 있는 바구니를 운반할 수 있다. 부정한 거제를 정결한 거제나 속된 음식들과 〔함께〕 나를 수 있다. 하지만 랍비 예후다는 말한다. "〔거제가〕 섞인 것과 〔거제가〕 백에 하나의 〔비율일 때까지〕 들 수 있습니다."

- 거제는 제사장이 먹는 음식이다. 부정한 거제는 먹을 수 없기 때문에 안식일에 운반해서는 안 된다. 하지만 부정한 거제가 정결한 거제나 일반 음식과 함께 담겨 있을 때에는 그것들을 같이 운반할 수 있다.

21, 2

הָאֶבֶן שֶׁעַל פִּי הֶחָבִית, מַטָּה עַל צִדָּהּ וְהִיא נוֹפֶלֶת. הָיְתָה בֵין הֶחָבִיּוֹת, מַגְבִּיהַּ וּמַטָּה עַל צִדָּהּ וְהִיא נוֹפֶלֶת. מָעוֹת שֶׁעַל הַכַּר, נוֹעֵר אֶת הַכַּר וְהֵן נוֹפְלוֹת. הָיְתָה עָלָיו לַשְׁלֶשֶׁת, מְקַנְּחָהּ בִּסְמַרְטוּט. הָיְתָה שֶׁל עוֹר, נוֹתְנִין עָלֶיהָ מַיִם עַד שֶׁתִּכְלֶה:

〔포도주〕 통 입구에 돌이 있으면 옆으로 기울여서 그것〔돌〕을 떨어뜨리면 된다. 〔돌이〕 만약 통 사이에 있다면 하나를 들어 올린 후 기울여서 돌이 떨어지게 한다. 동전이 베개 위에 있으면 베개를 흔들어 그것들을 떨어뜨릴 수 있다. 그 〔베개〕 위에 오물이 묻어 있다면 헝겊으로 닦아낸다. 만약 그것이 가죽으로 만들어졌으면 〔오물이〕 없어질 때까지 물을 붓는다.

- 돌은 안식일에 옮겨서는 안 되는 대표적인 물건(מוקצה, 무크쩨)이다. 따라서 손으로 직접 옮기는 것은 안 되지만 물건 위에 있는 돌을 기울여 손을 대지 않고 옮기는 것은 가능하다.
- 동전도 안식일에 손대거나 옮겨서는 안 되는 물건에 속한다. 그래서 베개를 사용하려면 그 위에 있는 동전을 손을 대지 않고 떨어뜨린 후 사용해야 한다.

בֵּית שַׁמַּאי אוֹמְרִים, מַגְבִּיהִין מִן הַשֻּׁלְחָן עֲצָמוֹת וּקְלִפִּין. וּבֵית הִלֵּל אוֹמְרִים,
נוֹטֵל אֶת הַטַּבְלָה כֻלָּהּ וּמְנַעֲרָהּ. מַעֲבִירִין מִלִּפְנֵי הַשֻּׁלְחָן פֵּרוּרִין פָּחוֹת
מִכַּזַּיִת וְשֵׂעָר שֶׁל אֲפוּנִין וְשֵׂעָר שֶׁל עֲדָשִׁים, מִפְּנֵי שֶׁהוּא מַאֲכַל בְּהֵמָה.
סְפוֹג, אִם יֶשׁ לוֹ עוֹר בֵּית אֲחִיזָה, מְקַנְּחִין בּוֹ, וְאִם לָאו, אֵין מְקַנְּחִין בּוֹ.
וַחֲכָמִים אוֹמְרִים בֵּין כָּךְ וּבֵין כָּךְ, נִטָּל בְּשַׁבָּת, וְאֵינוֹ מְקַבֵּל טֻמְאָה:

삼마이 학파는 말한다. "식탁 위에 있는 뼈와 껍질들을 들어낼 수 있습니다." 하지만 힐렐 학파는 말한다. "식탁 판 전체를 들어서 흔들 수 있습니다." 식탁에서 올리브보다 작은 부스러기들, 완두콩 꼬투리나 편두 꼬투리는 치울 수 있다. 이것들은 가축들의 먹이가 된다. 만약 해면[26]에 가죽 손잡이가 있으면 그것으로 닦을 수 있지만, 손잡이가 없으면 닦을 수 없다. 하지만 현자들은 어떤 경우이든 안식일에 사용할 수 있고 부정해지지 않는다고 말한다.

- 식사 후 식탁에 남아 있는 뼈들과 껍질들에 대하여 삼마이 학파는 안식일에 치워도 되는 물건으로 보고 힐렐 학파는 손대면 안 되는 물건(무크쩨)으로 본다.
- 가축의 먹이는 안식일에도 운반할 수 있는 물품에 속한다. 다시 말해 무크쩨가 아니다.

제22장

이 장에서는 안식일에 해서는 안 되는 여러 가지 일들을 나열하고 있다. 첫 번째 미쉬나에서 음식물을 보관하던 통이 부서지는 경우와

---

26) 해면은 미세한 섬유조직으로 물을 흡수하는 스펀지로 사용되었다.

같은 비상 상황에서 어느 정도의 음식을 건져낼 수 있는지 정해주는 것이 흥미롭다. 그리고 특별히 마지막 여섯 번째 미쉬나에서는 안식일에 치료하는 행위가 어느 정도까지 가능한지를 말해주는데 예수가 안식일에 병자를 치료하는 일이 안식일을 어긴 것인지 아닌지를 판단할 수 있는 근거가 된다.

22, 1

חָבִית שֶׁנִּשְׁבְּרָה, מַצִּילִין הֵימֶנָּה מְזוֹן שָׁלֹשׁ סְעֻדּוֹת, וְאוֹמֵר לַאֲחֵרִים, בֹּאוּ וְהַצִּילוּ לָכֶם, וּבִלְבַד שֶׁלֹּא יִסְפֹּג. אֵין סוֹחֲטִין אֶת הַפֵּרוֹת לְהוֹצִיא מֵהֶן מַשְׁקִין, וְאִם יָצְאוּ מֵעַצְמָן, אֲסוּרִין. רַבִּי יְהוּדָה אוֹמֵר, אִם לָאֳכָלִין, הַיּוֹצֵא מֵהֶן מֻתָּר, וְאִם לְמַשְׁקִין, הַיּוֹצֵא מֵהֶן אָסוּר. חַלּוֹת דְּבַשׁ שֶׁרִסְּקָן מֵעֶרֶב שַׁבָּת וְיָצְאוּ מֵעַצְמָן, אֲסוּרִין. וְרַבִּי אֱלִיעֶזֶר מַתִּיר:

〔음식 또는 포도주〕통이 부서지면 거기에서 세 끼니의 음식을 구할 수 있다. 그리고 다른 사람들에게 "와서 당신들을 위해서〔음식을〕가져가세요"라고 말한다. 하지만〔그것을〕해면으로 빨아들이면 안 된다. 즙을 만들기 위해 과일을 압착해서는 안 된다. 만약 자체적으로 흘러나왔더라도〔가져가는 것이〕금지된다. 랍비 예후다는 다음과 같이 말한다. "만약 음식으로〔준비되었으면〕거기에서 흘러나온 것은 허락됩니다. 하지만 음료로〔준비되었으면〕거기에서 흘러나온 것이 금지됩니다. 벌집을 안식일 저녁에 눌러서〔꿀이〕저절로 흘러나와도〔이것을〕금합니다." 하지만 랍비 엘리에제르는 허락한다.

● 안식일에 음식이나 포도주를 담아 둔 통이 부서지는 것과 같은 비상 시에 음식을 구해내는 것은 화재가 발생했을 때에 음식을 밖으로 빼내는 경우와 동일하게 적용된다. 세 끼니 음식은 안식일이 시작하자마자 일이 발생했을 때 구해내는 음식량이다. 다음 날 아침이면 두

끼니, 오후이면 한 끼니 식사분을 구해내면 된다. 이에 대해서는 위
「샤밧」16, 1-3에서 좀 더 자세하게 설명한다.

- "와서 당신들을 위해서 [음식을] 가져가세요!"라고 외치는 말은 안
  식일에 화재가 발생했을 때에도 외치는 말이다(「샤밧」16, 3).

- 바다에 사는 해면은 외형적 모습과 달리 식물이 아니라 동물로 분류
  된다. 해면은 물을 잘 빨아들이는 특성 때문에 고대 시대부터 스펀
  지 역할을 했다(「샤밧」21, 3). 예수가 십자가에서 한 사람이 신 포
  도주를 적시어 줄 때 사용한 것도 바로 해면이다(마 27:48; 막 15:36;
  요 19:29).

- '안식일 저녁'은 실제로는 안식일(토요일) 전날인 금요일 저녁을 말
  한다. 유대 전통에서는 해가 진 직후부터 다음 날의 시작으로 보기
  때문이다.

22, 2

כֹּל שֶׁבָּא בְחַמִּין מֵעֶרֶב שַׁבָּת, שׁוֹרִין אוֹתוֹ בְחַמִּין בְּשַׁבָּת, וְכֹל שֶׁלֹּא בָא
בְחַמִּין מֵעֶרֶב שַׁבָּת, מְדִיחִין אוֹתוֹ בְחַמִּין בְּשַׁבָּת, חוּץ מִן הַמָּלִיחַ הַיָּשָׁן,
וְדָגִים מְלוּחִים קְטַנִּים וְקוּלְיָס הָאִסְפָּנִין, שֶׁהֲדָחָתָן זוֹ הִיא גְמַר מְלַאכְתָּן:

안식일 저녁에 뜨거운 물로 요리했던 모든 음식은 안식일에 뜨거
운 물에 담가 먹을 수 있다. 그리고 안식일 저녁에 물로 요리하지 않
은 음식은 안식일에 뜨거운 물로 씻어낼 수 있다. 그런데 오래 전에
소금에 절인 물고기나 소금에 절인 작은 물고기 또는 스페인산 고등
어는 제외된다. 왜냐하면 이것들은 물로 씻어내기만 해도 음식 준비
를 마치기 때문이다.

- 안식일에 끓는 물에 요리하는 것 자체는 원칙적으로 금지된다. 안식
  일 전에 끓는 물에 요리한 음식을 안식일에 따뜻한 물에 담가 먹는

것은 가능하다. 보통 때에는 끓는 물에 요리하는 음식을 안식일에 따뜻한 물에 씻어 먹는 것도 가능하다. 하지만 보통 때에도 따뜻한 물에 간단히 씻어 먹는 음식을 안식일에 같은 방식으로 먹는 것은 금지된다. 왜냐하면 이것은 요리하는 행위로 간주되기 때문이다. 결국 평일에 요리하는 방식으로 동일하게 하지 않고 최소한으로 데워 먹는 것은 허락되지만 보통 때에도 데워 먹는 음식을 같은 방식으로 안식일에 먹는 것은 금지된다.

- 일부 사본에서는 '소금에 절인 작은 물고기'라는 말이 생략되어 있다.

22, 3

שׁוֹבֵר אָדָם אֶת הֶחָבִית לֶאֱכֹל הֵימֶנָּה גְרוֹגָרוֹת, וּבִלְבַד שֶׁלֹּא יִתְכַּוֵּן לַעֲשׂוֹת כְּלִי. וְאֵין נוֹקְבִים מְגוּפָה שֶׁל חָבִית, דִּבְרֵי רַבִּי יְהוּדָה. וַחֲכָמִים מַתִּירִין. וְלֹא יִקְבֶנָּה מִצִּדָּהּ. וְאִם הָיְתָה נְקוּבָה, לֹא יִתֵּן עָלֶיהָ שַׁעֲוָה, מִפְּנֵי שֶׁהוּא מְמָרֵחַ. אָמַר רַבִּי יְהוּדָה, מַעֲשֶׂה בָא לִפְנֵי רַבָּן יוֹחָנָן בֶּן זַכַּאי בַּעֲרָב, וְאָמַר, חוֹשְׁשָׁנִי לוֹ מֵחַטָּאת:

무화과를 먹기 위해서 (무화과) 통을 부서뜨릴 수 있다. 단, 그것으로 그릇을 만들 의도가 없어야 한다. 랍비 예후다는 그 통에 구멍을 뚫어서는 안 된다고 말한다. 하지만 현자들은 허락한다. 하지만 그 통의 옆면에 구멍을 내서는 안 된다. 만약 구멍이 있더라도 그것을 밀랍으로 봉해서는 안 된다. 왜냐하면 그것을 (매끄럽게) 문질러야 하기 때문이다. 랍비 예후다는 아랍에 있는 라반 요하난 벤 자카이가 이렇게 말했던 적이 있다고 말했다. "나는 그가 속죄제를 드려야 하지 않을까 싶습니다."

- 통을 부수는 행위라도 먹기 위해 하는 것은 가능하지만 다른 그릇을 만들기 위해서 하는 것은 금지된다.

- '현자들'이라는 표현은 대다수 랍비들의 견해를 의미한다. 미쉬나에서는 여러 가지 견해의 차이가 있을 때 최종적인 결론을 말할 때 '현자들'이라는 표현을 사용한다.
- '아랍'은 장소명으로 갈릴리 세포리스 근처다(「샤밧」 16, 7).
- 라반 요하난 벤 자카이가 한 말은 이미 「샤밧」 16, 7에서 했던 표현과 동일하다.

22, 4

נוֹתְנִין תַּבְשִׁיל לְתוֹךְ הַבּוֹר בִּשְׁבִיל שֶׁיְּהֵא שָׁמוּר, וְאֶת הַמַּיִם הַיָּפִים בְּרָעִים
בִּשְׁבִיל שֶׁיֵּצַנּוּ, וְאֶת הַצּוֹנֵן בַּחַמָּה בִּשְׁבִיל שֶׁיֵּחַמּוּ. מִי שֶׁנָּשְׁרוּ כֵּלָיו בַּדֶּרֶךְ
בְּמַיִם, מְהַלֵּךְ בָּהֶן וְאֵינוֹ חוֹשֵׁשׁ. הִגִּיעַ לֶחָצֵר הַחִיצוֹנָה, שׁוֹטְחָן בַּחַמָּה, אֲבָל
לֹא כְּנֶגֶד הָעָם:

요리한 음식을 보관하기 위해 물 저장고에 넣어둘 수 있다. 나쁜 물을 신선하게 만들기 위해 좋은 물을 넣을 수 있다. 신선한 물을 따뜻하게 만들기 위해 햇볕 아래 둘 수 있다. 어떤 사람이 걷다가 옷이 물속에 빠졌으면 〔젖은〕 옷을 입은 채 돌아다닐 수 있고 걱정할 필요가 없다. 그가 바깥뜰에 도착하면 옷을 벗어 햇볕에 말릴 수 있다. 단, 사람들 앞에서는 안 된다.

22, 5

הָרוֹחֵץ בְּמֵי מְעָרָה וּבְמֵי טְבַרְיָא וְנִסְתַּפֵּג, אֲפִלּוּ בְעֶשֶׂר אֲלוּנְטִיאוֹת, לֹא
יְבִיאֵם בְּיָדוֹ. אֲבָל עֲשָׂרָה בְנֵי אָדָם מִסְתַּפְּגִין בַּאֲלוּנְטִית אַחַת פְּנֵיהֶם יְדֵיהֶם
וְרַגְלֵיהֶם, וּמְבִיאִין אוֹתָהּ בְּיָדָן:

동굴의 물이나 티베리아의 물로 목욕하고 몸을 닦아내는 데 열 개의 수건을 사용했더라도 그것을 손으로 들고 다니면 안 된다. 하지만 열 명의 사람들이 수건 하나로 그들의 얼굴, 손, 발을 닦았다면 그것을 손으로 가져올 수 있다.

- 안식일에 물에 젖은 수건(옷)을 짜는 것이 금지된다. 그래서 수건을 들고 가다 부지중에 수건을 짜면 안 되기 때문에 들고 다니는 것 자체를 금한다. 수건 열 개를 사용했다면 사실 하나의 수건에 남아 있는 물이 거의 없겠지만 그럼에도 불구하고 랍비들은 수건 짜는 것을 금한다. 한편, 여러 명이 수건을 공동으로 사용했다면 누군가 물을 짜면 안 된다는 것을 알려줄 수 있기 때문에 들고 가는 것이 가능하다. 당시 사람들은 아마로 만든 수건을 사용했다(요 13:4).
- 티베리아(Tiberias)의 물은 갈릴리 호수 근처의 따뜻한 온천수를 의미한다. 이런 곳에서 주로 몸을 씻었다.

22, 6

סָכִין וּמְמַשְׁמְשִׁין בִּבְנֵי מֵעַיִם, אֲבָל לֹא מִתְעַמְּלִין וְלֹא מִתְגָּרְדִין. אֵין יוֹרְדִין
לְקוֹרְדִּימָה, וְאֵין עוֹשִׂין אַפִּקְטְוִזִין, וְאֵין מְעַצְּבִין אֶת הַקָּטָן, וְאֵין מַחֲזִירִין אֶת
הַשֶּׁבֶר. מִי שֶׁנִּפְרְקָה יָדוֹ וְרַגְלוֹ, לֹא יִטְרְפֵם בְּצוֹנֵן, אֲבָל רוֹחֵץ הוּא כְדַרְכּוֹ,
וְאִם נִתְרַפָּא נִתְרַפָּא:

기름을 바르고 배를 문지를 수 있지만 주무르거나 긁어서는 안 된다. 코르디마[강]에 내려가서는 안 된다. 그리고 구토제를 사용한다거나 아이[의 팔다리]를 펴다거나 골절 부위를 맞추어서는 안 된다. 만약 손이나 발이 빠졌다면 찬물로 치료해서는 안 되며 보통 때처럼 씻는 것은 가능하다. 만약 치유가 된다면 치유가 되는 것이다.

- 이 강둑 주변에 미끄러운 곳이 많아 넘어져 옷이 젖으면 세탁해야 한다. 하지만 안식일에 세탁은 금지된다.
- 랍비들은 안식일에 환자를 치료하더라도 평일에 하는 일반적인 치

료 행위들을 금한다. 기름을 바르고 배를 가볍게 문지르는 것은 가능하지만 주무른다거나 힘을 가해 긁을 수는 없다. 그리고 구토제와 같은 약을 사용하거나 골절이나 탈골 부위를 인위적인 힘을 가해 맞추려고 해서도 안 된다. 손이나 발이 탈골되었을 때 찬물로 치료해서는 안 되고 일상적으로 씻는 정도만 가능하다.

- 상처 부위에 기름을 바르는 것은 당시의 일반적인 민간요법이었다 (눅 10:34).
- 로마시대 사람들은 목욕할 때 뿔이나 상아 또는 철재 도구로 피부를 긁었다. 이렇게 몸을 긁는 행위를 안식일에 행하는 것을 금한다. 한편, 욥은 피부질환으로 고통이 너무 심해 토기 조각으로 자신의 몸을 긁은 적이 있다(욥 2:8).
- '코르디마'(Kordima)는 유대인 중세 주석가 라쉬의 견해를 받아들여 강 이름으로 해석한다. 이곳에 내려가다 강가의 진흙에 미끄러져 옷이 더러워질 가능성 때문에 안식일에 내려가는 것을 금한 것으로 보인다.
- "만약 치유가 된다면 치유가 되는 것이다"라는 표현은 인위적인 방식으로 치료하지 않더라도 자연적으로 치유될 사람은 치유된다는 의미다.

제23장

안식일에는 상거래를 할 수 없다. 차용증 작성이 필요한 경우도 일종의 상거래이므로 금지된다. 이번 장에서는 상업적인 거래와 유사한 경우에 어떻게 처리해야 하는지를 말해준다. 이와 더불어 안식일에 글자를 써서 하는 행위를 기본적으로 금지한다. 마지막으로 사람이 죽은 경우 할 수 있는 일과 해서는 안 되는 일을 정해주고 있다.

23, 1

שׁוֹאֵל אָדָם מֵחֲבֵרוֹ כַּדֵּי יַיִן וְכַדֵּי שֶׁמֶן, וּבִלְבַד שֶׁלֹּא יֹאמַר לוֹ הַלְוֵנִי, וְכֵן
הָאִשָּׁה מֵחֲבֵרָתָהּ כִּכָּרוֹת. וְאִם אֵינוֹ מַאֲמִינוֹ, מַנִּיחַ טַלִּיתוֹ אֶצְלוֹ וְעוֹשֶׂה עִמּוֹ
חֶשְׁבּוֹן לְאַחַר שַׁבָּת. וְכֵן עֶרֶב פֶּסַח בִּירוּשָׁלַיִם שֶׁחָל לִהְיוֹת בְּשַׁבָּת, מַנִּיחַ
טַלִּיתוֹ אֶצְלוֹ וְנוֹטֵל אֶת פִּסְחוֹ, וְעוֹשֶׂה עִמּוֹ חֶשְׁבּוֹן לְאַחַר יוֹם טוֹב:

한 남성이 그의 친구로부터 포도주와 기름을 빌릴 수 있다. 다만, 그는 "나에게 대부해주오!"라고 말하면 안 된다. 같은 방식으로 한 여성이 그의 친구로부터 빵을 빌릴 수 있다. 만약 그의 친구가 자신을 신뢰하지 못하면 자기의 외투를 그 집에 남겨둔 다음 안식일이 끝난 후 계산한다. 이와 같은 방식으로 예루살렘에서 유월절 저녁이 안식일이 시작하는 때이면 그는 자신의 외투를 그에게 남겨두고 명절이 끝난 후에 계산하면 된다.

- 랍비들은 빌리는 종류와 방식을 두 가지로 구별하고 해당하는 동사도 달리 사용한다. 첫 번째는 물건 같은 것을 잠깐 빌려서(to borrow) 쓰고 돌려주는 경우인데 히브리어로 '차용'(שאלה)이라고 한다. 이 경우 별도의 차용증을 요구하지는 않는다. 두 번째는 돈 같은 것을 일정 기간 빌리는(to lend or loan) 경우인데 히브리어로 '대부'(הלואה)라고 한다. 보통 차용증을 작성한다.
- 안식일에 돈을 빌리듯이 음식을 빌려서는 안 된다. 왜냐하면 안식일에 차용증을 쓰는 것과 같은 상업적인 거래는 금지되어 있다. 이 경우 자신의 외투로 차용증을 대신하여 문제를 해결한다.
- 유월절 저녁도 안식일 저녁처럼 명절 전날 저녁을 의미한다.

מוֹנֶה אָדָם אֶת אוֹרְחָיו וְאֶת פַּרְפְּרוֹתָיו מִפִּיו, אֲבָל לֹא מִן הַכְּתָב. וּמֵפִיס עִם
בָּנָיו וְעִם בְּנֵי בֵיתוֹ עַל הַשֻּׁלְחָן, וּבִלְבַד שֶׁלֹּא יִתְכַּוֵּן לַעֲשׂוֹת מָנָה גְדוֹלָה כְּנֶגֶד
קְטַנָּה, מִשּׁוּם קֻבְיָא. וּמַטִּילִין חֲלָשִׁים עַל הַקֳּדָשִׁים בְּיוֹם טוֹב, אֲבָל לֹא עַל
הַמָּנוֹת:

사람이 그의 손님들과 그의 요리를 입으로 셀 수 있지만 〔숫자를〕
쓰면서 해서는 안 된다. 사람이 자신의 아이들이나 집안 사람들과 탁
자 위에서 제비뽑기를 할 수 있다. 다만 그가 큰 음식과 작은 음식을
놓고 내기할 의도가 없어야 한다. 이것은 주사위이기 때문이다. 〔제
사장들이〕 명절날 희생제물을 두고 제비뽑기를 할 수 있지만 그 〔세
부적인〕 부위에 대해서는 아니다. 어떤 희생제물을 바칠 것인지에 대
한 제비뽑기는 가능하지만 그 희생제물의 세부적인 부위에 대한 몫
을 나누기 위한 제비뽑기는 금지하고 있다.

- 제비뽑기에 대한 부분은 의미가 다소 모호하다. 그래서 미쉬나 해설
  서인 게마라는 안식일에 제비뽑기를 집안 식구 이외의 사람들과 해
  서는 안 된다는 부분이 위 본문에서 빠진 것으로 해석하고 있다.
- '주사위'를 던지는 것은 도박으로 간주되어 금지하고 있다.

לֹא יִשְׂכֹּר אָדָם פּוֹעֲלִים בְּשַׁבָּת, וְלֹא יֹאמַר אָדָם לַחֲבֵרוֹ לִשְׂכֹּר לוֹ פוֹעֲלִים.
אֵין מַחְשִׁיכִין עַל הַתְּחוּם לִשְׂכֹּר פּוֹעֲלִים וּלְהָבִיא פֵרוֹת, אֲבָל מַחְשִׁיךְ הוּא
לִשְׁמֹר, וּמֵבִיא פֵרוֹת בְּיָדוֹ. כְּלָל אָמַר אַבָּא שָׁאוּל, כֹּל שֶׁאֲנִי זַכַּאי בַּאֲמִירָתוֹ,
רַשַּׁאי אֲנִי לְהַחְשִׁיךְ עָלָיו:

안식일에는 일꾼을 고용할 수 없으며 이웃에게 일꾼을 고용하라고
말해서는 안 된다. 일꾼들을 고용해서 농산물을 가져오기 위해 〔안식

일〕한계에서 해질녘을 기다려서는 안 된다. 하지만 그는 〔열매들을〕
지키려고 해질녘까지 기다렸다 가져올 수 있다. 압바 샤울은 다음과
같이 일반 규칙을 말했다. "내가 말할 수 있는 것은 내가 해질녘까지
기다릴 수 있도록 허락을 받았다는 것이다."

- '해질녘을 기다리다'는 말은 안식일이 끝나기를 기다린다는 의미이
  다. 유대 전통에서는 전날이 끝나고 다음 날이 시작되는 시점을 해질
  녘으로 본다.
- '한계'는 안식일에 걸을 수 있는 최대 거리를 의미한다. 안식일에는
  걸을 수 있는 거리가 2,000아마로 제한되어 있다(「샤밧」2, 7). 안식
  일에 걸을 수 있는 최대 거리까지 가서 자기 밭의 농산물을 지키면
  서 해 질 때까지 기다리다가 안식일이 끝나고 가져오는 것은 가능하
  다. 하지만 이와 같은 일을 일꾼을 고용해서 할 수는 없다.

23, 4

מַחְשִׁיכִין עַל הַתְּחוּם לְפַקֵּחַ עַל עִסְקֵי כַלָּה, וְעַל עִסְקֵי הַמֵּת לְהָבִיא לוֹ
אָרוֹן וְתַכְרִיכִין. גּוֹי שֶׁהֵבִיא חֲלִילִין בְּשַׁבָּת, לֹא יִסְפֹּד בָּהֶן יִשְׂרָאֵל, אֶלָּא אִם
כֵּן בָּאוּ מִמָּקוֹם קָרוֹב. עָשׂוּ לוֹ אָרוֹן וְחָפְרוּ לוֹ קֶבֶר, יִקָּבֵר בּוֹ יִשְׂרָאֵל, וְאִם
בִּשְׁבִיל יִשְׂרָאֵל, לֹא יִקָּבֵר בּוֹ עוֹלָמִית:

〔안식일〕한계에서 해질녘을 기다릴 수 있는 경우는 신부와 관련된
일들을 수행하기 위해서 그리고 시체와 관련된 일들로 관과 수의를
나르는 것이다. 외부인이 안식일에 피리를 가져왔다면 유대인들은 그
들이 가까운 곳에서 온 경우가 아니라면 그것〔피리〕들을 사용해 통곡
해서는 안 된다. 만일 그 〔외부인〕를 위해 관을 만들고 무덤을 팠다면
유대인은 거기에 묻힐 수 있다. 그리고 만약 유대인들을 위한 것이면
거기에 절대 묻혀서는 안 된다.

- 비유대인이 물건을 가지고 온 경우라도 안식일에 걸을 수 있는 거리 내에서 가져온 물건을 사용할 수 있다. 먼 곳에서 가져온 플루트(flute)를 가지고 통곡하는 데 사용할 수 없다.

- 비유대인들이 그들을 위해 만든 관이나 무덤을 유대인들이 안식일에 사용할 수는 있지만 유대인을 위해 만든 관이나 무덤을 안식일에 사용할 수는 없다.

23, 5

עוֹשִׂין כָּל צָרְכֵי הַמֵּת, סָכִין וּמְדִיחִין אוֹתוֹ, וּבִלְבַד שֶׁלֹּא יְזִיזוּ בּוֹ אֵבֶר.
שׁוֹמְטִין אֶת הַכַּר מִתַּחְתָּיו וּמַטִּילִין אוֹתוֹ עַל הַחֹל בִּשְׁבִיל שֶׁיַּמְתִּין. קוֹשְׁרִים
אֶת הַלֶּחִי, לֹא שֶׁיַּעֲלֶה, אֶלָּא שֶׁלֹּא יוֹסִיף. וְכֵן קוֹרָה שֶׁנִּשְׁבְּרָה, סוֹמְכִין אוֹתָהּ
בְּסַפְסָל אוֹ בַּאֲרֻכּוֹת הַמִּטָּה, לֹא שֶׁתַּעֲלֶה, אֶלָּא שֶׁלֹּא תוֹסִיף. אֵין מְעַמְּצִין
אֶת הַמֵּת בְּשַׁבָּת, וְלֹא בְחֹל עִם יְצִיאַת נֶפֶשׁ. וְהַמְעַמֵּץ עִם יְצִיאַת נֶפֶשׁ, הֲרֵי
זֶה שׁוֹפֵךְ דָּמִים:

시체에 필요한 모든 것을 할 수 있다. 기름을 바르고 물로 씻을 수 있지만 팔다리를 운반할 수는 없다. 아래에 있는 베개를 빼내고 그의 [몸이] 유지되도록 모래 위에 둔다. 아래턱이 들리지 않도록 묶어 둘 수 있다. 하지만 더는 안 된다. 같은 방식으로 부러진 기둥이 있으면 그것이 들리지 않도록 벤치나 침상의 측면으로 지지해줄 수 있다. 하지만 더는 안 된다. 시체의 눈을 안식일에 감겨서는 안 된다. 그리고 주중에 숨을 거둘 때에도 안 된다. 호흡이 끊어질 때 [죽어가는 자의] 눈을 감기는 사람은 살인자와 같다.

- 유대 전통에서 죽어가는 사람의 눈을 감기는 것을 금지하는데, 그 이유는 조금이라도 죽음을 앞당길 수 있다는 염려 때문이고, 이를 행하는 사람이 본의 아니게 살인자로 오해 받을 수 있기 때문이다.

제24장

여행을 떠난 사람들은 안식일 전에 집에 돌아와야 한다. 하지만 안
식일이 시작되기 전에 미처 목적지에 도착하지 못할 수 있는데 이럴
때 어떻게 해야 하는지를 다루고 있다. 그다음 대부분은 안식일에 어
떻게 가축들을 먹일 수 있는지 등에 관하여 할애한다.

24, 1

מִי שֶׁהֶחְשִׁיךְ בַּדֶּרֶךְ, נוֹתֵן כִּיסוֹ לְנָכְרִי, וְאִם אֵין עִמּוֹ נָכְרִי, מְנִיחוֹ עַל הַחֲמוֹר.
הִגִּיעַ לֶחָצֵר הַחִיצוֹנָה, נוֹטֵל אֶת הַכֵּלִים הַנִּטָּלִין בְּשַׁבָּת, וְשֶׁאֵינָן נִטָּלִין
בְּשַׁבָּת, מַתִּיר אֶת הַחֲבָלִים, וְהַשַּׂקִּין נוֹפְלִין מֵאֲלֵיהֶם:

길을 가다 어두워지면 〔돈〕주머니를 비유대인에게 맡기면 된다. 만
약 비유대인이 옆에 없다면 나귀 위에 두면 된다. 바깥뜰에 도착하게
되면 안식일에 사용하는 물건들을 옮길 수 있다. 안식일에 사용하지
않는 물건들은 밧줄을 풀어 〔담겨 있는〕 부대들이 저절로 떨어지게
만든다. 가죽부대가 저절로 떨어지게 만드는 것은 허용되지만 손으
로 들어서 내리는 행위는 일이기 때문에 금지된다.

- 해가 지고 안식일이 시작되는 시점부터 유대인은 돈주머니를 들고
  다니는 것이 금지된다. 이때 비유대인에게 맡기든지 아니면 나귀에
  실어서 마을로 돌아가게 해야 한다.

24, 2

מַתִּירִין פְּקִיעֵי עָמִיר לִפְנֵי בְהֵמָה, וּמְפַסְפְּסִים אֶת הַכִּפִין, אֲבָל לֹא אֶת
הַזֵּרִין. אֵין מְרַסְּקִין לֹא אֶת הַשַּׁחַת וְלֹא אֶת הֶחָרוּבִין לִפְנֵי בְהֵמָה, בֵּין דַּקָּה
בֵּין גַּסָּה. רַבִּי יְהוּדָה מַתִּיר בֶּחָרוּבִין לַדַּקָּה:

〔안식일에〕건초 묶음을 가축들 앞에 풀어줄 수 있다. 큰 다발[27])을 흩어놓을 수 있지만 작은 묶음들은 안 된다. 작은 가축이든 큰 가축이든 그 앞에 덜 익은 곡물이나 구주콩나무의 깍지를 썰어서 주는 것은 안 된다. 랍비 예후다는 작은 가축 앞에 구주콩나무의 깍지는 허락했다.

- 작은 묶음들이 무엇인지, 그것이 왜 안 되는지는 불분명하지만 학자들은 대략 두 가지로 설명한다. 하나는 여러 번 단단히 묶여 있어서 푸는 일(수고)를 해야 한다는 설명이고, 다른 하나는 너무 딱딱해서 먹기 곤란하다는 설명이다.
- 덜 익은 곡식이나 구주콩나무의 깍지는 잘게 썰어주어야 한다. 이러한 노동은 안식일에 해서는 안 된다. 구주콩나무를 쥐엄나무라고 부르기도 한다.

24, 3

אֵין אוֹבְסִין אֶת הַגָּמָל, וְלֹא דוֹרְסִין, אֲבָל מַלְעִיטִין. וְאֵין מַמְרִים אֶת הָעֲגָלִים, אֲבָל מַלְעִיטִין. וּמְהַלְקְטִין לַתַּרְנְגוֹלִין. וְנוֹתְנִין מַיִם לַמֻּרְסָן, אֲבָל לֹא גוֹבְלִים. וְאֵין נוֹתְנִין מַיִם לִפְנֵי דְבוֹרִים וְלִפְנֵי יוֹנִים שֶׁבַּשּׁוֹבָךְ, אֲבָל נוֹתְנִין לִפְנֵי אֲוָזִים וְתַרְנְגוֹלִים וְלִפְנֵי יוֹנֵי הָרְדִסִיּוֹת:

낙타에 〔음식을 가득〕 채워 넣거나 밀어 넣을 수는 없지만 음식을 입에 대줄 수는 있다. 소를 〔강제로〕 먹일 수는 없지만 음식을 입에 대줄 수는 있다. 닭에게 모이를 주거나 물을 겨에 넣어 줄 수는 있지만, 〔물과 겨를〕 이겨줄 필요는 없다. 벌 앞이나 비둘기장에 있는 비둘기에게 물을 줄 수는 없다. 하지만 거위나 닭 그리고 헤로디안 비둘기에

---

27) 정확히 무엇인지 불분명하다.

게 〔물을〕 줄 수는 있다.

- 낙타에게 음식을 다량 먹이는 독특한 방식을 설명하고 있다. 특별히 장거리 여행 전에는 낙타 안에 다량의 음식을 집어넣거나 밀어 넣는 다. 하지만 이것은 많은 노동을 해야 할 뿐만 아니라 안식일 이후를 위해 일하는 것이기 때문에 금지된다. 다만 먹을 양을 입에 대주는 것은 가능하다. 소도 되새김을 하기 때문에 일단 많은 음식을 집어 넣을 수 있다.
- 닭 모이를 간단히 줄 수는 있지만 겨와 물을 섞어 이겨주는 일은 너무 많이 수고해야 하므로 안식일에 금지된다.

24, 4

מְחַתְּכִין אֶת הַדְּלוּעִין לִפְנֵי הַבְּהֵמָה, וְאֶת הַנְּבֵלָה לִפְנֵי הַכְּלָבִים. רַבִּי יְהוּדָה
אוֹמֵר, אִם לֹא הָיְתָה נְבֵלָה מֵעֶרֶב שַׁבָּת, אֲסוּרָה, לְפִי שֶׁאֵינָהּ מִן הַמּוּכָן:

가축 앞에 박을 그리고 개 앞에 〔동물〕 사체를 썰어줄 수 있다. 랍비 예후다는 말한다. "만약 안식일 전에 죽은 사체이면 줄 수 없습니다. 이것은 〔안식일을 위해〕 준비된 물건이 아니기 때문입니다."

- 랍비들은 동물 사체가 안식일에 생기면 이것을 개에게 줄 수 있다고 보았다. 하지만 랍비 예후다는 안식일 전에 미리 준비된 물건(무칸) 이 아니기 때문에 개에게 주는 일을 해서는 안 된다고 주장한다.

24, 5

מְפֵירִין נְדָרִים בְּשַׁבָּת, וְנִשְׁאָלִין לִדְבָרִים שֶׁהֵן לְצֹרֶךְ הַשַּׁבָּת. פּוֹקְקִין אֶת
הַמָּאוֹר, וּמוֹדְדִין אֶת הַמַּטְלִית וְאֶת הַמִּקְוֶה. וּמַעֲשֶׂה בִימֵי אָבִיו שֶׁל רַבִּי
צָדוֹק וּבִימֵי אַבָּא שָׁאוּל בֶּן בַּטְנִית, שֶׁפָּקְקוּ אֶת הַמָּאוֹר בְּטָפִיחַ, וְקָשְׁרוּ אֶת

הַמְקֻדָּה בַּגְּמִי, לֵידַע אִם יֵשׁ בַּגִּיגִית פּוֹתֵחַ טֶפַח אִם לָאו. וּמִדִּבְרֵיהֶן לָמַדְנוּ,
שֶׁפּוֹקְקִין וּמוֹדְדִין וְקוֹשְׁרִין בְּשַׁבָּת:

안식일에 서원을 취소할 수 있다. 안식일을 위해 필요한 경우에 그 것이 요구될 수 있다. 천장 창[28]을 막을 수 있고 천조각과 정결례장을 측정할 수 있다. 랍비 짜독의 아버지 시대와 압바 샤울 벤 보트닛 시대에 있었던 일이다.[29] 그들은 천장 창을 작은 토기로 막았다. 통에 1테팍 [크기]의 입구가 있는지 확인하기 위해서 [토기] 항아리를 실에 묶었다. 그들의 말을 통해 안식일에 [천장 창]을 막고, 측정하고 묶을 수 있다는 점을 알게 되었다.

- 자녀의 서원은 아버지가 아내의 서원은 남편이 취소할 수 있다. 다만 서원은 듣는 날 즉시 취소해야 한다(민 30:3, 8, 11). 따라서 안식일에 서원을 들었다면 안식일에 서원을 취소해야 한다.
- 천이 부정해질 수 있는 최소 단위는 가로세로로 각각 3테팍이며, 정결례장 물은 40쎄아[30] 이하인 경우다.
- 안식일에 창을 '막고' 토기를 실에 '묶고' 너비를 '측정'할 수 있게 된 또 다른 사례를 랍비들의 이야기를 통해 증언한다.

---

28) 당시의 창은 천장에 하늘을 향해 뚫려 있었다.
29) 탈무드에는 이들에 대한 약간 다른 버전으로 된 더 긴 이야기가 존재한다.
30) 곡식의 단위인 쎄아(Seah)는 약 7.3리터의 부피다.

עירובין

—2—
에루빈
혼합

바깥뜰에 거주하는 자 중에 한 명이 잊고 에루브를 만들지 않았으면 안뜰은 허락되지만 바깥뜰은 금지된다. 안쪽에 거주하는 자 중에 한 명이 잊고 에루브를 만들지 않았으면 둘 다 금지된다. 그들이 에루브를 한곳에 둔 경우에는 안뜰이든 바깥뜰이든 한 사람이 잊고 에루브를 만드는 데 참여하지 않았다면 양쪽 모두 금지된다. 만약 뜰들이 개인 소유의 것이라면 에루브를 만들 필요가 없다. _「에루빈」6, 10

개요

마쎄켓(제2부) 「에루빈」의 명칭은 '혼합된', '섞인'이라는 뜻이며 '에루브'의 복수형이다. 「에루빈」에서는 안식일의 규범들 가운데 주거지 주변에서 물건을 운반하는 것과 안식일에 최대로 이동할 수 있는 거리와 관련된 부분을 다룬다. 여기서 다루는 공간은 집이나 뜰처럼 사적인 장소와 마을의 주 도로나 광장, 골목과 같은 공적인 장소다. 처음에 에루브는 공유하는 공간 자체를 의미한 듯하다. 하지만 점차 이러한 공간을 상징하기 위해 준비한 음식을 의미하게 되었다. 결국 에루브는 에루브 마당 또는 에루브 마당을 만들기 위해 준비하는 음식으로 그 의미가 확대되었다고 볼 수 있다.

「에루빈」을 이해하기 위해서는 우선 미쉬나 시대의 집과 마을 구조를 이해해야 한다. 당시에는 집집마다 뜰을 소유하기도 했지만 여러 집들이 하나의 뜰을 공유하기도 했다. 각각의 집들은 뜰을 향하고 있다. 집과 뜰은 대표적인 사적 공간이다. 사적 공간 내에서는 안식일에도 자유롭게 물건을 옮길 수 있다. 뜰은 골목으로 이어지고 좁은 골목은 다시 마을의 넓은 길과 연결된다. 마을의 넓은 길은 공적인 공간이다. 안식일에는 사적인 공간에서 공적인 공간으로 물건을 운반할 수 없다. 그 반대도 마찬가지다. 즉 공적인 공간에서 사적인 공간으로 물건을 운반해서는 안 된다.

「에루빈」에서는 크게 두 종류의 에루브를 다룬다. 첫 번째 에루브는 집 앞 골목과 연관이 있다. 안식일에 집이나 뜰과 같은 사적인 공간에서 거리나 광장과 같은 공적인 공간으로 물건을 운반하는 것은 금지되어 있다. 그런데 골목은 사적인 공간과 공적인 공간의 중간에 위치하여 그 경계가 모호하다. 담으로 둘러쳐져 있어서 사적인 공간으로 생각할 수도 있지만, 어느 한 개인이 사용하는 것이 아니라 골목에 접해 있는 집에 거주하는 여러 사람이 같이 사용하기 때문에 공적인 성격을 띤다. 따라서 랍비들은 안식일에 사적인 공간에서 이러한 골목으로 물건을 운반해도 되는지 그 가부를 규정해주고 있다.

사실 오경(토라)에서는 안식일에 물건을 운반하는 일에 대해 명확히 규정하고 있지 않다. 하지만 중세 유대 주석가인 라쉬(Rashi)와 이븐 에즈라(Ibn Ezra)는 탈무드 「에루빈」 17b에 대한 주석에서 안식일에 밖으로 나가는 일의 기원을 출애굽기 16:29에서 찾고 있다.

골목은 모양에 따라 막다른 골목과 일반 골목으로 나뉜다. 세 개의 면이 주거지의 벽으로 둘러싸여 있어 한쪽만 공적인 공간으로 열려 있으면 막다른 골목이며, 양쪽 방향이 공적인 공간으로 열려 있으면 일반 골목이다. 막다른 골목에서 공적인 공간으로 열려 있는 입구 양편에 기둥을 세우거나 대들보를 걸쳐놓으면 이 골목 안 전체는 하나의 사적인 공간으로 여겨진다. 이 전체가 하나의 사적인 공간이 되었다는 것을 상징적으로 나타내기 위해 어느 한 집에 에루브를 만든다. 이 에루브에 각각의 집에서 가져온 음식(빵)을 두어 전체 거주자들이 공유한다는 것을 시각적으로 표현한다. 이 에루브는 뜰에 인접한 어느 집에 설치하기 때문에 '뜰 에루브'라고 부른다. 이렇게 골목 안 전체가 하나의 사적인 공간이 되었기 때문에 각 집의 안이나 뜰에서 골목으로 물건을 옮기는 것이 허용된다.

두 번째 에루브는 자신의 본래 집에서 대략 2,000아마(대략 1킬로미터) 밖에 만들어놓은 임시 거처를 의미한다. 안식일에 이동할 수 있는 최대 거리를 '안식일 한계'라고 부르는데 2,000아마 거리다. 안식일 전에 자신이 가고자 하는 방향으로 2,000아마 지점에 미리 '에루브'라는 거처를 만들어두면 안식일에 여기서부터 다시 2,000아마를 더 이동할 수 있다. 그렇게 되면 본래 자신의 집에서 최대 4,000아마 떨어진 곳까지 이동할 수 있게 된다. 이곳에 만들어진 에루브는 안식일에 걸을 수 있는 한계 범위 안에 만들어졌기 때문에 '한계 에루브'라고 부른다. 이 에루브도 일종의 거주지임을 시각적으로 나타내기 위해 음식을 놓아둔다. 참고로 쿰란 공동체에서는 안식일에 걸어갈 수 있는 최대 거리를 1,000아마로 정하고 있다.

제1장

이 장에서는 사적인 공간과 공적인 공간의 중간지대인 골목을 다룬다. 안식일에 사적인 공간에서 공적인 공간으로 물건을 운반하는 것은 금지된다. 골목은 공적인 공간과 연결되어 있기 때문에 사적인 공간에서 이곳으로 물건을 운반하는 것은 원칙적으로 금지된다. 하지만 골목 입구에 기둥을 세우거나 대들보를 설치하여 골목을 공유하고 있는 전체 뜰과 집들이 하나의 커다란 사적인 공간처럼 만들면 그 안에서는 물건을 자유롭게 운반할 수 있게 된다. 이 장에서는 막다른 골목과 연결되어 있는 공간 전체를 사적인 공간으로 만드는 방법을 말해준다.

1, 1

מָבוֹי שֶׁהוּא גָבוֹהַּ לְמַעְלָה מֵעֶשְׂרִים אַמָּה, יְמַעֵט. רַבִּי יְהוּדָה אוֹמֵר, אֵינוֹ צָרִיךְ. וְהָרָחָב מֵעֶשֶׂר אַמּוֹת, יְמַעֵט. וְאִם יֶשׁ לוֹ צוּרַת הַפֶּתַח, אַף עַל פִּי שֶׁהוּא רָחָב מֵעֶשֶׂר אַמּוֹת, אֵין צָרִיךְ לְמַעֵט:

〔대들보의〕 높이가 20아마 이상이 되는 골목은 낮추어야 한다. 그런데 랍비 예후다는 그럴 필요가 없다고 말한다. 너비가 10아마 이상일 때는 좁혀야 한다. 그런데 그것이 만약 출입구 모양이라면 그것이 10아마 넓이라고 하더라도 줄일 필요가 없다.

- 뜰 앞에 있는 '골목'을 히브리어로 '마보이'(מבוי)라고 한다. 여기를 지나야 마을의 주요 '거리'로 나갈 수 있다. 골목 입구를 표시하는 기둥이 보통 20아마(10미터) 높이에 가로질러 있는데 너무 높으면 눈에 잘 보이지 않기 때문에 낮출 필요가 있다.
- 골목 입구를 '출입구' 모양으로 만들면 집의 대문처럼 보일 것이다.

그렇게 되면 다소 넓다고 하더라도 식별하는 데 문제가 없기 때문에
줄일 필요가 없다.

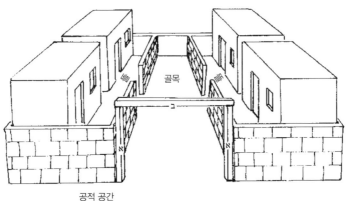

공적 공간
골목 입구 모양. 골목 입구 양쪽에 기둥(기호 א)을 세우고
그 위에 대들보(기호 ב)를 얹어 놓는다.

1, 2

הֶכְשֵׁר מָבוֹי, בֵּית שַׁמַּאי אוֹמְרִים, לֶחִי וְקוֹרָה, וּבֵית הִלֵּל אוֹמְרִים, לֶחִי אוֹ
קוֹרָה. רַבִּי אֱלִיעֶזֶר אוֹמֵר, לְחָיַיִן. מִשּׁוּם רַבִּי יִשְׁמָעֵאל אָמַר תַּלְמִיד אֶחָד
לִפְנֵי רַבִּי עֲקִיבָא, לֹא נֶחְלְקוּ בֵּית שַׁמַּאי וּבֵית הִלֵּל עַל מָבוֹי שֶׁהוּא פָּחוֹת
מֵאַרְבַּע אַמּוֹת, שֶׁהוּא אוֹ בְלֶחִי אוֹ בְקוֹרָה. עַל מַה נֶחְלְקוּ, עַל רָחָב מֵאַרְבַּע
אַמּוֹת וְעַד עֶשֶׂר, שֶׁבֵּית שַׁמַּאי אוֹמְרִים, לֶחִי וְקוֹרָה, וּבֵית הִלֵּל אוֹמְרִים, אוֹ
לֶחִי אוֹ קוֹרָה. אָמַר רַבִּי עֲקִיבָא, עַל זֶה וְעַל זֶה נֶחְלְקוּ:

골목 연결부에 관하여 샴마이 학파는 말한다. "기둥과 대들보 [모
두 필요합니다]." 반면에 힐렐 학파는 말한다. "기둥 또는 대들보가 [필
요합니다]." 랍비 엘리에제르는 말한다. "한 쌍의 기둥이 [필요합니다]."
한 학생이 랍비 이쉬마엘의 이름으로 랍비 아키바 앞에서 말했다. "샴
마이 학파와 힐렐 학파가 [너비가] 4아마보다 작은 골목에 대해서는
의견이 갈리지 않았습니다. 그렇다면 어떤 문제에서 의견이 갈렸습

니까? 너비가 4아마에서 10아마까지입니다. 샴마이 학파는 기둥과 대들보 〔모두 필요하다〕고 말합니다. 반면에 힐렐 학파는 기둥을 세우거나 아니면 대들보가 〔있으면〕 된다고 말합니다." 랍비 아키바는 그들이 이 경우와 저 경우에서 의견이 갈렸다고 말했다.

- 골목 입구를 표시해주는 두 종류의 기둥이 있다. 하나는 입구의 양쪽 벽에 세우는 '렉히'(לחי)라는 기둥이다. 다른 하나는 입구의 양쪽 벽 위로 가로지르는 '코라'(קורה)라는 대들보다. 샴마이 학파는 두 기둥 모두 필요하다고 주장한 반면에, 힐렐 학파는 기둥이든지 아니면 대들보이든지 하나만 있으면 된다고 주장한다.

1, 3

הַקּוֹרָה שֶׁאָמְרוּ, רְחָבָה כְּדֵי לְקַבֵּל אָרִיחַ. וְאָרִיחַ, חֲצִי לְבֵנָה שֶׁל שְׁלֹשָׁה
טְפָחִים. דַּיָּה לַקּוֹרָה שֶׁתְּהֵא רְחָבָה טֶפַח, כְּדֵי לְקַבֵּל אָרִיחַ לְאָרְכּוֹ:

대들보가 아리악 벽돌을 지탱할 수 있을 정도로 넓어야 한다. 이 벽돌은 3테팍 〔넓이〕 되는 일반 벽돌의 절반이다. 대들보의 너비는 1테팍이면 충분하다. 이 정도면 아리악 벽돌을 옆으로 충분히 지탱할 수 있다.

- 위에서 말하는 벽돌은 히브리어로 '아리악'(אריח, ariach)이라고 불린다. 이 아리악 벽돌은 '레바나'(לבנה)라고 불리는 일반 벽돌의 절반 넓이다. 레바나는 손바닥(테팍) 세 개 넓이다.

1, 4

רְחָבָה, כְּדֵי לְקַבֵּל אָרִיחַ, וּבְרִיאָה, כְּדֵי לְקַבֵּל אָרִיחַ. רַבִּי יְהוּדָה אוֹמֵר,
רְחָבָה אַף עַל פִּי שֶׁאֵין בְּרִיאָה:

너비는 벽돌 절반을 떠받칠 수 있을 정도로 충분히 넓어야 하고, 강도는 벽돌 절반을 지탱할 수 있을 정도로 충분해야 한다. 랍비 예후다는 강도는 그 정도가 아니더라도 넓이는 그래야 한다고 말한다.

1, 5

הָיְתָה שֶׁל קַשׁ אוֹ שֶׁל קָנִים, רוֹאִין אוֹתָהּ כְּאִלּוּ הִיא שֶׁל מַתֶּכֶת. עֲקֻמָּה, רוֹאִין אוֹתָהּ כְּאִלּוּ הִיא פְשׁוּטָה. עֲגֻלָּה, רוֹאִין אוֹתָהּ כְּאִלּוּ הִיא מְרֻבַּעַת. כֹּל שֶׁיֵּשׁ בְּהֶקֵּפוֹ שְׁלֹשָׁה טְפָחִים, יֶשׁ בּוֹ רֹחַב טֶפַח:

만약 〔기둥이〕 짚이나 갈대로 만들어졌으면, 철로 만들어진 것으로 간주한다. 〔만약 그것이〕 구부러져 있다면, 곧은 것으로 간주한다. 〔만약 그것이〕 원형이면, 사각형인 것으로 간주한다. 어떤 것〔기둥〕의 둘레가 3테팍이면 넓이가 1테팍과 같다.

- 랍비들은 원둘레와 지름의 관계를 대략 3대 1로 보고 있다(왕상 7: 23). 따라서 둘레가 손바닥 넓이(테팍) 세 개 길이가 되는 기둥의 넓이는 손바닥 하나 넓이의 사각 기둥과 그 넓이가 비슷하다.

1, 6

לְחָיַיִן שֶׁאָמְרוּ, גָּבְהָן עֲשָׂרָה טְפָחִים, וְרַחְבָּן וְעָבְיָן כָּל שֶׁהוּא. רַבִּי יוֹסֵי אוֹמֵר, רַחְבָּן שְׁלֹשָׁה טְפָחִים:

〔골목길 담에 세우는〕 기둥에 대하여 그들은 〔최소〕 10테팍 높이가 되어야 하고 너비와 두께는 어떤 것이든 〔가능하다고〕 말한다. 랍비 요쎄는 너비가 3테팍은 되어야 한다고 말한다.

- 골목 입구에 세우는 기둥의 최소 높이는 10테팍이지만 너비와 두께는 제한이 없다. 10테팍은 대략 1미터다.

בַּכֹּל עוֹשִׂין לְחָיַין, אֲפִלּוּ בְדָבָר שֶׁיֵּשׁ בּוֹ רוּחַ חַיִּים. וְרַבִּי יוֹסֵי אוֹסֵר. וּמְטַמֵּא
מִשּׁוּם גּוֹלֵל, וְרַבִּי מֵאִיר מְטַהֵר. וְכוֹתְבִין עָלָיו גִּטֵּי נָשִׁים, וְרַבִּי יוֹסֵי הַגְּלִילִי
פּוֹסֵל:

〔골목길 담에 세우는〕 기둥은 어떤 것으로도 만들 수 있다. 심지어 살아있는 동물로 만들어도 된다. 하지만 랍비 요쎄는 〔동물로 만드는 것은〕 금한다. 그것은 무덤 막이처럼 부정을 전한다고 말한다. 반면에 랍비 메이르는 정결하다고 말한다. 〔동물〕 위에 여성의 이혼증서를 쓸 수도 있다. 하지만 갈릴리 출신 랍비 요쎄는 무효로 만든다. 랍비 요쎄는 가축의 뿔 같은 곳에 쓴 이혼증서는 무효라고 주장한다.

- 랍비 요쎄는 반대하지만 다른 랍비들은 기둥 대신 살아 있는 동물을 세워두는 것도 가능하다고 말한다. 대신 움직이지 않게 묶어두어야 한다.
- 언덕의 굴무덤을 막는 돌 대신 동물을 세워두기도 한다. 랍비 메이르와 달리 대부분의 랍비들은 이 동물이 부정을 전한다고 본다.
- 가축의 뿔 같은 곳에 이혼증서를 써서 부인에게 주기도 한다(『나쉼』 「기틴」 2, 3). 하지만 신명기 24:3에서 말하는 이혼증서는 두루마리 형태다.

שַׁיָּרָא שֶׁחָנְתָה בְּבִקְעָה וְהִקִּיפוּהָ בִכְלֵי בְהֵמָה, מְטַלְטְלִין בְּתוֹכָהּ, וּבִלְבַד
שֶׁיְּהֵא גָדֵר גָּבוֹהַּ עֲשָׂרָה טְפָחִים, וְלֹא יִהְיוּ פְרָצוֹת יְתֵרוֹת עַל הַבִּנְיָן. כָּל
פִּרְצָה שֶׁהִיא כְּעֶשֶׂר אַמּוֹת, מֻתֶּרֶת, מִפְּנֵי שֶׁהִיא כְּפֶתַח. יָתֵר מִכָּאן, אָסוּר:

대상들이 골짜기에 진을 쳤는데 둘레를 가축용으로 〔울타리를〕 친 경우에, 그것이 10테팍 높이의 담이 되었고 틈새 〔너비〕가 구조물을 초과하지 않는다면, 〔물건들을 울타리〕 안으로 가져올 수 있다. 10아마 정도 되는 모든 틈새는 〔물건을 안으로 가져오는 것이〕 허락된다. 왜냐하면 그것은 입구와 같기 때문이다. 틈새가 〔10아마를〕 초과하면 〔가져오는 것이〕 금지된다.

- 골짜기는 바다처럼 사적인 공간도 그렇다고 공적인 공간도 아니다. 여기에 안장과 같은 도구들로 울타리(담)를 쳐서 사적인 공간으로 만들면 안식일에도 물건들을 나를 수 있게 된다. 임시 울타리가 마치 '담'처럼 되기 위해서는 높이가 최소 10테팍이어야 하고 두른 길이가 틈새보다 더 작아야 한다.

1, 9

מַקִּיפִין שְׁלֹשָׁה חֲבָלִים, זֶה לְמַעְלָה מִזֶּה וְזֶה לְמַעְלָה מִזֶּה, וּבִלְבַד שֶׁלֹּא יְהֵא בֵּין חֶבֶל לַחֲבֵרוֹ שְׁלֹשָׁה טְפָחִים. שִׁעוּר חֲבָלִים וְעָבְיָן, יָתֵר עַל טֶפַח, כְּדֵי שֶׁיְּהֵא הַכֹּל עֲשָׂרָה טְפָחִים:

세 개의 밧줄로 〔울타리를〕 친 경우에, 한 줄 위에 다른 줄을 치고 그 〔두 줄〕 위에 다른 〔세 번째〕 줄을 친다. 대신 밧줄과 밧줄 간격이 3테팍을 넘지 않아야 한다. 전체가 10테팍 넓이가 되도록 밧줄과 밧줄의 간격이 1테팍 더 넓어야 한다.

- 세 개의 밧줄을 서로 다른 높이로 둘러서 울타리를 만들면 밧줄과 밧줄, 그리고 밧줄과 지면 사이의 간격이 총 세 개가 나온다. 안식일에 짐을 옮길 수 있는 울타리가 되기 위해서는 전체가 10테팍이 되어야 함으로 두 개는 3테팍이고 하나만 4테팍이면 된다.

מַקִּיפִין בְּקָנִים, וּבִלְבַד שֶׁלֹּא יְהֵא בֵין קָנֶה לַחֲבֵרוֹ שְׁלֹשָׁה טְפָחִים. בְּשַׁיָּרָא
דִּבְּרוּ, דִּבְרֵי רַבִּי יְהוּדָה. וַחֲכָמִים אוֹמְרִים, לֹא דִבְּרוּ בְּשַׁיָּרָא אֶלָּא בַהֹוֶה.
כָּל מְחִצָּה שֶׁאֵינָהּ שֶׁל שְׁתִי וְשֶׁל עֵרֶב, אֵינָהּ מְחִצָּה, דִּבְרֵי רַבִּי יוֹסֵי בַּר רַבִּי
יְהוּדָה. וַחֲכָמִים אוֹמְרִים, אֶחָד מִשְּׁנֵי דְבָרִים. אַרְבָּעָה דְבָרִים פָּטְרוּ בַּמַּחֲנֶה,
מְבִיאִין עֵצִים מִכָּל מָקוֹם, וּפְטוּרִים מֵרְחִיצַת יָדַיִם, וּמִדְּמַאי, וּמִלְּעָרֵב:

〔울타리를〕 갈대로 친 경우에, 갈대와 갈대 사이가 3테팍이 넘으면
안 된다. 랍비 예후다는 대상인들에 관하여 말한 것이라고 주장한다.
현자들은 말한다. "대상인들에 관하여 말했다기보다는 일상적인 것
입니다." "모든 〔울타리〕 구조물은 날실과 씨실로 이루어지지 않았다
면 구조물이 아닙니다." 랍비 예후다의 아들 랍비 요쎄의 말이다. 현
자들은 말한다. "두 요소 중에서 하나면 〔충분합니다〕." 〔현자들은 군
인들의〕 진영에서 네 가지 〔의무〕를 면제했다. 〔불을 켤〕 나무를 어느
곳에서나 가져올 수 있다. 〔음식 먹기 전에〕 손을 씻는 것이 면제된다.
불명확한 십일조〔가 면제된다〕. 그리고 에루브를 만드는 것〔이 면제
된다〕.

- 갈대로 울타리를 친다는 것은 갈대를 세운다는 뜻이다. 그리고 갈대
  와 갈대 사이가 3테팍이 넘지 않도록 촘촘하게 세워야 한다.
- 랍비 예후다는 대상들의 경우에만 해당한다고 주장한다. 하지만 다
  른 랍비들은 일반적으로 일어나는 상황에서 취할 수 있는 조치라고
  말한다.
- 랍비 요쎄는 그의 아버지(랍비 예후다)와 달리 날실과 씨실처럼 수
  직 구조물을 세우고 거기에 수평 구조물처럼 끈이나 띠를 연결해야
  만 울타리가 된다고 주장한다. 하지만 랍비들은 한 가지 요소로만
  만들어도 된다고 허용한다.

● 랍비들은 군인들의 진영에서는 일반 주거지에서 지켜야 하는 규정
  보다 관대한 입장이었다. 특히 하나의 진영 전체는 사적인 공간으로
  여겨지기 때문에 별도의 혼합지대(에루브)를 만들 필요가 없다.

제2장

이번 장에서는 마을의 공동 우물과 샘에 대해 다룬다. 마을의 우물
은 공적인 공간에 있다. 따라서 특별한 조치를 취하지 않는 이상 안식
일에 사람들이 우물에서 물을 긷는 것이 금지된다. 랍비들은 우물에
서 물을 길을 수 있는 방법에 대하여 말하고 있다.

2, 1

עוֹשִׂין פַּסִּין לַבֵּירָאוֹת אַרְבָּעָה דְיִמְדִּין, נִרְאִין כִּשְׁמֹנָה, דִּבְרֵי רַבִּי יְהוּדָה. רַבִּי
מֵאִיר אוֹמֵר, שְׁמֹנָה, נִרְאִין כִּשְׁנֵים עָשָׂר, אַרְבָּעָה דְיִמְדִּין וְאַרְבָּעָה פְּשׁוּטִין.
גָּבְהָן עֲשָׂרָה טְפָחִים, וְרַחְבָּן שִׁשָּׁה, וְעָבְיָן כָּל שֶׁהוּא, וּבֵינֵיהֶן כִּמְלֹא שְׁתֵּי
רְבָקוֹת שֶׁל שָׁלֹשׁ שָׁלֹשׁ בָּקָר, דִּבְרֵי רַבִּי מֵאִיר. רַבִּי יְהוּדָה אוֹמֵר, שֶׁל אַרְבַּע
אַרְבַּע, קְשׁוּרוֹת וְלֹא מֻתָּרוֹת, אַחַת נִכְנֶסֶת וְאַחַת יוֹצֵאת:

"우물 주변에 이중 나무판[1] 네 개를 [사각의 모서리 부분에] 세워
마치 여덟 개처럼 보이게 만들 수 있습니다." 랍비 예후다의 말이다.
랍비 메이르는 말한다. "여덟 개를 마치 열두 개처럼 [보이게 할 수
있습니다], 네 개의 이중 나무판과 네 개의 단일판을 [세우면 됩니
다]." "그 높이는 10테팍, 너비는 6[테팍], 그리고 두께는 어떤 것이
나 가능합니다. [판과 판] 사이의 [공간에는] [소] 세 마리씩 두 조가
[머물 수 있습니다]." 랍비 메이르의 말이다. 랍비 예후다는 말한다.

---

1) 우물을 보호하기 위해 세운 나무판은 히브리어로 '파스'(פס)라고 부른다.

"[공간은] 묶여 있어서 풀리지 않은 [소] 네 마리씩 [머물 수 있습니다]. 한 [조]가 들어가는 동안 다른 한 [조]는 나옵니다."

- 사각의 모서리에 접어서 세운 이중 판은 실제는 한 개이지만 각각의 면을 이루고 있기 때문에 2개처럼 작용한다. 이렇게 4개 모서리에 세우면 마치 8개의 판처럼 간주된다. 그리고 사면의 중간에 하나씩 총 4개의 판을 세우면 실제로는 8개의 판이지만 마치 12개의 판이 있는 것처럼 된다.
- 하나의 독립된 공간이 되기 위해서는 높이가 최소 10테팍과 너비가 6테팍은 되어야 한다.

2, 2

מֻתָּר לְהַקְרִיב לַבְּאֵר, וּבִלְבַד שֶׁתְּהֵא פָרָה רֹאשָׁהּ וְרֻבָּהּ בִּפְנִים וְשׁוֹתָה. מֻתָּר לְהַרְחִיק כָּל שֶׁהוּא, וּבִלְבַד שֶׁיַּרְבֶּה בְּפַסִּין:

[나무판을] 우물에 가까이 설치하는 것은 허락된다. 다만 [안쪽 공간이] 소의 머리와 [몸의] 대부분이 들어간 상태에서 물을 마실 정도는 되어야 한다. [나무판을] 멀리하는 것이 허락된다. 다만 [나무판 숫자]를 더 늘려야 한다.

- 울타리를 우물에서 멀리 치는 것은 상관없지만 그만큼 판과 판 사이의 공간이 넓어지기 때문에 그 사이를 다른 판으로 메워야 한다. 랍비 메이르는 간격이 10아마를 넘지 않아야 한다고 주장한다.

2, 3

רַבִּי יְהוּדָה אוֹמֵר, עַד בֵּית סָאתָיִם. אָמְרוּ לוֹ, לֹא אָמְרוּ בֵּית סָאתַיִם אֶלָּא לְגִנָּה וּלְקַרְפֵּף, אֲבָל אִם הָיָה דִיר אוֹ סַחַר, אוֹ מֻקְצֶה אוֹ חָצֵר, אֲפִלּוּ בֵּית

חֲמֵשֶׁת כּוֹרִין, אֲפִלּוּ בֵּית עֲשָׂרָה כּוֹרִין, מֻתָּר. וּמֻתָּר לְהַרְחִיק כָּל שֶׁהוּא,
וּבִלְבַד שֶׁיַּרְבֶּה בְּפַסִּין:

랍비 예후다는 말한다. "두 베트-쎄아 [면적]까지 [가능합니다]."
그들이 그에게 말했다. "그들은 두 베트-쎄아를 말하지 않았고 다만
정원과 카르페프[2]만 말했습니다. 만약 그것이 우리든지 울타리든지,
뒤뜰이든지 앞뜰이라면, 심지어 5코린이나 10코린이라도 허락됩니
다." 판을 추가한다면 어디까지 넓히든지 가능하다.

- 쎄아는 보리와 같은 곡물의 부피를 계량하는 단위다. 한 베트-쎄아
  (בֵּית סְאָה, Beit Seah)는 보리 1쎄아를 뿌릴 수 있는 면적으로 정방형
  50아마다. 따라서 두 베트-쎄아는 가로 50아마와 세로 100아마가
  되는 면적에 해당된다. 한편 가로 50아마와 세로 100아마는 성막의
  뜰 길이다(출 38:9-13).
- 카르페프(קַרְפֵּף)는 마을 밖에 울타리를 둘러친 시설로 보통 나무 같
  은 것들을 저장해둔다. 참고로 카르페프의 면적은 아래 다섯 번째
  미쉬나에서 말하고 있는 것처럼 70과 2/3아마다.
- 뒤뜰에는 주로 물건을 저장해두었다. 뒤뜰을 의미하는 히브리어 '무
  크쩨'(מוּקְצֶה)는 후에 뒤뜰에 따로 '치워둔 물건' 자체를 의미하는 것
  으로 확대되었다.

2, 4

רַבִּי יְהוּדָה אוֹמֵר, אִם הָיְתָה דֶּרֶךְ הָרַבִּים מַפְסַקְתָּן, יְסַלְּקֶנָּה לַצְּדָדִין.
וַחֲכָמִים אוֹמְרִים, אֵינוֹ צָרִיךְ. אֶחָד בּוֹר הָרַבִּים, וּבְאֵר הָרַבִּים, וּבְאֵר הַיָּחִיד,
עוֹשִׂין לָהֶן פַּסִּין, אֲבָל לְבוֹר הַיָּחִיד עוֹשִׂין לוֹ מְחִצָּה גָּבוֹהַּ עֲשָׂרָה טְפָחִים,
דִּבְרֵי רַבִּי עֲקִיבָא. רַבִּי יְהוּדָה בֶּן בָּבָא אוֹמֵר, אֵין עוֹשִׂין פַּסִּין אֶלָּא לִבְאֵר

---

2) 나무를 저장하기 위해 울타리를 쳐놓은 장소.

랍비 예후다는 말한다. "만약 [세워진 판 사이로] 공용 통행로가 통과한다면 한쪽으로 돌릴 필요가 있습니다." 하지만 랍비들은 말한다. "그럴 필요까지는 없습니다." "공용 물저장소[3], 공용 우물, 그리고 개인 우물이면 울타리로 [나무] 판을 세우면 됩니다. 하지만 개인 물저장소에는 10테팍 높이의 칸막이를 설치해야 합니다." 랍비 아키바의 말이다. 하지만 랍비 예후다 벤 바바는 말한다. "공용 우물을 제외하고는 [나무] 판을 세울 필요가 없고 나머지는 10테팍 정도 높이에 띠를 만들면 됩니다."

- 랍비 예후다는 사적인 공간인 울타리 안으로 공적인 공간인 공용 통행로가 지나가게 되면 사적인 공간이 무효가 되어 안식일에 물을 길을 수가 없다고 주장한다. 하지만 랍비들은 울타리가 있기 때문에 그 안쪽은 여전히 사적인 공간으로 간주된다고 생각한다.
- 랍비 아키바는 공용 물저장소나 우물과 달리 개인 물저장소에 특별히 10테팍 높이의 칸막이를 설치해야 한다고 주장한다. 그 이유는 안식일에 자칫 물이 없는 줄 모르고 길으러 올 수 있기 때문이다.
- 랍비 예후다 벤 바바는 공용 우물을 제외하고 안식일에 물을 길을 수 없다는 것을 표시하기 위해 띠를 둘러야 한다고 주장한다.

2, 5

וְעוֹד אָמַר רַבִּי יְהוּדָה בֶּן בָּבָא, הַגִּנָּה וְהַקַּרְפֵּף שֶׁהֵן שִׁבְעִים אַמָּה וְשִׁירַיִם עַל
שִׁבְעִים אַמָּה וְשִׁירַיִם, מֻקֶּפֶת גָּדֵר גְּבוֹהַ עֲשָׂרָה טְפָחִים, מְטַלְטְלִין בְּתוֹכָהּ,

---

3) 물저장소는 빗물이나 수로를 통해 끌어온 물을 저장한다. 따라서 저장하지 않으면 마를 수 있는 것이 저장소다. 그리고 우물은 샘에서 물이 끊임없이 흘러나오기 때문에 물이 마를 일이 없다.

וּבִלְבַד שֶׁיְּהֵא בָהּ שׁוֹמֵירָה אוֹ בֵית דִּירָה, אוֹ שֶׁתְּהֵא סְמוּכָה לָעִיר. רַבִּי
יְהוּדָה אוֹמֵר, אֲפִלּוּ אֵין בָּהּ אֶלָּא בוֹר וְשִׁיחַ וּמְעָרָה, מְטַלְטְלִין בְּתוֹכָהּ. רַבִּי
עֲקִיבָא אוֹמֵר, אֲפִלּוּ אֵין בָּהּ אַחַת מִכָּל אֵלּוּ, מְטַלְטְלִין בְּתוֹכָהּ, וּבִלְבַד שֶׁיְּהֵא
בָהּ שִׁבְעִים אַמָּה וְשִׁירַיִם עַל שִׁבְעִים אַמָּה וְשִׁירַיִם. רַבִּי אֱלִיעֶזֶר אוֹמֵר, אִם
הָיָה אָרְכָּהּ יָתֵר עַל רָחְבָּהּ אֲפִלּוּ אַמָּה אַחַת, אֵין מְטַלְטְלִין בְּתוֹכָהּ. רַבִּי יוֹסֵי
אוֹמֵר, אֲפִלּוּ אָרְכָּהּ פִּי שְׁנַיִם בְּרָחְבָּהּ, מְטַלְטְלִין בְּתוֹכָהּ:

랍비 예후다 벤 바바가 추가로 말했다. "정원과 카르페프는 길이가
70아마와 나머지, 너비가 70아마와 나머지인데, 10테팍 높이로 울타
리가 쳐져 있는 경우에 그 안으로 가져올 수 있습니다. 다만, 그 안에
경비초소 혹은 주거지가 있거나 마을 가까이에 있어야 합니다." 랍
비 예후다가 말한다. "심지어 그 안에 다른 것은 없고 물저장소 혹은
구덩이 혹은 동굴만 있으면 그 안으로 운반할 수 있습니다." 랍비 아
키바는 말한다. "이것들 중 어느 하나도 없더라도 그 안으로 운반할
수 있습니다. 다만, [길이가] 70아마와 나머지[4) 그리고 [너비가] 70아
마와 나머지 규모여야 합니다." 랍비 엘리에제르는 말한다. "비록 그
길이가 넓이보다 심지어 1아마 정도 초과되더라도 그 안으로 가져와
서는 안 됩니다." 반면에 랍비 요쎄는 말한다. "심지어 길이가 너비의
두 배가 되더라도 그 안으로 운반할 수 있습니다."

- 랍비 예후다 벤 바바는 안식일에 정원과 나무 저장소(카르페프)에
  물건을 가져오기 위해서는 그 안에 거주지와 유사한 조건을 갖추어
  사적인 공간처럼 여겨져야 한다고 주장한다. 랍비 예후다부터 보다
  더 관대한 입장으로 사람에게 유익한 용도라면 운반하는 것이 가능
  하다고 주장한다. 랍비 아키바는 용도와 상관없이 최대 규모만 넘지
  않으면 가능하다. 마지막으로 랍비 요쎄는 어떤 규모이든지 상관없

---

4) 학자들은 나머지 크기를 보통 2/3아마로 보고 있다.

이 그 안으로 운반할 수 있다고 말한다.

2, 6

אָמַר רַבִּי אִלְעַאי, שָׁמַעְתִּי מֵרַבִּי אֱלִיעֶזֶר, וַאֲפִלּוּ הִיא כְּבֵית כּוֹר. וְכֵן שָׁמַעְתִּי
מִמֶּנּוּ, אַנְשֵׁי חָצֵר שֶׁשָּׁכַח אֶחָד מֵהֶן וְלֹא עֵרֵב, בֵּיתוֹ אָסוּר מִלְּהַכְנִיס
וּלְהוֹצִיא, לוֹ, אֲבָל לָהֶם מֻתָּר. וְכֵן שָׁמַעְתִּי מִמֶּנּוּ, שֶׁיּוֹצְאִין בְּעַקְרַבְנִים בְּפֶסַח.
וְחִזַּרְתִּי עַל כָּל תַּלְמִידָיו וּבִקַּשְׁתִּי לִי חָבֵר, וְלֹא מָצָאתִי:

랍비 일라이가 말했다. "랍비 엘리에제르께서 다음과 같이 말씀한
것을 들었습니다. '심지어 그 [크기]가 베트-코르[5]라도 [그 안으로
운반하는 것이 가능합니다].' 그리고 나는 그분에게 이것도 들었습니
다. '뜰 주민들 중에 한 사람이 잊고 혼합지대[를 만드는 것에] 동참
하지 않았다면 그의 집은 그에게 가져가는 것도 가져오는 것도 금지
된다. 하지만 그들에게는 [그의 집으로 가져가거나 가져오는 것이]
허락됩니다.' 나는 그분에게 다음도 들었습니다. '유월절에 아크라브
닌[6]으로 [쓴 나물을 먹어야 하는] 의무를 이행할 수 있습니다.' 나는
그의 모든 제자들을 돌며 동료가 되어주기를 구했지만 [결국] 찾지
못했습니다."

- 랍비 일라이는 랍비 엘리에제르의 이름으로 전해오는 세 가지 규범
  (할라카, Halaka)을 전하고 있다. 두 가지는 혼합지대(에루브)와 관
  련이 있고 나머지 하나는 유월절 음식에 대한 규범이다.
- 랍비 엘리에제르의 주장과 달리, 뜰을 공유하는 사람이 혼합지대(에
  루브)를 만드는 데 동참하지 않았다면, 일반적으로 안식일에 다른

---

5) 베트-코르는 베트-쎄아의 30배 크기로 7만 5,000평방아마다.
6) '아크라브닌'(עקרבנין)이라고 불리는 쓴 허브로 쓴 나물을 먹어야 하는 유월절
   규정을 지킬 수 있다.

사람들도 집에서 뜰로, 뜰에서 집으로 물건을 운반하는 것이 허락되지 않는다.

- '동료가 되어주기를 구했다'는 말은 자신이 들었던 내용이 맞는지 같은 내용을 들은 제자들이 있는지 찾았다는 말이다.

제3장

음식은 같은 집안 사람들이 먹는다. 그래서 음식은 가족의 범위를 가장 잘 한정해주는 지시물이다. 뜰과 골목을 공유하는 사람들이 음식을 같이 준비하면서 가상의 가족이 되었다는 사실을 상징적으로 표현한다. 이제 뜰과 골목은 집 안처럼 사적인 공간이 되었다. 그래서 안식일에도 이 안에서 자유롭게 물건을 운반하고 이동할 수 있게 된다. 이번 장에서는 먼저 어떤 음식으로 에루브(혼합지대)를 준비할 수 있는지 말한다. 다음에는 에루브 음식을 둘 수 있는 장소에 대하여 말한다. 후반부에서는 안식일과 명절날이 이어지는 경우나 신년처럼 이틀 동안 명절을 지낼 때 에루브를 두 번 준비해야 하는지 아니면 한 번만 준비하면 되는지 서로 다른 랍비들의 의견을 소개한다.

3, 1

בַּכֹּל מְעָרְבִין וּמִשְׁתַּתְּפִים, חוּץ מִן הַמַּיִם וּמִן הַמֶּלַח. וְהַכֹּל נִקָּח בְּכֶסֶף מַעֲשֵׂר, חוּץ מִן הַמַּיִם וּמִן הַמֶּלַח. הַנּוֹדֵר מִן הַמָּזוֹן, מֻתָּר בְּמַיִם וּבְמֶלַח. מְעָרְבִין לְנָזִיר בְּיַיִן וּלְיִשְׂרָאֵל בִּתְרוּמָה. סוּמְכוֹס אוֹמֵר, בְּחֻלִּין. וּלְכֹהֵן בְּבֵית הַפְּרָס. רַבִּי יְהוּדָה אוֹמֵר, אֲפִלּוּ בְּבֵית הַקְּבָרוֹת, מִפְּנֵי שֶׁיָּכוֹל לֵילֵךְ לְחוּץ וְלֶאֱכֹל:

모든 것으로 에루브를 준비하거나 에루브에 참여할 수 있는데, 물과 소금은 제외된다. 십일조용 은전으로 어떤 음식이든 구입할 수 있지만, 물과 소금은 제외된다. 금식하기로 맹세한 사람에게 물과 소금은 허락된다. 나실인을 위한 에루브를 포도주로 만들 수 있고, 유대인을 위해 거제로 준비할 수 있다. 쑴코스(Symmachus)는 성별되지 않은 것으로 준비할 수 있다고 말한다. 그리고 제사장을 위해 파헤친 밭에 에루브를 만들수 있다. 랍비 예후다는 말한다. "심지어 묘지에서도 가능합니다. 왜냐하면 그는 밖으로 나갈 수 있고 먹을 수도 있기 때문입니다."

- 엄격한 의미에서 물과 소금은 음식이 아니기 때문에 에루브를 준비하는 음식에 포함되지 않는다.
- 파헤친 밭(בית הפרס, 벳 합프라쓰)이란 실수로 무덤이 있는 땅을 갈아서 파헤친 밭을 가리킨다.

3, 2

מְעָרְבִין בִּדְמַאי, וּבְמַעֲשֵׂר רִאשׁוֹן שֶׁנִּטְּלָה תְרוּמָתוֹ, וּבְמַעֲשֵׂר שֵׁנִי וְהֶקְדֵּשׁ שֶׁנִּפְדּוּ. וְהַכֹּהֲנִים, בְּחַלָּה וּבִתְרוּמָה. אֲבָל לֹא בְטֶבֶל, וְלֹא בְמַעֲשֵׂר רִאשׁוֹן שֶׁלֹּא נִטְּלָה תְרוּמָתוֹ, וְלֹא בְמַעֲשֵׂר שֵׁנִי וְהֶקְדֵּשׁ שֶׁלֹּא נִפְדּוּ. הַשּׁוֹלֵחַ עֵרוּבוֹ בְּיַד חֵרֵשׁ, שׁוֹטֶה וְקָטָן, אוֹ בְּיַד מִי שֶׁאֵינוֹ מוֹדֶה בָעֵרוּב, אֵינוֹ עֵרוּב. וְאִם אָמַר לְאַחֵר לְקַבְּלוֹ מִמֶּנּוּ, הֲרֵי זֶה עֵרוּב:

에루브를 의심 소산물, 거제를 구별한 첫째 십일조, [이미] 무른 둘째 십일조와 성물로 준비할 수 있다. 제사장들은 할라[7]나 빵으로 [준비할 수 있지만], 테벨[8], 거제를 드리지 않은 첫째 십일조, 둘째 십일

---

7) '할라'(חלה)는 첫 곡식의 가루로 만든 반죽으로 구별해서 거제로 하나님께 드린다(민 15:20). 이것으로 제사장들은 빵을 구워 먹는다. 구약성서에서는 '떡', '가루 떡', '과자' 등으로 다양하게 번역된다(출 29:2; 삼하 6:19).

조나 대속하지 않은 성물은 안 된다. 에루브를 청각 장애인, 지적 장애인, 아이의 손으로, 혹은 에루브법에 상응하지 않은 사람의 손으로 보낸 사람은 에루브가 아니다. 하지만 다른 사람에게 그로부터 받는다고 말했다면 이것은 에루브다.

- 의심 소산물(드마이), 거제를 구별한 첫째 십일조, 대속한 둘째 십일조와 성물은 사람들이 일반적으로 먹을 수 있는 음식들이다(「샤밧」 18, 1; 『네지킨』 「마콧」 3, 2).
- 에루브 음식을 신뢰하기 어려운 사람에게 보낸 경우는 에루브가 정확하게 준비되었다고 보기 어렵다.

3, 3

נְתָנוֹ בְאִילָן, לְמַעְלָה מֵעֲשָׂרָה טְפָחִים, אֵין עֵרוּבוֹ עֵרוּב. לְמַטָּה מֵעֲשָׂרָה טְפָחִים, עֵרוּבוֹ עֵרוּב. נְתָנוֹ בְּבוֹר, אֲפִלּוּ עָמֹק מֵאָה אַמָּה, עֵרוּבוֹ עֵרוּב. נְתָנוֹ בְרֹאשׁ הַקָּנֶה אוֹ בְרֹאשׁ הַקֻּנְדָּס בִּזְמַן שֶׁהוּא תָלוּשׁ וְנָעוּץ, אֲפִלּוּ גָבוֹהַּ מֵאָה אַמָּה, הֲרֵי זֶה עֵרוּב. נְתָנוֹ בְמִגְדָּל וְאָבַד הַמַּפְתֵּחַ, הֲרֵי זֶה עֵרוּב. רַבִּי אֱלִיעֶזֶר אוֹמֵר, אִם אֵינוֹ יוֹדֵעַ שֶׁהַמַּפְתֵּחַ בִּמְקוֹמוֹ, אֵינוֹ עֵרוּב:

만약 그가 10테팍보다 높은 나무에 [에루브를] 놓는다면 그의 에루브는 에루브가 아니고, 10테팍보다 낮으면 에루브다. 만약 그가 [에루브를] 구덩이에 놓는다면, 100아마 깊이라도 그의 에루브는 에루브다. 만약 뽑아서 [땅에] 박아둔 갈대나 막대기의 꼭대기에 두었다면, 그 높이가 100아마라도 그것은 에루브다. 만약 그것을 탑 [모양의 보관함] 안에 두었는데 열쇠를 잃어버렸더라도 그것은 에루브다. 랍비 엘리에제르는 열쇠가 제자리에 있는지 없는지 모른다면, 그것은 에루브가 아니라고 말했다.

---

8) 테벨(tevel)은 십일조를 바치지 않은 농산물로 에루브 음식으로 부적절하다.

נִתְגַּלְגֵּל חוּץ לַתְּחוּם, וְנָפַל עָלָיו גַּל, אוֹ נִשְׂרַף, אוֹ תְרוּמָה וְנִטְמֵאת, מִבְּעוֹד
יוֹם, אֵינוֹ עֵרוּב, מִשֶּׁחֲשֵׁכָה, הֲרֵי זֶה עֵרוּב. אִם סָפֵק, רַבִּי מֵאִיר וְרַבִּי יְהוּדָה
אוֹמְרִים, הֲרֵי זֶה חַמָּר גַּמָּל. רַבִּי יוֹסֵי וְרַבִּי שִׁמְעוֹן אוֹמְרִים, סְפֵק עֵרוּב,
כָּשֵׁר. אָמַר רַבִּי יוֹסֵי, אַבְטוֹלְמוֹס הֵעִיד מִשּׁוּם חֲמִשָּׁה זְקֵנִים עַל סְפֵק עֵרוּב
שֶׁכָּשֵׁר:

〔에루브 음식이〕 한계선 밖으로 굴러가 그 위에 무더기가 덮이거
나, 그것이 불타거나, 혹은 부정해진 거제라면, 아직 낮이면 에루브가
아니지만, 해가 진 후면 그것은 에루브다. 랍비 메이르와 랍비 예후다
는 말한다. 만약 확실하지 않다면, 이것은 나귀를 모는 사람이고, 낙
타를 모는 사람이다. 랍비 요쎄와 랍비 쉼온은 의심이 가는 에루브는
유효하다고 말했다. "랍비 요쎄는 말한다. "아브툴모스(Avtulmos)가
의심가는 에루브도 유효하다고 다섯 명의 장로들의 이름으로 증명했
습니다."

● 준비한 에루브 음식에 문제가 생긴 시점이 에루브가 유효한지 여부
  를 결정한다. 그 시점은 해질녘이다. 해질녘 이전에 문제가 생겼다면
  에루브가 아니고 그 이후에 생겼다면 에루브는 유효하다.

מַתְנֶה אָדָם עַל עֵרוּבוֹ וְאוֹמֵר, אִם בָּאוּ גוֹיִים מִן הַמִּזְרָח, עֵרוּבִי לַמַּעֲרָב. מִן
הַמַּעֲרָב, עֵרוּבִי לַמִּזְרָח. אִם בָּאוּ מִכָּאן וּמִכָּאן, לִמְקוֹם שֶׁאֶרְצֶה אֵלֵךְ. לֹא
בָּאוּ לֹא מִכָּאן וְלֹא מִכָּאן, הֲרֵינִי כִּבְנֵי עִירִי. אִם בָּא חָכָם מִן הַמִּזְרָח, עֵרוּבִי
לַמִּזְרָח. מִן הַמַּעֲרָב, עֵרוּבִי לַמַּעֲרָב. בָּא לְכָאן וּלְכָאן, לִמְקוֹם שֶׁאֶרְצֶה אֵלֵךְ.
לֹא לְכָאן וְלֹא לְכָאן, הֲרֵינִי כִּבְנֵי עִירִי. רַבִּי יְהוּדָה אוֹמֵר, אִם הָיָה אֶחָד מֵהֶן
רַבּוֹ, הוֹלֵךְ אֵצֶל רַבּוֹ, וְאִם הָיוּ שְׁנֵיהֶם רַבּוֹתָיו, לִמְקוֹם שֶׁיִּרְצֶה יֵלֵךְ:

어떤 사람이 그의 에루브에 대한 조건으로 다음과 같이 말할 수 있

다. 만약 외국인들이 동쪽에서 오면, 나의 에루브는 서쪽으로 향하고, 서쪽에서 온다면 나의 에루브는 동쪽으로 향한다. 만약 그들이 여기 저기에서 온다면 나는 내가 가고자 하는 곳으로 갈 것이다. 만약 그들이 여기서도 저기서도 오지 않는다면, 나는 내 마을의 주민들과 같다. 만약 현자가 동쪽에서 온다면, 나의 에루브는 동쪽으로 향하고, 서쪽에서 온다면, 나의 에루브는 서쪽으로 향한다. 만약 그가 여기저기에서 온다면, 나는 내가 원하는 곳으로 갈 것이다. 여기에서도 저기에서도 오지 않는다면, 나는 내 마을의 주민들과 같다. 랍비 예후다는 말한다. "그들 중 한 명이 그의 선생이라면, 그는 그 선생에게 걸어갈 것입니다. 그리고 두 명이 그의 선생이라면 그가 원하는 곳으로 그는 걸어갈 것입니다."

- 에루브를 비유대인(혹은 대적)이 오는 반대 방향에 준비를 하고 현자(랍비)가 오는 방향에 설치할 것이다.
- 비유대인이나 현자가 어디에서 오는지 모른다면 에루브를 준비할 수 없다. 그렇게 되면 '마을의 주민들과 같이 된다.' 즉, 집에서 어느 방향이든지 2,000아마 거리를 갈 수 있다.

3, 6

רַבִּי אֱלִיעֶזֶר אוֹמֵר, יוֹם טוֹב הַסָּמוּךְ לְשַׁבָּת, בֵּין מִלְּפָנֶיהָ וּבֵין מִלְּאַחֲרֶיהָ,
מְעָרֵב אָדָם שְׁנֵי עֵרוּבִין וְאוֹמֵר, עֵרוּבִי הָרִאשׁוֹן לַמִּזְרָח, וְהַשֵּׁנִי לַמַּעֲרָב.
הָרִאשׁוֹן לַמַּעֲרָב, וְהַשֵּׁנִי לַמִּזְרָח. עֵרוּבִי הָרִאשׁוֹן כִּבְנֵי עִירִי. עֵרוּבִי
הַשֵּׁנִי, וְהָרִאשׁוֹן כִּבְנֵי עִירִי. וַחֲכָמִים אוֹמְרִים, מְעָרֵב לְרוּחַ אַחַת, אוֹ אֵינוֹ
מְעָרֵב כָּל עִקָּר. אוֹ מְעָרֵב לִשְׁנֵי יָמִים, אוֹ אֵינוֹ מְעָרֵב כָּל עִקָּר. כֵּיצַד יַעֲשֶׂה.
מוֹלִיכוֹ בָרִאשׁוֹן, וּמַחְשִׁיךְ עָלָיו וְנוֹטְלוֹ וּבָא לוֹ. בַּשֵּׁנִי מַחְשִׁיךְ עָלָיו וְאוֹכְלוֹ.
וְנִמְצָא מִשְׂתַּכֵּר בַּהֲלִיכָתוֹ וּמִשְׂתַּכֵּר בְּעֵרוּבוֹ. נֶאֱכַל בָּרִאשׁוֹן, עֵרוּבוֹ לָרִאשׁוֹן
וְאֵינוֹ עֵרוּב לַשֵּׁנִי. אָמַר לָהֶם רַבִּי אֱלִיעֶזֶר, מוֹדִים אַתֶּם לִי שֶׁהֵן שְׁתֵּי קְדֻשּׁוֹת:

랍비 엘리에제르는 말한다. "명절날이 안식일에 붙어 있으면, 〔안식일〕 앞에 오든지 아니면 뒤에 오든지, 사람이 두 개의 에루브를 만든 후 다음과 같이 말해야 합니다. '내 에루브는 먼저 동쪽으로 다음에 서쪽입니다.' '처음은 서쪽이고 다음은 동쪽입니다.' '내 에루브가 먼저고, 다음이 내 마을 주민들 것입니다.' '내 에루브는 두 번째이고, 첫 번째는 내 마을 주민들 것입니다.'" 현자들은 말한다. "그는 에루브를 한 방향에 만들기도 하고, 에루브를 아예 만들지 않기도 합니다. 그는 이틀을 위한 에루브 하나를 만들기도 하고, 에루브를 아예 만들지 않기도 합니다. 그는 어떻게 할까요? 그는 우선 첫날 그것을 〔원하는 장소로〕 가지고 가서 해가 지기까지 기다렸다 그것을 가지고 갑니다. 다음 날에는 〔같은 장소로 돌아와서〕 해가 지기까지 기다렸다가 그것을 먹습니다. 만약 첫날 먹는다면, 그의 에루브는 첫날을 위한 것이지 둘째 날을 위한 에루브가 아닙니다." 랍비 엘리에제르는 그들에게 말한다. "당신들은 그것이 〔별개의〕 거룩한 장소 두 곳이라고 제게 동의했습니다."

- 랍비들(현자들)은 안식일뿐만 아니라 명절날에도 2,000아마를 초과해서 걸어갈 수 없다고 말한다. 이것은 성서에는 없지만 랍비들이 정한 규칙이다.
- 랍비 엘리에제르는 안식일과 명절날을 위한 에루브를 각각 만들어야 한다고 주장한다. 반대로 다수의 랍비들은 두 날을 위해 하나의 에루브만 만들어도 된다고 말한다.

3, 7

רַבִּי יְהוּדָה אוֹמֵר, רֹאשׁ הַשָּׁנָה, שֶׁהָיָה יָרֵא שֶׁמָּא תִתְעַבֵּר, מְעָרֵב אָדָם שְׁנֵי עֵרוּבִין וְאוֹמֵר, עֵרוּבִי בָּרִאשׁוֹן לַמִּזְרָח וּבַשֵּׁנִי לַמַּעֲרָב, בָּרִאשׁוֹן לַמַּעֲרָב וּבַשֵּׁנִי

לַמִּזְרָח. עֵרוּבִי בָּרִאשׁוֹן, וּבַשֵּׁנִי כִּבְנֵי עִירִי. עֵרוּבִי בַּשֵּׁנִי, וּבָרִאשׁוֹן כִּבְנֵי עִירִי.
וְלֹא הוֹדוּ לוֹ חֲכָמִים:

랍비 예후다는 말한다. "〔만약〕 신년 〔전날 저녁〕에 윤일이 될 염려가 있다면 두 개의 에루브를 만들고 다음과 같이 말할 수 있습니다. '내 첫 번째 에루브는 동쪽이고, 내 두 번째 에루브는 서쪽입니다.' 혹은 '첫 번째는 서쪽이고, 두 번째는 동쪽입니다.' '내 에루브가 첫 번째이고, 두 번째는 마을 주민들과 같이할 것입니다.' 혹은 '내 에루브는 두 번째이고, 첫 번째는 마을 주민들 것과 같이할 것입니다.'" 하지만 다른 랍비들은 그의 견해에 동의하지 않았다.

- 엘룰월 마지막 날인 28일 저녁에 다음 날이 신년이 될지 아니면 윤일이 되어 29일이 될지 불확실한 경우에 에루브를 어떻게 준비해야 하는지 말하고 있다. 당시 달력은 새롭게 뜬 달을 관찰한 증인들이 돌아오면 새 달이 시작된다(「로쉬 하샤나」). 그래서 증인이 돌아오기 전까지는 정확히 언제 신년이 될지 모르기 때문에 랍비 예후다는 두 개의 에루브를 만들어야 한다고 주장한다. 하지만 랍비들은 앞 미쉬나처럼 두 날을 별개로 보지 않고 하나의 거룩한 날로 간주하여 하나의 에루브를 만들면 된다고 말한다.

3, 8

וְעוֹד אָמַר רַבִּי יְהוּדָה, מַתְנֶה אָדָם עַל הַכַּלְכָּלָה בְּיוֹם טוֹב רִאשׁוֹן וְאוֹכְלָהּ
בַּשֵּׁנִי. וְכֵן בֵּיצָה שֶׁנּוֹלְדָה בָרִאשׁוֹן, תֵּאָכֵל בַּשֵּׁנִי. וְלֹא הוֹדוּ לוֹ חֲכָמִים:

랍비 유다는 더 〔추가하여〕 말했다. "명절 첫날에는 〔산물〕 바구니에 대해 조건을 달고, 둘째 날에 그것을 먹을 수 있습니다. 같은 방식으로 〔명절〕 첫날 낳은 계란을 둘째 날에 먹을 수 있습니다." 하지만 랍비들은 그의 견해에 동의하지 않았다.

● 산물은 먼저 거제와 십일조를 구별한 후에 먹을 수 있다. 하지만 명
절날에는 구별하는 일이 금지된다. 더 큰 문제는 신년은 이틀 동안
지내게 되는데 두 날 중 실제 신년은 하루다. 하지만 두 날 중에서 어
느 날이 정말 신년인지를 아직 모르는 상황에서 거제와 십일조를 구
별해야 음식을 먹을 수 있다. 이 문제를 해결하기 위해 랍비 예후다
는 다음과 같은 해결책을 제안한다. 첫째 날에는 둘째 날이 신년이
라고 가정하고 거제와 십일조를 구별한다. 둘째 날에는 첫째 날이
신년이라고 가정하고 거제와 십일조를 구별한다. 그러고 나서 음식
을 먹으면 어떤 경우든지 금지 조항을 피하게 된다. 만약 첫째 날이
신년이면 첫날 구별한 것이 무효가 되지만 둘째 날 구별한 것이 유
효해서 먹어도 된다. 그리고 둘째 날이 신년이면 첫날 구별한 것이
유효하기 때문에 역시 둘째 날 먹는 데 아무런 문제가 없다.

3, 9

רַבִּי דוֹסָא בֶּן הַרְכִּינָס אוֹמֵר, הָעוֹבֵר לִפְנֵי הַתֵּבָה בְּיוֹם טוֹב שֶׁל רֹאשׁ הַשָּׁנָה
אוֹמֵר, הַחֲלִיצֵנוּ ה' אֱלֹהֵינוּ אֶת יוֹם רֹאשׁ חֹדֶשׁ הַזֶּה, אִם הַיּוֹם, אִם לְמָחָר.
וּלְמָחָר הוּא אוֹמֵר, אִם הַיּוֹם, אִם אֶמֶשׁ. וְלֹא הוֹדוּ לוֹ חֲכָמִים:

랍비 도싸 벤 하르키나스는 말한다. "법궤 앞을 신년 명절에 지나가
는 사람은 '우리를 강하게 하소서, 오 주 우리의 하나님이시여! 달의 첫
날에, 오늘이든지 내일이든지'라고 말합니다. 그리고 그 다음 날에는
'[우리를 강하게 하소서, 오 주 우리의 하나님이시여!] 오늘이든지 어
제였든지'라고 말한다. 하지만 랍비들은 그의 견해에 동의하지 않았다.

● 랍비 도싸는 신년이 언제인지 불명확하다는 점을 심지어 기도할 때
에도 언급해야 한다고 주장하지만 다른 랍비들은 그럴 필요가 없다
고 본다.

제4장

이번 장에서는 안식일 한계선과 관련된 세부 규정들을 말한다. 안식일에는 자신의 거처에서 안식일 한계선인 2,000아마까지만 갈 수 있다. 그 이상을 가기 위해서는 안식일 한계선 이내에 에루브를 설치해야 한다. 그러면 이 에루브부터 다시 2,000아마를 더 이동할 수 있다. 먼저 자신의 의지와 무관하게 안식일 한계선을 넘어선 경우에 어떻게 되는지 말한다.

4, 1

מִי שֶׁהוֹצִיאוּהוּ גוֹיִם אוֹ רוּחַ רָעָה, אֵין לוֹ אֶלָּא אַרְבַּע אַמּוֹת. הֶחֱזִירוּהוּ,
כְּאִלּוּ לֹא יָצָא. הוֹלִיכוּהוּ לְעִיר אַחֶרֶת. נְתָנוּהוּ בְדִיר אוֹ בְסַהַר, רַבָּן גַּמְלִיאֵל
וְרַבִּי אֶלְעָזָר בֶּן עֲזַרְיָה אוֹמְרִים, מְהַלֵּךְ אֶת כֻּלָּהּ. רַבִּי יְהוֹשֻׁעַ וְרַבִּי עֲקִיבָא
אוֹמְרִים, אֵין לוֹ אֶלָּא אַרְבַּע אַמּוֹת. מַעֲשֶׂה שֶׁבָּאוּ מִפְּרַנְדִּיסִין וְהִפְלִיגָה
סְפִינָתָם בַּיָּם. רַבָּן גַּמְלִיאֵל וְרַבִּי אֶלְעָזָר בֶּן עֲזַרְיָה הִלְּכוּ אֶת כֻּלָּהּ. רַבִּי
יְהוֹשֻׁעַ וְרַבִּי עֲקִיבָא לֹא זָזוּ מֵאַרְבַּע אַמּוֹת, שֶׁרָצוּ לְהַחֲמִיר עַל עַצְמָן:

외국인이나 악령에 사로잡힌 사람이 〔안식일 한계선〕 밖으로 데려간 사람은 4아마 〔거리만 허락된다〕. 그들이 그를 되돌려보내면, 그는 나가지 않은 것으로 간주된다. 만약 그들이 그를 데리고 다른 마을로 갔거나, 그를 우리나 마구간에 넣었다면, 라반 감리엘과 랍비 엘아자르 벤 아자리야는 말한다. "그는 〔마을〕 전체를 걸을 수 있습니다." 랍비 예호슈아와 랍비 아키바는 말한다. "그는 단지 4아마 거리만 걸을 수 있습니다." 그들이 프란디신[9]에서 오던 때였다. 그들의 배가 〔안식일에〕 바다로 출항했다. 라반 감리엘과 랍비 엘아자르 벤 아자리야

---

9) 프란디신(Prandisin)은 이탈리아 남부에 있는 항구 도시 브린디시(당시 브룬디시움)으로 추정된다.

는 〔배〕 전체를 걸어다녔다. 하지만 랍비 예호슈아와 랍비 아키바는 4아마를 넘지 않았다. 왜냐하면 그들은 스스로 엄격해지고 싶었다.

- 안식일 한계선 밖에 머무르게 된 사람은 어느 방향이든지 그 자리에 서 4아마 거리만 이동할 수 있고 그 이상은 안 된다.
- 배가 안식일에 바다로 출항하면 랍비들의 의향과 상관없이 안식일 한계를 넘게 된다. 그럴 때 평소 주장처럼 라반 감리엘과 랍비 엘아 자르 벤 아자리야는 배 안 전체를 걸어다녔다. 반면에 랍비 예호슈 아와 랍비 아키바는 4아마를 넘지 않았다. 랍비들이 얼마나 자신들 의 신념에 충실했는지 알 수 있는 대목이다.

4, 2

פַּעַם אַחַת לֹא נִכְנְסוּ לַנָּמֵל עַד שֶׁחֲשֵׁכָה. אָמְרוּ לוֹ לְרַבָּן גַּמְלִיאֵל, מָה אָנוּ לֵירֵד. אָמַר לָהֶן, מֻתָּר אַתֶּם, שֶׁכְּבָר הָיִיתִי מִסְתַּכֵּל, וְהָיִינוּ בְתוֹךְ הַתְּחוּם עַד שֶׁלֹּא חֲשֵׁכָה:

한번은 해질녘에 항구로 들어가지 못한 사람들이 있었다. 그들이 라반 감리엘에게 물었다. "우리가 정박해도 되겠습니까?" 감리엘이 그들에게 말했다. "가능합니다. 왜냐하면 제가 보고 있었는데 해질녘 전에 우리는 이미 〔안식일〕 한계선 안에 있었습니다."

- 배가 안식일에 안식일 한계 이상을 운항했다면 부두에 입항을 했다 고 하더라도 승객들이 하선할 수 없다. 그래서 라반 감리엘이 거리 를 유심히 보고 있으면서 배가 안식일 한계 안으로 운항하고 있는 것을 관찰해서 정박 후에 하선할 수 있다고 말했다.

4, 3

מִי שֶׁיָּצָא בִרְשׁוּת וְאָמְרוּ לוֹ, כְּבָר נַעֲשָׂה מַעֲשֶׂה, יֶשׁ לוֹ אַלְפַּיִם אַמָּה לְכָל
רוּחַ. אִם הָיָה בְתוֹךְ הַתְּחוּם, כְּאִלּוּ לֹא יָצָא, שֶׁכָּל הַיּוֹצְאִים לְהַצִּיל, חוֹזְרִין
לִמְקוֹמָן:

만약 허락을 받고 [안식일 한계선] 밖으로 나간 경우에 사람들이
그에게 "일은 이미 다 마쳤습니다"라고 말했다면, 그는 어느 방향이
든 2,000아마 거리를 갈 수 있다. 만약 그가 [안식일] 한계선 안에 있
다면, 이것은 그가 나가지 않은 것과 마찬가지다. [사람을] 구하기 위
해 나간 모든 사람은 자신의 자리로 돌아올 수 있다.

- 예루살렘 법정의 허락을 받고 공식적으로 안식일 한계선 밖으로 나
  가는 경우가 있다. 새 달이 떠올랐는지 관측하기 위해 떠난 경우나
  재산을 약탈자들로부터 지키기 위해서 허락을 받는다.
- 사람을 구하기 위해 나간 경우까지 안식일이라는 이유로 돌아오지
  못하게 한다면 안식일에 사람을 구하기 위해 나가려는 사람은 없을
  것이다.

4, 4

מִי שֶׁיָּשַׁב בַּדֶּרֶךְ, וְעָמַד, וְרָאָה וַהֲרֵי הוּא סָמוּךְ לָעִיר, הוֹאִיל וְלֹא הָיְתָה כַוָּנָתוֹ
לְכָךְ, לֹא יִכָּנֵס, דִּבְרֵי רַבִּי מֵאִיר. רַבִּי יְהוּדָה אוֹמֵר, יִכָּנֵס. אָמַר רַבִּי יְהוּדָה,
מַעֲשֶׂה הָיָה, וְנִכְנַס רַבִּי טַרְפוֹן בְּלֹא מִתְכַּוֵּן:

"[만약] 어떤 사람이 길을 가던 중 [해질녘에] 앉았다가 일어서서
보니 가까이에 마을이 있는 것이 아닌가! [그런데] 그가 [처음부터]
그렇게 의도한 것이 아니라면, 그는 들어가면 안 됩니다." 랍비 메이
르의 말이다. 랍비 예후다는 말한다. "그가 들어가도 됩니다." 랍비 예
후다가 말한다. "예전에 있었던 일입니다. 랍비 타르폰이 그가 [처음

에] 의도하지 않았지만 들어갔습니다."

- 안식일이 시작하려는 시점에 어느 장소에 머물렀다면 여기에서 그
  가 안식일을 보내려는 거처로 삼았다는 의미다. 안식일에 그 지점에
  서 2,000아마 이내는 이동할 수 있다. 그런데 2,000아마 거리 안에 마
  을이 있다는 사실을 알았다면 그는 처음부터 그 마을에서 안식일을
  보내려고 준비했을 것이다. 하지만 그런 사실을 모르고 안식일을 보
  내려고 길에 머물렀다가 나중에 인근에 마을이 있다는 사실을 알게
  된 경우에 랍비 메이르는 처음부터 그 마을로 가려고 했던 것이 아
  니기 때문에 들어가면 안 된다는 입장이고, 랍비 예후다는 전에 랍
  비 타르폰도 그런 경우에 인근 마을에 들어간 예를 들어 들어갈 수
  있다고 주장한다.

4, 5

מִי שֶׁיָּשֵׁן בַּדֶּרֶךְ וְלֹא יָדַע שֶׁחֲשֵׁכָה, יֶשׁ לוֹ אַלְפַּיִם אַמָּה לְכָל רוּחַ, דִּבְרֵי רַבִּי
יוֹחָנָן בֶּן נוּרִי. וַחֲכָמִים אוֹמְרִים, אֵין לוֹ אֶלָּא אַרְבַּע אַמּוֹת. רַבִּי אֱלִיעֶזֶר
אוֹמֵר, וְהוּא בְאֶמְצָעָן. רַבִּי יְהוּדָה אוֹמֵר, לְאֵיזֶה רוּחַ שֶׁיִּרְצֶה יֵלֵךְ. וּמוֹדֶה רַבִּי
יְהוּדָה שֶׁאִם בֵּרַר לוֹ, שֶׁאֵינוֹ יָכוֹל לַחֲזֹר בּוֹ:

"[만약] 어떤 사람이 길을 가다가 [잠깐] 잠이 들었는데 해질녘이
된 줄을 몰랐다면, 그는 모든 방향으로 2,000아마 거리를 갈 수 있습
니다." 랍비 요하난 벤 누리의 말이다. 하지만 다른 랍비들은 말한다.
"그렇게 할 수 없고 4아마 거리만 [갈 수 있습니다]." 랍비 엘리에제
르는 말한다. "그는 그 중간을 [생각할 것입니다]." 랍비 예후다는 말
한다. "그가 원하는 어떤 방향이든지 [4아마] 갈 수 있습니다." 그런
데 랍비 예후다는 그가 방향을 정했다면 돌아올 수 없다고 생각한다.

- 랍비 요하난 벤 누리는 그가 처음부터 안식일을 보내려고 의도했
  던 장소는 아니지만, 그가 안식일에 머문 곳에서 어느 방향으로나
  2,000아마 이동할 수 있다고 주장한다. 하지만 다른 랍비들은 그곳
  을 안식일에 머물 장소로 미리 염두에 두지 않았기 때문에 이미 안
  식일 한계 범위를 넘은 것으로 간주하여 4아마 정도만 이동할 수 있
  다고 말한다.
- 랍비 엘리에제르는 4아마를 지름 개념으로 보고 한쪽으로 2아마 거
  리만 이동할 수 있다고 생각하지만, 랍비 예후다는 반지름 개념으로
  어느 방향이든지 4아마 이동할 수 있다고 주장한다.

4, 6

הָיוּ שְׁנַיִם, מִקְצָת אַמּוֹתָיו שֶׁל זֶה בְּתוֹךְ אַמּוֹתָיו שֶׁל זֶה, מְבִיאִין וְאוֹכְלִין
בָּאֶמְצַע, וּבִלְבַד שֶׁלֹּא יוֹצִיא זֶה מִתּוֹךְ שֶׁלּוֹ לְתוֹךְ שֶׁל חֲבֵרוֹ. הָיוּ שְׁלֹשָׁה,
וְהָאֶמְצָעִי מֻבְלָע בֵּינֵיהֶן, הוּא מֻתָּר עִמָּהֶן וְהֵן מֻתָּרִין עִמּוֹ, וּשְׁנַיִם הַחִיצוֹנִים
אֲסוּרִים זֶה עִם זֶה. אָמַר רַבִּי שִׁמְעוֹן, לְמָה הַדָּבָר דּוֹמֶה, לְשָׁלֹשׁ חֲצֵרוֹת
הַפְּתוּחוֹת זוֹ לָזוֹ וּפְתוּחוֹת לִרְשׁוּת הָרַבִּים, עֵרְבוּ שְׁתֵּיהֶן עִם הָאֶמְצָעִית, הִיא
מֻתֶּרֶת עִמָּהֶם וְהֵן מֻתָּרוֹת עִמָּהּ, וּשְׁתַּיִם הַחִיצוֹנוֹת אֲסוּרוֹת זוֹ עִם זוֹ:

두 사람이 있는데 한 사람의 [이동 가능한] 아마 한계가 다른 사람
의 아마 거리 안에 있다면, 그들은 [음식을] 가져와서 중간에서 먹을
수 있다. 하지만 자신의 [4아마 안에 있는 것을] 상대방 영역 안으로
운반해서는 안 된다. 만약 세 사람이 있는데 가운데 있는 사람이 다른
사람들의 [영역 안에] 포함된다면, 그는 그들에게 허락되고 그들은
그에게 허락되지만, 양쪽 두 사람은 서로 허락되지 않는다. 랍비 쉼온
이 말했다. "이것은 무엇과 유사할까요? 세 개의 뜰이 서로 열려 있고
모두 공적인 공간(영역)으로 열려 있는 경우, [양 끝에 있는] 두 뜰이
가운데 [뜰]과 각각 에루브를 설치했다면, 가운데는 양쪽과 허락되고

양쪽은 가운데와 허락됩니다. 하지만 양 끝에 있는 둘은 서로 금지됩니다."

- 여행 중에 길에서 만난 사람들끼리 안식일에 이동 범위 안에 있으면 공통된 지점 안에서 같이 식사를 할 수 있다.
- 세 사람이 있다면 양 끝에 있는 사람들이 이동 가능한 범위가 가운데 있는 사람을 포함한다면, 가운데 사람은 양쪽에 있는 사람과 같이 먹을 수 있지만, 양 끝에 있는 두 사람은 영역 밖에 있기 때문에 두 사람이 같이 먹을 수는 없다.
- 랍비 쉼온은 비유를 들어 유사한 경우를 설명하고 있다. 뜰들이 공적인 공간으로 열려 있다는 말은 에루브를 설치하지 않고는 물건을 서로 이동할 수 없다는 말이다. 그렇더라도 한 집 건너 양 끝에 있는 집(뜰)들 사이에 물건을 옮기는 행위는 금지된다.

4, 7

מִי שֶׁבָּא בַדֶּרֶךְ וְחָשְׁכָה לוֹ, וְהָיָה מַכִּיר אִילָן אוֹ גָדֵר, וְאָמַר, שְׁבִיתָתִי תַחְתָּיו, לֹא אָמַר כְּלוּם. שְׁבִיתָתִי בְעִקָּרוֹ, מְהַלֵּךְ מִמְּקוֹם רַגְלָיו וְעַד עִקָּרוֹ אַלְפַּיִם אַמָּה, וּמֵעִקָּרוֹ וְעַד בֵּיתוֹ אַלְפַּיִם אַמָּה. נִמְצָא מְהַלֵּךְ מִשֶּׁחֲשֵׁכָה אַרְבַּעַת אֲלָפִים אַמָּה:

어떤 사람이 길을 걸어가다 날이 저물었는데, 그 사람이 나무나 담을 알고 있는 경우에, [만약] 그는 "나의 안식일 처소는 그 아래다"라고 말했다. [그런데 구체적으로] 다른 말을 하지 않았다. [만약 그가] "내 안식일 처소는 그 뿌리다"라고 말했다면, 그 발아래에서 그 뿌리가 있는 곳으로 2,000아마 거리를 걸어갈 수 있고 그 뿌리에서 집까지 2,000아마 거리를 갈 수 있다. 그래서 그는 해가 지고 4,000아마 거리를 걸어갈 수 있다.

- 안식일에 머무를 장소는 구체적으로 명시해야 한다. 그렇지 않으면 그 장소에서 2,000아마를 이동할 수 있는 안식일 처소를 인정받지 못하게 된다.
- 안식일 처소로 인정받으면 그곳에서 다시 집까지 2,000아마 이동할 수 있기 때문에 총 4,000아마를 이동할 수 있게 된다.

4, 8

אִם אֵינוֹ מַכִּיר, אוֹ שֶׁאֵינוֹ בָקִי בַהֲלָכָה, וְאָמַר, שְׁבִיתָתִי בִמְקוֹמִי, זָכָה לוֹ מְקוֹמוֹ אַלְפַּיִם אַמָּה לְכָל רוּחַ עֲגֻלּוֹת, דִּבְרֵי רַבִּי חֲנִינָא בֶן אַנְטִיגְנוֹס. וַחֲכָמִים אוֹמְרִים, מְרֻבָּעוֹת, כְּטַבְלָא מְרֻבַּעַת, כְּדֵי שֶׁיְּהֵא נִשְׂכָּר לַזָּוִיּוֹת׃

만약 그 사람이 〔나무나 담의 존재를〕 알지 못하거나 법에 정통하지 않아서 "내 안식일 처소는 여기입니다"라고 말했다면, 그는 그 자리에서 어느 방향이든지 2,000아마 거리가 주어진다. "〔2,000아마는〕 원형입니다." 랍비 하니나 벤 안티그노스의 말이다. 하지만 현자들은 말한다. "사각 탁자처럼 정방형으로 구석까지 차지합니다."

- 안식일에 이동할 수 있는 2,000아마의 모양에 관하여 랍비 하니나 벤 안티그노스는 원형이라고 생각하고 랍비(현자)들은 정방형이라고 말한다.

4, 9

וְזוֹ הִיא שֶׁאָמְרוּ, הֶעָנִי מְעָרֵב בְּרַגְלָיו. אָמַר רַבִּי מֵאִיר, אָנוּ אֵין לָנוּ אֶלָּא עָנִי. רַבִּי יְהוּדָה אוֹמֵר, אֶחָד עָנִי וְאֶחָד עָשִׁיר, לֹא אָמְרוּ מְעָרְבִין בְּפַת אֶלָּא לְהָקֵל עַל הֶעָשִׁיר, שֶׁלֹּא יֵצֵא וִיעָרֵב בְּרַגְלָיו׃

이것은 그 〔랍비들이〕 한 말이다. "가난한 사람은 에루브를 그의 발로 만들 수 있습니다." 랍비 메이르는 말했다. "우리들에게는 안 되고 가난한 사람들에게만 〔적용됩니다〕." 랍비 예후다는 말한다. "가난한 사람도 부자에게도 〔적용됩니다〕. 그 〔랍비들이〕 빵으로 에루브를 만들 수 있다고 말한 것은 부자를 수월하게 〔만들기〕 위해서입니다. 왜냐하면 그들은 나가서 발로 만들지 않아도 됩니다."

- 가난한 사람들이 발로 에루브를 만든다는 의미는 에루브를 만들고 싶은 곳에 직접 가서, "여기가 내가 안식일에 머무는 장소입니다"라고 선포하면 에루브로 인정된다는 것이다.
- 부자들도 발로 에루브를 만들 수 있냐는 문제에 대하여 랍비 메이르는 안 된다는 입장이고 랍비 예후다는 가능하다고 생각한다.

4, 10

מִי שֶׁיָּצָא לֵילֵךְ בְּעִיר שֶׁמְּעָרְבִין בָּהּ וְהֶחֱזִירוֹ חֲבֵרוֹ, הוּא מֻתָּר לֵילֵךְ וְכָל בְּנֵי הָעִיר אֲסוּרִין, דִּבְרֵי רַבִּי יְהוּדָה. רַבִּי מֵאִיר אוֹמֵר, כָּל שֶׁהוּא יָכוֹל לְעָרֵב וְלֹא עֵרַב, הֲרֵי זֶה חַמָּר גַּמָּל:

"어떤 사람이 마을 밖으로 나가서 에루브를 만들었는데, 그의 이웃이 그에게 돌아오라고 했다면, 그는 〔마을로〕 가는 것이 허락되지만 마을의 다른 사람들은 〔에루브로 오는 것이〕 금지됩니다." 랍비 예후다의 말이다. 랍비 메이르는 말한다. "에루브를 만들 수는 있지만 만들지 않은 사람은 나귀를 모는 사람과 낙타를 모는 사람과 같습니다."

- 이 사람은 아마도 마을 사람들이 사용할 공용 에루브를 만들고 있었던 것으로 보인다. 하지만 중간에 에루브 만드는 일을 그만 두고 마을로 돌아갔다면 공용 에루브가 완성되지 못했기 때문에 마을 사람들은 이 곳에 와서 안식일 처소로 사용할 수 없다.

מִי שֶׁיָּצָא חוּץ לַתְּחוּם, אֲפִלּוּ אַמָּה אַחַת, לֹא יִכָּנֵס. רַבִּי אֱלִיעֶזֶר אוֹמֵר,
שְׁתַּיִם, יִכָּנֵס, שָׁלֹשׁ, לֹא יִכָּנֵס. מִי שֶׁהֶחְשִׁיךְ חוּץ לַתְּחוּם, אֲפִלּוּ אַמָּה
אַחַת, לֹא יִכָּנֵס. רַבִּי שִׁמְעוֹן אוֹמֵר, אֲפִלּוּ חָמֵשׁ עֶשְׂרֵה אַמּוֹת, יִכָּנֵס, שֶׁאֵין
הַמְשׁוֹחוֹת מְמַצִּין אֶת הַמִּדּוֹת, מִפְּנֵי הַטּוֹעִין:

어떤 사람이 단 1아마 거리라도 [안식일] 한계 밖으로 나갔다면, 그
는 들어오지 못한다. 랍비 엘리에제르는 말한다. "2[아마는] 들어갈
수 있지만, 3[아마는] 들어갈 수 없습니다." 어떤 사람이 단 1아마 거
리라도 한계 밖에서 어두워졌다면, 그는 [마을로] 들어오지 못한다.
랍비 쉼온은 말한다. "심지어 [안식일 한계] 15아마 [밖이라도] 그는
[마을로] 들어올 수 있습니다. 왜냐하면 측량하는 자가 실수하는 사
람을 위해 정확히 표시하지 않았기 때문입니다."

● 랍비 쉼온이 가장 관대한 입장이다. 그는 2,000아마 거리에 안식일
한계가 표시되어 있을 뿐 그 너머는 표시되지 않아 정확히 어느 정
도를 넘어섰는지 불확실하기 때문에 거리에 상관없이 마을로 돌아
올 수 있다고 말한다.

제5장

이번 장에서는 마을의 안식일 경계를 어떻게 늘일 수 있는지를 다
룬다. 마을에서 최대한 먼 곳에 에루브를 만들어 안식일에 이동할 수
있는 공간을 최대한 확보해야 한다. 이를 위해 우선 안식일 한계선
(2,000아마)까지 정확하게 측량할 필요가 있다. 다양한 지형과 상황에
따라 정확하게 측량해야 하기 때문에 전문가의 도움이 절대적이다.

5, 1

כֵּיצַד מְעַבְּרִין אֶת הֶעָרִים, בַּיִת נִכְנָס בַּיִת יוֹצֵא, פָּגוּם נִכְנָס פָּגוּם יוֹצֵא. הָיוּ
שָׁם גְּדוּדִיּוֹת גְּבוֹהוֹת עֲשָׂרָה טְפָחִים, וּגְשָׁרִים וּנְפָשׁוֹת, שֶׁיֵּשׁ בָּהֶן בֵּית דִּירָה,
מוֹצִיאִין אֶת הַמִּדָּה כְּנֶגְדָּן, וְעוֹשִׂין אוֹתָהּ כְּמִין טַבְלָא מְרֻבַּעַת, כְּדֵי שֶׁיְּהֵא
נִשְׂכָּר אֶת הַזָּוִיּוֹת:

어떻게 마을을 늘일 수 있는가? 어떤 집은 들어가 있고, 어떤 집은
돌출되어 있다. 어떤 〔경계용〕 탑은 들어가 있고, 어떤 탑은 돌출되어
있다. 높이가 10테팍 넓이인 폐허, 다리, 무덤에 주거지가 있으면, 거
기서부터 측량을 하는데 사각형으로 한다. 이것은 모서리를 얻기 위
해서다.

- 마을의 외곽 경계면에 있는 집이나 탑이 주변보다 들어가 있는 부분
  보다는 돌출되어 있는 부분을 마을의 끝으로 간주하고 거리를 측정
  한다.
- 안식일 한계선 2,000아마를 원형이 아니라 사각형으로 측정하여 각
  모서리 부분은 상대적으로 더 먼 거리를 얻게 된다.

5, 2

נוֹתְנִין קַרְפֵּף לָעִיר, דִּבְרֵי רַבִּי מֵאִיר. וַחֲכָמִים אוֹמְרִים, לֹא אָמְרוּ קַרְפֵּף
אֶלָּא בֵּין שְׁתֵּי עֲיָרוֹת, אִם יֵשׁ לָזוֹ שִׁבְעִים אַמָּה וְשִׁירַיִם, וְלָזוֹ שִׁבְעִים אַמָּה
וְשִׁירַיִם, עוֹשֶׂה קַרְפֵּף לִשְׁתֵּיהֶן לִהְיוֹתָן כְּאֶחָת:

"마을은 〔확장을 위해〕 카르페프[10]를 둘 수 있습니다." 랍비 메이
르의 말이다. 하지만 랍비들은 말한다. "카르페프를 말한 것이 아니라
두 마을 사이에 대한 것입니다. 한 마을에 70과 2/3아마가 있고, 다른

---

10) 카르페프는 나무를 저장하는 장소다. 자세한 것은 2, 3의 설명을 참조하시오.

마을에 70과 2/3아마가 있다면, 두 [마을을] 마치 하나처럼 만들기 위해 카르페프를 만들 수 있습니다."

- 각각의 마을에 70과 2/3 크기의 나무 저장소(카르페프)가 연결된다면 두 마을은 마치 하나의 마을처럼 안식일에 자유롭게 왕래가 가능해진다.

5, 3

וְכֵן שְׁלֹשָׁה כְפָרִים הַמְשֻׁלָּשִׁין, אִם יֵשׁ בֵּין שְׁנַיִם הַחִיצוֹנִים מֵאָה וְאַרְבָּעִים
וְאֶחָד וּשְׁלִישׁ, עָשָׂה אֶמְצָעִי אֶת שְׁלָשְׁתָּן לִהְיוֹתָן כְּאֶחָד:

마찬가지로 세 마을이 있는데 양 끝에 있는 두 마을의 간격이 141과 1/3[11]이라면, 가운데 있는 마을이 그 세 마을을 하나로 만들어준다.

- 세 마을이 삼각형 모양으로 있다면, 양 끝의 두 마을 간격이 141과 1/3보다 길지 않다면 가운데 마을은 양 끝의 두 마을을 연결해준다.

5, 4

אֵין מוֹדְדִין אֶלָּא בְחֶבֶל שֶׁל חֲמִשִּׁים אַמָּה, לֹא פָחוֹת וְלֹא יוֹתֵר. וְלֹא יָמְדּוֹד
אֶלָּא כְנֶגֶד לִבּוֹ. הָיָה מוֹדֵד וְהִגִּיעַ לְגַיְא אוֹ לְגֶדֶר, מַבְלִיעוֹ וְחוֹזֵר לְמִדָּתוֹ. הִגִּיעַ
לְהַר, מַבְלִיעוֹ וְחוֹזֵר לְמִדָּתוֹ, וּבִלְבַד שֶׁלֹּא יֵצֵא חוּץ לַתְּחוּם. אִם אֵינוֹ יָכוֹל
לְהַבְלִיעוֹ, בָּזוֹ אָמַר רַבִּי דוֹסְתַּאי בַּר רַבִּי יַנַּאי מִשּׁוּם רַבִּי מֵאִיר, שָׁמַעְתִּי
שֶׁמְּקַדְּרִין בֶּהָרִים:

다른 것은 안 되고 [안식일 한계선을] 더 길지도 않고 더 짧지도 않고 50아마 길이의 끈으로 측량하면 된다. 가슴 높이에서 측량하면 된

---

11) 141과 1/3아마는 두 카르페프(70과 2/3 + 70과 2/3) 거리다.

다. 측량하다 계곡이나 담에 이르면, 〔마치 없는 것처럼〕 직선거리로 측량하면 된다. 언덕에 이르면, 〔안식일〕 한계를 넘어가지 않는다면 직선거리로 측량하면 된다. 직선거리로 측량할 수 없는 경우에 대해서, 랍비 도스타이 바르와 랍비 야나이가 랍비 메이르의 이름으로 말했다. "나는 그 언덕을 관통하면 된다고 들었습니다."

- 계곡이나 담은 직선거리로 측정한다. 막대에 끈을 묶어 담보다 높은 위치에서 직선거리를 측량하면 된다.
- 언덕을 관통한다는 것은 물리적으로 터널을 뚫는다는 의미가 아니라 가상의 계단들을 측량해서 합산하는 방식으로 직선거리를 측량한다는 의미다.

5, 5

אֵין מוֹדְדִין אֶלָּא מִן הַמֻּמְחֶה. רִבָּה לְמָקוֹם אֶחָד וּמִעֵט לְמָקוֹם אַחֵר, שׁוֹמְעִין לְמָקוֹם שֶׁרִבָּה. רִבָּה לְאֶחָד וּמִעֵט לְאַחֵר, שׁוֹמְעִין לַמְרֻבֶּה. אֲפִלּוּ עֶבֶד, אֲפִלּוּ שִׁפְחָה, נֶאֱמָנִין לוֹמַר, עַד כָּאן תְּחוּם שַׁבָּת, שֶׁלֹּא אָמְרוּ חֲכָמִים אֶת הַדָּבָר לְהַחֲמִיר אֶלָּא לְהָקֵל:

다른 사람은 안 되고 전문가가 측량해야 한다. 〔측량하는 사람이〕 한 곳은 〔안식일 한계를〕 넘었고 다른 곳은 〔안식일 한계보다〕 작다면, 그 넘은 쪽을 따른다. 〔같은 방식으로〕 한 명은 〔안식일 한계를〕 넘었고, 다른 사람은 〔안식일 한계보다〕 작다면, 그 넘은 사람을 따른다. 남자 종이든지, 여자 종이든지 "여기까지 안식일 한계입니다"라고 말한다면 믿을 수 있다. 왜냐하면 랍비들이 이것을 엄격하게 말 한 것이 아니라 관대하게 말했기 때문이다.

- 안식일 한계선을 측정하면서 다양한 지형지물을 만나서도 정확하

게 직선거리를 측량할 수 있어야 하기 때문에 전문 측량사가 측정해
야 한다.

- 보통은 남녀 종들의 증언은 법적으로 인정받기 어렵다. 하지만 안식
  일 한계선 2,000아마는 토라에서 말하고 있는 법이 아니고 랍비들이
  정한 규정인 만큼 다소 관대하게 적용되었다.

5, 6

עִיר שֶׁל יָחִיד וְנַעֲשֵׂית שֶׁל רַבִּים, מְעָרְבִין אֶת כֻּלָּהּ. וְשֶׁל רַבִּים וְנַעֲשֵׂית
שֶׁל יָחִיד, אֵין מְעָרְבִין אֶת כֻּלָּהּ, אֶלָּא אִם כֵּן עָשָׂה חוּצָה לָהּ כְּעִיר חֲדָשָׁה
שֶׁבִּיהוּדָה, שֶׁיֵּשׁ בָּהּ חֲמִשִּׁים דִּיּוּרִים, דִּבְרֵי רַבִּי יְהוּדָה. רַבִּי שִׁמְעוֹן אוֹמֵר,
שָׁלֹשׁ חֲצֵרוֹת שֶׁל שְׁנֵי בָתִּים:

"혼자 살던 마을이 여러 사람의 마을이 되었다면 마을 전체를 위해
에루브 1개를 만들면 됩니다. 반면에 여러 사람이 살던 마을이 혼자
사는 마을이 되었다면 에루브 1개로 마을 전체를 포함할 수 없습니다.
유다 지역에 50명의 주민이 사는 하다샤[12] 마을처럼 그것을 외부에
만든 경우는 예외가 됩니다." 랍비 예후다의 말이다. 랍비 쉼온은 말
한다. "각각 두 개의 집을 가지고 있는 세 개의 뜰이면 〔충분합니다〕."

- 랍비 예후다는 1인 소유의 마을이 여러 사람 소유의 마을이 된 경우
  에는 1개의 에루브만 만들면 안식일에 모든 사람들이 마을 안에서
  자유롭게 이동할 수 있다고 주장합니다. 반대로 여러 사람 소유의 마
  을이 1인 소유 마을로 되었다면 1개의 에루브로 모든 사람을 안식일
  에 자유롭게 이동하도록 만들 수 없습니다.

---

12) 하다샤(Hadashah) 마을의 정확한 위치는 알 수 없다. '새 도시' 또는 '신도시'
라는 이름의 하다샤 마을은 새로운 규정을 위한 예로 미드라쉬적으로 인용되
고 있다.

מִי שֶׁהָיָה בַמִּזְרָח וְאָמַר לִבְנוֹ, עָרֵב לִי בַמַּעֲרָב, בַּמַּעֲרָב וְאָמַר לִבְנוֹ, עָרֵב
לִי בַמִּזְרָח, אִם יֵשׁ הֵימֶנּוּ וּלְבֵיתוֹ אַלְפַּיִם אַמּוֹת, וּלְעֵרוּבוֹ יוֹתֵר מִכָּאן, מֻתָּר
לְבֵיתוֹ וְאָסוּר לְעֵרוּבוֹ. לְעֵרוּבוֹ אַלְפַּיִם אַמָּה, וּלְבֵיתוֹ יוֹתֵר מִכָּאן, אָסוּר
לְבֵיתוֹ וּמֻתָּר לְעֵרוּבוֹ. הַנּוֹתֵן אֶת עֵרוּבוֹ בְעִבּוּרָהּ שֶׁל עִיר, לֹא עָשָׂה וְלֹא
כְלוּם. נְתָנוֹ חוּץ לַתְּחוּם, אֲפִלּוּ אַמָּה אַחַת, מַה שֶּׁנִּשְׂכָּר הוּא מַפְסִיד:

동쪽에 있는 사람이 자신의 아들에게 "서쪽에 에루브를 만들어다
오"라고 말하고, 서쪽에 있는 사람이 아들에게 "동쪽에 에루브를 만
들어다오"라고 말한 경우라면, 거기에서 자신의 집까지 2,000아마 거
리이고 자신의 에루브까지는 2,000아마가 더 된다면 집으로는 허락
이 되지만 에루브는 금지된다. 그리고 에루브까지는 2,000아마 거리
이고 집까지는 2,000아마가 넘는 경우에는, 집으로는 금지되고 에루
브는 허락된다. 만약 마을의 확장부에 에루브를 만들었으면 그는 아
무것도 한 것이 아니다. 만약 [에루브를 마을의] 경계 밖에 만들었다
면, 단 1아마를 넘어가더라도 그가 [한쪽에서] 얻었으면 [반대쪽에서
는] 잃게 된다.

- 자신의 위치에서 에루브나 집까지 거리가 2,000아마가 넘어버리면
  안식일에 그곳으로 갈 수 없다.
- 마을의 확장부에는 여관이나 상점이 있다. 마을의 확장부에 에루브
  를 만들었다면 이것은 아무런 영향을 끼치지 못한다.
- 에루브를 만들어 이동할 수 있는 거리가 늘어난 만큼 에루브를 만들
  지 않은 반대편에서는 이동거리가 줄어든다. 에루브가 있는 쪽이든
  반대쪽이든 두 거리를 합하여 4,000아마를 넘지 못하기 때문이다.

אַנְשֵׁי עִיר גְּדוֹלָה מְהַלְּכִין אֶת כָּל עִיר קְטַנָּה, וְאֵין אַנְשֵׁי עִיר קְטַנָּה מְהַלְּכִין אֶת כָּל עִיר גְּדוֹלָה. כֵּיצַד. מִי שֶׁהָיָה בְעִיר גְּדוֹלָה וְנָתַן אֶת עֵרוּבוֹ בְעִיר קְטַנָּה, בְּעִיר קְטַנָּה וְנָתַן אֶת עֵרוּבוֹ בְעִיר גְּדוֹלָה, מְהַלֵּךְ אֶת כֻּלָּהּ וְחוּצָה לָהּ אַלְפַּיִם אַמָּה. וְרַבִּי עֲקִיבָא אוֹמֵר, אֵין לוֹ אֶלָּא מִמְּקוֹם עֵרוּבוֹ אַלְפַּיִם אַמָּה:

큰 마을 주민은 작은 마을을 자유롭게 거닐 수 있지만 작은 마을 주민은 큰 마을을 자유로이 다닐 수 없다. 어떻게 그러한가?[13] 만약 큰 마을에 거주하는 사람이 작은 마을에 에루브를 만들었거나 작은 마을에 거주하는 사람이 큰 마을에 에루브를 만들었을 때, 그는 마을 전체를 거닐 수 있고 밖으로 2,000아마 거리까지 거닐 수 있다. 하지만 랍비 아키바는 말한다. "그는 단지 자신의 에루브에서 2,000아마 거리까지만 허락됩니다."

● 랍비들은 에루브를 옆에 있는 마을에 만들었을 때 그 마을 전체를 돌아다닐 수 있고 또 그 마을부터 2,000아마 거리를 이동할 수 있다고 말한다. 이것은 마을 전체를 마치 안식일 한계 밖에 있는 4아마로 간주한다는 의미다(앞 미쉬나 4, 1). 하지만 랍비 아키바는 보다 엄격하게 인근 마을의 존재와 상관없이 에루브가 있는 곳부터 2,000아마 거리만 이동할 수 있다고 주장한다.

אָמַר לָהֶן רַבִּי עֲקִיבָא, אִי אַתֶּם מוֹדִים לִי בְנוֹתֵן עֵרוּבוֹ בִמְעָרָה, שֶׁאֵין לוֹ מִמְּקוֹם עֵרוּבוֹ אֶלָּא אַלְפַּיִם אַמָּה. אָמְרוּ לוֹ, אֵימָתַי, בִּזְמַן שֶׁאֵין בָּהּ דִּיּוּרִין, אֲבָל יֶשׁ בָּהּ דִּיּוּרִין, מְהַלֵּךְ אֶת כֻּלָּהּ וְחוּצָה לָהּ אַלְפַּיִם אַמָּה. נִמְצָא, קַל,

---

13) "어떻게 그러한가?"라는 문장은 보통 그 이후에 있는 미쉬나가 앞에 있는 미쉬나를 보충할 때 사용하는데 여기에서는 서로 다른 내용을 말하고 있다.

랍비 아키바가 랍비들에게 다음과 같이 말했다. "당신들은 어떤 사람이 동굴 안에 에루브를 만들었다면, 그는 에루브로부터 2,000아마 거리까지〔이동할 수 있다는〕내 의견에 동의하지 않습니까?" 그들이 그에게 대답했다. "언제〔적용될까요]? 그 안에 거주민이 없을 때는 그렇습니다. 만약 그 안에 거주민이 있다면 그는 그 안 전체를 걸어 다닐 수 있고 그 밖으로 2,000아마 거리까지 갈 수 있습니다." 이렇게 그 내부가 외부보다 덜 엄격하다. 비록 그의 측량이 동굴에서 끝이 난다 하더라도 랍비들은 측량하는 자에게 2,000아마를 부여했다.

- 랍비들은 동굴도 마을처럼 전체를 4아마로 보겠다는 의미다. 그래서 에루브부터 2,000아마 거리를 이동하고 또 동굴 전체나 마을을 4아마 이내로 간주하여 이동할 수 있다는 논리다.

제6장

제6장부터 제9장까지는 뜰에 만든 에루브에 대하여 언급한다. 뜰을 공유하는 사람들은 각각의 집 안에서 안식일에 공유할 음식(보통 빵)을 뜰에 모아두어 에루브를 만들어야 한다. 이렇게 에루브를 만들면 뜰을 포함하는 전체 집들은 하나의 집 안처럼 사적 공간으로 여겨져서 안식일에도 물건을 자유롭게 운반할 수 있게 된다. 그런데 뜰을 공유하는 사람 중에 비유대인이 있거나 에루브를 만들어야 한다는 사실 자체를 모르는 사람이 있을 경우에는 물건을 운반할 수 없게 된다. 그리고 유대인일지라도 에루브를 만들어야 한다는 사실을 잊었다면

그 사람은 안식일에 자신의 물건을 나르는 것이 제한된다. 한편, 뜰 구성원 중에서 물건을 자유롭게 운반할 수 있는 권한을 포기하여 그 권한을 다른 사람에게 양도할 수도 있다.

6, 1

הַדָּר עִם הַנָּכְרִי בֶּחָצֵר, אוֹ עִם מִי שֶׁאֵינוֹ מוֹדֶה בָּעֵרוּב, הֲרֵי זֶה אוֹסֵר עָלָיו,
דִּבְרֵי רַבִּי מֵאִיר. רַבִּי אֱלִיעֶזֶר בֶּן יַעֲקֹב אוֹמֵר, לְעוֹלָם אֵינוֹ אוֹסֵר עַד שֶׁיְּהוּ
שְׁנֵי יִשְׂרְאֵלִים אוֹסְרִין זֶה עַל זֶה:

"어떤 사람이 외부인과 뜰에서 같이 거주하거나 혹은 에루브에 동의하지 않는 사람과 같이 거주할 경우에, 이것은 그를 제한합니다." 랍비 메이르의 말이다. 랍비 엘리에제르 벤 야아콥은 말한다. "두 명의 유대인이 서로를 제한하지 않는 이상 결코 제한하지 않습니다."

- '제한한다'는 말의 의미는 안식일에 물건을 운반하는 것을 허용하지 않는다는 의미다. 게마라에서는 이러한 상황을 해결하기 위해 에루브를 만들지 않는 사람이 뜰을 사용하는 권한을 포기한다고 선언하는 것을 설명하고 있다.
- 유대인이 비유대인과 같이 살거나 에루브법에 동의하지 않는 사람(예를 들어, 사마리아인)과 같이 거주할 때에는 안식일에 집 안에서 뜰로 그리고 뜰에서 집 안으로 물건을 자유롭게 나르는 것이 제한된다. 여기에서 주목할 사실은 랍비 유대교에서 사마리아인들을 마치 비유대인처럼 취급했다는 점이다.

6, 2

אָמַר רַבָּן גַּמְלִיאֵל, מַעֲשֶׂה בְצַדּוֹקִי אֶחָד, שֶׁהָיָה דָר עִמָּנוּ בְּמָבוֹי בִּירוּשָׁלַיִם,
וְאָמַר לָנוּ אַבָּא, מַהֲרוּ וְהוֹצִיאוּ אֶת כָּל הַכֵּלִים לַמָּבוֹי, עַד שֶׁלֹּא יוֹצִיא וְיֶאֱסֹר

עֲלֵיכֶם. רַבִּי יְהוּדָה אוֹמֵר בְּלָשׁוֹן אַחֵר, מַהֲרוּ וַעֲשׂוּ צָרְכֵיכֶם בַּמָּבוֹי עַד שֶׁלֹּא יוֹצִיא וְיֶאֱסֹר עֲלֵיכֶם:

라반 감리엘이 말했다. "사두개인 한 사람이 예루살렘에서 우리 골목에 같이 산 경우가 있었습니다. 그때 아버지가 우리에게 '서둘러 모든 그릇들을 골목으로 내놓아라. 그 〔사두개인이〕 먼저 나르고 너희들을 제한하기 전에'라고 말씀하셨다." 랍비 예후다는 다르게 표현했다. "골목에서 필요한 것들을 서둘러 하거라. 그 〔사두개인이〕 먼저 나르고 너희들을 제한하기 전에."

- 라반 감리엘은 자신의 아버지가 사두개인이 먼저 뜰을 사용함으로써 다른 사람들이 물건을 운반할 수 없는 상황이 발생하는 것을 염려했다고 전한다. 이것은 만약 사두개인이 유대인보다 나중에 나르더라도 뜰 에루브가 무효가 되지 않기 때문에 그 이후에도 유대인은 골목을 계속 사용할 수 있다는 말이다.
- 랍비 예후다는 조금 다른 주장이다. 비록 사두개인이 유대인보다 나중에 물건을 나르더라도 일단 나르면 뜰 에루브가 무효가 되기 때문에 유대인이 더 이상 골목을 사용할 수 없게 된다. 따라서 그전에 모든 유대인이 원하는 모든 일을 마쳐야 한다고 주장한다.

6, 3

אַנְשֵׁי חָצֵר שֶׁשָּׁכַח אַחַד מֵהֶן וְלֹא עֵרֵב, בֵּיתוֹ אָסוּר מִלְהַכְנִיס וּמִלְהוֹצִיא, לוֹ וְלָהֶם, וְשֶׁלָּהֶם מֻתָּרִין, לוֹ וְלָהֶם. נָתְנוּ לוֹ רְשׁוּתָן, הוּא מֻתָּר וְהֵן אֲסוּרִין. הָיוּ שְׁנַיִם, אוֹסְרִין זֶה עַל זֶה, שֶׁאֶחָד נוֹתֵן רְשׁוּת וְנוֹטֵל רְשׁוּת, שְׁנַיִם נוֹתְנִים רְשׁוּת וְאֵין נוֹטְלִין רְשׁוּת:

뜰에 거주하는 사람들 중 한 사람이 에루브 만드는 것을 잊어버린 경우에 그의 집은 〔물건을〕 그 사람이나 또는 그들이 〔물건을〕 들여

오거나 가져가는 것이 금지된다. 하지만 그들의 〔집〕은 그 사람이나 그들이 〔물건을 들여오거나 가져가는 것이〕 허락된다. 만약 그들이 그에게 그들의 권한을 부여한다면 그는 허락되고 대신 그들이 금지된다. 두 사람이 〔잊어버린〕 경우에는 서로가 서로를 제한한다. 왜냐하면 한 명이 권한을 주고 다른 사람이 그것을 받으면 되는데, 두 사람이 권한을 주는 경우는 권한을 받을 사람이 없기 때문이다.

- 에루브를 만드는 데 동참하지 않는 사람의 집으로는 뜰에서 그 집으로 물건을 운반할 수도 없고 그 집 물건을 밖으로 가져 나갈 수도 없다. 하지만 나머지 집들의 물건은 그 사람이든지 다른 사람들이 밖으로 운반할 수도 있고 들여보낼 수도 있다.
- '권한을 부여받다'는 의미는 에루브를 만들지 않았던 사람이 안식일에 물건을 운반할 수 있는 권한을 다른 사람으로부터 양도받는다는 의미다. 이처럼 안식일에 물건을 운반할 수 있는 권한을 다른 사람에게 양도할 수도 있다. 대신 양도한 사람은 물건을 자유롭게 운반할 수 없게 된다.

6, 4

מֵאֵימָתַי נוֹתְנִין רְשׁוּת. בֵּית שַׁמַּאי אוֹמְרִים, מִבְּעוֹד יוֹם, וּבֵית הִלֵּל אוֹמְרִים,
מִשֶּׁתֶּחְשָׁךְ. מִי שֶׁנָּתַן רְשׁוּתוֹ וְהוֹצִיא, בֵּין בְּשׁוֹגֵג בֵּין בְּמֵזִיד, הֲרֵי זֶה אוֹסֵר,
דִּבְרֵי רַבִּי מֵאִיר. רַבִּי יְהוּדָה אוֹמֵר, בְּמֵזִיד אוֹסֵר, בְּשׁוֹגֵג אֵינוֹ אוֹסֵר:

언제 권한을 양도하는 것인가? 샴마이 학파는 "아직 낮일 때입니다." 반면에 힐렐 학파는 말한다. "해질녘부터입니다." "어떤 사람이 자신의 권한을 양도했는데 물건을 운반했다면, 이를 몰랐든지 아니면 인식했든지, 이것은 제한됩니다." 랍비 메이르의 말이다. 반면에 랍비 예후다는 말한다. "인식했다면 제한하지만 인식하지 못했다면 제한되지 않습니다."

● 랍비 메이르는 권한을 양도한 사람이 물건을 운반하게 되면 이를 인
식했든지 모르고 행했든지 상관없이 양도 받은 사람의 권리가 무산
되어 물건을 운반할 수 없게 된다. 하지만 랍비 예후다는 만약 양도
한 사람이 실수로 물건을 운반했다면 양도 받은 사람의 권리는 여전
히 유지되기 때문에 물건을 운반할 수 있게 된다.

6, 5

בַּעַל הַבַּיִת שֶׁהָיָה שֻׁתָּף לִשְׁכֵנִים, לָזֶה בְּיַיִן וְלָזֶה בְּיַיִן, אֵינָם צְרִיכִים לְעָרֵב.
לָזֶה בְּיַיִן וְלָזֶה בְּשֶׁמֶן, צְרִיכִים לְעָרֵב. רַבִּי שִׁמְעוֹן אוֹמֵר, אֶחָד זֶה וְאֶחָד זֶה,
אֵינָם צְרִיכִים לְעָרֵב:

어느 집주인이 그의 이웃들과 이 사람이든 저 사람이든 포도주로
동업했다면 그들은 에루브를 만들 필요가 없다. 하지만 이 사람은 포
도주로 저 사람은 기름으로 동업했다면 에루브를 만들어야 한다. 반
면 랍비 쉼온은 말한다. "이런 경우든 저런 경우든 에루브를 만들 필
요가 없습니다."

● 포도주를 파는 사람이 이웃과 동업자 관계로 하나의 항아리를 공유
하고 있다면 별도의 에루브를 만들 필요가 없게 된다. 하지만 한 이
웃과는 포도주를 공유하고 다른 이웃과는 기름을 공유하는 관계라
면 별도의 에루브를 만들어야 한다. 하지만 랍비 쉼온은 소수 의견
으로 서로 다른 품목으로 동업할 때에도 별도의 에루브를 만들 필요
가 없다고 주장한다.

חָמֵשׁ חֲבוּרוֹת שֶׁשָּׁבְתוּ בִּטְרַקְלִין אֶחָד, בֵּית שַׁמַּאי אוֹמְרִים, עֵרוּב לְכָל חֲבוּרָה וַחֲבוּרָה. וּבֵית הִלֵּל אוֹמְרִים, עֵרוּב אֶחָד לְכֻלָּן. וּמוֹדִים, בִּזְמַן שֶׁמִּקְצָתָן שְׁרוּיִן בַּחֲדָרִים אוֹ בַעֲלִיּוֹת, שֶׁהֵן צְרִיכִין עֵרוּב לְכָל חֲבוּרָה וַחֲבוּרָה:

다섯 단체가 회관에서 안식일을 같이 지낼 경우에, 샴마이 학파는 말한다. "각 단체마다 에루브를 만들어야 합니다." 반면에 힐렐 학파는 말한다. "모두를 위해서 한 에루브만 만들면 됩니다." 그들 [모두가] 동의하는 바는, 그들 중 일부는 방에서 일부는 다락방에서 거주할 경우에는 각각의 단체가 에루브를 만들어야 한다는 것이다.

- 서로 다른 단체가 한 공간에서 안식일을 보낼 때, 샴마이 학파는 각각 에루브를 만드는 데 동참해야 한다고 말한다. 반면에 힐렐 학파는 한 단체가 대표로 전체를 위해서 만들면 된다고 말하다. 그런데 서로 다른 공간에서 안식일을 보낼 경우에는 모든 단체가 에루브 만들 때 동참해야 한다는 데 두 학파 모두 동의한다.

הָאַחִין הַשֻּׁתָּפִין שֶׁהָיוּ אוֹכְלִין עַל שֻׁלְחַן אֲבִיהֶם וִישֵׁנִים בְּבָתֵּיהֶם, צְרִיכִין עֵרוּב לְכָל אֶחָד וְאֶחָד. לְפִיכָךְ, אִם שָׁכַח אֶחָד מֵהֶם וְלֹא עֵרֵב, מְבַטֵּל אֶת רְשׁוּתוֹ. אֵימָתַי, בִּזְמַן שֶׁמּוֹלִיכִין עֵרוּבָן בְּמָקוֹם אַחֵר, אֲבָל אִם הָיָה עֵרוּב בָּא אֶצְלָן, אוֹ שֶׁאֵין עִמָּהֶן דִּיּוּרִין בֶּחָצֵר, אֵינָן צְרִיכִין לְעָרֵב:

동업자인 형제[14]와 아버지의 식탁에서 같이 먹었지만 잠은 각자의 집에서 잔 경우에는 각자를 위해 에루브를 만들어야 한다. 따라서 이

---

14) 일부 사본에서는 '동업자인 형제' 대신 '형제나 동업자'로 되어 있다.

들 중 한 사람이 잊고 에루브를 만들지 않았다면 그의 권한이 제한된다. 언제 그러한가? 그들이 에루브를 다른 장소로 옮겼을 경우다. 하지만 에루브가 그들에게 온 경우나 뜰을 공유하는 다른 거주자가 없는 경우에는 에루브를 만들 필요가 없다.

- 한 식탁에서 먹고 같은 집에서 잘 때에만 하나의 에루브를 만든다. 한 식탁에서 먹었지만 각자의 집에서 자는 형제들의 경우는 각자 에루브를 만들어야 한다.
- '에루브가 그들에게 온 경우'는 에루브가 아버지의 집에 준비되는 경우로 이때에는 다른 에루브를 만들 필요가 없다.

6, 8

חָמֵשׁ חֲצֵרוֹת פְּתוּחוֹת זוֹ לָזוֹ וּפְתוּחוֹת לְמָבוֹי, עֵרְבוּ בַחֲצֵרוֹת וְלֹא נִשְׁתַּתְּפוּ בַמָּבוֹי, מֻתָּרִין בַּחֲצֵרוֹת וַאֲסוּרִין בַּמָּבוֹי. וְאִם נִשְׁתַּתְּפוּ בַמָּבוֹי, מֻתָּרִין כָּאן וְכָאן. עֵרְבוּ בַחֲצֵרוֹת וְנִשְׁתַּתְּפוּ בַמָּבוֹי, וְשָׁכַח אֶחָד מִבְּנֵי חָצֵר וְלֹא עֵרַב, מֻתָּרִין כָּאן וְכָאן. מִבְּנֵי מָבוֹי וְלֹא נִשְׁתַּתֵּף, מֻתָּרִין בַּחֲצֵרוֹת וַאֲסוּרִין בַּמָּבוֹי, שֶׁהַמָּבוֹי לַחֲצֵרוֹת כֶּחָצֵר לַבָּתִּים:

다섯 개의 뜰이 서로 열려 있고 또한 골목으로 열려 있는 경우에, 만약 그들이 에루브를 뜰에는 만들었지만 골목에서 동참하지 못했다면 뜰에서는 〔물건 운반이〕 허락되지만 골목에서는 금지된다. 그런데 만약 골목에서 동참했다면 뜰에서도 골목에서도 허락된다. 만약 뜰에 에루브를 만들었고 골목에서 동참했는데 뜰에 거주하는 한 사람이 잊어버리고 에루브를 만들지 않았더라도 그들은 뜰과 골목에서 허락된다. 만약 골목에 거주하는 사람이 〔잊어버렸고〕 동참하지 않았다면 그들은 뜰에서는 허락되지만 골목에서는 금지된다. 왜냐하면 뜰이 집에 속한 것처럼 골목은 뜰에 속하기 때문이다.

- 골목은 뜰까지 포함하게 된다. 따라서 골목에서 에루브를 만드는 데 동참했다면 설령 뜰에서 에루브를 만드는 것을 잊었다 하더라도 골목과 뜰에서 물건을 자유롭게 운반할 수 있다.

6, 9

שְׁתֵּי חֲצֵרוֹת, זוֹ לִפְנִים מִזּוֹ, עֵרְבָה הַפְּנִימִית וְלֹא עֵרְבָה הַחִיצוֹנָה, הַפְּנִימִית מֻתֶּרֶת וְהַחִיצוֹנָה אֲסוּרָה. הַחִיצוֹנָה, וְלֹא הַפְּנִימִית, שְׁתֵּיהֶן אֲסוּרוֹת. עֵרְבָה זוֹ לְעַצְמָהּ וְזוֹ לְעַצְמָהּ, זוֹ מֻתֶּרֶת בִּפְנֵי עַצְמָהּ וְזוֹ מֻתֶּרֶת בִּפְנֵי עַצְמָהּ. רַבִּי עֲקִיבָא אוֹסֵר הַחִיצוֹנָה, שֶׁדְּרִיסַת הָרֶגֶל אוֹסַרְתָּהּ. וַחֲכָמִים אוֹמְרִים, אֵין דְּרִיסַת הָרֶגֶל אוֹסַרְתָּהּ:

두 개의 뜰이 있는데 하나가 다른 뜰 안에 속해 있는 경우에, 안쪽 뜰의 [거주민들은] 에루브를 만들었는데 바깥쪽 뜰에는 에루브를 만들지 않았으면 안쪽은 허락이 되는데 바깥쪽은 금지된다. 바깥쪽 뜰의 [거주민들은 에루브를 만들었는데] 안쪽에는 안 했다면 두 [거주민] 모두 금지된다. [안뜰] 사람들도 자신을 위해 만들었고 [바깥뜰] 사람들도 자신을 위해 [에루브를] 만들었다면, 이 사람들도 자신에 의해 허락되고 저 사람들도 자신에 의해 허락된 것이다. 랍비 아키바는 바깥뜰을 금지시켰다. 왜냐하면 [안뜰을] 걷는 권리가 그것을 제한하기 때문이다. 하지만 랍비들은 말한다. "[안뜰을] 걷는 권한이 그것을 제한하지 않습니다."

- 랍비 아키바는 다른 랍비들과 달리 안뜰에서 에루브를 만든 사람들이 바깥뜰에서 운반하면 바깥뜰이 무효로 만든다고 본다. 하지만 랍비들은 그러한 행위가 바깥뜰에서 운반할 수 있는 것을 무효로 만들지 않는다고 말한다.

שָׁכַח אֶחָד מִן הַחִיצוֹנָה וְלֹא עֵרֵב, הַפְּנִימִית מֻתֶּרֶת וְהַחִיצוֹנָה אֲסוּרָה. מִן
הַפְּנִימִית וְלֹא עֵרֵב, שְׁתֵּיהֶן אֲסוּרוֹת. נָתְנוּ עֵרוּבָן בְּמָקוֹם אֶחָד, וְשָׁכַח אֶחָד,
בֵּין מִן הַפְּנִימִית בֵּין מִן הַחִיצוֹנָה, וְלֹא עֵרֵב, שְׁתֵּיהֶן אֲסוּרוֹת. וְאִם הָיוּ שֶׁל
יְחִידִים, אֵינָן צְרִיכִין לְעָרֵב:

바깥뜰에 거주하는 자 중에 한 명이 잊고 에루브를 만들지 않았으
면 안뜰은 허락되지만 바깥뜰은 금지된다. 안쪽에 거주하는 자 중에
한 명이 〔잊고〕 에루브를 만들지 않았으면 둘 다 금지된다. 그들이 에
루브를 한곳에 둔 경우에는 안뜰이든 바깥뜰이든 한 사람이 잊고 에
루브를 만드는 데 참여하지 않았다면 양쪽 모두 금지된다. 만약 뜰들
이 개인 소유의 것이라면 에루브를 만들 필요가 없다.

- 바깥뜰에 거주하는 사람이 에루브를 만드는 데 동참하지 않았다 하
  더라도 안뜰에 만들어진 에루브는 여전히 유효하다.
- 안뜰에 거주하는 사람이 에루브를 만드는 데 참여하지 않아 안뜰의
  에루브가 효력이 없으면 바깥뜰도 자동적으로 효력이 없게 된다.
- 안뜰이든 바깥뜰이든 한곳에 에루브를 만들었다면, 안뜰에 거주하
  는 사람이든지 바깥뜰에 거주하는 사람 중 한 명이 잊고 참여하지
  않았다면 안뜰과 바깥뜰 모두가 금지된다.

제7장

이번 장에서는 뜰과 뜰 사이가 벽이나 구덩이로 분리되어 있는 경
우를 다룬다. 이렇게 뜰이 두 개로 나뉜 경우에는 각각의 뜰에 에루브
를 만들어야 한다. 하지만 뜰이 사실상 하나처럼 연결되어 있는 경우

가 있다. 이때는 하나의 에루브만 만들면 된다.

7, 1

חַלּוֹן שֶׁבֵּין שְׁתֵּי חֲצֵרוֹת, אַרְבָּעָה עַל אַרְבָּעָה, בְּתוֹךְ עֲשָׂרָה, מְעָרְבִין שְׁנַיִם,
וְאִם רָצוּ, מְעָרְבִין אֶחָד. פָּחוֹת מֵאַרְבָּעָה עַל אַרְבָּעָה, אוֹ לְמַעְלָה מֵעֲשָׂרָה,
מְעָרְבִין שְׁנַיִם וְאֵין מְעָרְבִין אֶחָד:

두 뜰 사이 〔벽에 있는〕 창이 〔땅에서〕 10〔테팍〕 이내에 있으면서
가로 4〔테팍〕 세로 4〔테팍〕인 경우 두 에루브를 만들어야 하지만 그
들이 원한다면 하나도 가능하다. 가로 4〔테팍〕 세로 4〔테팍〕보다 작
은 경우이거나 〔땅에서〕 10〔테팍〕 위에 있다면 두 개의 에루브를 만
들어야 하고 하나는 안 된다.

- 두 뜰은 창을 통해 하나로 연결된다고 볼 수 있다. 이때는 하나의 에
  루브만 준비하면 된다. 하지만 뜰을 두 개로 간주할 경우에는 각자
  의 뜰에 에루브를 따로 만들어야 한다.
- 창이 보통의 규격보다 작거나 너무 높은 위치에 있는 경우는 창을
  통해 두 뜰이 하나로 연결된다고 볼 수 없기 때문에 뜰마다 각각 에
  루브를 만들어야 한다.

7, 2

כֹּתֶל שֶׁבֵּין שְׁתֵּי חֲצֵרוֹת גָּבוֹהַּ עֲשָׂרָה וְרָחָב אַרְבָּעָה, מְעָרְבִין שְׁנַיִם וְאֵין
מְעָרְבִין אֶחָד. הָיוּ בְרֹאשׁוֹ פֵרוֹת, אֵלּוּ עוֹלִין מִכָּאן וְאוֹכְלִין, וְאֵלּוּ עוֹלִין מִכָּאן
וְאוֹכְלִין, וּבִלְבַד שֶׁלֹּא יוֹרִידוּ לְמַטָּה. נִפְרְצָה הַכֹּתֶל עַד עֶשֶׂר אַמּוֹת, מְעָרְבִין
שְׁנַיִם, וְאִם רָצוּ מְעָרְבִין אֶחָד, מִפְּנֵי שֶׁהוּא כְּפֶתַח. יוֹתֵר מִכָּאן, מְעָרְבִין אֶחָד
וְאֵין מְעָרְבִין שְׁנַיִם:

두 뜰 사이의 벽이 10〔테팍〕 높이이고 4〔테팍〕 너비이면 두 개의 에

루브를 만들어야 하고 하나는 안 된다. 그 〔벽〕 상단에 열매가 있으면 이쪽 〔뜰 사람들〕은 여기에서 올라가서 먹고 저쪽 〔뜰 사람들〕은 저기에서 올라가서 먹는다. 다만, 그것들을 끌어내려서는 안 된다. 〔뜰 사이에 있는〕 벽이 10아마 너비까지 무너졌더라도 두 개의 에루브를 만들어야 한다. 하지만 원할 경우 하나만 만들면 되는데 이것이 문과 같이 되었기 때문이다. 이보다 더 넓게 〔무너졌으면〕 한 개의 에루브를 만들면 되고 두 개를 만들 필요는 없다.

- 뜰을 두 개로 분리하기 위해서는 그 사이에 있는 벽의 높이가 10테팍 이상이 되어야 한다. 이 경우에는 두 개의 에루브를 만들어야 한다.
- 벽이 10아마 이상 너비만큼 무너진 경우, 이것이 마치 입구처럼 되어 두 뜰이 하나로 연결되었기 때문에 하나의 에루브만 만들면 된다.

7, 3

חָרִיץ שֶׁבֵּין שְׁתֵּי חֲצֵרוֹת עָמוֹק עֲשָׂרָה וְרֹחַב אַרְבָּע, מְעָרְבִין שְׁנַיִם וְאֵין מְעָרְבִין אֶחָד, אֲפִלּוּ מָלֵא קַשׁ אוֹ תֶבֶן. מָלֵא עָפָר, אוֹ צְרוֹרוֹת, מְעָרְבִין אֶחָד, וְאֵין מְעָרְבִין שְׁנָיִם:

두 뜰 사이의 도랑 깊이가 10〔테팍〕이고 너비가 4〔테팍〕이면 두 개의 에루브를 만들어야 하고 하나는 안 된다. 도랑이 그루터기와 짚으로 쌓여 있어도 그렇다. 만약 〔도랑이〕 흙이나 자갈로 덮여 있으면 에루브 하나를 만들면 되고 두 개를 만들 필요는 없다.

- 뜰 사이에 깊이 10테팍 너비 4테팍 이상의 도랑이 있다면 이것은 벽과 같이 뜰을 두 개로 나누는 역할을 한다. 두 개의 뜰이 있으므로 두 개의 에루브를 만들어야 한다.

7, 4

נָתַן עָלָיו נֶסֶר שֶׁהוּא רָחָב אַרְבָּעָה טְפָחִים, וְכֵן שְׁתֵּי גְזֻזְטְרָאוֹת זוֹ כְּנֶגֶד זוֹ,
מְעָרְבִין שְׁנַיִם, וְאִם רָצוּ, מְעָרְבִין אֶחָד. פְּחוֹת מִכָּאן, מְעָרְבִין שְׁנַיִם וְאֵין
מְעָרְבִין אֶחָד:

도랑 위에 4테팍 너비의 판을 놓은 경우에는, 두 발코니 사이에 놓은 경우처럼, 두 개의 에루브를 만들면 되고 원한다면 하나만 만들어도 된다. 이보다 덜 넓으면 두 개의 에루브를 만들어야 한다. 하나로는 안 된다.

- 도랑 위에 4테팍 너비 이상의 판이 있으면 다시 두 뜰은 하나로 연결된 것으로 보기 때문에 하나의 에루브만 만들어도 된다. 하지만 판이 이보다 적은 너비라면 여전히 두 뜰은 분리되었기 때문에 반드시 두 개의 에루브를 만들어야 한다.

7, 5

מַתְבֵּן שֶׁבֵּין שְׁתֵּי חֲצֵרוֹת, גָּבוֹהַּ עֲשָׂרָה טְפָחִים, מְעָרְבִין שְׁנַיִם וְאֵין מְעָרְבִין
אֶחָד. אֵלּוּ מַאֲכִילִין מִכָּאן וְאֵלּוּ מַאֲכִילִין מִכָּאן. נִתְמַעֵט הַתֶּבֶן מֵעֲשָׂרָה
טְפָחִים, מְעָרְבִין אֶחָד וְאֵין מְעָרְבִין שְׁנַיִם:

만약 두 뜰 사이의 짚 더미 높이가 10테팍이면 두 개의 에루브를 만들어야 하고 하나를 만들면 안 된다. 이곳에서도 먹일 수 있고 저곳에서도 먹일 수 있다. 짚 [더미]이 10테팍 이하이면 하나의 에루브를 만들면 되고 두 개를 만들 필요는 없다.

- 10테팍 높이 이상의 짚 더미도 벽처럼 뜰 사이를 분리하는 것으로 간주한다. 따라서 이때도 두 개의 에루브를 각각 만들어야 한다.

כֵּיצַד מִשְׁתַּתְּפִין בַּמָּבוֹי. מַנִּיחַ אֶת הֶחָבִית וְאוֹמֵר, הֲרֵי זוֹ לְכָל בְּנֵי מָבוֹי,
וּמְזַכֶּה לָהֶן עַל יְדֵי בְנוֹ וּבִתּוֹ הַגְּדוֹלִים וְעַל יְדֵי עַבְדּוֹ וְשִׁפְחָתוֹ הָעִבְרִים וְעַל
יְדֵי אִשְׁתּוֹ, אֲבָל אֵינוֹ מְזַכֶּה לֹא עַל יְדֵי בְנוֹ וּבִתּוֹ הַקְּטַנִּים וְלֹא עַל יְדֵי עַבְדּוֹ
וְשִׁפְחָתוֹ הַכְּנַעֲנִים, מִפְּנֵי שֶׁיָּדָן כְּיָדוֹ:

그들은 어떻게 골목에 동참하게 되는가? 〔음식이 담긴〕 통을 놓으
면서 "이 음식은 골목 안의 모든 사람들의 것입니다"라고 말하면서
자신의 성인 아들이나 딸, 히브리 남종이나 여종, 부인을 통해 나누어
준다. 하지만 자신의 어린 아들이나 딸, 그리고 가나안 남종이나 여종
을 통해서는 주지 않는다. 왜냐하면 이들의 손이 그에게 속해 있기 때
문이다.

- '골목에 동참한다'는 의미는 골목 안에 거주하는 사람들이 음식을
  함께 공유하면서 같은 공간으로 만든다는 의미다. 이것은 뜰을 공유
  하는 사람들이 에루브를 만들어 안식일에 물건을 운반할 수 있는 하
  나의 공간으로 만드는 것과 같은 이치다.
- 골목에 동참하는 사람들에게 음식을 나누어줄 때에는 주인으로부
  터 독립된 인격체를 통해서만 가능하다. 너무 어리거나 히브리인 종
  이 아닌 가나안 종을 통해서 나누어주는 것은 무효다.

נִתְמַעֵט הָאֹכֶל, מוֹסִיף וּמְזַכֶּה, וְאֵין צָרִיךְ לְהוֹדִיעַ. נִתּוֹסְפוּ עֲלֵיהֶם, מוֹסִיף
וּמְזַכֶּה, וְצָרִיךְ לְהוֹדִיעַ:

만약 음식이 줄어들면 그는 〔음식을〕 더 추가하고 나누어준다. 이
를 다시 알릴 필요는 없다. 〔골목 거주민들이〕 늘어나면 그는 〔음식
을〕 더 추가하고 나누어준다. 이때는 다시 알릴 필요가 있다.

- 골목에 동참하는 음식이 필요한 양보다 적을 경우에는 채워넣어야한다. 사람이 늘어나 음식이 부족할 경우에는 음식을 더 준비해서추가된 골목 주민들에게 이 사실을 알려야 한다.

7, 8

כַּמָּה הוּא שִׁעוּרוֹ. בִּזְמַן שֶׁהֵן מְרֻבִּין, מָזוֹן שְׁתֵּי סְעוּדוֹת לְכֻלָּם. בִּזְמַן שֶׁהֵן
מֻעָטִין, כִּגְרוֹגֶרֶת לְהוֹצָאַת שַׁבָּת לְכָל אֶחָד וְאֶחָד:

〔뜰 에루브나 골목에 동참하기 위해서〕 양이 얼마나 되는가? 〔거주민이〕 많은 경우에는 그들 모두를 위해서 2인분이면 〔충분하다〕. 〔거주민이〕 적은 경우에는 각자 말린 무화과 하나로 안식일을 지내기 위한 〔양이다〕.

- 골목에 거주하는 주민들이 수백명이라고 하더라도 상징적으로 2인분 식사량만 준비하면 된다. 거주민이 적을 경우에는 각자에게 말린무화과 하나씩 돌아갈 분량이면 된다. 말린 무화과 하나는 안식일에운반할 수 있는 음식의 최소량이다(「샤밧」 7, 4).

7, 9

אָמַר רַבִּי יוֹסֵי, בַּמֶּה דְבָרִים אֲמוּרִים, בִּתְחִלַּת עֵרוּב. אֲבָל בְּשִׁיּוּרֵי עֵרוּב, כָּל
שֶׁהוּא. וְלֹא אָמְרוּ לְעָרֵב בַּחֲצֵרוֹת אֶלָּא כְדֵי שֶׁלֹּא לְשַׁכֵּחַ אֶת הַתִּינוֹקוֹת:

랍비 요쎄가 말했다. "이것은 무엇에 대한 것인가? 에루브를 개시할 때입니다. 나머지는 어느 정도든 상관없습니다. 에루브는 뜰에 만들어야 하는데 이것은 아이들이 잊지 않기 위해서입니다."

- 음식을 준비하는 양은 안식일이 시작되기 전에 에루브를 준비할 때를 말한다. 그 이후에는 소량의 음식만 남아 있어도 된다.

- 에루브를 모든 거주민들을 포함하기 쉽고 더 넓은 골목이 아닌 뜰에 만드는 이유는 교육적인 차원이 강한데 어린 아이들이 쉽게 볼 수 있는 위치가 뜰이기 때문이다.

7, 10

בַּכֹּל מְעָרְבִין וּמִשְׁתַּתְּפִין, חוּץ מִן הַמַּיִם וּמִן הַמֶּלַח, דִּבְרֵי רַבִּי אֱלִיעֶזֶר. רַבִּי יְהוֹשֻׁעַ אוֹמֵר, כִּכָּר הוּא עֵרוּב. אֲפִלּוּ מַאֲפֶה סְאָה וְהִיא פְרוּסָה, אֵין מְעָרְבִין בָּהּ. כִּכָּר בְּאִסָּר וְהוּא שָׁלֵם, מְעָרְבִין בּוֹ:

"에루브를 만들어 참여할 때에는 물과 소금을 제외한 모든 〔음식〕이 가능합니다." 랍비 엘리에제르의 말이다. 랍비 예후다는 말한다. "〔빵〕 덩어리를 에루브로 〔사용 가능합니다〕. 쎄아[15] 크기의 빵이라도 조각났으면 그것으로 에루브를 만들 수 없습니다. 이싸르[16]라도 그것이 만약 완전하다면 그것으로 에루브를 말들 수 있습니다."

- 랍비 엘리에제르는 소금과 물을 제외한 모든 음식으로 에루브를 준비할 수 있다고 말한다. 하지만 랍비 예후다는 완전한 형태의 빵은 가능하지만 아무리 많은 양이라도 조각난 것으로 에루브를 만들 수 없다고 말한다.

7, 11

נוֹתֵן אָדָם מָעָה לְחֶנְוָנִי וּלְנַחְתּוֹם כְּדֵי שֶׁיִּזְכֶּה לוֹ עֵרוּב, דִּבְרֵי רַבִּי אֱלִיעֶזֶר. וַחֲכָמִים אוֹמְרִים, לֹא זָכוּ לוֹ מְעוֹתָיו. וּמוֹדִים בִּשְׁאָר כָּל אָדָם שֶׁזָּכוּ לוֹ

---

15) 1쎄아(seah)는 대략 7.3리터로 상당히 큰 부피다. 1쎄아는 6카브(kab), 1카브는 4로그(log), 1로그는 계란 6개 분량이다. 따라서 1쎄아는 계란 144개 분량이다.

16) 이싸르(Issar)는 177밀리그램 정도 되는 로마 시대의 작은 동전이다.

מְעוֹתָיו, שֶׁאֵין מְעָרְבִין לְאָדָם אֶלָּא מִדַּעְתּוֹ. אָמַר רַבִּי יְהוּדָה, בַּמֶּה דְבָרִים
אֲמוּרִים, בְּעֵרוּבֵי תְחוּמִין, אֲבָל בְּעֵרוּבֵי חֲצֵרוֹת, מְעָרְבִין לְדַעְתּוֹ וְשֶׁלֹּא
לְדַעְתּוֹ, לְפִי שֶׁזָּכִין לְאָדָם שֶׁלֹּא בְּפָנָיו, וְאֵין חָבִין לְאָדָם שֶׁלֹּא בְּפָנָיו:

"에루브〔음식〕을 얻기 위해 가게 주인과 빵 굽는 자에게〔동전〕마
아[17]를 줄 수 있습니다." 랍비 엘리에제르의 말이다. 반면에 현자들
은 말한다. "그의 돈이 그에게〔에루브를〕얻도록 못합니다." 그들은
다른 사람의 경우에는 그의 돈이〔에루브를〕얻을 수 있다는 데 동의
한다. 왜냐하면 에루브는 그 사람의 동의 아래 만들 수 있기 때문이
다. 랍비 예후다는 말했다. "어떤 경우에 이러한가? 한계 에루브의 경
우입니다. 하지만 뜰 에루브는 그의 동의 아래 또는 그의 동의 없이
만들어집니다. 왜냐하면 부재중이라도 그를 위해 행동할 수는 있지
만 부재중에 그에게 해를 끼칠 수는 없기 때문입니다."

- 랍비 엘리에제르는 가게 주인과 빵 굽는 사람에게 동전을 주고 자기
  대신 에루브를 준비해달라고 부탁할 수 있다고 주장하지만, 랍비들
  은 반대했다.
- 안식일 한계 에루브는 그 방향으로 운반할 수 있는 거리만큼 반대
  방향으로 갈 수 있는 거리가 줄어들기 때문에 에루브에 참여하는 사
  람의 동의가 반드시 필요하다.

---

17) 마아(Maah)는 699밀리그램 정도 되는 로마시대 은전이다. 1마아는 2푼디온
   (pundion) 가치다.

제8장

이번 장에서는 크게 네 가지 주제를 다룬다. 우선 안식일 '한계 에루브'에 참여하는 문제를 다룬다. 안식일 한계 에루브는 안식일에 이동할 수 있는 최대 거리에 설치하는 가상의 거주지로 자신의 마을에서 최대 2,000아마 거리에 위치한다. 두 번째로 '뜰 에루브'를 설치한 위치에 따라 무효가 되는 문제를 다룬다. 성문 등에 설치한 에루브는 효력이 없다. 후반부에서는 뜰에 있는 물 저장고의 물을 안식일에 사용할 수 있는지 여부를 다룬다. 뜰 가운데 있는 우물의 절반은 다른 쪽 뜰 영역에 속해 있기 때문에 안식일에 사용이 금지되는데 사용하기 위해서는 분리대를 설치해야 한다. 마지막으로 랍비들은 안식일에 배수로에 직접 물을 붓는 것을 금지하고 있다.

8, 1

כֵּיצַד מִשְׁתַּתְּפִין בַּתְּחוּמִין. מֵנִיחַ אֶת הֶחָבִית וְאוֹמֵר, הֲרֵי זֶה לְכָל בְּנֵי עִירִי,
לְכָל מִי שֶׁיֵּלֵךְ לְבֵית הָאָבֵל אוֹ לְבֵית הַמִּשְׁתֶּה. וְכֹל שֶׁקִּבֵּל עָלָיו מִבְּעוֹד יוֹם,
מֻתָּר. מִשֶּׁתֶּחְשַׁךְ, אָסוּר, שֶׁאֵין מְעָרְבִין מִשֶּׁתֶּחְשַׁךְ:

어떻게 한계 에루브에 동참하는가? 〔음식을 담은〕 통을 놓으면서 다음과 같이 말한다. "이것은 우리 마을 사람 모두를 위한 것입니다. 애도하는 사람도 잔치하는 사람도 모두를 위한 〔음식입니다〕." 누구나 낮에는 받는 것이 허락된다. 하지만 밤에는 금지된다. 왜냐하면 밤에는 에루브를 만들 수 없기 때문이다.

- 안식일 한계 에루브에 동의하는 사람은 안식일 시작 전에 동의해야 한다. 이미 어두워지면 더 이상 만들 수 없다.

כַּמָּה הוּא שְׁעוּרוֹ, מְזוֹן שְׁתֵּי סְעוּדוֹת לְכָל אֶחָד. מְזוֹנוֹ לְחֹל וְלֹא לְשַׁבָּת, דִּבְרֵי
רַבִּי מֵאִיר. רַבִּי יְהוּדָה אוֹמֵר, לְשַׁבָּת וְלֹא לְחֹל. וְזֶה וָזֶה מִתְכַּוְּנִין לְהָקֵל. רַבִּי
יוֹחָנָן בֶּן בְּרוֹקָה אוֹמֵר, מִכִּכָּר בְּפֻנְדְיוֹן, מֵאַרְבַּע סְאִין בְּסֶלַע. רַבִּי שִׁמְעוֹן
אוֹמֵר, שְׁתֵּי יָדוֹת לְכִכָּר מִשָּׁלֹשׁ לְקַב. חֶצְיָה לְבַיִת הַמְנֻגָּע, וַחֲצִי חֶצְיָה לִפְסֹל
אֶת הַגְּוִיָּה:

〔에루브〕 양은 얼마나 되는가? 각 사람에게 두 끼 식사분이다. "음
식은 주중을 위한 것이며 안식일용은 아닙니다." 랍비 메이르의 말이
다. 랍비 예후다는 말한다. "안식일용이며 주중을 위한 것이 아닙니
다." 이 견해든지 저 견해든지 관대하게 하기 위해서다. 랍비 요하난
벤 브로카는 다음과 같이 말한다. "4쎄아의 〔밀이〕 쎌라일 때,[18] 푼
디온[19]으로 산 〔빵〕 덩어리입니다." 랍비 쉼온은 말한다. "한 카브의
〔밀로〕 세 〔덩어리를〕 만들 때, 〔빵〕 덩어리 〔세〕 개 중 둘[20]입니다. 이
덩어리의 절반 크기는 피부병자의 집에 대한 처방입니다. 이 덩어리
반의반 크기는 몸을 부정하게 만듭니다."

- 랍비 메이르는 안식일에는 많은 종류의 빵을 먹기 때문에 주중의 빵
  이 더 적게 필요하다는 입장이다. 반면에 랍비 예후다는 안식일에는
  여러 가지 반찬과 같이 먹기 때문에 빵을 훨씬 적게 먹는다는 입장
  이다. 아무튼 두 랍비 모두 더 적은 양을 말하고 있다.
- 다소 복잡한 계산이 필요하지만, 결과적으로 랍비 쉼온이 말한 음식
  은 랍비 요하난 벤 브로카가 말한 분량보다 적다.

---

18) 화폐와 곡식의 기본 관계는 1쎌라는 4쎄아, 1디나르는 1쎄아다.
19) 화폐 1쎌라는 4디나르, 1디나르는 6마아, 1마아는 2푼디온이다. 푼디온은 구
   리 동전으로 2이싸르 가치다.
20) 빵 1덩어리는 1/3카브, 빵 2/3덩어리는 2인분이다.

- 이후에 랍비 쉼온은 빵 덩어리의 크기와 관련된 두 가지 이야기를 첨가한다.

8, 3

אַנְשֵׁי חָצֵר וְאַנְשֵׁי מִרְפֶּסֶת שֶׁשָּׁכְחוּ וְלֹא עֵרְבוּ, כֹּל שֶׁגָּבוֹהַּ עֲשָׂרָה טְפָחִים,
לַמִּרְפֶּסֶת. פָּחוֹת מִכָּאן, לֶחָצֵר. חֻלְיַת הַבּוֹר וְהַסֶּלַע, גְּבוֹהִים עֲשָׂרָה טְפָחִים,
לַמִּרְפֶּסֶת. פָּחוֹת מִכָּאן, לֶחָצֵר. בַּמֶּה דְּבָרִים אֲמוּרִים, בִּסְמוּכָה. אֲבָל
בְּמֻפְלֶגֶת, אֲפִלּוּ גָּבוֹהַּ עֲשָׂרָה טְפָחִים, לֶחָצֵר. וְאֵיזוֹ הִיא סְמוּכָה, כֹּל שֶׁאֵינָהּ
רְחוֹקָה אַרְבָּעָה טְפָחִים:

뜰에 거주하는 사람들과 발코니[21]에 거주하는 사람들이 에루브 만드는 것을 잊은 경우에 10테팍보다 높은 것은 발코니에 거주하는 사람들에게 속하고 이보다 낮은 것은 뜰에 거주하는 사람들에게 속한다. 물 저장고의 둑이나 바위의 높이가 10테팍 이상이면 발코니 주민에게 속하고 그 이하면 뜰 주민들에게 속한다. 어떤 경우에 해당하는가? 〔발코니에〕 가까운 경우다. 만약 멀리 떨어져 있다면, 높이가 10테팍 이상이라고 하더라도 뜰에 속한다. 가깝다는 것은 어느 정도인가? 4테팍보다 멀지 않는 것이다.

- 높이가 10테팍 이상인 고정물은 발코니에 거주하는 사람에게 속한 것으로 간주한다. 속한다는 것은 사용할 수 있다는 의미다. 에루브를 만들지 않았다면 모든 사람들이 공유할 수 없다. 따라서 10테팍 이상이면 발코니에 사는 사람들만 사용할 수 있고 그 이하이면 아래 뜰에 사는 사람들만 사용할 수 있다.
- 다만 이러한 구별은 거리가 4테팍 이하일 경우다. 4테팍 이상 떨어져 있으면 높이가 10테팍 이상인 물건이라도 발코니에 거주하는 사

---

21) 발코니는 2층에 있는 주거지와 연결되어 있다.

람들이 사용할 수 없고 뜰에 거주하는 사람들이 사용할 수 있다.

8, 4

הַנּוֹתֵן אֶת עֵרוּבוֹ בְּבֵית שַׁעַר, אַכְסַדְרָה וּמִרְפֶּסֶת, אֵינוֹ עֵרוּב. וְהַדָּר שָׁם,
אֵינוֹ אוֹסֵר עָלָיו. בְּבֵית הַתֶּבֶן וּבְבֵית הַבָּקָר וּבְבֵית הָעֵצִים וּבְבֵית הָאוֹצָרוֹת,
הֲרֵי זֶה עֵרוּב. וְהַדָּר שָׁם, אוֹסֵר עָלָיו. רַבִּי יְהוּדָה אוֹמֵר, אִם יֶשׁ שָׁם תְּפִיסַת
יָד שֶׁל בַּעַל הַבַּיִת, אֵינוֹ אוֹסֵר עָלָיו:

어떤 사람이 자기 에루브를 성문, 성문 지붕, 성문 발코니에 만들
었으면 이것은 에루브가 아니다. 거기에 사는 사람이 [참여하지 않
은 사람이 운반하는 것은] 금지시키지 않는다. 짚 헛간, 가축우리, 나
무 헛간, 저장고 이것들은 에루브가 아닌가! 거기에 거주하는 사람이
[다른 사람들이 운반하는 것을] 금지시킨다. 랍비 예후다는 말한다.
"거기에 주인의 물건이 있으면 거기에 거주하는 사람이 [다른 사람
이 운반하는 것을] 금지시키지 못합니다."

- 성문은 거주지가 아니므로 에루브를 설치할 수 없다. 에루브가 아니
  라는 말은 에루브가 유효하지 않다는 의미다.
- 헛간이나 우리도 거주지가 될 수 있으므로 에루브를 만들면 유효하
  다. 그런데 그곳에 사는 거주민이 에루브를 준비하는 데 참여하지
  않는다면 에루브가 효력을 상실해 물건을 운반하지 못하게 된다.

8, 5

הַמַּנִּיחַ בֵּיתוֹ וְהָלַךְ לִשְׁבּוֹת בְּעִיר אַחֶרֶת, אֶחָד נָכְרִי וְאֶחָד יִשְׂרָאֵל, הֲרֵי זֶה
אוֹסֵר, דִּבְרֵי רַבִּי מֵאִיר. רַבִּי יְהוּדָה אוֹמֵר, אֵינוֹ אוֹסֵר. רַבִּי יוֹסֵי אוֹמֵר, נָכְרִי
אוֹסֵר, יִשְׂרָאֵל אֵינוֹ אוֹסֵר, שֶׁאֵין דֶּרֶךְ יִשְׂרָאֵל לָבֹא בְשַׁבָּת. רַבִּי שִׁמְעוֹן אוֹמֵר,
אֲפִלּוּ הִנִּיחַ בֵּיתוֹ וְהָלַךְ לִשְׁבּוֹת אֵצֶל בִּתּוֹ בְּאוֹתָהּ הָעִיר, אֵינוֹ אוֹסֵר, שֶׁכְּבָר
הִסִּיעַ מִלִּבּוֹ:

"어떤 사람이 집을 떠나 다른 마을에서 안식일을 보내는데, 한 명은 외부인이고 다른 한 명은 유대인이면 그가 금지시킵니다." 랍비 메이르의 말이다. 랍비 예후다는 말한다. "그가 금지시키지 않습니다." 랍비 요쎄는 말한다. "외부인은 금지시키지만 유대인은 금지시키지 않습니다. 왜냐하면 유대인은 안식일에 보통 돌아가지 않기 때문입니다." 랍비 쉼온은 말한다. "심지어 그가 같은 마을에 있는 자신의 딸의 집에서 안식일을 보내기 위해 자신의 집을 떠난다 하더라도, 그는 금지시키지 않습니다. 왜냐하면 그는 이미 자신의 마음에서 없앴기 때문입니다."

- 안식일에 거주민이 집을 떠나 에루브를 준비하는 데 참여하지 못한 경우에, 랍비 메이르는 에루브가 효력이 없다고 말하고 랍비 예후다는 있다고 말한다.
- 랍비 쉼온은 그가 안식일에 돌아올 수 있는 가까이에 있다고 하더라도 이미 그는 자신의 딸 집에서 안식일을 보내기로 마음먹었기 때문에 자신의 뜰에 있는 에루브를 무효로 만들지 않는다고 본다.

8, 6

בּוֹר שֶׁבֵּין שְׁתֵּי חֲצֵרוֹת, אֵין מְמַלְּאִין מִמֶּנּוּ בְשַׁבָּת, אֶלָּא אִם כֵּן עָשׂוּ לוֹ מְחִצָּה גְבוֹהַּ עֲשָׂרָה טְפָחִים בֵּין מִלְמַעְלָה, בֵּין מִלְמַטָּה, בֵּין מִתּוֹךְ אָגְנוֹ. רַבָּן שִׁמְעוֹן בֶּן גַּמְלִיאֵל אוֹמֵר, בֵּית שַׁמַּאי אוֹמְרִים, מִלְמַטָּה. וּבֵית הִלֵּל אוֹמְרִים, מִלְמַעְלָה. אָמַר רַבִּי יְהוּדָה, לֹא תְהֵא מְחִצָּה גְדוֹלָה מִן הַכֹּתֶל שֶׁבֵּינֵיהֶם:

물 저장고가 두 뜰 중간에 있으면 안식일에 거기에서 물을 길으면 안 된다. 다만 위에서 아래로, 아래 웅덩이까지 10테팍 높이로 분리대를 설치한 경우는 예외로 한다. 라반 쉼온 벤 감리엘은 말한다. "샴마이 학파는 아랫부분이라고 말하는 반면 힐렐 학파는 윗부분이라고 말합니다." 랍비 예후다가 말했다. "분리대가 그들 사이의 담보다 클 [22] 필요가 없습니다."

- 물 저장고가 뜰 중간에 있으면 저장고의 절반은 다른 쪽 뜰에 속하기 때문에 안식일에 물을 길을 수 없다. 이것을 해결하기 위해서는 물 저장고에 분리대를 설치하여 각각의 뜰에 속한 부분을 나누는 것이다.
- 샴마이 학파는 분리대를 물이 있는 아랫부분에 설치하여 실제적으로 나누어야 한다고 주장하고 힐렐 학파는 물 위쪽에 설치해도 된다고 말한다.
- 랍비 예후다의 주장이 가장 혁신적이거나 최소한 관대한 주장이다. 이미 뜰 사이의 담이 두 공간을 둘로 구별하고 있듯이 물 저장고도 분리하고 있다고 보는 주장이다.

8, 7

אַמַּת הַמַּיִם שֶׁהִיא עוֹבֶרֶת בֶּחָצֵר, אֵין מְמַלְּאִין הֵימֶנָּה בְּשַׁבָּת, אֶלָּא אִם כֵּן עָשׂוּ לָהּ מְחִצָּה גְבוֹהַ עֲשָׂרָה טְפָחִים בַּכְּנִיסָה וּבַיְצִיאָה. רַבִּי יְהוּדָה אוֹמֵר, כֹּתֶל שֶׁעַל גַּבָּהּ תִּדּוֹן מִשּׁוּם מְחִצָּה. אָמַר רַבִּי יְהוּדָה, מַעֲשֶׂה בְּאַמָּה שֶׁל אָבֵל שֶׁהָיוּ מְמַלְּאִין מִמֶּנָּה עַל פִּי זְקֵנִים בְּשַׁבָּת. אָמְרוּ לוֹ, מִפְּנֵי שֶׁלֹּא הָיָה בָהּ כַּשִּׁעוּר:

수로가 뜰을 가로지를 경우에는 거기에서 안식일에 물을 길으면 안 된다. 10테팍 높이로 분리대를 입구와 출구 부분에 설치한 경우는 예외로 한다. 랍비 예후다는 말한다. "그보다 높은 담은 분리대로 간

---

22) 실제로 크다는 의미가 아니고 영향력이 크다는 의미다. 랍비 예후다는 담의 영향력이 더 크기 때문에 물 저장고를 둘로 구별하는 별도의 분리대를 만들 필요가 없다고 주장한다.

주됩니다." 랍비 예후다가 말했다. "아벨에 있는 수로에서 장로들의 권위로 안식일에 물을 긷는 일이 있었습니다." 그들은 그에게 말했다. "이것은 규정된 크기가 아니기 때문입니다."

- 뜰을 가로지르는 수로는 담처럼 뜰을 나누지만 어느 쪽 뜰에도 속하지 않는 별도의 구조물이다. 따라서 여기에서 안식일에 물을 긷기 위해서는 각 뜰에 속한다는 것을 표시하기 위해 일정 규모(높이 10테팍)의 분리대를 설치해야 한다.
- 아벨에 있는 수로가 아마도 규정된 크기보다 더 작은 규모였던 것으로 보인다. 규정된 크기는 깊이가 10테팍이고 너비가 4테팍이다.

8, 8

גְּזֻזְטְרָא שֶׁהִיא לְמַעְלָה מִן הַמַּיִם, אֵין מְמַלְּאִין הֵימֶנָּה בְשַׁבָּת, אֶלָּא אִם כֵּן עָשׂוּ לָהּ מְחִצָּה גְבוֹהַּ עֲשָׂרָה טְפָחִים, בֵּין מִלְמַעְלָה בֵּין מִלְמַטָּה. וְכֵן שְׁתֵּי גְזֻזְטְרָאוֹת זוֹ לְמַעְלָה מִזּוֹ. עָשׂוּ לָעֶלְיוֹנָה וְלֹא עָשׂוּ לַתַּחְתּוֹנָה, שְׁתֵּיהֶן אֲסוּרוֹת עַד שֶׁיְעָרֵבוּ:

물 위에 발코니가 있는 경우에 안식일에 거기에서 물을 긷지 않는다. 다만 위에서 아래로 10테팍 높이로 분리대를 만든 경우는 예외로 한다. 두 발코니가 있는데 하나가 더 높은 곳에 있을 때, 높은 곳 발코니에는 [분리대를] 만들었고 낮은 발코니에는 만들지 않았으면 에루브를 만들기 전까지는 사용이 금지된다.

8, 9

חָצֵר שֶׁהִיא פְחוּתָה מֵאַרְבַּע אַמּוֹת, אֵין שׁוֹפְכִין בְּתוֹכָהּ מַיִם בְּשַׁבָּת, אֶלָּא אִם כֵּן עָשׂוּ לָהּ עוּקָה מַחֲזֶקֶת סָאתַיִם מִן הַנֶּקֶב וּלְמַטָּה, בֵּין מִבַּחוּץ בֵּין מִבִּפְנִים, אֶלָּא שֶׁמִּבַּחוּץ צָרִיךְ לִקְמֹר, מִבִּפְנִים אֵין צָרִיךְ לִקְמֹר:

뜰이 4아마보다 작은 경우에, 안식일에 거기에서 물을 붓는 것이 금지된다. 다만 〔물〕 2쎄아를 담을 수 있는 구덩이를 구멍 바깥쪽과 안쪽에 만든 경우는 예외로 한다. 바깥쪽 것은 덮어야 하지만 안쪽 것은 덮을 필요가 없다.

- 뜰이 너무 작으면 물이 공적인 공간으로 흘러넘칠 수 있기 때문이다. 그런데 물이 흘러넘치더라도 밖으로 나가지 않도록 수로 안팎으로 구덩이를 만들면 사용 가능하다.

8, 10

רַבִּי אֱלִיעֶזֶר בֶּן יַעֲקֹב אוֹמֵר, בִּיב שֶׁהוּא קָמוּר אַרְבַּע אַמּוֹת בִּרְשׁוּת הָרַבִּים,
שׁוֹפְכִין לְתוֹכוֹ מַיִם בְּשַׁבָּת. וַחֲכָמִים אוֹמְרִים, אֲפִלּוּ גַג אוֹ חָצֵר מֵאָה אַמָּה,
לֹא יִשְׁפֹּךְ עַל פִּי הַבִּיב, אֲבָל שׁוֹפֵךְ מִגַּג לְגַג, וְהַמַּיִם יוֹרְדִין לַבִּיב. הֶחָצֵר
וְהָאַכְסַדְרָה מִצְטָרְפִין לְאַרְבַּע אַמּוֹת:

랍비 엘리에제르 벤 야아콥은 말한다. "4아마 배수로가 공적인 공간에서 덮여 있는 경우에는 안식일에 그곳에 물을 부을 수 있습니다." 현자들은 말한다. "지붕이나 뜰이 심지어 100아마 너비라고 하더라도 배수로 입구에는 물을 부으면 안 됩니다. 하지만 물을 지붕에서 지붕으로 부을 수는 있습니다. 그러면 물이 배수로로 내려갈 것입니다." 뜰과 성문 지붕이 4아마로 만나게 된다.

- 랍비 엘리에제르 벤 야아콥은 보통 너비가 4아마 되는 배수로가 공적인 공간에서 4아마 길이 이상 덮여 있다면 안식일에도 자기집 배수로 입구에 물을 부어도 된다고 주장한다.
- 하지만 랍비들은 어떠한 경우에도 배수로 입구에 직접 물을 부어서는 안 된다고 말한다. 왜냐하면 이것은 사적인 공간인 집에서 공적

인 공간으로 직접 물건을 나를 수 있다는 오해를 심어줄 수 있기 때문이다. 그래서 간접적으로 물이 배수로로 흘러가도록 지붕에 붓는 것은 가능하다고 말한다.

8, 11

וְכֵן שְׁתֵּי דְיוֹטָאוֹת זוֹ כְנֶגֶד זוֹ, מִקְצָתָן עָשׂוּ עוּקָה וּמִקְצָתָן לֹא עָשׂוּ עוּקָה,
אֶת שֶׁעָשׂוּ עוּקָה, מֻתָּרִין, וְאֶת שֶׁלֹּא עָשׂוּ עוּקָה, אֲסוּרִין:

이와 비슷하게 두 개의 위층 방이 서로 마주보고 있는 경우에, 어떤 사람은 〔뜰에〕 구덩이를 만들고 다른 사람들은 구덩이를 만들지 않았다면 구덩이를 만든 사람들은 〔뜰에 물을 붓는 것이〕 허락되고 구덩이를 만들지 않은 사람들은 금지된다.

- 구덩이를 설치하는 이유는 뜰에 부은 물이 공적인 공간으로 흘러 들어가는 것을 막기 위해서다.

제9장

이번 장은 네 개의 비교적 짧은 규정으로 이루어져 있다. 먼저 지붕을 뜰처럼 하나의 공간으로 볼 수 있는가라는 문제를 다룬다. 대부분의 랍비들은 지붕은 뜰처럼 하나의 공간으로 보면 안 되고 집처럼 개별적인 공간이라는 입장이다. 다음으로 사적 공간인 뜰과 공적인 공간을 구별하는 담이 허물어진 경우에 안식일에 이런 상태의 뜰에서 집 안으로 물건을 운반하는 것은 금지된다. 이런 상태의 뜰은 사적인 공간도 아니고 공적인 공간도 아닌 중립지대로 간주된다.

כָּל גַּגּוֹת הָעִיר, רְשׁוּת אַחַת, וּבִלְבַד שֶׁלֹּא יְהֵא גַג גָּבוֹהַּ עֲשָׂרָה אוֹ נָמוֹךְ
עֲשָׂרָה, דִּבְרֵי רַבִּי מֵאִיר. וַחֲכָמִים אוֹמְרִים, כָּל אֶחָד וְאֶחָד רְשׁוּת בִּפְנֵי
עַצְמוֹ. רַבִּי שִׁמְעוֹן אוֹמֵר, אֶחָד גַּגּוֹת וְאֶחָד חֲצֵרוֹת וְאֶחָד קַרְפֵּיפוֹת, רְשׁוּת
אֶחָד לַכֵּלִים שֶׁשָּׁבְתוּ לְתוֹכָן, וְלֹא לַכֵּלִים שֶׁשָּׁבְתוּ בְתוֹךְ הַבָּיִת:

"마을에 있는 모든 지붕은 하나의 공간입니다. 단 지붕이 10테팍 높
거나 10테팍 낮은 경우는 제외됩니다." 랍비 메이르의 말이다. 하지
만 현자들은 말한다. "모든 하나하나의 [지붕은] 개별적인 공간입니
다." 랍비 쉼온은 말한다. "지붕이든지 뜰이든지 울타리든지 모두 안
식일에 사용되는 그릇들을 위한 하나의 공간입니다. 하지만 안식일
에 집 안에 있는 그릇들을 위한 [하나의 공간은] 아닙니다."

- 뜰이 인접해 있으면 에루브를 만들지 않았더라도 안식일에 뜰에서
  뜰로 물건을 운반하는 것이 가능하다. 그래서 랍비 메이르는 지붕도
  이와 비슷하게 하나의 공간이라고 주장한다. 하지만 랍비들은 지붕
  도 집과 마찬가지로 하나하나가 구별된 사적인 공간이라고 말한다.
- 랍비 쉼온은 가장 관대한 입장으로 지붕, 뜰, 울타리 안에 있는 그릇
  들은 모두 자유롭게 운반할 수 있다고 주장한다.

גַּג גָּדוֹל סָמוּךְ לְקָטָן, הַגָּדוֹל מֻתָּר וְהַקָּטָן אָסוּר. חָצֵר גְּדוֹלָה שֶׁנִּפְרְצָה
לִקְטַנָּה, גְּדוֹלָה מֻתֶּרֶת, וּקְטַנָּה אֲסוּרָה, מִפְּנֵי שֶׁהִיא כְּפִתְחָהּ שֶׁל גְּדוֹלָה.
חָצֵר שֶׁנִּפְרְצָה לִרְשׁוּת הָרַבִּים, הַמַּכְנִיס מִתּוֹכָהּ לִרְשׁוּת הַיָּחִיד, אוֹ מֵרְשׁוּת
הַיָּחִיד לְתוֹכָהּ, חַיָּב, דִּבְרֵי רַבִּי אֱלִיעֶזֶר. וַחֲכָמִים אוֹמְרִים, מִתּוֹכָהּ לִרְשׁוּת
הָרַבִּים, אוֹ מֵרְשׁוּת הָרַבִּים לְתוֹכָהּ, פָּטוּר, מִפְּנֵי שֶׁהִיא כְּכַרְמְלִית:

큰 지붕이 작은 [지붕]에 붙어 있으면 큰 것은 허락이 되지만 작은
것은 금지된다. 큰 뜰이 작을 뜰과 이어지면 큰 뜰은 허락되지만 작은

뜰은 금지된다. 왜냐하면 작은 뜰이 마치 큰 뜰의 입구와 같기 때문이다. 뜰이 공적인 공간으로 뚫린 경우에, "거기에서 사적인 공간으로 〔물건을〕 가져오는 사람이나 또는 사적인 공간에서 그 안으로 〔가져오는 사람은〕 책임이 있습니다." 랍비 엘리에제르의 말이다. 하지만 현자들은 말한다. "그 안에서 사적인 공간으로 〔가져오든지〕 또는 사적인 공간에서 그곳으로 〔가져오든지〕 〔속죄제〕가 면제됩니다. 왜냐하면 이것은 중립지대와 같기 때문입니다."

- 사적인 공간도 아니고 공적인 공간도 아닌 곳을 중립지대로 카르멜릿(כרמלית, karmelith)이라고 한다. 뜰 사이에 있는 담이 대표적이다. 뜰은 본래 사적인 공간이다. 하지만 뜰과 공적인 공간을 분리하고 있는 담이 뚫려 있다면 뜰이 마치 하나의 중립지대처럼 간주되기 때문에 이러한 중립지대에서 사적인 공간으로 물건을 운반하는 것은 금지된다. 하지만 이것은 토라의 법을 어긴 것이 아니라 랍비들의 규정이기 때문에 속죄제의 책임은 없다.

9, 3

חָצֵר שֶׁנִּפְרְצָה לִרְשׁוּת הָרַבִּים מִשְּׁתֵּי רוּחוֹתֶיהָ, וְכֵן בַּיִת שֶׁנִּפְרַץ מִשְּׁתֵּי
רוּחוֹתָיו, וְכֵן מָבוֹי שֶׁנִּטְּלוּ קוֹרוֹתָיו אוֹ לְחָיָיו, מֻתָּרִין בְּאוֹתוֹ שַׁבָּת וַאֲסוּרִין
לֶעָתִיד לָבֹא, דִּבְרֵי רַבִּי יְהוּדָה. רַבִּי יוֹסֵי אוֹמֵר, אִם מֻתָּרִין לְאוֹתוֹ שַׁבָּת,
מֻתָּרִין לֶעָתִיד לָבֹא. וְאִם אֲסוּרִין לֶעָתִיד לָבֹא, אֲסוּרִין לְאוֹתוֹ שַׁבָּת:

"공적인 공간으로 두 방향으로 뚫려 있는 뜰, 같은 식으로 두 방향으로 뚫려 있는 집, 같은 식으로 대들보나 기둥[23]이 제거된 골목은 이번 안식일에는 허락되지만 다음 〔안식일〕부터는 금지됩니다." 랍비

---

23) 대들보(코라)와 기둥(렉히)에 대해서는 「에루빈」 1, 2의 주해를 참조하라.

예후다의 말이다. 랍비 요쎄는 말한다. "이번 안식일에 허락되면 다음에도 허락되고 다음 안식일에 금지된다면 이번에도 금지됩니다."

- 랍비 요쎄는 이러한 경우에 규정이 허락하든지 금지하든지 일관되게 적용되어야 한다고 주장한다. 왜냐하면 이번 주에 허락이 된다면 사람들은 다음 주에도 될 것으로 생각하기 쉽기 때문이다.

9, 4

הַבּוֹנֶה עֲלִיָּה עַל גַּבֵּי שְׁנֵי בָתִּים, וְכֵן גְּשָׁרִים הַמְפֻלָּשִׁים, מְטַלְטְלִין תַּחְתֵּיהֶן בְּשַׁבָּת, דִּבְרֵי רַבִּי יְהוּדָה. וַחֲכָמִים אוֹסְרִין. וְעוֹד אָמַר רַבִּי יְהוּדָה, מְעָרְבִין לְמָבוֹי הַמְפֻלָּשׁ. וַחֲכָמִים אוֹסְרִין:

어떤 사람이 두 집 지붕 위에 위층 방을 만들었고 같은 식으로 구름다리를 [만든] 경우에, "그는 안식일에 그 아래에서 운반할 수 있습니다." 랍비 예후다의 말이다. 하지만 현자들은 금지했다. 랍비 예후다는 덧붙여 말했다. "[양 끝이] 열려 있는 골목을 위해서도 에루브를 만들어야 합니다." 하지만 현자들은 금했다.

- 공적인 공간(길)을 마주하고 있는 두 집 위에 위층 방을 지으면 그 방 아래에 있는 길을 통해 사람들이 걸어다니게 된다. 구름다리 아래도 마찬가지다. 이처럼 공적인 공간 윗부분이 덮인 것처럼 된 경우에 랍비 예후다는 그 아래에서 안식일에 물건을 운반할 수 있다고 주장하지만 다수의 랍비들은 반대한다.
- '양 끝이 열려 있는 골목'은 골목 거주민들뿐만 아니라 마을의 다른 골목 사람들도 사용하는 통행로가 된다. 이런 골목에는 에루브를 만들 수 없다. 하지만 랍비 예후다는 만들 수 있다고 주장한다.

제10장

이번 장에서는 마쎄켓(제1부) 「샤밧」에서 다루지 않은 기타 여러 가지 물건을 안식일에 운반하는 문제를 다룬다. 후반부에서는 안식일에 성전에서는 가능한 행위이지만 그 외 지방에서는 안 되는 것들에 대해서 열거한다. 그런 의미에서 이번 장은 내용면에서 에루브를 다루는 현재 위치보다는 안식일 규정들을 다루는 뒷부분으로 연결해서 이해할 필요가 있다. 여기에 있는 미쉬나 규정들은 「샤밧」 편집이 완료된 이후에 「에루빈」이 편집되는 과정에 추가되었을 가능성이 높다. 이러한 사실은 미쉬나가 오랜 기간 복잡한 과정을 거쳐 편집되었다는 점을 암시해준다.

10, 1

הַמּוֹצֵא תְפִלִּין, מַכְנִיסָן זוּג זוּג. רַבָּן גַּמְלִיאֵל אוֹמֵר, שְׁנַיִם שְׁנַיִם. בַּמֶּה דְבָרִים אֲמוּרִים, בִּישָׁנוֹת, אֲבָל בַּחֲדָשׁוֹת, פָּטוּר. מְצָאָן צְבָתִים אוֹ כְרִיכוֹת, מַחְשִׁיךְ עֲלֵיהֶן וּמְבִיאָן. וּבַסַּכָּנָה, מְכַסָּן וְהוֹלֵךְ לוֹ:

〔안식일에〕 테필린을 발견한 사람은 그것을 짝을 지어놓아야 한다. 라반 감리엘은 말한다. "두 개씩 두 개씩 넣어야 합니다." 이것은 어떤 것들을 말하는가? 오래된 것들이다. 하지만 새것이면 그는 면제된다. 〔꾸러미처럼〕 묶인 상태나 싸인 상태로 발견했다면 밤이 될 때까지 기다려서 운반해야 한다. 〔분실이나 탈취의〕 위험이 있을 때에는 그것을 덮어서 운반해야 한다.

- 테필린(tefillin, 성구함聖句匣)은 분실이나 탈취당할 위험이 있는데, 보통 정해진 장소에 둔다.
- '밤이 된다'는 것은 안식일이 끝나고 다음 날이 시작됐다는 의미다.

유대 전통에서는 해가 지고 난 시점부터 다음 날이 시작되는 것으로 생각한다.

10, 2

רַבִּי שִׁמְעוֹן אוֹמֵר, נוֹתְנָן לַחֲבֵרוֹ, וַחֲבֵרוֹ לַחֲבֵרוֹ, עַד שֶׁמַּגִּיעַ לֶחָצֵר הַחִיצוֹנָה.
וְכֵן בְּנוֹ, נוֹתְנוֹ לַחֲבֵרוֹ, וַחֲבֵרוֹ לַחֲבֵרוֹ, אֲפִלּוּ מֵאָה. רַבִּי יְהוּדָה אוֹמֵר, נוֹתֵן
אָדָם חָבִית לַחֲבֵרוֹ, וַחֲבֵרוֹ לַחֲבֵרוֹ, אֲפִלּוּ חוּץ לַתְּחוּם. אָמְרוּ לוֹ, לֹא תְהַלֵּךְ
זוֹ יוֹתֵר מֵרַגְלֵי בְעָלֶיהָ:

랍비 쉼온은 말한다. "그것〔테필린〕들을 친구에게 주고 그 친구는 또 다른 친구에게 주는 식으로 바깥뜰까지 운반할 수 있습니다. 이와 같은 방식으로 자기 아들을 친구에게 건네고 그 친구는 또 다른 친구에게 건네면서 심지어 100〔아마까지〕 이동시킬 수 있습니다." 랍비 예후다는 말한다. "〔음식이 담겨 있는〕 통을 친구에게 전달하고 그 친구는 또 다른 친구에게 전달하면서 심지어 〔안식일〕 한계까지 운반할 수 있습니다." 그들이 그에게 말했다. "그의 주인의 발보다 더 멀리 걸어가서는 안 됩니다."

- 랍비 쉼온은 안식일에 공적인 공간에서도 운반할 수 있는 방법을 제안한다. 한 사람이 4아마 이내로 운반한다면 심지어 100아마도 이동할 수 있다고 주장한다.
- 랍비 예후다는 같은 방식으로 안식일 한계선 밖에 음식이나 물이 없이 고립된 사람에게 먹을 것을 전달할 수 있다고 말한다. 랍비들은 부분적으로 이를 수정한다. 이런 식으로 물건을 운반하더라도 물건의 소유주가 있는 곳을 넘는 지점까지 운반할 수는 없다는 것이다.

הָיָה קוֹרֵא בַסֵּפֶר עַל הָאִסְקֻפָּה, נִתְגַּלְגֵּל הַסֵּפֶר מִיָּדוֹ, גּוֹלְלוֹ אֶצְלוֹ. הָיָה
קוֹרֵא בְרֹאשׁ הַגַּג וְנִתְגַּלְגֵּל הַסֵּפֶר מִיָּדוֹ, עַד שֶׁלֹּא הִגִּיעַ לַעֲשָׂרָה טְפָחִים,
גּוֹלְלוֹ אֶצְלוֹ. מִשֶּׁהִגִּיעַ לַעֲשָׂרָה טְפָחִים, הוֹפְכוֹ עַל הַכְּתָב. רַבִּי יְהוּדָה אוֹמֵר,
אֲפִלּוּ אֵין מְסֻלָּק מִן הָאָרֶץ אֶלָּא כִמְלֹא מַחַט, גּוֹלְלוֹ אֶצְלוֹ. רַבִּי שִׁמְעוֹן אוֹמֵר,
אֲפִלּוּ בָאָרֶץ עַצְמוֹ גּוֹלְלוֹ אֶצְלוֹ, שֶׁאֵין לְךָ דָּבָר מִשּׁוּם שְׁבוּת עוֹמֵד בִּפְנֵי
כִתְבֵי הַקֹּדֶשׁ:

문지방에서 〔두루마리〕 문서를[24] 읽고 있는 사람이 있었는데 그 문
서가 그의 손에서 풀려 〔공적인 공간으로〕 나간 경우에, 그는 자신에
게 〔책을〕 감아올릴 수 있다. 지붕 꼭대기에서 문서를 읽는 사람이 있
었는데 그 문서는 그의 손에서 풀려 〔공적인 공간으로〕 내려간 경우
에, 〔땅에서〕 10테팍 미만까지는 자신에게 〔문서를〕 감아올릴 수 있
다. 랍비 예후다는 말한다. "심지어 바늘 두께보다 많지 않은 정도라도
땅과 떨어져 있다면, 자신에게 〔문서를〕 감아올릴 수 있습니다." 랍비
쉼온은 말한다. "심지어 〔두루마리 문서가〕 땅 위에 있다고 하더라도
자신에게 감아올릴 수 있습니다. 왜냐하면 안식법 중에서 어떠한 법
규정도 거룩한 문서에 적용하지 않습니다."

- 문지방이나 지붕은 사적인 공간이 아니라 일종의 중립지대다. 따라
  서 중립지대에서 풀어진 두루마리 책을 자신의 손으로 다시 감아올
  릴 수 있다. 다만 땅에서 10테팍 이내로 풀려야 한다. 10테팍 이상으
  로 풀리면 이것은 이미 공적인 공간으로 나간 것으로 간주된다.
- '안식법'(쉐붓, שבות)은 랍비들에 의해 안식일에 금지된 일이다. 랍
  비 쉼온은 안식법이 성서를 읽는 것을 금지하지 못한다고 말한다.

---

24) 당시의 책은 두루마리의 형태였다.

זִיז שֶׁלִּפְנֵי חַלּוֹן, נוֹתְנִין עָלָיו וְנוֹטְלִין מִמֶּנּוּ בְּשַׁבָּת. עוֹמֵד אָדָם בִּרְשׁוּת הַיָּחִיד
וּמְטַלְטֵל בִּרְשׁוּת הָרַבִּים, בִּרְשׁוּת הָרַבִּים וּמְטַלְטֵל בִּרְשׁוּת הַיָּחִיד, וּבִלְבַד
שֶׁלֹּא יוֹצִיא חוּץ מֵאַרְבַּע אַמּוֹת:

창문 앞에 있는 선반 위에 안식일에 〔물건을〕 놓을 수도 있고 〔거기
에 있는 것을〕 치울 수도 있다. 사적인 공간에 서 있는 사람이 공적인
공간으로 물건을 나르거나, 공적인 공간에서 사적인 공간으로 물건
을 나르려면 4아마 이하만이 가능하다.

- 땅에서 10테팍 위에 있는 공중은 공적인 공간으로 여기지 않는다.
  따라서 여기에서 집 안으로 물건을 운반하는 것이 허락된다.

לֹא יַעֲמֹד אָדָם בִּרְשׁוּת הַיָּחִיד וְיַשְׁתִּין בִּרְשׁוּת הָרַבִּים, בִּרְשׁוּת הָרַבִּים
וְיַשְׁתִּין בִּרְשׁוּת הַיָּחִיד. וְכֵן לֹא יָרֹק. רַבִּי יְהוּדָה אוֹמֵר, אַף מִשֶּׁנִּתְלַשׁ רֻקּוֹ
בְּפִיו, לֹא יְהַלֵּךְ אַרְבַּע אַמּוֹת עַד שֶׁיָּרֹק:

공적인 공간에 서 있는 사람이 사적인 공간으로 소변을 보면 안 되
고, 사적인 공간에 서서 공적인 공간으로 소변을 보아서도 안 된다.
같은 방식으로 침을 뱉으면 안 된다. 랍비 예후다는 말한다. "비록 침
이 그의 입에 고였다고 하더라도 그것을 뱉기까지 〔공적인 공간에서〕
4아마를 걸어가면 안 됩니다."

- 소변이나 침도 한 공간에서 다른 공간으로 이동시켜서는 안 된다.
- 랍비 예후다는 심지어 침이 고인 상태로 4아마 이상 걸어가는 것도
  안 된다고 말한다. 그러기 위해서는 침을 삼켜야만 한다.

10, 6

לֹא יַעֲמֹד אָדָם בִּרְשׁוּת הַיָּחִיד וְיִשְׁתֶּה בִּרְשׁוּת הָרַבִּים, בִּרְשׁוּת הָרַבִּים
וְיִשְׁתֶּה בִּרְשׁוּת הַיָּחִיד, אֶלָּא אִם כֵּן הִכְנִיס רֹאשׁוֹ וְרֻבּוֹ לְמָקוֹם שֶׁהוּא שׁוֹתֶה.
וְכֵן בְּגַת. קוֹלֵט אָדָם מִן הַמַּזְחִילָה לְמַטָּה מֵעֲשָׂרָה טְפָחִים. וּמִן הַצִּנּוֹר, מִכָּל
מָקוֹם שׁוֹתֶה:

사적인 공간에 서 있는 사람이 공적인 공간에 〔있는 술을〕 마시면
안 되고, 공적인 공간에 서 있는 사람이 사적인 공간에 〔있는 술을〕
마시면 안 된다. 다만, 그의 머리와 그의 몸 대부분이 마시는 장소에
있는 경우에는 예외다. 같은 방식으로 포도주 짜는 기계에도 적용된
다. 〔지붕의〕 홈통에서 내려온 물은 10테팍 아래부터 마실 수 있다.
반면에 관에서 내려온 물은 어디서나 마실 수 있다.

- 술 마시는 것을 물 운반하는 것에 비유한다. 안식일에 물을 사적인
  공간에서 공적인 공간으로 운반할 수 없듯이, 술도 마실 수 없다.
- 지붕에 설치된 홈통을 통해 떨어지는 물은 홈통에서 10테팍 거리 정
  도 떨어진 곳에서만 마실 수 있다. 반면에 관을 통해 나온 물은 가까
  이서 심지어 입을 곧바로 대고 마시는 것도 가능하다.

10, 7

בּוֹר בִּרְשׁוּת הָרַבִּים, וְחֻלְיָתוֹ גְבוֹהָה עֲשָׂרָה טְפָחִים, חַלּוֹן שֶׁעַל גַּבָּיו מְמַלְּאִין
הֵימֶנּוּ בְשַׁבָּת. אַשְׁפָּה בִּרְשׁוּת הָרַבִּים גְּבוֹהָה עֲשָׂרָה טְפָחִים, חַלּוֹן שֶׁעַל
גַּבָּהּ שׁוֹפְכִין לְתוֹכָהּ מַיִם בְּשַׁבָּת:

물 저장고가 공적인 공간에 있고 그 둑의 높이가 10테팍이면, 그 위
에 〔인접해 있는 집의〕 창이 있으면 안식일에 거기에서 물을 긷는 것
이 가능하다. 〔이와 비슷하게〕 쓰레기 더미가 공적인 공간에 10테팍
높이로 있는데, 그 위에 창이 있으면 안식일에 그 안에 물을 부을 수

있다.

- 물 저장고 윗부분에 세운 둑은 물 저장고를 하나의 사적인 공간으로 만들어준다. 따라서 안식일에 인접한 집에서 창을 통해 물을 길을 수 있다.
- 쓰레기 더미 높이가 10테팍 이상 쌓여 있으면 이것도 하나의 사적인 공간으로 본다. 따라서 집이라는 사적인 공간에서 창문을 통해 또 다른 사적인 공간인 쓰레기 더미로 하수를 버리는 것이 가능하다.

10, 8

אִילָן שֶׁהוּא מֵסֵךְ עַל הָאָרֶץ, אִם אֵין נוֹפוֹ גָבוֹהַּ מִן הָאָרֶץ שְׁלֹשָׁה טְפָחִים, מְטַלְטְלִין תַּחְתָּיו. שָׁרָשָׁיו גְּבוֹהִין מִן הָאָרֶץ שְׁלֹשָׁה טְפָחִים, לֹא יֵשֵׁב עֲלֵיהֶן. הַדֶּלֶת שֶׁבַּמֻּקְצֶה וַחֲדָקִים שֶׁבַּפִּרְצָה וּמַחֲצָלוֹת, אֵין נוֹעֲלִין בָּהֶן, אֶלָּא אִם כֵּן גְּבוֹהִים מִן הָאָרֶץ:

나무 〔가지〕가 땅에 드리웠는데 그 가지들이 땅에서 3테팍보다 높지 않으면 그 아래에서 운반할 수 있다. 그 뿌리가 땅에서 3테팍이면 그 위에 앉을 수 없다. 치워둔 물건에 있는 문,[25] 〔담의〕 뚫린 〔곳을 막고 있는〕 가시, 〔갈대로 만든〕 돗자리로 출입구를 막을 수 없다. 다만, 그것들이 땅에서 높이 〔떠 있으면〕 예외가 된다.

- 나뭇가지가 땅에서 3테팍 이내로 드리워져 있으면 그 아래는 하나의 사적인 공간으로 간주되어 안식일에도 그 아래에서 물건을 운반하는 것이 가능하다.
- 안식일에는 나무에 올라가는 것이 금지되는데 뿌리에 앉는 것도 같

---

25) '치워둔 물건'에 있는 문은 여기에서 문맥상 치워둔 물건들을 쌓아두는 뒤뜰에 있는 문을 뜻한다.

은 개념으로 이해할 수 있다. 나무 뿌리가 3테팍 이하면 그것이 땅에 속한 것으로 간주하여 앉을 수 있다.

- 뒤뜰을 막고 있는 문, 담의 뚫린 부분을 막고 있는 가시, 갈대 돗자리와 같은 물건들로 앞뜰에 있는 출입구를 막아서는 안 된다. 그 이유를 학자들은 이것들로 출입구를 막으면 공사중인 집으로 보이기 때문으로 설명한다.

10, 9

לֹא יַעֲמֹד אָדָם בִּרְשׁוּת הַיָּחִיד וְיִפְתַּח בִּרְשׁוּת הָרַבִּים, בִּרְשׁוּת הָרַבִּים וְיִפְתַּח בִּרְשׁוּת הַיָּחִיד, אֶלָּא אִם כֵּן עָשָׂה מְחִצָּה גְּבוֹהָה עֲשָׂרָה טְפָחִים, דִּבְרֵי רַבִּי מֵאִיר. אָמְרוּ לוֹ, מַעֲשֶׂה בְשׁוּק שֶׁל פַּטָּמִין שֶׁהָיָה בִירוּשָׁלַיִם, שֶׁהָיוּ נוֹעֲלִין וּמַנִּיחִין אֶת הַמַּפְתֵּחַ בַּחַלּוֹן שֶׁעַל גַּבֵּי הַפֶּתַח. רַבִּי יוֹסֵי אוֹמֵר, שׁוּק שֶׁל צַמָּרִים הָיָה:

"사적인 공간에 서 있는 사람이 공적인 공간에 있는 [문을] 열어서는 안 되고, 공적인 공간에 서 있는 사람이 사적인 공간에 있는 [문을] 열어서는 안 됩니다. 다만, 10테팍 높이로 분리대를 만들었으면 예외가 됩니다." 랍비 메이르의 말이다. 그들은 그에게 말했다. "예루살렘에 있는 가금류 시장에서 있었던 일입니다. 그들은 문을 잠근 후에 열쇠를 문 위에 있는 창에 두었습니다." 랍비 요쎄는 말한다. "양모 판매상들의 시장에서 있었던 [일입니다]."

- 사적인 공간에 있는 사람이 공적인 공간에 있는 문을 열기 위해서는 중간에 분리대를 설치하여 하나의 공간으로 만든 후에나 가능하다.
- 시장 상인은 공적인 장소에 서 있으면서 동시에 자신의 가게를 지켜야 한다. 어떠한 경우에도 열쇠를 공적인 장소로 가져가서는 안 된다. 그렇게 되면 사적인 장소인 자신의 가게에서 열쇠를 사용할 수

없게 된다.

10, 10

נֶגֶר שֶׁיֵּשׁ בְּרֹאשׁוֹ גְּלֻסְטְרָא, רַבִּי אֱלִיעֶזֶר אוֹסֵר, וְרַבִּי יוֹסֵי מַתִּיר. אָמַר רַבִּי אֱלִיעֶזֶר, מַעֲשֶׂה בִּכְנֶסֶת שֶׁבִּטְבֶרְיָא שֶׁהָיוּ נוֹהֲגִין בּוֹ הֶתֵּר, עַד שֶׁבָּא רַבָּן גַּמְלִיאֵל וְהַזְּקֵנִים וְאָסְרוּ לָהֶן. רַבִּי יוֹסֵי אוֹמֵר, אִסּוּר נָהֲגוּ בָהּ, בָּא רַבָּן גַּמְלִיאֵל וְהַזְּקֵנִים וְהִתִּירוּ לָהֶן:

머리 부분에 손잡이가 있는 빗장[26]을 랍비 엘리에제르는 금했지만 랍비 요쎄는 허락했다. 랍비 엘리에제르가 말했다. "티베리아의 한 회당에서 있었던 일입니다. 그들은 〔빗장을 움직이는 것이〕 허락된 것처럼 다루었습니다. 라반 감리엘과 장로들이 와서 금지하기 전까지는 말입니다." 랍비 요쎄는 다르게 말했다. "그들은 〔빗장을〕 금지된 것처럼 다루었습니다. 하지만 라반 감리엘과 장로들이 그들에게 허락했습니다."

● 안식일에 빗장을 사용하는 것에 대하여 랍비들마다 의견의 차이가 있었는데 그 이유는 명확하지 않다.

10, 11

נֶגֶר הַנִּגְרָר, נוֹעֲלִים בּוֹ בַּמִּקְדָּשׁ, אֲבָל לֹא בַמְּדִינָה. וְהַמֻּנָּח, כָּאן וְכָאן אָסוּר. רַבִּי יְהוּדָה אוֹמֵר, הַמֻּנָּח מֻתָּר בַּמִּקְדָּשׁ, וְהַנִּגְרָר בַּמְּדִינָה:

〔손잡이가 없어〕 땅에 끌려 있는 빗장으로 성전을 잠글 수는 있지만 지방에서는 안 된다. 하지만 〔땅에〕 누워 있으면 여기든지 저기든

---

26) 이스라엘에서 문을 잠그는 데 사용한 빗장은 문과 문을 가로질러 잠그는 형식이 아니라, 보통 끈으로 문에 달려 있는 빗장을 땅에 있는 홈에 박으면 문이 열리지 않게 된다.

지 금지된다. 랍비 예후다는 누워 있는 것은 성전에서 사용 가능하고
땅에 끌려 있는 것은 지방에서 가능하다고 말한다.

- 머리 부분에 손잡이가 없는 빗장은 문에 붙어 있지 못하고 항상 땅
  에 닿아 있거나 심지어 누워 있게 된다. 이처럼 문과 완전히 분리된
  빗장은 문의 일부로 볼 수 없기 때문에 문과 분리된 빗장으로 문을
  잠그는 행위는 일종의 집을 짓는 일로 간주되어 금지된다.
- 랍비들이 금지하는 규정들이 예외로 성전에서는 허락되기도 한다.

10, 12

מַחֲזִירִין צִיר הַתַּחְתּוֹן בַּמִּקְדָּשׁ, אֲבָל לֹא בַמְּדִינָה. וְהָעֶלְיוֹן, כָּאן וְכָאן אָסוּר.
רַבִּי יְהוּדָה אוֹמֵר, הָעֶלְיוֹן בַּמִּקְדָּשׁ, וְהַתַּחְתּוֹן בַּמְּדִינָה:

〔안식일에〕 아랫부분에 있는 경첩이 〔제자리에 없는 경우에〕 성전
에서는 원위치시킬 수 있지만 지방에서는 안 된다.[27] 윗부분의 경첩
은 여기든지 저기든지 금지된다. 랍비 예후다는 말한다. "윗부분 경
첩은 성전에서 아랫부분은 지방에서 〔원위치시킬 수 있습니다〕."

- 제자리에 없거나 빠진 경첩을 원래 자리에 두기 위해서는 문이나 경
  첩을 간단히 수리해야 한다. 이처럼 토라에서 명시하는 법이 아니라
  랍비들이 금지한 일들은 성전에서 예외로 허용되기도 한다.

---

27) 오늘날의 경첩과 달리 미쉬나 시대의 경첩은 빗장과 비슷한 기능을 했다. 문
   에 달려 있는 경첩을 땅에 있는 홈에 박으면 문이 닫히고 경첩을 홈에서 밀어
   올려 문을 열 수 있다.

מַחֲזִירִין רְטִיָּה בַּמִּקְדָּשׁ, אֲבָל לֹא בַמְּדִינָה. אִם בַּתְּחִלָּה, כָּאן וְכָאן אָסוּר.
קוֹשְׁרִין נִימָא בַּמִּקְדָּשׁ, אֲבָל לֹא בַמְּדִינָה. אִם בַּתְּחִלָּה, כָּאן וְכָאן אָסוּר.
חוֹתְכִין יַבֶּלֶת בַּמִּקְדָּשׁ, אֲבָל לֹא בַמְּדִינָה. וְאִם בִּכְלִי, כָּאן וְכָאן אָסוּר:

[부상 부위에 감은] 회반죽 [붕대]가 [풀리게 되면] 성전에서는 [부상 부위로] 원위치시킬 수 있지만 지방에서는 안 된다. 처음 사용하는 것이면 여기든지 저기든지 금지된다. [악기의] 줄을 성전에서는 묶을 수 있지만 지방에서는 안 된다. [그 줄을] 처음 사용한다면 여기든지 저기든지 금지된다. 사마귀를 성전에서는 자를 수 있지만 지방에서는 안 된다. 하지만 도구를 사용한다면 여기든지 저기든지 금지된다.

- 성전에서는 희생제의가 있을 때 제사장들이 안식일에도 하프와 같은 악기를 연주했다.
- 몸에 난 사마귀는 특별히 희생제의를 드릴 때 부정하다고 해서 제사장들은 이것을 없애기도 했다.

כֹּהֵן שֶׁלָּקָה בְּאֶצְבָּעוֹ, כּוֹרֵךְ עָלֶיהָ גֶּמִי בַּמִּקְדָּשׁ, אֲבָל לֹא בַמְּדִינָה. אִם
לְהוֹצִיא דָם, כָּאן וְכָאן אָסוּר. בּוֹזְקִין מֶלַח עַל גַּבֵּי כֶבֶשׁ בִּשְׁבִיל שֶׁלֹּא יַחֲלִיקוּ,
וּמְמַלְאִים מִבּוֹר הַגּוֹלָה וּמִבּוֹר הַגָּדוֹל בַּגַּלְגַּל בְּשַׁבָּת, וּמִבְּאֵר הַקַּר בְּיוֹם טוֹב:

제사장이 손가락에 상처를 입었다면 성전에서는 그 부위를 갈대풀로 감을 수 있지만 지방에서는 안 된다. 피를 빼내는 것은 여기든지 저기든지 금지된다.[28] 안식일에도 미끄러지지 않도록 비탈길에 소금

---

[28] 여기에서 말하는 피는 희생제의와 무관한 아마도 상처 부위에서 발생한 피를 말하는 것으로 보인다.

을 뿌릴 수 있고, 순례자의 우물에서 [물을] 채울 수 있으며 큰 우물에서 도르래로 채울 수 있다. 그리고 명절에 하카르[29] 우물에서 [물을] 채울 수 있다.

- 제사 업무를 담당하는 제사장들은 상처 부위에서 피를 흘려서는 안 되기 때문에 안식일에도 상처 부위를 감쌀 수 있다. 하지만 상처 부위의 피를 빼내는 것은 무언가를 짜내는 일로 간주하여 성전에서도 금지된다.
- 순례자의 우물과 큰 우물은 아마도 성전 내에 있는 우물로 보인다. 성전 내에서는 다른 지역과 달리 안식일에도 도르래와 같은 도구를 이용해서 물을 길을 수 있다.
- 하카르 우물은 성전 밖에 있는 우물로 보인다. 명절에는 많은 물이 필요하기 때문에 여기서 도구를 사용해 물을 긷는 것이 가능하다.

10, 15

שֶׁרֶץ שֶׁנִּמְצָא בַמִּקְדָּשׁ, כֹּהֵן מוֹצִיאוֹ בְהֶמְיָנוֹ, שֶׁלֹּא לְשַׁהוֹת אֶת הַטֻּמְאָה, דִּבְרֵי רַבִּי יוֹחָנָן בֶּן בְּרוֹקָה. רַבִּי יְהוּדָה אוֹמֵר, בִּצְבָת שֶׁל עֵץ, שֶׁלֹּא לְרַבּוֹת אֶת הַטֻּמְאָה. מֵהֵיכָן מוֹצִיאִין אוֹתוֹ, מִן הַהֵיכָל וּמִן הָאוּלָם וּמִבֵּין הָאוּלָם וְלַמִּזְבֵּחַ, דִּבְרֵי רַבִּי שִׁמְעוֹן בֶּן נַנָּס. רַבִּי עֲקִיבָא אוֹמֵר, מְקוֹם שֶׁחַיָּבִין עַל זְדוֹנוֹ כָרֵת וְעַל שִׁגְגָתוֹ חַטָּאת, מִשָּׁם מוֹצִיאִין אוֹתוֹ, וּשְׁאָר כָּל הַמְּקוֹמוֹת כּוֹפִין עָלָיו פְּסַכְתֵּר. רַבִּי שִׁמְעוֹן אוֹמֵר, מְקוֹם שֶׁהִתִּירוּ לְךָ חֲכָמִים, מִשֶּׁלְּךָ נָתְנוּ לְךָ, שֶׁלֹּא הִתִּירוּ לְךָ אֶלָּא מִשּׁוּם שְׁבוּת:

"땅에 기는 것이 성전에서 발견되면, 제사장은 그것을 자신의 옷으로 치워야 합니다. 이는 부정이 지속되지 않도록 하기 위해서 그렇습니다." 랍비 요하난 벤 베로카의 말이다. 랍비 예후다는 말한다. "부정

---

29) '하카르'라는 이름의 우물은 아마도 신선한(카르) 물이 나오는 샘으로 보인다.

을 가중시키지 않기 위해 나무로 만든 집게로 해야 합니다." 어디에서 그것들을 치워야 하는가? "성소에서 그리고 현관에서 그리고 현관과 제단 사이에서입니다." 랍비 쉼온 벤 나나스의 말이다. 랍비 아키바는 말한다. "그가 의도적으로 〔들어갔으면〕 '카렛'형[30]을 당하고, 부지중에 〔들어갔으면〕 속죄제를 드려야 하는 장소에서 그것을 치워야 합니다. 하지만 그 밖의 모든 장소에서는 그 위에 큰 단지로 덮어두면 됩니다." 랍비 쉼온은 말한다. "랍비들이 어떤 것을 당신에게 허락했다면 그것은 당신들의 것을 당신에게 준 것입니다. 왜냐하면 그들은 다름이 아니라 안식법 때문에 당신에게 허락한 것입니다."

- 기어다니는 생물들은 부정의 요인이기 때문에 가능한 신속히 성전 밖으로 내보내야 한다. 랍비 예후다는 옷으로 치운다면 자칫 부정해지기 쉽기 때문에 나무 집게를 사용해야 한다고 주장한다.
- 발견된 것은 살아 있는 것이 아니라 아마 죽은 사체일 것이다. 이것을 제사장들이 무엇으로 치울 것인지를 말하고 있다.
- 랍비 아키바는 부정할 경우에 그가 책임을 져야 하는 장소에 부정을 유발하는 생물들이 있다면 치워야 하고 그렇지 않은 곳은 단지로 덮어두는 정도면 된다고 말한다.
- 랍비 쉼온의 말은 바로 위 미쉬나와 연관된 것이 아니라 안식일과 「에루빈」 전체 책의 마지막 맺음말이다. 모든 것을 금지하고 있다고 여겨지는 안식일법에서 무엇인가를 허락하는 랍비들의 관대한 입장은 본래 사람들이 지켜서 유지해야 했을 안식법 중에서 일부를 허락한 것이지 랍비들이 다른 것을 허락한 것이 아니라는 것이다. 이는

---

30) '카렛'(כרת, kareth)은 문자적으로는 '잘려나감'을 뜻한다. 성서에서는 처형해 죽이거나 공동체로부터 축출하는 것을 의미한다(출 12:15; 레 18:29; 민 15: 30-31). 다른 말로 '처벌'이라고도 부른다.

안식일과 「에루빈」에서 말하는 랍비들의 관대한 입장이 안식일법을
폐지하기 위해서가 아니라는 점을 분명히 말하고 있다.

פסחים

—3—

페싸힘
유월절

첫째 유월절과 둘째 유월절 사이의 차이점이 무엇인가? 첫
째 유월절에는 누룩이 보이지 않고 발견되지 않게 금지한다.
둘째 유월절에는 무교병과 누룩이 그와 함께 집에 있다. 첫
째 유월절은 식사 중에 할렐이 필요하지만, 둘째 유월절은
할렐이 불필요하다. 이 유월절과 저 유월절 모두 제물을 준
비할 때는 할렐이 필요하다. 둘 모두 구이와 함께 무교병과
쓴 나물을 먹을 수 있다. 둘 모두 안식일을 능가한다. _「페
싸힘」9, 3

개요

마쎄켓(제3부) 「페싸힘」의 명칭은 유월절을 의미하는 히브리어 '페싸흐'의 복수형이다. 따라서 「페싸힘」이 다루는 주요 내용은 모두 유월절과 관련이 있다.

「페싸힘」은 먼저 각종 발효식품(חמץ, 하메쯔)을 제거하는 규정들을 다룬다. 이것은 출애굽기에도 나오는 유월절 명령에서 비롯된다. 구약성서에서는 유월절에 효모가 들어간 빵(유교병)을 제거하라고 명령한다. 하지만 랍비들은 제거해야 할 대상을 효모가 들어간 빵에 한정하지 않고 발효식품 전반으로 확대하고 있다.

「페싸힘」의 두 번째 부분은 유월절 제물에 대해 다룬다. 유월절 제물로 적합한 것은 어떤 가축들이며 도살은 어떻게 하며 이후에 가죽을 벗기고 내장을 불태우는 절차들에 대해 자세히 언급한다.

유월절이 안식일과 겹칠 경우에는 안식일을 지키면서 제물을 바쳐야 하기 때문에 다소 복잡해진다. 유월절 제물이 평일에 드릴 때처럼 모든 절차가 안식일에 다 허락되는 것은 아니다. 그래서 랍비들은 유월절 희생제사를 드릴 때 안식일 당일에 할 수 있는 일과 그 전날 저녁에 해야 할 일을 구별한다.

제9장에서는 둘째 유월절을 다룬다. 여러 가지 이유로 니싼(Nisan)[1] 월 14일에 유월절을 지키지 못한 사람은 다음 달 14일에는 지켜야 한다. 마지막으로 제10장은 유월절 만찬 규정을 다룬다. 복음서에 나오는 예수님과 제자들의 식사도 바로 유월절 전날에 있었던 만찬이다.

- 관련 성경구절 | 출애굽기 12:1–28, 43–50; 13:1–10; 레위기 5:16; 23:10; 민수기 9:1–14; 시편 113–118

---

1) 유대력 첫째 달인 니싼월은 바벨론 포로 이후에 사용된 용어이고 히브리식 고유한 이름은 봄을 의미하는 아빕(Aviv)월이다. 미쉬나에서는 아빕월보다는 니싼월을 사용하고 있다. 니싼월은 태양력으로 3–4월에 해당한다.

제1장

유월절에 해야 하는 중요할 일들 가운데 하나가 누룩을 제거하는 것이다. 이를 위해 먼저 유월절이 시작되기 전날(14일)부터 누룩을 찾아내야 한다. 누룩이 들어간 음식은 14일이 시작되는(오늘날 13일) 저녁부터 자정이 되기 전까지 먹을 수 있고 남은 누룩은 모두 불에 태워 없애야 한다.

1, 1

אוֹר לְאַרְבָּעָה עָשָׂר, בּוֹדְקִין אֶת הֶחָמֵץ לְאוֹר הַנֵּר. כָּל מָקוֹם שֶׁאֵין מַכְנִיסִין
בּוֹ חָמֵץ אֵין צָרִיךְ בְּדִיקָה. וְלָמָּה אָמְרוּ שְׁתֵּי שׁוּרוֹת בַּמַּרְתֵּף, מָקוֹם
שֶׁמַּכְנִיסִין בּוֹ חָמֵץ. בֵּית שַׁמַּאי אוֹמְרִים, שְׁתֵּי שׁוּרוֹת עַל פְּנֵי כָל הַמַּרְתֵּף.
וּבֵית הִלֵּל אוֹמְרִים, שְׁתֵּי שׁוּרוֹת הַחִיצוֹנוֹת שֶׁהֵן הָעֶלְיוֹנוֹת:

〔니싼월〕14일 저녁에 등잔불로 〔집 안에〕 누룩이 있는지 살핀다. 누룩을 넣어두지 않는 장소는 살펴볼 필요가 없다. 그렇다면 왜 그들은 누룩을 넣어두었던 포도주 저장소는 두 줄을 〔검사해야 한다고〕 말하는가? 삼마이 학파는 저장소의 두 줄 전체라고 말한다. 힐렐 학파는 맨 위의 바깥쪽 두 줄이라고 말한다.

- 14일 저녁은 유대인의 날짜 개념에 따라 14일이 시작되기 전날 저녁이다. 오늘날의 개념으로는 13일 해가 저문 뒤의 저녁을 말한다.
- 흔히 포도주 저장소에는 누룩을 두지 않았기 때문에 조사할 필요가 없다고 생각할 것이다. 하지만 이 시대에는 포도주 저장소에 누룩을 넣어두었다.
- 두 학파가 말하는 조사 범위가 다르다. 삼마이 학파는 바깥쪽에 있는 포도주통 두 줄 전체를 조사해야 한다고 보고, 힐렐 학파는 보다

관대하게 바깥 표면 중에서 두 줄을 조사하면 충분하다고 주장한다.

1, 2

אֵין חוֹשְׁשִׁין שֶׁמָּא גְרָרָה חֻלְדָה מִבַּיִת לְבַיִת וּמִמָּקוֹם לְמָקוֹם, דְּאִם כֵּן,
מֵחָצֵר לְחָצֵר וּמֵעִיר לְעִיר, אֵין לַדָּבָר סוֹף:

족제비가 이 집에서 저 집으로 이곳에서 저곳으로 〔누룩을〕 끌고 다닐까 염려할 필요는 없다. 만약 그렇다면, 뜰에서 뜰로 이 마을에서 저 마을로 〔옮길까 염려할 필요도 없다〕. 이런 일은 끝이 없다.

- 랍비들은 누룩이 있는지 없는지 방이나 집을 한번 조사했다면 그 이후에 족제비나 다른 동물이 누룩을 옮기지 않았을까 염려할 필요는 없다고 말한다.

1, 3

רַבִּי יְהוּדָה אוֹמֵר, בּוֹדְקִין אוֹר אַרְבָּעָה עָשָׂר וּבְאַרְבָּעָה עָשָׂר שַׁחֲרִית
וּבִשְׁעַת הַבְּעוּר. וַחֲכָמִים אוֹמְרִים, לֹא בָדַק אוֹר אַרְבָּעָה עָשָׂר, יִבְדֹּק
בְּאַרְבָּעָה עָשָׂר. לֹא בָדַק בְּאַרְבָּעָה עָשָׂר, יִבְדֹּק בְּתוֹךְ הַמּוֹעֵד. לֹא בָדַק בְּתוֹךְ
הַמּוֹעֵד, יִבְדֹּק לְאַחַר הַמּוֹעֵד. וּמַה שֶׁמְּשַׁיֵּר, יַנִּיחֶנּוּ בְצִנְעָא, כְּדֵי שֶׁלֹּא יְהֵא
צָרִיךְ בְּדִיקָה אַחֲרָיו:

랍비 예후다는 말한다. "사람들이 〔누룩을〕 14일 저녁에 또는 14일 아침에 또는 〔누룩을〕 제거하는 시간에 검사해야 합니다." 하지만 현자들은 말한다. "만약 14일 저녁에 검사하지 않았다면 14일에 검사해야 하고, 14일에 검사하지 않았다면 명절 동안 검사해야 합니다. 명절 동안 검사하지 않았다면 명절 후에 검사해야 합니다." 〔누룩을 찾은 후 다음 날 태우기 전까지〕 남겨둔 누룩은 〔잃어버리고 난〕 다음에 〔다시〕 찾지 않도록 숨겨두어야 한다.

- 누룩은 14일이 시작되는 저녁에 제거하는 것이 가장 바람직하다. 하지만 이때 누룩을 제거하지 못했다면 이후에 반드시 제거해야 한다. 유대인은 유월절까지 남은 누룩을 통해서 유익을 얻는 어떠한 행위도 금지한다.
- 찾은 누룩은 다음 날 불에 태워 없앤다. 찾은 누룩은 태우기 전까지는 잃어버린 뒤 다시 찾을 필요가 없도록 잘 보관해두어야 한다.

1, 4

רַבִּי מֵאִיר אוֹמֵר, אוֹכְלִין כָּל חָמֵשׁ, וְשׂוֹרְפִין בִּתְחִלַּת שֵׁשׁ. וְרַבִּי יְהוּדָה אוֹמֵר,
אוֹכְלִין כָּל אַרְבַּע, וְתוֹלִין כָּל חָמֵשׁ, וְשׂוֹרְפִין בִּתְחִלַּת שֵׁשׁ:

랍비 메이르는 말한다. "전체 다섯 시간 동안 〔누룩을〕 먹고 여섯 번째 시간이 시작되면 태워야 합니다." 랍비 예후다는 말한다. "네 번째 시간 동안 먹을 수 있고 다섯 번째 시간에는 유지하고 있다가 여섯 번째 시간이 시작되면 태워야 합니다."

- 14일의 시작이 저녁 6시면 다섯 시간은 저녁 6시부터 11시까지다. 그리고 여섯 번째 시간이 시작되는 밤 11시부터 누룩을 태워야 한다. 학자들에 따라서 다섯 시간 동안이 아니라 다섯 번째 시간, 다시 말해 10시부터 11시까지 누룩을 먹으면 된다고 해석하기도 한다.
- 랍비 예후다는 네 번째 시간인 밤 10시까지만 누룩을 먹을 수 있다고 말한다. 그리고 11시부터 12시까지 1시간은 유지하는 시간을 갖고 동일하게 밤 12시부터 누룩을 태워야 한다고 주장한다. 여기에서 유지한다는 말은 먹는 것도 태우는 것도 아닌 그 상태 그대로 둔다는 의미다.

וְעוֹד אָמַר רַבִּי יְהוּדָה, שְׁתֵּי חַלּוֹת שֶׁל תּוֹדָה פְּסוּלוֹת מֻנָּחוֹת עַל גַּג
הָאִצְטַבָּא. כָּל זְמַן שֶׁמֻּנָּחוֹת, כָּל הָעָם אוֹכְלִים. נִטְּלָה אַחַת, תּוֹלִין, לֹא
אוֹכְלִין וְלֹא שׂוֹרְפִין. נִטְּלוּ שְׁתֵּיהֶן, הִתְחִילוּ כָל הָעָם שׂוֹרְפִין. רַבָּן גַּמְלִיאֵל
אוֹמֵר, חֻלִּין נֶאֱכָלִין כָּל אַרְבַּע, וּתְרוּמָה כָּל חָמֵשׁ, וְשׂוֹרְפִין בִּתְחִלַּת שֵׁשׁ:

랍비 예후다는 덧붙여 말했다. "성전의 현관 지붕 위에 감사제물로
부적합한 두 개의 빵이 있었습니다. 〔거기에 빵이〕 놓여 있는 동안 모
든 사람들도 〔자신들의 빵을〕 먹었습니다. 〔둘 중에〕 한 개를 치우면
〔누룩의 상태를〕 유지했습니다. 먹지도 않고 태우지도 않았습니다.
그 두 개를 〔모두〕 치우면 모든 사람들이 〔누룩을〕 불에 태우기 시작
했습니다." 라반 감리엘은 말한다. "일반 음식이 된 〔누룩은〕 네 시간
동안 먹을 수 있고, 거제는 다섯 시간 동안, 그리고 〔둘 다〕 여섯 번째
시간이 되면 불에 태웁니다."

- 랍비 예후다는 성전 현관 지붕에 가져다 놓은 빵 두 개를 통해 사람
  들이 언제까지 누룩이 들어간 음식을 먹을 수 있고 언제 그것을 불
  태워야 하는지 알게 해주는 예화를 들려주고 있다.
- 라반 감리엘은 누룩이 들어간 음식을 다섯 시간 동안 먹되 성별되지
  않은 일반 음식과 성별된 음식을 구별하여 먹어야 한다고 주장한다.

רַבִּי חֲנִינָא סְגַן הַכֹּהֲנִים אוֹמֵר, מִימֵיהֶם שֶׁל כֹּהֲנִים לֹא נִמְנְעוּ מִלִּשְׂרֹף אֶת
הַבָּשָׂר שֶׁנִּטְמָא בִּוְלַד הַטֻּמְאָה עִם הַבָּשָׂר שֶׁנִּטְמָא בְּאַב הַטֻּמְאָה, אַף עַל פִּי
שֶׁמּוֹסִיפִין טֻמְאָה עַל טֻמְאָתוֹ. הוֹסִיף רַבִּי עֲקִיבָא וְאָמַר, מִימֵיהֶם שֶׁל כֹּהֲנִים
לֹא נִמְנְעוּ מִלְּהַדְלִיק אֶת הַשֶּׁמֶן שֶׁנִּפְסַל בִּטְבוּל יוֹם בְּנֵר שֶׁנִּטְמָא בְטָמֵא מֵת,
אַף עַל פִּי שֶׁמּוֹסִיפִין טֻמְאָה עַל טֻמְאָתוֹ:

대제사장보 랍비 하니나는 말한다. "제사장들이 〔일하던〕 날에 비록 부정에 부정을 더하더라도, 부정의 아버지[2]에 의해 부정해진 고기와 부정의 자식에 의해 부정해진 고기를 함께 태우는 것을 피하지 않습니다." 랍비 아키바는 덧붙여 말했다. "제사장들이 〔일하던〕 날에 비록 부정에 부정을 더하더라도 낮에 담근 사람에 의해 부정해진 기름을 시체 때문에 부정해진 등잔에서 불을 붙이는 것을 피하지 않습니다."

- 부정은 부정의 정도가 높은 단계에서 낮은 단계로 전이된다. 제사장들은 부정해진 고기로 인해 다시 부정해진 고기를 함께 태우는 것을 피하지 않는다. 즉, 부정을 태워 없애기 위해서 그전에 부정이 전이되고 증가되는 것을 감수한다는 뜻이다.
- 같은 방식으로 제사장들은 '낮에 담근 사람'(「테불 욤」)에 의해 부정해진 기름을 함께 태운다. '낮에 담근 사람'은 부정하여 정결례장에 낮에 몸을 담근 사람으로 해가 지기 전까지는 아직 부정한 상태로 간주된다(『토호롯』「테불 욤」). 이 사람이 기름에 손을 대면 다시 기름은 부정한 것으로 여겨진다.

1, 7

אָמַר רַבִּי מֵאִיר, מִדִּבְרֵיהֶם לָמַדְנוּ, שֶׁשּׂוֹרְפִין תְּרוּמָה טְהוֹרָה עִם הַטְּמֵאָה בְּפֶסַח. אָמַר לוֹ רַבִּי יוֹסֵי, אֵינָהּ הִיא הַמִּדָּה. וּמוֹדִים רַבִּי אֱלִיעֶזֶר וְרַבִּי

---

2) 부정을 유발하는 주요 요인을 '부정의 아버지'(אב הטמאה, 아브 하툼아)라고 부르며, 부정의 아버지에 의해 부정이 전이되면 '부정의 자식'이 된다. 부정의 자식들은 부정이 전이되는 단계별로 다시 1차부터 4차까지 구별된다. 인간의 시체는 부정의 요인들 중에서도 가장 강력하다고 해서 '부정의 아버지의 아버지'라고 부른다. 이렇게 가장 강한 부정의 요인인 사람의 시체와 접촉하는 사람이나 물건이 부정의 아버지가 된다(『토호롯』의 「오홀롯」「토호롯」).

יְהוֹשֻׁעַ, שֶׁשּׂוֹרְפִין זוֹ לְעַצְמָהּ וְזוֹ לְעַצְמָהּ. עַל מַה נֶּחְלָקוּ, עַל הַתְּלוּיָה וְעַל הַטְּמֵאָה, שֶׁרַבִּי אֱלִיעֶזֶר אוֹמֵר, תִּשָּׂרֵף זוֹ לְעַצְמָהּ וְזוֹ לְעַצְמָהּ, וְרַבִּי יְהוֹשֻׁעַ אוֹמֵר, שְׁתֵּיהֶן כְּאֶחָת:

랍비 메이르는 말했다. "그들의 말로부터 우리는 유월절에 정결한 거제를 부정한 것들과 함께 태울 수 있다는 것을 알게 되었습니다." 랍비 요쎄는 대답했다. "그것은 적절한 유비가 아닙니다." 랍비 엘리에제르와 랍비 예호슈아는 두 가지는 따로 태워야 한다는 데 동의했다. 무엇에 대하여 논쟁이 되었는가? 아직 미정인 〔거제와〕 그리고 부정한 〔거제에〕 대해서다. 이것들에 대해 랍비 엘리에제르는 따로 태워야 한다고 말한 반면에, 랍비 예호슈아는 "두 가지를 같이 〔태워도 됩니다〕"라고 말한다.

- 랍비 엘리에제르와 랍비 예호슈아는 부정한 거제와 정결한 거제를 같이 태워도 된다고 동의한다. 하지만 아직 부정한 거제인지 불확실한 거제와 부정한 거제에 대하여는 생각이 다르다. 랍비 엘리에제르는 따로 태워야 한다고 주장하고 랍비 예호슈아는 같이 태워도 된다고 말한다.

제2장

누룩은 상거래 품목 중 하나다. 따라서 이것을 사거나 파는 과정에서 이득을 취할 수 있다. 유대인은 유월절 동안에 제거하고 남은 누룩으로 상거래를 통해 이득을 취하면 안 된다. 하지만 비유대인에게 있던 누룩은 예외적으로 유월절이 지난 후라도 상거래를 할 수 있다.

כָּל שָׁעָה שֶׁמֻּתָּר לֶאֱכֹל, מַאֲכִיל לַבְּהֵמָה לַחַיָּה וְלָעוֹפוֹת, וּמוֹכְרוֹ לַנָּכְרִי, וּמֻתָּר בַּהֲנָאָתוֹ. עָבַר זְמַנּוֹ, אָסוּר בַּהֲנָאָתוֹ, וְלֹא יַסִּיק בּוֹ תַּנּוּר וְכִירַיִם. רַבִּי יְהוּדָה אוֹמֵר, אֵין בִּעוּר חָמֵץ אֶלָּא שְׂרֵפָה. וַחֲכָמִים אוֹמְרִים, אַף מְפָרֵר וְזוֹרֶה לָרוּחַ אוֹ מַטִּיל לַיָּם:

〔누룩을 사람이〕 먹을 수 있는 동안은 가축들과 짐승들과 새들을 먹일 수 있으며 그것을 외부인에게 팔아서 이득을 취하는 것이 허락된다. 하지만 그 시간이 지나면 이익을 얻는 것이 금지되며, 화덕이나 난로에 불을 피워도 안 된다. 랍비 예후다는 말한다. "누룩을 제거하는 방법은 태우는 길밖에 없습니다." 하지만 현자들은 말한다. "〔누룩을〕 가루로 만들어 바람에 날리거나 바다에 던질 수도 있습니다."

- 누룩을 먹을 수 있는 동안에는 팔거나 다른 용도로 사용하여 이익을 얻을 수 있지만 그 시간이 지나면 유익을 얻기 위한 어떠한 사용도 금지된다. 화덕이나 난로에 태우면 누룩은 없어지겠지만 불의 연료로 사용하는 이득을 얻을 수 있기 때문에 금지된다.
- 누룩을 없애는 방법에 대하여 랍비 예후다는 태우는 방법만이 가능하다고 주장하지만 대부분의 랍비들은 가루로 만들어 바람에 날리거나 바다에 던져도 된다고 말한다.

חָמֵץ שֶׁל נָכְרִי שֶׁעָבַר עָלָיו הַפֶּסַח, מֻתָּר בַּהֲנָאָה. וְשֶׁל יִשְׂרָאֵל, אָסוּר בַּהֲנָאָה. שֶׁנֶּאֱמַר לֹא יֵרָאֶה לְךָ שְׂאֹר:

유월절을 지내고 남은 외부인의 누룩으로 〔유대인이〕 이익을 얻을 수 있다. 하지만 유대인의 누룩으로는 이익을 얻는 것이 금지된다. 왜냐하면 "누룩을 너에게 보이지 아니하게 하라"(출 13:7)라고 기록되었기 때문이다.

- 비유대인이 유월절 기간 동안 가지고 있던 누룩으로 만든 음식을 유월절이 지난 이후에 유대인들이 먹을 수 있다. 하지만 유대인이 유월절 기간 동안에 가지고 있던 누룩으로 만든 음식은 먹어서도 안 되고 어떤 경제적인 이익을 취해서도 안 된다.

2, 3

נָכְרִי שֶׁהִלְוָה אֶת יִשְׂרָאֵל עַל חֲמֵצוֹ, אַחַר הַפֶּסַח מֻתָּר בַּהֲנָאָה. וְיִשְׂרָאֵל שֶׁהִלְוָה אֶת הַנָּכְרִי עַל חֲמֵצוֹ, אַחַר הַפֶּסַח אָסוּר בַּהֲנָאָה. חָמֵץ שֶׁנָּפְלָה עָלָיו מַפֹּלֶת, הֲרֵי הוּא כִמְבֹעָר. רַבָּן שִׁמְעוֹן בֶּן גַּמְלִיאֵל אוֹמֵר, כָּל שֶׁאֵין הַכֶּלֶב יָכוֹל לְחַפֵּשׂ אַחֲרָיו:

외부인이 유대인에게 빌린 누룩은 유월절이 지난 후 [유대인이] 이익을 얻는 것이 허락된다. 하지만 유대인이 외부인에게 빌린 누룩은 유월절이 지난 후에 이익을 얻는 것이 금지된다. [건물] 잔해가 그 위에 떨어진 누룩은 제거된 것으로 간주된다. 라반 쉼온 벤 감리엘은 말한다. "개가 찾을 수 없는 모든 것은 [제거된 것으로 간주됩니다]."

2, 4

הָאוֹכֵל תְּרוּמַת חָמֵץ בְּפֶסַח בְּשׁוֹגֵג, מְשַׁלֵּם קֶרֶן וְחֹמֶשׁ. בְּמֵזִיד, פָּטוּר מִתַּשְׁלוּמִים וּמִדְּמֵי עֵצִים:

누룩이 들어간 거제를 유월절 부지중에 먹은 사람은 그 값에 1/5을 더하여 [제사장에게] 지불해야 한다. 만약 고의로 그랬다면 보상에서 제외되며 땔감으로도 사용할 수 없다.

- 제사장에게 바칠 누룩이 들어간 거제를 모르고 유월절에 먹었다면

그 가치에 1/5을 추가하여 제사장에게 주어야 한다. 1/5을 추가하여 성물을 보상하는 방법은 레위기 5:16에 근거하고 있다.

- 고의로 성물에 손댄 경우는 보상으로 면제될 수 없다. 그는 이스라엘 중에서 끊어지는 카렛형을 받을 것이기 때문이다. 이렇게 더럽혀진 성물은 화덕이나 난로에 태우는 연료로도 사용해서는 안 된다.

2, 5

אֵלּוּ דְבָרִים שֶׁאָדָם יוֹצֵא בָהֶן יְדֵי חוֹבָתוֹ בְּפֶסַח, בְּחִטִּים, בִּשְׂעוֹרִים, בְּכֻסְּמִין וּבְשִׁיפוֹן וּבְשִׁבֹּלֶת שׁוּעָל. וְיוֹצְאִין בִּדְמַאי וּבְמַעֲשֵׂר רִאשׁוֹן שֶׁנִּטְּלָה תְרוּמָתוֹ, וּבְמַעֲשֵׂר שֵׁנִי וְהֶקְדֵּשׁ שֶׁנִּפְדּוּ, וְהַכֹּהֲנִים בְּחַלָּה וּבִתְרוּמָה. אֲבָל לֹא בְטֶבֶל, וְלֹא בְמַעֲשֵׂר רִאשׁוֹן שֶׁלֹּא נִטְּלָה תְרוּמָתוֹ, וְלֹא בְמַעֲשֵׂר שֵׁנִי וְהֶקְדֵּשׁ שֶׁלֹּא נִפְדּוּ. חַלּוֹת תּוֹדָה וּרְקִיקֵי נָזִיר, עֲשָׂאָן לְעַצְמוֹ, אֵין יוֹצְאִין בָּהֶן. עֲשָׂאָן לִמְכֹּר בַּשּׁוּק, יוֹצְאִין בָּהֶן:

이것들은 유월절에 의무를 이행할 〔곡식〕들이다. 밀, 보리, 소맥, 호밀, 귀리다. 그들은 드마이, 거제를 구별한 첫째 십일조, 대속한 둘째 십일조와 무른 성물로 〔의무를〕 이행한다. 제사장들은 할라와 거제로 〔그들의 의무를 이행한다〕. 십일조를 드리지 않은 것, 거제를 드리지 않은 첫째 십일조, 대속하지 않은 둘째 십일조와 무르지 않은 성물로 〔의무를 이행할 수〕 없다. 감사 제물의 빵이나 나실인의 제병은 자신을 위해 만든 것이면 그것으로 〔의무를〕 이행할 수 없고, 시장에서 팔기 위해 만든 것이면 그것으로 〔의무를〕 이행할 수 있다.

- 유월절은 이 곡물로 누룩이 들어가지 않은 빵을 만들어 먹어야 한다. 여기에 쌀은 포함되어 있지 않다.
- 일반인들은 드마이, 거제를 구별한 첫째 십일조, 대속한 성물로 누룩 없는 빵을 만든다. 이것들은 일상적으로 먹는 음식들이다(「샤밧」 18, 1; 「에루빈」 3, 2; 「산헤드린」 8, 2; 「마콧」 3, 2).

- 제사장들은 할라(Challah)와 거제로 만든 반죽으로 누룩 없는 빵을 만들어 먹는다.
- 감사 제물의 빵이나 나실인의 제병에는 누룩이 들어가지 않아 누룩 없는 빵을 만들 수 있다. 하지만 자신을 위해 만든 것으로 다시 유월절 누룩 없는 빵을 만들 수는 없고 팔기 위해 만든 것으로는 가능하다.

2, 6

וְאֵלוּ יְרָקוֹת שֶׁאָדָם יוֹצֵא בָהֶן יְדֵי חוֹבָתוֹ בְּפֶסַח, בַּחֲזֶרֶת וּבְעֻלְשִׁין וּבְתַמְכָא וּבְחַרְחֲבִינָה וּבְמָרוֹר. יוֹצְאִין בָהֶן בֵּין לַחִין בֵּין יְבֵשִׁין, אֲבָל לֹא כְבוּשִׁין וְלֹא שְׁלוּקִין וְלֹא מְבֻשָּׁלִין. וּמִצְטָרְפִין לְכַזַּיִת. וְיוֹצְאִין בַּקֶּלַח שֶׁלָּהֶן, וּבְדָמַאי, וּבְמַעֲשֵׂר רִאשׁוֹן שֶׁנִּטְּלָה תְרוּמָתוֹ, וּבְמַעֲשֵׂר שֵׁנִי וְהֶקְדֵּשׁ שֶׁנִּפְדּוּ:

이것들은 유월절에 의무로 이행할 식물들이다. 상추, 치커리, 들 치커리, 꽃상치, 방가지똥. 이것들이 신선하든지 또는 말랐든지 의무를 이행한다. 하지만 [물이나 식초에] 절이거나, 끓이거나, 삶아서는 [안 된다]. 올리브 크기로 섞는다. 그는 그 줄기를 [먹으면서] [자신의 의무를] 이행한다. 드마이, 거제를 구별한 첫째 십일조, 대속한 둘째 십일조와 무른 성물로 [의무를 이행한다].

- 여기서 열거하는 '쓴 나물'들은 출애굽기 12:8에 근거한다. 유월절에는 고기를 불에 구워서 먹고 누룩이 들어가지 않은 빵과 함께 쓴 나물을 먹어야 한다.
- 이러한 식물은 자연 그대로 섭취해야 한다. 식초에 절이거나 요리를 해서는 안 된다.

2, 7

אֵין שׁוֹרִין אֶת הַמֻּרְסָן לַתַּרְנְגוֹלִים, אֲבָל חוֹלְטִין. הָאִשָּׁה לֹא תִשְׁרֶה אֶת הַמֻּרְסָן שֶׁתּוֹלִיךְ בְּיָדָהּ לַמֶּרְחָץ, אֲבָל שָׁפָה הִיא בִּבְשָׂרָהּ יָבֵשׁ. לֹא יִלְעַס אָדָם חִטִּין וְיַנִּיחַ עַל מַכָּתוֹ בְּפֶסַח, מִפְּנֵי שֶׁהֵן מַחֲמִיצוֹת:

닭에게 줄 밀기울을 〔물에〕 담가서는 안 되지만 그것을 데워줄 수 있다. 여자는 목욕탕에 가지고 간 밀기울을 적셔서는 안 되지만 마른 상태로 몸에 바를 수는 있다. 유월절에 곡물을 씹어서 상처에 올려놓을 수는 없다. 왜냐하면 그것이 발효되기 때문이다.

- 밀기울을 물에 담그게 되면 발효작용이 일어나기 때문에 유월절에 해서는 안 된다.
- 곡물을 씹어서 상처 부위에 올려두는 치료법도 유월절에는 안 된다. 왜냐하면 침이 묻은 곡물에서 발효작용이 일어나기 때문이다.

2, 8

אֵין נוֹתְנִין קֶמַח לְתוֹךְ הַחֲרֹסֶת אוֹ לְתוֹךְ הַחַרְדָּל, וְאִם נָתַן, יֹאכַל מִיָּד, וְרַבִּי מֵאִיר אוֹסֵר. אֵין מְבַשְּׁלִין אֶת הַפֶּסַח לֹא בְמַשְׁקִין וְלֹא בְמֵי פֵרוֹת, אֲבָל סָכִין וּמַטְבִּילִין אוֹתוֹ בָּהֶן. מֵי תַשְׁמִישׁוֹ שֶׁל נַחְתּוֹם, יִשָּׁפְכוּ, מִפְּנֵי שֶׁהֵן מַחֲמִיצִין:

밀가루를 하로셋 또는 겨자에 넣으면 안 된다. 만약 넣었다면 즉시 먹어야 한다. 그러나 랍비 메이르는 그것을 금했다. 우리는 유월절 〔양〕을 물이나 과일 주스로 삶으면 안 된다. 그러나 〔불에 구운 후에〕 그것들을 물에 담그거나 물 속에 담글 수 있습니다. 〔반죽을 만들 때〕 사용하는 물은 쏟아버려야 한다. 왜냐하면 발효되기 때문이다.

- 하로셋(charoset)은 과일과 향신료를 섞은 단맛 혼합물로 쓴 나물과 함께 먹는다.

• 출애굽기 12:8-9에 따르면, 유월절 고기(양)를 물에 삶으면 안 된다.

제3장

유월절에 제거해야 할 목록에는 누룩 자체만이 아니라 곡물에 누룩이 들어가 만들어진 발효식품 전반이 해당된다. 랍비들은 유월절에 치워야 할 물건들을 구체적으로 열거해주고 있다. 만약 유월절이 안식일과 겹칠 경우에는 일반적인 유월절 일정에 맞춰 치워야 하는지 아니면 안식일을 범하지 않기 위해 그전에 치워야 하는지 랍비들마다 조금씩 견해가 다르다.

3, 1

אֵלּוּ עוֹבְרִין בְּפֶסַח, כֻּתָּח הַבַּבְלִי, וְשֵׁכָר הַמָּדִי, וְחֹמֶץ הָאֲדוֹמִי, וְזֵיתוֹם הַמִּצְרִי, וְזוֹמָן שֶׁל צַבָּעִים, וַעֲמִילָן שֶׁל טַבָּחִים, וְקוֹלָן שֶׁל סוֹפְרִים. רַבִּי אֱלִיעֶזֶר אוֹמֵר, אַף תַּכְשִׁיטֵי נָשִׁים. זֶה הַכְּלָל, כֹּל שֶׁהוּא מִמִּין דָּגָן, הֲרֵי זֶה עוֹבֵר בְּפֶסַח. הֲרֵי אֵלּוּ בְאַזְהָרָה, וְאֵין בָּהֶן מִשּׁוּם כָּרֵת:

이것들은 유월절에 치워야 할 것들이다. 바벨산 귀리죽[3], 메대산 맥주, 에돔산 식초, 이집트산 보리맥주, 염색업자의 펄프, 요리사의 반죽, 필사자의 접착제. 랍비 엘리에제르는 말한다. "여성들의 화장품도 마찬가지입니다." 이것이 일반 원칙이다. 모든 곡물에서 나온 것은 유월절에 치워져야 한다. 이것들은 금지 품목들이다. 하지만 이로 인해 '카렛'형되지는 않는다.

---

3) 귀리죽은 귀리(오트)에 우유나 물을 넣어 죽처럼 걸쭉하게 끓인 음식이다.

- 염색업자의 펄프, 요리사의 씨반죽, 필사자의 접착제는 먹을 수 있는 음식은 아니다. 하지만 누룩이 들어가 있기 때문에 유월절 전에 제거해야 한다.
- 여성들의 화장품에서 여러 가지 누룩 성분이 들어가기 때문에 치워야 한다.

3, 2

בָּצֵק שֶׁבְּסִדְקֵי עֲרֵבָה, אִם יֵשׁ כַּזַּיִת בְּמָקוֹם אֶחָד, חַיָּב לְבַעֵר. וְאִם לֹא, בָּטֵל בְּמֵעוּטוֹ. וְכֵן לְעִנְיַן הַטֻּמְאָה, אִם מַקְפִּיד עָלָיו, חוֹצֵץ. וְאִם רוֹצֶה בְּקִיּוּמוֹ, הֲרֵי הוּא כָעֲרֵבָה. בָּצֵק הַחֵרֵשׁ, אִם יֵשׁ כַּיּוֹצֵא בוֹ שֶׁהֶחְמִיץ, הֲרֵי זֶה אָסוּר:

반죽이 금이 간 반죽통에 있을 경우, 만약 [그 금 중] 한 곳이 올리브 크기 정도라면 치워야 한다. 만약 그렇지 않으면, 크기가 작아 무시해도 된다. 부정의 문제도 마찬가지다. 만약 그것을 반대하면 그것과 결별할 것이다. 하지만 만약 그것을 놓아두기 원한다면, 반죽통과 같다. '벙어리' 반죽도 이미 발효되기 시작한 [다른] 부분이 있다면 금지된다.

- 치워야 할 반죽인지 아닌지 금이 간 크기에 달려 있는데 그 기준이 올리브 크기다. 이보다 작은 반죽은 무시해도 된다.
- 누룩이 들어갔는지 잘 알 수 없는 반죽을, 대화할 때 즉각 반응하기 어려운 청각장애인에 비유하고 있다. 이런 반죽은 같이 반죽했던 다른 부분이 발효되면 이 반죽도 누룩이 들어가 있는 것이기 때문에 금지된다.

כֵּיצַד מַפְרִישִׁין חַלָּה בְּטֻמְאָה בְּיוֹם טוֹב, רַבִּי אֱלִיעֶזֶר אוֹמֵר, לֹא תִקְרָא
לָהּ שֵׁם עַד שֶׁתֵּאָפֶה. רַבִּי יְהוּדָה בֶן בְּתֵירָא אוֹמֵר, תַּטִּיל בְּצוֹנֵן. אָמַר רַבִּי
יְהוֹשֻׁעַ, לֹא זֶה הוּא חָמֵץ שֶׁמֻּזְהָרִים עָלָיו בְּבַל יֵרָאֶה וּבְבַל יִמָּצֵא, אֶלָּא
מַפְרִישַׁתָּהּ וּמַנַּחְתָּהּ עַד הָעֶרֶב, וְאִם הֶחֱמִיצָה, הֶחֱמִיצָה:

명절날 부정한 반죽에서 할라를 어떻게 뗄 수 있는가? 랍비 엘리에
제르는 말한다. "그것을 굽기 전까지는 할라로 불러서는 안 됩니다."
랍비 예후다 벤 브테라는 말한다. "찬물에 던져야 합니다." 반면에 랍
비 예호슈아는 말했다. "이것은 사람들이 '누룩이 보이지 아니하게
하라'(출 13:7), '누룩이 발견되지 아니하도록 하라'(출 12:19)라고 염
려했던 누룩이 아닙니다." 따로 떼어서 저녁까지 놓아두면 된다. 발
효되면 발효된다.

- 정결한 할라는 제사장들이 먹게 한다. 부정한 할라는 제사장들이 먹
  기 부적합하고 태워 없애야 한다. 하지만 문제는 명절날 먹기 적합
  한 것이 아니면 굽거나 태우는 것이 금지된다는 점이다.
- 찬물에 넣으면 발효 과정을 억제할 수 있다.

רַבָּן גַּמְלִיאֵל אוֹמֵר, שָׁלֹשׁ נָשִׁים לָשׁוֹת כְּאַחַת וְאוֹפוֹת בְּתַנּוּר אֶחָד, זוֹ אַחַר
זוֹ. וַחֲכָמִים אוֹמְרִים, שָׁלֹשׁ נָשִׁים עוֹסְקוֹת בַּבָּצֵק, אַחַת לָשָׁה וְאַחַת עוֹרֶכֶת
וְאַחַת אוֹפָה. רַבִּי עֲקִיבָא אוֹמֵר, לֹא כָל הַנָּשִׁים וְלֹא כָל הָעֵצִים וְלֹא כָל
הַתַּנּוּרִים שָׁוִין. זֶה הַכְּלָל, תָּפַח, תִּלְטֹשׁ בְּצוֹנֵן:

라반 감리엘은 말한다. "여자 세 명이 동시에 반죽을 이겨서 같은
화덕에서 차례로 빵을 구울 수 있습니다." 하지만 현자들은 [이와 다
르게] 말한다. "여자 세 명이 [동시에] 반죽하는 일을 할 수 있습니다.

한 명은 반죽하고, 다른 한 명은 모양을 만들고, 한 명은 구우면 됩니다." 랍비 아키바는 말한다. "모든 여자들, 모든 나무들, 그리고 모든 화덕들이 동일하지 않습니다. 이것이 일반 원칙이니, 반죽이 부풀어 오르면 찬물을 뿌려야 합니다."

- 반죽이 발효되기 전에 신속하게 빵을 굽는 방법에 대하여 랍비들의 견해가 각각 다르다.
- 발효되기 시작하면 찬물에 넣어 발효 과정을 억제해야 한다는 데에는 모든 랍비들이 동의한다.

3, 5

שְׂאֹר, יִשָּׂרֵף, וְהָאוֹכְלוֹ פָטוּר. סִדּוּק, יִשָּׂרֵף, וְהָאוֹכְלוֹ חַיָּב כָּרֵת. אֵיזֶהוּ שְׂאֹר, כְּקַרְנֵי חֲגָבִים. סִדּוּק, שֶׁנִּתְעָרְבוּ סִדְקָיו זֶה בָזֶה, דִּבְרֵי רַבִּי יְהוּדָה. וַחֲכָמִים אוֹמְרִים, זֶה וָזֶה, הָאוֹכְלוֹ חַיָּב כָּרֵת. וְאֵיזֶהוּ שְׂאֹר, כֹּל שֶׁהִכְסִיפוּ פָנָיו כְּאָדָם שֶׁעָמְדוּ שַׂעֲרוֹתָיו:

"발효되기 시작한 반죽은 불에 태워야 합니다. 그런데 그것을 먹은 사람은 면제됩니다. 완전히 발효된 반죽은 불에 태워야 합니다. 그리고 그것을 먹은 사람은 '카렛'형을 받아야 합니다. 어떤 것이 발효되기 시작한 것인가? 메뚜기 뿔 같은 것입니다. 완전히 발효된 것은? [반죽의] 틈이 다 같이 엮어진 것입니다." 랍비 예후다의 말이다. 하지만 현자들은 말한다. "이 경우든 저 경우든 먹은 사람은 '카렛'형을 받아야 합니다. 어떤 것이 발효되기 시작한 것인가? [반죽] 표면이 사람의 머리카락이 끝에 선 것처럼 하얗게 변한 것입니다."

- 랍비 예후다는 발효되기 시작한 것을 먹더라도 이스라엘 회중에서 끊어지는 '카렛'형을 받지는 않고 완전히 발효된 것을 먹어야 받는

다고 주장한다. 하지만 현자들은 어떤 것을 먹든지 '카렛'형을 받는
다고 말한다.

3, 6

אַרְבָּעָה עָשָׂר שֶׁחָל לִהְיוֹת בְּשַׁבָּת, מְבַעֲרִים אֶת הַכֹּל מִלִּפְנֵי הַשַּׁבָּת, דִּבְרֵי
רַבִּי מֵאִיר. וַחֲכָמִים אוֹמְרִים, בִּזְמַנָּן. רַבִּי אֶלְעָזָר בַּר צָדוֹק אוֹמֵר, תְּרוּמָה
מִלִּפְנֵי הַשַּׁבָּת, וְחֻלִּין בִּזְמַנָּן:

"〔니싼월〕 14일이 안식일에 시작한다면, 모든 〔누룩〕을 안식일 전
에 치워야 합니다." 랍비 메이르의 말이다. 하지만 현자들은 다음과
같이 말했다. "시간이 되었을 때 〔치우면 됩니다〕." 랍비 엘리에제르
벤 짜독은 다음과 같이 말한다. "거제는 안식일이 되기 전에, 그리고
〔나머지〕 일반 음식은 정해진 시간에 〔치우면 됩니다.〕"

- 누룩은 보통 유월절 전날에 불에 태워 없앤다. 하지만 유월절 전날
  이 안식일이면 문제가 된다. 왜냐하면 안식일에는 불을 피워서는 안
  되기 때문이다.
- 랍비 메이르는 안식일이 되기 전날까지 모든 누룩을 제거해야 한다
  고 주장한다. 하지만 대부분의 랍비들은 유월절 규정에 따라 정해진
  시간에 치우면 된다고 말한다. 정해진 시간이란 14일 전날 저녁으로
  즉 안식일 저녁을 말한다(자세한 시간은 「페싸힘」 1, 4).

3, 7

הַהוֹלֵךְ לִשְׁחֹט אֶת פִּסְחוֹ, וְלָמוּל אֶת בְּנוֹ, וְלֶאֱכֹל סְעֻדַּת אֵרוּסִין בְּבֵית חָמִיו,
וְנִזְכַּר שֶׁיֶּשׁ לוֹ חָמֵץ בְּתוֹךְ בֵּיתוֹ, אִם יָכוֹל לַחֲזֹר וּלְבַעֵר וְלַחֲזֹר לְמִצְוָתוֹ, יַחֲזֹר
וִיבַעֵר. וְאִם לָאו, מְבַטְּלוֹ בְּלִבּוֹ. לְהַצִּיל מִן הַנָּכְרִים, וּמִן הַנָּהָר, וּמִן הַלִּסְטִים,
וּמִן הַדְּלֵקָה, וּמִן הַמַּפֹּלֶת, יְבַטֵּל בְּלִבּוֹ. וְלִשְׁבֹּת שְׁבִיתַת הָרְשׁוּת, יַחֲזֹר מִיָּד:

유월절 제물을 잡기 위해, 아들에게 할례를 시키기 위해, 혹은 처가 집에서 결혼식사를 하기 위해 여행을 떠난 사람이 자기 집에 제거해야 할 누룩이 있다는 것이 생각난 경우에, 만약 돌아가서 치우는 것이 가능하면 돌아가서 그의 의무를 행해야 한다. 하지만 〔돌아가서 치울 시간이〕 없다면 그의 마음에서 폐기해야 한다. 외부인의 손으로부터, 강에서, 강도로부터, 불에서, 무너지는 건물에서 구하고 있을 때에는, 그의 마음에서 폐기해야 한다. 하지만 만족을 위해 휴식하고 있는 경우에는 즉시 돌아와야 한다.

- 여행을 떠난 사람이 자신의 집에 누룩이 남아 있다는 사실이 생각났을 때 돌아와야 하는지 아니면 계속 여행해야 하는지는 시간이 있느냐의 여부에 따라 결정한다. 돌아와서 정해진 시간 내에 치울 수 있다면 돌아가서 누룩을 없애야 한다.
- 만약 그럴 시간이 없다면 남아 있는 누룩이 마치 먼지인 것처럼 또는 자기 소유가 아닌 것처럼 마음속에서 폐기한다. 다른 사람의 생명을 구하는 일을 하는 동안에도 마찬가지다. 휴식하는 동안에 생각이 났다면 돌아와서 누룩을 제거해야 한다.

3, 8

וְכֵן מִי שֶׁיָּצָא מִירוּשָׁלַיִם וְנִזְכַּר שֶׁיֵּשׁ בְּיָדוֹ בְּשַׂר קֹדֶשׁ, אִם עָבַר צוֹפִים, שׂוֹרְפוֹ בִמְקוֹמוֹ. וְאִם לָאו, חוֹזֵר וְשׂוֹרְפוֹ לִפְנֵי הַבִּירָה מֵעֲצֵי הַמַּעֲרָכָה. וְעַד כַּמָּה הֵן חוֹזְרִין, רַבִּי מֵאִיר אוֹמֵר, זֶה וָזֶה בְּכַבֵּיצָה. רַבִּי יְהוּדָה אוֹמֵר, זֶה וָזֶה בְּכַזַּיִת. וַחֲכָמִים אוֹמְרִים, בְּשַׂר קֹדֶשׁ בְּכַזַּיִת, וְחָמֵץ בְּכַבֵּיצָה:

이처럼 또한 어떤 사람이 예루살렘에서 나왔는데 그의 손에 거룩한 고기가 있다는 사실을 알게 되었을 때, 만약 이미 쪼핌[4]산을 지났으면 그 자리에서 태워야 한다. 하지만 아직 지나지 않았다면 돌아와 성전산[5] 앞에서 〔제단의〕 나무로 태워야 한다. 얼마만큼 〔있을 때〕 돌아와야 하는가? 랍비 메이르는 말한다. "이것이든 저것이든 계란 크기와 같습니다." 랍비 예후다는 말한다. "이것이든 저것이든 올리브 크기와 같습니다." 하지만 현자들은 말한다. "거룩한 고기는 올리브 크기와 같고, 누룩은 계란 크기와 같습니다."

- 희생제물로 드린 고기는 제사 후에 예루살렘 안에서 먹어야 한다. 만약 부지중에 거룩한 고기를 가지고 예루살렘 밖으로 나갔다면 불에 태워야 한다. 나간 거리에 따라 태우는 장소가 다르다.

제4장

이번 장에서는 유월절을 지키는 방식이 지역마다 조금씩 다를 수 있다는 다양성을 말하는 미쉬나로 시작한다. 그렇기 때문에 한 지역에서 다른 지역으로 일시적으로 이동한 경우에 그 사람은 본래 자기 지역의 법을 따라야 하는지 아니면 현지의 법을 따라야 하는지가 문제된다. 두 번째 미쉬나부터 다섯 번째 미쉬나에서는 비슷한 방식으로 다른 명절에도 지역에 따라 달리 적용되는 규정들을 다룬다. 다시 여섯 번째 미쉬나부터 마지막까지는 본래 주제인 유월절과 관련된 규정들을 다룬다.

---

4) 쪼핌(tzofim)은 감람산 북동쪽에 위치한 언덕을 지칭한다. 오늘날 히브리대학교가 위치한 곳으로 '하르-하쪼핌'(Har-Hatzofim, 전망산)이라고 부른다.
5) 성전산으로 번역한 히브리어 단어는 '비라'(בירה, Birah)이다. 성전산에 비라로 알려진 장소가 있다고 알려져 있다. 하지만 '비라'에 대한 정확한 위치는 이미 탈무드 시대부터 다양한 견해가 존재한다.

מָקוֹם שֶׁנָּהֲגוּ לַעֲשׂוֹת מְלָאכָה בְּעַרְבֵי פְסָחִים עַד חֲצוֹת, עוֹשִׂין. מָקוֹם
שֶׁנָּהֲגוּ שֶׁלֹּא לַעֲשׂוֹת, אֵין עוֹשִׂין. הַהוֹלֵךְ מִמְּקוֹם שֶׁעוֹשִׂין לִמְקוֹם שֶׁאֵין
עוֹשִׂין, אוֹ מִמְּקוֹם שֶׁאֵין עוֹשִׂין לִמְקוֹם שֶׁעוֹשִׂין, נוֹתְנִין עָלָיו חֻמְרֵי מָקוֹם
שֶׁיָּצָא מִשָּׁם וְחֻמְרֵי מָקוֹם שֶׁהָלַךְ לְשָׁם. וְאַל יְשַׁנֶּה אָדָם, מִפְּנֵי הַמַּחֲלֹקֶת:

유월절 전날 정오까지 일을 하던 지역에서는 〔일을〕 할 수 있다. 〔유
월절 전날 정오까지〕 일을 하지 않던 지역에서는 해서는 안 된다. 만약
일을 하던 지역에서 하지 않은 지역으로 갔거나, 일을 하지 않은 지역
에서 하는 지역으로 갔다면, 그에게 그가 나온 곳의 더 심한 제약과 가
는 곳의 더 심한 제약이 부과된다. 하지만 분쟁으로 인해 사람을 〔그
지역의 관습과 다르게〕 바꾸려고 하면 안 된다.

- 관습에 따라 유월절 전날 아침부터 일을 하지 않는 지역에서는 일을
  해서는 안 된다. 오전에 일을 하던 지역에서는 그렇게 하면 된다.
- 서로 다른 지역으로 갔을 때에는 두 지역 중에서 더 엄격하게 제한
  하고 있는 법, 즉 일을 하지 않는 관습을 따르는 것이 원칙이다. 일을
  하지 않는 지역으로 갔으면 그 지역의 법을 따르고, 자신이 일을 하
  지 않는 지역 출신이면 자신의 지역 관습을 따르면 된다.

כַּיּוֹצֵא בוֹ, הַמּוֹלִיךְ פֵּרוֹת שְׁבִיעִית מִמָּקוֹם שֶׁכָּלוּ לִמְקוֹם שֶׁלֹּא כָלוּ, אוֹ
מִמָּקוֹם שֶׁלֹּא כָלוּ לִמְקוֹם שֶׁכָּלוּ, חַיָּב לְבַעֵר. רַבִּי יְהוּדָה אוֹמֵר, אוֹמְרִים לוֹ,
צֵא וְהָבֵא לְךָ אַף אָתָּה:

같은 방식으로 안식년 산물을 〔들에서〕 끝이 난 장소에서 끝나지 않
은 장소로 또는 끝나지 않은 장소에서 끝나는 장소로 나르는 경우는
〔그 산물을〕 없애야 한다. 랍비 예후다가 말한다. "그들이 그에게 '당

신들도 나가서 〔산물을〕 운반할 수 있습니다'라고 말할 수 있습니다."

- 안식년에는 들에서 산물이 자라고 있는 동안은 가져와 저장할 수 있지만 더 이상 자라지 않을 때에는 그럴 수 없다. 그런데 문제는 어느 한 지역에서는 더 이상 자라지 않지만 다른 장소에서는 아직 자라고 있을 때가 있다. 랍비들은 이때도 더 엄정한 지역의 법을 따라야 한다고 말한다.
- 랍비 예후다는 다른 랍비들과 달리 산물을 먹을 수 있다고 말한다.

4, 3

מָקוֹם שֶׁנָּהֲגוּ לִמְכֹּר בְּהֵמָה דַקָּה לַגּוֹיִם, מוֹכְרִין. מָקוֹם שֶׁנָּהֲגוּ שֶׁלֹּא לִמְכֹּר, אֵין מוֹכְרִין. וּבְכָל מָקוֹם אֵין מוֹכְרִין לָהֶם בְּהֵמָה גַסָּה, עֲגָלִים וּסְיָחִים שְׁלֵמִין וּשְׁבוּרִין. רַבִּי יְהוּדָה מַתִּיר בִּשְׁבוּרָה. בֶּן בְּתֵירָה מַתִּיר בְּסוּס:

작은 가축을 외국인에게 팔던 지역에서는 팔 수 있다. 팔지 않던 지역에서는 팔면 안 된다. 어떤 장소에서도 건강하든지 다친 것이든지 소나 나귀와 같이 큰 가축들은 팔 수 없다. 랍비 예후다는 다친 것들은 허락했다. 벤 브테라는 말을 허락했다.

- 안식일에 큰 가축을 비유대인에게 파는 것은 금지된다. 왜냐하면 비유대인이 안식일에 그 가축에게 일을 시킬 수 있기 때문이다. 하지만 양이나 염소 같은 작은 가축들은 안식일에 일을 시키지 않기 때문에 비유대인에게 팔 수 있다.

4, 4

מָקוֹם שֶׁנָּהֲגוּ לֶאֱכֹל צָלִי בְּלֵילֵי פְסָחִים, אוֹכְלִין. מָקוֹם שֶׁנָּהֲגוּ שֶׁלֹּא לֶאֱכֹל, אֵין אוֹכְלִין. מָקוֹם שֶׁנָּהֲגוּ לְהַדְלִיק אֶת הַנֵּר בְּלֵילֵי יוֹם הַכִּפּוּרִים, מַדְלִיקִין.

מְקוֹם שֶׁנָּהֲגוּ שֶׁלֹּא לְהַדְלִיק, אֵין מַדְלִיקִין. וּמַדְלִיקִין בְּבָתֵּי כְנֵסִיּוֹת וּבְבָתֵּי
מִדְרָשׁוֹת, וּבַמְּבוֹאוֹת הָאֲפֵלִים, וְעַל גַּבֵּי הַחוֹלִים:

유월절 저녁에 구운 고기를 먹던 지역에서는 먹을 수 있다. 먹지 않던 지역에서는 먹으면 안 된다. 대속죄일 저녁에 등잔불을 밝히던 지역에서는 켤 수 있다. 밝히지 않던 지역에서는 밝히면 안 된다. 회당, 학교, 어두운 골목, 환자를 위해서 [등잔불을] 밝혀도 된다.

- 유월절 제물은 성전에서 구워 먹어야 한다. 성전이 없어진 후에 랍비들은 먹는 것을 금했다. 하지만 여전히 먹는 사람들이 있었다.
- 안식일과 명절이 시작하는 저녁에 등잔불을 밝혔다. 이것은 기쁨을 표현하는 의미로 받아들여졌다. 하지만 대속죄일에는 기쁨을 표현하는 다른 명절들과 달리 등잔불을 밝히지 않는 지역들도 있었다.
- 공공장소인 회당과 학교 그리고 등잔불이 필요한 어두운 골목길과 환자들을 돌보기 위해서 예외적으로 밝혀도 된다.

4, 5

מְקוֹם שֶׁנָּהֲגוּ לַעֲשׂוֹת מְלָאכָה בְתִשְׁעָה בְאָב, עוֹשִׂין. מְקוֹם שֶׁנָּהֲגוּ שֶׁלֹּא
לַעֲשׂוֹת מְלָאכָה, אֵין עוֹשִׂין. וּבְכָל מָקוֹם תַּלְמִידֵי חֲכָמִים בְּטֵלִים. רַבָּן שִׁמְעוֹן
בֶּן גַּמְלִיאֵל אוֹמֵר, לְעוֹלָם יַעֲשֶׂה אָדָם עַצְמוֹ תַּלְמִיד חָכָם. וַחֲכָמִים אוֹמְרִים,
בִּיהוּדָה הָיוּ עוֹשִׂין מְלָאכָה בְעַרְבֵי פְסָחִים עַד חֲצוֹת, וּבַגָּלִיל לֹא הָיוּ עוֹשִׂין
כָּל עִקָּר. וְהַלַּיְלָה, בֵּית שַׁמַּאי אוֹסְרִין, וּבֵית הִלֵּל מַתִּירִין עַד הָנֵץ הַחַמָּה:

아브월 9일에 일을 하던 지역에서는 일할 수 있다. 일하지 않던 지역에서는 일하면 안 된다. 하지만 어떤 곳에서나 현인들의 제자들은 일을 하면 안 된다. 라반 쉼온 벤 감리엘은 말한다. "사람은 언제나 현인의 제자처럼 행동해야 합니다." 현자들은 말한다. "유다 지역에서는 유월절 전날에 정오까지 일을 하지만 갈릴리 지역에서는 전혀 하

지 않습니다." 밤에 〔일하는 것을〕 샴마이 학파는 금했고, 힐렐 학파
는 해가 뜨기 전까지 허락했다.

- 아브(Av)월 9일은 예루살렘의 멸망과 성전의 파괴를 애도하는 날로
  일반적인 명절과 다르다. 이날은 오경 본문이 일하기를 금지한 것은
  아니었다. 하지만 애도하는 사람이 일하는 것은 바람직하지 않아 일
  을 하지 않는 관습이 생겼다.
- 현자들은 첫 번째 미쉬나에서 다룬 주제를 말하고 있다. 랍비들은
  유다 지역에서는 유월절 전날의 정오까지 일할 수 있지만 갈릴리 지
  역에서는 아침부터 일하지 않았다.
- 샴마이 학파는 유월절 전날 밤에 일하는 것을 금지했는데, 힐렐 학
  파는 해 뜨기 전까지는 일할 수 있다고 주장한다.

4, 6

רַבִּי מֵאִיר אוֹמֵר, כָּל מְלָאכָה שֶׁהִתְחִיל בָּהּ קֹדֶם לְאַרְבָּעָה עָשָׂר, גּוֹמְרָהּ
בְּאַרְבָּעָה עָשָׂר. אֲבָל לֹא יַתְחִיל בָּהּ בַּתְּחִלָּה בְּאַרְבָּעָה עָשָׂר, אַף עַל פִּי
שֶׁיָּכוֹל לְגָמְרָהּ. וַחֲכָמִים אוֹמְרִים, שָׁלֹשׁ אֻמָּנִיּוֹת עוֹשִׂין מְלָאכָה בְּעַרְבֵי
פְסָחִים עַד חֲצוֹת, וְאֵלּוּ הֵן, הַחַיָּטִים, הַסַּפָּרִים וְהַכּוֹבְסִין. רַבִּי יוֹסֵי בַּר יְהוּדָה
אוֹמֵר, אַף הָרַצְעָנִים:

랍비 메이르는 말한다. "어떤 일이든지 14일 전에 시작했다면 14일
에 끝내야 하며, 비록 끝낼 수 있다고 하더라도 14일에는 〔일을〕 시작
할 수 없습니다." 하지만 다른 현자들은 말한다. "세 가지 일들은 14일
이 되는 날 정오까지 할 수 있는데, 그 일들은 재단사, 이발사, 그리고
세탁업자입니다." 랍비 요쎄 바르 예후다는 말한다. "제화공도 〔정오
까지 일할 수 있습니다〕."

- 랍비 메이르는 14일이 되기 전부터 하던 일은 14일까지 마무리해야 한다고 말한다. 그런데 14일이 되었다면 심지어 14일에 끝낼 수 있는 일이라도 시작해서는 안 된다.
- 랍비들은 재단사, 이발사, 세탁업자는 예외적으로 유월절 전날 정오까지 일할 수 있다고 말한다. 랍비 요쎄 바르 예후다는 여기에 제화공도 추가되어야 한다고 주장한다.

4, 7

מוֹשִׁיבִין שׁוֹבְכִין לַתַּרְנְגוֹלִים בְּאַרְבָּעָה עָשָׂר. וְתַרְנְגֹלֶת שֶׁבָּרְחָה, מַחֲזִירִין אוֹתָהּ לִמְקוֹמָהּ. וְאִם מֵתָה, מוֹשִׁיבִין אַחֶרֶת תַּחְתֶּיהָ. גּוֹרְפִין מִתַּחַת רַגְלֵי בְהֵמָה בְּאַרְבָּעָה עָשָׂר, וּבַמּוֹעֵד מְסַלְּקִין לַצְּדָדִין. מוֹלִיכִין וּמְבִיאִין כֵּלִים מִבֵּית הָאֻמָּן, אַף עַל פִּי שֶׁאֵינָם לְצֹרֶךְ הַמּוֹעֵד:

〔니싼월〕 14일에 닭장을 설치할 수 있다. 닭이 도망을 갔으면 그것을 본래 자리에 가져다 둔다. 만약 그것이 죽었으면 그 대신 다른 〔닭장을〕 설치한다. 14일에 가축의 다리 아래 있는 〔거름을〕 치울 수 있지만, 명절에는 그것을 한쪽에 치워둘 수 있다. 비록 명절에 필요 없더라도 장인의 집에서 공구를 가져다 놓을 수 있다.

- '닭장을 설치한다'는 말은 어미 닭이 계란을 품게 만들어 부화하도록 유도한다는 의미다. 이것은 실제적인 '일'이 아니기 때문에 니싼월 14일에 할 수 있는 일이다.
- 가축 다리에 있는 거름(똥)을 치우는 일도 14일에 할 수 있다. 하지만 명절날에는 완전히 치우는 일은 안 되고 한쪽으로 모아두는 정도만 가능하다.

שִׁשָּׁה דְבָרִים עָשׂוּ אַנְשֵׁי יְרִיחוֹ, עַל שְׁלֹשָׁה מִחוּ בְיָדָם, וְעַל שְׁלֹשָׁה לֹא
מִחוּ בְיָדָם. וְאֵלּוּ הֵן שֶׁלֹּא מִחוּ בְיָדָם, מַרְכִּיבִין דְּקָלִים כָּל הַיּוֹם, וְכוֹרְכִין
אֶת שְׁמַע, וְקוֹצְרִין וְגוֹדְשִׁין לִפְנֵי הָעֹמֶר, וְלֹא מִחוּ בְיָדָם. וְאֵלּוּ שֶׁמִּחוּ בְיָדָם,
מַתִּירִין גִּמְזִיּוֹת שֶׁל הֶקְדֵּשׁ, וְאוֹכְלִין מִתַּחַת הַנְּשָׁרִים בְּשַׁבָּת, וְנוֹתְנִים פֵּאָה
לַיָּרָק, וּמִחוּ בְיָדָם חֲכָמִים:

여리고 사람들이 여섯 가지 일을 행하였다. 세 가지에 대해서 [랍비들은] 거부했지만, 세 가지에 대해서는 거부하지 않았다. [랍비들이] 거부하지 않는 일들은 다음과 같다. 하루 종일 야자수를 접붙였다. 쉐마를 감쌌다. 오메르 전에 [곡식을] 수확해서 쌓았다. [랍비들은] 거부하지 않았다. [랍비들이] 거부한 일들은 다음과 같다. 그들은 성별된 작은 가지들을 [사용하도록] 허락했다. 안식일에 [나무] 아래에 떨어진 과일을 먹었다. [들의] 모퉁이를 [가난할 사람들을 위한] 식물로 제공했다. 랍비들은 [이것들을] 거부했다.

- 여리고 사람들이 14일에 일하는 여섯 가지 일들이 있었는데 이 가운데 세 가지 일은 랍비들이 반대하지 않았다. 그러나 세 가지에 대해서는 랍비들이 해서는 안 된다고 말했다.

제5장

이번 장에서는 유월절 제물을 어떻게 바쳐야 하는지 그 절차와 방식을 다룬다. 따라서 대부분의 내용은 쎄데르(제5권) 『코다쉼』의 마쎄켓(제1부) 「제바힘」에서 다루는 내용과 유사하다. 유월절 제물을 드릴 때 상번제물과 겹치지 않도록 상번제를 먼저 드리고 나서 유월절 희

생제사를 드린다. 제물의 이름(명목)이 잘못될 경우 그 제사는 무효가
되기 때문에 바뀌지 않도록 주의해야 한다.

5, 1

תָּמִיד נִשְׁחָט בְּשְׁמֹנֶה וּמֶחֱצָה וְקָרֵב בְּתֵשַׁע וּמֶחֱצָה. בְּעַרְבֵי פְסָחִים נִשְׁחָט
בְּשֶׁבַע וּמֶחֱצָה וְקָרֵב בִּשְׁמֹנֶה וּמֶחֱצָה, בֵּין בְּחֹל בֵּין בְּשַׁבָּת. חָל עֶרֶב פֶּסַח
לִהְיוֹת בְּעֶרֶב שַׁבָּת, נִשְׁחָט בְּשֵׁשׁ וּמֶחֱצָה וְקָרֵב בְּשֶׁבַע וּמֶחֱצָה, וְהַפֶּסַח
אַחֲרָיו:

〔오후〕 상번제는 〔매일〕 8시 반에 도살하여 9시 반에 바친다. 유월
절 저녁에는 7시 반에 도살하여 8시 반에 바친다. 평일이든지 안식일
이든지. 유월절 저녁이 안식일 저녁에 시작할 때에는 6시 반에 도살
하여 7시 반에 바친다. 그리고 그 뒤에 유월절 제물을 〔도살한다〕.

- 매일 드리는 상번제에 대한 성서의 규정은 민수기 28:1-8에 나와 있
  다. 하지만 구체적인 시간이 나와 있지 않고 단지 '아침'과 '해 질 때'
  라고 말한다. 반면에 미쉬나에서는 구체적인 시간을 정해주고 있다.
- 매일 오후에 드리는 상번제의 제물은 보통 8시 반에 잡아서 9시 반
  에 바친다(현재 오후 2시 반에서 3시 반). 하지만 유월절이 되면 상
  번제 제물을 바친 후에 유월절 제물도 바쳐야 한다. 따라서 평소보
  다 상번제를 한 시간 먼저 드려야 한다. 이보다 더 이른 시간에 상번
  제를 바치는 것은 어렵다. 왜냐하면 제사장들이 상번제를 드리기 전
  에 개인들이 자원하는 제물이나 서원제물을 바치기 때문이다. 결론
  적으로 (개인) 서원제물 → (제사장) 상번제물 → 유월절 제물 순서
  로 바친다.
- 안식일이 시작하는 안식일 저녁이 되기 전에 상번제와 유월절 제물
  을 모두 바쳐야 하기 때문에 유월절 저녁과 안식일 저녁이 같이 시

작할 때에는 제물을 평소보다 한 시간 일찍 도살하여 바친다. 하지만 이미 안식일 저녁이 지난 다음 날(안식일 당일)에는 평일처럼 8시 반까지 상번제를 마치고 9시 반까지 유월절 제물을 드리면 된다.

5, 2

הַפֶּסַח שֶׁשְּׁחָטוֹ שֶׁלֹּא לִשְׁמוֹ, וְקִבֵּל וְהִלֵּךְ וְזָרַק שֶׁלֹּא לִשְׁמוֹ, אוֹ לִשְׁמוֹ וְשֶׁלֹּא לִשְׁמוֹ, אוֹ שֶׁלֹּא לִשְׁמוֹ וְלִשְׁמוֹ, פָּסוּל. כֵּיצַד לִשְׁמוֹ וְשֶׁלֹּא לִשְׁמוֹ, לְשֵׁם פֶּסַח וּלְשֵׁם שְׁלָמִים. שֶׁלֹּא לִשְׁמוֹ וְלִשְׁמוֹ, לְשֵׁם שְׁלָמִים וּלְשֵׁם פֶּסַח:

유월절 제물을 그 이름으로 도살하지 않고, 취혈과 운반과 〔피〕뿌리기가 그〔유월절〕 이름으로 이루어지지 않은 경우, 혹은 그〔유월절〕 이름으로 〔이루어지다가〕 〔나머지를〕 그 이름으로 하지 못한 경우, 혹은 〔처음에는〕 그 〔유월절〕 이름으로 드리지 않다가 〔후에〕 그 이름으로 드리는 경우, 무효가 된다. 어떻게 그 〔유월절〕 이름으로 〔도살하고〕 다른 이름으로 〔피를 뿌리는가?〕 〔예를 들면〕 유월절 제물〔로 도살하고〕 화목제물〔로 뿌리는 경우다〕. 다른 이름으로 〔도살하고〕 그 〔유월절〕 이름으로 〔뿌리는 경우는 어떤 경우인가?〕 화목제로 〔도살하고〕 유월절 제물로 〔뿌리는 경우다〕.

- 제물을 도살하고 목에서 취혈하고 그리고 취혈한 피를 제단에 뿌리는 모든 과정이 같은 이름으로 이루어지지 않고 다른 이름으로 이루어진 경우에 그 제물은 무효가 된다.

5, 3

שְׁחָטוֹ שֶׁלֹּא לְאוֹכְלָיו וְשֶׁלֹּא לִמְנוּיָיו, לַעֲרֵלִים וְלִטְמֵאִים, פָּסוּל. לְאוֹכְלָיו וְשֶׁלֹּא לְאוֹכְלָיו, לִמְנוּיָיו וְשֶׁלֹּא לִמְנוּיָיו, לְמוּלִים וְלַעֲרֵלִים, לִטְמֵאִים וְלִטְהוֹרִים, כָּשֵׁר. שְׁחָטוֹ קֹדֶם חֲצוֹת, פָּסוּל, מִשּׁוּם שֶׁנֶּאֱמַר בֵּין הָעַרְבָּיִם.

שְׁחָטוֹ קֹדֶם לַתָּמִיד, כָּשֵׁר, וּבִלְבַד שֶׁיְּהֵא אֶחָד מְמָרֵס בְּדָמוֹ עַד שֶׁיִּזְרֹק דַּם הַתָּמִיד. וְאִם נִזְרַק, כָּשֵׁר:

먹을 수 없는 사람, 등록되지 않은 사람, 할례받지 않은 사람, 부정한 사람을 위해 도살한 것은 무효가 된다. 먹어도 되는 사람과 먹으면 안 되는 사람, 등록된 사람과 등록되지 않은 사람, 할례받은 사람과 할례받지 않은 사람, 부정한 사람과 정한 사람〔모두를 위해 도살했으면〕, 적합하다. 오전에 도살했으면 무효가 된다. 왜냐하면 성서에 '해 질 때'라고 기록되었기 때문이다. 상번제보다 먼저 도살하는 것은 적합하다. 단, 상번제의 피를 뿌리기 전까지 누군가〔굳지 않도록〕 그 피를 젓고 있어야 한다. 그리고〔그 피를〕 뿌리면 적합하다.

- 유월절 제물의 고기는 제사 후에 가족 구성원에 속하는 사람들이 공유한다. 우선, 할례를 받지 않은 사람은 먹을 수 없다(출 12:48). 등록되지 않은 사람도 먹을 수 없다. 등록되어야 한다는 개념은 미리 계산에 넣어야 한다는 의미다(출 12:4). 의례적으로 정결하지 않은 사람도 먹어서는 안 된다. 마지막으로 너무 연로하거나 병약해서 의무적으로 먹어야 하는 올리브 한 알 크기만큼 먹을 수 없는 상태의 사람도 먹어서는 안 된다.
- 유월절 제물을 '해 질 때'에 도살해야 한다는 최초의 규정은 출애굽기 12:6에 나와 있다.
- 보통 상번제를 먼저 드리고 유월절 제물을 나중에 드리는데 상번제보다 먼저 유월절 제물을 도살하고 피를 뿌리는 것은 가능하다. 다만, 이때 상번제의 피보다 유월절 제물의 피를 나중에 뿌리면 된다.

הַשּׁוֹחֵט אֶת הַפֶּסַח עַל הֶחָמֵץ, עוֹבֵר בְּלֹא תַעֲשֶׂה. רַבִּי יְהוּדָה אוֹמֵר, אַף
הַתָּמִיד. רַבִּי שִׁמְעוֹן אוֹמֵר, הַפֶּסַח בְּאַרְבָּעָה עָשָׂר, לִשְׁמוֹ חַיָּב, וְשֶׁלֹּא לִשְׁמוֹ
פָּטוּר. וּשְׁאָר כָּל הַזְּבָחִים, בֵּין לִשְׁמָן וּבֵין שֶׁלֹּא לִשְׁמָן, פָּטוּר. וּבַמּוֹעֵד, לִשְׁמוֹ
פָּטוּר, וְשֶׁלֹּא לִשְׁמוֹ חַיָּב, וּשְׁאָר כָּל הַזְּבָחִים, בֵּין לִשְׁמָן וּבֵין שֶׁלֹּא לִשְׁמָן,
חַיָּב, חוּץ מִן הַחַטָּאת שֶׁשְּׁחָטָהּ שֶׁלֹּא לִשְׁמָהּ:

유월절 제물을 누룩 위에서 도살한 사람은 '하지 말라'는 [명령을] 어긴 것이다. 랍비 예후다는 말한다. "상번제도 마찬가지입니다." 랍비 쉼온은 말한다. "유월절 제물을 [누룩과 함께] 14일에 그 이름으로 [도살했으면] 그는 [속죄제] 책임이 있지만, 그 이름이 아니면 [속죄제]가 면제됩니다. 그 외 희생제물들은 그 이름으로 [도살했든지] 그 이름이 아니든지 [속죄제]가 면제됩니다. 명절 동안에는 [유월절 제물을] 그 이름으로 [도살했으면] 면제되지만, 다른 이름이면 [속죄제] 책임이 있습니다. 나머지 희생제물들은 그 이름으로 [도살했든지] 그 이름이 아니든지 [속죄제] 책임이 있습니다. 다만, 다른 이름으로 도살되는 속죄제물은 제외됩니다."

- 유월절 제물을 누룩과 함께 바치는 것은 엄격하게 금지된다. 위에서 말하는 '하지 말라'는 명령은 출애굽기 34:25을 의미한다. "너는 내 제물의 피를 유교병과 함께 드리지 말며 … ."
- '명절 동안'은 일주일 동안 지속되는 유월절 기간이다. 이 기간에 다른 희생제물을 누룩과 함께 드리면 속죄제의 책임이 있다. 하지만 이 기간에 유월절 제물의 이름으로 드린다면 속죄제의 책임이 없다. 왜냐하면 유월절 제물을 드리는 때가 아니므로 원천적으로 유월절 제물 자체가 무효가 되므로 속죄제의 책임도 면한다.

הַפֶּסַח נִשְׁחָט בְּשָׁלֹשׁ כַּתּוֹת, שֶׁנֶּאֱמַר וְשָׁחֲטוּ אֹתוֹ כֹּל קְהַל עֲדַת יִשְׂרָאֵל
קָהָל וְעֵדָה וְיִשְׂרָאֵל. נִכְנְסָה כַת הָרִאשׁוֹנָה, נִתְמַלֵּאת הָעֲזָרָה, נָעֲלוּ דַלְתוֹת
הָעֲזָרָה. תָּקְעוּ, הֵרִיעוּ וְתָקְעוּ. הַכֹּהֲנִים עוֹמְדִים שׁוּרוֹת שׁוּרוֹת, וּבִידֵיהֶם
בְּזִיכֵי כֶסֶף וּבְזִיכֵי זָהָב. שׁוּרָה שֶׁכֻּלָּהּ כֶּסֶף כֶּסֶף, וְשׁוּרָה שֶׁכֻּלָּהּ זָהָב זָהָב. לֹא
הָיוּ מְעֹרָבִין. וְלֹא הָיוּ לַבְּזִיכִין שׁוּלַיִם, שֶׁמָּא יַנִּיחוּם וְיִקְרַשׁ הַדָּם:

유월절 제물은 세 단체가 도살한다. 〔구약성서에〕 기록된 것처럼 — "이스라엘 회중[6]이 그 양을 잡고"(출 12:6) — '집합', '회중', 그리고 '이스라엘'이다. 첫 번째 단체가 들어가서 성전 뜰을 가득 채우면 뜰 문을 잠근다. 〔제사장들이〕 나팔을 길게 불고, 짧게 불고 다시 또 길게 분다. 제사장들은 줄을 맞춰 서 있는데 손에는 은그릇들과 금그릇들을 들고 있다. 한 줄 전체는 은그릇이고 다른 줄 전체는 금그릇이다. 그릇들을 섞지 않는다. 그 그릇에는 바닥 테두리가 없는데 〔제사장들이〕 바닥에 놓고 〔잊어버려〕 피가 엉기지 않게 하기 위해서다.

- 출애굽기 12:6의 '이스라엘 회중'은 히브리어 원문에 '이스라엘 회중의 …'로 나온다. 미쉬나에서는 '이스라엘', '회중', '무리'를 각각의 집단으로 해석하여 세 단체라고 말하고 있지만, 성서 본문의 의미는 이 세 단어가 모두 이스라엘 한 집단을 가리킨다.

- 길게 부는 나팔 소리를 '테키아'(tekiah), 짧게 끊는 나팔소리를 '테루아'(teruah)라고 부른다.

- 테두리가 있는 평평한 그릇은 바닥에 놓을 수 있다. 피가 담긴 그릇을 바닥에 둔 사실을 잊어버리면 시간이 지나 피가 엉기게 된다. 그릇 바닥이 둥글거나 뾰족하면 바닥에 둘 수 없기 때문에 잊어버려

---

6) 히브리어 원문은 '이스라엘 회중의 집단'으로 번역하는 것이 더 적절하다. 한글 성경(개역개정)에서는 '집단'이 생략되었다.

피가 엉길 염려가 없다.

5, 6

שָׁחַט יִשְׂרָאֵל וְקִבֵּל הַכֹּהֵן, נוֹתְנוֹ לַחֲבֵרוֹ וַחֲבֵרוֹ לַחֲבֵרוֹ, וּמְקַבֵּל אֶת הַמָּלֵא וּמַחֲזִיר אֶת הָרֵיקָן. כֹּהֵן הַקָּרוֹב אֵצֶל הַמִּזְבֵּחַ זוֹרְקוֹ זְרִיקָה אַחַת כְּנֶגֶד הַיְסוֹד:

유대인이 〔제물을〕 도살하면 제사장이 〔피를〕 취하여 동료에게 전
달하고 그 동료는 다른 동료에게 전달한다. 〔제사장은 피가〕 가득 찬
〔그릇〕을 받고 빈 〔그릇〕을 돌려준다. 제단에 가까운 제사장이 〔제단
의〕 기초에 뿌린다.

● 피는 도살된 짐승의 목 부위에서 취한다. 취혈한 피는 제사장이 제사
  장에게 전달하여 제단 가까이에 있는 제사장이 뿌리게 된다.

5, 7

יָצְתָה כַת רִאשׁוֹנָה וְנִכְנְסָה כַת שְׁנִיָּה. יָצְתָה שְׁנִיָּה, נִכְנְסָה שְׁלִישִׁית.
כְּמַעֲשֵׂה הָרִאשׁוֹנָה כָּךְ מַעֲשֵׂה הַשְּׁנִיָּה וְהַשְּׁלִישִׁית. קָרְאוּ אֶת הַהַלֵּל. אִם
גָּמְרוּ שָׁנוּ, וְאִם שָׁנוּ שִׁלְּשׁוּ, אַף עַל פִּי שֶׁלֹּא שִׁלְּשׁוּ מִימֵיהֶם. רַבִּי יְהוּדָה
אוֹמֵר, מִימֵיהֶם שֶׁל כַּת שְׁלִישִׁית לֹא הִגִּיעַ לְאָהַבְתִּי כִּי יִשְׁמַע ה׳, מִפְּנֵי
שֶׁעַמָּהּ מְעַטִּין:

첫 번째 단체가 나가면 두 번째 단체가 들어온다. 두 번째 단체가
나가면 세 번째 단체가 들어온다. 첫 번째 〔단체가〕 행한 것처럼, 두
번째 〔단체〕와 세 번째 〔단체〕도 행한다. '할렐' 〔찬양〕을 부른다. 〔부르
기를〕 마쳤으면 다시 부르고 다시 부른 후에는 세 번째 부른다. 비록
그들이 결코 세 번 부르지는 않았지만. 랍비 예후다는 말한다. "세 번
째 단체는 결코 "여호와께서 들으시므로 내가 그를 사랑하는도다"에

도달하지 못했습니다. 왜냐하면 〔이스라엘〕 백성의 〔수〕가 적기 때문입니다."

- '할렐'은 시편 113-118의 이른바 '할렐루야 시편'을 가리킨다.
- "여호와께서 들으시므로 내가 그를 사랑하는도다"는 시편 116:1의 구절 일부다.

5, 8

כְּמַעֲשֵׂהוּ בְחֹל כָּךְ מַעֲשֵׂהוּ בְשַׁבָּת, אֶלָּא שֶׁהַכֹּהֲנִים מְדִיחִים אֶת הָעֲזָרָה
שֶׁלֹּא בִרְצוֹן חֲכָמִים. רַבִּי יְהוּדָה אוֹמֵר, כּוֹס הָיָה מְמַלֵּא מִדַּם הַתַּעֲרֹבוֹת,
זְרָקוֹ זְרִיקָה אַחַת עַל גַּבֵּי הַמִּזְבֵּחַ, וְלֹא הוֹדוּ לוֹ חֲכָמִים:

평일에 하는 일은 마찬가지로 안식일에도 하는 일이다. 제사장들은 현자들의 견해와 달리 성전 뜰을 청소한다. 랍비 예후다는 말한다. "섞인 피로 가득 찬 컵을 제단 위에 한번에 뿌립니다." 하지만 다른 랍비들은 동의하지 않는다.

- 랍비들은 안식일에 성전 청소하는 것을 반대한다. 하지만 제사장들은 안식일에도 성전 뜰을 청소한다.

5, 9

כֵּיצַד תּוֹלִין וּמַפְשִׁיטִין, אֻנְקְלָיוֹת שֶׁל בַּרְזֶל הָיוּ קְבוּעִים בַּכְּתָלִים וּבָעַמּוּדִים,
שֶׁבָּהֶן תּוֹלִין וּמַפְשִׁיטִין. וְכָל מִי שֶׁאֵין לוֹ מָקוֹם לִתְלוֹת וּלְהַפְשִׁיט, מַקְלוֹת
דַּקִּים חֲלָקִים הָיוּ שָׁם, וּמַנִּיחַ עַל כְּתֵפוֹ וְעַל כֶּתֶף חֲבֵרוֹ, וְתוֹלֶה וּמַפְשִׁיט. רַבִּי
אֱלִיעֶזֶר אוֹמֵר, אַרְבָּעָה עָשָׂר שֶׁחָל לִהְיוֹת בְּשַׁבָּת, מַנִּיחַ יָדוֹ עַל כֶּתֶף חֲבֵרוֹ,
וְיַד חֲבֵרוֹ עַל כְּתֵפוֹ, וְתוֹלֶה וּמַפְשִׁיט:

〔유월절 제물을〕 어떻게 매달아놓고 〔가죽을〕 벗기는가? 벽이나 기

등에 고정된 철제 고리가 있는데, 거기에 매달아놓고 벗긴다. 매달아놓고 벗기는 장소가 없는 모든 사람은 그곳에 가늘고 매끈한 막대기가 있으면 [막대기를] 자신의 어깨나 친구의 어깨 위에 놓고 [제물을] 매달아놓고 벗긴다. 랍비 엘리에제르는 말한다. "[니싼월] 14일이 안식일에 시작하면 그의 손을 친구의 어깨 위에 얹고 친구의 손은 자신의 어깨 위에 얹고 [그 위에 제물을] 매달아놓고 [가죽을] 벗기면 됩니다."

- 유월절 제물의 가죽을 벗기는 일은 비록 안식일이라도 평일과 동일하게 막대기 위에 걸어놓고 벗기면 된다. 하지만 소수 의견으로 랍비 엘리에제르는 안식일에는 막대기를 사용해서는 안 되기 때문에 자신과 동료(친구)의 어깨 위에 제물을 올려놓고 벗겨야 한다고 주장한다.

5, 10

קְרָעוֹ וְהוֹצִיא אֵמוּרָיו, נְתָנוֹ בְּמָגִיס וְהִקְטִירָן עַל גַּבֵּי הַמִּזְבֵּחַ. יָצְתָה כַת רִאשׁוֹנָה וְיָשְׁבָה לָהּ בְּהַר הַבַּיִת, שְׁנִיָּה בַּחֵיל, וְהַשְּׁלִישִׁית בִּמְקוֹמָהּ עוֹמֶדֶת. חֲשֵׁכָה, יָצְאוּ וְצָלוּ אֶת פִּסְחֵיהֶן:

[제물을] 찢어서 소각부를 꺼낸다. 그것들을 쟁반에 담아 제단에서 태운다. 첫 번째 단체가 나가서 성전산에 앉으면, 두 번째 단체는 헬(חֵיל)[7]에 [앉고], 세 번째 [단체]는 그들의 자리에 선다. 저녁이 되어 [안식일이 끝나면], 그들은 [자신들의 집으로] 가서 유월절 제물을 굽는다.

---

7) 성전 주변부에 있는 '헬'(חֵיל)에 대해서는 성전의 구조를 자세히 다루고 있는 『코다쉼』「미돗」(특히 2, 3)을 참조하라.

- 가죽을 벗긴 후에는 배에 구멍을 뚫고 내장 기름을 꺼낸다. 꺼낸 기름은 쟁반에 담아 제단으로 가져가 불에 태운다. 불에 태우는 부분이라 소각부라 부른다.
- 기름을 제단에서 태우면 각자 집으로 가서 불에 구워 먹으면 된다. 하지만 유월절이 안식일이면 해가 질 때까지 기다렸다 떠나야 한다. 이때 첫 번째 단체는 성전산에서 대기하고 둘째 단체는 '헬'이라 불리는 성전 뜰 바깥 부분에서 기다리고 셋째 단체는 아직 성전에 머물며 기다린다.

제6장

이번 장에서는 유월절이 안식일과 겹치는 경우에 희생제물을 어떻게 드려야 하는지 말해준다. 유월절 제물은 안식일에도 정상적으로 드려져야 한다. 다만 유월절 제물이 평일에 드려지는 것처럼 모든 절차가 다 허락되지 않고 일부 절차는 금지된다.

6, 1

אֵלּוּ דְבָרִים בַּפֶּסַח דּוֹחִין אֶת הַשַּׁבָּת, שְׁחִיטָתוֹ וּזְרִיקַת דָּמוֹ וּמִחוּי קְרָבָיו וְהֶקְטֵר חֲלָבָיו. אֲבָל צְלִיָּתוֹ וַהֲדָחַת קְרָבָיו אֵינָן דּוֹחִין אֶת הַשַּׁבָּת. הַרְכָּבָתוֹ וַהֲבָאָתוֹ מִחוּץ לַתְּחוּם, וַחֲתִיכַת יַבַּלְתּוֹ, אֵין דּוֹחִין אֶת הַשַּׁבָּת. רַבִּי אֱלִיעֶזֶר אוֹמֵר, דּוֹחִין:

도살, 피 뿌리기, 내장 제거, 기름 태우기 등은 안식일 [법 적용을] 능가한다. 하지만 굽는 것과 내장을 씻는 것은 안식일 [법 적용을] 능가하지 않는다. 안식일 한계 밖에서 실어 운반하는 것과 [제물에 있는] 종기를 제거하는 것은 안식일 [법 적용을] 능가하지 못한다. 하지만 랍비 엘리에제르는 말한다. "능가합니다."

- '안식일을 능가한다'는 말은 안식일 법보다 우선하기 때문에 안식
  일법을 적용하지 않는다는 뜻이다. 반면에 안식일을 능가하지 못하
  는 경우는 안식일에 일하면 안 된다는 법이 여전히 유효하다.
- 도살, 피 뿌리기, 내장 제거, 기름 태우기 등은 안식일에도 할 수 있
  는 일이지만, 굽는 것과 내장을 씻는 것은 안식일에 해서는 안 되기
  때문에 안식일 전이나 후에 해야 한다.

6, 2

אָמַר רַבִּי אֱלִיעֶזֶר, וַהֲלֹא דִין הוּא, מָה אִם שְׁחִיטָה שֶׁהִיא מִשּׁוּם מְלָאכָה
דּוֹחָה אֶת הַשַּׁבָּת, אֵלּוּ שֶׁהֵן מִשּׁוּם שְׁבוּת לֹא יִדְחוּ אֶת הַשַּׁבָּת. אָמַר לוֹ רַבִּי
יְהוֹשֻׁעַ, יוֹם טוֹב יוֹכִיחַ, שֶׁהִתִּירוּ בוֹ מִשּׁוּם מְלָאכָה, וְאָסוּר בּוֹ מִשּׁוּם שְׁבוּת.
אָמַר לוֹ רַבִּי אֱלִיעֶזֶר, מַה זֶּה, יְהוֹשֻׁעַ, מָה רְאָיָה רְשׁוּת לְמִצְוָה. הֵשִׁיב רַבִּי
עֲקִיבָא וְאָמַר, הַזָּאָה תּוֹכִיחַ, שֶׁהִיא מִצְוָה וְהִיא מִשּׁוּם שְׁבוּת וְאֵינָהּ דּוֹחָה
אֶת הַשַּׁבָּת, אַף אַתָּה אַל תִּתְמַהּ עַל אֵלּוּ, שֶׁאַף עַל פִּי שֶׁהֵן מִצְוָה וְהֵן מִשּׁוּם
שְׁבוּת, לֹא יִדְחוּ אֶת הַשַּׁבָּת. אָמַר לוֹ רַבִּי אֱלִיעֶזֶר, וְעָלֶיהָ אֲנִי דָן, וּמָה אִם
שְׁחִיטָה שֶׁהִיא מִשּׁוּם מְלָאכָה, דּוֹחָה אֶת הַשַּׁבָּת, הַזָּאָה שֶׁהִיא מִשּׁוּם
שְׁבוּת, אֵינוֹ דִין שֶׁדּוֹחָה אֶת הַשַּׁבָּת. אָמַר לוֹ רַבִּי עֲקִיבָא, אוֹ חִלּוּף, מָה אִם
הַזָּאָה שֶׁהִיא מִשּׁוּם שְׁבוּת, אֵינָהּ דּוֹחָה אֶת הַשַּׁבָּת, שְׁחִיטָה שֶׁהִיא מִשּׁוּם
מְלָאכָה, אֵינוֹ דִין שֶׁלֹּא תִדְחֶה אֶת הַשַּׁבָּת. אָמַר לוֹ רַבִּי אֱלִיעֶזֶר, עֲקִיבָא,
עָקַרְתָּ מַה שֶּׁכָּתוּב בַּתּוֹרָה, בֵּין הָעַרְבַּיִם בְּמֹעֲדוֹ (במדבר ט), בֵּין בְּחֹל בֵּין
בְּשַׁבָּת. אָמַר לוֹ, רַבִּי, הָבֵא לִי מוֹעֵד לְאֵלּוּ כַּמּוֹעֵד לַשְּׁחִיטָה. כְּלָל אָמַר
רַבִּי עֲקִיבָא, כָּל מְלָאכָה שֶׁאֶפְשָׁר לַעֲשׂוֹתָהּ מֵעֶרֶב שַׁבָּת, אֵינָהּ דּוֹחָה אֶת
הַשַּׁבָּת. שְׁחִיטָה שֶׁאִי אֶפְשָׁר לַעֲשׂוֹתָהּ מֵעֶרֶב שַׁבָּת, דּוֹחָה אֶת הַשַּׁבָּת:

랍비 엘리에제르는 말했다. "이것이 논리적이지 않나요? 만약 일
이기 때문에 [금지된] 도살이 안식일을 능가하면, 안식법이기 때문
에 [금지된] 이것들이 안식일을 능가하지 못할까요?" 랍비 예호슈
아가 그에게 대답했다. "명절이 증명하고 있습니다. 그들은 [명절에]

〔안식일에 금지된〕 일은 허락했고, 안식법이기 〔때문에 금지했던 일들은〕 금했습니다." 랍비 엘리에제르가 그에게 말했다. "예호슈아! 그게 무슨 말입니까? 자원한 일이 의무를 대체한 것이 무슨 증거라는 말입니까?" 랍비 아키바가 대답하여 말했다. "〔정결의 물을〕 뿌리는 것이 증명합니다. 이것은 명령이기 때문에 〔행하여 지고〕, 안식법이기 때문에 〔금지되는데〕, 안식일을 능가하지 못합니다. 마찬가지로 선생님은 이것들을 염려할 필요가 없습니다. 이것들은 명령이기 때문에 〔행해야 하고〕, 안식법이기 때문에 〔금지되는데〕, 그것들은 안식일을 능가하지 못합니다." 랍비 엘리에제르가 말했다. "그것에 관하여 나는 〔이렇게〕 주장하네. 일이라 〔금지되는〕 도살이 안식일을 능가한다면, 〔단지〕 안식법인 〔정결한 물〕 뿌리기가 안식일을 능가해야 하는 것이 논리적이지 않는가?" 랍비 아키바가 말했다. "정반대입니다. 안식법으로 〔금지하고 있는〕 뿌리기는 안식일을 능가하지 못합니다. 〔그렇다면〕 일이라서 〔금지하고 있는〕 도살이 안식일을 능가하지 못하는 것이 논리적이지 않습니까?" 랍비 엘리에제르는 말했다. "아키바! 그대는 율법에 기록된 것을 뿌리째 뽑으려고 하고 있다. "그 정할 기일 곧 … 해 질 때에"(민수기 9:3)는 평일과 안식일 모두 아닌가?" 그는 대답했다. "선생님! 도살을 위해 '정한 기일'이 있는 것처럼 이것들을 위해서도 '정한 기일'을 저에게 주십시오." 랍비 아키바는 다음과 같은 원칙을 정했다. "안식일 저녁에 행할 수 있는 모든 일들은 안식일을 능가하지 못한다. 안식일 저녁에 행할 수 없는 도살은 안식일을 능가한다."

• 이번 단락은 랍비 엘리에제르와 랍비 예호슈아 사이의 긴 논쟁이다. 랍비 엘리에제르는 샴마이 학파에 속하고 랍비 예호슈아는 힐렐 학파에 속한다. 뒷부분에서 힐렐 학파의 후속 세대인 랍비 아키바가 샴

마이 학파의 랍비 엘리에제르와 논쟁을 이어간다. 흥미로운 사실은 동등한 랍비들 사이에서나 제자에게는 이름으로 부르지만, 제자는 스승에게 철저하게 '선생님'(랍비)이라고 부른다. 그래서 랍비 아키바는 랍비 엘리에제르를 '선생님'(랍비)이라고 부르고 있고, 엘리에제르는 아키바를 이름으로 부른다.

- 유월절과 안식일이 겹칠 때 랍비 엘리에제르의 주장의 요지는 이렇다. 심지어 엄격하게 금지하는 일인 도살도 안식일에 할 수 있는데, 이보다 덜 엄격한 나머지 일들도 안식일에 할 수 있어야 맞다는 것이다. 반대로 랍비 아키바는 덜 엄격한 일들도 안식일에 할 수 없는데 더 엄격히 금지하는 도살을 안식일에 해서는 안 되는 것이 더 논리적이라는 주장이다.

- 아키바가 최종적으로 정한 원칙은 이미 「샤밧」 19, 1에서 말한 대원칙에 근거한다. 안식일이 시작하는 전날 저녁에 할 수 있는 일들은 이때 미리 해야 하고 다음 날 안식일로 넘겨서는 안 된다. 반면에 안식일 전날 저녁에 할 수 없는 일들은 부득이 안식일에 할 수밖에 없기 때문에 허락이 된다.

6, 3

אֵימָתַי מֵבִיא חֲגִיגָה עִמּוֹ, בִּזְמַן שֶׁהוּא בָא בְחֹל, בְּטָהֳרָה וּבְמֻעָט. וּבִזְמַן שֶׁהוּא בָא בְשַׁבָּת, בִּמְרֻבֶּה וּבְטֻמְאָה, אֵין מְבִיאִין עִמּוֹ חֲגִיגָה:

언제 축제 제물을 〔유월절 제물과〕 함께 바칠 수 있는가? 그것이 평일에 정결한 상태로 소량을 바칠 때다. 하지만 안식일에 다량을 부정한 상태로 바칠 때에는 그것과 함께 축제 제물을 바치지 않는다.

- 안식일에 제물을 바치는 것은 한편으로 안식일을 범하는 것이다. 유월절 제물은 안식일에도 바칠 수 있는 우선시되는 제물이다. 하

지만 축제 제물은 그렇지 않다. '축제 제물'을 히브리어로 '하기가' (חֲגִיגָה)라고 부른다. 하기가는 성서에 기록되지 않은 그 외 축제에 바치는 제물이다. 축제 제물을 바치기 위해서는 평일이어야 하고 또 한 바치는 사람이 정결한 상태여야 하고 소량일 때에만 가능하다. 안식일이거나 다량이거나 부정한 상태에서는 바칠 수 없다.

6, 4

חֲגִיגָה הָיְתָה בָאָה מִן הַצֹּאן, מִן הַבָּקָר, מִן הַכְּבָשִׂים וּמִן הָעִזִּים, מִן הַזְּכָרִים וּמִן הַנְּקֵבוֹת. וְנֶאֱכֶלֶת לִשְׁנֵי יָמִים וְלַיְלָה אֶחָד:

축제 제물은 가축들 중에서, 황소, 양, 염소, 수컷, 암컷 중에서 바칠 수 있다. 이틀 낮과 하룻밤 동안에 먹을 수 있다.

- 축제 제물은 유월절과는 다른 소명절에 드리는 제물이다. 반면에 유월절에 드리는 제물은 양이나 염소 중에서 1년 된 흠 없는 수컷으로 드려야 한다(출 12:5).
- 축제 제물은 드리는 날과 그날 밤, 그 다음 날에도 먹을 수 있다. 하지만 유월절 제물은 드리는 날 밤 자정이 되기 전에 먹어야 한다.

6, 5

הַפֶּסַח שֶׁשְּׁחָטוֹ שֶׁלֹּא לִשְׁמוֹ בְּשַׁבָּת, חַיָּב עָלָיו חַטָּאת. וּשְׁאָר כָּל הַזְּבָחִים שֶׁשְּׁחָטָן לְשׁוּם פֶּסַח, אִם אֵינָן רְאוּיִין, חַיָּב. וְאִם רְאוּיִין הֵן, רַבִּי אֱלִיעֶזֶר מְחַיֵּב חַטָּאת, וְרַבִּי יְהוֹשֻׁעַ פּוֹטֵר. אָמַר רַבִּי אֱלִיעֶזֶר, מָה אִם הַפֶּסַח שֶׁהוּא מֻתָּר לִשְׁמוֹ, כְּשֶׁשִּׁנָּה אֶת שְׁמוֹ, חַיָּב, זְבָחִים שֶׁהֵן אֲסוּרִין לִשְׁמָן, כְּשֶׁשִּׁנָּה אֶת שְׁמָן, אֵינוֹ דִין שֶׁיְּהֵא חַיָּב. אָמַר לוֹ רַבִּי יְהוֹשֻׁעַ, לֹא, אִם אָמַרְתָּ בַּפֶּסַח, שֶׁשִּׁנָּהוּ לְדָבָר אָסוּר, תֹּאמַר בַּזְּבָחִים, שֶׁשִּׁנָּן לְדָבָר הַמֻּתָּר. אָמַר לוֹ רַבִּי אֱלִיעֶזֶר, אֵמוּרֵי צִבּוּר יוֹכִיחוּ, שֶׁהֵן מֻתָּרִין לִשְׁמָן, וְהַשּׁוֹחֵט לִשְׁמָן, חַיָּב. אָמַר לוֹ רַבִּי יְהוֹשֻׁעַ, לֹא, אִם אָמַרְתָּ בְּאֵמוּרֵי צִבּוּר שֶׁיֵּשׁ לָהֶן קִצְבָּה, תֹּאמַר

בְּפֶסַח שֶׁאֵין לוֹ קִצְבָּה. רַבִּי מֵאִיר אוֹמֵר, אַף הַשּׁוֹחֵט לְשֵׁם אֵמוּרֵי צִבּוּר,
פָּטוּר:

유월절 제물을 다른 이름으로 안식일에 도살했다면 속죄제를 드려
야 한다. 〔본래 다른 제물로 드리려고 둔 제물을〕 유월절 제물 이름으
로 도살한 나머지 모든 제물들도 만약 〔유월절 제물로〕 적합하지 않
으면 〔속죄제의〕 책임이 있다. 만약 〔유월절 제물로〕 적합한 경우에,
랍비 엘리에제르는 속죄제를 부과했고, 랍비 예호슈아는 〔속죄제를〕
면제했다. 랍비 엘리에제르는 말했다. "도대체, 유월절 제물은 그 이
름으로 〔안식일에 도살하는 것이〕 허락됨에도 불구하고 그 이름을 바
꾸었다면 〔속죄제의〕 책임이 있습니다. 그런데 〔다른〕 제물들은 그 이
름으로 〔안식일에 도살하는 것 자체가〕 금지되는데, 그 이름을 바꾼
경우에 〔속죄제의〕 책임이 있다는 것이 논리적이지 않다는 것입니
까?" 랍비 예호슈아가 그에게 말했다. "그렇지 않습니다. 당신은 유월
절 제물에 〔대하여〕 말하면서, 그가 금지된 것으로 바꾸었기 때문에
〔그가 속죄제의 책임이 있다〕고 말했습니다. 〔그렇다면〕 당신은 〔다
른〕 제물들이 허락된 것으로 바뀌었다고 말해야 합니다." 랍비 엘리
에제르는 그에게 말했다. "공동체 희생제물이 증명합니다. 이것은 그
이름으로는 허락됩니다. 하지만 〔다른 제물을〕 이 이름으로 〔도살하
면〕 〔속죄제의〕 책임이 있습니다." 랍비 예호슈아가 그에게 대답했다.
"당신은 공동체 희생제물에 〔관하여〕 말했는데, 그것이 한계가 있기
때문입니다. 〔그렇다면〕 당신은 〔같은 식으로〕 유월절 제물은 한계가
없다고 말해야 합니다." 랍비 메이르는 말한다. "비록 〔다른 제물을〕
공동체 희생제물의 이름으로 도살한 경우라도 〔속죄제가〕 면제된다."

- 유월절 제물을 안식일에 다른 이름으로 도살했다면 속죄제를 드려
  야 하는데 그 이유는 유월절 제물을 다른 이름으로 잘못 드렸기 때

문이 아니라 안식일에 바칠 수 있는 제물이 되면서 공연히 도살만
하여 안식일을 범했기 때문이다. 유월절 제물을 드려야 하는 의무가
안식일법보다 우선하기 때문에 유월절 제물은 안식일에도 바칠 수
있지만 다른 제물은 그렇지 않다. 안식일이 아니고 일반 평일이었다
면 속죄제를 드릴 필요는 없다.

- 다른 제물로 드리려고 둔 1년 된 숫양을 유월절 제물 이름으로 도살
  한 경우는 복잡해진다. 이 경우 유월절 제물로는 적합하기 때문에
  제물 자체는 유효하지만 그렇다고 이것이 유월절 의무를 행했다고
  볼 수 없기 때문에 유월절 제물을 다시 바쳐야 한다. 이 경우에 랍비
  엘리에제르는 속죄제를 드려야 한다고 주장하고 랍비 예호슈아는
  그럴 필요 없다고 말한다. 랍비 엘리에제르는 다른 제물들은 안식일
  에 드려서는 안 되기 때문에 원천적으로 금지된다는 입장이다. 반면
  에 랍비 예호슈아는 결과적으로 안식일에 바칠 수 있는 유월절 제물
  로 바꾸었으니 문제가 되지 않는다고 주장한다.

- 랍비 메이르는 다른 주제로 넘어간다. 다른 희생제물을 안식일에 유
  월절 제물의 이름으로 바치더라도 속죄제가 면제되듯이 다른 희생
  제물을 공동체 희생제물로 바치더라도 속죄제가 면제된다고 주장
  한다.

6, 6

שְׁחָטוֹ שֶׁלֹּא לְאוֹכְלָיו וְשֶׁלֹּא לִמְנוּיָיו, לַעֲרֵלִין וְלִטְמֵאִין, חַיָּב. לְאוֹכְלָיו וְשֶׁלֹּא
לְאוֹכְלָיו, לִמְנוּיָיו וְשֶׁלֹּא לִמְנוּיָיו, לְמוּלִין וְלַעֲרֵלִין, לִטְהוֹרִים וְלִטְמֵאִים,
פָּטוּר. שְׁחָטוֹ וְנִמְצָא בַעַל מוּם, חַיָּב. שְׁחָטוֹ וְנִמְצָא טְרֵפָה בַסֵּתֶר, פָּטוּר.
שְׁחָטוֹ וְנוֹדַע שֶׁמָּשְׁכוּ הַבְּעָלִים אֶת יָדָם, אוֹ שֶׁמֵּתוּ אוֹ שֶׁנִּטְמְאוּ, פָּטוּר, מִפְּנֵי
שֶׁשָּׁחַט בִּרְשׁוּת:

〔유월절 제물을〕 먹을 수 없는 사람, 등록되지 않은 사람, 할례받지

않은 사람, 부정한 사람을 위해서 도살했으면 〔속죄제의〕 의무가 있다. 먹을 수 있는 사람과 먹을 수 없는 사람, 등록된 사람과 등록되지 않은 사람, 할례받은 사람과 할례받지 못한 사람, 정결한 사람과 부정한 사람 〔모두를〕 위해 〔도살했다면, 속죄제가〕 면제된다. 〔제물을〕 도살했는데 흠이 발견되었으면 〔속죄제의〕 의무가 있다. 도살했는데 가려진 쪽에서 트레파[8]가 발견되었다면 〔속죄제가〕 면제된다. 〔제물을〕 도살했는데 제물주가 취소하거나 죽거나 부정해진 경우는 〔속죄제가〕 면제된다. 왜냐하면 허락을 받고 도살했기 때문이다.

- 이번 규정은 5, 3에서 말한 내용과 연결된다. 유월절 제물을 먹을 수 없는 사람을 위해서 도살했다면 이 제물이 무효가 된다. 또 안식일에 공연히 도살하는 '일'만 했기 때문에 속죄제의 책임이 있다.
- 제물을 도살한 이후에 발생한 일들에 대해서는 도살한 사람이 속죄제의 책임을 지지 않는다.

제7장

이 장은 내용적으로 제5장과 연결된다. 제5장에서 유월절 제물의 가죽을 어떻게 벗겨야 하는지를 말했고 제7장에서는 이제 고기를 어떻게 구워야 하는지를 말한다. 고기는 불에 직접 구워야 하고 만약 불에 달군 다른 도구에 접촉하여 익었다면 그 부분을 제거해야 한다.

두 번째 부분에서는 유월절 제물을 부정한 상태에서 바치는 경우

---

8) 트레파(טרפה, terefah)는 동물 내부에 있는 부상으로 죽음에 이르게 한 원인이 된다. 트레파는 도살하기 전까지는 알 수 없기 때문에 트레파가 있는 동물을 도살했다고 해서 속죄제의 책임을 지지는 않는다.

에 유월절 제물을 다시 바쳐야 하는지를 다룬다. 대다수의 회중이나 제사장이 부정한 상태였다면 유월절 제물을 다시 바칠 필요는 없다. 하지만 소수의 회중이 부정한 상태였다면 이 사람은 다음 달 둘째 유월절에 다시 바쳐야 한다.

마지막으로 부정해진 유월절 제물은 불에 태워 없애야 한다. 예루살렘 경계 밖으로 넘어간 제물도 부정하다고 간주되어 불에 태운다.

7, 1

כֵּיצַד צוֹלִין אֶת הַפֶּסַח, מְבִיאִין שִׁפּוּד שֶׁל רִמּוֹן, תּוֹחֲבוֹ מִתּוֹךְ פִּיו עַד בֵּית נְקוּבָתוֹ, וְנוֹתֵן אֶת כְּרָעָיו וְאֶת בְּנֵי מֵעָיו לְתוֹכוֹ, דִּבְרֵי רַבִּי יוֹסֵי הַגְּלִילִי. רַבִּי עֲקִיבָא אוֹמֵר, כְּמִין בִּשּׁוּל הוּא זֶה, אֶלָּא תוֹלִין חוּצָה לוֹ:

어떻게 유월절 제물을 굽는가? "석류나무 꼬챙이를 가져와서 그 입에서부터 항문까지 찌릅니다. 그리고 그 다리와 꼬리는 안으로 집어넣습니다." 랍비 요쎄 하갈릴리의 말이다. 랍비 아키바는 말한다. "그것은 삶는 방식입니다. 그것들은 밖에 매달아두어야 합니다."

- 다리와 꼬리는 어떻게 익히는 것인지에 대해서 두 랍비의 견해가 갈리고 있다. 랍비 요쎄 하-갈릴리는 안에 넣어서 익힌다고 주장한 반면에 랍비 아키바는 밖에 걸쳐서 구워야 한다고 말한다.

7, 2

אֵין צוֹלִין אֶת הַפֶּסַח לֹא עַל הַשַּׁפּוּד וְלֹא עַל הָאַסְכְּלָא. אָמַר רַבִּי צָדוֹק, מַעֲשֶׂה בְרַבָּן גַּמְלִיאֵל שֶׁאָמַר לְטָבִי עַבְדּוֹ, צֵא וּצְלֵה לָנוּ אֶת הַפֶּסַח עַל הָאַסְכְּלָא. נָגַע בְּחַרְסוֹ שֶׁל תַּנּוּר, יִקְלֹף אֶת מְקוֹמוֹ. נָטַף מֵרָטְבּוֹ עַל הַחֶרֶס וְחָזַר עָלָיו, יִטֹּל אֶת מְקוֹמוֹ. נָטַף מֵרָטְבּוֹ עַל הַסֹּלֶת, יִקְמֹץ אֶת מְקוֹמוֹ:

유월절 제물을 [쇠]꼬챙이나 석쇠에 익히면 안 된다. 랍비 짜독이 말했다. "전에 라반 감리엘에게 이런 일이 있었습니다. 그분이 타비라는 자기 종에게 '가서 우리를 위해 유월절 제물을 석쇠에 구워 오라'고 말했습니다." 〔희생제물이〕 화덕의 토기 부분에 닿았다면 그 부분을 벗겨내야 한다. 만약 도기 부분에 떨어졌던 육즙이 다시 돌아왔다면 그 부분을 제거해야 한다. 만약 육즙이 소제에 떨어졌다면 그 부분을 한 움큼 제거해야 한다.

- 유월절 제물은 불 자체에 의해 구워야 하고 철제 도구를 사용해서는 안 된다. 라반 감리엘은 석쇠를 이용해서 유월절 제물을 구워도 된다고 주장한다.
- 화덕의 토기와 접촉하여 고기가 익을 경우, 그 부분을 제거해야 한다. 육즙이 소제에 떨어졌으면 주변부까지 한 움큼 제거해야 한다.

7, 3

סָכוֹ בְשֶׁמֶן תְּרוּמָה, אִם חֲבוּרַת כֹּהֲנִים, יֹאכֵלוּ. אִם יִשְׂרָאֵל, אִם חַי הוּא, יְדִיחֶנּוּ. וְאִם צָלִי הוּא, יִקְלֹף אֶת הַחִיצוֹן. סָכוֹ בְשֶׁמֶן שֶׁל מַעֲשֵׂר שֵׁנִי, לֹא יַעֲשֶׂנּוּ דָמִים עַל בְּנֵי חֲבוּרָה, שֶׁאֵין פּוֹדִין מַעֲשֵׂר שֵׁנִי בִירוּשָׁלָיִם:

〔제물이〕 거제의 기름으로 발라진 경우에, 제사장 그룹이라면 먹을 수 있다. 하지만 일반 유대인들은, 그것이 아직 익지 않은 상태라면 그 부분을 씻어내야 한다. 하지만 그것이 익었다면 바깥 부분을 벗겨내야 한다. 둘째 십일조의 기름으로 바른 경우에, 그 단체의 일원들에게 그 값을 부과하지 않는다. 왜냐하면 둘째 십일조는 예루살렘에서 대속하지 않기 때문이다.

- 거제로 드린 기름은 제사장들만 먹을 수 있다. 따라서 일반인들이 먹는 유월절 고기를 거제의 기름으로 발랐다면 이 부분을 제거해야

한다. 고기가 아직 익지 않았으면 기름을 씻어내면 되고 이미 익어 기름이 고기에 스며들었다면 바깥 부분을 도려내야 한다.

- 둘째 십일조는 보통 돈으로 대속해서 예루살렘에 와서 다시 필요한 음식을 구입하게 된다. 하지만 대속하지 않고 예루살렘으로 가져온 둘째 십일조는 예루살렘에서 대속할 수 없다.

7, 4

חֲמִשָּׁה דְבָרִים בָּאִין בְּטֻמְאָה וְאֵינָן נֶאֱכָלִין בְּטֻמְאָה. הָעֹמֶר, וּשְׁתֵּי הַלֶּחֶם, וְלֶחֶם הַפָּנִים, וְזִבְחֵי שַׁלְמֵי צִבּוּר, וּשְׂעִירֵי רָאשֵׁי חֳדָשִׁים. הַפֶּסַח שֶׁבָּא בְּטֻמְאָה, נֶאֱכָל בְּטֻמְאָה, שֶׁלֹּא בָא מִתְּחִלָּתוֹ אֶלָּא לַאֲכִילָה:

부정한 상태에서 드린 다섯 가지는 부정한 상태에서 먹을 수 없다. 오메르,[9] 빵 두 덩이,[10] 진설병,[9] 공동체 화목제물,[10] 초하루의 염소.[11] 부정한 상태에서 드린 유월절 제물은 부정한 상태에서 먹을 수 있다. 왜냐하면 그것은 처음부터 다른 목적이 아니라 먹기 위해 드렸기 때문이다.

- 일반적으로 부정한 상태에서 드린 제물은 부정한 상태로 먹어서는 안 된다. 부정한 상태는 죽은 사람이나 다른 부정의 요인과 접촉한 경우다. 유월절 제물도 한 개인이라면 부정한 상태로 먹을 수 없다. 이때에는 다음 달 14일에 다시 정결한 상태에서 유월절 제물을 바친 후 먹어야 한다.

---

9) 오메르(Omer)는 유월절 기간에 안식일 이튿날 제사장이 여호와 앞에서 흔들어 바치는 첫 곡식 단이다(레 23:10). 이 가운데 한 움큼을 번제단에 불사르고 나머지는 제사장이 먹어야 한다.

10) 칠칠절 제사의 일부로 어린 양 두 마리와 함께 요제로서 번제단 앞에서 흔들어 바쳐야 한다. 이후 그 빵들은 제사장들에게 나눠줘야 한다(레 23:16-20).

11) 민수기 28:15 참조.

- 하지만 제사장이나 백성들 다수가 부정한 상태가 되더라도 유월절 제물을 먹을 수밖에 없다. 왜냐하면 날짜가 정해져 있기 때문이다.

7, 5

נִטְמָא הַבָּשָׂר וְהַחֵלֶב קַיָּם, אֵינוֹ זוֹרֵק אֶת הַדָּם. נִטְמָא הַחֵלֶב וְהַבָּשָׂר קַיָּם,
זוֹרֵק אֶת הַדָּם. וּבַמֻּקְדָּשִׁין אֵינוֹ כֵן, אֶלָּא אַף עַל פִּי שֶׁנִּטְמָא הַבָּשָׂר וְהַחֵלֶב
קַיָּם, זוֹרֵק אֶת הַדָּם:

고기가 부정해졌지만 기름은 [정결한 상태로] 남은 경우에, 그 피는 뿌릴 수 없다. 기름이 부정해졌지만 고기는 [정결한 상태로] 남은 경우에, 그 피는 뿌릴 수 있다. [다른] 희생제물들에 관하여는 그렇지 않다. 고기가 부정해지고 기름이 남은 경우라고 하더라도 그 피를 뿌릴 수 있다.

- 유월절 제물의 주요 목적은 먹는 데 있다. 따라서 고기가 부정해져 먹을 수 없게 되면 희생제사는 무효가 되기 때문에 피를 제단에 뿌려서는 안 된다. 반대로 고기가 정결하다면 제물을 먹을 수 있기 때문에 그 희생제사는 유효하고 그 피는 제단에 뿌릴 수 있다. 다만 이때 부정해진 기름은 제단에서 태워서는 안 된다.

7, 6

נִטְמָא קָהָל אוֹ רֻבּוֹ, אוֹ שֶׁהָיוּ הַכֹּהֲנִים טְמֵאִים וְהַקָּהָל טְהוֹרִים, יֵעָשֶׂה
בְטֻמְאָה. נִטְמָא מִעוּט הַקָּהָל, הַטְּהוֹרִין עוֹשִׂין אֶת הָרִאשׁוֹן, וְהַטְּמֵאִין עוֹשִׂין
אֶת הַשֵּׁנִי:

회중이나 [회중의] 다수가 부정한 상태 혹은 제사장들이 부정한 상태이고 회중들은 정결한 상태라면, [유월절 희생제의가] 부정한 상태에서 행해진 것이다. 소수의 회중이 부정한 상태라면, 정결한 상태의 사람들이 첫째 [유월절을] 지키고, 부정한 상태의 사람들이 둘째 [유월절을] 지킨다.

- 회중 대다수가 부정한 경우에는 어쩔 수 없이 니싼월 14일에 유월절 희생제사를 드린다. 하지만 소수의 회중이 부정한 상태라면, 정결한 사람들은 예정대로 니싼월 14일에 드리고 부정한 상태의 사람들은 둘째 유월절을 다음 달인 이야르(Iyar)월 14일에 지키면 된다.

7, 7

הַפֶּסַח שֶׁנִּזְרַק דָּמוֹ, וְאַחַר כָּךְ נוֹדַע שֶׁהוּא טָמֵא, הַצִּיץ מְרַצֶּה. נִטְמָא הַגּוּף, אֵין הַצִּיץ מְרַצֶּה, מִפְּנֵי שֶׁאָמְרוּ, הַנָּזִיר וְעוֹשֵׂה פֶסַח, הַצִּיץ מְרַצֶּה עַל טֻמְאַת הַדָּם, וְאֵין הַצִּיץ מְרַצֶּה עַל טֻמְאַת הַגּוּף. נִטְמָא טֻמְאַת הַתְּהוֹם, הַצִּיץ מְרַצֶּה:

유월절 제물의 피를 뿌렸는데 나중에 [고기나 피가] 부정한 상태였다는 사실을 알게 된 경우에, [제사장 이마의] 패는 [제물이 받아들여지도록] 달랜다. [제물을 드리는 사람의] 몸이 부정해진 경우에, 그 패는 [받아들여지도록] 달래지 않는다. 왜냐하면 다음과 같은 말이 있기 때문이다. 나실인과 유월절 제물을 바치는 사람에게 그 패는 피가 부정할 때에는 받아들이도록 만들지만, 몸이 부정할 때에는 받아들이도록 만들지 않는다. 깊은 곳의 부정으로 인해 부정해졌을 때에는 그 패가 [받아들여지도록] 달랜다.

- 이스라엘 백성들 사이에는 구약 시대부터 이미 제사장들이 쓰는 모자의 이마에 붙인 '띠' 또는 '패'(צִיץ, 찌쯔)로 인해 속죄의 제물이 받아들여진다는 신앙이 있었다(출 28:38). 랍비들은 여기에서 한 발 더 나아가 이 '패'가 제물이 하나님께 받아들여지도록 달래는 효력

이 있다고 믿었다. 이로써 유월절 제물을 드린 사람은 다시 드릴 필요는 없지만 부정한 상태이기 때문에 그 고기를 먹어서는 안 된다.

- 제물을 바치는 사람이 부정한 경우에는 제사장의 띠(패)가 제물이 받아들여지도록 만들지 못한다. 따라서 이 경우에 그 사람은 다음 달 (이야르월) 둘째 유월절에 다시 바쳐야 한다.
- '깊은 곳의 부정'은 그때까지 숨겨지거나 가려져 있어서 알 수 없었던 무덤의 덮기 부정을 의미한다. 이 경우 제사장의 띠(패)는 하나님께 호소하여 제물이 받아들여지게 만드는 힘이 있다고 믿어졌다.

7, 8

נִטְמָא שָׁלֵם אוֹ רֻבּוֹ, שׂוֹרְפִין אוֹתוֹ לִפְנֵי הַבִּירָה מֵעֲצֵי הַמַּעֲרָכָה. נִטְמָא מֵעוּטוֹ, וְהַנּוֹתָר, שׂוֹרְפִין אוֹתוֹ בְּחַצְרוֹתֵיהֶן אוֹ עַל גַּגּוֹתֵיהֶן מֵעֲצֵי עַצְמָן. הַצַּיְקָנִין שׂוֹרְפִין אוֹתוֹ לִפְנֵי הַבִּירָה, בִּשְׁבִיל לֵהָנוֹת מֵעֲצֵי הַמַּעֲרָכָה:

〔유월절 제물의〕 전체나 대부분이 부정해진 것은 성전산(비라) 앞에서 〔제단용〕 장작으로 불태운다. 일부가 부정해진 것과 남겨진 것은 자신의 뜰이나 지붕에서 그들의 나무로 태운다. 궁핍한 사람은 〔제단용〕 장작의 덕을 보기 위해서 비라 앞에서 불태운다.

- 성전의 제단용 장작을 개인 집에서 다른 용도로 쓰면 안 되기 때문에 자신의 뜰이나 지붕에서 태울 경우는 자기 나무를 사용해야 한다.

7, 9

הַפֶּסַח שֶׁיָּצָא אוֹ שֶׁנִּטְמָא, יִשָּׂרֵף מִיָּד. נִטְמְאוּ הַבְּעָלִים אוֹ שֶׁמֵּתוּ, תְּעֻבַּר צוּרָתוֹ וְיִשָּׂרֵף בְּשִׁשָּׁה עָשָׂר. רַבִּי יוֹחָנָן בֶּן בְּרוֹקָא אוֹמֵר, אַף זֶה יִשָּׂרֵף מִיָּד, לְפִי שֶׁאֵין לוֹ אוֹכְלִין:

유월절 [제물이 예루살렘 성벽] 밖으로 나가거나 부정해지면 곧바로 불태워야 한다. 제주가 부정해지거나 죽었을 경우에, 그 형태를 바꾸어서 16일에 태워야 한다. 랍비 요하난 벤 베로카는 말한다. "이 것도 즉시 태워야 합니다. 왜냐하면 그것을 먹을 사람이 없기 때문입니다."

- 부정해진 고기나 예루살렘 성벽 밖으로 나간 고기는 니싼월 14일에 곧바로 불에 태워야 한다.
- '형태를 바꾼다'는 말은 유월절 제물이 먹고 남은 음식처럼 된다는 의미다. 이렇게 남은 음식은 다음 날 저녁에 태우면 된다. 하지만 랍비 요하난 벤 베로카는 먹을 사람이 없기 때문에 부정해진 제물과 마찬가지로 14일 저녁에 곧바로 태워야 한다고 주장한다.

7, 10

הָעֲצָמוֹת, וְהַגִּידִין, וְהַנּוֹתָר, יִשָּׂרְפוּ בְּשִׁשָּׁה עָשָׂר. חָל שִׁשָּׁה עָשָׂר לִהְיוֹת בְּשַׁבָּת, יִשָּׂרְפוּ בְּשִׁבְעָה עָשָׂר, לְפִי שֶׁאֵינָן דּוֹחִין לֹא אֶת הַשַּׁבָּת וְלֹא אֶת יוֹם טוֹב:

뼈, 힘줄, 남은 음식은 16일에 태워야 한다. 만약 16일이 안식일이라면 17일에 태워야 한다. 왜냐하면 그것이 안식일이나 명절을 능가하지 않기 때문이다.

- 뼈와 힘줄 그리고 먹고 남은 음식은 니싼월 16일에 태워야 한다. 만약 16일이 안식일이면 그 다음 날로 미루어 17일에 태워야 한다. 남은 음식을 태우는 일은 안식일을 범할 만큼 반드시 그날 실행해야 할 일은 아니기 때문이다.

כֹּל הַנֶּאֱכָל בְּשׁוֹר הַגָּדוֹל, יֵאָכֵל בִּגְדִי הָרַךְ, וְרָאשֵׁי כְנָפַיִם וְהַסְּחוּסִים. הַשּׁוֹבֵר אֶת הָעֶצֶם בְּפֶסַח הַטָּהוֹר, הֲרֵי זֶה לוֹקֶה אַרְבָּעִים. אֲבָל הַמּוֹתִיר בַּטָּהוֹר וְהַשּׁוֹבֵר בַּטָּמֵא, אֵינוֹ לוֹקֶה אֶת הָאַרְבָּעִים:

큰 황소에서 먹을 수 있는 모든 부위는 어린 염소에서도 먹을 수 있다. 갈비 끝부분과 연골도 포함된다. 정결한 유월절 〔제물의〕 뼈를 부러뜨린 사람은 40대의 채찍질에 처하게 된다. 하지만 정결한 〔제물을〕 남기고 부정한 〔제물의 뼈를〕 부러뜨린 사람은 40대의 채찍질에 처하지 않는다.

- 뼈를 부서뜨리지 말고 먹으라는 것은 출애굽기 12:46에 기초한다. 랍비들은 이 법을 어긴 경우 40대의 채찍질형에 처한다고 말한다. 40대의 채찍질은 부정 명령을 어겼을 때 부과하는 형벌이다.

אֵבֶר שֶׁיָּצָא מִקְצָתוֹ, חוֹתֵךְ עַד שֶׁמַּגִּיעַ לָעֶצֶם, וְקוֹלֵף עַד שֶׁמַּגִּיעַ לַפֶּרֶק, וְחוֹתֵךְ. וּבַמֻּקְדָּשִׁין קוֹצֵץ בַּקּוֹפִיץ, שֶׁאֵין בּוֹ מִשּׁוּם שְׁבִירַת הָעֶצֶם. מִן הָאֲגַף וְלִפְנִים כְּלִפְנִים, מִן הָאֲגַף וְלַחוּץ כְּלַחוּץ. הַחַלּוֹנוֹת וְעֳבִי הַחוֹמָה, כְּלִפְנִים:

〔유월절 제물의〕 다리의 일부가 〔경계〕 밖으로 나갔으면, 뼈 부분까지 잘라내고 관절 부위까지 벗겨서 절단한다. 〔다른〕 희생제물들은 큰 칼로 자른다. 왜냐하면 뼈가 부서지는 문제가 여기에서는 해당되지 않기 때문이다. 문설주에서 안쪽으로 내부고, 문설주에서 바깥쪽으로 외부다. 창문과 두꺼운 벽도 내부로 여겨진다.

- 희생제물의 일부라도 경계 밖으로 나가면 안 된다는 것은 출애굽기 12:46에 근거한다.

- 유월절 희생제물이 아닌 다른 제물의 일부가 경계 밖으로 나간 경우
  는 뼈가 부서질까 염려할 필요가 없으므로 큰 칼로 절단하면 된다.

7, 13

שְׁתֵּי חֲבוּרוֹת שֶׁהָיוּ אוֹכְלוֹת בְּבַיִת אֶחָד, אֵלּוּ הוֹפְכִין אֶת פְּנֵיהֶם הֵילָךְ
וְאוֹכְלִין, וְאֵלּוּ הוֹפְכִין אֶת פְּנֵיהֶם הֵילָךְ וְאוֹכְלִין, וְהַמֵּחַם בָּאֶמְצַע.
וּכְשֶׁהַשַּׁמָּשׁ עוֹמֵד לִמְזֹג, קוֹפֵץ אֶת פִּיו וּמַחֲזִיר אֶת פָּנָיו עַד שֶׁמַּגִּיעַ אֵצֶל
חֲבוּרָתוֹ וְאוֹכֵל. וְהַכַּלָּה, הוֹפֶכֶת פָּנֶיהָ וְאוֹכֶלֶת:

두 단체가 한 집에서 〔유월절 제물을〕 먹을 경우에, 한 단체는 한 방
향으로 얼굴을 돌려서 먹고, 다른 단체는 다른 한 방향으로 얼굴을 돌
려서 먹어야 한다. 그들 중간에 주전자가 있다. 포도주를 섞기 위해서
일어나 시중을 드는 사람은 입을 가리고 얼굴을 〔다른 단체가 있는
곳으로 향하지 않고 자신의 단체가 있는 곳으로〕 돌리고 자신의 단체
로 돌아간 후에 먹어야 한다. 신부도 얼굴을 돌려서 먹어야 한다.

- 유월절 제물은 같은 집안에서 한 단체 사람들이 먹는 것이 좋고, 한
  사람이 두 곳에서 먹어서도 안 된다. 한 장소에서 두 단체가 유월절
  제물을 먹을 때에는 각 단체별로 그들의 제물만 먹어야 한다.
- 시중드는 사람이 두 단체 모두를 위해 시중을 들 수는 있지만 음식
  을 먹을 때에는 자신의 단체 방향으로 얼굴을 돌리고 자신의 자리로
  돌아와서 먹어야 한다.

제8장

이번 장에서는 앞 장 맨 마지막 미쉬나에 이어서 구운 유월절 양을 누구와 함께 먹는가를 다룬다. 유월절 제물도 같은 가족이나 한 단체에 속한 사람들끼리 나누어 먹는다. 구체적으로 어떤 사람이 한 단체에 속하게 되는지 그리고 어떤 사람이 한 단체에 속하는 것이 철회되는지를 다룬다.

여성, 종, 그리고 소수자들은 그들 자신이 어느 집에 속하는지 불분명한 경우가 많다. 기존에 속했던 집안과 현재 속한 집안이 다르기 때문이다. 예를 들어 결혼한 여성이 친정을 방문했을 때 유월절이 되었다면 아버지가 준비한 제물을 먹어야 하는가? 아니면 남편이 준비한 제물을 먹어야 하는가?

그 외 다양한 주제들을 다룬다. 한 단체가 되려면 최소의 인원이 있어야 하는가? 아니면 한 사람이라도 한 단체가 될 수 있는가?

8, 1

הָאִשָּׁה בִּזְמַן שֶׁהִיא בְּבֵית בַּעְלָהּ, שָׁחַט עָלֶיהָ בַּעְלָהּ וְשָׁחַט עָלֶיהָ אָבִיהָ,
תֹּאכַל מִשֶּׁל בַּעְלָהּ. הָלְכָה רֶגֶל רִאשׁוֹן לַעֲשׂוֹת בְּבֵית אָבִיהָ, שָׁחַט עָלֶיהָ
אָבִיהָ וְשָׁחַט עָלֶיהָ בַּעְלָהּ, תֹּאכַל בִּמָּקוֹם שֶׁהִיא רוֹצָה. יָתוֹם שֶׁשָּׁחֲטוּ עָלָיו
אַפּטְרוֹפְּסִין, יֹאכַל בִּמָּקוֹם שֶׁהוּא רוֹצָה. עֶבֶד שֶׁל שְׁנֵי שֻׁתָּפִין, לֹא יֹאכַל
מִשֶּׁל שְׁנֵיהֶן. מִי שֶׁחֶצְיוֹ עֶבֶד וְחֶצְיוֹ בֶּן חוֹרִין, לֹא יֹאכַל מִשֶּׁל רַבּוֹ:

여자가 남편의 집에 살고 있는 때, 그녀의 남편도 그녀를 위해 [유월절 제물을] 잡고 그녀의 아버지도 그녀를 위해 잡았으면, 그녀는 남편의 [유월절 제물]을 먹어야 한다. 그녀가 [결혼 후] 처음으로 명절을 보내려고 아버지 집에 갔을 때, 아버지도 그녀를 위해서 잡고 남편도 그녀를 위해 잡았다면, 그녀는 자신이 원하는 곳에서 먹을 수 있다. 후견인들이 고아를 위해 〔유월절 제물을〕 잡았으면, 그는 자기가 원하는 곳에서 먹을 수 있다. 주인이 두 명인 종은 그 두 명 중 어디에서도 먹을 수 없다. 반은 종이고 반은 자유민인 사람은 주인의 집에서 먹을 수 없다.

- 결혼한 여성이 남편의 집에 머물러 있는 동안에는 비록 아버지가 그녀를 위해 유월절 제물을 잡았다고 하더라도 남편이 준비한 제물을 먹어야 한다. 만약 결혼 후 처음으로 아버지 집에 간 경우라면 자신이 원하는 곳에서 먹으면 된다.
- 고아의 후견인들이 각자 그 아이를 위해 제물을 준비했다면 아이는 자기가 원하는 집에서 먹으면 된다.
- 주인이 둘인 종은 어느 집에서도 먹을 수 없다. 이 문제를 해결할 방법은 그 종을 위해 두 주인이 함께 유월절 제물을 마련하는 것이다.
- 반은 종이고 반은 자유민인 사람은 그의 주인이 그를 위해 유월절 제물을 준비하지 않기 때문에 자신을 위해 스스로 유월절 제물을 마련해야 한다.

8, 2

הָאוֹמֵר לְעַבְדּוֹ, צֵא וּשְׁחֹט עָלַי אֶת הַפֶּסַח, שָׁחַט גְּדִי, יֹאכַל. שָׁחַט טָלֶה, יֹאכַל. שָׁחַט גְּדִי וְטָלֶה, יֹאכַל מִן הָרִאשׁוֹן. שָׁכַח מָה אָמַר לוֹ רַבּוֹ, כֵּיצַד יַעֲשֶׂה, יִשְׁחַט טָלֶה וּגְדִי וְיֹאמַר, אִם גְּדִי אָמַר לִי רַבִּי, גְּדִי שֶׁלּוֹ וְטָלֶה שֶׁלִּי. וְאִם טָלֶה אָמַר לִי רַבִּי, הַטָּלֶה שֶׁלּוֹ וּגְדִי שֶׁלִּי. שָׁכַח רַבּוֹ מָה אָמַר לוֹ, שְׁנֵיהֶם יֵצְאוּ לְבֵית הַשְּׂרֵפָה, וּפְטוּרִין מִלַּעֲשׂוֹת פֶּסַח שֵׁנִי:

자신의 종에게 "가서 나를 위해 유월절 제물을 잡으라"고 말한 경우에, 〔그 종이〕 염소를 잡았으면 먹을 수 있다. 양을 잡아도 먹을 수 있다. 염소와 양을 잡았다면 먼저 잡은 것을 먹을 수 있다. 주인이 무엇을 잡으라고 명령했는지 〔종이〕 잊어버렸다면, 어떻게 해야 할까? 양과 염소를 잡은 후에 말하기를, "만약 주인께서 나에게 염소를 말하면, 염소는 그분이 먹고 양은 제가 먹으면 됩니다. 만약 양이라고 랍비께서 나에게 말하면, 양은 그분이 먹고 염소는 제가 먹으면 됩니다." 그에게 무엇을 말했는지 주인이 잊어버렸다면 둘 다 불태우는 곳으로 가야 한다. 하지만 둘째 유월절 제물을 행할 필요는 없다.

- 주인이 유월절 제물로 특정하지 않았으면 양이든지 염소이든지 가능하다. 그런데 만약 주인이 특정했는데 종이 이를 기억하지 못한다면 종은 염소와 양 모두를 준비하면 된다. 그래서 주인이 말한 것은 주인이 먹고 나머지는 자신이 먹으면 된다.
- 하지만 주인도 어떤 제물을 잡으라고 했는지 잊어버렸다면 어떤 것도 먹을 수 없다. 그리고 두 제물 모두 불태우는 곳으로 가져가야 한다. 하지만 피를 제단에 뿌릴 때까지는 주인이 기억하고 있었으므로 유월절 희생제사를 다음 달에 다시 드릴 필요는 없다.

8, 3

הָאוֹמֵר לְבָנָיו, הֲרֵינִי שׁוֹחֵט אֶת הַפֶּסַח עַל מִי שֶׁיַּעֲלֶה מִכֶּם רִאשׁוֹן לִירוּשָׁלַיִם, כֵּיוָן שֶׁהִכְנִיס הָרִאשׁוֹן רֹאשׁוֹ וְרֻבּוֹ, זָכָה בְחֶלְקוֹ וּמְזַכֶּה אֶת אֶחָיו עִמּוֹ. לְעוֹלָם נִמְנִין עָלָיו עַד שֶׁיְּהֵא בּוֹ כַזַּיִת לְכָל אֶחָד וְאֶחָד. נִמְנִין וּמוֹשְׁכִין אֶת יְדֵיהֶן מִמֶּנּוּ עַד שֶׁיִּשָּׁחֵט. רַבִּי שִׁמְעוֹן אוֹמֵר, עַד שֶׁיִּזְרֹק עָלָיו אֶת הַדָּם:

어떤 사람이 자녀들에게 "내가 너희 중에 가장 먼저 예루살렘에 올라가는 사람을 위해 〔유월절 제물을〕 잡겠다"라고 말했다면, 자기 머리와 몸의 대부분이 먼저 들어간 사람이 자신의 분량을 차지하고 그의 형제들의 몫을 나누어주면 된다. 각자 〔먹을 고기가〕 올리브 열매만큼 있는 한 등록될 수 있다. 그들은 〔제물이〕 도살되기 전까지는 등록을 하거나 취소할 수 있다. 랍비 쉼온은 말한다. "[제사장이] 피를 뿌릴 때까지입니다."

- 아버지가 가장 먼저 예루살렘에 올라간 아들에게 유월절 제물을 주겠다는 말은 명목상 유월절 제물의 소유자로 인정한다는 의미다. 나머지 아들들은 그와 함께 자신들의 몫을 먹으면 된다.
- 유월절 제물은 최소 올리브 하나 가치만큼 먹어야 한다. 그리고 도살하기 전까지 제물을 먹을 같은 단체로 등록하거나 취소하는 일이 계속될 것이다. 랍비 쉼온은 제사장이 피를 제단에 뿌릴 때까지 등록할 수 있다고 주장하지만 대다수 랍비들의 견해는 아니다.

8, 4

הַמְמַנֶּה עִמּוֹ אֲחֵרִים בְּחֶלְקוֹ, רַשָּׁאִין בְּנֵי חֲבוּרָה לִתֵּן לוֹ אֶת שֶׁלּוֹ, וְהוּא אוֹכֵל מִשֶּׁלּוֹ, וְהֵן אוֹכְלִין מִשֶּׁלָּהֶן:

[같이 먹기 위해] 자신의 몫에 다른 사람들을 등록한 경우에, 단체의 일원들이 [같이 먹기를 원치 않아] 그의 몫을 주기를 허락하면 그는 그의 것을 먹고 그들은 그들의 것을 먹는다.

- 자신의 몫을 나누어주어 새로운 동료를 등록시키고자 하는데 기존의 동료들이 유월절 제물을 새로운 동료와 먹기를 원치 않으면 자신의 몫을 준 사람과 새로 등록한 사람은 새로운 동료와 별도의 단체로 먹고 나머지 사람들은 다른 단체로 먹는다.

8, 5

זָב שֶׁרָאָה שְׁתֵּי רְאִיּוֹת, שׁוֹחֲטִין עָלָיו בַּשְּׁבִיעִי. רָאָה שָׁלֹשׁ, שׁוֹחֲטִין עָלָיו בַּשְּׁמִינִי שֶׁלּוֹ. שׁוֹמֶרֶת יוֹם כְּנֶגֶד יוֹם, שׁוֹחֲטִין עָלֶיהָ בַּשֵּׁנִי שֶׁלָּהּ. רָאֲתָה שְׁנֵי

유출병자가 증상을 두 〔번〕 본 경우에, 그를 위해 일곱째 날에 〔유월절 제물을〕 잡아야 한다. 세 〔번〕 본 경우에는, 그를 위해 여덟째 날에 잡아야 한다. 여자가 〔유출로 부정했던〕 하루에 상응하여 〔정결 의식으로〕 하루를 지킨 경우에, 그 둘째 날에 그녀를 위해 〔유월절 제물을〕 잡아야 한다. 〔유출을〕 이틀 동안 본 경우에는, 〔이틀 동안 정결 의식을 행하고〕 제3일에 그녀를 위해 잡아야 한다. 그리고 여성 유출병자를 위해서는 제8일에 잡아야 한다.

- 두 번의 유출이 있는 경우는 일곱째 날을 기다려 정결례장에 가서 몸을 담근다. 일곱째 날이 니싼월 14일이면 저녁에 유월절 제물을 먹으면 된다.

- 세 번의 유출이 있는 경우는 일곱째 날을 기다려 정결례장에 가서 몸을 담그지만 유월절 제물은 여덟째 날에 가져다 준다. 만약 일곱째 날이 니싼월 14일이면 그는 제물을 먹을 수 없다.

8, 6

הָאוֹנֵן, וְהַמְפַקֵּחַ אֶת הַגַּל, וְכֵן מִי שֶׁהִבְטִיחוּהוּ לְהוֹצִיאוֹ מִבֵּית הָאֲסוּרִים, וְהַחוֹלֶה וְהַזָּקֵן שֶׁהֵן יְכוֹלִין לֶאֱכֹל כַּזַּיִת, שׁוֹחֲטִין עֲלֵיהֶן. עַל כֻּלָּן אֵין שׁוֹחֲטִין עֲלֵיהֶן בִּפְנֵי עַצְמָן, שֶׁמָּא יָבִיאוּ אֶת הַפֶּסַח לִידֵי פְסוּל. לְפִיכָךְ אִם אֵרַע בָּהֶן פְּסוּל, פְּטוּרִין מִלַּעֲשׂוֹת פֶּסַח שֵׁנִי, חוּץ מִן הַמְפַקֵּחַ בַּגַּל, שֶׁהוּא טָמֵא מִתְּחִלָּתוֹ:

〔가족을 위해〕 곡하는 사람, 〔돌〕무더기를 치운 사람, 그리고 감옥에서 나오기로 예정된 사람, 올리브 하나 정도 먹을 수 있는 환자나 노인을 위해 〔유월절 제물을〕 잡을 수 있다. 이 모든 사람들은 그들만 위해서 〔유월절 제물을〕 잡아서는 안 된다. 그들이 유월절 제물을 무효

로 만들지 않기 위해서다. 그래서 만약 그들에게 〔희생제사에〕 부적
합한 일이 발생하더라도 〔돌〕무더기를 치운 사람을 제외하고 둘째 유
월절은 면한다. 왜냐하면 그는 처음부터 부정했기 때문이다.

- 유월절 제물을 먹을 수 있는지 모호한 사람들이 있다. 가족이 당일
  에 죽어 곡하는 사람은 그날 성물을 먹을 수 없고 다음 날부터 먹을
  수 있다. 돌무더기 아래에서 죽은 사람이 발견되면 그는 부정한 사
  람이지만 그전까지는 정결하다고 간주한다. 감옥에서 유월절 전에
  풀려난 사람도 먹을 수 있다. 환자나 노인도 유월절 제물을 먹는 최
  소량인 올리브 하나만큼 먹을 수 있으면 그를 위해서도 준비해야
  한다.
- 유월절 제물을 먹을 자격이 불완전한 사람들만을 위해서 제물을 잡
  아서는 안 된다. 유월절 희생제사 자체가 무효가 될 수 있기 때문이
  다. 희생제사가 부적합하게 되더라도 둘째 유월절을 지킬 필요는 없
  다. 단, 돌무더기를 치워 죽은 사람과 접촉한 사람은 처음부터 부정
  했기 때문에 다음 달 둘째 유월절에 제물을 다시 먹어야 한다.

8, 7

אֵין שׁוֹחֲטִין אֶת הַפֶּסַח עַל הַיָּחִיד, דִּבְרֵי רַבִּי יְהוּדָה. וְרַבִּי יוֹסֵי מַתִּיר. אֲפִלּוּ
חֲבוּרָה שֶׁל מֵאָה שֶׁאֵין יְכוֹלִין לֶאֱכֹל כַּזַּיִת, אֵין שׁוֹחֲטִין עֲלֵיהֶן. וְאֵין עוֹשִׂין
חֲבוּרַת נָשִׁים וַעֲבָדִים וּקְטַנִּים:

"단 한 명을 위해서 유월절 〔희생제물을〕 잡아서는 안 됩니다." 랍
비 예후다의 말이다. 하지만 랍비 요쎄는 허락했다. 올리브만큼도 먹
을 수 없는 100명의 단체를 위해서도 잡으면 안 된다. 그리고 여성,
종, 아이들만으로 구성된 단체를 만들어서도 안 된다.

- 랍비 예후다는 한 명이 유월절 희생제물을 다 먹을 수 없기 때문에 잡아서는 안 된다고 말한다. 랍비 요쎄는 가능하다고 주장한다.
- 비록 숫자가 많다고 하더라도 그들이 유월절 제물 하나를 먹을 수 없다면 그들을 위해서도 잡을 필요가 없다.
- 여성, 종, 아이들만으로 구성된 단체를 위해서도 유월절 제물을 잡아서는 안 되는데 그 이유는 불분명하다.

8, 8

אוֹנֵן טוֹבֵל וְאוֹכֵל אֶת פִּסְחוֹ לָעֶרֶב, אֲבָל לֹא בַקֳּדָשִׁים. הַשּׁוֹמֵעַ עַל מֵתוֹ,
וְהַמְלַקֵּט לוֹ עֲצָמוֹת, טוֹבֵל וְאוֹכֵל בַּקֳּדָשִׁים. גֵּר שֶׁנִּתְגַּיֵּר בְּעֶרֶב פֶּסַח, בֵּית
שַׁמַּאי אוֹמְרִים, טוֹבֵל וְאוֹכֵל אֶת פִּסְחוֹ לָעֶרֶב. וּבֵית הִלֵּל אוֹמְרִים, הַפּוֹרֵשׁ
מִן הָעָרְלָה כְּפוֹרֵשׁ מִן הַקָּבֶר:

〔가족을 위해〕 곡하는 사람은 〔정결례장에〕 몸을 담근 후 유월절 〔제물을〕 저녁에 먹는다. 하지만 〔다른〕 희생제물을 먹으면 안 된다. 〔가족의〕 죽음에 대해 〔나중에〕 들은 사람과 〔죽은 사람의〕 뼈를 모은 사람은 물에 씻고 희생제물을 먹는다. 유월절 저녁에 개종한 체류인에 대해서 삼마이 학파는 말한다. "〔정결례장에〕 몸을 담근 후 〔유월절〕 저녁에 유월절 제물을 먹으면 됩니다." 반면에 힐렐 학파는 말한다. "할례로 구별되는 것처럼 무덤으로 구별됩니다."

- 가족을 위해 곡하는 사람은 정결예식을 거친 후 그날 저녁부터 유월절 제물을 먹을 수 있다(8, 6).
- 가족이 죽은 소식을 나중에 접한 사람은 '곡하는 사람'이 아니기 때문에 저녁에 유월절 제물을 먹을 수 있다. 죽은 사람을 장사 지낸 후 대략 1년 후에 뼈를 모은다. 가족의 뼈를 모은 사람도 몸을 담가 정결예식을 거친 후 저녁에 유월절 제물을 먹을 수 있다.

- 비유대인이 유월절 저녁에 유대인으로 개종한 경우에, 샴마이 학파는 정결의식을 거친 후 저녁에 먹을 수 있다고 말한다. 하지만 힐렐 학파는 7일 동안의 정결 과정을 거쳐야 하는 사람들을 예로 들면서 결론적으로 그들이 유월절 제물을 먹을 수 없다고 말한다.

제9장

이번 장에서는 둘째 유월절에 대해 다룬다. 여러 가지 이유로 니싼월 14일에 유월절을 지키지 못한 사람은 그 다음 달 14일에 유월절을 다시 지켜야 한다. 민수기 9:1-14에 이미 둘째 유월절 규정들이 나온다. 랍비들은 이러한 대략의 규정들을 더 세부적으로 다룬다.

9, 1

מִי שֶׁהָיָה טָמֵא אוֹ בְדֶרֶךְ רְחוֹקָה וְלֹא עָשָׂה אֶת הָרִאשׁוֹן, יַעֲשֶׂה אֶת הַשֵּׁנִי. שָׁגַג אוֹ נֶאֱנַס וְלֹא עָשָׂה אֶת הָרִאשׁוֹן, יַעֲשֶׂה אֶת הַשֵּׁנִי. אִם כֵּן, לָמָּה נֶאֱמַר טָמֵא אוֹ שֶׁהָיָה בְדֶרֶךְ רְחוֹקָה, שֶׁאֵלּוּ פְּטוּרִין מֵהַכָּרֵת, וְאֵלּוּ חַיָּבִין בְּהִכָּרֵת:

부정한 상태였거나 먼 길을 떠난 사람이 첫째 [유월절을] 지키지 못했으면, 둘째 [유월절을] 지켜야 한다. 자신도 모르게 실수했거나 방해를 받아서 첫째 [유월절을] 지키지 못한 사람은, 둘째 [유월절을] 지켜야 한다. 왜 부정한 상태였거나 먼 길을 떠난 사람에 대해 [따로] 기록했는가? [둘째 유월절을 지킨] 사람들은 '카렛'형에서 면제가 되고, [둘째 유월절도 지키지 않은] 사람들은 '카렛'형을 받기 때문이다.

- 부정한 상태에 있었거나 먼 길을 떠나 정한 기일에 유월절을 지키지 못한 사람이나 실수로 날짜를 잘못 알았거나 본의 아니게 방해를 받

은 경우에도 다음 달 14일에 둘째 유월절을 지켜야 한다.

- 둘째 유월절을 지킨 사람은 이스라엘 회중으로부터 끊어지는 '카렛'형을 면하게 된다. 하지만 둘째 유월절을 지키지 않은 사람들은 '카렛'형을 받는다.

9, 2

אֵיזוֹ הִיא דֶּרֶךְ רְחוֹקָה, מִן הַמּוֹדִיעִים וְלַחוּץ, וּכְמִדָּתָהּ לְכָל רוּחַ, דִּבְרֵי רַבִּי
עֲקִיבָא. רַבִּי אֱלִיעֶזֶר אוֹמֵר, מֵאַסְקֻפַּת הָעֲזָרָה וְלַחוּץ. אָמַר רַבִּי יוֹסֵי, לְפִיכָךְ
נָקוּד עַל ה׳, לוֹמַר, לֹא מִפְּנֵי שֶׁרְחוֹקָה וַדַּאי, אֶלָּא מֵאַסְקֻפַּת הָעֲזָרָה וְלַחוּץ:

어느 정도가 먼 길인가? "모디인[12]부터 그리고 그 너머입니다, 모든 방향으로 그 정도 거리입니다." 랍비 아키바의 말이다. 랍비 엘리에제르는 말한다. "성전 뜰 타작마당부터 그 너머입니다." 랍비 요쎄는 말했다. "그래서 문자 '헤'(ה)위에 점이 있습니다. 즉, 실제로 멀기 때문이 아니라 그보다는 성전 뜰 마당과 그 너머이기 때문입니다."

- 랍비 아키바는 예루살렘에서 모디인(מודיעין, Modiin) 거리(대략 30킬로미터) 정도를 먼 길로 보았고, 랍비 엘리에제르는 성전을 벗어난 곳이면 모두 먼 거리라고 말한다. 랍비 요쎄의 설명은 매우 난해하다.

9, 3

מַה בֵּין פֶּסַח רִאשׁוֹן לַשֵּׁנִי, הָרִאשׁוֹן אָסוּר בְּבַל יֵרָאֶה וּבַל יִמָּצֵא, וְהַשֵּׁנִי,
מַצָּה וְחָמֵץ עִמּוֹ בַּבָּיִת. הָרִאשׁוֹן טָעוּן הַלֵּל בַּאֲכִילָתוֹ, וְהַשֵּׁנִי אֵינוֹ טָעוּן
הַלֵּל בַּאֲכִילָתוֹ. זֶה וָזֶה טָעוּן הַלֵּל בַּעֲשִׂיָּתָן, וְנֶאֱכָלִין צָלִי עַל מַצּוֹת וּמְרוֹרִים,

---

12) 모디인(Modiin)은 예루살렘에서 서쪽 방향으로 욥바 가는 길 대략 30킬로미터 지점에 위치한 마을이다.

첫째 유월절과 둘째 유월절 사이의 차이점이 무엇인가? 첫째 유월
절에는 [누룩이] 보이지 않고 발견되지 않게 금지한다. 둘째 유월절
에는 무교병과 누룩이 그와 함께 집에 있다. 첫째 [유월절]은 식사 중
에 할렐이 필요하지만, 둘째 [유월절]은 할렐이 불필요하다. 이 [유월
절]과 저 [유월절 모두 제물을] 준비할 때는 할렐이 필요하다. [둘 모
두] 구이와 함께 무교병과 쓴 나물을 먹을 수 있다. [둘 모두] 안식일
을 능가한다.

- 랍비들은 둘째 유월절에서는 누룩을 제거하지 않아도 된다고 말한
  다. 민수기 9:1-14에서도 누룩에 관해서는 말하고 있지 않다.
- 둘째 유월절 제물을 먹을 때는 할렐 낭송을 할 필요가 없지만, 그전
  에 유월절 제물이 준비(도살)될 때에는 할렐을 낭송한다.
- 두 유월절 모두 구운 고기와 함께 무교병과 쓴 나물을 먹는 것과 안
  식일에도 지켜야 한다는 것은 공통점이다.

9, 4

הַפֶּסַח שֶׁבָּא בְטֻמְאָה, לֹא יֹאכְלוּ מִמֶּנּוּ זָבִין וְזָבוֹת נִדּוֹת וְיוֹלְדוֹת. וְאִם אָכְלוּ,
פְּטוּרִים מִכָּרֵת. רַבִּי אֱלִיעֶזֶר פּוֹטֵר אַף עַל בִּיאַת מִקְדָּשׁ:

부정한 상태로 드려진 유월절 제물은 유출병자와 여성 유출병자
그리고 월경하는 자와 출산한 자가 먹을 수 없다. 하지만 먹은 자라고
하더라도 '카렛'형은 면제된다. 랍비 엘리에제르는 심지어 성전에 들
어간 경우에도 면제했다.

- 유출병이나 월경, 출산으로 부정해진 사람이 유월절 제물을 먹어서

는 안 된다. 하지만 먹었다고 하더라도 가장 강한 처벌인 '카렛'형을
받지는 않는다.

- 부정한 상태로 성전에 들어간 사람은 '카렛'형을 받는다. 하지만 랍
  비 엘리에제르는 '카렛'형을 면한다고 주장한다.

9, 5

מַה בֵּין פֶּסַח מִצְרַיִם לְפֶסַח דוֹרוֹת, פֶּסַח מִצְרַיִם מִקָּחוֹ מִבֶּעְשׂוֹר, וְטָעוּן
הַזָּאָה בַּאֲגֻדַּת אֵזוֹב עַל הַמַּשְׁקוֹף וְעַל שְׁתֵּי מְזוּזוֹת, וְנֶאֱכָל בְּחִפָּזוֹן בְּלַיְלָה
אֶחָד, וּפֶסַח דוֹרוֹת נוֹהֵג כָּל שִׁבְעָה:

이집트 유월절과 세대 유월절 사이의 차이점이 무엇인가? 이집트
유월절 제물은 [니싼월] 10일에 택하여 [피는] 히숍[13] 풀 묶음으로 상
인방과 두 개의 문설주에 뿌리고 하루 저녁에 급히 먹었다. 하지만 세
대 유월절은 전체 7일 동안 진행된다.

- 이집트 유월절은 이집트에서 나오면서 지킨 첫 번째 유월절을 말하
  고 세대 유월절은 그 이후에 이스라엘이 세대를 이어가면서 대대로
  지키는 유월절이다.

9, 6

אָמַר רַבִּי יְהוֹשֻׁעַ, שָׁמַעְתִּי שֶׁתְּמוּרַת הַפֶּסַח קְרֵבָה, וּתְמוּרַת הַפֶּסַח אֵינָהּ
קְרֵבָה, וְאֵין לִי לְפָרֵשׁ. אָמַר רַבִּי עֲקִיבָא, אֲנִי אֲפָרֵשׁ. הַפֶּסַח שֶׁנִּמְצָא קֹדֶם
שְׁחִיטַת הַפֶּסַח, יִרְעֶה עַד שֶׁיִּסְתָּאֵב, וְיִמָּכֵר, וְיִקַּח בְּדָמָיו שְׁלָמִים, וְכֵן
תְּמוּרָתוֹ. אַחַר שְׁחִיטַת הַפֶּסַח, קָרֵב שְׁלָמִים, וְכֵן תְּמוּרָתוֹ:

랍비 예호슈아가 말했다.[14] "어떤 유월절 [대체] 제물은 바칠 수 있

---

13) 히숍(hyssop)은 성서에서는 '우슬초'로 번역하고 있다.
14) 랍비 예호슈아는 랍비 아키바의 스승이다. 랍비 예호슈아는 이해하기 어려운

고 또 어떤 유월절 〔대체〕 제물은 바칠 수 없다고 〔스승으로부터〕 들었네. 그런데 나는 그 이유를 설명 못하겠네."[15] 그러자 랍비 아키바가 말했다. "제가 설명해보겠습니다. 유월절 〔대체〕 제물을 도살하기 전에 〔잃어버렸던〕 유월절 제물을 〔다시〕 찾았으면, 〔제물로 바치기에〕 부적합해질 때까지 그것을 〔들에서〕 먹이다가[16] 그것을 팔고, 그 돈으로 화목제물을 구입합니다. 그리고 그 대체 제물도 그렇게 합니다.[17] 유월절 〔대체〕 제물을 도살한 후에 〔본래 바치고자 했던 유월절 제물을 잃어버렸다가 다시 찾았으면〕, 화목제물로 드립니다. 그리고 그 대체 제물도 그렇게 합니다."

- '대체 제물'(תמורה, 테무라)은 본래 바치려고 했던 제물 대신 바치는 제물이다. 제물을 대체하는 것은 원칙적으로는 금한다. 하지만 일단 대체가 되면 대체 제물은 원제물과 동등하게 거룩하게 된다(레 27). 대체 제물과 원제물에 관한 자세한 설명은『코다쉼』「테무라」에서 자세하게 다룬다.
- 유월절 제물로 바치려고 했는데 바치지 못한 제물은 나중에 화목제물로 바친다. 유월절 대체 제물이 도살되기 전에 원제물을 발견했으면 두 제물 모두 팔아서 화목제물을 바친다. 유월절 대체 제물이 도살된 후에 원제물을 찾았으면 두 제물을 모두 화목제물로 바쳐야 한다.

법을 들었는데 이에 대해 랍비 아키바가 자신이 설명해보겠다고 나선다.

15) 랍비 예호슈아의 말에서 미쉬나가 어떻게 전해졌는지 암시를 얻을 수 있다. 미쉬나의 규정들은 스승이 제자들에게 입에서 입으로 전달하는 방식으로 전해졌다. 그래서 때로는 제자들마다 이해가 다를 수 있고 법규정은 기억하는데 그 이유는 기억하지 못하는 경우도 있었다.

16) 흠이 있는 것은 제물로서 부적합하게 된다.

17) '대체 제물'을 줄여서 '대체물'이라고 부르기도 한다.

9, 7

הַמַּפְרִישׁ נְקֵבָה לְפִסְחוֹ אוֹ זָכָר בֶּן שְׁתֵּי שָׁנִים, יִרְעֶה עַד שֶׁיִּסְתָּאֵב, וְיִמָּכֵר,
וְיִפְּלוּ דָמָיו לִנְדָבָה. הַמַּפְרִישׁ פִּסְחוֹ וָמֵת, לֹא יְבִיאֶנּוּ בְנוֹ אַחֲרָיו לְשֵׁם פֶּסַח,
אֶלָּא לְשֵׁם שְׁלָמִים:

유월절 제물로 암컷 또는 2년 된 수컷을 챙겨둔 경우에, 그것을 [들에서] 먹이다가 [제물로] 부적합해지면 팔아야 한다. 그리고 그 돈으로 자원하는 제물을 구입한다. 유월절 제물을 챙겨둔 사람이 죽은 경우에, 그 아들은 그것을 유월절 제물로 가져올 수 없고 화목제물로 가져와야 한다.

- 유월절 제물로 부적합한 가축은 팔아서 보통은 화목제물로 바치게 된다. 이번 미쉬나는 이와 달리 자원하는 제물로 바치라고 말한다.
- 유월절 제물을 바치려고 챙겨둔 사람이 죽게 되면 그 제물은 유월절 제물로 드릴 수 없고 화목제물로 드려야 한다.

9, 8

הַפֶּסַח שֶׁנִּתְעָרֵב בִּזְבָחִים, כֻּלָּן יִרְעוּ עַד שֶׁיִּסְתָּאֵבוּ, וְיִמָּכְרוּ, וְיָבִיא בִדְמֵי
הַיָּפֶה שֶׁבָּהֶן מִמִּין זֶה, וּבִדְמֵי הַיָּפֶה שֶׁבָּהֶן מִמִּין זֶה, וְיַפְסִיד הַמּוֹתָר מִבֵּיתוֹ.
נִתְעָרֵב בִּבְכוֹרוֹת, רַבִּי שִׁמְעוֹן אוֹמֵר, אִם חֲבוּרַת כֹּהֲנִים, יֹאכֵלוּ:

유월절 제물이 [다른] 제물들과 섞이게 된 경우에, 모든 제물을 [들에서] 먹이다가 [제물로] 부적합해지면 팔아야 한다. 이 종류에서 가장 좋은 가격의 [대체 제물을], 저 종류에서 가장 좋은 가격의 [대체 제물을] 가져와야 한다. 그래서 그는 자기 주머니에 있는 남은 돈을 잃게 된다. 초태생이 섞이게 된 경우에 대하여 랍비 쉼온은 말한다. "[유월절 제물이] 제사장 단체에 [속한다면], 그들이 먹어야 합니다."

- 제물이 섞이게 되면 풀을 먹여 키우다가 흠이 생겨 제물로 부적합하게 되면 시장에 내다 팔아서 그 돈으로 종류에 따라 가장 좋은(비싼) 것으로 대속해야 한다. 그래서 결과적으로 처음에 구입한 비용보다 더 많이 들어가게 되는데 추가 비용은 자신이 부담해야 한다.
- 초태생의 제물은 보통 제사장들에게 준다. 따라서 제사장이 주인인 유월절 제물과 초태생 제물이 섞였으면 그 제물을 제사장들이 유월절 제물로 먹으면 된다. 단, 그날 저녁에 다 먹어야 한다.

9, 9

חֲבוּרָה שֶׁאָבַד פִּסְחָהּ, וְאָמְרָה לְאֶחָד, צֵא וּבַקֵּשׁ וּשְׁחֹט עָלֵינוּ, וְהָלַךְ וּמָצָא וְשָׁחַט, וְהֵם לָקְחוּ וְשָׁחֲטוּ, אִם שֶׁלּוֹ נִשְׁחַט רִאשׁוֹן, הוּא אוֹכֵל מִשֶּׁלּוֹ, וְהֵם אוֹכְלִים עִמּוֹ מִשֶּׁלּוֹ, וְאִם שֶׁלָּהֶן נִשְׁחַט רִאשׁוֹן, הֵם אוֹכְלִין מִשֶּׁלָּהֶן, וְהוּא אוֹכֵל מִשֶּׁלּוֹ. וְאִם אֵינוֹ יָדוּעַ אֵיזֶה מֵהֶן נִשְׁחַט רִאשׁוֹן, אוֹ שֶׁשָּׁחֲטוּ שְׁנֵיהֶן כְּאֶחָד, הוּא אוֹכֵל מִשֶּׁלּוֹ, וְהֵם אֵינָם אוֹכְלִים עִמּוֹ, וְשֶׁלָּהֶן יֵצֵא לְבֵית הַשְּׂרֵפָה, וּפְטוּרִין מִלַּעֲשׂוֹת פֶּסַח שֵׁנִי. אָמַר לָהֶן, אִם אֵחַרְתִּי, צְאוּ וְשַׁחֲטוּ עָלָי. הָלַךְ וּמְצָאוֹ, וְשָׁחַט, וְהֵן לָקְחוּ וְשָׁחֲטוּ, אִם שֶׁלָּהֶן נִשְׁחַט רִאשׁוֹן, הֵן אוֹכְלִין מִשֶּׁלָּהֶן, וְהוּא אוֹכֵל עִמָּהֶן. וְאִם שֶׁלּוֹ נִשְׁחַט רִאשׁוֹן, הוּא אוֹכֵל מִשֶּׁלּוֹ, וְהֵן אוֹכְלִין מִשֶּׁלָּהֶן. וְאִם אֵינוֹ יָדוּעַ אֵיזֶה מֵהֶם נִשְׁחַט רִאשׁוֹן, אוֹ שֶׁשָּׁחֲטוּ שְׁנֵיהֶם כְּאֶחָד, הֵן אוֹכְלִין מִשֶּׁלָּהֶן, וְהוּא אֵינוֹ אוֹכֵל עִמָּהֶן, וְשֶׁלּוֹ יֵצֵא לְבֵית הַשְּׂרֵפָה, וּפָטוּר מִלַּעֲשׂוֹת פֶּסַח שֵׁנִי. אָמַר לָהֶן וְאָמְרוּ לוֹ, אוֹכְלִין כֻּלָּם מִן הָרִאשׁוֹן. וְאִם אֵין יָדוּעַ אֵיזֶה מֵהֶן נִשְׁחַט רִאשׁוֹן, שְׁנֵיהֶם יוֹצְאִין לְבֵית הַשְּׂרֵפָה. לֹא אָמַר לָהֶן וְלֹא אָמְרוּ לוֹ, אֵינָן אַחֲרָאִין זֶה לָזֶה:

유월절 제물을 잃어버린 단체가 〔일원 중〕 한 명에게 "가서 〔제물을〕 찾아서 우리를 위해 도살하세요"라고 말하여 나가서 〔제물을〕 찾아 도살했는데, 〔때마침〕 그들도 〔다른 제물을〕 취하여 도살했다. 만약 그의 것이 먼저 도살되었다면 그는 그가 〔도살한〕 것을 먹고 그들도 그와 함께 그것을 먹어야 한다. 만약 그들의 것이 먼저 도살되었으면 그들은 그들이 〔도살한〕 것을 먹고 그는 그가 〔도살한〕 것을 먹어야 한다. 만약 그것들 중에서 어떤 것이 먼저 도살되었는지 알 수 없거나 동시에 도살되었으면, 그는 그의 것을 먹으면 되지만 그들은 그와 함께 먹을 수 없다. 그들이 도살한 것은 가져가서 불에 태워야 한다. 하지만 그들은 두 번째 유월절을 지키는 것은 면제된다. 〔만약〕 그가 그들에게 "내가 늦었으니 나를 위해 도살해주세요"라고 말했는데, 그가 가서 〔잃어버린 제물을〕 찾아서 도살했고 〔때마침〕 그들도 〔제물을〕 취하여 도살했다. 만약 그들의 것이 먼저 도살되었으면 그들은 그들이 〔도살한〕 것을 먹고 그도 그들과 함께 그것을 먹어야 한다. 만약 그의 것이 먼저 도살되었으면, 그는 자기가 〔도살한〕 것을 먹고 그들은 그들이 〔도살한〕 것을 먹어야 한다. 만약 어떤 것이 먼저 도살되었는지 알 수 없거나 동시에 도살되었으면, 그들은 그들이 〔도살한〕 것을 먹지만 그는 그들과 함께 먹을 수 없다. 그가 도살한 것은 가져가서 불에 태워야 한다. 하지만 그는 두 번째 유월절을 지키는 것은 면제된다. 그는 그들에게, 그들은 그에게 "먼저 잡은 것을 다 함께 먹습니다"라고 말했는데 어떤 것을 먼저 도살했는지 알 수 없다면, 두 마리 모두 불에 태워야 합니다. 만약 그는 그들에게, 그들은 그에게 말하지 않았다면, 그들은 서로에게 책임이 없다.

- 도살하기로 정한 제물에 자신의 이름이 등록되어 있다고 보아야 한다. 제물을 찾으러 나간 사람은 그가 찾은 것이 그의 유월절 제물이기 때문에 그것이 먼저 도살되든 나중에 도살되든 그는 자신이 찾은 제물을 먹으면 된다.
- 제물을 찾으라고 단체의 일원을 보낸 사람들도 기본적으로 그들이 보낸 일원이 찾는 제물에 등록된 것으로 간주되기 때문에 그 제물이 먼저 도살되었다면 그와 함께 그것을 먹으면 된다. 그들이 그를 기다리다 도살한 다른 제물은 부적합한 제물이 되기 때문에 불에 태워

야 한다.

- 찾으러 간 일원이 제물을 찾아오는 것이 늦어지자 그들이 다른 제물을 먼저 도살했다면 그들은 찾으라고 보낸 제물에 등록한 것을 취소하고 다른 제물에 등록했다고 보아야 한다. 따라서 그들은 그들이 도살한 다른 제물을 먹으면 된다.

- 어떤 제물이 먼저 도살되었는지 알 수 없거나 동시에 도살되었다면 찾으러 간 일원은 자신이 찾은 제물을 먹으면 되지만 남은 사람들은 그와 함께 먹을 수 없다. 그리고 그들이 도살한 제물은 부적합한 제물이 되기 때문에 불에 태워야 한다. 하지만 그들은 둘째 유월절을 지킬 필요는 없다.

- 서로에게 먼저 잡은 것을 같이 먹자고 약속한 경우 먼저 도살한 제물이 어떤 것인지 정확히 알아야 한다. 그렇지 않으면 두 제물 모두 부적합하게 되어 불에 태워야 한다. 반대로 서로에게 아무 말도 하지 않았다면 서로에게 책임이 없기 때문에 각자 잡아서 먹으면 된다.

9, 10

שְׁתֵּי חֲבוּרוֹת שֶׁנִּתְעָרְבוּ פִּסְחֵיהֶן, אֵלּוּ מוֹשְׁכִין לָהֶן אֶחָד וְאֵלּוּ מוֹשְׁכִין לָהֶן
אֶחָד, אֶחָד מֵאֵלּוּ בָּא לוֹ אֵצֶל אֵלּוּ, וְאֶחָד מֵאֵלּוּ בָּא לוֹ אֵצֶל אֵלּוּ, וְכָךְ הֵם
אוֹמְרִים, אִם שֶׁלָּנוּ הוּא הַפֶּסַח הַזֶּה, יָדֶיךָ מְשׁוּכוֹת מִשֶּׁלְּךָ וְנִמְנֵיתָ עַל שֶׁלָּנוּ,
וְאִם שֶׁלְּךָ הוּא הַפֶּסַח הַזֶּה, יָדֵינוּ מְשׁוּכוֹת מִשֶּׁלָּנוּ וְנִמְנֵינוּ עַל שֶׁלְּךָ. וְכֵן
חָמֵשׁ חֲבוּרוֹת שֶׁל חֲמִשָּׁה חֲמִשָּׁה, וְשֶׁל עֲשָׂרָה עֲשָׂרָה, מוֹשְׁכִין לָהֶן אֶחָד
מִכָּל חֲבוּרָה וַחֲבוּרָה, וְכֵן הֵם אוֹמְרִים:

두 단체의 유월절 제물이 섞인 경우에, 이쪽은 그 단체를 위해 한 마리를 끌어오고 저쪽은 그 단체를 위해 또 한 마리를 끌어온 후에, 이 단체에서 한 명이 저 단체로 가고 저 단체에서 한 명이 이 단체로 와서 말한다. "만약 이 유월절 제물이 우리 것이면 당신의 손은 당신의 [제물]에서 취소되고 우리 [제물]에 등록됩니다. 만약 이 유월절 제물이 당신의 것이면 우리의 손은 우리의 〔제물〕에서 취소되고 당신 〔제물〕에 등록됩니다." 그런 식으로 다섯 단체인 경우는 각각 다섯 제물과 다섯 명이 오고, 또 열 단체일 경우에는 각각 열 명이 와서, 각각의 단체를 위해 한 마리를 끌고 와서 같은 식으로 말한다.

- 각 단체에서 한 명씩 나와 자신이 본래 속한 단체에서 다른 단체로 합류하게 되면 개인이든 단체든 어느 한쪽은 그 유월절 제물에 등록이 되어 있을 것이다. 이러한 상태에서 하는 선언은 그 제물에 등록이 되어 있지 않은 다른 한쪽은 이전에 등록된 것을 취소하고 현재의 제물에 등록한다는 의식이다. 그러면 그들은 다 함께 유월절 제물을 공유할 수 있게 된다.

9, 11

שְׁנַיִם שֶׁנִּתְעָרְבוּ פִּסְחֵיהֶם, זֶה מוֹשֵׁךְ לוֹ אֶחָד, וְזֶה מוֹשֵׁךְ לוֹ אֶחָד, זֶה מַמְנֶה עִמּוֹ אֶחָד מִן הַשּׁוּק, וְזֶה מַמְנֶה עִמּוֹ אֶחָד מִן הַשּׁוּק, זֶה בָא אֵצֶל זֶה, וְזֶה בָא אֵצֶל זֶה, וְכָךְ הֵם אוֹמְרִים, אִם שֶׁלִּי הוּא פֶסַח זֶה, יָדֶיךָ מְשׁוּכוֹת מִשֶּׁלְּךָ וְנִמְנֵית עַל שֶׁלִּי. וְאִם שֶׁלְּךָ הוּא פֶסַח זֶה, יָדַי מְשׁוּכוֹת מִשֶּׁלִּי וְנִמְנֵיתִי עַל שֶׁלְּךָ:

두 사람의 유월절 제물이 섞였으면, 이 사람은 자기를 위해 한 마리를 가져오고 저 사람은 또 자기를 위해 한 마리를 가져와서, 이 사람은 시장에서 한 명을 등록시키고, 저 사람은 시장에서 한 명을 등록시킨다. 〔이쪽의〕 한 사람이 저쪽으로 가고 〔저쪽의〕 한 사람은 이쪽으로 와서 말한다. "만약 이 유월절 제물이 나의 것이면, 당신은 당신의 것에서 취소되고 내 것에 등록해야 합니다. 만약 이것이 당신의 것이면, 나는 나의 것에서 취소되고 당신 것에 등록할 것입니다."

• 앞 미쉬나와 같은 상황이다. 두 사람의 유월절 제물이 서로 섞이게 된 경우에 해결책을 제시하고 있다. 여기에서 한 사람씩 더 등록시키는 이유는 유월절 제물이 누구에게도 속하지 않은 상태를 아주 잠깐이라도 발생하지 않기 위함이다. 만약 두 사람만 있는 경우는 어느 한 사람이 한쪽의 등록을 취소하는 순간 한 제물은 주인이 없는 상태가 된다. 이것을 피하기 위해 각각 한 사람씩 추가로 등록하여 교체한 것이다.

제10장

이번 장에서는 가장 유명한 미쉬나 중의 하나로 '쎄데르'(סדר, Seder)라고 부르는 유월절 만찬에 대하여 말한다. 오늘날에도 대부분의 유대인 가정에서 지키고 있는 유월절 만찬도 이 미쉬나 본문에 기초한다. 하지만 오늘날의 유월절 만찬 절차에는 미쉬나에 없는 내용들까지 후대에 추가되고 첨가되었다. 만찬의 주인이 전체 식사를 인도할 수 있도록 시중드는 사람들이 그를 돕는다.

10, 1

עַרְבֵי פְסָחִים סָמוּךְ לַמִּנְחָה, לֹא יֹאכַל אָדָם עַד שֶׁתֶּחְשָׁךְ. וַאֲפִלּוּ עָנִי שֶׁבְּיִשְׂרָאֵל לֹא יֹאכַל עַד שֶׁיָּסֵב. וְלֹא יִפְחֲתוּ לוֹ מֵאַרְבַּע כּוֹסוֹת שֶׁל יַיִן, וַאֲפִלּוּ מִן הַתַּמְחוּי:

유월절 저녁이 오후 기도 시간에 가까워 오면 해질녘까지 음식을 먹으면 안 된다. 심지어 이스라엘 중의 가난한 사람이라고 하더라도 그가 〔식탁에〕 기대기 전까지는 먹어서는 안 된다. 그를 위해 포도주 네 잔보다 더 적게 주어서는 안 된다. 심지어 자선 접시[18])에서 주더라도.

- 오후 기도 시간은 오늘날 우리 시간으로 대략 오후 3시경에 시작한다. 이때부터 해질녘까지 음식을 먹지 않고 배고픈 상태를 유지해야 한다. 그래야 누룩이 들어가지 않는 빵(무교병)을 맛있게 먹을 수 있을 것이다.
- 식탁에 기대어 먹는 것은 부유한 사람들이 즐기는 만찬 형식이며, 포도주는 네 잔 이상 마셔야 한다. 유월절에는 가난한 사람들도 이렇게 식탁에 기대어 풍성하게 먹어야 하는 기쁨의 절기라는 의미다.

10, 2

מָזְגוּ לוֹ כוֹס רִאשׁוֹן, בֵּית שַׁמַּאי אוֹמְרִים, מְבָרֵךְ עַל הַיּוֹם, וְאַחַר כָּךְ מְבָרֵךְ עַל הַיָּיִן. וּבֵית הִלֵּל אוֹמְרִים, מְבָרֵךְ עַל הַיָּיִן, וְאַחַר כָּךְ מְבָרֵךְ עַל הַיּוֹם:

그[19]를 위해 첫 번째 잔에 〔포도주와 물을〕 섞으면, 샴마이 학파는 말한다. "오늘을 축복하고 그러고 나서 포도주에 대해 축복합니다." 힐렐 학파는 말한다. "포도주를 축복하고 그러고 나서 오늘을 축복합니다."

- 당시에 포도주는 너무 진하기 때문에 물을 섞어 희석해서 마셨다. 포도주 잔에 물을 섞는 행위는 후대에 포도주를 마시기 직전의 하나의 의례로 받아들여졌다.
- 첫 번째 잔에 포도주와 물이 섞일 때 하는 축복의 말이 무엇인지 두 학파의 견해가 다르다. 샴마이 학파는 날을 먼저 축복하고 그다음 포도주를 축복한다. 하지만 힐렐 학파는 반대 순서로 축복한다. 오늘날 유대교는 힐렐 학파의 견해를 따른다.

---

18) 자선 접시에서 가난한 사람들에게 음식을 주었다.
19) 만찬의 주인을 가리킨다.

הֵבִיאוּ לְפָנָיו, מְטַבֵּל בַּחֲזֶרֶת, עַד שֶׁמַּגִּיעַ לְפַרְפֶּרֶת הַפַּת. הֵבִיאוּ לְפָנָיו מַצָּה
וַחֲזֶרֶת וַחֲרֹסֶת וּשְׁנֵי תַבְשִׁילִין, אַף עַל פִּי שֶׁאֵין חֲרֹסֶת מִצְוָה. רַבִּי אֱלִיעֶזֶר
בְּרַבִּי צָדוֹק אוֹמֵר, מִצְוָה. וּבַמִּקְדָּשׁ הָיוּ מְבִיאִים לְפָנָיו גּוּפוֹ שֶׁל פָּסַח:

그 앞에 〔음식을〕 가져오면, 그는 빵 〔먹기 전에 먹는〕 전식을 먹기
전까지는 상추를 〔소스에〕 적셔 먹는다. 그 앞에 무교병과 상추[20], 하
로셋 그리고 요리 두 개를 가져온다. 하로셋은 〔종교적인〕 의무는 아
니긴 하다. 랍비 엘리에제르 바르 짜독은 말한다. "의무입니다." 그때
성전에서는 그를 위해 유월절 제물의 몸통을 그 앞으로 가져온다.

- 하로셋은 포도주와 과일을 섞은 로마 시대의 음식인데 성서에서 전
  혀 언급하고 있지 않다. 이 음식이 유월절 만찬에 포함된 것은 성전
  파괴 이후로 보인다.

מָזְגוּ לוֹ כוֹס שֵׁנִי, וְכָאן הַבֵּן שׁוֹאֵל אָבִיו, וְאִם אֵין דַּעַת בַּבֵּן, אָבִיו מְלַמְּדוֹ,
מַה נִּשְׁתַּנָּה הַלַּיְלָה הַזֶּה מִכָּל הַלֵּילוֹת, שֶׁבְּכָל הַלֵּילוֹת אָנוּ אוֹכְלִין חָמֵץ
וּמַצָּה, הַלַּיְלָה הַזֶּה כֻּלּוֹ מַצָּה. שֶׁבְּכָל הַלֵּילוֹת אָנוּ אוֹכְלִין שְׁאָר יְרָקוֹת,
הַלַּיְלָה הַזֶּה מָרוֹר. שֶׁבְּכָל הַלֵּילוֹת אָנוּ אוֹכְלִין בָּשָׂר צָלִי, שָׁלוּק, וּמְבֻשָּׁל,
הַלַּיְלָה הַזֶּה כֻּלּוֹ צָלִי. שֶׁבְּכָל הַלֵּילוֹת אָנוּ מַטְבִּילִין פַּעַם אַחַת, הַלַּיְלָה הַזֶּה
שְׁתֵּי פְעָמִים. וּלְפִי דַעְתּוֹ שֶׁל בֵּן, אָבִיו מְלַמְּדוֹ. מַתְחִיל בִּגְנוּת וּמְסַיֵּם בְּשֶׁבַח,
וְדוֹרֵשׁ מֵאֲרַמִּי אוֹבֵד אָבִי, עַד שֶׁיִּגְמֹר כָּל הַפָּרָשָׁה כֻלָּהּ:

그를 위해 두 번째 잔에 〔포도주와 물을〕 섞으면, 아들은 아버지에
게 묻는다. 아들이 숙지하지 못하고 있다면 아버지는 그의 아들에게
〔질문하도록〕 가르친다. "오늘 밤이 다른 모든 밤들과 무엇이 다릅니

---

20) 상추는 쓴 나물의 하나로 취급한다(2, 6).

까? 다른 모든 저녁에 우리는 누룩이 들어간 빵과 누룩이 없는 빵을 먹지만, 오늘은 누룩이 없는 빵만 먹습니다. 다른 날 저녁에 우리는 다른 채소들을 먹지만, 오늘 저녁에는 쓴 나물만 먹습니다. 다른 날 저녁에는 구운 고기, 끓인 고기, 삶은 고기를 먹지만, 오늘 저녁에는 구운 고기만 먹습니다. 다른 날 저녁에는 한 번 적시지만, 오늘 저녁에는 두 번〔적셔서 먹습니다〕." 아들의 이해 정도에 맞추어 아버지는 아들을 가르친다. 그는 수치에서 시작해서 찬양으로 마친다. 그는 "우리 조상은 떠도는 아람인으로서"[21]부터 전체 단락을 마칠 때까지 자세히 설명한다.

- "무엇이 다릅니까?"(마 니쉬타나, Ma Nishtana)로 시작하는 이 질문들은 영화 「그리스도의 수난」에서도 등장하는 유명한 대사다. 아들이 아버지에게 '네 가지 질문'을 하는데 이러한 질문 형식을 빌려 아들은 이날 밤이 다른 날 밤과 어떻게 다른지 정확하게 숙지한다.
- 유월절 저녁의 특별함에 대하여 아버지가 아들에게 가르칠 때 중요한 것은 아들의 눈높이에 맞게 가르치는 것이다.
- '수치'는 아마도 이집트에서의 종살이가 될 것이다. 찬양은 이스라엘 백성을 이집트에서 구원하신 하나님을 찬양하는 것이다.

10, 5

רַבָּן גַּמְלִיאֵל הָיָה אוֹמֵר, כָּל שֶׁלֹּא אָמַר שְׁלֹשָׁה דְבָרִים אֵלּוּ בְּפֶסַח, לֹא יָצָא יְדֵי חוֹבָתוֹ, וְאֵלּוּ הֵן, פֶּסַח, מַצָּה, וּמָרוֹר. פֶּסַח, עַל שׁוּם שֶׁפָּסַח הַמָּקוֹם עַל בָּתֵּי אֲבוֹתֵינוּ בְּמִצְרָיִם. מַצָּה, עַל שׁוּם שֶׁנִּגְאֲלוּ אֲבוֹתֵינוּ בְּמִצְרָיִם. מָרוֹר, עַל שׁוּם שֶׁמֵּרְרוּ הַמִּצְרִים אֶת חַיֵּי אֲבוֹתֵינוּ בְּמִצְרָיִם. בְּכָל דּוֹר וָדוֹר חַיָּב אָדָם לִרְאוֹת אֶת עַצְמוֹ כְּאִלּוּ הוּא יָצָא מִמִּצְרַיִם, שֶׁנֶּאֱמַר, וְהִגַּדְתָּ לְבִנְךָ בַּיּוֹם

---

21) "우리 조상은 떠도는 아람인으로서"는 신명기 26:5이다.

הַהוּא לֵאמֹר, בַּעֲבוּר זֶה עָשָׂה ה׳ לִי בְּצֵאתִי מִמִּצְרָיִם. לְפִיכָךְ אֲנַחְנוּ חַיָּבִין
לְהוֹדוֹת, לְהַלֵּל, לְשַׁבֵּחַ, לְפָאֵר, לְרוֹמֵם, לְהַדֵּר, לְבָרֵךְ, לְעַלֵּה, וּלְקַלֵּס, לְמִי
שֶׁעָשָׂה לַאֲבוֹתֵינוּ וְלָנוּ אֶת כָּל הַנִּסִּים הָאֵלוּ, הוֹצִיאָנוּ מֵעַבְדוּת לְחֵרוּת, מִיָּגוֹן
לְשִׂמְחָה, וּמֵאֵבֶל לְיוֹם טוֹב, וּמֵאֲפֵלָה לְאוֹר גָּדוֹל, וּמִשִּׁעְבּוּד לִגְאֻלָּה. וְנֹאמַר
לְפָנָיו, הַלְלוּיָהּ:

라반 감리엘은 다음과 같이 말하곤 했다. "이 세 가지를 유월절에 말하지 않는 사람은 그의 의무를 완수한 것이 아닙니다. 이것들은 유월절, 누룩이 안 들어간 빵, 쓴 나물입니다. 유월절은 〔편재하신 분께서〕 이집트에서 우리 조상들의 집 위를 넘어갔기 때문입니다. 누룩이 안 들어간 빵은 우리 조상들이 이집트에서 속량되었기 때문입니다. 쓴 나물은 이집트 사람들이 우리 조상들의 삶을 고달프게 만들었기 때문입니다. 모든 세대와 세대에서 그는 자신이 이집트에서 나온 것처럼 자신을 보아야 합니다. 〔성서에 다음과 같이〕 기록하였습니다. "너는 그날에 네 아들에게 보여 이르기를, '이 예식은 내가 애굽에서 나올 때에 여호와께서 나를 위하여 행하신 일로 말미암음이라' 하고" (출 13:8). 그래서 우리는 이 모든 기적을 우리의 조상들과 우리에게 행하신 이에게 감사하고, 찬양하고, 외치고, 영화롭게 하고, 드높이고, 아름답게 하고, 축복하고, 찬미하고, 경배해야 합니다. 그분은 우리를 종에서 자유인으로, 슬픔에서 기쁨으로, 애곡에서 축제의 날로, 어둠에서 밝은 빛으로, 종살이에서 구원으로 인도하셨습니다. 그래서 우리는 그분 앞에서 말할 것입니다. 할렐루야!"

10, 6

עַד הֵיכָן הוּא אוֹמֵר, בֵּית שַׁמַּאי אוֹמְרִים, עַד אֵם הַבָּנִים שְׂמֵחָה. וּבֵית הִלֵּל
אוֹמְרִים, עַד חַלָּמִישׁ לְמַעְיְנוֹ מָיִם. וְחוֹתֵם בִּגְאֻלָּה. רַבִּי טַרְפוֹן אוֹמֵר, אֲשֶׁר
גְּאָלָנוּ וְגָאַל אֶת אֲבוֹתֵינוּ מִמִּצְרַיִם, וְלֹא הָיָה חוֹתֵם. רַבִּי עֲקִיבָא אוֹמֵר, כֵּן ה׳
אֱלֹהֵינוּ וֵאלֹהֵי אֲבוֹתֵינוּ יַגִּיעֵנוּ לְמוֹעֲדִים וְלִרְגָלִים אֲחֵרִים הַבָּאִים לִקְרָאתֵנוּ

לְשָׁלוֹם, שְׂמֵחִים בְּבִנְיַן עִירֶךָ וְשָׂשִׂים בַּעֲבוֹדָתֶךָ, וְנֹאכַל שָׁם מִן הַזְּבָחִים וּמִן
הַפְּסָחִים כו׳, עַד בָּרוּךְ אַתָּה ה׳ גָּאַל יִשְׂרָאֵל:

〔'할렐' 찬양을〕어느 부분까지 낭송해야 하는가? 샴마이 학파는 말
한다. "'자녀들을 즐겁게 하는 어머니가 되게 하시는도다'[22]까지입니
다." 힐렐 학파는 말한다. "'차돌로 샘물이 되게 하셨도다'[23]까지입니
다." 그리고 그는 구원으로 마친다. 랍비 타르폰은 말한다. "'주께서
우리를 구원하셨고 주께서 우리 조상들을 애굽에서 구원하셨다'입니
다." 그리고 그는 마치지 않았다. 랍비 아키바는 말한다. "그러므로 우
리의 하나님 여호와께서 우리 조상들의 하나님께서 우리를 절기로
인도하시고 우리에게 평화로 다가오는 순례자들에게 인도하실 것입
니다. 그들은 너희의 성읍 건물에서 기뻐하고 너희의 섬김에 기뻐할
것입니다. 그리고 우리는 거기에서 〔여러〕제물과 유월절 제물을 먹
을 것입니다. '찬송 받으실 주 여호와께서 이스라엘을 구원하셨다'에
이르기까지 〔먹습니다〕."

- 유월절 만찬 중에 '할렐'이라는 찬송시(시 113-118)를 낭송했다. 찬
  양 시편 낭송은 두 부분으로 나뉜다. 절반은 식사 전에 낭송하고 나
  머지 절반은 식후에 낭송한다.
- '구원으로 마치다'는 말을 직역하면 '구원으로 날인하다'이며, 계약
  의 맨 마지막 단계에 도장을 찍는 것처럼 '구원'이라는 축복의 말로
  낭송을 마쳤다는 뜻이다.
- 랍비 타르폰과 랍비 아키바의 축복은 묘사하는 시점이 서로 다르다.
  랍비 타르폰은 '과거'에 구원하신 하나님을 찬양하고 있고, 랍비 아

---

22) 시편 113편 마지막 부분이다.
23) 시편 114편 마지막 부분이다.

키바는 '미래'에도 구원하실 하나님의 역사를 기원하고 있다.

10, 7

מָזְגוּ לוֹ כוֹס שְׁלִישִׁי, מְבָרֵךְ עַל מְזוֹנוֹ. רְבִיעִי, גּוֹמֵר עָלָיו אֶת הַהַלֵּל, וְאוֹמֵר
עָלָיו בִּרְכַּת הַשִּׁיר. בֵּין הַכּוֹסוֹת הַלָּלוּ, אִם רוֹצֶה לִשְׁתּוֹת, יִשְׁתֶּה. בֵּין שְׁלִישִׁי
לָרְבִיעִי, לֹא יִשְׁתֶּה:

그를 위해 세 번째 잔에 〔포도주와 물을〕 섞으면, 그는 음식을 위해
축복한다. 네 번째 잔에 〔포도주와 물이 섞이면〕 그는 할렐을 끝마치
고 그 노래를 축복한다. 이 잔들 사이에 〔포도주를〕 마시고자 한다
면 마실 수 있다. 하지만 세 번째 잔과 네 번째 잔 사이에는 마시면 안
된다.

- 음식에 대한 축복(기도문)이 세 번째 포도주 잔에 낭송된다. 그리고
  네 번째 잔에 노래에 대한 축복이 낭송된다. 다만, 축복하기 위해 구
  체적으로 어떤 축복(기도문)을 낭송하는지 알 수 없는 상태로 남아
  있다. 탈무드에서는 이에 대하여 추가적인 논쟁이 이어진다.
- 두 번째 잔과 세 번째 잔 사이에는 포도주를 추가로 마실 수 있다. 이
  때 식사가 이루어지기 때문이다. 하지만 세 번째 잔과 네 번째 잔 사
  이에는 포도주를 더 마시면 안 된다. 아마도 술에 취하여 만찬을 마
  무리하지 못하는 것을 염려한 듯하다.

10, 8

וְאֵין מַפְטִירִין אַחַר הַפֶּסַח אֲפִיקוֹמָן. יָשְׁנוּ מִקְצָתָן, יֹאכְלוּ. כֻּלָּן, לֹא יֹאכְלוּ.
רַבִּי יוֹסֵי אוֹמֵר, נִתְנַמְנְמוּ, יֹאכְלוּ. נִרְדְּמוּ, לֹא יֹאכְלוּ:

유월절 제물을 〔먹은〕 후에 아피코만으로 마무리해서는 안 된다. 만
약 그들 중 일부가 이미 잠자리에 들었다면, 그들은 먹을 수 있다. 하

지만 모두 잠들었다면 먹어서는 안 된다. 랍비 요쎄는 말한다. "그들이 잠깐 잠이 들었으면 먹어도 되지만, [완전히] 잠들었다면 먹으면 안 됩니다."

- 랍비들은 유월절 만찬을 로마식 관습인 '아피코만'(afikoman)으로 마무리하는 것을 반대했다. 아피코만은 그레코-로만(Greco-Roman) 사회에서 만찬을 마무리하는 관습으로 동일명의 후식에서 유래했다. 이때 집집마다 돌아다니며 흥청망청 술을 마신다. 랍비들은 그 대신 출애굽에 관한 이야기를 나누면서 마무리하길 권했다.
- 늦은 시간까지 음식을 먹을 수 있지만 모두 잠들면 먹어서는 안 된다. 랍비 요쎄는 조금 다르게 모두 잠들더라도 선잠에 들었으면 깨어나서 먹으면 되지만 정말 잠들었으면 먹으면 안 된다고 주장한다.

10, 9

הַפֶּסַח אַחַר חֲצוֹת, מְטַמֵּא אֶת הַיָּדַיִם. הַפִּגּוּל וְהַנּוֹתָר, מְטַמְּאִין אֶת הַיָּדַיִם. בֵּרַךְ בִּרְכַּת הַפֶּסַח פָּטַר אֶת שֶׁל זֶבַח. בֵּרַךְ אֶת שֶׁל זֶבַח, לֹא פָטַר אֶת שֶׁל פֶּסַח, דִּבְרֵי רַבִּי יִשְׁמָעֵאל. רַבִּי עֲקִיבָא אוֹמֵר, לֹא זוֹ פוֹטֶרֶת זוֹ, וְלֹא זוֹ פוֹטֶרֶת זוֹ:

유월절 제물은 자정이 지나면 손을 더럽힌다. 혐오스러운 것과 남겨진 것 [모두] 손을 더럽힌다. "유월절 제물에 대해 축복을 낭송하면 [다른] 제물에 대한 축복 낭송이 면제되지만, [다른] 제물에 대한 축복 낭송이 유월절 제물에 대한 [축복 낭송을] 면제하지는 않습니다." 랍비 이쉬마엘의 말이다. 랍비 아키바는 말한다. "이것이 저것을 면제하지도 않고 저것이 이것을 면제하지도 않습니다."

- '혐오스러운 것'(פגול, 피굴)과 '남겨진 것'(נותר, 노타르) 모두 부정

한 것으로 여겨진다(『코다쉼』「제바힘」). 먼저 정해진 절차 내에 드려지지 못한 제물을 '혐오스러운 것'이라고 부른다. 그리고 '남겨진 것'은 먹어야 할 시간까지 다 먹지 못하고 남은 제물이다.

- 랍비 이쉬마엘은 다른 어떤 제물보다 유월절 제물이 더 중요하다는 입장이다. 하지만 랍비 아키바는 두 제물은 종속 관계에 있지 않고 서로 독립적이라고 말한다.

שקלים

4

쉐칼림

쉐켈

비록 여성과 종들 그리고 아이들은 쉐켈을 지불할 필요가 없
다고 랍비들이 말하고 있지만, 그들이 쉐켈을 지불하면 받을
수 있다. 외부인들과 쿠타인들이 지불하려고 할 때에 받으면
안 된다. 남성 유출병자와 여성 유출병자, 불결한 자와 죄인
이 지불한 것도 받으면 안 된다. 맹세한 남성과 맹세한 여성
이 지불한 것은 받아도 된다. 일반 원칙은 맹세한 모든 사람
과 자원하는 사람이 바친 것은 받고, 맹세하지 않거나 자원
하지 않은 모든 사람이 지불한 것은 받지 않는다는 것이다.
_「쉐칼림」1, 5

개요

마쎄켓(제4부) 「쉐칼림」의 명칭은 고대 이스라엘에서 무게를 재는 단위인 '쉐켈'(שקל)의 복수형을 의미한다. 「쉐칼림」은 20세 이상의 성인 남성이 성전에 바치는 반 쉐켈(half-shekel)과 관련된 규정들을 주로 다룬다. 쉐켈을 언제 어떻게 거두는지, 그리고 성전에서 무엇을 위해 사용되는지를 설명한다.

절기를 다루는 쎄데르(제1권) 『모에드』에서 쉐켈을 다루는 이유는 쉐켈을 거두는 시기가 특정 달과 날짜로 정해져 있기 때문이다. 반 쉐켈을 거두는 때는 유대력 12월인 아다르(Adar)월이다. 제사장들은 이때 거둔 돈으로 다음 달 니싼월부터 이스라엘 공동체를 위해 성전에서 드릴 제물을 구입한다. 쉐켈의 가치는 시대별로 조금씩 차이가 있지만 성전세로 바치는 금액 자체는 그대로 유지되었다. 미쉬나 시대에 쉐켈의 가치를 당시 상인들이 주로 사용한 은전 '쎌라'(Sela)와 비교하여 1/2쎌라로 추정한다. 쎌라 다음에는 금화 디나르(Dinar)가 있는데 4디나르가 1쎌라다.

반 쉐켈은 본래 인구조사 후 자신의 생명을 대속하는 의미로 하나님께 '들어 올려' 바치는 거제(테루마)의 하나로 성막 봉사를 위해 사용되었다(출 30:11-16).[1] 또 다른 거제로는 성막을 지을 때 이스라엘 백성이 자원해 기쁜 마음으로 하나님께 바치는 예물이 있었다(출 25:1-7). 성막을 지을 때 하나님께 드린 예물이든 성막 봉사를 위해 사용된 반 쉐켈이든 이 두 가지는 하나님께 일회적으로 드린 거제물이었다.

하지만 랍비들은 이것을 1년에 한 번씩 정기적으로 성전에 바치는 기부금 제도로 변형시켰다. 물론 제사장들은 유대인들이 1년마다 바치는 반 쉐켈을 모아 성전에서 매일 드리는 제물을 사거나 성전을 운영하는 데 사용했다. 하지만 자원하는 마음으로 기쁘게 드렸던 거제는 이제 1년에 한 번씩 성전에 바쳐야만 하는 '세금'이 되고 말았다.[2]

미쉬나 시대에 랍비들은 제사장 몫이 되는 거제를 정착시켰다. 여기서의 거제는 이제 농산물 중 일부를 떼어 제사장 몫으로 주어지는 제물로서 초태생, 십일조, 화목제 등 각종 희생제물의 일부가 이에 해당한다(『코다쉼』「제바힘」). 제사장들은 제의적인 행위를 하고 거제를 수고의 대가처럼 받아 자신들의 음식으로 삼았다.[3]

• **관련 성경구절** | 출애굽기 25:1-7; 29:26-28; 30:11-16

---

1) 거제의 일차적인 의미는 하나님께 '들어 올려' 바치는 예물 또는 제물이다. 이렇게 드려진 거제물은 성막을 짓는 데 사용되거나(출 25:1-7) 제사장의 몫이 되었다(출 29:26-28). 미쉬나의 다른 부분에서는 제사장이 먹을 수 있는 거제물을 주로 다루고 여기 「쉐칼림」에서는 속전의 의미로 하나님께 드려진 반 쉐켈의 '거제'를 날마다 성전에서 드려지는 제사와 성전 유지를 위해 어떻게 사용하는지를 다룬다.
2) 반 쉐켈을 심지어 '성전세'라고 부르기도 한다. 유대교 학자들은 '세금'이라는 용어보다는 '기부금'이라는 표현을 더 선호한다. 하지만 어떻게 부르든지 필요성과 편의성에서 비롯된 이러한 제도는 하나님에 대한 경외심과 경건성을 해치는 결과를 초래하기도 했다.
3) 만약 어떤 이유로 부정해져서 거제를 먹지 못하는 제사장이 있다면, 대신 일반 음식과 음료수를 제공하고 기름을 발라주어야 한다. 이것은 보수로 여기지 않고 제사장이 제의적 능력을 사용한 것에 대한 보상으로 본다.

제1장

아다르(Adar)월 첫날이 되면 반 쉐켈을 지불해야 한다는 공지가 선포된다. 그리고 아다르월 15일이 되면 전국 주요 도시에 환전을 위한 탁자가 마련된다. 성전에서 받는 반 쉐켈 화폐로 교환해야 하기 때문이다. 환전을 위한 탁자는 이달 25일부터 예루살렘에만 설치된다. 환전할 때 추가적으로 '칼본'(קלבון)[4]이라는 돈이 부과된다. 이것은 일종의 환전 수수료와 같다.

1, 1

בְּאֶחָד בַּאֲדָר מַשְׁמִיעִין עַל הַשְּׁקָלִים וְעַל הַכִּלְאַיִם. בַּחֲמִשָּׁה עָשָׂר בּוֹ קוֹרִין אֶת הַמְּגִלָּה בַּכְּרַכִּין, וּמְתַקְּנִין אֶת הַדְּרָכִים וְאֶת הָרְחוֹבוֹת וְאֶת מִקְוָאוֹת הַמַּיִם, וְעוֹשִׂין כָּל צָרְכֵי הָרַבִּים, וּמְצַיְּנִין אֶת הַקְּבָרוֹת, וְיוֹצְאִין אַף עַל הַכִּלְאַיִם:

아다르월 첫날 쉐켈과 '킬아임'에 대해서 공지한다. 그달 15일에는 도시마다 두루마리를 읽고 길과 골목, 정결예장을 수리하고 모든 공공 분야를 정비하고, 무덤들을 표시하고, '킬아임'을 [시찰하려고] 나간다.

- 아다르월은 유대력으로 열두 번째 달이다. 오늘날 태양력으로 보통 2-3월에 해당한다. 이달 첫날 준비한 반 쉐켈을 바치라는 것과 들판에 가서 킬아임 즉 섞어짓기를 피했는지 확인할 것을 공지한다(『제라임』「킬아임」). 그리고 15일에는 법정에서 사람을 파견해서 실제로 섞어짓기 된 작물을 뿌리까지 뽑았는지 확인한다.

---

4) 칼본을 지불해야 하는 사람에 대해서는 아래 1, 6에서 구체적으로 언급한다.

- 무덤을 석회로 칠하여 표시하는 이유는 제사장들이 무덤의 위치를 보고 피하게 하기 위해서다. 제사장들이 부정해지면 제사 업무가 원만하게 진행되지 못한다.
- 여기에서 말하는 '두루마리'는 특별히 에스더서를 의미한다. 아다르월 15일에 부림절을 기념하여 에스더서를 읽는다. 한편, 오늘날 유대교에서는 아다르월 첫 안식일이 되면 '쉐켈 단락'(파르샤트 쉐칼림, Parshat Shekalim)으로 불리는 출애굽기 30:11-16을 읽는다.

1, 2

אָמַר רַבִּי יְהוּדָה, בָּרִאשׁוֹנָה הָיוּ עוֹקְרִין וּמַשְׁלִיכִין לִפְנֵיהֶם. מִשֶּׁרַבּוּ עוֹבְרֵי עֲבֵרָה, הָיוּ עוֹקְרִין וּמַשְׁלִיכִין עַל הַדְּרָכִים, הִתְקִינוּ שֶׁיְּהוּ מַפְקִירִין כָּל הַשָּׂדֶה כֻּלָּהּ:

랍비 예후다는 말한다. "처음에는 뿌리를 뽑아서 그들 앞에 던집니다. 〔그런데 경계를〕 넘어가는 것들이 늘어나면 뿌리를 뽑아서 길 위에 던집니다. 그들은 전체가 주인이 없는 들이라고 선포합니다."

- 법정에서 나온 조사관은 처음에는 킬아임(섞어짓기)으로 경작한 식물을 뽑아서 그 자리에 둡니다. 그러면 주인은 이 사실을 알게 되고 자신의 들에서 더 이상 섞어짓기된 식물들이 없도록 조치해야 한다.
- 그래도 시정이 되지 않고 다른 작물이 자라고 있는 곳으로 경계를 넘어가는 것들이 많아지면 뽑은 작물들을 길가에 던지고 전체 들판이 주인이 없다고 선포한다.

1, 3

בַּחֲמִשָּׁה עָשָׂר בּוֹ, שֻׁלְחָנוֹת הָיוּ יוֹשְׁבִין בַּמְּדִינָה. בְּעֶשְׂרִים וַחֲמִשָּׁה, יָשְׁבוּ בַּמִּקְדָּשׁ. מִשֶּׁיָּשְׁבוּ בַּמִּקְדָּשׁ, הִתְחִילוּ לְמַשְׁכֵּן. אֶת מִי מְמַשְׁכְּנִין, לְוִיִּם

וְיִשְׂרְאֵלִים, גֵּרִים וַעֲבָדִים מְשֻׁחְרָרִים, אֲבָל לֹא נָשִׁים וַעֲבָדִים וּקְטַנִּים. כָּל
קָטָן שֶׁהִתְחִיל אָבִיו לִשְׁקוֹל עַל יָדוֹ, שׁוּב אֵינוֹ פוֹסֵק. וְאֵין מְמַשְׁכְּנִין אֶת
הַכֹּהֲנִים מִפְּנֵי דַּרְכֵי שָׁלוֹם:

그〔달〕 15일에 〔환전을 위한〕 탁자를 각 지방에 설치한다. 25일에는
〔탁자를〕 성전에 설치한다. 성전에 〔탁자를〕 설치하는 시점부터 담보
를 잡기 시작한다. 누구에게 담보를 잡는가? 레위인, 유대인, 개종자,
자유롭게 된 종들이다. 하지만 여성, 종, 아이들은 아니다. 아버지가
아이를 대신해 쉐켈을 지불하기 시작했다면 〔지불하는 것을〕 다시 멈
추면 안 된다. 평화를 지키기 위해 제사장들에게 담보를 잡을 필요는
없다.

- 반 쉐켈은 성전에서 받아들여지는 화폐로 교환해서 바쳐야 한다. 그
  리고 단위가 큰 화폐도 작은 단위로 교환하기 위해 환전을 위한 탁
  자가 전국 주요 도시에 설치된다.
- 아다르월 25일이 되면 전국에 설치되었던 환전 탁자가 사라지고 성
  전에만 설치하게 된다.
- '담보'를 잡는다는 것은 아직 반 쉐켈을 내지 않은 사람들이 지불하
  면 돌려주기 위해 무언가를 받아놓는다는 의미다.
- 반 쉐켈은 20세 이상의 자유민 성인 남성들만 의무사항이다. 여성과
  종 그리고 아이들은 제외된다.
- 아버지가 아직 의무가 아닌 아들을 위해 대신 지불해도 된다. 하지
  만 한번 지불했으면 다음 해에도 계속 지불해야 한다. 그만두면 안
  된다. 다만 제사장들과 원만한 관계를 위해 법정은 그들에게 담보를
  요구하지 않는다. 여기에서 바쳤다는 쉐켈은 실제로는 반 쉐켈을 의
  미한다.

אָמַר רַבִּי יְהוּדָה, הֵעִיד בֶּן בּוּכְרִי בְּיַבְנֶה, כָּל כֹּהֵן שֶׁשּׁוֹקֵל אֵינוֹ חוֹטֵא.
אָמַר לוֹ רַבָּן יוֹחָנָן בֶּן זַכַּאי, לֹא כִי, אֶלָּא כָּל כֹּהֵן שֶׁאֵינוֹ שׁוֹקֵל חוֹטֵא, אֶלָּא
שֶׁהַכֹּהֲנִים דּוֹרְשִׁים מִקְרָא זֶה לְעַצְמָן, וְכָל מִנְחַת כֹּהֵן כָּלִיל תִּהְיֶה לֹא תֵאָכֵל,
הוֹאִיל וְעֹמֶר וּשְׁתֵּי הַלֶּחֶם וְלֶחֶם הַפָּנִים שֶׁלָּנוּ, הֵיאַךְ נֶאֱכָלִים:

랍비 예후다가 말했다. "벤 부크리가 야브네에서 증언한 바에 따르
면, '쉐켈을 지불한 모든 제사장들은 죄인이 아닙니다'." 랍비 요하난
벤 자카이가 그에게 말했다. "그렇지 않습니다. 그보다는 쉐켈을 지불
하지 않은 모든 제사장이 죄인입니다. 그렇지만 제사장들은 성서의
다음 구절을 자신들을 위해서 해석합니다. '제사장의 모든 소제물은
온전히 불사르고 먹지 말지니라'(레 6:23). 따라서 곡식단과 빵 두 덩
이, 그리고 진설병이 우리의 것이라면, 어떻게 그것을 먹을 수 있겠습
니까?"

● 사람들이 지불한 반 쉐켈은 이스라엘 전체 공동체의 죄를 씻기 위한
  희생제물로 사용된다. 제사장들은 죄인은 아니기 때문에 반 쉐켈을
  지불할 의무가 없다. 하지만 공동체를 위해서 지불할 수는 있다는
  것이 벤 부크리의 주장이다. 하지만 요하난 벤 자카이는 정반대로
  제사장들도 반 쉐켈을 지불해야 한다고 생각한다.

אַף עַל פִּי שֶׁאָמְרוּ, אֵין מְמַשְׁכְּנִין נָשִׁים וַעֲבָדִים וּקְטַנִּים, אִם שָׁקְלוּ מְקַבְּלִין
מִיָּדָן. הַנָּכְרִי וְהַכּוּתִי שֶׁשָּׁקְלוּ, אֵין מְקַבְּלִין מִיָּדָן. וְאֵין מְקַבְּלִין מִיָּדָן קִנֵּי זָבִין
וְקִנֵּי זָבוֹת וְקִנֵּי יוֹלְדוֹת, וְחַטָּאוֹת וַאֲשָׁמוֹת. (אֲבָל) נְדָרִים וּנְדָבוֹת, מְקַבְּלִין
מִיָּדָן. זֶה הַכְּלָל, כָּל שֶׁנִּדָּר וְנִדָּב, מְקַבְּלִין מִיָּדָן. כָּל שֶׁאֵין נִדָּר וְנִדָּב אֵין
מְקַבְּלִין מִיָּדָן. וְכֵן הוּא מְפֹרָשׁ עַל יְדֵי עֶזְרָא, שֶׁנֶּאֱמַר, לֹא לָכֶם וְלָנוּ לִבְנוֹת
בַּיִת לֵאלֹהֵינוּ:

비록 여성과 종들 그리고 아이들은 쉐켈을 지불할 필요가 없다고 〔랍비들이〕 말하고 있지만, 그들이 쉐켈을 지불하면 받을 수 있다. 외부인들과 쿠타인들이 지불하려고 할 때에 받으면 안 된다. 남성 유출병자와 여성 유출병자, 불결한 자와 죄인이 지불한 것도 받으면 안 된다. 맹세한 남성과 맹세한 여성이 지불한 것은 받아도 된다. 일반 원칙은 맹세한 모든 사람과 자원하는 사람이 바친 것은 받고, 맹세하지 않거나 자원하지 않은 모든 사람이 지불한 것은 받지 않는다는 것이다. 이것은 에스라에 의해 분명하게 설명되었다. 〔성서에〕 기록되기를, "우리 하나님의 성전을 건축하는 데 너희는 우리와 상관이 없느니라" (스 4:3).

- 반 쉐켈은 유대인들의 속죄를 위한 희생제사에 사용되기 때문에 비유대인이 지불하고자 해도 거부했다. 부정한 상태이거나 죄인들이 바치는 쉐켈도 받지 않았다.
- 쿠타인(Cutean)은 앗슈르에 의해 사마리아 지역으로 강제 이주를 당했다. 미쉬나 시대의 쿠타인은 사마리아인과 동의어로 사용되었다. 미쉬나 규정이 그들을 이방인처럼 대하며 유대인과 통혼하는 것을 막는 경우도 있지만, 그들도 유대인과 동일한 토라를 사용하므로 하나님을 섬기는 사람이라는 사실은 인정하고 있다.

1, 6

וְאֵלּוּ שֶׁחַיָּבִין בַּקַּלְבּוֹן, לְוִיִּם וְיִשְׂרְאֵלִים וְגֵרִים וַעֲבָדִים מְשֻׁחְרָרִים, אֲבָל לֹא כֹּהֲנִים וְנָשִׁים וַעֲבָדִים וּקְטַנִּים. הַשּׁוֹקֵל עַל יְדֵי כֹהֵן, עַל יְדֵי אִשָּׁה, עַל יְדֵי עֶבֶד, עַל יְדֵי קָטָן, פָּטוּר. וְאִם שָׁקַל עַל יָדוֹ וְעַל יַד חֲבֵרוֹ, חַיָּב בְּקַלְבּוֹן אֶחָד. רַבִּי מֵאִיר אוֹמֵר, שְׁנֵי קַלְבּוֹנוֹת. הַנּוֹתֵן סֶלַע וְנוֹטֵל שֶׁקֶל, חַיָּב שְׁנֵי קַלְבּוֹנוֹת:

칼본의 의무가 있는 사람들은 다음과 같다. 레위인, 이스라엘 일반 백성, 개종자, 자유롭게 된 종들. 하지만 제사장, 여성, 종들, 아이들은 아니다. 제사장, 여성, 종들, 아이들을 대신해 쉐켈을 지불한 사람은 〔칼본의 의무에서〕 면제된다. 자신과 자신의 친구를 대신해 쉐켈을 지불한 사람은 칼본 한 개의 의무가 주어진다. 랍비 메이르는 말한다. "두 개의 칼본입니다." 쎌라를 내고 〔거스름돈으로〕 쉐켈을 받아 간 사람은 두 개의 칼본이다.

- '칼본'은 환전상에게 지불하는 웃돈 혹은 추가금이다. 칼본 한 개는 1/48쎌라의 가치가 있는 화폐다. 칼본을 왜 바쳐야 하는지 몇 가지 설명이 있다. 하나는 순도가 낮은 쉐켈을 바쳤기 때문에 보상 차원에서 지불한다는 견해와 다른 하나는 환전하는 과정에서 발생하는 환전 수수료 개념이라는 견해가 있다.
- 일반적으로 반 쉐켈을 바쳐야 하는 사람과 칼본을 추가로 지불해야 할 사람은 동일하다. 대신 쉐켈을 바칠 의무가 아닌 사람을 위해 대신 지불한 경우에는 칼본이 면제된다.
- 처음에 쎌라를 낸 것에 대하여 칼본을 지불하고 다음에는 받은 반 쉐켈에 대하여 칼본을 지불한다.

1, 7

הַשׁוֹקֵל עַל יְדֵי עָנִי, וְעַל יְדֵי שְׁכֵנוֹ, וְעַל יְדֵי בֶן עִירוֹ, פָּטוּר. וְאִם הִלְוָם חַיָּב. הָאַחִין וְהַשֻּׁתָּפִין שֶׁחַיָּבִין בַּקַּלְבּוֹן, פְּטוּרִין מִמַּעֲשֵׂר בְּהֵמָה. וּכְשֶׁחַיָּבִין בְּמַעֲשֵׂר בְּהֵמָה, פְּטוּרִין מִן הַקַּלְבּוֹן. וְכַמָּה הוּא קַלְבּוֹן, מָעָה כֶסֶף, דִּבְרֵי רַבִּי מֵאִיר. וַחֲכָמִים אוֹמְרִים, חֲצִי:

가난한 자, 이웃, 마을 사람을 대신해 쉐켈을 지불한 사람은 〔칼본의 의무가〕 면제된다. 하지만 〔쉐켈을〕 빌린 사람은 〔칼본을〕 지불해야 한다. 칼본의 의무가 있는 형제나 동업자는 가축의 십일조는 면제된다. 그들이 가축의 십일조를 드려야 하는 경우에는 칼본의 의무에서 면제된다. 칼본은 어느 정도의 가치인가? 은전 1마아입니다라고 랍비 메이르는 말한다. 하지만 다수의 랍비들은 반 〔마아라고〕 말한다.

- 이웃이나 가난한 사람을 위해 지불한 사람은 칼본이 면제된다.
- 형제가 유산을 각자 물려받아 동업했다면 이들은 각 개인이기 때문에 칼본의 의무가 있다. 하지만 공유한 가축에 대한 십일조 대상에서 면제된다. 만약 형제가 아직 유산을 분할하지 않았다면 이들은 아직 칼본의 의무가 있는 독립체가 아니다. 이때 가축에 대한 십일조는 아버지의 몫으로 바쳐야 한다.
- 마아는 1/24 쎌라(쉐켈) 가치의 은전이다. 랍비 메이르는 칼본이 1마아 즉 반 쉐켈의 1/12이라고 주장한다. 하지만 다수의 랍비들은 그 절반인 반 쉐켈의 1/24이라고 말한다.

제2장

각 지역에서 쉐켈이 모아지면 예루살렘으로 운반해야 한다. 이번 장에서는 이러한 상황에서 발생하는 일들을 다룬다. 쉐켈을 그대로 운반해도 되지만 운반의 편의를 위해 보다 큰 단위의 화폐로 교환할 수도 있다. 만약 중간에 도난당하거나 분실할 경우도 발생한다.

2, 1

מְצָרְפִין שְׁקָלִים לְדַרְכּוֹנוֹת מִפְּנֵי מַשּׂוֹי הַדֶּרֶךְ. כְּשֵׁם שֶׁהָיוּ שׁוֹפָרוֹת בַּמִּקְדָּשׁ,
כָּךְ הָיוּ שׁוֹפָרוֹת בַּמְּדִינָה. בְּנֵי הָעִיר שֶׁשָּׁלְחוּ אֶת שִׁקְלֵיהֶן וְנִגְנְבוּ אוֹ שֶׁאָבְדוּ,
אִם נִתְרְמָה הַתְּרוּמָה, נִשְׁבָּעִין לַגִּזְבָּרִים. וְאִם לָאו נִשְׁבָּעִין לִבְנֵי הָעִיר, וּבְנֵי

הָעִיר שׁוֹקְלִין תַּחְתֵּיהֶן. נִמְצְאוּ, אוֹ שֶׁהֶחֱזִירוּם הַגַּנָּבִים, אֵלּוּ וְאֵלּוּ שְׁקָלִים,
וְאֵין עוֹלִין לָהֶן לְשָׁנָה הַבָּאָה:

여행길 짐을 〔줄이기〕 위해 쉐켈을 다릭으로 바꿀 수 있다. 성전에 쇼파르가 있듯이 지방에도 쇼파르가 있었다. 성읍 사람들이 자기들을 위해 보낸 쉐켈이 도난당하거나 분실될 경우에, 만약 거제로 이미 등록되었다면 재무 담당자에게 맹세한다. 아직 받아들여지지 않았으면 성읍 사람들에게 맹세한다. 그러면 성읍 사람들이 그들을 대신해서 지불한다. 나중에 〔분실한 것을〕 다시 찾았거나 도둑이 다시 돌려준 경우에, 이것도 저것도 〔성전에 바칠〕 쉐켈이다. 그리고 다음 해에는 바치지 않는다.

- 입구를 쇼파르(Shofar) 나팔 모양처럼 작게 만든 통을 '쇼파르'라고 불렀다. 쇼파르는 실제 나팔이 아니고 아래쪽은 넓고 위쪽은 좁은 쉐켈을 넣는 통이다. 통에 손을 넣어 돈을 가져가는 것을 막기 위해 이렇게 만들었다.
- 다릭(Daric)은 페르시아 시대부터 사용된 금화로 대략 16쉐켈 가치가 있다(스 2:69; 8:27; 대상 29:7). 일부 학자들은 미쉬나에 언급된 다릭은 그리스 화폐 다레이코스(Dareikos)라고 주장하기도 한다.
- 이미 거제로 등록되었다는 말은 모은 쉐켈이 성전에 도착하기 전에 성전에서 사용할 거제로 이미 책정되었다는 의미다.
- 분실하여 성읍 사람들이 다시 지불했는데 뒤에 다시 찾았거나 돌려받았다면, 원래 쉐켈과 그 대체금이 모두 성물이므로 이번 해에 쉐켈로 바쳐야 한다. 그러나 다음 해의 쉐켈은 면제한다.

הַנּוֹתֵן שִׁקְלוֹ לַחֲבֵרוֹ לִשְׁקֹל עַל יָדוֹ, וּשְׁקָלוֹ עַל יְדֵי עַצְמוֹ, אִם נִתְרְמָה תְּרוּמָה
מָעַל. הַשּׁוֹקֵל שִׁקְלוֹ מִמְּעוֹת הַקֹּדֶשׁ, אִם נִתְרְמָה תְּרוּמָה וְקָרְבָה הַבְּהֵמָה
מָעַל. מִדְּמֵי מַעֲשֵׂר שֵׁנִי, מִדְּמֵי שְׁבִיעִית, יֹאכַל כְּנֶגְדָּן:

〔성전에〕 대신 바쳐달라고 친구에게 쉐켈을 맡겼는데 친구가 〔그것
을〕 자신을 위해 바친 경우에, 만약 〔쉐켈〕 거제로 이미 등록되었으면,
그는 전용한 것이다. 〔성전에 바치기 위해〕 구별된 돈 중에서 쉐켈을
바친 경우에, 만약 거제가 이미 받아들여졌거나 희생제물이 드려졌
으면, 그는 전용한 것이다. 둘째 십일조[5]를 〔무른〕 값과 안식년 열매[6]
로 〔얻은〕 값으로 〔쉐켈을 지불했다면, 반 쉐켈에〕 해당하는 분량의
〔음식을〕 먹어야 한다.

- 둘째 십일조 몫으로 대속한 돈은 예루살렘에 가져가서 다시 규정에
  허락된 음식이나 물건을 구입하여 먹거나 마시거나 기름 바르는 형
  식으로 예루살렘 성내에서 소비해야 한다. 안식년 열매를 팔아서 얻
  은 돈은 그 열매를 먹어야 하는 기간이 정해진 것처럼 들판에 그 열
  매가 사라지기 전에 사용되어야 한다. 결국 잘못 유용한 쉐켈은 다른
  쉐켈을 사용하여 본래 용도에 맞게 사용하는 방식으로 회복시켜야

---

5) 둘째 십일조는 1, 2, 4, 5년에 생산된 농산물에서 레위인을 위해 사용되는 첫째
   십일조를 떼고 남은 것 중 다시 1/10을 떼어서 예루살렘에서 소비한다. 둘째 십
   일조는 먹거나 마시거나 기름 바르는 용도로 사용된다. 먹는 것은 일반적으로
   먹는 것 중에 먹어야 하며, 기름 바르는 것은 일반적으로 기름 바르는 것 중에서
   발라야 한다.
6) 안식년의 열매는 그 열매가 자연스럽게 들에 열려 있는 동안에는 집으로 가져
   다가 보관하며 먹어도 좋다. 그러나 그 열매가 시들어서 떨어지고 더 이상 자연
   스럽게 발견할 수 없는 기간이 되면, 집에 보관하던 열매도 먹거나 태우거나 바
   다에 버려서 폐기해야 한다(『제라임』「슈비잇」).

한다. 그래서 다른 반 쉐켈을 사용하여 상응하는 음식을 구입해서 먹으면 된다.

2, 3

הַמְכַנֵּס מָעוֹת וְאָמַר, הֲרֵי אֵלּוּ לִשְׁקָלַי, בֵּית שַׁמַּאי אוֹמְרִים, מוֹתָרָן נְדָבָה. וּבֵית הִלֵּל אוֹמְרִים, מוֹתָרָן חֻלִּין. שֶׁאָבִיא מֵהֶן לִשְׁקָלַי, שָׁוִין שֶׁמוֹתָרָן חֻלִּין. אֵלּוּ לְחַטָּאת, שָׁוִין שֶׁהַמּוֹתָר נְדָבָה. שֶׁאָבִיא מֵהֶן לְחַטָּאת, שָׁוִין שֶׁהַמּוֹתָר חֻלִּין:

어떤 사람이 돈을 모아서 "자, 이것들은 나의 쉐켈들입니다"라고 말한 경우에, 샴마이 학파는 말한다. "남는 것은 자원하는 제물이 됩니다." 하지만 힐렐 학파는 "남는 것은 속된 것입니다"라고 말한다. 〔만약 그가〕 "여기에서 나의 쉐켈을 낼 것입니다"라고 말했으면, 남은 것은 속된 것이다. 하지만 "이것들은 속죄제를 위한 것입니다"라고 말했으면, 남은 것은 자원하는 제물이 된다. 만약 "나는 여기에서 속죄제물을 가져올 것입니다"라고 말했으면, 남은 것은 속된 것이다.

- 특정 목적을 가지고 쉐켈을 모아 두었는데 나중에 보니 필요한 금액보다 더 있을 경우에 그 나머지 액수도 성별된 것으로 보아야 하는지에 대해 샴마이 학파는 성물이라는 입장이고 힐렐 학파는 아니라는 주장이다.
- 이에 대한 명확한 규정은 선언을 어떻게 했는지에 따라 달려 있다. 전체 돈 중에서 쉐켈로 사용할 돈이 있다거나 속죄제물을 구입할 돈이 있다는 식으로 말했다면 남은 돈은 성별된 것이 아니다. 하지만 전체 돈을 가리키면서 이것들이 쉐켈로 지불할 돈이라든지 아니면 속죄제물을 구입할 돈이라고 말했다면 남은 돈 역시 성별되었다고 볼 수 있고 따라서 자원하는 제물이 될 수 있다.

אָמַר רַבִּי שִׁמְעוֹן, מַה בֵּין שְׁקָלִים לַחַטָּאת. שְׁקָלִים יֵשׁ לָהֶם קִצְבָה, וְחַטָּאת
אֵין לָהּ קִצְבָה. רַבִּי יְהוּדָה אוֹמֵר, אַף לַשְּׁקָלִים אֵין לָהֶן קִצְבָה, שֶׁכְּשֶׁעָלוּ
יִשְׂרָאֵל מִן הַגּוֹלָה הָיוּ שׁוֹקְלִים דַּרְכּוֹנוֹת, חָזְרוּ לִשְׁקוֹל סְלָעִים, חָזְרוּ לִשְׁקוֹל
טְבָעִין, וּבִקְשׁוּ לִשְׁקֹל דִּינָרִים. אָמַר רַבִּי שִׁמְעוֹן, אַף עַל פִּי כֵן, יַד כֻּלָּן שָׁוָה.
אֲבָל חַטָּאת, זֶה מֵבִיא בְּסֶלַע וְזֶה מֵבִיא בִשְׁתַּיִם וְזֶה מֵבִיא בְשָׁלשׁ:

랍비 쉼온이 말했다. "쉐켈과 속죄제물의 차이점이 무엇입니까? 쉐
켈은 〔정해진〕 한도가 있지만 속죄제물은 한도가 없습니다." 랍비 예
후다가 말한다. "쉐켈은 〔정해진〕 한도가 없습니다. 이것은 이스라엘
이 포로에서 돌아왔을 때, 그들이 쉐켈을 다릭으로 바쳤기 때문입니
다. 나중에는 쎌라 동전으로 바쳤고,[7] 다음에는 테바(טבע)로, 그리고
그들은 디나르로 바치길 원했습니다." 랍비 쉼온이 말했다. "그럼에
도 불구하고 그들 모두 동일한 양을 바쳤습니다. 하지만 속죄제물로
어떤 사람은 1쎌라, 어떤 사람은 2〔쎌라〕, 어떤 사람은 3〔쎌라〕를 바칩
니다."

- 랍비 쉼온은 쉐켈과 속죄제물의 차이로 남은 돈이 성별된 것인지 아
  닌지 설명한다. 쉐켈은 속죄제물과 달리 그 가치가 정해져 있기 때
  문에 특정 액수가 쉐켈을 바치는 돈이고 남은 것은 성별되지 않았다
  고 말한다.
- 랍비 예후다는 쉐켈이 시대에 따라 다른 화폐로 드렸던 것을 예로
  가치가 고정되지 않았다고 주장한다.
- 랍비 쉼온은 그럼에도 불구하고 그들이 쉐켈은 동일한 가치의 돈을
  바쳤지만 속죄제물은 사람마다 다르게 바치는 것으로 보아 한계가

---

7) 페르시아 제국이 멸망한 이후에 주요 화폐가 다릭(Daric)에서 쎌라(Sela)로 교
   체되었다.

없다고 말한다. 랍비 쉼온의 주장이 더 논리적이고 설득력 있다.

2, 5

מוֹתַר שְׁקָלִים, חֻלִּין. מוֹתַר עֲשִׂירִית הָאֵפָה, מוֹתַר קִנֵּי זָבִין, קִנֵּי זָבוֹת, קִנֵּי
יוֹלְדוֹת, וְחַטָּאוֹת וַאֲשָׁמוֹת, מוֹתְרֵיהֶן נְדָבָה. זֶה הַכְּלָל, כָּל שֶׁהוּא בָּא לְשֵׁם
חַטָּאת וּלְשֵׁם אֲשָׁמָה, מוֹתָרָן נְדָבָה. מוֹתַר עוֹלָה, לְעוֹלָה. מוֹתַר מִנְחָה,
לְמִנְחָה. מוֹתַר שְׁלָמִים, לִשְׁלָמִים. מוֹתַר פֶּסַח, לִשְׁלָמִים. מוֹתַר נְזִירִים,
לִנְזִירִים. מוֹתַר נָזִיר, לַנְּדָבָה. מוֹתַר עֲנִיִּים, לַעֲנִיִּים. מוֹתַר עָנִי, לְאוֹתוֹ עָנִי.
מוֹתַר שְׁבוּיִים, לַשְּׁבוּיִים. מוֹתַר שָׁבוּי, לְאוֹתוֹ שָׁבוּי. מוֹתַר הַמֵּתִים, לַמֵּתִים.
מוֹתַר הַמֵּת, לְיוֹרְשָׁיו. רַבִּי מֵאִיר אוֹמֵר, מוֹתַר הַמֵּת, יְהֵא מֻנָּח עַד שֶׁיָּבֹא
אֵלִיָּהוּ. רַבִּי נָתָן אוֹמֵר, מוֹתַר הַמֵּת בּוֹנִין לוֹ נֶפֶשׁ עַל קִבְרוֹ:

쉐켈을 〔위해 챙겨둔 돈에서〕 남은 것은 속된 것이다. 에파 1/10〔을 위해 챙겨둔 돈에서〕 남은 것, 남자 유출병자들의 새 제물, 여자 유출병자들의 새 제물, 산모들의 새 제물, 속죄제물과 속건제물〔을 위해 챙겨둔 돈에서〕 남은 것, 여기에서 남은 것은 자원하는 제물 〔구입에 사용되어야 한다〕. 다음이 일반 원칙이다. 속죄제와 속건제라는 이름으로 〔모은〕 모든 경우에, 남는 것은 자원하는 제물을 위해 〔사용되어야 한다〕. 번제물의 남은 것은 번제물을 위해 〔사용되어야 한다〕. 소제물의 남은 것은 소제물을 위해 〔사용되어야 한다〕. 화목제물의 남은 것은 화목제물을 위해 〔사용되어야 한다〕. 유월절 제물의 남은 것은 화목제물을 위해 〔사용되어야 한다〕. 나실인들을 위한 제물에서 남은 것은 〔다른〕 나실인들 제물을 위해 〔사용되어야 한다〕. 〔특정〕 나실인을 위한 제물에서 남은 것은 자원하는 제물을 위해 〔사용되어야 한다〕. 가난한 자들〔을 위해 챙겨둔 돈〕에서 남은 것은 〔다른〕 가난한 자들을 위해 〔사용되어야 한다〕. 가난한 자를 위해 〔챙겨둔 돈〕에서 남은 것은 〔그〕 가난한 자를 위해 〔사용되어야 한다〕. 억류된 자들〔의 몸값을 위해 챙겨둔 돈〕에서 남은 것은 〔다른〕 억류된 자들을 위해 〔사용되어야 한다]. 〔특정〕 억류된 자〔을 위해 챙겨둔 돈〕에서 남은 것은 〔그〕 억류된 자를 위해 〔사용되어야 한다〕. 죽은 자들〔의 매장을 위해 챙겨둔 돈〕에서 남은 것은 〔다른〕 죽은 자들을 위해 〔사용되어야 한다〕. 〔특정〕 죽은 자〔의 매장을 위해 챙겨둔 돈 중〕 남은 것은 그 죽은 자의 상속자를 위해서 〔사용되어야 한다〕. 랍비 메이르는 말한다. "죽은 자를 〔위한 돈 중〕 남은 것은 엘리야후가 올 때까지 남겨둡니다." 랍비 나탄은 말한다. "죽은 자를 〔위한 돈이〕 남은 경우에는 무덤 위에 그를 위해서 기념물을 지어줍니다."

- '속된 것'(חולין, 홀린)은 제의에 사용되거나 제사장에게 주기 위해 따로 구별해놓은 것이 아닌 일상적인 것이다. 그렇다고 해서 속된 것들이 부정하다는 의미는 아니며, 성전 바깥에서 이스라엘 사람이 일상생활에서 사용하는 모든 것들을 가리킨다. 『코다쉼』「홀린」에서 속된 가축이나 새를 어떻게 도살하고 다루어야 하는지 자세하게 설명한다.

- 반 쉐켈을 바치기 위해 남겨두었던 돈에서 남은 것은 성별된 것이 아니라 속된 것이다. 이것은 앞의 미쉬나에서 말한 힐렐 학파의 견해와 일치한다.

- 우선 유출병자나 산모처럼 비정상적인 유출이 있는 사람이 새를 제물로 바치려고 챙겨둔 돈에서 남은 것이나 속죄제물과 속건제물처럼 특정 죄에 대한 희생제사를 위해 챙겨둔 돈에서 남은 것은 다른 희생제물을 위해서 사용될 수 없고 자원하는 제물을 구입하는 용도로만 가능하다. 에파 1/10도 여기에 포함된다. 에파 1/10은 가난한 자의 속죄제물이다.

- 그 외 일반적인 희생제물인 번제물, 소제물, 화목제물을 위해 모은 돈에서 남은 것은 같은 이름의 제물을 구입하는 데 사용해야 한다.

- 하지만 남은 유월절 제물은 다시 유월절 제물을 위해 사용할 수 없고 화목제물을 위해 사용되어야 한다(「페싸힘」 9, 6-7). 왜냐하면 이미 유월절이 지나버린 후에 남았다는 사실을 알기 때문이다.
- 나실인들을 위한 제물은 다른 나실인들을 위한 제물에 사용하면 된다. 하지만 특정 나실인을 위한 제물은 다른 제물로는 안 되고 자원하는 제물로만 사용되어야 한다.
- 가난한 자들, 억류된 자들, 죽은 자들을 위한 제물은 다른 가난한 자들, 억류된 자들, 죽은 자들을 위해 사용하면 된다. 하지만 어떤 개인을 특정해서 챙겨둔 돈은 그 사람을 위해 사용하면 된다. 단, 특정 죽은 사람을 위해 챙겨둔 돈이 남았으면 그 사람의 상속인에게 주면 된다. 랍비 나탄은 죽은 자의 매장을 위해 챙겨둔 돈이 남으면 그 무덤에 기념물을 설치하면 된다고 주장한다.

제3장

이번 장에서는 모아놓은 쉐켈 거제를 성전 창고에서 인출하는 시기와 방법에 대해 다룬다. 성전 창고에 모인 쉐켈은 1년에 3회 꺼내어 공동체 희생제물을 구입한다. 이 시기는 가축의 십일조를 드리는 기간과 겹친다. 거제(쉐켈)를 인출하는 과정에서 도난의 오해를 불러오지 않도록 복장이나 모든 면에서 주의를 기울이고 있다.

3, 1

בִּשְׁלֹשָׁה פְרָקִים בַּשָּׁנָה, תּוֹרְמִין אֶת הַלִּשְׁכָּה, בִּפְרוֹס הַפֶּסַח, בִּפְרוֹס עֲצֶרֶת, בִּפְרוֹס הֶחָג, וְהֵן גְּרָנוֹת לְמַעְשַׂר בְּהֵמָה, דִּבְרֵי רַבִּי עֲקִיבָא. בֶּן עַזַּאי אוֹמֵר, בְּעֶשְׂרִים וְתִשְׁעָה בַּאֲדָר, וּבְאֶחָד בְּסִיוָן, וּבְעֶשְׂרִים וְתִשְׁעָה בְּאָב. רַבִּי אֶלְעָזָר

וְרַבִּי שִׁמְעוֹן אוֹמְרִים, בְּאֶחָד בְּנִיסָן, בְּאֶחָד בְּסִיוָן, בְּעֶשְׂרִים וְתִשְׁעָה בֶּאֱלוּל. מִפְּנֵי מָה אָמְרוּ בְּעֶשְׂרִים וְתִשְׁעָה בֶּאֱלוּל, וְלֹא אָמְרוּ בְּאֶחָד בְּתִשְׁרֵי, מִפְּנֵי שֶׁהוּא יוֹם טוֹב, וְאִי אֶפְשָׁר לַעֲשֵׂר בְּיוֹם טוֹב, לְפִיכָךְ הִקְדִּימוּהוּ לְעֶשְׂרִים וְתִשְׁעָה בֶּאֱלוּל:

"1년에 세 시기에 [쉐켈] 거제를 [성전] 창고에서 인출합니다. 유월절 [15일] 전에, [칠칠절] 성회 [15일] 전에, [초막절] 명절 [15일] 전에, 이때는 가축 십일조를 모으는 시기입니다." 랍비 아키바의 말이다. 벤 아자이가 말한다. "[세 시기는] 아다르월 29일, 시반월 1일, 아브월 29일입니다." 랍비 엘아자르와 랍비 쉼온이 말한다. "[세 시기는] 니싼월 1일, 시반월 1일, 엘룰월 29일입니다." 왜 그들은 엘룰월 29일이라고 말하고, 티슈리월 1일이라고 말하지 않는가? 왜냐하면 그 날은 명절이기 때문이다. 명절에 십일조를 바치는 것은 불가능하다. 따라서 [날짜를] 엘룰월 29일로 앞당겼다.

- 랍비 아키바는 공동체 희생제의를 위해 1년에 세 번 사용하는 시기가 가축 십일조를 모으는 시기와 중첩된다고 말한다.
- 랍비 아키바가 절기를 기준으로 말했다면 다른 랍비들은 구체적으로 날짜를 지적하고 있다. 랍비들의 견해가 약간씩 차이가 있다.
- 티슈리월 1일은 신년(새해) 명절이다. 그래서 명절을 피해 그 전날인 엘룰월 29일이 가축 십일조를 드리는 날이라고 정했다.

3, 2

בְּשָׁלֹשׁ קֻפּוֹת שֶׁל שָׁלֹשׁ שָׁלֹשׁ סְאִין תּוֹרְמִין אֶת הַלִּשְׁכָּה, וְכָתוּב בָּהֶן אל«ף בֵּי«ת גימ«ל. רַבִּי יִשְׁמָעֵאל אוֹמֵר, יְוָנִית כָּתוּב בָּהֶן אָלְפָא בֵית«א גמל«א. אֵין הַתּוֹרֵם נִכְנָס לֹא בְּפַרְגּוֹד חָפוּת, וְלֹא בְּמִנְעָל, וְלֹא בְּסַנְדָּל, וְלֹא בִּתְפִלִּין, וְלֹא בְּקָמֵיעַ, שֶׁמָּא יַעֲנִי, וְיֹאמְרוּ מֵעֲוֹן הַלִּשְׁכָּה הֶעֱנִי, אוֹ שֶׁמָּא יַעֲשִׁיר, וְיֹאמְרוּ מִתְּרוּמַת הַלִּשְׁכָּה הֶעֱשִׁיר. לְפִי שֶׁאָדָם צָרִיךְ לָצֵאת

יְדֵי הַבְּרִיוֹת כְּדֶרֶךְ שֶׁצָּרִיךְ לָצֵאת יְדֵי הַמָּקוֹם, שֶׁנֶּאֱמַר, וִהְיִיתֶם נְקִיִּים מֵיְיָ
וּמִיִּשְׂרָאֵל, וְאוֹמֵר, וּמְצָא חֵן וְשֵׂכֶל טוֹב בְּעֵינֵי אֱלֹהִים וְאָדָם:

3쎄아 크기로 된 바구니 세 개에 담겨 있는 [쉐켈] 거제를 [성전] 창고에서 인출한다. [그 바구니는] 알레프, 베트, 김멜이라고 쓰여 있다. 랍비 이쉬마엘은 말한다. "헬라어로는 알파, 베타, 감마로 기록되었습니다." 거제를 인출하는 사람은 소매가 있는 옷을 입거나 신발이나 샌들을 신거나 테필린이나 부적을 착용할 수 없다. 이것은 그가 가난해지지 않도록 하기 위함이니, 사람들은 그가 창고[에서 저지른] 죄로 말미암아 가난해졌다고 말하게 될 것이다. 아니면 그가 부자가 되지 않도록 하기 위함이니, 사람들은 그가 거제를 창고에서 인출해서 부자가 되었다고 말할 것이다. 전능자를 만족시키는 것처럼 사람들을 만족시켜야 한다. [성서에] 기록되기를, "여호와 앞에서나 이스라엘 앞에서 무죄할 것이며"(민 32:22). 그리고 기록되기를, "그리하면 네가 하나님과 사람 앞에서 은총과 귀중히 여김을 받으리라"(잠 3:4).

- 한번에 3쎄아 크기 바구니 세 개를 인출하기 때문에 1년이면 27쎄아 분량의 은전(쉐켈)을 공동체 희생제사를 위해 사용한다. 1쎄아가 대략 7.3리터이므로 27쎄아는 대략 200리터에 은전이 가득 들어 있는 양이라고 상상할 수 있다.
- 알레프(א), 베트(ב), 김멜(ג)은 히브리어 철자의 맨 처음 세 자음이다. 한글에 비유하자면 ㄱ, ㄴ, ㄷ에 해당한다.
- 복장을 제한하는 이유는 옷단에 쉐켈을 숨길 수 없도록 하기 위함이다.

3, 3

שֶׁל בֵּית רַבָּן גַּמְלִיאֵל (הָיָה) נִכְנָס וְשִׁקְלוֹ בֵּין אֶצְבְּעוֹתָיו, וְזוֹרְקוֹ לִפְנֵי
הַתּוֹרֵם, וְהַתּוֹרֵם מִתְכַּוֵּן וְדוֹחֲקוֹ לַקֻּפָּה. אֵין הַתּוֹרֵם תּוֹרֵם עַד שֶׁיֹּאמַר לָהֶם,

라반 감리엘 집안 출신은 손가락 사이에 쉐켈을 끼우고 들어가서 그것을 〔쉐켈〕 거제를 인출하는 사람 앞에 던진다. 그리고 인출하는 사람은 그것을 상자에 넣는다. 인출하는 사람은 그들에게 "인출할까요?"라고 묻기 전까지는 인출해서는 안 된다. 그러면 그들은 그에게 "인출하라, 인출하라, 인출하라" 세 번을 외친다.

- 라반 감리엘 사람이 쉐켈 관리자에게 쉐켈을 던져주자 관리자는 즉시 바구니에 넣는다.
- 쉐켈을 인출하는 것은 공적으로 이루어진다. 이것을 알리기 위해 관리자는 제사장들에게 묻고 그들은 인출하라고 외친다. 그러면 사람들은 이로써 공동체를 위한 희생제물을 구입하게 된다는 것을 알게 된다.

3, 4

תָּרֵם אֶת הָרִאשׁוֹנָה וּמְחַפֶּה בְּקַטַבְלָאוֹת, שְׁנִיָּה וּמְחַפֶּה בְּקַטַבְלָאוֹת.
שְׁלִישִׁית לֹא הָיָה מְחַפֶּה, שֶׁמָּא יִשְׁכַּח וְיִתְרֹם מִן הַדָּבָר הַתָּרוּם. תָּרַם אֶת
הָרִאשׁוֹנָה לְשֵׁם אֶרֶץ יִשְׂרָאֵל, וּשְׁנִיָּה לְשׁוּם כְּרַכִּין הַמֻּקָּפִין לָהּ, וְהַשְּׁלִישִׁית
לְשׁוּם בָּבֶל וּלְשׁוּם מָדַי וּלְשׁוּם מְדִינוֹת הָרְחוֹקוֹת:

첫 번째 인출 〔후에 남은 것을〕 가죽으로 덮는다. 그리고 두 번째 〔인출 후에도 남은 것을〕 가죽으로 덮는다. 하지만 세 번째 〔인출 후에는〕 인출한 것임을 잊어버리고 또 인출하지 않도록 덮지 않는다. 첫 번째는 이스라엘 땅 〔주민들〕을 위해 인출하고, 두 번째는 주변 도시들에 〔거주하는 유대인들〕을 위해 인출하고, 세 번째는 바벨과 메대 그리고 먼 나라에 〔거주하는 유대인들〕을 위해서 인출한다.

- 쉐켈을 인출한 후에 남은 쉐켈 바구니를 가죽으로 덮어놓는다. 다음 번에 인출할 때에는 덮은 것을 걷고 인출하면 된다. 두 번째 인출 후에도 같은 방식으로 하는데 세 번째 인출한 후에는 그해 인출을 다 마쳤다는 것을 알기 위해 덮지 않아도 된다.
- 공동체 희생제사는 크게 세 부류로 구별된다. 첫째, 이스라엘 땅 주민들. 둘째, 주변 국가 도시들에 거주하는 유대인들. 셋째, 바벨과 메대 그리고 먼 나라에 거주하는 유대인들이다.

제4장

이번 장에서는 성전 창고에서 인출한 쉐켈로 제의에 필요한 물건들을 구입한 후 남은 거제를 어떻게 사용해야 되는지를 다룬다. 그리고 성전에서 기술자로 봉사하는 사람들에 대한 임금을 무엇으로 지불하는지 말한다.

4, 1

הַתְּרוּמָה מֶה הָיוּ עוֹשִׂין בָּהּ, לוֹקְחִין בָּהּ תְּמִידִין וּמוּסָפִין וְנִסְכֵּיהֶם, הָעֹמֶר וּשְׁתֵּי הַלֶּחֶם וְלֶחֶם הַפָּנִים, וְכָל קָרְבְּנוֹת הַצִּבּוּר. שׁוֹמְרֵי סְפִיחִים בַּשְּׁבִיעִית, נוֹטְלִין שְׂכָרָן מִתְּרוּמַת הַלִּשְׁכָּה. רַבִּי יוֹסֵי אוֹמֵר, (אַף הָרוֹצֶה) מִתְנַדֵּב שׁוֹמֵר חִנָּם. אָמְרוּ לוֹ, אַף אַתָּה אוֹמֵר, שֶׁאֵינָן בָּאִין אֶלָּא מִשֶּׁל צִבּוּר:

[성전 창고에서 인출한] 거제로 무엇을 하는가? 상번제물, 추가 제물, 전제(奠祭)[8], 그리고 오메르, 빵 두 덩이, 진설병, 그리고 모든 공동체 제물이다. 안식년에 자란 곡식을 지킨 사람들은 그들의 월급을 성전 창고에서 인출한 거제에서 취한다. 랍비 요쎄는 말한다. "자원봉사를 원하는 사람은 [월급을 받지 않고] 무료로 지킬 수도 있습니다."

랍비들이 그에게 대답했다. "당신도 인정했듯이 그것들도 공동체 재산에서 왔습니다."

- 안식년에는 들에서 자연적으로 자란 곡식을 먹으면 된다. 묵은 곡식으로 만들어서는 안 되는 오메르 빵 두 덩이를 위한 곡식도 들에서 취해야 한다. 성전에서는 이것들을 확보하기 위해서 사람을 고용해서 들을 지키게 한다. 이때 이들의 임금을 성전 창고에 있는 쉐켈(거제)로 준다.
- 랍비 요쎄는 자원봉사자를 고용해 무료로 지키게 하자고 제안한다. 하지만 랍비들은 공동체 제물이 공동체 재산에서 나왔기 때문에 지키는 비용도 공동체 재산에서 사용해야 한다고 반박한다.

4, 2

פָּרָה וְשָׂעִיר הַמִּשְׁתַּלֵּחַ וְלָשׁוֹן שֶׁל זְהוֹרִית, בָּאִין מִתְּרוּמַת הַלִּשְׁכָּה. כֶּבֶשׁ
פָּרָה, וְכֶבֶשׁ שָׂעִיר הַמִּשְׁתַּלֵּחַ וְלָשׁוֹן שֶׁבֵּין קַרְנָיו, וְאַמַּת הַמַּיִם, וְחוֹמַת הָעִיר
וּמִגְדְּלוֹתֶיהָ, וְכָל צָרְכֵי הָעִיר, בָּאִין מִשְּׁיָרֵי הַלִּשְׁכָּה. אַבָּא שָׁאוּל אוֹמֵר, כֶּבֶשׁ
פָּרָה כֹּהֲנִים גְּדוֹלִים עוֹשִׂין אוֹתוֹ מִשֶּׁל עַצְמָן:

[붉은] 암소와 [아사쉘에] 보내는 숫염소, 홍색실은 창고에서 인출한 거제로 구입한다. [붉은] 암소를 위한 경사로, [아사쉘에] 보내질 숫염소를 위한 경사로, [숫염소의] 뿔 사이에 [묶는] 실, 수로, 성벽과 탑들, 도시의 모든 생필품은 창고에 남은 거제로 구입한다. 압바 샤울은 말한다. "[붉은] 암소를 위한 경사로는 대제사장이 개인 비용으로

---

8) 전제는 포도주를 바치는 헌주(libation)로 번제나 소제 등 다른 제사와 함께 드리는 제물이다. 하지만 초태생, 십일조, 유월절 제사, 속죄제, 속건제와 같이 드리지 않는다. 다만, 악성 피부병자의 속죄제나 속건제에는 같이 드린다(『코다쉼』「메나홋」9, 6).

만들어야 합니다."

- 제사장은 붉은 암송아지를 불에 태워 만든 재로 정결의 물을 만든다 (민 19). 이때 홍색실을 백향목, 히솝 풀과 함께 불에 던진다(민 19:6).
- 랍비들은 압바 샤울의 주장과 달리 붉은 암소를 위한 경사로를 성전 에서 인출한 거제로 만들어야 한다고 생각한다.

4, 3

מוֹתַר שְׁיָרֵי הַלִּשְׁכָּה מֶה הָיוּ עוֹשִׂין בָּהֶן, לוֹקְחִין בָּהֶן יֵינוֹת, שְׁמָנִים וּסְלָתוֹת, וְהַשָּׂכָר לַהֶקְדֵּשׁ, דִּבְרֵי רַבִּי יִשְׁמָעֵאל. רַבִּי עֲקִיבָא אוֹמֵר, אֵין מִשְׂתַּכְּרִין מִשֶּׁל הֶקְדֵּשׁ וְלֹא מִשֶּׁל עֲנִיִּים:

창고에 추가로 남은 거제로 무엇을 하는가? "그것으로 포도주, 기름, 고운 〔밀〕가루를 구입할 것입니다.[9] 〔매매로 얻은〕 수익은 성물 〔을 위해 성전 창고로 들어갑니다〕." 랍비 이쉬마엘의 말이다. 랍비 아키바가 말한다. "성물이나 가난한 사람의 재물로 이득을 남겨서는 안됩니다."

- 이번 미쉬나에서는 앞 미쉬나에 이어 창고에 남아 있는 거제로 구입한 후에도 추가로 남은 금액으로 구입하는 목록을 다룬다.
- 랍비 이쉬마엘은 남은 거제로 포도주, 기름, 고운 가루 등을 산 후에 이것들을 제사에 사용하려고 필요한 사람에게 팔아서 그 수익금을 창고에 들여도 된다고 주장한다. 랍비 아키바는 성물이나 가난한 사람을 위해 책정된 돈으로 이득을 남겨서는 안 된다고 반대한다.

---

9) 포도주는 전제에 사용되고 기름과 고운 밀가루는 소제로 사용된다.

מוֹתַר תְּרוּמָה מֶה הָיוּ עוֹשִׂין בָּה, רְקוּעֵי זָהָב צִפּוּי לְבֵית קָדְשֵׁי הַקֳדָשִׁים. רַבִּי יִשְׁמָעֵאל אוֹמֵר, מוֹתַר הַפֵּרוֹת לְקַיִץ הַמִּזְבֵּחַ, וּמוֹתַר הַתְּרוּמָה לִכְלֵי שָׁרֵת. רַבִּי עֲקִיבָא אוֹמֵר, מוֹתַר הַתְּרוּמָה לְקַיִץ הַמִּזְבֵּחַ, וּמוֹתַר נְסָכִים לִכְלֵי שָׁרֵת. רַבִּי חֲנַנְיָא סְגָן הַכֹּהֲנִים אוֹמֵר, מוֹתַר נְסָכִים לְקַיִץ הַמִּזְבֵּחַ, וּמוֹתַר הַתְּרוּמָה לִכְלֵי שָׁרֵת. זֶה וָזֶה לֹא הָיוּ מוֹדִים בַּפֵּרוֹת:

〔구입하고〕남은 거제로 무엇을 하는가? 지성소를 덮을 금으로 된 덮개를 구입한다. 랍비 이쉬마엘은 말한다. "남은 열매는 제단의 여름을 위해, 남은 거제는 〔성전〕 봉사에 필요한 기구를 위해 〔사용합니다〕".[10] 랍비 아키바는 말한다. "남은 거제는 제단의 여름을 위해, 남은 전제는 〔성전〕 봉사에 필요한 기구를 위해 〔사용합니다〕". 부제사장인 랍비 하나니야는 말한다. "남은 전제는 제단의 여름을 위해, 남은 거제는 〔성전〕 봉사에 필요한 기구들을 위해 〔사용합니다〕." 이 사람도 저 사람도 열매에 관하여 동의하지 않는다.

- '제단의 여름'은 제단에서 다른 제사가 진행되지 않아 비어 있을 때 바치기 위해 드리는 번제물을 비유적으로 표현하고 있다.
- 랍비 이쉬마엘은 앞 미쉬나에 이어 남은 거제로 얻은 열매(수익)로 제단의 여름 시기를 위한 번제물을 사면 된다고 주장한다. 하지만 랍비 아키바와 랍비 하나니야는 거제를 통해 수익(열매)을 얻는 것 자체를 반대한다.

---

10) 랍비 이쉬마엘은 앞 미쉬나에서 남은 거제로 포도주, 기름, 고운 가루를 사고 팔아서 남긴 수익을 성전 창고에 넣으면 된다고 주장했다. '과일'은 이 이익금을 비유적으로 사용한 것 같다(탈무드「쉐칼림」11a).

מוֹתַר הַקְּטֹרֶת מֶה הָיוּ עוֹשִׂין בָּה, מַפְרִישִׁין (מִמֶּנָּה) שְׂכַר הָאֻמָּנִין, וּמְחַלְּלִין
אוֹתָהּ עַל שְׂכַר הָאֻמָּנִין, וְנוֹתְנִין אוֹתָהּ לָאֻמָּנִין בִּשְׂכָרָן, וְחוֹזְרִין וְלוֹקְחִין
אוֹתָהּ מִתְּרוּמָה חֲדָשָׁה. אִם בָּא הֶחָדָשׁ בִּזְמַנּוֹ, לוֹקְחִין אוֹתָהּ מִתְּרוּמָה
חֲדָשָׁה. וְאִם לָאו מִן הַיְשָׁנָה:

남은 향으로 무엇을 하는가? 그것 [중]에서 장인들의 임금을 [지불
하기 위해] 떼어놓고, 그것을 장인들의 임금으로 세속화시키며, 그것
으로 장인들에게 임금으로 준다. [그 후] 다시 새 거제로 그것을 구입
한다. 만약 새 [거제가] 시간 안에 들어오면 새 거제로부터 그것을 구
입하고, 그렇지 않으면 예전 거제로부터 [구입한다].

- 성전에서는 1년 내내 아침과 저녁에 향을 피운다. 그리고 새해가 시
  작하면 새 거제(쉐켈)로 향을 피우는데, 새 거제는 새해가 시작하는
  달인 니싼월이 되기 전에 거두어들인다(「쉐칼림」 1, 1). 이때 연말에
  남은 향을 장인들의 임금으로 지불하고, 새로 받은 쉐켈로 임금으로
  준 향을 다시 구입한다. 미처 새 거제가 들어오지 않으면 예전 거제
  로 향을 구입한다.

4, 6

הַמַּקְדִּישׁ נְכָסָיו וְהָיוּ בָהֶן דְּבָרִים רְאוּיִין לְקָרְבְּנוֹת הַצִּבּוּר, יִנָּתְנוּ לָאֻמָּנִין
בִּשְׂכָרָן, דִּבְרֵי רַבִּי עֲקִיבָא. אָמַר לוֹ בֶּן עַזַּאי, אֵינָהּ הִיא הַמִּדָּה, אֶלָּא
מַפְרִישִׁין מֵהֶן שְׂכַר הָאֻמָּנִין, וּמְחַלְּלִין אוֹתָן עַל מְעוֹת הָאֻמָּנִין, וְנוֹתְנִין אוֹתָן
לָאֻמָּנִין בִּשְׂכָרָן, וְחוֹזְרִין וְלוֹקְחִין אוֹתָן מִתְּרוּמָה חֲדָשָׁה:

"자신의 재물을 [성전에] 봉헌한 경우에, 그중에 공동체 제물로 적
합한 것은 장인들에게 임금으로 지불할 수 있습니다." 랍비 아키바의
말이다. 벤 아자이가 그에게 말한다. "그것은 [적절한] 방법이 아닙니

다. 대신 그것에서 장인들의 임금을 〔지불하기 위해〕 떼어놓고, 그것을 장인들의 몫으로 세속화시키며, 그것을 장인들에게 임금으로 주어야 합니다. 다시 새 거제로 그 〔헌물〕들을 구입하면 됩니다."

- 벤 아자이는 공동체 희생제물로 적합한 것을 장인들의 임금으로 주자는 랍비 아키바의 방법이 부적절하다고 지적한다. 벤 아자이는 그 대신 앞 미쉬나 4, 5에서 남은 향을 장인들의 임금으로 지불하는 방식과 같이 지불하면 된다고 말한다. 봉헌물의 일부를 장인들 임금 몫으로 떼어놓고 그것을 장인들에게 주면 된다는 것이다.

4, 7

הַמַּקְדִּישׁ נְכָסָיו וְהָיְתָה בָּהֶן בְּהֵמָה רְאוּיָה לְגַבֵּי הַמִּזְבֵּחַ, זְכָרִים וּנְקֵבוֹת, רַבִּי אֱלִיעֶזֶר אוֹמֵר, זְכָרִים יִמָּכְרוּ לְצָרְכֵי עוֹלוֹת, וּנְקֵבוֹת יִמָּכְרוּ לְצָרְכֵי זִבְחֵי שְׁלָמִים, וּדְמֵיהֶן יִפְּלוּ עִם שְׁאָר נְכָסִים לְבֶדֶק הַבָּיִת. רַבִּי יְהוֹשֻׁעַ אוֹמֵר, זְכָרִים עַצְמָן יִקְרְבוּ עוֹלוֹת, וּנְקֵבוֹת יִמָּכְרוּ לְצָרְכֵי זִבְחֵי שְׁלָמִים, וְיָבִיא בִּדְמֵיהֶן עוֹלוֹת, וּשְׁאָר נְכָסִים יִפְּלוּ לְבֶדֶק הַבָּיִת. רַבִּי עֲקִיבָא אוֹמֵר, רוֹאֶה אֲנִי אֶת דִּבְרֵי רַבִּי אֱלִיעֶזֶר מִדִּבְרֵי רַבִּי יְהוֹשֻׁעַ, שֶׁרַבִּי אֱלִיעֶזֶר הִשְׁוָה אֶת מִדָּתוֹ, וְרַבִּי יְהוֹשֻׁעַ חָלָק. אָמַר רַבִּי פַּפְיָס, שָׁמַעְתִּי כְּדִבְרֵי שְׁנֵיהֶן, שֶׁהַמַּקְדִּישׁ בְּפֵרוּשׁ, כְּדִבְרֵי רַבִּי אֱלִיעֶזֶר. וְהַמַּקְדִּישׁ סְתָם, כְּדִבְרֵי רַבִּי יְהוֹשֻׁעַ:

자신의 재물을 〔성전에〕 봉헌하였고, 수컷이든지 암컷이든지 그 중에 제단에 〔올릴〕 수 있는 가축에 대하여, 랍비 엘리에제르가 말한다. "수컷은 번제물을 위해 팔고, 암컷은 화목제물을 위해 팝니다. 〔이로 생긴〕 수익금은 남은 재물과 함께 성전 유지비로 사용되어야 합니다." 랍비 예호슈아가 말한다. "수컷들은 직접 번제물로 사용하고, 암컷들은 화목제물을 위해 팝니다. 〔이로 생긴〕 수익금은 번제물로 사용하고 남은 재산은 성전 유지비로 쓰면 됩니다." 랍비 아키바는 말한다. "랍비 예호슈아의 말이 랍비 엘리에제르의 말보다 〔타당하게〕 보입니다. 왜냐하면 랍비 엘리에제르는 [사용하는] 방법을 동일하게 했지만, 랍비 예호슈아는 구별했기 때문입니다." 랍비 파피야스는 말한다. "저는 그 두 분의 말 모두를 배웠습니다. 랍비 엘리에제르는 특정해서 봉헌하는 경우를 말하고, 랍비 예호슈아는 [특별한 언급 없이] 그냥 봉헌하는 경우입니다."

- 랍비 엘리에제르는 가축을 판 수익금을 성전 유지비로 사용할 수 있다고 말한다. 하지만 랍비 예호슈아는 봉헌물은 결국 다 번제물로 바쳐져야 한다는 입장이다. 랍비 아키바는 스승인 랍비 예호슈아의 말이 암컷과 수컷에게 적절하게 적용할 수 있어서 더 설득력이 있다고 주장한 반면에, 랍비 파피야스는 경우에 따라서 두 입장을 조화롭게 적용할 수 있다고 주장한다. 자신의 봉헌물을 온전히 바치고자 하는 사람은 랍비 예호슈아의 주장처럼 제단에서 다 태우는 번제물로 드리면 되고, 그렇지 않고 자신의 바친 제물을 특정하지 않은 경우에는 성전 유지비로 사용 가능하다는 것이다.

4, 8

הַמַּקְדִּישׁ נְכָסִים וְהָיוּ בָהֶן דְּבָרִים רְאוּיִין עַל גַּבֵּי הַמִּזְבֵּחַ, יֵינוֹת, שְׁמָנִים
וְעוֹפוֹת, רַבִּי אֶלְעָזָר אוֹמֵר, יִמָּכְרוּ לְצָרְכֵי אוֹתוֹ הַמִּין וְיָבִיא בִּדְמֵיהֶן עוֹלוֹת,
וּשְׁאָר נְכָסִים יִפְּלוּ לְבֶדֶק הַבָּיִת:

자신의 재물을 [성전에] 봉헌한 경우에, 포도주, 기름, 새처럼 제단에 바칠 만한 것들에 관하여, 랍비 엘아자르는 말한다. "그것들은 같은 종류를 [얻기] 위해 팝니다. 그리고 그 돈으로 번제물을 구입해야 합니다. 남은 재산은 성전 유지비로 남겨두면 됩니다."

- 봉헌한 재물 중에서 번제물 아닌 것들 중에서 제단에 바칠 만한 것들

에 관하여 말한다. 랍비 엘아자르는 이것들을 팔아서 번제물을 구입하고 남은 재산은 성전 유지비로 사용하면 된다고 말한다.

4, 9

אַחַת לִשְׁלֹשִׁים יוֹם, מְשַׁעֲרִין אֶת הַלִּשְׁכָּה. כָּל הַמְקַבֵּל עָלָיו לְסַפֵּק סְלָתוֹת מֵאַרְבַּע, עָמְדוּ מִשָּׁלֹשׁ, יְסַפֵּק מֵאַרְבַּע. מִשָּׁלֹשׁ וְעָמְדוּ מֵאַרְבַּע, יְסַפֵּק מֵאַרְבַּע, שֶׁיַּד הֶקְדֵּשׁ עַל הָעֶלְיוֹנָה. וְאִם הִתְלִיעָה סֹלֶת, הִתְלִיעָה לוֹ. וְאִם הֶחְמִיץ יַיִן, הֶחְמִיץ לוֹ. וְאֵינוֹ מְקַבֵּל אֶת מְעוֹתָיו, עַד שֶׁיְּהֵא הַמִּזְבֵּחַ מְרַצֶּה:

30일마다 한 번씩 〔성전〕 창고 〔저장물의 가격을〕 정한다. 고운 밀가루를 쎌라당 4〔쎄아[11]〕 값으로 정한 자는 〔가격이 올라〕 3〔쎄아〕가 된 경우에 4〔쎄아〕를 제공해야 한다. 3〔쎄아〕로 정했는데 〔가격이 내려〕 4〔쎄아〕로 된 경우에 그는 4〔쎄아〕를 제공해야 한다. 왜냐하면 성전이 〔가격 변동과 상관없이〕 유리한 위치에 있어야 하기 때문이다. 만약 고운 가루가 벌레 먹었으면 벌레 먹은 〔액수만큼〕 그가 〔감당한다〕. 만약 포도주가 쉬었다면, 쉰 것의 〔액수만큼〕 그가 감당한다. 제단에 〔제물을〕 바치기 전까지는 그가 자기 돈의 〔권리를〕 가질 수 없기 때문이다.

- 제물이 될 재료의 가격 변동과 상관없이 항상 성전에 유리하게 바쳐야 한다.
- 제물을 제단에 바치기 전까지는 돈이 완전히 상인의 것이라고 간주하지 않는다. 성전에서 상인에게 지불한 돈이 온전히 상인의 것이 되기 위해서는 바치기 전에 상한 부분을 교환해주어야 한다.

---

11) 곡식의 양을 재는 도량형으로 1쎄아(Seah)는 대략 7.3리터다.

제5장

이 장에서는 성전에서 봉사하는 15명의 종사자들을 열거하고 있다.

5, 1

אֵלּוּ הֵן הַמְמֻנִּין שֶׁהָיוּ בַּמִּקְדָּשׁ, יוֹחָנָן בֶּן פִּנְחָס עַל הַחוֹתָמוֹת, אֲחִיָּה עַל הַנְּסָכִים, מַתִּתְיָה בֶּן שְׁמוּאֵל עַל הַפְּיָסוֹת, פְּתַחְיָה עַל הַקִּנִּין. פְּתַחְיָה, זֶה מָרְדְּכַי. לָמָּה נִקְרָא שְׁמוֹ פְּתַחְיָה. שֶׁהָיָה פוֹתֵחַ בִּדְבָרִים וְדוֹרְשָׁן, וְיוֹדֵעַ שִׁבְעִים לָשׁוֹן. בֶּן אֲחִיָּה עַל חוֹלֵי מֵעַיִם, נְחוּנְיָא חוֹפֵר שִׁיחִין, גְּבִינֵי כָרוֹז, בֶּן גֶּבֶר עַל נְעִילַת שְׁעָרִים, בֶּן בֵּבַי עַל הַפַּקִיעַ, בֶּן אַרְזָה עַל הַצִּלְצָל, הֻגְרַס בֶּן לֵוִי עַל הַשִּׁיר, בֵּית גַּרְמוּ עַל מַעֲשֵׂה לֶחֶם הַפָּנִים, בֵּית אַבְטִינָס עַל מַעֲשֵׂה הַקְּטֹרֶת, אֶלְעָזָר עַל הַפָּרוֹכוֹת, וּפִנְחָס עַל הַמַּלְבּוּשׁ:

이들은 성전에서 봉사하는 종사자들이다. 요하난 벤 핀하스는 직인을, 아히야는 전제를, 마티트야 벤 슈무엘은 제비뽑기에, 페타흐야는 새(鳥) 제사를. 〔이 페타흐야는 모르드카이다. 그런데 왜 페타흐야로 불리는가? 이것은 그가 문제들을 열어서 설명하고 70개의 언어를 알기 때문이다〕.[12] 벤 아히야는 위장병을, 네후냐는 우물 파기를, 게비네는 포고(布告)자, 벤 게베르는 문지기로, 벤 베바이는 〔천〕 조각을, 벤 아르자는 심벌즈를, 후그라스 벤 레위는 노래를, 가르무 집안은 진설병 준비를, 아브티나스 집안은 분향 준비를, 엘아자르는 휘장들을, 그리고 핀하스는 제의(祭衣)를 〔담당했다〕.

- 직인과 전제(奠祭) 담당자에 대한 설명은 다음 미쉬나 5, 3-5에서 설명하고 있다.
- 제비뽑기는 제사장이 담당할 제사와 관련된다.

---

12) 〔 〕는 후대에 첨가된 것으로 다른 사본에 없는 내용이다.

- 새 제사를 담당한 페타흐야는 새 제물이 필요한 사람들에게 새를 판매한다. 페타흐야가 70개의 언어를 안다는 것은 창세기 10장 노아의 후손들의 숫자에 근거하여 이 세상의 모든 민족들의 언어를 안다는 의미다.

- 제사장들은 자주 위장병에 시달렸다. 이것은 아마도 그들이 즐겨먹는 육고기로 인해 발생한 것으로 보인다.

- 식수용 샘을 파고 수로를 정비하고 물을 저장하는 일은 고대 사회에서도 중요한 업무였다. 특히 예루살렘은 절기에 많은 순례자들이 모여들기 때문에 많은 물이 필요했다.

- 성전의 포고자는 이른 아침 제사장들의 업무가 시작되었음을 알렸다.

- 심벌즈 담당자가 신호를 보내면 레위인들이 노래를 시작했다.

- 천 조각은 등잔의 심지로 사용했다.

- 성전 휘장을 만들고 관리하는 담당자가 별도로 있었다.

5, 2

אֵין פּוֹחֲתִין מִשְּׁלשָׁה גִזְבָּרִין וּמִשִּׁבְעָה אֲמַרְכָּלִין, וְאֵין עוֹשִׂין שְׂרָרָה עַל
הַצִּבּוּר בְּמָמוֹן פָּחוּת מִשְּׁנַיִם, חוּץ מִבֶּן אֲחִיָּה שֶׁעַל חוֹלֵי מֵעַיִם וְאֶלְעָזָר שֶׁעַל
הַפָּרוֹכוֹת, שֶׁאוֹתָן קִבְּלוּ רוֹב הַצִּבּוּר עֲלֵיהֶן:

[성전에] 세 명 이상의 회계 담당자가 있고, 일곱 명 이상의 관리자가 있다. 대중을 [상대로] 권한을 행사하는 사람들이 두 명 이상이다. 위장병을 [담당하는] 벤 아히야와 휘장을 [담당하는] 엘아자르는 제외되었다. 왜냐하면 대다수의 사람들이 그들을 받아들였기 때문이다.

- 회계 담당자는 성전의 살림을 담당한다.

- 관리자는 성전 뜰에 있는 일곱 개의 문을 여는 열쇠를 가지고 뜰을 관

리한다. 관리자가 문을 열어주어야 회계 담당자도 들어갈 수 있다.

- 대중을 상대로 권한을 행사하는 과정에서 부정과 비리가 생기는 것을 막기 위해 두 명 이상의 담당자를 두었다. 단, 위장병을 담당하는 벤 아히야와 휘장을 담당하는 엘아자르는 사람들이 그들을 인정했기 때문에 혼자 봉사했다.

5, 3

אַרְבָּעָה חוֹתָמוֹת הָיוּ בַּמִּקְדָּשׁ, וְכָתוּב עֲלֵיהֶן, עֵגֶל, זָכָר, גְּדִי, חוֹטֵא. בֶּן עַזַּאי
אוֹמֵר, חֲמִשָּׁה הָיוּ, וַאֲרָמִית כָּתוּב עֲלֵיהֶן, עֵגֶל, זָכָר, גְּדִי, חוֹטֵא דַל, וְחוֹטֵא
עָשִׁיר. עֵגֶל מְשַׁמֵּשׁ עִם נִסְכֵּי בָקָר גְּדוֹלִים וּקְטַנִּים, זְכָרִים וּנְקֵבוֹת. גְּדִי
מְשַׁמֵּשׁ עִם נִסְכֵּי צֹאן גְּדוֹלִים וּקְטַנִּים, זְכָרִים וּנְקֵבוֹת, חוּץ מִשֶּׁל אֵילִים. זָכָר
מְשַׁמֵּשׁ עִם נִסְכֵּי אֵילִים בִּלְבָד. חוֹטֵא מְשַׁמֵּשׁ עִם נִסְכֵּי שָׁלֹשׁ בְּהֵמוֹת שֶׁל
מְצוֹרָעִין:

성전에 네 개의 직인이 있는데, 그 위에 [각각] '송아지', '수컷', '새끼 염소', '죄인'이라고 새겨져 있다. 벤 아자이는 말한다. "다섯 개가 있었고 아람어로 '송아지', '수컷', '새끼 염소', '가난한 죄인', '부자 죄인'이라고 새겨져 있습니다." '송아지'는 크거나 작거나 수컷이든지 암컷이든지 소의 전제에 사용한다. '새끼 염소'는 크거나 작거나 수컷이나 암컷인 양과 염소의 전제에 사용한다. 하지만 숫양은 제외된다. '수컷'은 숫양의 전제에 사용한다. '죄인'은 악성 피부병자가 [바치는] 세 가축의 전제에 사용한다.

- 술을 바치는 전제는 여러 가축과 연관된다(민 15).[13]
- 벤 아자이의 의견은 직인이 아람어로 쓰여 있다고 말하고 악성 피부병자는 가난한 죄인과 부자 죄인으로 나뉜다고 주장한다.
- '송아지'는 암소이든지 황소이든지 크든지 작든지 모든 소와 함께 드릴 전제를 사는 데 사용되며, '새끼'는 양과 염소의 전제 그리고

'수컷'은 숫양의 전제를 사는 데 사용된다.

- '죄인' 이라는 직인은 악성 피부병자가 가지고 오는 세 가축으로 속
  죄제로 드릴 때 함께 바칠 전제를 사는데 사용된다.

5, 4

מִי שֶׁהוּא מְבַקֵּשׁ נְסָכִים הוֹלֵךְ לוֹ אֵצֶל יוֹחָנָן שֶׁהוּא מְמֻנֶּה עַל הַחוֹתָמוֹת,
נוֹתֵן לוֹ מָעוֹת וּמְקַבֵּל מִמֶּנּוּ חוֹתָם. בָּא לוֹ אֵצֶל אֲחִיָּה שֶׁהוּא מְמֻנֶּה עַל
הַנְּסָכִים, וְנוֹתֵן לוֹ חוֹתָם וּמְקַבֵּל מִמֶּנּוּ נְסָכִים. וְלָעֶרֶב בָּאִין זֶה אֵצֶל זֶה,
וַאֲחִיָּה מוֹצִיא אֶת הַחוֹתָמוֹת וּמְקַבֵּל כְּנֶגְדָּן מָעוֹת. וְאִם הוֹתִירוּ הוֹתִירוּ
לַהֶקְדֵּשׁ. וְאִם פָּחֲתוּ, הָיָה מְשַׁלֵּם יוֹחָנָן מִבֵּיתוֹ, שֶׁיַּד הַקְּדֵשׁ עַל הָעֶלְיוֹנָה:

전제를 드려야 하는 사람은 먼저 직인을 관장하는 요하난에게 가서
그에게 돈을 주고 직인을 받는다. 그리고 그는 전제를 관장하는 아히

---

13) 다른 제사와 같이 드리는 전제를 정리하면 아래 표와 같다.

직인	제사	고운 가루	기름	포도주
송아지	소의 번제물과 화목제물	3이싸르	1/2힌 = 6로그	1/2힌 = 6로그
수컷	어른 숫양의 번제물과 화목제물	2이싸르	1/3힌 = 4로그	1/3힌 = 4로그
새끼	염소, 암양, 숫양의 번제물과 화목제물	1이싸르	1/4힌 = 3로그	1/4힌 = 3로그
죄인	숫양(속건제) 암양(속죄제) 숫양(번제)	1이싸르 1이싸르 1이싸르	1/4힌 = 3로그 1/4힌 = 3로그 1/4힌 = 3로그	1/4힌 = 3로그 1/4힌 = 3로그 1/4힌 = 3로그
	악성 피부질환자 오른쪽 귀와 엄지 손가락에 바르기		1로그	
	소계	3이싸르	10로그	9로그

* 악성 피부질환자는 피부병이 나은 후 속죄제를 바쳐야 한다.

* 1이싸르는 177밀리그램 정도의 로마 동전 무게이며, 1로그는 계란 6개 분량이다.

야에게 직인을 주고, 그에게 전제를 받는다. 저녁에 그들은 같이 와서 아히야는 직인을 꺼내어 그에 상응하는 돈을 받는다. 만약 남는 것이 있으면 그것은 성전에 남긴다. 하지만 부족하면 요하난이 자기 집에서 채워야 한다. 왜냐하면 성전이 더 우위에 있기 때문이다.

- 전제 즉 포도주를 어떻게 살 수 있는지를 설명한다. 전제를 원하는 사람은 요하난에게 돈을 지불하고 자신이 원하는 전제의 직인을 받는다. 그리고 그 직인을 아히야에게 보여주어야 전제용 포도주를 받을 수 있다.
- 전제를 사는 과정에서 남는 돈은 성전에 남겨야 한다. 하지만 부족하다면 자신의 돈으로 채워야 한다.

5, 5

מִי שֶׁאָבַד מִמֶּנּוּ חוֹתָמוֹ, מַמְתִּינִין לוֹ עַד הָעֶרֶב. אִם מוֹצְאִין לוֹ כְּדֵי חוֹתָמוֹ, נוֹתְנִין לוֹ. וְאִם לָאו לֹא הָיָה לוֹ. וְשֵׁם הַיּוֹם כָּתוּב עֲלֵיהֶן מִפְּנֵי הָרַמָּאִין:

만약 어떤 사람이 직인을 분실했으면, 저녁까지 기다린다. 만약 그에게 해당하는 직인을 찾았으면 그에게 준다. 하지만 [찾지] 못하면, 그는 [아무것도] 받지 못한다. 그래서 그날 날짜를 [직인에] 기록하였으니, 속이는 사람들 때문이었다.

- 요하난에게 돈을 지불하고 받은 직인을 아히야에게 주기 전에 분실하여 전제를 받지 못한 상황이다. 만약 분실한 직인을 누군가 주워서 사용했다면 발견되지 않을 것이다.
- 당일 사용하는 모든 직인에 날짜를 기록하여 다른 사람이 부정한 방법으로 사용하는 것을 방지한다.

שְׁתֵּי לְשָׁכוֹת הָיוּ בַמִּקְדָּשׁ, אַחַת לְשָׁכַּת חֲשָׁאִים, וְאַחַת לְשָׁכַּת הַכֵּלִים,
לְשָׁכַּת חֲשָׁאִים יִרְאֵי חֵטְא נוֹתְנִים לְתוֹכָהּ בַּחֲשַׁאי, וַעֲנִיִּים בְּנֵי טוֹבִים
מִתְפַּרְנְסִים מִתּוֹכָהּ בַּחֲשַׁאי. לְשָׁכַּת הַכֵּלִים, כָּל מִי שֶׁהוּא מִתְנַדֵּב כֶּלִי, זוֹרְקוֹ
לְתוֹכָהּ. וְאַחַת לִשְׁלֹשִׁים יוֹם, גִּזְבָּרִין פּוֹתְחִין אוֹתָהּ. וְכָל כְּלִי שֶׁמּוֹצְאִין בּוֹ
צֹרֶךְ לְבֶדֶק הַבַּיִת, מַנִּיחִין אוֹתוֹ. וְהַשְּׁאָר נִמְכָּרִין בִּדְמֵיהֶן וְנוֹפְלִין לְלִשְׁכַּת
בֶּדֶק הַבַּיִת:

성전에 두 개의 [수집] 창고들이 있다. 하나는 비밀의 창고이고, 다른 하나는 도구 창고다. 비밀의 창고는 죄를 두려워하는 사람이 비밀리에 저장하는 곳이다. 그리고 선량한 집안의 가난한 사람들을 그것으로 비밀리에 지원한다. 도구의 창고는 누군가 도구를 기부하면 그 안에 넣어둔다. 그리고 30일에 한 번씩 회계 담당자들이 그것을 연다. 성전 유지에 필요한 도구는 남겨두고, 남은 것은 팔아서 그 수익금은 성전 유지를 위한 창고에 넣는다.

● 이 미쉬나는 두 가지 창고에 대해 말하고 있다. 먼저 죄를 짓지 않기 위해 노력하는 경건한 사람들이 자신의 재물을 비밀리에 맡겨두는 창고가 있다. 그 재물로 가난한 사람들을 돕는 데 사용한다.

● 또 다른 창고에는 사람들이 기부하는 물건들을 넣어두는 창고가 있다. 이 물건들 중에서 성전을 수리하는 데 필요한 것은 남겨두고 나머지는 팔아서 성전을 수리하는 비용으로 사용된다.

제6장

이번 장에서는 성전에서 사용되는 기타 기물들을 나열한다. 이 가운데에는 13개의 쇼파르, 탁자, 그리고 부복대가 있다. 쇼파르는 아래는 넓고 위는 좁은 나팔 모양의 통으로 반 쉐켈을 비롯해서 성전에서 필요한 돈을 넣어두는 통이다. 번제단 옆에 있는 탁자에는 제물을 올려놓거나 내장을 씻기 위해 사용된다. 성전 입구 안쪽 현관에 있는 탁자는 진설병을 가지고 들어갈 때나 꺼내올 때 사용한다. 부복대는 성전 주변의 열세 개 문 앞에서 부복할 때 사용한다.

6, 1

שְׁלֹשָׁה עָשָׂר שׁוֹפָרוֹת, שְׁלֹשָׁה עָשָׂר שֻׁלְחָנוֹת, שָׁלֹשׁ עֶשְׂרֵה הִשְׁתַּחֲוָיוֹת,
הָיוּ בַמִּקְדָּשׁ. שֶׁל בֵּית רַבָּן גַּמְלִיאֵל וְשֶׁל בֵּית רַבִּי חֲנַנְיָא סְגַן הַכֹּהֲנִים הָיוּ
מִשְׁתַּחֲוִין אַרְבַּע עֶשְׂרֵה. וְהֵיכָן הָיְתָה יְתֵרָה, כְּנֶגֶד דִּיר הָעֵצִים, שֶׁכֵּן מָסֹרֶת
בְּיָדָם מֵאֲבוֹתֵיהֶם שֶׁשָּׁם הָאָרוֹן נִגְנַז:

성전에 열세 개의 쇼파르, 열세 개의 탁자, 그리고 열세 개의 부복대[14]가 있다. 라반 감리엘 집안과 부제사장인 랍비 하나니야 집안에서는 열네 번 부복한다. 그렇다면 추가적인 [부복은] 어디에서 하는가? 나무 창고 앞이다. 그 창고에 부서진 언약궤가 숨겨져 있다는 전통이 조상들로부터 내려온다.

- '쇼파르'는 나팔처럼 입구는 작고 아래 부분을 넓은 쉐켈을 담는 통이다(「쉐칼림」2, 1). 이 통으로 반 쉐켈을 비롯해서 성전에서 거두어들이는 돈을 담는다.

---

14) 부복대는 엎드려 절할 때 바닥에 까는 도구다.

- 라반 감리엘 집안과 부제사장인 랍비 하나니야 집안에서 제사를 위해 보통 열네 번을 부복하는데, 부복대 13개 이외에 추가로 부복하는 장소가 있다. 그곳에서 부복하는 이유는 제단에서 쓸 나무를 저장한 곳인데 그곳에 언약궤가 숨겨져 있다는 전통이 있기 때문이다 (둘째 미쉬나).[15]

6, 2

מַעֲשֶׂה בְּכֹהֵן אֶחָד שֶׁהָיָה מִתְעַסֵּק, וְרָאָה הָרִצְפָּה שֶׁהִיא מְשֻׁנָּה מֵחַבְרוֹתֶיהָ. בָּא וְאָמַר לַחֲבֵרוֹ. לֹא הִסְפִּיק לִגְמֹר אֶת הַדָּבָר עַד שֶׁיָּצְתָה נִשְׁמָתוֹ, וְיָדְעוּ בְיִחוּד שֶׁשָּׁם הָאָרוֹן נִגְנָז:

시무에 바쁜 어떤 제사장이 [나무 창고의] 바닥이 다른 것들과 다른 것을 발견한 적이 있었다. 그가 와서 그의 친구에게 [이 사실을] 말했다. 하지만 그 말을 마치기 전에 그의 호흡이 다했다. 그래서 랍비들은 거기에 언약궤가 숨겨져 있다고 확신하게 되었다.

- 앞 미쉬나에 이어 나무를 저장하는 창고의 바닥에 깔린 돌이 다른 것들과 다른 것을 발견한 제사장의 말에 근거하여 랍비들은 그곳에 언약궤가 숨겨져 있다고 믿게 되었다.

6, 3

וְהֵיכָן הָיוּ מִשְׁתַּחֲוִים, אַרְבַּע בַּצָּפוֹן, וְאַרְבַּע בַּדָּרוֹם, שָׁלֹשׁ בַּמִּזְרָח, וּשְׁתַּיִם בַּמַּעֲרָב, כְּנֶגֶד שְׁלֹשָׁה עָשָׂר שְׁעָרִים. שְׁעָרִים דְּרוֹמִיִּים סְמוּכִין לַמַּעֲרָב, שַׁעַר הָעֶלְיוֹן, שַׁעַר הַדֶּלֶק, שַׁעַר הַבְּכוֹרוֹת, שַׁעַר הַמַּיִם. וְלָמָה נִקְרָא שְׁמוֹ שַׁעַר הַמַּיִם, שֶׁבּוֹ מַכְנִיסִין צְלוֹחִית שֶׁל מַיִם שֶׁל נִסּוּךְ בֶּחָג. רַבִּי אֱלִיעֶזֶר בֶּן יַעֲקֹב

---

15) 언약궤는 보통 예루살렘 멸망 때 다른 성전 보물들과 함께 바벨론으로 가져간 뒤 사라진 것으로 알려졌다.

אוֹמֵר, בּוֹ הַמַּיִם מְפַכִּים וַעֲתִידִין לִהְיוֹת יוֹצְאִין מִתַּחַת מִפְתַּן הַבַּיִת. לְעֻמָּתָן בַּצָּפוֹן סְמוּכִין לַמַּעֲרָב, שַׁעַר יְכָנְיָה, שַׁעַר קָרְבָּן, שַׁעַר נָשִׁים, שַׁעַר הַשִּׁיר. וְלָמָּה נִקְרָא שְׁמוֹ שַׁעַר יְכָנְיָה, שֶׁבּוֹ יָצָא יְכָנְיָה בְּגָלוּתוֹ. בַּמִּזְרָח, שַׁעַר נִיקָנוֹר, וּשְׁנֵי פִשְׁפְּשִׁין הָיוּ לוֹ, אֶחָד בִּימִינוֹ וְאֶחָד בִּשְׂמֹאלוֹ. וּשְׁנַיִם בַּמַּעֲרָב שֶׁלֹּא הָיָה לָהֶם שֵׁם:

어디에서 그들은 엎드려 부복하는가? 네 [번은] 북쪽, 네 [번은] 남쪽, 세 [번은] 동쪽, 그리고 두 [번은] 서쪽으로 [전체] 열세 개의 문 맞은편이다. 남쪽 문들은 서쪽에 가까운 [것부터 말하면] 윗문, 장작문,16) 초실문, 수문이다. 왜 수문으로 불리는가? 이 문을 통해 명절날 전제에 사용될 물을 운반하기 때문이다. 랍비 엘리에제르 벤 야아콥은 말한다. "그것을 통해 물이 흐르고 다가오는 날에, "성전 문지방 밑에서 물이 나온다"(겔 47:1). 반대편 북쪽 문들은 서쪽에 가까운 [것부터 말하면] 여고냐문, 제물문, 여성들의 문, 노래문이다. 왜 여고냐문으로 불리는가? 이 문을 통해서 여고냐가 포로지로 나갔기 때문이다. 동쪽에는 니카노르문이 있는데, 여기에는 두 개의 쪽문이 하나는 오른쪽에 다른 하나는 왼쪽에 있다. 서쪽에는 두 개의 이름없는 [문이] 있다.

- 예루살렘 성 동서남북으로 전체 열세 개의 문이 있는데 그 앞에서 부복한다. 각각의 문들 명칭과 뜻을 설명하고 있다.
- 초막절 기간에 재단에는 전제로 사용되는 포도주 대신 물을 뿌려 바치는 의식이 이루어졌다. 이러한 '헌수'의 목적은 다가오는 시기에 비를 내려주시기를 기원하기 위함이었다.
- 여고냐(여호야긴의 다른 이름)는 느부갓네살에 의해 바벨론에 포로로 끌려갔다(왕하 24:15).

---

16) 장작문을 통해서 재단에서 사용될 땔감이 운반되었다.

שְׁלֹשָׁה עָשָׂר שֻׁלְחָנוֹת הָיוּ בַמִּקְדָּשׁ, שְׁמוֹנָה שֶׁל שַׁיִשׁ בְּבֵית הַמִּטְבָּחַיִם,
שֶׁעֲלֵיהֶן מְדִיחִין אֶת הַקְּרָבַיִם. וּשְׁנַיִם בְּמַעֲרַב הַכֶּבֶשׁ, אֶחָד שֶׁל שַׁיִשׁ וְאֶחָד
שֶׁל כֶּסֶף עַל שֶׁל שַׁיִשׁ הָיוּ נוֹתְנִים אֶת הָאֵבָרִים, עַל שֶׁל כֶּסֶף כְּלֵי שָׁרֵת.
וּשְׁנַיִם בָּאוּלָם מִבִּפְנִים עַל פֶּתַח הַבַּיִת, אֶחָד שֶׁל שַׁיִשׁ וְאֶחָד שֶׁל זָהָב,
עַל שֶׁל שַׁיִשׁ נוֹתְנִין לֶחֶם הַפָּנִים בִּכְנִיסָתוֹ, וְעַל שֶׁל זָהָב בִּיצִיאָתוֹ, שֶׁמַּעֲלִין
בַּקֹּדֶשׁ וְלֹא מוֹרִידִין. וְאֶחָד שֶׁל זָהָב מִבִּפְנִים, שֶׁעָלָיו לֶחֶם הַפָּנִים תָּמִיד:

열세 개의 탁자가 성전에 있다. 이 가운데 대리석으로 만들어진 여
덟 개는 도살 구역에 있는데, 그 위에서 내장을 씻는다. 그리고 두 개
는 [제단으로 오르는] 경사로 서쪽에 있는데, 하나는 대리석으로 만
들어졌고 다른 하나는 은으로 만들어졌다. 대리석 [탁자] 위에는 [제
물] 부위를 올려놓고 은으로 만들어진 [탁자] 위에는 제사 도구들을
놓는다. 그리고 두 개는 성전 입구 안쪽 현관에 있는데, 하나는 대리석
으로 만들어졌고 다른 하나는 금으로 만들어졌다. 대리석 [탁자] 위
에는 진설병을 가져올 때 올려놓고 금으로 만들어진 [탁자] 위에는
[진설병을] 꺼내올 때 [놓는다]. 왜냐하면 성물은 [영광스럽게] 올리
는 것이고 낮아지지 않기 때문이다. [성전] 안쪽에는 금으로 만든 [탁
자] 하나가 있는데 그 위에는 진설병이 항상 [놓여 있다].

• 진설병은 성전 안에서 금으로 만든 탁자 위에 올려놓는다. 그래서
  꺼내온 진설병도 금으로 만든 탁자 위에 올려놓는다.

שְׁלֹשָׁה עָשָׂר שׁוֹפָרוֹת הָיוּ בַמִּקְדָּשׁ, וְכָתוּב עֲלֵיהֶם, תִּקְלִין חַדְתִּין וְתִקְלִין
עַתִּיקִין, קִנִּין וְגוֹזְלֵי עוֹלָה, עֵצִים, וּלְבוֹנָה, זָהָב לַכַּפֹּרֶת. שִׁשָּׁה, לִנְדָבָה.
תִּקְלִין חַדְתִּין, שֶׁבְּכָל שָׁנָה וְשָׁנָה. עַתִּיקִין, מִי שֶׁלֹּא שָׁקַל אֶשְׁתָּקַד, שׁוֹקֵל
לְשָׁנָה הַבָּאָה. קִנִּין, הֵם תּוֹרִים. וְגוֹזְלֵי עוֹלָה, הֵן בְּנֵי יוֹנָה. וְכֻלָּן עוֹלוֹת, דִּבְרֵי

רַבִּי יְהוּדָה. וַחֲכָמִים אוֹמְרִים, קִנִּין, אֶחָד חַטָּאת וְאֶחָד עוֹלָה. וְגוֹזְלֵי עוֹלָה,
כֻּלָּן עוֹלוֹת:

성전에 있는 열세 개의 쇼파르 위에 다음과 같이 쓰여 있다. 〔각각〕
신 쉐켈, 구 쉐켈, 둥지, 번제용 어린 새, 나무, 유향, 〔언약궤〕 덮개용
금, 여섯 개는 자원하는 예물이다. 신 쉐켈은 매년 〔새로 들어오는 쉐
켈 용〕, 구 쉐켈은 지난해 바쳐야 할 것을 바치지 못하고 다음 해 바치
는 용도다. 둥지는 멧비둘기를 의미한다. 번제용 어린 새는 비둘기다.
"이것들은 모두 번제용입니다." 랍비 예후다의 말이다. 하지만 다른
랍비들은 말한다. "둥지는 〔두 마리를 가져와야 하는데〕 한 마리는 속
죄제물이고 다른 하나는 번제물입니다. 그리고 번제용 어린 새들은
모두 번제물입니다."

- '쇼파르'는 나팔 모양으로 된 것으로 모은 돈을 넣어 두는 통이다.
- '둥지'는 한 쌍의 새를 제물로 바치는 제사로 '키님'(קינים)이라고
  부른다. 제물로 드리는 새는 집비둘기의 새끼나 멧비둘기의 새끼다
  (『코다쉼』「키님」).
- 새의 제물에 관하여 랍비들 사이에 논쟁이 있다. 랍비 예후다는 새
  (둥지) 제물이든 어린 비둘기 제물이든 모두 번제물이라고 주장한
  다. 하지만 대부분의 랍비들은 한 쌍의 새(둥지) 제물 중에서 한 마
  리는 속죄제물, 다른 한 마리는 번제물이라고 말한다. 어린 새가 번
  제용 제물이라는 것은 모두 동의한다.

6, 6

הָאוֹמֵר, הֲרֵי עָלַי עֵצִים, לֹא יִפְחוֹת מִשְּׁנֵי גְזָרִין. לְבוֹנָה, לֹא יִפְחוֹת מִקֹּמֶץ.
זָהָב, לֹא יִפְחוֹת מִדִּינַר זָהָב, שִׁשָּׁה לִנְדָבָה, נְדָבָה מֶה הָיוּ עוֹשִׂין בָּהּ, לוֹקְחִין
בָּהּ עוֹלוֹת, הַבָּשָׂר לַשֵּׁם, וְהָעוֹרוֹת לַכֹּהֲנִים. זֶה מִדְרָשׁ דָּרַשׁ יְהוֹיָדָע כֹּהֵן

גָּדוֹל, אָשָׁם הוּא אָשֹׁם אָשַׁם לַיְיָ, (זֶה הַכְּלָל), כֹּל שֶׁהוּא בָא מִשׁוּם חֵטְא
וּמִשׁוּם אַשְׁמָה, יִלָּקַח בּוֹ עוֹלוֹת, הַבָּשָׂר לַשֵּׁם, וְהָעוֹרוֹת לַכֹּהֲנִים. נִמְצְאוּ שְׁנֵי
כְתוּבִים קַיָּמִים, אָשָׁם לַה‹, וְאָשָׁם לַכֹּהֲנִים, וְאוֹמֵר, כֶּסֶף אָשָׁם וְכֶסֶף חַטָּאוֹת
לֹא יוּבָא בֵּית ה‹ לַכֹּהֲנִים יִהְיוּ:

어떤 사람이 나무를 〔바치겠다고〕 서원했으면, 두 단보다 적으면
안 된다. 유향은 한 움큼보다 적으면 안 된다. 금은 한 디나르보다 적
으면 안 된다. 여섯 개는 자원하는 예물이다. 자원하는 예물로 무엇
을 하는가? 그것으로 번제물을 구입해서 고기는 하나님께 〔바치고〕
가죽은 제사장에게 〔준다〕. 이것은 대제사장 예호야다가 말한 해석
이다. "이는 속건제니 그가 여호와 앞에 참으로 잘못을 저질렀음이니
라"(레 5:19). 이것이 일반원칙이다. 속죄제와 속건제를 바치려고 온
모든 사람은 번제물을 구입해서 고기는 하나님께 〔바치고〕 가죽은 제
사장에게 〔준다〕. 〔그런데 성서〕 구절 두 개가 있으니, 하나님을 위한
속건제와 제사장을 위한 속건제에 〔관해 언급한다〕. 기록되기를, "속
건제의 은과 속죄제의 은은 여호와의 성전에 드리지 아니하고 제사장
에게 돌렸더라"(왕하 12:16).

- 나무, 유향, 금을 바치기로 서원한 사람들은 최소한으로 정해진 양
  이상을 바쳐야 한다.
- 번제물의 고기는 제단에서 온전히 불에 태워 하나님께 바치고 가죽
  은 제사장에게 준다.

제7장

이번 미쉬나에서는 돈이 통(쇼파르)과 통 사이에 떨어져 있는 경우에 어떻게 해야 하는지를 다룬다. 떨어져 있는 돈은 가장 가까이에 있는 통에 넣는 것이 원칙이다. 그리고 만약 정확히 통과 통 사이에 떨어져 있는 경우에는 더 중요한 제물의 통에 넣으면 된다. 그 외에도 각각의 장소에 떨어져 있는 돈의 성격을 어떻게 규정하는지 그리고 떨어져 있는 제물을 어떻게 처리해야 하는지를 말한다.

7, 1

מָעוֹת שֶׁנִּמְצְאוּ בֵּין הַשְּׁקָלִים לַנְּדָבָה, קָרוֹב לַשְּׁקָלִים יִפְּלוּ לַשְּׁקָלִים, לַנְּדָבָה יִפְּלוּ לַנְּדָבָה, מֶחֱצָה לְמֶחֱצָה יִפְּלוּ לַנְּדָבָה. בֵּין עֵצִים לַלְּבוֹנָה, קָרוֹב לָעֵצִים יִפְּלוּ לָעֵצִים, לַלְּבוֹנָה יִפְּלוּ לַלְּבוֹנָה, מֶחֱצָה לְמֶחֱצָה יִפְּלוּ לַלְּבוֹנָה. בֵּין קִנִּין לְגוֹזְלֵי עוֹלָה, קָרוֹב לַקִּנִּין יִפְּלוּ לַקִּנִּין. לְגוֹזְלֵי עוֹלָה יִפְּלוּ לְגוֹזְלֵי עוֹלָה, מֶחֱצָה לְמֶחֱצָה יִפְּלוּ לְגוֹזְלֵי עוֹלָה. בֵּין חֻלִּין לְמַעֲשֵׂר שֵׁנִי, קָרוֹב לַחֻלִּין יִפְּלוּ לַחֻלִּין, לְמַעֲשֵׂר שֵׁנִי יִפְּלוּ לְמַעֲשֵׂר שֵׁנִי, מֶחֱצָה לְמֶחֱצָה יִפְּלוּ לְמַעֲשֵׂר שֵׁנִי. זֶה הַכְּלָל, הוֹלְכִים אַחַר הַקָּרוֹב (לְהָקֵל). מֶחֱצָה לְמֶחֱצָה לְהַחְמִיר:

쉐켈 [쇼파르]와 자원하는 예물 [쇼파르] 사이에서 돈이 발견된 경우에, 쉐켈 [쇼파르]에 가까우면 쉐켈 [쇼파르]에 넣고, 자원하는 예물 [쇼파르]에 [가까우면] 자원하는 예물 [쇼파르]에 넣으며, 둘의 중간에 있으면 자원하는 예물 [쇼파르]에 넣는다. 나무 [쇼파르]와 유향 [쇼파르] 사이에서 [돈이 발견된 경우에], 나무 [쇼파르]에 가까우면 나무 [쇼파르]에 넣고, 유향 [쇼파르]에 가까우면 유향 [쇼파르]에 넣고, 둘의 중간에 있으면 유향 [쇼파르]에 넣는다. 둥지 [쇼파르]와 번제용 어린 새 [쇼파르] 사이에서 [돈이 발견된 경우], 둥지 [쇼파르]에 가까우면 둥지 [쇼파르]에 넣고, 번제용 어린 새 [쇼파르]에 가까우면 번제용 어린 새 [쇼파르]에 넣고, 둘의 중간에 있으면 번제용 어린 새 [쇼파르]에 넣는다. 속된 것 [쇼파르]와 둘째 십일조 [쇼파르] 사이에서 [돈이 발견된 경우에], 속된 것 [쇼파르]에 가까우면 속된 것 [쇼파르]에 넣고, 둘째 십일조 [쇼파르]에 가까우면 둘째 십일조 [쇼파르]에 넣는다. 둘의 중간에 있으면 둘째 십일조 [쇼파르]에 넣는다. 이것이 일반원칙이다. [거리가] 가까운 것에 따라 결정하면 된다. 둘의 중간에 있으면 엄중한 것으로 정하면 된다.

- 쉐켈이 들어 있는 통 주변에 돈이 떨어져 있는 경우에 가까이에 있는 통(쇼파르)에 넣는다. 만약 통과 통 중간에 떨어져 있으면 더 중요한 제물의 통에 넣는다.

7, 2

מָעוֹת שֶׁנִּמְצְאוּ לִפְנֵי סוֹחֲרֵי בְהֵמָה, לְעוֹלָם מַעֲשֵׂר. בְּהַר הַבַּיִת, חֻלִּין. בִּירוּשָׁלַיִם בִּשְׁעַת הָרֶגֶל, מַעֲשֵׂר. וּבִשְׁאָר כָּל יְמוֹת הַשָּׁנָה, חֻלִּין:

[예루살렘의] 가축 상인들 앞에 [떨어져] 있는 돈들은 모두 십일조이다. 성전산에서 [발견된 돈은] 속된 것이다. 예루살렘 성에서 명절 기간에 [발견된 돈은 둘째] 십일조이다. 하지만 다른 시기에 [발견된 돈은] 속된 것이다.

- 예루살렘에서 매매되는 가축들 가운데 둘째 십일조를 위해 화목제물로 바치는 경우가 가장 많다. 따라서 가축을 파는 상인들 앞에 떨어진 돈도 이러한 용도의 돈으로 보는 것이 가장 합리적인 추론이다.
- 성전산에서 돈을 가지고 다니는 사람은 대개 제사장들과 레위인들이다. 그래서 이것은 사람들이 가지고 온 둘째 십일조의 돈이 아닐 가능성이 높기 때문에 속된 것으로 간주한다.
- 사람들은 명절 기간에 대속한 둘째 십일조의 돈을 가지고 예루살렘

에 와서 소비한다. 그래서 명절 기간 중 예루살렘에서 발견된 돈은 둘째 십일조의 돈일 가능성이 가장 높다.

- 명절 이외의 날에 발견된 돈은 둘째 십일조를 바치려고 가져온 돈이 아닐 가능성이 높기 때문에 속된 것으로 본다.

7, 3

בָּשָׂר שֶׁנִּמְצָא בָּעֲזָרָה, אֵבָרִים, עוֹלוֹת. וַחֲתִיכוֹת, חַטָּאוֹת. בִּירוּשָׁלַיִם, זִבְחֵי
שְׁלָמִים. זֶה וָזֶה תְּעֻבַּר צוּרָתוֹ וְיֵצֵא לְבֵית הַשְּׂרֵפָה. נִמְצָא בַּגְּבוּלִין, אֵבָרִים,
נְבֵלוֹת. חֲתִיכוֹת, מֻתָּרוֹת. וּבְשַׁעַת הָרֶגֶל שֶׁהַבָּשָׂר מְרֻבֶּה, אַף אֵבָרִים מֻתָּרִין:

〔희생제물의〕 고기가 〔성전〕 뜰에서 발견되었을 때, 사지(四肢)면 번제물로 〔간주하고〕, 조각은 속죄제물로 〔간주한다〕. 예루살렘 성에서 〔발견되었으면〕, 화목제물로 〔간주한다〕. 어떤 〔장소에서 발견되든〕, 상태가 변했으면 그것은 소각장으로 가져가야 한다. 경계에서 발견된 경우에, 사지는 속된 죽은 사체로 〔취급된다〕. 조각은 허락된다. 축제 기간에 고기가 충분할 때에는 심지어 사지도 〔발견되면〕 허락된다.

- 번제물은 제단으로 옮기기 전에 몸통에서 앞다리와 뒷다리를 절단해서 운반한다. 따라서 전체 사지가 발견되었으면 번제물일 가능성이 높다.
- 속죄제물은 제사장들이 먹기 때문에 조각들로 절단한다. 따라서 성전 뜰에서 고기의 조각이 발견되었다면 속죄제물일 가능성이 높다.
- 화목제물은 예루살렘 성내 아무 곳에서나 먹으면 된다. 따라서 성전 밖 예루살렘 성내에서 발견된 고기는 화목제물일 가능성이 높다.
- 예루살렘 밖에서 사지가 발견된 동물은 적절하게 도살된 것으로 보기 어렵기 때문에 동물의 죽은 사체로 취급되어 먹을 수 없다. 반면

에 조각으로 절단된 것은 먹기 위해 자른 것으로 먹어도 된다.

- 고기를 많이 먹는 축제 기간에 발견된 동물의 사지는 반드시 번제물로 볼 수 없기 때문에 먹어도 된다.

7, 4

בְּהֵמָה שֶׁנִּמְצֵאת מִירוּשָׁלַיִם וְעַד מִגְדַּל עֵדֶר, וּכְמִדְּתָהּ לְכָל רוּחַ, זְכָרִים, עוֹלוֹת. נְקֵבוֹת, זִבְחֵי שְׁלָמִים. רַבִּי יְהוּדָה אוֹמֵר, הָרָאוּי לִפְסָחִים, פְּסָחִים קֹדֶם לָרֶגֶל שְׁלֹשִׁים יוֹם:

가축이 예루살렘과 미그달 에데르[17] 사이에서 발견된 경우에, 수컷은 번제물로 [간주하고], 암컷은 화목제물로 [간주한다]. 랍비 예후다는 말한다. "유월절 제물에 적합한 것이 명절 30일 전부터 [발견된 것은] 유월절 제물입니다."

- 대부분의 수컷 제물은 번제물이고 많은 암컷 제물은 화목제물이다.
- 유월절 30일 전 이후로 1년 된 양이나 염소가 발견되면 유월절 제물로 보는 것이 타당하다.

7, 5

בָּרִאשׁוֹנָה הָיוּ מְמַשְׁכְּנִין אֶת מוֹצְאֶיהָ, עַד שֶׁהוּא מֵבִיא נְסָכֶיהָ. חָזְרוּ לִהְיוֹת מַנִּיחִין אוֹתָהּ וּבוֹרְחִין. הִתְקִינוּ בֵּית דִּין שֶׁיְּהוּ נְסָכֶיהָ בָּאִין מִשֶּׁל צִבּוּר:

처음에 [길을 잃은] 동물을 발견한 사람에게 그가 전제를 가져올 때까지 저당을 잡았었다. 그러자 사람들은 그것을 남겨두고 달아났다. 그래서 법정은 그 전제 [제물은] 공동체로부터 와야 한다고 판결했다.

---

17) '미그달 에데르'는 베들레헴 근처 마을을 가리키는 것으로 보인다(창 35:21).

- 예루살렘 근처에서 잃은 동물을 발견하면 이것들은 제물로 간주된다. 그런데 번제물이나 화목제물도 전제와 함께 드린다. 이 제물들과 함께 바칠 전제를 처음에는 그 동물을 찾은 사람이 가져오도록 했다. 저당까지 잡기도 했다. 하지만 사람들은 예상과 달리 전제를 가져오는 것이 아니라 동물을 남겨두고 도망을 갔다. 그래서 법정은 전제를 공동체의 몫에서 부담하도록 했다.

7, 6

אָמַר רַבִּי שִׁמְעוֹן, שִׁבְעָה דְבָרִים הִתְקִינוּ בֵית דִּין, וְזֶה אֶחָד מֵהֶן, נָכְרִי
שֶׁשִּׁלַּח עוֹלָתוֹ מִמְּדִינַת הַיָּם וְשִׁלַּח עִמָּהּ נְסָכִים, קְרֵבִין מִשֶּׁלּוֹ. וְאִם לָאו,
קְרֵבִין מִשֶּׁל צִבּוּר. וְכֵן גֵּר שֶׁמֵּת וְהִנִּיחַ זְבָחִים, אִם יֵשׁ לוֹ נְסָכִים, קְרֵבִין
מִשֶּׁלּוֹ. וְאִם לָאו, קְרֵבִין מִשֶּׁל צִבּוּר. וּתְנַאי בֵּית דִּין הוּא עַל כֹּהֵן גָּדוֹל שֶׁמֵּת,
שֶׁתְּהֵא מִנְחָתוֹ קְרֵבָה מִשֶּׁל צִבּוּר. רַבִּי יְהוּדָה אוֹמֵר, מִשֶּׁל יוֹרְשִׁין. וּשְׁלֵמָה
הָיְתָה קְרֵבָה:

랍비 쉼온이 말했다. "법정은 일곱 가지를 결정했는데, 이것이 그 중 하나입니다. 외부인이 먼 나라에서 번제물을 보내고 전제를 그것과 함께 보냈으면, 그의 것으로 바칩니다. 만약 그렇지 않으면, 공동체 것에서 드립니다. 같은 방식으로 개종자가 희생제물을 남기고 죽은 경우에, 만약 전제가 남았다면, 그의 것으로 드립니다. 만약 그렇지 않다면, 공동체 것에서 드려야 합니다. 대제사장이 죽은 경우에 법정이 내린 조건은 그의 소제는 공동체 것에서 드려야 한다는 것입니다." 랍비 예후다는 말한다. "그의 상속자의 재산으로 [드려야 합니다]. 그러나 전체를 다 드려야 합니다."

- 비유대인이 먼 나라에서 번제물을 보냈는데 번제물과 함께 바칠 전제도 같이 보냈으면 그것으로 드리면 된다. 하지만 그가 전제를 보내지 않은 경우에는 공동체의 부담으로 드린다.

- 개종자가 희생제물을 남기고 죽은 경우에 전제도 남겼으면 그것으로 바치면 된다. 전제를 남기지 않았으면 공동체의 몫에서 바친다.
- 대제사장이 죽은 경우에 소제는 공동체의 몫에서 드렸다. 하지만 랍비 예후다는 상속자의 재산으로 그것도 전체 에파, 즉 1/10에파 전체를 드려야 한다고 주장한다(『코다쉼』「메나홋」 4, 5). 제사장이 직접 전제를 바칠 때에는 1/10에파를 절반은 아침에 절반은 저녁에 바쳤다(레 6:20).

7, 7

עַל הַמֶּלַח וְעַל הָעֵצִים שֶׁיִּהְיוּ הַכֹּהֲנִים נֵאוֹתִים בָּהֶן, וְעַל הַפָּרָה שֶׁלֹּא יְהוּ
מוֹעֲלִין בְּאֶפְרָה, וְעַל הַקִּנִּין הַפְּסוּלוֹת שֶׁיִּהְיוּ בָּאוֹת מִשֶּׁל צִבּוּר. רַבִּי יוֹסֵי
אוֹמֵר, הַמְסַפֵּק אֶת הַקִּנִּין, מְסַפֵּק אֶת הַפְּסוּלוֹת:

소금과 나무에 대하여 대제사장들이 혜택을 얻을 수 있다고 [결정했고, 붉은] 암소에 대하여 그 재를 [사용하더라도] 전용이 아니라고 [결정했다]. 부적절한 둥지[18]에 관하여 공동체의 것에서 가져와야 한다고 [결정했다]. 랍비 요쎄가 말한다. "둥지를 제공하는 사람이 부적절한 것을 [대체하는 제물을] 제공해야 합니다."

- 제사장들은 기부로 받은 소금과 장작을 희생제물에 간을 하고 익히는 데 사용할 수 있다. 하지만 성별되지 않은 음식에 간을 하거나 요리할 때 사용할 수는 없다.
- 붉은 암소는 넓게는 속죄제에 속한다(민 19:9). 하지만 붉은 암소의 재를 제사장이 임의로 사용하더라도 전용하는 죄(메일라)로 간주하지 않는다. 만약 붉은 암소를 다른 목적으로 임의로 사용한다면

---

18) 새 제물에 대해서는 「쉐칼림」 6, 5를 참조하라.

이것은 전용에 해당된다.

- 새를 바치는 제물이 부적합하게 된 경우에 공동체의 몫에서 다시 부담해야 한다. 하지만 랍비 요쎄는 새를 제공한 판매상이 대체할 새를 제공해야 한다고 주장한다. 비록 새가 제물로서 부적합하게 된 책임이 판매상에게 없다고 하더라도 성전 측이 판매상과 그렇게 하기로 약속하면 된다는 입장이다.

제8장

이번 장에서는 주제를 좀 달리해서 정결의 문제를 다룬다. 예루살렘에서 발견된 침이나 도구들이 발견된 장소에 따라서 정결하거나 부정하다고 간주된다. 때로는 침 같은 경우는 발견되는 시기에 따라 판단하는 기준이 달라지기도 한다.

8, 1

כָּל הָרֻקִּין הַנִּמְצָאִים בִּירוּשָׁלַיִם טְהוֹרִין, חוּץ מִשֶּׁל שׁוּק הָעֶלְיוֹן, דִּבְרֵי רַבִּי מֵאִיר. רַבִּי יוֹסֵי אוֹמֵר, בִּשְׁאָר יְמוֹת הַשָּׁנָה, שֶׁבָּאֶמְצַע טְמֵאִין וְשֶׁבַּצְּדָדִין טְהוֹרִין. וּבִשְׁעַת הָרֶגֶל, שֶׁבָּאֶמְצַע טְהוֹרִין וְשֶׁבַּצְּדָדִין טְמֵאִין, שֶׁמִּפְּנֵי שֶׁהֵן מְעָטִין מִסְתַּלְּקִין לַצְּדָדִין:

"예루살렘에서 발견된 모든 침은 위 시장에서 [발견된 것을] 제외하고 정결합니다." 랍비 메이르의 말이다. 랍비 요쎄는 말한다. "[절기 기간이 아닌] 연중 나머지 날에는 [거리] 중간에 [발견된 침은] 부정하고, 가장자리는 정결합니다. 그리고 절기 기간에는 [거리] 중간에 [발견된 침은] 정결하지만, 가장자리는 부정합니다. 왜냐하면 가장자리로 물러나는 사람들은 소수이기 때문입니다."

- 예루살렘 거주민들은 늘 정결을 유지하기 위해 조심하기 때문에 침도 정결하다고 간주된다. 단, 예루살렘 남서쪽에 위치한 위 시장에는 비유대인과 정결하지 않은 상태의 사람들이 혼재되어 있어서 여기에서 발견된 침은 부정하다고 간주한다.
- 랍비 요쎄는 시기에 따라 정결이 다르다고 설명한다. 절기 기간이 아닐 때에는 대부분의 예루살렘 주민들도 부정하다는 것이다. 이때 정결한 사람들은 부정을 피하기 위해 가장자리로 다니기 때문에 가운데에서 발견한 침은 부정하고 가장자리에서 발견한 침은 정결하다고 간주한다. 절기 기간에는 대부분의 사람들이 정결하기 때문에 가운데에서 발견한 침은 정결하다고 간주한다. 반면에 이때 부정한 사람은 가장자리로 밀려나 걸어 다니기 때문에 가장자리에서 발견한 침은 부정하다고 간주한다.

8, 2

כָּל הַכֵּלִים הַנִּמְצָאִין בִּירוּשָׁלַיִם דֶּרֶךְ יְרִידָה לְבֵית הַטְּבִילָה טְמֵאִין. דֶּרֶךְ
עֲלִיָּה, טְהוֹרִין, שֶׁלֹּא כְּדֶרֶךְ יְרִידָתָן עֲלִיָּתָן, דִּבְרֵי רַבִּי מֵאִיר. רַבִּי יוֹסֵי אוֹמֵר,
כֻּלָּן טְהוֹרִין, חוּץ מִן הַסַּל וְהַמַּגְרֵפָה וְהַמְּרִצָּה הַמְיֻחָדִין לַקְּבָרוֹת:

"예루살렘에서 발견된 모든 그릇들은 정결의식 장소로 내려가는 〔길이면〕 부정하고 올라가는 〔길이면〕 정결합니다. 왜냐하면 내려가는 〔길과〕 올라가는 〔길이〕 다르기 때문입니다." 랍비 메이르의 말이다. 랍비 요쎄는 말한다. "특별히 무덤에서 사용되는 바구니, 갈퀴, 메리짜라는 도구를 제외하고 모두 정결합니다."

- 예루살렘 성전산 아래쪽에 몸이나 도구를 담가 정결하게 만드는 정결례장들이 여러 개 위치하고 있었다. 성전에서 그곳으로 내려가는 길과 올라오는 길이 따로 있었다. 정결례장으로 내려갈 때에는 부정

하지만 몸이나 도구를 물에 담근 후 올라올 때에는 정결한 상태이므로 올라오는 길에서 발견되는 도구들 역시 정결하다고 간주한다.

- 랍비 요쎄는 사람이 시체와 접촉할 수 있기 때문에 무덤에서 사용하는 도구들은 부정하지만 그 외 도구들은 정결하다고 간주해야 한다고 주장한다. '메리짜'(מרצה, meritzah)는 뼈나 돌을 부수는 데 쓰는 도구로 알려져 있다.

8, 3

סַכִּין שֶׁנִּמְצֵאת בְּאַרְבָּעָה עָשָׂר, שׁוֹחֵט בָּהּ מִיָּד. בִּשְׁלֹשָׁה עָשָׂר, שׁוֹנֶה
וּמַטְבִּיל. וְקוֹפִיץ, בֵּין בָּזֶה וּבֵין בָּזֶה שׁוֹנֶה וּמַטְבִּיל. חָל אַרְבָּעָה עָשָׂר לִהְיוֹת
בְּשַׁבָּת, שׁוֹחֵט בָּהּ מִיָּד. בַּחֲמִשָּׁה עָשָׂר, שׁוֹחֵט בָּהּ מִיָּד. נִמְצֵאת קְשׁוּרָה
לְסַכִּין, הֲרֵי זוֹ כַּסַּכִּין:

〔니싼월〕 14일에 발견된 칼은 그것으로 즉시 도살해도 된다. 〔만약〕 13일에 〔발견했다면〕, 다시 〔물에〕 담가야 한다. 〔그것으로〕 이것저것을 자른 〔칼은〕 다시 씻어야 한다. 안식일이 14일에 시작하면 그것으로 즉시 도살해도 된다. 15일이면 그것으로 즉시 도살해도 된다. 칼 옆에서 발견된 것도 칼처럼 처리해야 한다.

- 유월절에 제물을 도살할 때 사용하는 칼은 보통 13일에 물에 담가 정결하게 하고 14일에 사용한다. 그래서 14일에 발견한 칼은 이미 정결례장에 담근 후라고 간주한다. 하지만 13일에 발견했으면 정결의식을 거친 것인지 불분명하기 때문에 다시 물에 담가야 한다.
- 제사 후에 먹기 위해 작은 조각들로 자를 때 사용하는 칼은 15일에 사용한다. 따라서 제물을 먹기 위해 조각내는 데 사용된 칼이 14일에 발견되면 아직 정결의식을 거치지 않을 수 있기 때문에 다시 물에 담가야 한다.

פָּרֹכֶת שֶׁנִּטְמֵאת בִּוְלַד הַטֻּמְאָה, מַטְבִּילִין אוֹתָהּ בִּפְנִים וּמַכְנִיסִין אוֹתָהּ מִיָּד.
וְאֶת שֶׁנִּטְמֵאת בְּאַב הַטֻּמְאָה, מַטְבִּילִין אוֹתָהּ בַּחוּץ וְשׁוֹטְחִין אוֹתָהּ בַּחֵיל.
וְאִם הָיְתָה חֲדָשָׁה, שׁוֹטְחִין אוֹתָהּ עַל גַּג הָאִצְטַבָּא, כְּדֵי שֶׁיִּרְאוּ הָעָם אֶת
מְלַאכְתָּהּ שֶׁהִיא נָאָה:

부정의 자식으로 인해 부정해진 휘장은 실내에서 담근 후 곧바로 들여놓는다. 부정의 아버지로 인해 부정해진 것은 밖에서 담근 후 헬[19]에 펼쳐둔다. 만약 〔휘장〕이 새것이면 현관의 지붕에 펼쳐두어 사람들이 빼어난 작품을 볼 수 있도록 한다.

- 부정의 아버지[20]에 해당하는 것들은 다음과 같다. 죽은 채 발견된 동물의 사체(נבלה, 네벨라), 기는 것의 사체(שרץ, 쉐레츠), 유출병자(זב/זבה, 자브/자바), 피부병자(מצורע, 메쪼라), 월경하는 여성(נידה, 닛다), 산모(יולדת, 욜레뎃).

רַבָּן שִׁמְעוֹן בֶּן גַּמְלִיאֵל אוֹמֵר מִשּׁוּם רַבִּי שִׁמְעוֹן בֶּן הַסְּגָן, פָּרֹכֶת עָבְיָהּ טֶפַח,
וְעַל שִׁבְעִים וּשְׁתַּיִם נִימִין נֶאֱרֶגֶת, וְעַל כָּל נִימָא וְנִימָא עֶשְׂרִים וְאַרְבָּעָה
חוּטִין. אָרְכָּהּ אַרְבָּעִים אַמָּה וְרָחְבָּהּ עֶשְׂרִים אַמָּה, וּמִשְּׁמוֹנִים וּשְׁתֵּי רִבּוֹא
נַעֲשֵׂית. וּשְׁתַּיִם עוֹשִׂין בְּכָל שָׁנָה, וּשְׁלֹשׁ מֵאוֹת כֹּהֲנִים מַטְבִּילִין אוֹתָהּ:

---

19) 여인들의 뜰과 성문 사이에 위치한 '헬'(חיל)의 규모에 대해서는 성전의 구조에 대하여 자세히 다루는 『코다쉼』 「미돗」(특히 2, 3)을 참조하라.

20) 부정을 유발하는 주요 요인을 '부정의 아버지'라고 부르며, 부정의 아버지에 의해 부정이 전이되면 '부정의 자식'이 된다. 부정의 자식들은 부정이 전이되는 단계별로 다시 1차부터 4차까지 구별된다. 인간의 시체는 부정의 요인들 중에서도 가장 강력하다고 해서 '부정의 아버지의 아버지'라고 부른다. 이렇게 가장 강한 부정의 요인인 사람의 시체와 접촉하는 사람이나 물건이 부정의 아버지가 된다(『토호롯』의 「오홀롯」, 「토호롯」 참조).

라반 쉼온 벤 감리엘은 대제사장보의 아들인 랍비 쉼온의 이름으로 말한다. "휘장의 두께는 1테팍입니다. (휘장)은 72개의 가닥으로 엮은 것인데, 한 가닥은 실 24가락으로 만들었습니다. 길이는 40아마고 너비는 20아마인데 82만 가닥이 되었습니다.[21] 이들은 1년에 2개 만들고 300명의 제사장들이 물에 담급니다."

- 24개의 실은 네 가지 색깔의 실이 6개씩이다. 네 가지 색깔의 실은 청색실, 자색실, 홍색실, 그리고 가는 아마다.
- 휘장의 크기는 두께가 손바닥(테팍)만큼이고 길이와 너비가 각각 40아마와 20아마면 대략 20미터와 10미터 정도가 된다. 어마어마한 두께와 무게로 인해 정결례장에 담그기 위해서는 300명의 제사장들이 필요하다.

8, 6

בְּשַׂר קָדְשֵׁי קָדָשִׁים שֶׁנִּטְמָא, בֵּין בְּאַב הַטֻּמְאָה, בֵּין בִּוְלַד הַטֻּמְאָה, בֵּין בִּפְנִים, בֵּין בַּחוּץ, בֵּית שַׁמַּאי אוֹמְרִים, הַכֹּל יִשָּׂרֵף בִּפְנִים, חוּץ מִשֶּׁנִּטְמָא בְּאַב הַטֻּמְאָה בַּחוּץ. וּבֵית הִלֵּל אוֹמְרִים, הַכֹּל יִשָּׂרֵף בַּחוּץ, חוּץ מִשֶּׁנִּטְמָא בִּוְלַד הַטֻּמְאָה בִּפְנִים:

부정의 아버지에 의해서 아니면 부정의 자식에 의해서, 밖에서 또는 안에서 부정해진 지극히 거룩한 고기에 관해 샴마이 학파는 말한다. "부정의 아버지에 의해서 밖에서 부정해진 것을 제외하고는 모두 안에서 태워져야 합니다." 반면에 힐렐 학파는 말한다. "부정의 자식에 의해서 안에서 부정해진 것을 제외하고는 모두 밖에서 태워져야 합니다."

---

21) '리보'(רבוא)는 무수함 또는 1만을 가리킨다(야스트로 사전). 어떤 사본은 '리봇'(ריבות), 즉 여자 아이들이라고 기록하여 그들 82명이 만들었다고 말했다.

- 부정해진 고기를 태워야 한다는 것에는 랍비들이 동의하고 있다. 하지만 성전에서 태워야 하는지 아니면 성전 밖에서 태워야 하는지 샴마이 학파와 힐렐 학파의 견해가 갈린다. 샴마이 학파는 부정의 정도가 심한 것을 제외하고는 가급적 성전 뜰에서 태워야 한다는 입장이다. 반면에 힐렐 학파는 부정의 정도가 약한 것을 제외하고는 가급적 밖에서 태워야 한다고 주장한다.

8, 7

רַבִּי אֱלִיעֶזֶר אוֹמֵר, אֶת שֶׁנִּטְמָא בְּאַב הַטֻּמְאָה, בֵּין בִּפְנִים בֵּין בַּחוּץ, יִשָּׂרֵף בַּחוּץ. וְאֶת שֶׁנִּטְמָא בִּוְלַד הַטֻּמְאָה, בֵּין בִּפְנִים בֵּין בַּחוּץ, יִשָּׂרֵף בִּפְנִים. רַבִּי עֲקִיבָא אוֹמֵר, מְקוֹם טֻמְאָתוֹ שָׁם שְׂרֵפָתוֹ:

랍비 엘리에제르는 말한다. "안에서 또는 밖에서 부정의 아버지에 의해서 부정해진 것은 밖에서 태워야 합니다. 그리고 안에서 또는 밖에서 부정의 자식에 의해 부정해진 것은 안에서 태워야 합니다." 랍비 아키바는 말한다. "부정해진 곳에서 태워야 합니다."

- 랍비 엘리에제르는 부정해진 위치와 상관없이 부정의 아버지에 의해 부정해진 것은 밖에서 태우고 부정의 자식에 의해 부정해진 것은 안에서 태워야 한다고 주장한다. 랍비 아키바는 가장 간단하게 부정해진 곳에서 태워야 한다고 주장한다.

8, 8

אֵבְרֵי הַתָּמִיד, נִתָּנִין מֵחֲצִי כֶּבֶשׁ וּלְמַטָּה בַּמִּזְרָח, וְשֶׁל מוּסָפִין נִתָּנִין מֵחֲצִי כֶּבֶשׁ וּלְמַטָּה בַּמַּעֲרָב, וְשֶׁל רָאשֵׁי חֳדָשִׁים נִתָּן מִתַּחַת כַּרְכֹּב הַמִּזְבֵּחַ מִלְמָטָּה, הַשְּׁקָלִים וְהַבִּכּוּרִים אֵין נוֹהֲגִין אֶלָּא בִּפְנֵי הַבַּיִת, אֲבָל מַעְשַׂר דָּגָן וּמַעְשַׂר בְּהֵמָה וְהַבְּכוֹרוֹת נוֹהֲגִין בֵּין בִּפְנֵי הַבַּיִת בֵּין שֶׁלֹּא בִּפְנֵי הַבַּיִת.

הַמַּקְדִּישׁ שְׁקָלִים וּבְכוּרִים, הֲרֵי זֶה קֹדֶשׁ. רַבִּי שִׁמְעוֹן אוֹמֵר, הָאוֹמֵר בְּכוּרִים קֹדֶשׁ, אֵינָן קֹדֶשׁ:

상번제물의 사지는 〔제단〕 비탈의 아래쪽 동쪽에 두고, 추가 제물의 〔사지는 제단〕 비탈의 아래쪽 서쪽에 두고, 월삭 제물의 〔사지는〕 제단의 가장자리 아래 부분에 둔다. 쉐켈과 첫 열매는 오직 성전 앞에서 드려지고 곡식의 십일조와 가축의 십일조와 초태생은 성전 앞에서 또는 다른 곳에서 드려도 무방하다. 쉐켈과 첫 열매를 성별했다면, 그것들은 거룩하다. 랍비 쉼온은 말한다. "어떤 사람이 첫 열매를 성별했다고 하더라도, 그것들이 거룩하지 않습니다."

- 희생제물은 제단에 단번에 올리지 않고 제단 비탈이나 제단 가장자리에 한번 놓아둔다. 상번제는 비탈 중간 동쪽 부분에 두고 추가 제물은 이것들과 섞이지 않게 비탈 중간 서쪽 부분에 둔다. 그리고 월삭 제물은 제단 가장자리 아래 부분에 둔다.
- 쉐켈과 첫 열매를 성전 앞에서 드린다는 말은 성전이 있을 때 드려진다는 의미다. 따라서 성전이 없어진 뒤에는 거두지 않았다.
- 곡식과 가축의 십일조와 초태생은 제사장들과 레위인들에게 주었다. 따라서 성전이 없는 시대에도 거두어 들였다.
- 성전이 무너지고 없는 시절에 쉐켈과 첫 열매를 성전에 바치려고 따로 떼어놓았다면, 그것은 거룩하다고 간주된다. 하지만 랍비 쉼온은 그렇지 않다고 주장한다.

יומא

5

요마
그날

그 제사장은 상자를 흔든 후에 두 개의 제비를 뽑았다. 한 제
비에는 "그 이름에게"라고 쓰여 있고, 다른 제비에는 "아사셀
에게"라고 쓰여 있다. 제사장보는 오른쪽에 서 있고, 아버지
집 수장은 왼쪽에 서 있다. 그 이름이 오른손에 뽑힌 경우에
는 대리 제사장이 그에게 말한다. "나의 주 대제사장님! 당신
의 오른손을 올리십시오." 그리고 그 이름을 왼손으로 뽑았
으면 아버지 집 수장이 그에게 말한다. "나의 주 대제사장님!
당신의 왼손을 올리십시오." _「요마」4, 1

개요

마쎄켓(제5부) 「요마」의 명칭은 아람어로 '그날'이라는 의미다. 「요마」는 '욤 키푸르'라고 부르는 속죄일에 행하는 일에 대한 규정을 가르친다. 대부분의 장에서는 이날 대제사장이 행할 일들을 다루고, 마지막 장에서는 금식이나 기름 부음과 관련된 주제들을 다룬다.

속죄일에 대제사장이 해야 할 업무와 관련된 성서는 레위기 16장인데, 「요마」에서도 이 부분의 본문들을 많이 인용한다. 대제사장은 속죄일의 업무를 시작하기 전이나 업무 중간중간에 손발 등 몸을 씻고 옷을 갈아입는다.

• 관련 성경구절 | 레위기 16:1-34; 23:27-32

제1장

속죄일 업무는 대제사장에 의해 수행되기 때문에 대제사장을 준비시키는 일이 중요하다. 대제사장은 속죄일(유대력 7월 10일) 7일 전부터 자신의 집을 떠나 성전의 특정 장소에 머물게 된다. 이것은 그가 부정하게 되어 속죄하는 일을 수행하지 못하게 되는 불상사를 미연에 방지하기 위함이다.

대제사장은 속죄일 전날 저녁부터 잠들지 않고 날이 새도록 성서를 읽는다. 졸음을 쫓기 위해 여러 가지 조치를 취하는데, 젊은 제사장들은 그가 잠들지 않도록 돕는다.

1, 1

שִׁבְעַת יָמִים קֹדֶם יוֹם הַכִּפּוּרִים מַפְרִישִׁין כֹּהֵן גָּדוֹל מִבֵּיתוֹ לְלִשְׁכַּת פַּלְהֶדְרִין, וּמַתְקִינִין לוֹ כֹּהֵן אַחֵר תַּחְתָּיו, שֶׁמָּא יֶאֱרַע בּוֹ פְסוּל. רַבִּי יְהוּדָה אוֹמֵר, אַף אִשָּׁה אַחֶרֶת מַתְקִינִין לוֹ, שֶׁמָּא תָמוּת אִשְׁתּוֹ, שֶׁנֶּאֱמַר, וְכִפֶּר בַּעֲדוֹ וּבְעַד בֵּיתוֹ. בֵּיתוֹ, זוֹ אִשְׁתּוֹ. אָמְרוּ לוֹ, אִם כֵּן, אֵין לַדָּבָר סוֹף:

속죄일 칠일 전에는 대제사장을 그의 집에서 '조언자들의 방'으로 격리한다.[1] 그리고 그를 대신해 다른 제사장을 준비시킨다. 이것은 〔부주의로 속죄가〕 무효가 되는 것에 대비하는 것이다. 랍비 예후다는 말한다. "심지어 그를 위해 다른 부인도 준비시켜야 합니다. 이것은 그녀가 죽을 경우를 대비하는 것입니다. 〔성서에〕 기록되기를, '자기와 자기 집안을 위하여 속죄하고'라고 기록되었습니다"(레 16:6). 〔여기에서〕 '그의 집'은 '그의 아내'를 의미한다. 〔그러자〕 랍비들은 그에게 그것까지 〔걱정하게〕 되면 이 문제는 끝이 없게 된다고 말했다.

---

1) '조언자들의 방'(팔헤드린)은 성전 안뜰에 위치한다. 팔헤드린은 그리스어로 '왕의 관리들'이라는 의미다.

- 속죄일 7일 전에 대제사장을 집에서 성전으로 옮기는 이유는 집에 머물면서 아내의 생리나 다른 이유로 부정해져 속죄일 업무를 담당하지 못하게 되는 것을 방지하기 위함이다.

1, 2

כָּל שִׁבְעַת הַיָּמִים הוּא זוֹרֵק אֶת הַדָּם וּמַקְטִיר אֶת הַקְּטֹרֶת וּמֵטִיב אֶת הַנֵּרוֹת וּמַקְרִיב אֶת הָרֹאשׁ וְאֶת הָרֶגֶל. וּשְׁאָר כָּל הַיָּמִים, אִם רָצָה לְהַקְרִיב, מַקְרִיב, שֶׁכֹּהֵן גָּדוֹל מַקְרִיב חֵלֶק בָּרֹאשׁ וְנוֹטֵל חֵלֶק בָּרֹאשׁ:

[속죄일 전] 칠일 동안 내내 그는 피를 뿌리고, 향을 피우고, 등잔불을 켜고, 머리와 다리를 바친다. 그리고 다른 모든 날에, 그가 [제물을] 바치기를 원하면 바칠 수 있다. 왜냐하면 대제사장은 [어떤] 부위든지 가장 먼저 바칠 수 있고 [어떤] 부위든지 가장 먼저 가질 수 있다.

- 속죄일 시작 전 일주일 동안 대제사장은 일상적인 제사를 드린다.

1, 3

מָסְרוּ לוֹ זְקֵנִים מִזִּקְנֵי בֵית דִּין, וְקוֹרִין לְפָנָיו בְּסֵדֶר הַיּוֹם, וְאוֹמְרִים לוֹ, אִישִׁי כֹהֵן גָּדוֹל, קְרָא אַתָּה בְּפִיךָ, שֶׁמָּא שָׁכַחְתָּ אוֹ שֶׁמָּא לֹא לָמַדְתָּ. עֶרֶב יוֹם הַכִּפּוּרִים שַׁחֲרִית, מַעֲמִידִין אוֹתוֹ בְּשַׁעַר מִזְרָח, וּמַעֲבִירִין לְפָנָיו פָּרִים וְאֵילִים וּכְבָשִׂים, כְּדֵי שֶׁיְּהֵא מַכִּיר וְרָגִיל בָּעֲבוֹדָה:

그들은 그에게 법정의 장로들을 데리고 가면, [장로들은] 그 앞에서 당일 해야 할 목록들을 읽어주고 그에게 말하기를, "나의 대제사장님, 잊어버렸거나 배우지 못했을까 염려되니 당신 입으로 직접 읽으시기 바랍니다." 속죄일 전날 새벽에 그들은 그를 동쪽 문에 세우고 그 앞으로 황소들, 가축들, 양들을 지나가게 한다. 이것은 그가 봉사 업무를 숙지하고 익숙해지게 하기 위함이다.

- 이 미쉬나는 토라(오경)가 규정하는 제사의 절차 등을 잘 숙지하고 있지 못한 대제사장을 랍비들이 교육하는 흥미로운 장면을 보여준다. 제2 성전시대 말기에 구약의 전통이 무너져 자질을 갖추지 못한 대제사장들이 출현하던 정황을 반영하고 있다.
- 속죄일 전날(유대력 7월 9일) 새벽에 대제사장을 동쪽 문에 세우고 가축들을 보여주면서 어떤 가축이 어떤 제사에 사용되는지 숙지시킨다.

1, 4

כָּל שִׁבְעַת הַיָּמִים לֹא הָיוּ מוֹנְעִין מִמֶּנּוּ מַאֲכָל וּמִשְׁתֶּה, עֶרֶב יוֹם הַכִּפּוּרִים עִם חֲשֵׁכָה, לֹא הָיוּ מַנִּיחִים אוֹתוֹ לֶאֱכֹל הַרְבֵּה, מִפְּנֵי שֶׁהַמַּאֲכָל מֵבִיא אֶת הַשֵּׁנָה:

칠일 내내 그가 〔음식을〕 먹고 〔물을〕 마시는 것이 제한되지는 않지만, 속죄일 전날 해질녘에는 그에게 음식을 많이 주지 않는다. 왜냐하면 음식이 그가 잠이 들게 만들기 때문이다.

- 대제사장이 속죄일 전날 잠이 든 상태에서 혹시 부정하게 되는 것을 막기 위해 너무 많은 음식을 제공하지는 않는다. 이것은 아마도 잠이 들어 몽정(夢精)을 해 부정해지는 것을 피하는 것으로 보인다.

1, 5

מְסָרוּהוּ זִקְנֵי בֵית דִּין לְזִקְנֵי כְהֻנָּה, וְהֶעֱלוּהוּ לַעֲלִיַּת בֵּית אַבְטִינָס, וְהִשְׁבִּיעוּהוּ וְנִפְטְרוּ וְהָלְכוּ לָהֶם. וְאָמְרוּ לוֹ, אִישִׁי כֹהֵן גָּדוֹל, אָנוּ שְׁלוּחֵי בֵית דִּין, וְאַתָּה שְׁלוּחֵנוּ וּשְׁלִיחַ בֵּית דִּין, מַשְׁבִּיעִין אָנוּ עָלֶיךָ בְּמִי שֶׁשִּׁכֵּן שְׁמוֹ בַּבַּיִת הַזֶּה, שֶׁלֹּא תְשַׁנֶּה דָבָר מִכָּל מַה שֶּׁאָמַרְנוּ לָךְ. הוּא פוֹרֵשׁ וּבוֹכֶה, וְהֵן פּוֹרְשִׁין וּבוֹכִין:

법정의 원로들은 그를 제사장 원로들에게 데리고 가서, 그를 아브
티나스의 다락으로 올라가게 한다. 그들은 그에게 맹세를 시키고 그
를 떠나 그들의 길을 간다. 그들은 그에게 말하기를, "나의 대제사장
이여, 우리는 법정의 전달자이고, 당신은 우리의 전달자이고 법정의
전달자입니다. 우리는 이 집에 〔거주하기 위하여〕 그의 이름을 두신
분의 〔이름으로〕 당신에게 맹세를 요구합니다. 우리가 당신에게 말한
모든 것 중에서 어떤 것도 바꾸면 안 됩니다." 그는 돌아서 울고, 그들
도 돌아서 운다.

- 아브티나스의 집에서 향을 제조하는 것으로 알려졌다(『코다쉼』「타
  미드」1, 1). 대제사장은 여기에서 지성소에서 사용할 향을 어떻게
  만드는지 배우게 될 것이다.
- 당시 사두개파 출신인 대제사장과 바리새파 랍비들 사이에 의견의
  차이가 있었다. 탈무드에 따르면 사두개파는 향을 지성소 밖에서 담
  아 들어가고 바리새파 랍비들은 지성소 안에서 담아야 한다고 설명
  한다.
- 결국 랍비들은 대제사장에게 맹세를 시켜 자신들의 가르침을 따르
  도록 강요하는데, 마지막에 흘리는 눈물은 이러한 행위에 대한 미안
  함으로 해석된다.

1, 6

אִם הָיָה חָכָם, דּוֹרֵשׁ. וְאִם לָאו, תַּלְמִידֵי חֲכָמִים דּוֹרְשִׁין לְפָנָיו. וְאִם רָגִיל
לִקְרוֹת, קוֹרֵא. וְאִם לָאו, קוֹרִין לְפָנָיו. וּבַמֶּה קוֹרִין לְפָנָיו, בְּאִיּוֹב וּבְעֶזְרָא
וּבְדִבְרֵי הַיָּמִים. זְכַרְיָה בֶּן קְבוּטָל אוֹמֵר, פְּעָמִים הַרְבֵּה קָרִיתִי לְפָנָיו בְּדָנִיֵּאל:

만약 그가 현자이면 그가 〔성서구절을〕 해석하고, 그렇지 않으면 현
자들의 제자들이 그 앞에서 해석한다. 그가 평소에 〔성서를〕 읽었으

면 그가 읽는다. 만약 그렇지 않다면, 그들이 그 앞에서 읽는다. 어느 구절을 그 앞에서 읽는가? 욥기와 에스라와 역대기다. 즈카르야 벤 크부탈은 말하기를, "나는 수차례 그 앞에서 다니엘을 읽었습니다."

- 대제사장이 성서를 읽고 해석할 수 있는 현자라면 그가 스스로 읽는다. 하지만 그렇지 못하다면 랍비들의 제자 중 한 사람이 해석하고 읽어준다.
- 속죄일 전날 저녁을 세면서 읽는 성서들은 욥기와 에스라 그리고 역대기다. 이 책들은 모두 성문서에 속한다.

1, 7

בִּקֵּשׁ לְהִתְנַמְנֵם, פִּרְחֵי כְהֻנָּה מַכִּין לְפָנָיו בְּאֶצְבַּע צְרֵדָה, וְאוֹמְרִים לוֹ, אִישִׁי כֹהֵן גָּדוֹל, עֲמֹד וְהָפֵג אַחַת עַל הָרִצְפָּה. וּמַעֲסִיקִין אוֹתוֹ עַד שֶׁיַּגִּיעַ זְמַן הַשְּׁחִיטָה:

그가 자고 싶어 하면, 젊은 제사장들이 그 앞에서 중지로 딱 소리를 내고 그에게 말하기를, "나의 대제사장님! 일어나서 [차가운] 바닥에서 한번 차갑게 하십시오." 그리고 그들은 [아침 상번제물을] 도살할 시간이 될 때까지 그를 분주하게 만든다.

- 대제사장이 아침 상번제물이 도착해서 도살할 때까지 잠들지 않도록 젊은 제사장들이 그를 깨우려고 노력한다.

1, 8

בְּכָל יוֹם תּוֹרְמִין אֶת הַמִּזְבֵּחַ בִּקְרִיאַת הַגֶּבֶר אוֹ סָמוּךְ לוֹ, בֵּין לְפָנָיו בֵּין לְאַחֲרָיו. בְּיוֹם הַכִּפּוּרִים מֵחֲצוֹת, וּבָרְגָלִים מֵאַשְׁמוּרָה הָרִאשׁוֹנָה, וְלֹא הָיְתָה קְרִיאַת הַגֶּבֶר מַגַּעַת עַד שֶׁהָיְתָה עֲזָרָה מְלֵאָה מִיִּשְׂרָאֵל:

그들은 매일 제단을 들어낸다. 수컷이 외칠 때나 그즈음, 즉 〔외치기〕 전이나 후이다. 속죄일에는 자정부터이고, 〔순례〕 명절에는 〔야간〕 첫 시간부터이다. 수탉이 외치기 전에 이미 성전 뜰은 사람들로 가득 찬다.

- '제단을 들어낸다'는 말은 제단에 있는 재를 치운다는 뜻이다.
- '수컷이 외칠 때'는 새벽에 수탉이 울 때라는 의견과 제사장들의 기상을 알리는 외침이라는 견해 두 가지가 있다.
- 성전 뜰은 해 뜨기 전부터 속죄일 제사로 들뜬 사람들로 가득하다.

제2장

이번 장은 속죄일에 대한 주제를 잠시 뒤로하고 제사장들의 업무가 어떻게 배분되는지를 설명한다. 재단의 재를 치우는 것부터 제사장들의 하루 업무가 시작된다. 제사장들의 업무는 처음에 자원해서 행해지다가 문제가 발생한 후부터는 제비를 통해 각각의 역할들이 정해졌다. 일상의 제사에는 아홉 명의 제사장이 업무를 분담했는데, 절기나 안식일에 제사에 일이 추가될 때마다 제사장이 한 명씩 추가된다. 다만, 속죄일의 업무도 제비뽑기로 결정되는지는 불분명하다.

2, 1

בָּרִאשׁוֹנָה כָּל מִי שֶׁרוֹצָה לִתְרֹם אֶת הַמִּזְבֵּחַ, תּוֹרֵם. וּבִזְמַן שֶׁהֵן מְרֻבִּין, רָצִין וְעוֹלִין בַּכֶּבֶשׁ, וְכָל הַקוֹדֵם אֶת חֲבֵרוֹ בְּאַרְבַּע אַמּוֹת זָכָה. וְאִם הָיוּ שְׁנֵיהֶם שָׁוִין, הַמְמֻנֶּה אוֹמֵר לָהֶם הַצְבִּיעוּ. וּמָה הֵן מוֹצִיאִין, אַחַת אוֹ שְׁתַּיִם, וְאֵין מוֹצִיאִין אֲגֻדָל בְּמִקְדָּשׁ:

처음에 제단〔의 재〕를 들어내기를 원하는 어느 제사장이든지 들어
내게 했다. 〔원하는 제사장이〕 여러 명일 경우에는, 〔모두〕 달려서 〔재
단〕 경사로로 올라가 동료들보다 〔재단까지〕 4아마 거리에 먼저 간 제
사장이 차지했다. 만약 두 명이 동시에 〔도착했다면〕, 관리자가 그들
에게 손가락을 들라고 말했다.[2] 어떤 것을 들어 올리는가? 하나 혹은
둘이다. 하지만 성전에서 엄지를 들어 올리지는 않았다.

- 하루 일과는 재를 치우는 것부터 시작한다(『코다쉼』「타미드」 1, 2).
  성전에는 제사장들의 다양한 업무를 조율하는 관리자 혹은 책임자
  가 있었다. 조율은 통상 제비뽑기를 통해 이루어졌다.
- 손가락을 들어 제비뽑기를 하는 것이 정확히 어떻게 진행되는지 불
  분명하다. 하지만 엄지를 성전에서 들지 않게 하는 것은 속임수를
  막기 위한 조치로 보인다.

2, 2

מַעֲשֶׂה שֶׁהָיוּ שְׁנֵיהֶם שָׁוִין וְרָצִין וְעוֹלִין בַּכֶּבֶשׁ, וְדָחַף אֶחָד מֵהֶן אֶת חֲבֵרוֹ,
וְנָפַל וְנִשְׁבְּרָה רַגְלוֹ. וְכֵיוָן שֶׁרָאוּ בֵית דִּין שֶׁבָּאִין לִידֵי סַכָּנָה, הִתְקִינוּ שֶׁלֹּא
יְהוּ תוֹרְמִין אֶת הַמִּזְבֵּחַ אֶלָּא בְפַיִס. אַרְבָּעָה פְיָסוֹת הָיוּ שָׁם, וְזֶה הַפַּיִס
הָרִאשׁוֹן:

〔그런데〕 한번은 이런 일이 있었다. 달려서 경사로에 올라갔는데
두 명이 동시였다. 〔그런데〕 그중 한 명이 동료를 밀쳐서 그가 떨어져
다리가 부러지고 말았다. 법정은 위험한 일이 발생할 수 있다는 것을
인식하고 제비가 아니면 제단의 〔재를〕 들어 올릴 수 없다고 정했다.
〔성전에〕 네 개의 제비가 있는데, 이것이 첫 번째 제비다.

---

2) 손가락을 들어 올리는 행위는 우열을 가리기 위한 것으로 우리의 가위 바위 보
게임 같아 보인다.

- 제단의 재를 치우는 업무를 제비뽑기로 결정하게 된 것은 두 제사장들이 경주를 하다가 한 명이 부상을 입은 것이 계기가 되었다.

2, 3

הַפַּיִס הַשֵּׁנִי, מִי שׁוֹחֵט, מִי זוֹרֵק, וּמִי מְדַשֵּׁן מִזְבֵּחַ הַפְּנִימִי, וּמִי מְדַשֵּׁן אֶת הַמְּנוֹרָה, וּמִי מַעֲלֶה אֲבָרִים לַכֶּבֶשׁ, הָרֹאשׁ וְהָרֶגֶל, וּשְׁתֵּי הַיָּדַיִם, הָעֹקֶץ וְהָרֶגֶל, הֶחָזֶה וְהַגֵּרָה, וּשְׁתֵּי הַדְּפָנוֹת, וְהַקְּרָבַיִם, וְהַסֹּלֶת, וְהַחֲבִתִּין, וְהַיָּיִן. שְׁלֹשָׁה עָשָׂר כֹּהֲנִים זָכוּ בוֹ. אָמַר בֶּן עַזַּאי לִפְנֵי רַבִּי עֲקִיבָא מִשּׁוּם רַבִּי יְהוֹשֻׁעַ, דֶּרֶךְ הִלּוּכוֹ הָיָה קָרֵב:

두 번째 제비는 누가 도살하는지, 누가 피를 뿌리는지, 누가 제단 내부 재를 치우는지, 누가 등잔의 재를 치우는지, 누가 [상번제물의] 사지를 경사로로 올리는지 [결정한다]. 머리와 [오른쪽] 뒷다리, 앞다리 두 개, 꼬리와 [왼쪽] 뒷다리, 가슴과 목, 두 개의 옆구리, 내장, 고운 가루, 구운 소제물, 포도주를 [운반하는지 결정한다]. [제비뽑기로] 제사장 열세 명을 뽑았다. 벤 아자이가 랍비 아키바 앞에서 랍비 예호슈아를 인용하면서 말했다. "[상번제물은] 걸어가는 방식과 같이 드려진다."

- 두 번째 제비뽑기는 상번제물을 드릴 때 도살하는 것부터 피를 뿌리고 제물을 제단 경사로까지 운반하는 각종 일을 배분하는 것이다.
- 1년 된 숫양을 상번제물로 드리는 데 모두 9명의 제사장들이 봉사한다. 1번 머리와 오른쪽 뒷다리, 2번 두 개의 앞다리, 3번 고리와 왼쪽 뒷다리, 4번 가슴과 목, 5번 두 옆구리, 6번 내장, 7번 고운 가루, 8번 구운 과자, 9번 포도주.
- 제사장들은 모두 13명이 직무를 맡게 된다. 9명은 상번제물을 바치는 데 봉사하고 나머지 4명은 도살하기, 피 제단에 뿌리기, 재 치우

기, 등잔불을 담당한다.

2, 4

הַפַּיִס הַשְּׁלִישִׁי, חֲדָשִׁים לַקְּטֹרֶת בֹּאוּ וְהָפִיסוּ. וְהָרְבִיעִי, חֲדָשִׁים עִם יְשָׁנִים,
מִי מַעֲלֶה אֵבָרִים מִן הַכֶּבֶשׁ וְלַמִּזְבֵּחַ:

세 번째 제비에 〔관하여 관리자는〕 "분향할 신임 〔제사장들은〕 와서
제비를 던지기 바랍니다!"라고 〔외친다〕. 네 번째 〔제비에 대해서 관
리자는〕 "신임과 기존 〔제사장들 중에 제물의〕 사지를 경사로에서 제
단으로 올리겠는가?"라고 〔외친다〕.

- 세 번째 제비뽑기는 분향할 제사장들을 결정하는 것이다.
- 네 번째는 제단 경사로까지 운반한 상번제물을 제단 위에 올릴 제사
  장을 뽑는 것이다.

2, 5

תָּמִיד קָרֵב בְּתִשְׁעָה, בַּעֲשָׂרָה, בְּאַחַד עָשָׂר, בִּשְׁנֵים עָשָׂר, לֹא פָחוֹת וְלֹא
יוֹתֵר. כֵּיצַד. עַצְמוֹ בְּתִשְׁעָה. בֶּחָג, בְּיַד אֶחָד צְלוֹחִית שֶׁל מַיִם, הֲרֵי כָאן
עֲשָׂרָה. בֵּין הָעַרְבַּיִם, בְּאַחַד עָשָׂר, הוּא עַצְמוֹ בְּתִשְׁעָה, וּשְׁנַיִם בְּיָדָם שְׁנֵי
גְזִירֵי עֵצִים. וּבְשַׁבָּת בְּאַחַד עָשָׂר, הוּא עַצְמוֹ בְּתִשְׁעָה, וּשְׁנַיִם בְּיָדָם שְׁנֵי
בְזִיכֵי לְבוֹנָה שֶׁל לֶחֶם הַפָּנִים. וּבְשַׁבָּת שֶׁבְּתוֹךְ הֶחָג, בְּיַד אֶחָד צְלוֹחִית שֶׁל
מַיִם:

상번제는 아홉 명, 혹은 열 명, 혹은 열한 명, 혹은 열두 명의 제사장
들이 드리는데, 〔이보다〕 더 적거나 더 많으면 안 된다. 어떻게 그러한
가? 〔상번제〕 자체는 아홉 명의 〔제사장이〕 한다. 〔초막〕 절기에는 〔전
제에 더하여〕 한 손으로 물병을 〔잡는 제사장까지〕 열 명이다. 오후에
는 열한 명의 〔제사장이 드린다〕. 〔상번제〕 자체는 아홉 명의 〔제사장

이] 한다. 두 명의 〔제사장은〕 손에 두 장작 나무를 든다. 안식일에는 열한 명의 〔제사장이〕 한다. 〔상번제〕 자체는 아홉 명의 〔제사장이〕 한다. 두 명의 〔제사장은〕 손에 두 숟가락의 진설병의 유향을 잡는다. 〔초막〕 절기 안에 있는 안식일에는 한 명의 〔제사장이〕 손에 물병을 든다.

- 아침과 저녁의 상번제는 기본적으로 제사장 9명이 담당한다.
- 초막절기에는 오전에 물을 전제로 드리는 제사장이 추가되어 10명이다. 저녁에는 장작을 운반할 제사장 2명이 추가되어 11명이다.
- 안식일에는 진설병과 함께 드리는 유향을 담당하는 2명의 제사장이 추가되어 11명이다(레 24:6-7).
- 초막절의 안식일에는 11명의 제사장에 물병을 손에 든 제사장이 추가되어 전체 12명의 제사장이 봉사한다.

2, 6

אַיִל קָרֵב בְּאַחַד עָשָׂר, הַבָּשָׂר בַּחֲמִשָּׁה, הַקְּרָבִים וְהַסֹּלֶת וְהַיַּיִן בִּשְׁנַיִם שְׁנָיִם:

숫양은 열한 명의 〔제사장이〕 드린다. 고기는 다섯 명이, 내장, 소제, 포도주 각각 두 명씩이다.

- 여기서는 2년 된 양을 말한다. 따라서 위 세 번째 미쉬나에서 상번제로 드렸던 1년 된 양보다 무겁기 때문에 더 많은 제사장들이 필요하다. 고기를 위해서 5명이, 내장·소제·포도주에서 각각 2명이 필요하기 때문에 제사장들이 모두 11명 필요하다.

פַּר קָרֵב בְּעֶשְׂרִים וְאַרְבָּעָה, הָרֹאשׁ וְהָרֶגֶל, הָרֹאשׁ בְּאֶחָד, וְהָרֶגֶל בִּשְׁנַיִם.
הָעֹקֶץ וְהָרֶגֶל, הָעֹקֶץ בִּשְׁנַיִם, וְהָרֶגֶל בִּשְׁנַיִם. הֶחָזֶה וְהַגֵּרָה, הֶחָזֶה בְּאֶחָד,
וְהַגֵּרָה בִּשְׁלֹשָׁה. שְׁתֵּי יָדַיִם בִּשְׁנַיִם. שְׁתֵּי דְפָנוֹת בִּשְׁנַיִם. הַקְּרָבַיִם וְהַסֹּלֶת
וְהַיַּיִן בִּשְׁלֹשָׁה שְׁלֹשָׁה. בַּמֶּה דְבָרִים אֲמוּרִים, בְּקָרְבְּנוֹת צִבּוּר. אֲבָל בְּקָרְבַּן
יָחִיד, אִם רָצָה לְהַקְרִיב, מַקְרִיב. הֶפְשֵׁטָן וְנִתּוּחָן שֶׁל אֵלּוּ וָאֵלּוּ שָׁוִין:

황소는 [제사장] 스물네 명이 드린다. 머리와 뒷다리는, 머리는 한 명, 다리는 두 명이 [드리고], 엉덩이와 뒷다리는, 엉덩이 두 명, 뒷다리 두 명이 [드리고], 가슴과 목은, 가슴 한 명, 목 세 명이 [드리고], 두 앞다리는 두 명이, 두 옆구리는 두 명이, 내장·소제·포도주는 각각세 명씩이다. 이것은 어떤 것에 대하여 말하는 것인가? 공동체 제사이다. 하지만 개인 제사의 경우는, 바치기를 원하는 사람이 [있으면]바치면 된다. 가죽을 벗기고 부위별로 분할하는 것은 이 [공동체 제사]나 저 [개인 제사]나 동일하다.

● 황소를 바치기 위해서는 24명의 제사장들이 필요하다. 고기에 15명 그리고 내장·소제·포도주에 각각 3명씩 총 9명이 필요하다.

제3장

제1장에 이어서 속죄일 아침에 제사장들이 해야 할 일들을 다시 설명한다. 실제적으로 이번 제3장이 속죄일 아침에 있는 업무를 전반적으로 소개한다. 속죄일에도 상번제물을 드리는 것부터 시작된다.

אָמַר לָהֶם הַמְמֻנֶּה, צְאוּ וּרְאוּ אִם הִגִּיעַ זְמַן הַשְּׁחִיטָה. אִם הִגִּיעַ, הָרוֹאֶה
אוֹמֵר, בַּרְקַאי. מַתִּתְיָא בֶּן שְׁמוּאֵל אוֹמֵר, הֵאִיר פְּנֵי כָל הַמִּזְרָח עַד
שֶׁבְּחֶבְרוֹן. וְהוּא אוֹמֵר הֵן:

[성전] 관리자가 그들에게 말했다. "나가서 [제물] 도살할 시간이 되
었는지 보세요." 만약 시간이 되었으면 외친다. "샛별입니다!" 마티트
야 벤 슈무엘은 물었다.[3] "동쪽 전체가 헤브론까지 밝았나요?"[라고
물으면] 그가 대답한다. "그렇습니다."

- 날이 밝아지는 시점이 제물을 도살할 시간이다. 성전 관리자는 다른
  제사장들에게 나가서 날이 밝아지고 있는지 보라고 말한다. 아직 해
  가 뜨지 않아도 날이 밝기 시작하면 상번제를 드리기 위해 준비한다.

3, 2

וְלָמָה הֻצְרְכוּ לְכָךְ, שֶׁפַּעַם אַחַת עָלָה מְאוֹר הַלְּבָנָה וְדִמּוּ שֶׁהֵאִיר מִזְרָח,
וְשָׁחֲטוּ אֶת הַתָּמִיד, וְהוֹצִיאוּהוּ לְבֵית הַשְּׂרֵפָה. הוֹרִידוּ כֹהֵן גָּדוֹל לְבֵית
הַטְּבִילָה. זֶה הַכְּלָל הָיָה בַּמִּקְדָּשׁ, כָּל הַמֵּסֵךְ אֶת רַגְלָיו טָעוּן טְבִילָה, וְכָל
הַמֵּטִיל מַיִם טָעוּן קִדּוּשׁ יָדַיִם וְרַגְלָיִם:

이것이 왜 필요한가? 한번은 달이 환하게 떠오른 적이 있었는데,
[제사장들은] 동쪽이 밝은 것으로 생각해서 상번제물을 도살했다.
[결국] 그것을 옮겨서 소각장으로 가져갔다. 그들은 대제사장을 정결
례장으로 데리고 내려갔다. 이것이 성전에서 [거행되는] 일반 원칙
이다. 그의 발을 가린 자[4]는 누구나 물에 담가야 하고, 물을 떨어뜨린

---

3) 마티트야 벤 슈무엘은 제비뽑기를 통해 제사장 임무를 배정하는 관리자다(「쉐
칼림」5, 1).

4) '발을 가렸다'는 변본 것을 우회적으로 표현한 말이다(삿 3:24; 삼상 24:4).

자[5]는 누구나 손과 발을 씻어야 한다.

- 상번제를 드리기 전에 대제사장을 정결례장으로 데리고 가서 몸을 담그도록 한다.
- 대제사장이 대변을 본 경우는 정결례장에 몸을 담가야 하지만 소변을 본 경우는 손과 발만 깨끗하게 씻으면 된다.

3, 3

אֵין אָדָם נִכְנָס לָעֲזָרָה לָעֲבוֹדָה, אֲפִלּוּ טָהוֹר, עַד שֶׁיִּטְבֹּל. חָמֵשׁ טְבִילוֹת
וַעֲשָׂרָה קִדּוּשִׁין טוֹבֵל כֹּהֵן גָּדוֹל וּמְקַדֵּשׁ בּוֹ בַיּוֹם, וְכֻלָּן בַּקֹּדֶשׁ עַל בֵּית
הַפַּרְוָה, חוּץ מִזּוֹ בִלְבָד:

어느 누구도 물에 담그지 않은 상태에서는 비록 그가 정결하다고 하더라도 성전 뜰에 들어가면 안 된다. 이날 대제사장은 다섯 번을 물에 담그고 열 번을 [그의 손과 발을] 씻는다. 이번을 제외하고, [나머지] 모두는 성전 뜰에 있는 파르바의 집에서 한다.

- 성전 제의를 하기 전에 제사장들은 반드시 정결의식을 행해야 한다. 부정하지 않은 상태에서도 정결례장에 몸을 담근 후에 직무를 수행할 수 있다. 속죄일에는 특별히 정결의식을 5회 행하고 손과 발을 10회 씻어야 한다.
- 제사장들의 아침 첫 정결의식은 성전 밖에서 행하고 그 이후에는 성전 뜰에 있는 '파르바의 집'으로 불리는 곳에서 행한다(파르바는 페르시아 건축가이자 마법사의 이름으로 알려져 있다).

---

5) '물을 떨어뜨렸다'는 소변 본 것을 말한다.

פֵרְסוּ סָדִין שֶׁל בּוּץ בֵּינוֹ לְבֵין הָעָם. פָּשַׁט, יָרַד וְטָבַל, עָלָה וְנִסְתַּפֵּג. הֵבִיאוּ
לוֹ בִגְדֵי זָהָב, וְלָבַשׁ וְקִדֵּשׁ יָדָיו וְרַגְלָיו. הֵבִיאוּ לוֹ אֶת הַתָּמִיד. קְרָצוֹ, וּמֵרַק
אַחֵר שְׁחִיטָה עַל יָדוֹ. קִבֵּל אֶת הַדָּם וּזְרָקוֹ. נִכְנַס לְהַקְטִיר קְטֹרֶת שֶׁל שַׁחַר,
וּלְהֵטִיב אֶת הַנֵּרוֹת, וּלְהַקְרִיב אֶת הָרֹאשׁ וְאֶת הָאֵבָרִים וְאֶת הַחֲבִתִּין וְאֶת
הַיַּיִן:

그들은 그 [대제사장과] 사람들 사이에 아마 천을 펼친다. 그는 탈
의하고 내려가서 목욕하고 올라와서 몸을 말린다. 그들이 그에게 금
으로 만든 제의(祭衣)를 가져오면, 그는 옷을 입고 손과 발을 씻는다.
그들은 그에게 상번제물을 가져온다. [대제사장이] 그것을 자르면, 다
른 제사장이 그를 대신해서 도살을 마무리한다. 그는 피를 받아서 [제
단에] 뿌린다. 그는 [성전으로] 들어가서 아침 향을 피우고 등불을 준
비하고 [제물의] 머리와 팔다리, 소제, 포도주를 바친다.

- 상번제의 절차가 순서대로 열거되고 있다. 속죄일에 상번제는 도살
  부터 전체를 바치는 것까지 모두 대제사장이 스스로 드려야 한다.

קְטֹרֶת שֶׁל שַׁחַר הָיְתָה קְרֵבָה בֵּין דָּם לָאֵבָרִים. שֶׁל בֵּין הָעַרְבַּיִם, בֵּין אֵבָרִים
לַנְּסָכִים. אִם הָיָה כֹהֵן גָּדוֹל זָקֵן אוֹ אִסְטְנִיס, מְחַמִּין לוֹ חַמִּין וּמְטִילִין לְתוֹךְ
הַצּוֹנֵן, כְּדֵי שֶׁתָּפוּג צִנָּתָן:

아침에 향은 피 [뿌리기]와 사지를 [바치는 제사] 중간에 드린다.
오후에는 사지를 [바치는 제사]와 전제 사이에 드린다. 만약 대제사
장이 노쇠하다면 추위를 누그러뜨리기 위해 그를 위해 온수를 찬 [목
욕물에] 넣는다.

- 아침 향은 피 뿌리기와 번제물을 바치는 제사 사이에 드려지고, 저녁 향은 번제물을 바치는 제사와 포도주를 바치는 제사 사이에 드려진다.
- 아침에 정결례장 물이 차갑기 때문에 나이 많은 대제사장을 위해 온수를 찬물에 부어 미지근하게 만든 후 정결의식을 행할 수 있다.

3, 6

הֱבִיאוּהוּ לְבֵית הַפַּרְוָה, וּבַקֹּדֶשׁ הָיְתָה. פָּרְסוּ סָדִין שֶׁל בּוּץ בֵּינוֹ לְבֵין הָעָם,
קִדֵּשׁ יָדָיו וְרַגְלָיו וּפָשַׁט. רַבִּי מֵאִיר אוֹמֵר, פָּשַׁט, קִדֵּשׁ יָדָיו וְרַגְלָיו. יָרַד וְטָבַל,
עָלָה וְנִסְתַּפֵּג. הֵבִיאוּ לוֹ בִגְדֵי לָבָן, לָבַשׁ וְקִדֵּשׁ יָדָיו וְרַגְלָיו:

그들은 거룩한 장소에 있는 파르바의 집으로 그를 데리고 간다.[6] 그들은 그와 사람들 사이에 아마 천을 펼친다. 그는 손과 발을 씻고 탈의한다. 랍비 메이르는 말한다. "(먼저) 탈의를 하고 (나중에) 손과 발을 씻습니다." 그는 내려가서 목욕하고 몸을 말린다. 그들은 그에게 흰옷을 가져다 주고, 그는 옷을 입고 손과 발을 씻는다.

- 정결의식을 할 때 옷을 벗기 전에 그리고 옷을 입은 후에 손과 발을 씻는다. 결국 정결의식 한 번에 손과 발을 두 번 씻는다.

3, 7

בַּשַּׁחַר הָיָה לוֹבֵשׁ פְּלוּסִין שֶׁל שְׁנֵים עָשָׂר מָנֶה, וּבֵין הָעַרְבַּיִם הִנְדְוִין שֶׁל
שְׁמֹנֶה מֵאוֹת זוּז, דִּבְרֵי רַבִּי מֵאִיר. וַחֲכָמִים אוֹמְרִים, בַּשַּׁחַר הָיָה לוֹבֵשׁ שֶׁל
שְׁמֹנֶה עָשָׂר מָנֶה, וּבֵין הָעַרְבַּיִם שֶׁל שְׁנֵים עָשָׂר מָנֶה, הַכֹּל שְׁלֹשִׁים מָנֶה.
אֵלּוּ מִשֶּׁל צִבּוּר. וְאִם רָצָה לְהוֹסִיף, מוֹסִיף מִשֶּׁלּוֹ:

---

6) '파르바의 집'에 대한 설명은 앞 미쉬나 3, 3을 참조하라.

"아침 〔제사〕에는 12마네[7] 〔가치의〕 펠루씬[8] 〔아마〕를 입는다. 오후 〔제사〕에는 800주즈[9] 〔가치의〕 인도산 〔아마〕를 입습니다." 랍비 메이르의 말이다. 하지만 다른 랍비들은 아침에 18마네 〔가치의〕 옷을 입고, 오후에 12마네 〔가치의〕 옷을 입어, 총 30마네 〔가치의〕 옷을 입는다고 말한다. 이것들은 〔성전의〕 공동체 〔기금〕에서 지불이 된다. 만약 〔대제사장이 옷 비용으로〕 더 추가하고 싶다면, 자신의 재산에서 추가하면 된다.

- 속죄일에 대제사장은 값비싼 특별한 흰색 아마 옷을 입는다. 랍비들은 랍비 메이르가 말한 것보다 더 비싼 옷을 대제사장이 입었다고 증언한다. 아침 옷이 18마네, 저녁 옷이 12마네로 모두 합쳐 30마네의 가치다. 더 비싼 옷을 입고 싶은 대제사장은 사비를 더하면 된다.

3, 8

בָּא לוֹ אֵצֶל פָּרוֹ, וּפָרוֹ הָיָה עוֹמֵד בֵּין הָאוּלָם וְלַמִּזְבֵּחַ, רֹאשׁוֹ לַדָּרוֹם וּפָנָיו לַמַּעֲרָב, וְהַכֹּהֵן עוֹמֵד בַּמִּזְרָח וּפָנָיו לַמַּעֲרָב, וְסוֹמֵךְ שְׁתֵּי יָדָיו עָלָיו וּמִתְוַדֶּה. וְכָךְ הָיָה אוֹמֵר, אָנָּא הַשֵּׁם, עָוִיתִי פָּשַׁעְתִּי חָטָאתִי לְפָנֶיךָ אֲנִי וּבֵיתִי. אָנָּא הַשֵּׁם, כַּפֶּר נָא לָעֲוֹנוֹת וְלַפְּשָׁעִים וְלַחֲטָאִים, שֶׁעָוִיתִי וְשֶׁפָּשַׁעְתִּי וְשֶׁחָטָאתִי לְפָנֶיךָ אֲנִי וּבֵיתִי, כַּכָּתוּב בְּתוֹרַת מֹשֶׁה עַבְדֶּךָ, כִּי בַיּוֹם הַזֶּה יְכַפֵּר עֲלֵיכֶם לְטַהֵר אֶתְכֶם מִכֹּל חַטֹּאתֵיכֶם לִפְנֵי יְיָ תִּטְהָרוּ. וְהֵן עוֹנִין אַחֲרָיו, בָּרוּךְ שֵׁם

---

7) 마네(מנה, Maneh)의 무게와 가치는 지역과 시대에 따라 달랐다. 탈무드 시대에 1마네는 25쎌라(쉐켈) 가치의 은전이고 60마네는 1달란트였다. 성전에서 사용된 마네는 480–499그램 정도의 무게로 추정된다. 마네는 히브리어식 용어이고 영어권에서는 그리스어에서 온 미나(Mina)를 사용한다.
8) 펠루씬(Pelusium)은 이집트 나일강 하구에서 팔레스타인 쪽에 위치한 도시로 대표적인 아마 생산지다.
9) 로마 은화 1디나르를 미쉬나에서는 보통 1주즈(Zuz)라 부른다. 이것은 금화 1디나르와 혼동하지 않기 위함이다.

〔대제사장은〕황소에게 가까이 가는데, 그 황소는 〔성소〕현관과 제단 사이에 있다. 〔소의〕머리는 남쪽을 향하고 얼굴은 서쪽 〔성전〕을 향하고 있다. 대제사장은 동쪽 〔제단 쪽〕에 서서 얼굴은 서쪽〔성전〕을 향해 서 있다. 두 손을 〔소〕위에 얹고 고백한다. 다음과 같이 말한다. "오, 그 이름이시여!10) 제가 잘못했습니다. 제가 범죄했습니다. 저와 저의 집이 당신 앞에 죄를 지었습니다. 오, 그 이름이시여! 당신의 종 모세의 가르침에 기록된 대로, 내가 잘못하고, 범죄하고, 죄를 지은, 잘못·범죄·죄악을 깨끗하게 해주소서. '이 날에 너희를 위하여 속죄하여 너희를 정결하게 하리니 너희의 모든 죄에서 너희가 여호와 앞에 정결하리라'(레 16:30)." 그러면 그들은 대답한다. "그 영광스러운 이름과 그의 나라가 영원 무궁히 찬양받으소서!"

- 대제사장은 먼저 자신과 자신의 집을 위해 속죄한다(레 16:6). 대제사장이 전체 이스라엘을 위하여 속죄하는 의례를 수행하는 것은 「요마」6, 2에서 소개되고 있다.

3, 9

בָּא לוֹ לְמִזְרַח הָעֲזָרָה, לִצְפוֹן הַמִּזְבֵּחַ, הַסְּגָן מִימִינוֹ וְרֹאשׁ בֵּית אָב מִשְּׂמֹאלוֹ. וְשָׁם שְׁנֵי שְׂעִירִים, וְקַלְפֵּי הָיְתָה שָׁם וּבָהּ שְׁנֵי גוֹרָלוֹת. שֶׁל אֲשַׁכְּרוֹעַ הָיוּ, וַעֲשָׂאָן בֶּן גַּמְלָא שֶׁל זָהָב, וְהָיוּ מַזְכִּירִין אוֹתוֹ לְשֶׁבַח:

그는 성전 뜰 동쪽으로 간 다음 제단 북쪽으로 간다. 〔대제사장〕보는 오른쪽에 아버지의 집 수장은 왼쪽에 〔선다〕. 거기에 염소 두 마리가 있고 제비 두 개가 들어 있는 〔나무〕상자가 있다. 〔제비는 처음에〕

---

10) '그 이름'은 하나님을 뜻한다.

회향목으로 만들었는데 벤 가믈라가 금으로 만들었다. 〔제사장들은〕
그를 기억하며 칭찬한다.

- 제사장들은 전체 24개조로 편성되어 있다. 그리고 1개조는 다시 '아
  버지의 집'이라는 제사장 가문 여섯으로 이루어졌다. 여섯 집안이
  각각 하루씩 일주일의 업무를 담당한다.
- 제사장 집안의 수장과 대제사장보는 대제사장을 도와 염소 한 마리
  는 하나님께, 다른 한 마리는 아사셀에게 보내는 속죄의식을 거행
  한다.
- 하나님께 바칠 염소와 아사셀에게 보낼 염소는 제비로 결정된다. 제
  비는 처음에 나무로 만들었는데 나중에는 벤 가믈라 대제사장이 금
  으로 만들었다.

3, 10

בֶּן קָטִין עָשָׂה שְׁנֵים עָשָׂר דַּד לַכִּיּוֹר, שֶׁלֹּא הָיוּ לוֹ אֶלָּא שְׁנָיִם. וְאַף הוּא עָשָׂה
מוּכְנִי לַכִּיּוֹר, שֶׁלֹּא יִהְיוּ מֵימָיו נִפְסָלִין בְּלִינָה. מֻנְבַּז הַמֶּלֶךְ הָיָה עוֹשֶׂה כָל
יְדוֹת הַכֵּלִים שֶׁל יוֹם הַכִּפּוּרִים שֶׁל זָהָב. הִילְנִי אִמּוֹ עָשְׂתָה נִבְרֶשֶׁת שֶׁל זָהָב
עַל פִּתְחוֹ שֶׁל הֵיכָל. וְאַף הִיא עָשְׂתָה טַבְלָא שֶׁל זָהָב שֶׁפָּרָשַׁת סוֹטָה כְּתוּבָה
עָלֶיהָ. נִיקָנוֹר נַעֲשׂוּ נִסִּים לְדַלְתוֹתָיו, וְהָיוּ מַזְכִּירִין אוֹתוֹ לְשָׁבַח:

벤 카틴[11]은 대야의 열두 주둥이를 만들었다. 전에는 두 개밖에 없
었다. 그는 대야를 위해 〔특별한〕 기구를 만들어 밤에 물이 남아 부적
절하게 되지 않도록 했다. 문바즈 왕[12]은 속죄일에 쓸 모든 도구들의
손잡이를 금으로 만들었다. 그의 어머니 헬레나는 성전 입구의 촛대
를 금으로 만들었다. 그리고 그녀는 금으로 평판을 만들었는데, 거기
에는 쏘타 단락이 기록되었다. 니카노르(Nicanor)에게 그의 문과 관

---

11) 벤 카틴(Ben Katin)은 대제사장이었다.

런해서 기적이 일어났다. 〔제사장들은〕 그를 기억하며 칭찬한다.

- 앞 미쉬나에 이어 성전에서 사용되는 여러 가지 도구들을 설명한다.
- 제사장들은 대야의 물로 손발을 씻었다.
- '쏘타'(סוטה, Sotah) 본문은 민수기 5:11-15로 남편이 부인의 간음을 의심할 경우에 어떻게 해야 하는지 말하고 나온다.

3, 11

וְאֵלּוּ לִגְנַאי, שֶׁל בֵּית גַּרְמוּ לֹא רָצוּ לְלַמֵּד עַל מַעֲשֵׂה לֶחֶם הַפָּנִים. שֶׁל בֵּית
אַבְטִינָס לֹא רָצוּ לְלַמֵּד עַל מַעֲשֵׂה הַקְּטֹרֶת. הֻגְרַס בֶּן לֵוִי הָיָה יוֹדֵעַ פֶּרֶק
בַּשִּׁיר וְלֹא רָצָה לְלַמֵּד. בֶּן קַמְצָר לֹא רָצָה לְלַמֵּד עַל מַעֲשֵׂה הַכְּתָב. עַל
הָרִאשׁוֹנִים נֶאֱמַר, זֵכֶר צַדִּיק לִבְרָכָה. וְעַל אֵלּוּ נֶאֱמַר (שם) וְשֵׁם רְשָׁעִים
יִרְקָב:

다음과 같은 수치스러운 일들이 있었다. 〔제사장〕 가르무(Garnu) 집안에서는 진설병을 어떻게 준비해야 하는지 가르치고자 하지 않았다. 아브티나스(Avtinas) 집안에서는 향을 어떻게 준비해야 하는지를 가르치고자 하지 않았다. 레위인 후그라스(Hugros)는 노래에 통달했지만 그것을 가르치고자 하지 않았다. 벤 캄짜르(Ben Kamtzar)는 글 쓰는 일을 가르치고자 하지 않았다. 전자들에 관하여 "의인들 기념할 때에는 칭찬하거니와"라고 기록되었다. 그리고 후자들에 대하여 "악인들의 이름은 썩게 되느니라"라고 기록되었다(잠 10:7).

---

12) 문바즈(Monbaz) 2세는 문바즈 왕 1세와 헬레나(Helena) 왕후 사이에 태어난 아들로 파르티아의 아디아베네(Adiabene) 지역을 기원후 55년경부터 통치했다. 유대 전승에 따르면 어머니 헬레나 왕후처럼 문바즈 2세도 유대교로 개종한 것으로 나온다. 한편 미드라쉬 창세기 라바 46:10은 문바즈 1세를 프톨레마이오스 왕으로 소개하기도 한다.

- 앞 미쉬나 3, 10에서 칭찬받을 만한 사람들을 기억하고 있다면 이번
  미쉬나에서는 수치스러운 사람들을 열거한다.
- 의인을 '칭찬한다'고 번역된 잠언 10:7은 문자적으로는 '축복한다'
  는 의미다.
- 악인들의 이름이 썩어진다는 것은 그들을 기억하지 못하게 된다는
  의미다.

제4장

이스라엘 회중을 위한 속죄의 제물로 염소 두 마리를 사용하는데,
한 마리는 여호와께 드리고 다른 한 마리는 아사셀에게 보낸다. 대제
사장이 제비를 뽑아 각각의 제물이 선택된다.

4, 1

טָרַף בְּקַלְפִּי וְהֶעֱלָה שְׁנֵי גוֹרָלוֹת. אֶחָד כָּתוּב עָלָיו לַשֵּׁם וְאֶחָד כָּתוּב עָלָיו
לַעֲזָאזֵל. הַסְּגָן בִּימִינוֹ וְרֹאשׁ בֵּית אָב מִשְּׂמֹאלוֹ. אִם שֶׁל שֵׁם עָלָה בִּימִינוֹ,
הַסְּגָן אוֹמֵר לוֹ, אִישִׁי כֹהֵן גָּדוֹל, הַגְבֵּהַּ יְמִינֶךָ. וְאִם שֶׁל שֵׁם עָלָה בִשְׂמֹאלוֹ,
רֹאשׁ בֵּית אָב אוֹמֵר לוֹ, אִישִׁי כֹהֵן גָּדוֹל, הַגְבֵּהַּ שְׂמֹאלֶךָ. נְתָנוֹ עַל שְׁנֵי
הַשְּׂעִירִים וְאוֹמֵר, לַיְיָ חַטָּאת. רַבִּי יִשְׁמָעֵאל אוֹמֵר, לֹא הָיָה צָרִיךְ לוֹמַר
חַטָּאת, אֶלָּא לַיְיָ. וְהֵן עוֹנִין אַחֲרָיו, בָּרוּךְ שֵׁם כְּבוֹד מַלְכוּתוֹ לְעוֹלָם וָעֶד:

그 [제사장은] 상자를 흔든 후에 두 개의 제비를 뽑았다. 한 [제비]
에는 "그 이름에게"라고 쓰여 있고, 다른 [제비]에는 "아사셀에게"라
고 쓰여 있다. 제사장보는 오른쪽에 서 있고, 아버지 집 수장은 왼쪽에
서 있다.[13] 그 이름이 오른손에 뽑힌 경우에는 대리 제사장이 그에게

---

13) '아버지 집'에 대한 설명은 앞 미쉬나 3, 9를 참조하시오.

말한다. "나의 주 대제사장님! 당신의 오른손을 올리십시오." 그리고
그 이름을 왼손으로 뽑았으면 아버지 집 수장이 그에게 말한다. "나의
주 대제사장님! 당신의 왼손을 올리십시오." 그는 〔제비를〕 두 염소
위에 놓으면서 말한다. "여호와께 드리는 속죄제물〔입니다〕. 랍비 이
쉬마엘은 말한다. "'속죄제물'이라는 말은 할 필요 없고, '여호와께'만
〔말하면 됩니다〕." 그러면 그들은 그의 〔말을〕 이어서, "영원 무궁토록
그 왕국의 영광이 찬양 받으실 이름이여!"라고 대답한다.

- 속죄일에 가장 중요한 행사로 앞 미쉬나 3, 9에 이어진다. 오른쪽에
  는 대리 대제사장과 염소 한 마리가 서 있고, 왼쪽에는 제사장 집안
  의 수장과 염소 한 마리가 서 있다. 대제사장은 이때 제비를 하나는
  오른손으로 뽑고 다른 하나는 왼손으로 뽑는다.
- '그 이름'이라고 적힌 제비를 오른손으로 뽑았으면 대리 대제사장
  이 대제사장에게 오른손을 들라고 말한다. '그 이름'은 하나님을 대
  신하는 명칭이다(앞 미쉬나 3, 8). 그리고 '그 이름'을 왼손으로 뽑았
  으면 제사장 집안의 수장이 대제사장에게 왼손을 들라고 말한다. 그
  러면 대제사장은 '그 이름'이 적힌 제비를 뽑은 손 앞에 있는 염소에
  게 "여호와께 드리는 속죄제물입니다"라고 말한다.

4, 2

קָשַׁר לָשׁוֹן שֶׁל זְהוֹרִית בְּרֹאשׁ שָׂעִיר הַמִּשְׁתַּלֵּחַ וְהֶעֱמִידוֹ כְּנֶגֶד בֵּית שִׁלּוּחוֹ,
וְלַנִּשְׁחָט כְּנֶגֶד בֵּית שְׁחִיטָתוֹ. בָּא לוֹ אֵצֶל פָּרוֹ שְׁנִיָּה, וְסוֹמֵךְ שְׁתֵּי יָדָיו עָלָיו
וּמִתְוַדֶּה. וְכָךְ הָיָה אוֹמֵר, אָנָּא הַשֵּׁם, עָוִיתִי פָּשַׁעְתִּי חָטָאתִי לְפָנֶיךָ אֲנִי וּבֵיתִי
וּבְנֵי אַהֲרֹן עַם קְדוֹשֶׁיךָ. אָנָּא הַשֵּׁם, כַּפֶּר נָא לָעֲווֹנוֹת וְלַפְּשָׁעִים וְלַחֲטָאִים,
שֶׁעָוִיתִי וְשֶׁפָּשַׁעְתִּי וְשֶׁחָטָאתִי לְפָנֶיךָ אֲנִי וּבֵיתִי וּבְנֵי אַהֲרֹן עַם קְדוֹשֶׁךָ,
כַּכָּתוּב בְּתוֹרַת מֹשֶׁה עַבְדֶּךָ, כִּי בַיּוֹם הַזֶּה יְכַפֵּר עֲלֵיכֶם לְטַהֵר אֶתְכֶם מִכֹּל
חַטֹּאתֵיכֶם לִפְנֵי יְיָ תִּטְהָרוּ. וְהֵן עוֹנִין אַחֲרָיו, בָּרוּךְ שֵׁם כְּבוֹד מַלְכוּתוֹ לְעוֹלָם

붉은색 〔천〕 조각을 보내질 염소 머리에 묶고 〔아사셀에게〕 보내질 방향으로 세운다. 그리고 〔여호와를 위해〕 도살될 〔염소〕는 도살 방향으로 〔세운다〕. 그는 다시 자신의 황소에게 와서 두 손을 그 위에 얹고 고백한다. "오 그 이름이시여! 나와 내 집과 그리고 당신의 거룩한 백성인 아론의 후손이 당신 앞에 잘못했습니다. 범죄했습니다. 죄를 지었습니다. 오 그 이름이시여! 나와 내 집과 그리고 당신의 거룩한 백성인 아론의 후손이 당신 앞에 잘못하고, 범죄하고, 죄를 지었던 잘못·범죄·죄악을 깨끗하게 해주소서! 당신의 종 모세의 토라에 기록된 것처럼, '이 날에 너희를 위하여 속죄하여 너희를 정결하게 하리니 너희의 모든 죄에서 너희가 여호와 앞에 정결하리라'(레 16: 30)." 그러면 그들은 그의 〔말을〕 이어 "그 영광스러운 이름과 그의 나라가 영원 무궁히 찬양받으소서!"라고 대답한다.

- 아사셀에게 보낼 염소 머리에 붉은색 끈을 묶는 이유는 어떤 경우에도 하나님께 속죄제물로 드릴 염소와 섞이지 않게 하기 위함이다.
- 대제사장은 다시 자신이 바칠 황소에게 돌아온다. 그리고 다시 고백한다. 이번에는 자신과 자신의 집안에 대한 죄의 고백뿐만 아니라 다른 제사장들(아론의 후손)도 포함된다.

4, 3

שְׁחָטוֹ וְקִבֵּל בַּמִּזְרָק אֶת דָּמוֹ, וּנְתָנוֹ לְמִי שֶׁהוּא מְמָרֵס בּוֹ עַל הָרֹבֶד הָרְבִיעִי
שֶׁבַּהֵיכָל, כְּדֵי שֶׁלֹּא יִקְרֹשׁ. נָטַל מַחְתָּה וְעָלָה לְרֹאשׁ הַמִּזְבֵּחַ, וּפִנָּה גֶּחָלִים
אֵילָךְ וְאֵילָךְ, וְחוֹתֶה מִן הַמְעֻכָּלוֹת הַפְּנִימִיּוֹת, וְיָרַד וְהִנִּיחָה עַל הָרֹבֶד הָרְבִיעִי
שֶׁבָּעֲזָרָה:

그는 〔황소를〕 도살하고 그 피를 그릇으로 받아서, 그것을 성전에서 네 번째 〔바닥의〕 줄에서 피가 굳지 않도록 젓는 사람에게 준다. 그는 부삽[14]을 들고 제단 맨 위로 올라가서 숯을 이쪽에서 저쪽으로 치운다. 그리고 가장 안쪽에서 타고 있는 것을 〔부삽으로〕 떠서 내려와서 그것을 성전 뜰 네 번째 줄에 둔다.

- 대제사장은 황소를 도살하고 나서 그 피를 받아 피가 굳지 않도록 젓는 사람에게 준다. 그러고 나서 향을 바치기 위해 먼저 숯을 준비한다. 향을 피우기 위해 숯불이 필요하다. 위쪽에 있는 숯을 걷어내고 안쪽에 있는 뜨거운 숯을 부삽으로 떠서 제단에서 내려온다.

4, 4

בְּכָל יוֹם הָיָה חוֹתֶה בְּשֶׁל כֶּסֶף וּמְעָרֶה בְתוֹךְ שֶׁל זָהָב, וְהַיּוֹם חוֹתֶה בְּשֶׁל זָהָב וּבָהּ הָיָה מַכְנִיס. בְּכָל יוֹם חוֹתֶה בְּשֶׁל אַרְבַּעַת קַבִּין וּמְעָרֶה בְתוֹךְ שֶׁל שְׁלֹשֶׁת קַבִּין, וְהַיּוֹם חוֹתֶה בְּשֶׁל שְׁלֹשֶׁת קַבִּין, וּבָהּ הָיָה מַכְנִיס. רַבִּי יוֹסֵי אוֹמֵר, בְּכָל יוֹם חוֹתֶה בְּשֶׁל סְאָה וּמְעָרֶה בְתוֹךְ שֶׁל שְׁלֹשֶׁת קַבִּין, וְהַיּוֹם חוֹתֶה בְּשֶׁל שְׁלֹשֶׁת קַבִּין, וּבָהּ הָיָה מַכְנִיס. בְּכָל יוֹם הָיְתָה כְבֵדָה, וְהַיּוֹם קַלָּה. בְּכָל יוֹם הָיְתָה יָדָהּ קְצָרָה, וְהַיּוֹם אֲרֻכָּה. בְּכָל יוֹם הָיָה זְהָבָהּ יָרוֹק, וְהַיּוֹם אָדֹם, דִּבְרֵי רַבִּי מְנַחֵם. בְּכָל יוֹם מַקְרִיב פֶּרֶס בְּשַׁחֲרִית וּפֶרֶס בֵּין הָעַרְבַּיִם, וְהַיּוֹם מוֹסִיף מְלֹא חָפְנָיו. בְּכָל יוֹם הָיְתָה דַקָּה, וְהַיּוֹם דַּקָּה מִן הַדַּקָּה:

그는 평일에는 은으로 만든 〔부삽으로〕 떠서 금으로 만든 것에 붓는다. 하지만 이날은 금으로 만든 것으로 떠서 거기에다 넣는다. 그는 평일에는 4카브 〔크기의 부삽〕으로 떠서 3카브 〔크기의 부삽〕에 넣는다. 하지만 이날은 3카브 〔크기의 부삽〕으로 떠서 거기에다 넣는다.

---

14) '부삽'을 한글성경(개역개정)에서는 '향로'로 번역한다(레 16:12; 민 17:11).

랍비 요쎄는 "그는 평일에는 쎄아〔크기의 부삽〕으로 떠서 3카브〔크기의 부삽〕에 넣습니다. 하지만 이날은 3카브〔크기의 부삽〕으로 떠서 거기에 넣습니다"라고 말한다. 평일에는 무겁지만 이날은 가볍다. 평일에는 손잡이가 짧지만 이날은 길다. "평일에는 금이 초록빛이지만 이날은 붉은빛입니다"라고 랍비 므나헴이 말한다. 그는 평일에는 아침에〔향〕1페라쓰[15]를 드리고 오후에 1페라쓰를〔제공한다〕. 하지만 이날은 한 움큼을 추가한다. 평일에는〔향을〕곱게〔갈아서 쓰지만〕, 이날은 고운 것을 더 곱게〔갈아서 쓴다〕.

- 평소에는 은으로 만든 부삽으로 숯을 떠서 금으로 만든 부삽으로 옮겨 담는다. 부삽을 맡은 제사장이 은으로 만든 부삽을 들고 제단 위에 올라가서 숯을 퍼와 금으로 만든 부삽에 담았다. 은 부삽은 4카브를 금 부삽은 3카브를 담을 수 있기 때문에, 옮겨 담는 과정에서 숯 1카브는 바닥에 쏟아지게 되는데 이것은 도랑에 밀어 넣는다(『코다쉼』「타미드」5, 5).
- 하지만 속죄일에는 곧장 금으로 만든 부삽으로 숯을 떠서 가져간다.

4, 5

בְּכָל יוֹם כֹּהֲנִים עוֹלִים בְּמִזְרָחוֹ שֶׁל כֶּבֶשׁ וְיוֹרְדִין בְּמַעֲרָבוֹ, וְהַיּוֹם כֹּהֵן גָּדוֹל
עוֹלֶה בָּאֶמְצַע וְיוֹרֵד בָּאֶמְצַע. רַבִּי יְהוּדָה אוֹמֵר, לְעוֹלָם כֹּהֵן גָּדוֹל עוֹלֶה
בָּאֶמְצַע וְיוֹרֵד בָּאֶמְצַע. בְּכָל יוֹם כֹּהֵן גָּדוֹל מְקַדֵּשׁ יָדָיו וְרַגְלָיו מִן הַכִּיּוֹר,
וְהַיּוֹם מִן הַקִּיתוֹן שֶׁל זָהָב. רַבִּי יְהוּדָה אוֹמֵר, לְעוֹלָם כֹּהֵן גָּדוֹל מְקַדֵּשׁ יָדָיו
וְרַגְלָיו מִן הַקִּיתוֹן שֶׁל זָהָב:

---

15) 1페라쓰(פרס)는 반 마네(Maneh)로 대략 240-250그램의 무게다. 마네는 앞 미쉬나 3, 7에서 설명하고 있다.

평일에 제사장들은 〔제단〕 경사로 동쪽으로 올라가서 서쪽으로 내려오지만, 이날은 대제사장이 가운데로 올라가서 가운데로 내려온다. 랍비 예후다는 말한다. "대제사장은 항상 가운데로 올라가서 가운데로 내려와야 합니다." 평일에 대제사장은 손과 발을 놋대야에서 씻지만, 이날은 금으로 만든 단지에서 씻는다. 랍비 예후다는 말한다. "대제사장은 항상 금으로 만든 단지에서 손과 발을 씻어야 합니다."

- 제단 경사로는 남쪽에서 시작해서 제단까지 올라간다. 평소에는 경사로의 오른쪽 즉, 동쪽으로 올라가서 서쪽으로 내려오지만 속죄일에는 가운데로 올라가서 가운데로 내려온다.

4, 6

בְּכָל יוֹם הָיוּ שָׁם אַרְבַּע מַעֲרָכוֹת, וְהַיּוֹם חָמֵשׁ, דִּבְרֵי רַבִּי מֵאִיר. רַבִּי יוֹסֵי אוֹמֵר, בְּכָל יוֹם שָׁלֹשׁ, וְהַיּוֹם אַרְבַּע. רַבִּי יְהוּדָה אוֹמֵר, בְּכָל יוֹם שְׁתַּיִם, וְהַיּוֹם שָׁלֹשׁ:

"평일에는 〔나무〕 네 묶음이 있지만, 이날은 다섯입니다." 랍비 메이르의 말이다. 랍비 요쎄는 말한다. "평일에는 셋이지만, 오늘은 넷입니다." 랍비 예후다는 말한다. "평일에는 둘이지만, 오늘은 셋입니다."

- 평소보다 속죄일에는 한 묶음 더 많은 나무가 필요하다. 이것은 대제사장이 지성소에서 향을 피우기 위해 사용할 숯이 더 필요하기 때문이다.

제5장

이번 장에서는 속죄일에 드리는 제사에 대하여 설명한다. 여기에서 일반적인 제사와 속죄일의 제사의 차이점들이 열거된다.

5, 1

הוֹצִיאוּ לוֹ אֶת הַכַּף וְאֶת הַמַּחְתָּה, וְחָפַן מְלֹא חָפְנָיו וְנָתַן לְתוֹךְ הַכַּף, הַגָּדוֹל
לְפִי גָדְלוֹ, וְהַקָּטָן לְפִי קָטְנוֹ, וְכָךְ הָיְתָה מִדָּתָהּ. נָטַל אֶת הַמַּחְתָּה בִּימִינוֹ וְאֶת
הַכַּף בִּשְׂמֹאלוֹ. הָיָה מְהַלֵּךְ בַּהֵיכָל, עַד שֶׁמַּגִּיעַ לְבֵין שְׁתֵּי הַפָּרֹכוֹת הַמַּבְדִּילוֹת
בֵּין הַקֹּדֶשׁ וּבֵין קֹדֶשׁ הַקֳּדָשִׁים, וּבֵינֵיהֶן אַמָּה. רַבִּי יוֹסֵי אוֹמֵר, לֹא הָיְתָה שָׁם
אֶלָּא פָּרֹכֶת אַחַת בִּלְבַד, שֶׁנֶּאֱמַר, וְהִבְדִּילָה הַפָּרֹכֶת לָכֶם בֵּין הַקֹּדֶשׁ וּבֵין
קֹדֶשׁ הַקֳּדָשִׁים. הַחִיצוֹנָה הָיְתָה פְרוּפָה מִן הַדָּרוֹם, וְהַפְּנִימִית מִן הַצָּפוֹן.
מְהַלֵּךְ בֵּינֵיהֶן, עַד שֶׁמַּגִּיעַ לַצָּפוֹן. הִגִּיעַ לַצָּפוֹן, הוֹפֵךְ פָּנָיו לַדָּרוֹם, מְהַלֵּךְ
לִשְׂמֹאלוֹ עִם הַפָּרֹכֶת עַד שֶׁהוּא מַגִּיעַ לָאָרוֹן. הִגִּיעַ לָאָרוֹן. נוֹתֵן אֶת הַמַּחְתָּה
בֵּין שְׁנֵי הַבַּדִּים. צָבַר אֶת הַקְּטֹרֶת עַל גַּבֵּי גֶחָלִים, וְנִתְמַלֵּא כָל הַבַּיִת כֻּלּוֹ
עָשָׁן. יָצָא וּבָא לוֹ בְּדֶרֶךְ בֵּית כְּנִיסָתוֹ, וּמִתְפַּלֵּל תְּפִלָּה קְצָרָה בַּבַּיִת הַחִיצוֹן,
וְלֹא הָיָה מַאֲרִיךְ בִּתְפִלָּתוֹ, שֶׁלֹּא לְהַבְעִית אֶת יִשְׂרָאֵל:

그에게 〔향료용〕 숟가락과 부삽을 가지고 간다. 그는 〔유향을〕 두 움큼 떠서 그 숟가락 안에 넣는다. 〔그 손이〕 크면 큰 대로, 작으면 작은 대로 〔향료의〕 분량은 그렇게 된다. 부삽은 오른손에 그리고 숟가락은 왼손으로 든다. 그리고 성전 안으로 들어가 성소와 지성소를 구별해주는 두 개의 휘장까지 다가간다. 〔두 휘장〕 사이는 1아마다. 랍비 요쎄는 성서에 기록된 것처럼 거기에는 휘장 하나만 있었다고 말했다. "그 휘장이 너희를 위하여 성소와 지성소를 구분하리라."(출 26:33). 바깥쪽 〔휘장〕은 남쪽이 접혀 있고, 안쪽 〔휘장〕은 북쪽이 〔접혀 있다〕. 〔대제사장은〕 그 사이로 걸어가서 북쪽까지 다가간다. 북쪽에 이르러서는 남쪽 방향으로 향한다. 그는 휘장을 자신의 왼편으로 걸어서 법궤에 도달한다. 법궤에 도달했을 때, 부삽을 두 막대 사이에 놓는다. 그가 향료를 숯불 위에 올려놓으면, 지성소 전체가 연기로 가득하다. 그는 들어간 방식대로 밖으로 나온다. 그는 지성소 밖에서 짧은 기도를 한다. 그는 이스라엘이 놀라지 않도록 기도를 길게 드리지 않는다.

- 대제사장은 숯을 담은 부삽을 오른손에 들고 왼손에는 향료용 숟가락에 향을 담아 지성소 안으로 들어간다. 성소와 지성소 사이에는 휘장(장막)이 쳐 있다(출 26:31-33).
- 향료용 숟가락은 금으로 된 숟가락으로 손잡이가 있고 3카브가 들어가는 타르카브-상자와 같은 용기가 달려 있었다. 그 안에는 작은 접시가 있고, 그 위에 향료가 쌓여 있다(『코다쉼』「타미드」 5:4).
- 법궤에 도착하면 숯이 들어 있는 부삽을 두 막대 사이에 놓고 향료를 숯불 위에 부으면 지성소 전체가 연기로 가득 찬다.
- 분향이 끝나면 등이 보이지 않게 들어갔던 방식대로 밖으로 나온다. 지성소 밖으로 나오면 기도를 드린다. 기도가 길어지면 대제사장의 생명에 이상이 있나 걱정하는 일이 발생하기 때문에 기도는 짧게 드린다.

5, 2

מִשֶּׁנִּטַּל הָאָרוֹן, אֶבֶן הָיְתָה שָׁם מִימוֹת נְבִיאִים רִאשׁוֹנִים, וּשְׁתִיָּה הָיְתָה נִקְרֵאת, גְּבוֹהָה מִן הָאָרֶץ שָׁלֹשׁ אֶצְבָּעוֹת, וְעָלֶיהָ הָיָה נוֹתֵן:

법궤를 빼앗긴 후에, 초기 예언자 시대부터 돌 하나가 거기에 있었는데, 그것은 쉐티야라고 불렸다. 땅에서 세 손가락 위에 있었는데, 그 위에 (부삽을) 놓았다.

- 법궤를 빼앗긴 후부터는 지성소 안에 대신 '쉐티야'(שתיה, shtiyah)라고 불리는 돌이 있었고, 그 위에 속죄일에 사용하는 부삽을 올려 놓고 향료를 드렸다.

5, 3

נָטַל אֶת הַדָּם מִמִּי שֶׁהָיָה מְמָרֵס בּוֹ, נִכְנַס לַמָּקוֹם שֶׁנִּכְנַס, וְעָמַד בַּמָּקוֹם שֶׁעָמַד, וְהִזָּה מִמֶּנּוּ אַחַת לְמַעְלָה וְשֶׁבַע לְמַטָּה, וְלֹא הָיָה מִתְכַּוֵּן לְהַזּוֹת לֹא לְמַעְלָה וְלֹא לְמַטָּה, אֶלָּא כְּמַצְלִיף. וְכָךְ הָיָה מוֹנֶה, אַחַת, אַחַת וְאַחַת, אַחַת וּשְׁתַּיִם, אַחַת וְשָׁלֹשׁ, אַחַת וְאַרְבַּע, אַחַת וְחָמֵשׁ, אַחַת וָשֵׁשׁ, אַחַת וָשֶׁבַע. יָצָא וְהִנִּיחוֹ עַל כַּן הַזָּהָב שֶׁבַּהֵיכָל:

〔대제사장은〕 피를 〔굳지 않게〕 젓고 있는 사람에게 받아서, 앞서 들어갔던 곳으로 들어간다. 앞에서 섰던 곳에 서서 그 〔피를〕 한 번은 위로 일곱 번은 아래로 뿌린다. 그는 위로 뿌리려고 하거나 아래로 뿌리려고 해서는 안 되고, 다만 채찍질하듯이 해야 한다. 그리고 다음과 같이 센다. "하나, 하나 그리고 하나, 하나 그리고 둘, 하나 그리고 셋, 하나 그리고 넷, 하나 그리고 다섯, 하나 그리고 여섯, 하나 그리고 일곱." 그는 밖으로 나와서 〔피를 담은 그릇을〕 성전에 있는 금받침 위에 놓는다.

- 향료를 바치고 나서 지성소에 피를 뿌린다. 대제사장은 피가 굳지 않도록 젓고 있는 사람에게 받아서 다시 지성소로 들어가 한 번은 위로 일곱 번은 아래로 뿌린다(「요마」 4, 3).
- 피를 아래로 뿌릴 때 숫자를 이런 방식으로 세는 것은 중간에 잊고 실수하지 않기 위해서다.

הֵבִיאוּ לוֹ אֶת הַשָּׂעִיר, שְׁחָטוֹ וְקִבֵּל בַּמִּזְרָק אֶת דָּמוֹ. נִכְנַס לַמָּקוֹם שֶׁנִּכְנַס,
וְעָמַד בִּמְקוֹם שֶׁעָמַד, וְהִזָּה מִמֶּנּוּ אַחַת לְמַעְלָה וְשֶׁבַע לְמַטָּה, וְלֹא הָיָה
מִתְכַּוֵּן לְהַזּוֹת לֹא לְמַעְלָה וְלֹא לְמַטָּה, אֶלָּא כְּמַצְלִיף. וְכָךְ הָיָה מוֹנֶה, אַחַת,
אַחַת וְאַחַת, אַחַת וּשְׁתַּיִם, אַחַת וְשָׁלֹשׁ, אַחַת וְאַרְבַּע, אַחַת וְחָמֵשׁ, אַחַת
וָשֵׁשׁ, אַחַת וָשֶׁבַע. יָצָא וְהִנִּיחוֹ עַל כַּן הַשֵּׁנִי שֶׁהָיָה בַהֵיכָל. רַבִּי יְהוּדָה אוֹמֵר,
לֹא הָיָה שָׁם אֶלָּא כַּן אֶחָד בִּלְבָד. נָטַל דַּם הַפָּר וְהִנִּיחַ דַּם הַשָּׂעִיר, וְהִזָּה
מִמֶּנּוּ עַל הַפָּרֹכֶת שֶׁכְּנֶגֶד הָאָרוֹן מִבַּחוּץ, אַחַת לְמַעְלָה וְשֶׁבַע לְמַטָּה, וְלֹא
הָיָה מִתְכַּוֵּן לְהַזּוֹת לֹא לְמַעְלָה וְלֹא לְמַטָּה, אֶלָּא כְּמַצְלִיף. וְכָךְ הָיָה מוֹנֶה,
אַחַת, אַחַת וְאַחַת, אַחַת וּשְׁתַּיִם, אַחַת וְשָׁלֹשׁ, אַחַת וְאַרְבַּע, אַחַת וְחָמֵשׁ,
אַחַת וָשֵׁשׁ, אַחַת וָשֶׁבַע. נָטַל דַּם הַשָּׂעִיר וְהִנִּיחַ דַּם הַפָּר, וְהִזָּה מִמֶּנּוּ עַל
הַפָּרֹכֶת שֶׁכְּנֶגֶד הָאָרוֹן מִבַּחוּץ, אַחַת לְמַעְלָה וְשֶׁבַע לְמַטָּה, וְלֹא הָיָה מִתְכַּוֵּן
לְהַזּוֹת לֹא לְמַעְלָה וְלֹא לְמַטָּה, אֶלָּא כְּמַצְלִיף. וְכָךְ הָיָה מוֹנֶה, אַחַת, אַחַת
וְאַחַת, אַחַת וּשְׁתַּיִם, אַחַת וְשָׁלֹשׁ, אַחַת וְאַרְבַּע, אַחַת וְחָמֵשׁ, אַחַת וָשֵׁשׁ,
אַחַת וָשֶׁבַע. עֵרָה דַם הַפָּר לְתוֹךְ דַּם הַשָּׂעִיר, וְנָתַן אֶת הַמָּלֵא בָּרֵיקָן:

그들은 〔대제사장〕에게 숫염소를 가져온다. 그는 그것을 도살하여
피를 그릇에 받는다. 그는 앞서 들어갔던 곳으로 들어가서, 섰던 곳에
선다. 그리고 그는 그〔피〕를 위로 한 번 아래로 일곱 번을 뿌린다. 그
는 위로 뿌리려고 하거나 아래로 뿌리려고 해서는 안 되고, 다만 채찍
질하듯이 해야 한다. 그리고 다음과 같은 방식으로 센다. "하나, 하나
그리고 하나, 하나 그리고 둘, 하나 그리고 셋, 하나 그리고 넷, 하나
그리고 다섯, 하나 그리고 여섯, 하나 그리고 일곱." 그는 밖으로 나와
〔그릇을〕 성전에 있는 두 번째 받침 위에 놓는다. 랍비 예후다 말한다.
"거기에는 단지 한 개의 받침만 있습니다." 황소의 피를 가지고 숫염
소의 피는 놓는다. 그는 그 〔피〕를 법궤 맞은편 휘장 바깥쪽에 뿌리되,
한 번은 위로 뿌리고 일곱 번은 아래로 뿌린다. 그는 위로 뿌리려고 하
거나 아래로 뿌리려고 해서는 안 되고, 다만 채찍질하듯이 해야 한다.
그리고 다음과 같은 방식으로 센다. "하나, 하나 그리고 하나, 하나 그

리고 둘, 하나 그리고 셋, 하나 그리고 넷, 하나 그리고 다섯, 하나 그리고 여섯, 하나 그리고 일곱." 숫염소 피를 가지고 황소의 피는 놓는다. 그는 그 〔피〕를 법궤 맞은편 휘장 바깥쪽에 뿌리되, 한 번은 위로 뿌리고 일곱 번은 아래로 뿌린다. 그는 위로 뿌리려고 하거나 아래로 뿌리려고 해서는 안 되고, 다만 채찍질하듯이 해야 한다. 그리고 다음과 같은 방식으로 센다. "하나, 하나 그리고 하나, 하나 그리고 둘, 하나 그리고 셋, 하나 그리고 넷, 하나 그리고 다섯, 하나 그리고 여섯, 하나 그리고 일곱." 그는 황소의 피를 숫염소의 피에 붓는다. 그리고 다시 가득 찬 것을 빈 것에 붓는다.

- 대제사장은 숫염소의 피를 지성소 안에서 뿌린 후에는 숫염소와 황소의 피를 지성소 밖의 휘장 바깥쪽에 뿌린다. 먼저 황소의 피를 뿌리고 이후에 숫염소의 피를 뿌린다. 지성소 밖에서도 지성소 안에서 뿌렸던 방식으로 위로 한 번 아래로 일곱 번 뿌린다.

5, 5

וְיָצָא אֶל הַמִּזְבֵּחַ אֲשֶׁר לִפְנֵי יְיָ, זֶה מִזְבַּח הַזָּהָב. הִתְחִיל מְחַטֵּא וְיוֹרֵד. מֵהֵיכָן הוּא מַתְחִיל, מִקֶּרֶן מִזְרָחִית צְפוֹנִית, צְפוֹנִית מַעֲרָבִית, מַעֲרָבִית דְּרוֹמִית, דְּרוֹמִית מִזְרָחִית. מָקוֹם שֶׁהוּא מַתְחִיל בַּחַטָּאת עַל מִזְבֵּחַ הַחִיצוֹן, מִשָּׁם הָיָה גוֹמֵר עַל מִזְבֵּחַ הַפְּנִימִי. רַבִּי אֱלִיעֶזֶר אוֹמֵר, בִּמְקוֹמוֹ הָיָה עוֹמֵד וּמְחַטֵּא. וְעַל כֻּלָּן הָיָה נוֹתֵן מִלְמַטָּה לְמַעֲלָה, חוּץ מִזּוֹ שֶׁהָיְתָה לְפָנָיו, שֶׁעָלֶיהָ הָיָה נוֹתֵן מִלְמַעֲלָה לְמָטָה:

"그는 여호와 앞 제단으로 나와서"(레 16:18). 이것은 금〔으로 도금된〕 제단이다. 그는 〔위에서〕 아래로 〔피를 뿌리면서〕 속죄한다. 어디부터 시작하는가? 북동쪽 뿔에서 〔시작해서〕, 북서쪽, 남서쪽, 남동쪽 〔순서다〕. 〔성전〕 밖에 있는 제단에서는 〔남동쪽〕에서 〔피를 뿌려〕 속죄를 시작하는데, [성전] 안에 있는 제단에서는 [남동쪽]에서 [피를 뿌리는 것을] 마친다. 랍비 엘리에제르는 그가 서 있는 곳에서 속죄한다고 말한다. 그 모든 것을 아래부터 위로 [피를] 바르는데, 자기 앞에 있는 것만 예외다. 그것은 위에서 아래로 바른다.

- 지성소 앞 휘장 밖에 금으로 만든 분향단이 있다. 대제사장은 1년에 한 번 이곳을 속죄한다(출 30:1-10).
- 위부터 속죄하고 내려간다는 말은 위쪽에서부터 아래쪽으로 속죄해 나간다는 의미다.
- 제단의 북동쪽 뿔에서 시계 반대방향으로 돌면서 속죄한다.

5, 6

הִזָּה עַל טָהֳרוֹ שֶׁל מִזְבֵּחַ שֶׁבַע פְּעָמִים, וּשְׁיָרֵי הַדָּם הָיָה שׁוֹפֵךְ עַל יְסוֹד מַעֲרָבִי שֶׁל מִזְבֵּחַ הַחִיצוֹן, וְשֶׁל מִזְבֵּחַ הַחִיצוֹן הָיָה שׁוֹפֵךְ עַל יְסוֹד דְּרוֹמִי. אֵלּוּ וָאֵלּוּ מִתְעָרְבִין בָּאַמָּה וְיוֹצְאִין לְנַחַל קִדְרוֹן, וְנִמְכָּרִין לַגַּנָּנִין לְזֶבֶל, וּמוֹעֲלִין בָּהֶן:

제단 표면에 일곱 번 [피를] 뿌린다. 남은 피는 밖에 있는 제단의 서쪽 기초에 붓는다. 밖에 있는 제단에 [뿌리고 남은 것]은 [제단의] 남쪽 기초에 붓는다. 이 [피]와 저 [피]는 배수로에서 섞여 기드론 골짜기[16]로 흘러 나간다. 그러면 그것은 정원사들에게 거름으로 팔리게 된다. 여기에 전용 관련법을 적용한다.

- 분향단에 뿌리고 남은 피는 밖에 있는 제단 서쪽 기초에 붓는다. 밖에 있는 제단에 뿌리고 남은 피는 남쪽 기초에 붓는다.

---

16) 예루살렘과 건너편 감람산 사이의 골짜기로 빗물이나 예루살렘의 하수가 유대광야 지역을 지나 사해로 흘러 들어간다.

כָּל מַעֲשֵׂה יוֹם הַכִּפּוּרִים הָאָמוּר עַל הַסֵּדֶר, אִם הִקְדִּים מַעֲשֶׂה לַחֲבֵרוֹ, לֹא עָשָׂה כְלוּם. הִקְדִּים דַּם הַשָּׂעִיר לְדַם הַפָּר, יַחֲזֹר וְיַזֶּה מִדַּם הַשָּׂעִיר לְאַחַר דַּם הַפָּר. וְאִם עַד שֶׁלֹּא גָמַר אֶת הַמַּתָּנוֹת שֶׁבִּפְנִים נִשְׁפַּךְ הַדָּם, יָבִיא דָם אַחֵר וְיַחֲזֹר וְיַזֶּה בַתְּחִלָּה בִּפְנִים. וְכֵן בַּהֵיכָל, וְכֵן בְּמִזְבַּח הַזָּהָב, שֶׁכֻּלָּן כַּפָּרָה בִּפְנֵי עַצְמָן. רַבִּי אֶלְעָזָר וְרַבִּי שִׁמְעוֹן אוֹמְרִים, מִמְּקוֹם שֶׁפָּסַק, מִשָּׁם הוּא מַתְחִיל:

속죄일에 대한 모든 일은 순서가 있다. 어떤 일을 다른 것보다 먼저 한 경우에는, 아무것도 안 한 것과 마찬가지다. 만약 숫염소의 피를 황소의 피보다 먼저 〔뿌렸〕다면, 다시 황소의 피를 뿌린 후에 다시 숫 염소의 피를 뿌려야 한다. 만약 안쪽 피 뿌리기를 마치기 전에 그 피 를 버렸다면, 다른 피를 가져와서 다시 〔처음부터〕 안쪽 피 뿌리기를 시작해야 한다. 같은 식으로 성전도, 같은 식으로 금〔으로 도금된〕 제 단도, 왜냐하면 각각 별도의 속죄이기 때문이다. 랍비 엘리에제르와 랍비 쉼온은 그가 멈춘 곳에서 다시 시작하면 된다고 말한다.

● 속죄일에 행하는 일들은 순서대로 진행해야 하다. 만약 순서가 뒤바 뀌면 그 두 가지를 모두 안 한 것으로 간주하고 다시 시행해야 한다. 예를 들어, 지성소의 휘장 바깥쪽에 황소의 피를 먼저 뿌리고 나서 숫염소의 피를 뿌려야 한다. 하지만 만약 실수로 두 행위가 바뀌었 다면 둘 다 안 한 것으로 간주하고, 황소의 피를 뿌리고 숫염소의 피 를 뿌리면 된다.

제6장

　야훼 하나님께 드리는 황소와 숫염소에 이어서 이번 장에서는 아
사셀에게 보내는 숫염소를 주로 다룬다. 그 과정에서 행해지는 여러
가지 일들을 기술한다.

6, 1

שְׁנֵי שְׂעִירֵי יוֹם הַכִּפּוּרִים, מִצְוָתָן שֶׁיִּהְיוּ שְׁנֵיהֶן שָׁוִין בְּמַרְאֶה וּבְקוֹמָה וּבְדָמִים
וּבִלְקִיחָתָן כְּאֶחָד. וְאַף עַל פִּי שֶׁאֵינָן שָׁוִין, כְּשֵׁרִין. לָקַח אֶחָד הַיּוֹם וְאֶחָד
לְמָחָר, כְּשֵׁרִין. מֵת אֶחָד מֵהֶן, אִם עַד שֶׁלֹּא הִגְרִיל מֵת, יִקַּח זוּג לַשֵּׁנִי. וְאִם
מִשֶּׁהִגְרִיל מֵת, יָבִיא זוּג אַחֵר וְיַגְרִיל עֲלֵיהֶם בַּתְּחִלָּה, וְיֹאמַר, אִם שֶׁל שֵׁם
מֵת, זֶה שֶׁעָלָה עָלָיו הַגּוֹרָל לַשֵּׁם יִתְקַיֵּם תַּחְתָּיו. וְאִם שֶׁל עֲזָאזֵל מֵת, זֶה
שֶׁעָלָה עָלָיו הַגּוֹרָל לַעֲזָאזֵל יִתְקַיֵּם תַּחְתָּיו. וְהַשֵּׁנִי יִרְעֶה עַד שֶׁיִּסְתָּאֵב, וְיִמָּכֵר
וְיִפְּלוּ דָמָיו לִנְדָבָה, שֶׁאֵין חַטַּאת צִבּוּר מֵתָה. רַבִּי יְהוּדָה אוֹמֵר, תָּמוּת. וְעוֹד
אָמַר רַבִּי יְהוּדָה, נִשְׁפַּךְ הַדָּם, יָמוּת הַמִּשְׁתַּלֵּחַ. מֵת הַמִּשְׁתַּלֵּחַ, יִשָּׁפֵךְ הַדָּם:

　속죄일 숫염소는 두 마리가 외모, 높이, 가격, 구입까지 동일하게 준
비되어야 한다. 하지만 그것들이 동일하지 않더라도 둘은 유효하다.
한 마리를 어느 날 구입하고, 다른 것은 다음 날 구입했더라도 유효하
다. 둘 중 하나가 죽은 경우에, 만약 제비뽑기 전에 죽었다면 둘째 〔숫
염소〕의 짝으로 한 마리를 구입한다. 만약 제비를 뽑은 후에 죽었다면
다른 짝을 구입해서 다시 제비를 뽑아야 한다. 그리고 그 〔제사장은〕
만약 하나님께 드릴 것이 죽었으면, "이것은 하나님을 위해 제비가
던져진 것을 대신하여 서 있습니다"라고 말하고, 만약 아사셀에게 바
칠 것이 죽었으면, "이것은 아사셀을 위해 제비가 던져진 것을 대신
하여 서 있습니다"라고 말한다. 두 번째 〔숫염소〕는 〔들에서〕 먹이다
가 〔제사에〕 부적합해지면 그것을 팔아서 그 돈으로 자원하는 제물을
구입한다. 왜냐하면 공동체의 속죄제물은 죽을 때까지 남겨두지 않는

다. 랍비 예후다는 말한다. "죽을 때까지〔입니다〕"라고 말했다. 랍비 예후다는 한 마디 추가했다. "만약 피를 뿌렸으면, 보내는 염소는 남겨져 죽을 것입니다. 만약 염소를 보내어 죽게 되면, 피를 뿌립니다."

- 하나님께 바칠 숫염소나 아사셀에게 보낼 숫염소는 모양이나 크기 심지어 가격도 동일한 것으로 준비해야 한다. 물론 차이가 나더라도 무효가 되지는 않는다.
- 준비한 염소가 중간에 죽게 되면 대체 염소를 마련해야 한다. 그런데 문제는 죽은 염소 한 마리만 준비하는 것이 아니라 새로운 쌍으로 준비해야 한다. 그래서 죽은 염소의 짝으로 남게 된 염소는 들에서 먹이다가 제물로 부적합하게 되면 팔아서 그 돈으로 다른 제물을 구입한다.
- 개인 속죄제물은 드리려다 못 드리게 되면 죽을 때까지 남겨둔다. 하지만 공동체 속죄제물은 그렇게 하지 않고 일단 들에서 먹인다. 그러다 제물용으로 부적합하게 되면 팔아서 성전 기금으로 삼고 자원하는 제물을 사는 데 쓴다. 하지만 랍비 예후다는 공동체 속죄제물도 개인 속죄제물처럼 죽을 때까지 남겨두어야 한다고 주장한다.

6, 2

בָּא לוֹ אֵצֶל שָׂעִיר הַמִּשְׁתַּלֵּחַ וְסוֹמֵךְ שְׁתֵּי יָדָיו עָלָיו וּמִתְוַדֶּה. וְכָךְ הָיָה אוֹמֵר, אָנָּא הַשֵּׁם, עָווּ פָּשְׁעוּ חָטְאוּ לְפָנֶיךָ עַמְּךָ בֵּית יִשְׂרָאֵל. אָנָּא בַשֵּׁם, כַּפֶּר נָא לָעֲווֹנוֹת וְלַפְּשָׁעִים וְלַחֲטָאִים, שֶׁעָווּ וְשֶׁפָּשְׁעוּ וְשֶׁחָטְאוּ לְפָנֶיךָ עַמְּךָ בֵּית יִשְׂרָאֵל, כַּכָּתוּב בְּתוֹרַת מֹשֶׁה עַבְדֶּךָ לֵאמֹר, כִּי בַיּוֹם הַזֶּה יְכַפֵּר עֲלֵיכֶם לְטַהֵר אֶתְכֶם מִכֹּל חַטֹּאתֵיכֶם לִפְנֵי יְיָ תִּטְהָרוּ. וְהַכֹּהֲנִים וְהָעָם הָעוֹמְדִים בָּעֲזָרָה, כְּשֶׁהָיוּ שׁוֹמְעִים שֵׁם הַמְפֹרָשׁ שֶׁהוּא יוֹצֵא מִפִּי כֹהֵן גָּדוֹל, הָיוּ כּוֹרְעִים וּמִשְׁתַּחֲוִים וְנוֹפְלִים עַל פְּנֵיהֶם, וְאוֹמְרִים, בָּרוּךְ שֵׁם כְּבוֹד מַלְכוּתוֹ לְעוֹלָם וָעֶד:

그는 [아사셀에게] 보내질 숫염소에게 와서 두 손을 그 위에 올려 놓고 고백한다. 다음과 같이 말한다. "오 그 이름이시여! 당신의 백성 이스라엘 집이 당신 앞에 잘못했습니다. 범죄했습니다. 죄를 지었습니다. 오 그 이름이시여! 당신의 백성 이스라엘 집이 당신 앞에 잘못하고, 범죄하고, 죄를 지었던 잘못·범죄·죄악을 깨끗하게 해주소서! 당신의 종 모세의 가르침에도 '이 날에 너희를 위하여 속죄하여 너희를 정결하게 하리니 너희의 모든 죄에서 너희가 여호와 앞에 정결하리라'(레 16:30)라고 기록되었습니다." 그러면 제사장들과 성전 안뜰에 서 있는 사람들이 대제사장 입에서 나온 분명한 이름을 듣고 무릎을 꿇고 절하고 얼굴을 땅에 대고, "영광의 이름과 그의 나라가 영원 무궁히 찬양받으소서!"라고 말한다.

- 대제사장은 아사셀에게 보낼 염소 위에 두 손을 올려놓고 고백한다. 이때 하는 고백과 비슷한 내용이 이미 앞 미쉬나 3, 8과 4, 2에 나온다. 고백하고 선포하는 내용뿐 아니라 문자적인 차이가 없는 것으로 보아 이미 고정된 표현이라는 사실을 알 수 있다.

6, 3

מְסָרוֹ לְמִי שֶׁהָיָה מוֹלִיכוֹ. הַכֹּל כְּשֵׁרִין לְהוֹלִיכוֹ, אֶלָּא שֶׁעָשׂוּ הַכֹּהֲנִים גְּדוֹלִים קֶבַע וְלֹא הָיוּ מַנִּיחִין אֶת יִשְׂרָאֵל לְהוֹלִיכוֹ. אָמַר רַבִּי יוֹסֵי, מַעֲשֶׂה וְהוֹלִיכוֹ עַרְסְלָא, וְיִשְׂרָאֵל הָיָה:

그 [대제사장은] 그 [숫염소를 광야로] 끌고 갈 사람에게 전달한다. 누가 끌고 가더라도 유효하다. 하지만 대제사장들이 정하여 [제사장이 아닌] 일반 이스라엘 백성은 끌지 못하게 되었다. 랍비 요쎄는 "아르쎌라로 불리는 자가 끈 적이 있었는데 그는 일반 이스라엘 백성이었다"고 말했다.

- 구약에서는 염소를 광야로 '보낸다'고 되어 있는데 자세한 내용은 생략되어 있다(레 16:22). 랍비들은 여기에 몇 가지 절차를 더했다. 우선 대제사장은 다른 제사장에게 염소를 전달한다. 랍비 요쎄는 일반 백성이 끌고 간 적이 있다고 말하지만 어디까지나 소수의 견해이고 다수의 랍비들은 제사장이 끌고 가야 한다는 것이다.

6, 4

וְכֶבֶשׁ עָשׂוּ לוֹ מִפְּנֵי הַבַּבְלִיִּים, שֶׁהָיוּ מְתַלְּשִׁים בִּשְׂעָרוֹ, וְאוֹמְרִים לוֹ, טֹל וָצֵא, טֹל וָצֵא. מִיַּקִּירֵי יְרוּשָׁלַיִם הָיוּ מְלַוִּין אוֹתוֹ עַד סֻכָּה הָרִאשׁוֹנָה. עֶשֶׂר סֻכּוֹת מִירוּשָׁלַיִם וְעַד צוּק, תִּשְׁעִים רִיס, שִׁבְעָה וּמֶחֱצָה לְכָל מִיל:

〔숫염소를 끌고 갈〕 사람을 위해 만든 경사로는 바벨 〔출신 유대인들〕 때문에 만들었는데, 그들은 그의 털을 잡고 말했다. "〔우리 죄를〕 가지고 가라! 〔우리 죄를〕 가지고 가라!" 예루살렘의 귀족들이 첫 번째 장막까지 동행한다. 예루살렘에서 절벽까지 10개의 초막이 있는데, 〔거리는〕 90리스다. 각각의 밀은 7.5〔리스〕다.

- 염소가 지나가면 바벨을 비롯해 각지에서 순례를 온 유대인들은 염소에게 자신들의 죄를 가지고 가라고 소리친다. 번잡한 이 길을 쉽게 지나가도록 전용 경사로를 만들었다.
- 예루살렘과 목적지인 절벽까지 90리스(riss) 거리인데 모두 10개의 장막이 있다. 초막과 초막의 거리는 1밀(mil)이다. 1밀은 대략 2,000 아마로 안식일에 걸어갈 수 있는 최대 거리다. 그리고 마지막 장막에서 절벽까지는 2밀이다. 그래서 전체 거리는 12밀이다. 그래서 1밀은 7.5리스가 된다.

6, 5

עַל כָּל סֻכָּה וְסֻכָּה אוֹמְרִים לוֹ, הֲרֵי מָזוֹן וַהֲרֵי מָיִם. וּמְלַוִּין אוֹתוֹ מִסֻּכָּה לְסֻכָּה, חוּץ מֵאַחֲרוֹנָה שֶׁבָּהֶן, שֶׁאֵינוֹ מַגִּיעַ עִמּוֹ לַצּוּק, אֶלָּא עוֹמֵד מֵרָחוֹק וְרוֹאֶה אֶת מַעֲשָׂיו:

매 초막마다 그에게 이렇게 말한다. "여기 음식이 있습니다. 여기 물이 있습니다." 그들은 초막에서 초막까지 동행한다. 단 마지막은 제외되고 정상까지 동행하지는 않는다. 대신 멀리 서서 그가 하는 것 을 바라본다.

- 초막에는 비상 식량과 물이 마련되어 있었다. 염소를 끌고 절벽까지 가는 사람의 임무를 무사히 마치도록 초막에서 초막까지 동행했다.

6, 6

מֶה הָיָה עוֹשֶׂה, חוֹלֵק לְשׁוֹן שֶׁל זְהוֹרִית, חֶצְיוֹ קָשַׁר בַּסֶּלַע וְחֶצְיוֹ קָשַׁר בֵּין שְׁתֵּי קַרְנָיו, וּדְחָפוֹ לַאֲחוֹרָיו, וְהוּא מִתְגַּלְגֵּל וְיוֹרֵד, וְלֹא הָיָה מַגִּיעַ לַחֲצִי הָהָר עַד שֶׁנַּעֲשָׂה אֵבָרִים אֵבָרִים. בָּא וְיָשַׁב לוֹ תַּחַת סֻכָּה אַחֲרוֹנָה עַד שֶׁתֶּחְשַׁךְ. וּמֵאֵימָתַי מְטַמֵּא בְגָדִים, מִשֶּׁיֵּצֵא חוּץ לְחוֹמַת יְרוּשָׁלַיִם. רַבִּי שִׁמְעוֹן אוֹמֵר, מִשָּׁעַת דְּחִיָּתוֹ לַצּוּק:

〔절벽에서〕 무엇을 하는가? 홍색실을 나누어서 절반으로 바위에 묶 고 〔나머지〕 절반으로 두 뿔을 묶는다. 그리고 그 〔숫염소를〕 뒤에서 민다. 그 〔숫염소는 벼랑으로〕 굴러 내려가, 그 산의 절반에 도달하기 전에 사지가 절단된다. 그는 돌아와서 마지막 장막에서 어두워질 때 까지 앉아 있다. 그렇다면 언제부터 〔그가 입은〕 옷이 부정해지는 가? 예루살렘성을 나가면서부터다. 랍비 쉼온은 말한다. "벼랑으로 밀 때부터입니다."

- 절벽에 도착하면 홍색실을 두 갈래로 나누어서 절반은 바위에 묶고 절반은 염소의 두 뿔을 묶는다. 그리고 염소를 절벽 아래로 민다.
- 숫염소를 벼랑으로 밀어내면 급경사와 바위들로 인해 산비탈의 절반에 도달하기 전에 이미 숫염소의 앞다리와 뒷다리가 절단되고 만다.
- 만약 마지막 초막에서 절벽까지 갔다가 다시 초막으로 돌아오는 날이 안식일이면 그는 이미 안식일에 걸을 수 있는 한계 거리의 두 배를 걸었다. 따라서 날이 저물 때까지 초막에 머물러 있어야 한다.
- 염소를 아사셀에게 데리고 간 사람의 옷은 부정한 것으로 간주한다. 그래서 그는 옷을 빨고 정결의식을 가져야 한다(레 16:26). 랍비들은 언제부터 부정해지는지 토론을 벌인다. 대부분의 랍비들은 예루살렘을 나가면서부터라고 생각하고 랍비 쉼온은 염소를 벼랑으로 밀 때부터라고 주장한다.

6, 7

בָּא לוֹ אֵצֶל פָּר וְשָׂעִיר הַנִּשְׂרָפִין. קְרָעָן וְהוֹצִיא אֶת אֵמוּרֵיהֶן, נְתָנָן בְּמָגִיס,
וְהִקְטִירָן עַל גַּבֵּי הַמִּזְבֵּחַ. קְלָעָן בְּמִקְלָעוֹת, וְהוֹצִיאָן לְבֵית הַשְּׂרֵפָה. וּמֵאֵימָתַי
מְטַמְּאִין בְּגָדִים, מִשֶּׁיֵּצְאוּ חוּץ לְחוֹמַת הָעֲזָרָה. רַבִּי שִׁמְעוֹן אוֹמֵר, מִשֶּׁיִּצַּת
הָאוּר בְּרֻבָּן:

그 (대제사장은) 태워질 황소와 숫염소에게 온다. 그것들을 절단해서 소각부를 꺼내어 쟁반에 올려놓고 제단에서 태운다. 그는 (황소와 염소를 하나로) 엮어서 소각장으로 가져오게 한다. 그렇다면 언제부터 (대제사장의) 옷이 부정해지는가? 성전 뜰의 벽 밖으로 나오면서다. 랍비 쉼온은 말한다. "불이 제물의 대부분을 삼킬 때입니다."

- 대제사장은 내장을 꺼내서 쟁반에 담고 그것을 제단에서 태운다. 황

소와 염소의 나머지 부분은 하나로 엮어서 소각장에서 태운다.

- 황소와 염소의 나머지 부분을 성전 뜰 밖 소각장에서 태운 사람의 옷
은 부정한 것으로 간주한다. 그래서 옷을 빨고 몸을 물에 담가야 한
다(레 26:28).

- 랍비들은 다시 언제부터 부정한 것으로 간주하는지 논쟁을 벌인다.
랍비들은 성전 뜰 벽 밖으로 나오면서부터 부정한 것으로 생각한다.
하지만 랍비 쉼온은 소각장에서 황소와 염소의 나머지 부분들이 대
부분 태워질 때부터라고 주장한다.

6, 8

אָמְרוּ לוֹ לְכֹהֵן גָּדוֹל, הִגִּיעַ שָׂעִיר לַמִּדְבָּר. וּמִנַּיִן הָיוּ יוֹדְעִין שֶׁהִגִּיעַ שָׂעִיר
לַמִּדְבָּר, דִּרְכִּיּוֹת הָיוּ עוֹשִׂין, וּמְנִיפִין בַּסּוּדָרִין, וְיוֹדְעִין שֶׁהִגִּיעַ שָׂעִיר לַמִּדְבָּר.
אָמַר רַבִּי יְהוּדָה, וַהֲלֹא סִימָן גָּדוֹל הָיָה לָהֶם, מִירוּשָׁלַיִם וְעַד בֵּית חִדּוּדוֹ
שְׁלֹשָׁה מִילִין. הוֹלְכִין מִיל, וְחוֹזְרִין מִיל, וְשׁוֹהִין כְּדֵי מִיל, וְיוֹדְעִין שֶׁהִגִּיעַ
שָׂעִיר לַמִּדְבָּר. רַבִּי יִשְׁמָעֵאל אוֹמֵר, וַהֲלֹא סִימָן אַחֵר הָיָה לָהֶם, לָשׁוֹן שֶׁל
זְהוֹרִית הָיָה קָשׁוּר עַל פִּתְחוֹ שֶׁל הֵיכָל, וּכְשֶׁהִגִּיעַ שָׂעִיר לַמִּדְבָּר הָיָה הַלָּשׁוֹן
מַלְבִּין, שֶׁנֶּאֱמַר, אִם יִהְיוּ חֲטָאֵיכֶם כַּשָּׁנִים כַּשֶּׁלֶג יַלְבִּינוּ׃

사람들이 대제사장에게 말한다. "숫염소가 광야에 도착했습니다."
그런데 어떻게 그들은 숫염소가 광야에 도착했다는 것을 아는가? 관
측소들이 있어서 그 사이에서 천을 흔들어 [신호한다]. 그래서 그들
은 숫염소가 광야에 도착한 것을 알게 된다. 랍비 예후다는 말했다.
"그런데 큰 표적이 없었단 말인가요? 예루살렘에서 베트-히두도[17]
까지 3밀 거리입니다. 그들은 1밀을 걸어갔고, 1밀을 돌아왔습니다.
그리고 1밀 걸어가는 데 걸리는 시간만큼 기다렸습니다. 그래서 그들

---

17) 유대 광야에 위치한 베트-히두도(Bet Hidudo)는 예루살렘에서 대략 18킬로
미터 거리에 있다.

은 숫염소가 광야에 도착한 것을 아는 것입니다." 그리고 랍비 이쉬마엘은 말한다. "그들에게 다른 표적은 없었다는 말인가요? 홍색실이 성전 입구에 매어져 있는데, 숫염소가 광야에 도착했을 때 그 실이 흰색으로 변했습니다. 성서에 기록되었듯이, '너희의 죄가 주홍 같을지라도 눈과 같이 희어질 것이요'(사 1:18)."

- 숫염소가 광야에 도착해서 절벽으로 떨어지면 각 관측소에서 천을 흔들어 알려준다. 그래서 이 사실은 최종적으로 대제사장에게 알려진다.
- 두 번째 견해는 이러한 신호가 없이 밀에서 밀까지 걷는 데 걸리는 시간을 측정해서 전체 12개 밀까지 걷는 데 걸리는 시간을 어림잡으면 된다는 입장이다.
- 랍비 이쉬마엘의 견해는 많은 미쉬나 사본에 없는 내용으로 후대에 탈무드의 내용이 첨가된 것으로 보인다.

제7장

이번 장에서는 속죄일에 대제사장이 낭독하는 성서 본문에 대하여 설명한다. 속죄일에 성서를 읽는다는 내용은 토라(오경)에는 없다. 그리고 대제사장은 속죄일에 제물을 바치거나 향을 드리기 전에 손발과 몸을 씻고 옷을 갈아입는다.

7, 1

בָּא לוֹ כֹהֵן גָּדוֹל לִקְרוֹת. אִם רָצָה לִקְרוֹת בְּבִגְדֵי בוּץ, קוֹרֵא. וְאִם לֹא, קוֹרֵא בְּאִצְטְלִית לָבָן מִשֶּׁלּוֹ. חַזַּן הַכְּנֶסֶת נוֹטֵל סֵפֶר תּוֹרָה וְנוֹתְנוֹ לְרֹאשׁ הַכְּנֶסֶת,

וְרֹאשׁ הַכְּנֶסֶת נוֹתְנוֹ לַסְּגָן, וְהַסְּגָן נוֹתְנוֹ לְכֹהֵן גָּדוֹל, וְכֹהֵן גָּדוֹל עוֹמֵד וּמְקַבֵּל
וְקוֹרֵא עוֹמֵד, וְקוֹרֵא אַחֲרֵי מוֹת וְאַךְ בֶּעָשׂוֹר. וְגוֹלֵל סֵפֶר תּוֹרָה וּמַנִּיחוֹ
בְּחֵיקוֹ, וְאוֹמֵר, יוֹתֵר מִמַּה שֶּׁקָּרָאתִי לִפְנֵיכֶם כָּתוּב כָּאן, וּבֶעָשׂוֹר שֶׁבְּחֻמַּשׁ
הַפְּקוּדִים קוֹרֵא עַל פֶּה, וּמְבָרֵךְ עָלֶיהָ שְׁמֹנֶה בְרָכוֹת, עַל הַתּוֹרָה, וְעַל
הָעֲבוֹדָה, וְעַל הַהוֹדָאָה, וְעַל מְחִילַת הֶעָוֹן, וְעַל הַמִּקְדָּשׁ בִּפְנֵי עַצְמוֹ, וְעַל
יִשְׂרָאֵל בִּפְנֵי עַצְמָן וְעַל יְרוּשָׁלַיִם בִּפְנֵי עַצְמָהּ וְעַל הַכֹּהֲנִים בִּפְנֵי עַצְמָן וְעַל
שְׁאָר הַתְּפִלָּה:

대제사장은 와서 〔해당 성서 구절을〕 낭독한다. 만약 그가 아마로
만든 옷을 입고 읽기를 원한다면, 〔그렇게〕 읽는다. 그리고 〔그렇게
입고 읽기를〕 원하지 않으면, 자신의 흰색 옷을 입고 낭독한다. 회당
의 직원은 토라 두루마리를 가져와 회당장에게 준다. 회당장은 대제
사장보에게 주고, 대제사장보는 대제사장에게 준다. 대제사장은 서
서 〔두루마리〕를 받아 읽는다. 그는 "죽은 후에"(레 16:1-34)와 "그렇
지만 십 일에"(레 23:27-32) 단락을 낭독한다. 〔낭독〕 후에 그는 토라
두루마리를 말아서 겨드랑이 〔사이에〕 두고 다음과 같이 말한다. "제
가 여러분에게 낭독한 것보다 더 많은 내용이 여기에 기록되어 있습
니다." 그리고 "제 십 일에 … "(민 29:7-11) 오경에 있는 것을 낭독한
다. 그리고 여덟 〔가지〕 축복을 낭송한다. 토라를 위해서, 〔성전〕 제
사를 위해서, 감사제를 위해서, 속죄제를 위해서, 성전을 위해서 자력
으로, 이스라엘을 위해서 자력으로, 예루살렘을 위해서 자력으로, 제
사장들을 위해서 그들 스스로, 그리고 나머지 기도를 위해서 〔축복을
낭송한다〕.

- 성서를 읽을 때 대제사장은 속죄제물을 드릴 때 입는 특별한 의복을
입어도 되고 그렇지 않아도 된다. 성서를 읽는 것은 토라(오경)에서
명령하는 제의가 아니기 때문에 복장을 선택할 자유가 있다.
- 유대 전통에서는 성서 본문을 읽어갈 때, 단락이 시작하는 절에서

핵심 단어 두 개를 정해서 전체 단락의 제목처럼 사용하는 전통이
있다. 대제사장은 먼저 레위기에 있는 두 단락을 읽는다.

- 여덟 가지에 대한 축복(기도문)을 낭송한다. 하지만 여기에서는 주
제만 나왔을 뿐 전체 축복문은 생략되어 있다.

7, 2

הָרוֹאֶה כֹהֵן גָּדוֹל כְּשֶׁהוּא קוֹרֵא, אֵינוֹ רוֹאֶה פַר וְשָׂעִיר הַנִּשְׂרָפִים. וְהָרוֹאֶה
פַר וְשָׂעִיר הַנִּשְׂרָפִים, אֵינוֹ רוֹאֶה כֹהֵן גָּדוֹל כְּשֶׁהוּא קוֹרֵא. וְלֹא מִפְּנֵי שֶׁאֵינוֹ
רַשַּׁאי, אֶלָּא שֶׁהָיְתָה דֶרֶךְ רְחוֹקָה, וּמְלֶאכֶת שְׁנֵיהֶן שָׁוָה כְאֶחָת:

대제사장이 읽는 것을 보는 사람은 황소와 숫염소가 타는 것을 보
지 못한다. 그리고 황소와 숫염소가 타는 것을 보는 사람은 대제사장
이 읽는 것을 보지 못한다. 이것은 허락되지 않기 때문이 아니라 멀리
떨어져 있고 동시에 행해지기 때문이다.

- 황소와 숫염소가 소각장에서 타고 있는 동안 대제사장은 성서를 낭
독하고 여덟 개의 축복문을 낭독한다. 서로 멀리 떨어져 있는 곳에서
동시에 이루어지기 때문에 두 가지를 모두 볼 수는 없다.

7, 3

אִם בְּבִגְדֵי בוּץ קוֹרֵא, קִדֵּשׁ יָדָיו וְרַגְלָיו, פָּשַׁט יָרַד וְטָבַל, עָלָה וְנִסְתַּפֵּג.
הֵבִיאוּ לוֹ בִגְדֵי זָהָב, וְלָבַשׁ, וְקִדֵּשׁ יָדָיו וְרַגְלָיו, וְיָצָא וְעָשָׂה אֶת אֵילוֹ וְאֶת
אֵיל הָעָם, וְאֵת שִׁבְעַת כְּבָשִׂים תְּמִימִים בְּנֵי שָׁנָה, דִּבְרֵי רַבִּי אֱלִיעֶזֶר. רַבִּי
עֲקִיבָא אוֹמֵר, עִם תָּמִיד שֶׁל שַׁחַר הָיוּ קְרֵבִין, וּפַר הָעוֹלָה וְשָׂעִיר הַנַּעֲשֶׂה
בַחוּץ הָיוּ קְרֵבִין עִם תָּמִיד שֶׁל בֵּין הָעַרְבָּיִם:

대제사장이 아마로 만든 옷을 입고 읽을 경우에는 손과 발을 정결
하게 하고 옷을 벗고 내려가서 물에 적신 후 올라와서 몸을 말린다.

그들이 금으로 만든 옷을 가져오면 대제사장은 그 옷을 입고 손과 발을 정결하게 한다. "그는 나가서 자신을 위한 숫양과 백성을 위한 숫양, 그리고 일년 된 숫양 일곱 마리를 바칩니다." 랍비 엘리에제르의 말이다. 랍비 아키바는 말한다. "그것들이 아침에 드리는 상번제물, 그리고 황소 번제물과 함께 드립니다. 그리고 밖에서 드리는 숫염소는 오후 상번제물과 함께 드립니다."

- 지금까지 상번제, 황소, 숫염소를 바쳤다. 이 미쉬나에서는 나머지 제사에 대하여 가르친다.
- 평소 자신이 입던 금으로 만든 옷으로 갈아 입고 자신을 위한 숫양과 백성을 위한 숫양을 드린다(레 16:24). 그리고 1년 된 숫양 7마리를 바친다(민 29:8).
- 대제사장은 자신의 속죄를 위해 숫양을 번제물로 드려야 한다(레 16:3, 24). 그리고 백성들의 속죄를 위해서도 번제물로 숫양을 바쳐야 한다(레 16:24).
- 랍비 아키바는 이런 제물을 아침 상번제물, 그리고 황소와 같이 드려져야 한다고 주장한다.
- 한편, 밖에서 드려지는 숫염소는 지성소 안에서 그 피가 드려지는 염소와 구별된다.

7, 4

קִדֵּשׁ יָדָיו וְרַגְלָיו, וּפָשַׁט וְיָרַד וְטָבַל וְעָלָה וְנִסְתַּפֵּג. הֵבִיאוּ לוֹ בִגְדֵי לָבָן,
וְלָבַשׁ, וְקִדֵּשׁ יָדָיו וְרַגְלָיו. נִכְנַס לְהוֹצִיא אֶת הַכַּף וְאֶת הַמַּחְתָּה. קִדֵּשׁ יָדָיו
וְרַגְלָיו, וּפָשַׁט וְיָרַד וְטָבַל, עָלָה וְנִסְתַּפֵּג. הֵבִיאוּ לוֹ בִגְדֵי זָהָב וְלָבַשׁ, וְקִדֵּשׁ
יָדָיו וְרַגְלָיו, וְנִכְנַס לְהַקְטִיר קְטֹרֶת שֶׁל בֵּין הָעַרְבַּיִם וּלְהֵיטִיב אֶת הַנֵּרוֹת,
וְקִדֵּשׁ יָדָיו וְרַגְלָיו, וּפָשַׁט. הֵבִיאוּ לוֹ בִגְדֵי עַצְמוֹ, וְלָבַשׁ. וּמְלַוִּין אוֹתוֹ עַד
בֵּיתוֹ. וְיוֹם טוֹב הָיָה עוֹשֶׂה לְאוֹהֲבָיו בְּשָׁעָה שֶׁיָּצָא בְשָׁלוֹם מִן הַקֹּדֶשׁ:

〔대제사장은〕손과 발을 정결하게 하고 옷을 벗고 내려가서 물에 적신 후 올라와서 몸을 말린다. 그들은 〔속죄일에 입는〕흰 옷을 가져오면 〔대제사장은〕 그것을 입고 손과 발을 정결히 한다. 〔대제사장은〕들어가서 숟가락과 부삽을 가지고 나온다. 그는 손과 발을 정결하게 하고 옷을 벗고 내려가서 물에 적신 후 올라와서 몸을 말린다. 그들이 금으로 만든 옷을 가져오면 〔대제사장은〕 그것을 입고 손과 발을 정결하게 하고 들어가서 오후에 드리는 분향을 하고 등을 준비한다. 그리고 손과 발을 정결하게 하고 옷을 벗는다. 그들이 대제사장에게 일상복을 가져오면 그것을 입는다. 그들은 대제사장을 그의 집까지 배웅한다. 그가 성전 〔업무를 마치고〕 무사히 돌아오면 사랑하는 자들과 명절을 보낸다.

- 대제사장은 정결의식을 가진 후 속죄일에 입는 흰색 옷으로 갈아 입고 지성소에 들어가 숟가락과 부삽을 가지고 나온다. 앞서 대제사장은 지성소 안에서 향이 타도록 숟가락과 부삽을 두고 나왔다(「요마」 5, 1).
- 성전에서 무사히 돌아왔다는 것은 임무를 수행하는 동안 불미스러운 일이 발생하지 않았다는 의미다.
- 대제사장직을 무사히 마친 것에 대하여 속죄일이 끝나는 저녁 이후에 가족과 친구들과 자축하는 식사를 한다.

7, 5

כֹּהֵן גָּדוֹל מְשַׁמֵּשׁ בִּשְׁמֹנָה כֵלִים. וְהַהֶדְיוֹט בְּאַרְבָּעָה, בְּכֻתֹּנֶת וּמִכְנָסַיִם וּמִצְנֶפֶת וְאַבְנֵט. מוֹסִיף עָלָיו כֹּהֵן גָּדוֹל, חֹשֶׁן וְאֵפוֹד וּמְעִיל וְצִיץ. בְּאֵלּוּ נִשְׁאָלִין בָּאוּרִים וְתֻמִּים. וְאֵין נִשְׁאָלִין אֶלָּא לְמֶלֶךְ וּלְבֵית דִּין וּלְמִי שֶׁהַצִּבּוּר צָרִיךְ בּוֹ:

대제사장은 [봉사할 때] 제사 복장의 여덟 가지를 사용하고 일반 제사장들은 상의, 하의, 수건, 허리띠 네 가지를 사용한다. 대제사장은 여기에 더해 흉패, 에봇, 겉옷, [머리 위에 두르는] 패를 착용한다. 여기에 우림과 툼밈[18]으로 질문을 받는다. 그것을 입고 왕, 법정, 공공의 목적을 위해서만 질문을 받는다.

- 대제사장이 입는 옷에 대하여는 출애굽기 28장에 자세하게 기술되어 있다. 대제사장은 일반 제사장들에게는 없는 흉패, 에봇, 겉옷, 패를 착용한다.
- 우림과 툼밈으로 받는 질문은 사적인 목적으로 사용되어서는 안 되고 왕, 법정, 그리고 공공의 목적으로만 사용된다.

제8장

속죄일에는 일반적인 일을 비롯해서 특별히 먹고 마시는 것이 금지된다. 하지만 성년 이하의 어린이, 산모, 환자들에게는 금식 규정이 예외적으로 적용된다.

8, 1

יוֹם הַכִּפּוּרִים אָסוּר בַּאֲכִילָה וּבִשְׁתִיָּה וּבִרְחִיצָה וּבְסִיכָה וּבִנְעִילַת הַסַּנְדָּל
וּבְתַשְׁמִישׁ הַמִּטָּה. וְהַמֶּלֶךְ וְהַכַּלָּה יִרְחֲצוּ אֶת פְּנֵיהֶם, וְהֶחָיָה תִנְעֹל אֶת

---

18) 출애굽기 28:19-30 부분에서 우림(Urim)과 툼밈(Tummim)을 대제사장의 흉패 안에 보관하라는 것으로 보아 그렇게 크지 않는 것으로 보인다. 우림과 툼밈은 아마도 주사위와 같은 물건으로 던져서 그 결과로 신의 뜻을 구별하는 점술의 일종에 사용되는 도구였을 것이다.

הַסַּנְדָּל, דִּבְרֵי רַבִּי אֱלִיעֶזֶר, וַחֲכָמִים אוֹסְרִין:

속죄일에는 먹기, 마시기, 목욕, 샌들 신기, 부부생활이 금지된다.
"왕이나 신부는 얼굴을 씻을 수 있고 산모는 샌들을 신을 수 있습니
다." 랍비 엘리에제르의 말이다. 하지만 다른 랍비들은 금했다.

- 레위기 16:29에서는 속죄일에 '스스로 괴롭게 하라'고 규정하고 있
  다. 랍비들은 이것을 금식으로 해석한다.
- 랍비 엘리에제르는 왕이나 신부가 얼굴을 씻는 것과 산모가 샌들을
  신는 것은 가능하다고 주장한다. 하지만 다른 랍비들은 금한다.

8, 2

הָאוֹכֵל כְּכוֹתֶבֶת הַגַּסָּה, כָּמוֹהָ וּכְגַרְעִינָתָהּ, וְהַשּׁוֹתֶה מְלֹא לֻגְמָיו, חַיָּב. כָּל
הָאֳכָלִין מִצְטָרְפִין לִכְכוֹתֶבֶת. כָּל הַמַּשְׁקִין מִצְטָרְפִין לִמְלֹא לֻגְמָיו. הָאוֹכֵל
וְשׁוֹתֶה, אֵין מִצְטָרְפִין:

[속죄일에] 큰 대추야자와 그 씨 [양만큼] 먹은 사람이나 한입 가득
마신 사람은 [속죄제의] 책임이 있다. 모든 음식을 합산하여 큰 대추
야자 양까지 [제한한다]. 모든 음료를 합산하여 한입 가득한 양까지
[제한한다]. 음식과 음료는 합산되지 않는다.

- 속죄일에는 큰 대추야자만큼의 음식을 먹는다거나 입안이 가득할
  정도로 마시면 속죄제를 드려야 한다.
- 다른 음식을 먹은 경우는 합쳐서 대추야자 크기만큼 먹으면 안 되고
  다른 음료를 마실 때에도 합쳐서 입안 가득 마시는 양이면 안 된다.
  그런데 대추야자 절반 정도 먹고 입안 절반 정도 마신 경우는 합산
  되지 않고 속죄제의 책임이 없다.

אָכַל וְשָׁתָה בְּהֶעְלֵם אַחַת, אֵינוֹ חַיָּב אֶלָּא חַטָּאת אֶחָת. אָכַל וְעָשָׂה
מְלָאכָה, חַיָּב שְׁתֵּי חַטָּאוֹת. אָכַל אֲכָלִין שֶׁאֵינָן רְאוּיִין לַאֲכִילָה, וְשָׁתָה
מַשְׁקִין שֶׁאֵינָן רְאוּיִין לִשְׁתִיָּה, וְשָׁתָה צִיר אוֹ מֻרְיָס, פָּטוּר:

부지중에 〔속죄일에〕 먹고 마신 사람은 단지 한 번의 속죄제가 필
요하다. 먹고 일을 한 사람은 두 번의 속죄제를 드려야 한다. 음식으로
적당치 않은 것을 먹은 사람과 마시기 적당치 않은 것, 소금물, 물고기
절인 물을 마신 사람은 〔속죄제가〕 면제된다.

- 여러 가지 음식을 먹었더라도 속죄제를 한 번만 드리면 된다. 하지
  만 먹는 것과 함께 일도 한 사람은 두 번의 속죄제를 드려야 한다.
- 소금물은 절인 물고기로 인해 만들어진 물이다. 그리고 절인 물고기
  에서 흘러나온 육즙도 일반적인 음료는 아니다.

הַתִּינוֹקוֹת, אֵין מְעַנִּין אוֹתָן בְּיוֹם הַכִּפּוּרִים, אֲבָל מְחַנְּכִין אוֹתָם לִפְנֵי שָׁנָה
וְלִפְנֵי שְׁנָתַיִם, בִּשְׁבִיל שֶׁיִּהְיוּ רְגִילִין בַּמִּצְוֹת:

어린 아이들은 속죄일에 금식을 하지 않는다. 하지만 율법에 익숙
해지기 위해서 〔성년〕 1년과 2년 전부터 그들을 훈련시킨다.

- 성장해야 할 아이들은 금식하면 안 된다. 다만, 성년이 되기 2년 전부
  터 속죄일에는 금식해야 한다는 것을 가르친다. 성년은 만 13세다.

עֻבָּרָה שֶׁהֵרִיחָה, מַאֲכִילִין אוֹתָהּ עַד שֶׁתָּשִׁיב נַפְשָׁהּ. חוֹלֶה מַאֲכִילִין אוֹתוֹ עַל
פִּי בְקִיאִין. וְאִם אֵין שָׁם בְּקִיאִין, מַאֲכִילִין אוֹתוֹ עַל פִּי עַצְמוֹ, עַד שֶׁיֹּאמַר דָּי:

임신한 여성이 〔속죄일에 음식〕 냄새를 맡았는데 〔먹지 못했으면〕, 기력이 회복될 때까지 음식을 먹는다. 환자는 전문가의 조언에 따라 먹인다. 전문가가 없는 경우는 〔환자〕 본인의 말에 따라 먹인다. "충분하다"고 말할 때까지.

- 산모가 음식 냄새를 맡았는데 먹지 못한 경우는 산모와 아이에게 위험한 상황에 처하게 되므로 예외적으로 기력을 회복할 때까지 음식을 먹을 수 있다.

8, 6

מִי שֶׁאֲחָזוֹ בֻלְמוּס, מַאֲכִילִין אוֹתוֹ אֲפִלּוּ דְבָרִים טְמֵאִים, עַד שֶׁיֵּאוֹרוּ עֵינָיו. מִי שֶׁנְּשָׁכוֹ כֶּלֶב שׁוֹטֶה, אֵין מַאֲכִילִין אוֹתוֹ מֵחֲצַר כָּבֵד שֶׁלּוֹ, וְרַבִּי מַתְיָא בֶן חָרָשׁ מַתִּיר. וְעוֹד אָמַר רַבִּי מַתְיָא בֶן חָרָשׁ, הַחוֹשֵׁשׁ בִּגְרוֹנוֹ, מַטִּילִין לוֹ סַם בְּתוֹךְ פִּיו בְּשַׁבָּת, מִפְּנֵי שֶׁהוּא סְפֵק נְפָשׁוֹת, וְכָל סְפֵק נְפָשׁוֹת דּוֹחֶה אֶת הַשַּׁבָּת:

굶주려 아픈 사람은 음식을 먹이는데, 심지어 부정한 음식이라도 시력이 회복될 때까지 먹인다. 미친개에게 물린 사람에게 그 〔개의〕 간을 먹여서는 안 된다. 하지만 랍비 마티야 벤 하라쉬는 허락했다. 마티야 벤 하라쉬는 덧붙여 말했다. 목에 질환이 있는 사람에게는 안식일에도 약을 그 입에 먹인다. 왜냐하면 그는 죽을 염려가 있기 때문이다. 생명이 위독한 경우에는 안식일〔법〕을 능가한다.

- 굶주려서 아픈 경우로 보이는 '불모스'(בלמוס, bulmos) 상태에 있는 경우는 음식을 먹어도 된다. 정결한 음식이 없는 경우는 부정한 음식을 먹더라도 환자의 회복이 우선이다.
- 미친개에게 물리면 그 개의 간을 먹이는 풍습을 랍비들은 금지한다.

- 안식일에는 환자를 치료하는 행위마저도 금지된다. 단, 생명의 위협
  이 있을 경우에는 치료가 가능하다.

8, 7

מִי שֶׁנָּפְלָה עָלָיו מַפֹּלֶת, סָפֵק הוּא שָׁם סָפֵק אֵינוֹ שָׁם, סָפֵק חַי סָפֵק מֵת,
סָפֵק נָכְרִי סָפֵק יִשְׂרָאֵל, מְפַקְּחִין עָלָיו אֶת הַגַּל. מְצָאוּהוּ חַי, מְפַקְּחִין עָלָיו.
וְאִם מֵת, יַנִּיחוּהוּ:

잔해가 사람을 덮쳐서 그가 거기에 있는지 없는지, 그가 살았는지
죽었는지, 외부인인지 이스라엘 사람인지 모르는 경우에 그 더미를
치운다. 만약 그가 살아 있으면 더미를 치우고 죽었다면 그대로 남겨
둔다.

- 안식일에 건물 잔해에 사람이 깔려 있는 경우 신원이 확인될 때까지
  건물 잔해를 치운다. 만약 그가 살아 있다면 구조를 계속하지만 이미
  죽었다면 더 이상 잔해를 치우는 일을 해서는 안 된다.

8, 8

חַטָּאת וְאָשָׁם וַדַּאי מְכַפְּרִין. מִיתָה וְיוֹם הַכִּפּוּרִים מְכַפְּרִין עִם הַתְּשׁוּבָה.
הַתְּשׁוּבָה מְכַפֶּרֶת עַל עֲבֵרוֹת קַלּוֹת עַל עֲשֵׂה וְעַל לֹא תַעֲשֶׂה. וְעַל הַחֲמוּרוֹת
הִיא תוֹלָה עַד שֶׁיָּבֹא יוֹם הַכִּפּוּרִים וִיכַפֵּר:

속죄제와 속건제는 무조건 속죄한다. 죽음과 속죄일은 회개와 함께
속죄한다. 회개는 '하라'는 가벼운 명령과 '하지 말라'는 명령을 어긴
행위를 속죄한다. 심각한 잘못은 속죄일이 올 때까지 미루었다가 속
죄한다.

- 이 미쉬나는 속죄제나 속건제뿐만 아니라 회개가 속죄의 핵심이라

고 가르친다. 속죄제와 속건제는 당연히 속죄의 효과가 있다.

- 죽음이나 속죄일에 드리는 제사가 속죄의 효과가 있는 것은 회개가 동반되기 때문이다.
- 하라는 명령과 하지 말라는 명령 중에서 사소한 것들은 회개로 속죄 할 수 있다. 다만 심각한 잘못은 속죄일 제사로 속죄를 받는다.

8, 9

הָאוֹמֵר, אֶחֱטָא וְאָשׁוּב, אֶחֱטָא וְאָשׁוּב, אֵין מַסְפִּיקִין בְּיָדוֹ לַעֲשׂוֹת תְּשׁוּבָה. אֶחֱטָא וְיוֹם הַכִּפּוּרִים מְכַפֵּר, אֵין יוֹם הַכִּפּוּרִים מְכַפֵּר. עֲבֵרוֹת שֶׁבֵּין אָדָם לַמָּקוֹם, יוֹם הַכִּפּוּרִים מְכַפֵּר. עֲבֵרוֹת שֶׁבֵּין אָדָם לַחֲבֵרוֹ, אֵין יוֹם הַכִּפּוּרִים מְכַפֵּר, עַד שֶׁיְרַצֶּה אֶת חֲבֵרוֹ. אֶת זוֹ דָרַשׁ רַבִּי אֶלְעָזָר בֶּן עֲזַרְיָה, מִכֹּל חַטֹּאתֵיכֶם לִפְנֵי יְיָ תִּטְהָרוּ, עֲבֵרוֹת שֶׁבֵּין אָדָם לַמָּקוֹם, יוֹם הַכִּפּוּרִים מְכַפֵּר. עֲבֵרוֹת שֶׁבֵּין אָדָם לַחֲבֵרוֹ, אֵין יוֹם הַכִּפּוּרִים מְכַפֵּר, עַד שֶׁיְרַצֶּה אֶת חֲבֵרוֹ. אָמַר רַבִּי עֲקִיבָא, אַשְׁרֵיכֶם יִשְׂרָאֵל, לִפְנֵי מִי אַתֶּם מִטַּהֲרִין, וּמִי מְטַהֵר אֶתְכֶם, אֲבִיכֶם שֶׁבַּשָּׁמַיִם, שֶׁנֶּאֱמַר, וְזָרַקְתִּי עֲלֵיכֶם מַיִם טְהוֹרִים וּטְהַרְתֶּם. וְאוֹמֵר, מִקְוֵה יִשְׂרָאֵל יְיָ, מַה מִּקְוֶה מְטַהֵר אֶת הַטְּמֵאִים, אַף הַקָּדוֹשׁ בָּרוּךְ הוּא מְטַהֵר אֶת יִשְׂרָאֵל:

만약 어떤 사람이 "내가 죄를 짓고 회개할 것이다. 내가 죄를 짓고 회개할 것이다"라고 말했다면, 그는 회개할 기회가 없을 것이다. 만약 "내가 죄를 지으면 속죄일에 속죄할 것이다"라고 말했다면, 속죄일은 속죄하지 않을 것이다. 사람과 그분 사이의 잘못은 속죄일이 속죄할 것이다. 사람과 사람 사이의 잘못은 그가 그의 친구를 만족시키기 전에는 속죄일이 속죄하지 않는다. 이것을 랍비 엘리에제르 아자리야가 설명했다. "모든 죄를 위하여"(레 16:34) 야웨 앞에서 정결하라는 말이다. 사람과 그분 사이의 잘못은 속죄일이 속죄할 것이다. 사람과 사람 사이의 잘못은 그가 그의 친구를 만족시키기 전에는 속죄일이 속죄하지 않는다. 랍비 아키바는 말했다. "오 이스라엘이여 복

되도다! 누구 앞에서 정결하게 되었는가? 누가 너희를 정결하게 했는가? 하늘에 계신 너희 아버지시다. 성서에 기록된 것처럼, '맑은 물을 너희에게 뿌려서 너희로 정결하게 하되'(겔 36:25). 또 기록되었듯이, '이스라엘의 소망이신 여호와시다'(렘 17:13). 정결례장이 죄인들을 정결하게 하듯이, 찬양 받으실 거룩하신 분이 이스라엘을 정결하게 하십니다."

- '죄를 짓고 회개한다'는 죄를 지어도 회개하면 된다는 식으로 속죄를 악용해서는 효력이 없다는 말이다. 같은 식으로 속죄일이 자동적으로 나의 죄를 속죄하리라고 기대하는 것도 잘못된 생각이다.
- 속죄제는 사람과 하나님 사이에 있는 죄를 씻어내는 의례다. 사람과 사람 사이의 잘못은 직접 피해자가 만족할 정도로 사죄하고 용서를 구해야 한다.
- 예레미야 17:13에서 소망으로 쓰이는 히브리어 '미크베'(מקוה, mikve)가 다른 의미로 '정결례장'이다. 미쉬나 본문은 이렇게 두 가지 의미를 지니는 '미크베'로 미드라쉬적인 해석을 하고 있다.
- 랍비 아키바는 하나님께서 이스라엘을 정결하게 해서 다시 회복시키실 것이라는 희망적인 메시지로 미쉬나를 마무리한다.

סוכה

6

쑤카
초막

초막을 나무 아래 지은 것은 마치 집 안에 초막을 짓는 것과 같다. 초막 위에 초막을 지은 경우 위 초막은 유효하지만 아래 초막은 무효다. 랍비 예후다가 말한다. "만약 위 초막에 거주민이 없다면 아래 초막은 유효합니다."_「쑤카」1, 2

개요

마쎄켓(제6부) 「쑤카」의 명칭은 '초막'이라는 의미다. 그 이름에 걸맞게 초막절과 관련된 규정들을 다룬다. 크게 세 가지 주제인데 첫째는 초막, 둘째는 네 가지 식물, 셋째는 성전 제의다. 이 가운데서도 초막을 어떻게 지어야 하는지에 대해 가장 많은 부분을 할애한다.

토라(오경)에 따르면 초막절 이레 동안 초막에 거하라고 말한다. 성서는 초막에 대하여 구체적으로 언급하고 있지 않지만 랍비들은 거기에 대해 세부적으로 가르친다.

• **관련 성경구절** | 레위기 23:40-43; 느헤미야 8:15; 시편 118:25

제1장

이번 장에서는 초막을 어떻게 지어야 하는지 세부적인 조건들을 열거한다. 초막의 최고 높이나 최대 크기가 있는가? 구조는 어떤 것인 적절한가? 초막을 짓는 데 어떤 재료를 사용할 수 있는가? 제1장은 여기에 답을 제시한다. 규정에서 벗어나게 지은 초막들은 무효가 된다.

1, 1

סֻכָּה שֶׁהִיא גְבוֹהָה לְמַעְלָה מֵעֶשְׂרִים אַמָּה, פְּסוּלָה. רַבִּי יְהוּדָה מַכְשִׁיר. וְשֶׁאֵינָהּ גְּבוֹהָה עֲשָׂרָה טְפָחִים, וְשֶׁאֵין לָהּ שְׁלֹשָׁה דְפָנוֹת, וְשֶׁחַמָּתָהּ מְרֻבָּה מִצִּלָּתָהּ, פְּסוּלָה. סֻכָּה יְשָׁנָה, בֵּית שַׁמַּאי פּוֹסְלִין, וּבֵית הִלֵּל מַכְשִׁירִין. וְאֵיזוֹ הִיא סֻכָּה יְשָׁנָה, כָּל שֶׁעֲשָׂאָהּ קֹדֶם לֶחָג שְׁלֹשִׁים יוֹם. אֲבָל אִם עֲשָׂאָהּ לְשֵׁם חָג, אֲפִלּוּ מִתְּחִלַּת הַשָּׁנָה, כְּשֵׁרָה:

높이가 20아마 이상인 초막은 무효다. 랍비 예후다는 그것을 허용했다. 높이가 10테팍 이하이거나 벽 세 개가 안 되거나 해가 비치는 곳이 그늘진 곳보다 크면 무효다. 구형 초막에 대하여 샴마이 학파는 무효라고 했지만, 힐렐 학파는 허용했다. 오래된 초막은 어떤 것인가? 오래된 초막은 (초막)절 30일 전에 지은 초막이다. 하지만 (초막)절을 위해 특별히 제작된 초막은 연초에 지었어도 유효하다.

- 지붕 높이가 20아마(대략 10미터) 이상인 초막은 무효다. 이런 초막은 효과적인 그늘을 제공하지 못해 결국 햇볕을 피해 다른 장소에 머무를 가능성이 높기 때문이다.
- 높이는 최소 10테팍 이상이 되어야 한다. 벽은 세 면이 있어야 한다. 그리고 그늘진 면적이 해가 비치는 곳보다 넓어야 한다. 그렇지 않으면 무효다. 다시 만들어야 한다.

- 이 지역의 농부들은 평소에도 그늘을 제공하는 초막을 만들어 사용했다. 이런 초막을 초막절에 다시 사용해서는 안 된다. 오래된 초막이라도 초막절용으로 미리 만들어 둔 것이라면 괜찮다.

1, 2

הָעוֹשֶׂה סֻכָּתוֹ תַּחַת הָאִילָן, כְּאִלּוּ עֲשָׂאָהּ בְּתוֹךְ הַבָּיִת. סֻכָּה עַל גַּבֵּי סֻכָּה, הָעֶלְיוֹנָה כְּשֵׁרָה, וְהַתַּחְתּוֹנָה פְּסוּלָה. רַבִּי יְהוּדָה אוֹמֵר, אִם אֵין דִּיּוּרִין בָּעֶלְיוֹנָה, הַתַּחְתּוֹנָה כְּשֵׁרָה:

초막을 나무 아래 지은 것은 마치 집 안에 초막을 짓는 것과 같다. 초막 위에 초막을 지은 경우 위 〔초막〕은 유효하지만 아래 〔초막〕은 무효다. 랍비 예후다가 말한다. "만약 위 〔초막〕에 거주민이 없다면 아래 〔초막〕은 유효합니다."

- 나무 그늘을 초막의 지붕처럼 사용하는 것은 무효다. 이것은 지붕이 있는 집 안에 초막을 짓는 것과 다름없다.
- 같은 취지로 초막 위에 초막을 지은 경우 아래 초막은 무효가 된다. 집 안에 초막을 만든 것처럼 아래 초막의 지붕이 위 초막의 바닥이 되기 때문이다. 하지만 랍비 예후다는 위 초막에 사람이 머무르지 않는다면 문제되지 않는다고 주장한다.

1, 3

פֵּרַס עָלֶיהָ סָדִין מִפְּנֵי הַחַמָּה, אוֹ תַּחְתֶּיהָ מִפְּנֵי הַנְּשָׁר, אוֹ שֶׁפֵּרַס עַל גַּבֵּי הַקִּינוֹף, פְּסוּלָה. אֲבָל פּוֹרֵס הוּא עַל גַּבֵּי נַקְלִיטֵי הַמִּטָּה:

해를 〔가리기〕 위해 천을 위에 〔펼쳤거나〕 낙엽 때문에 아래에 〔펼쳤거나〕 기둥이 넷인 침대 〔틀〕 위에 펼쳤으면 무효다. 하지만 기둥이 둘인 침대 위에 펼쳐도 된다.

- 초막의 지붕에 천으로 덮거나 바닥에 천으로 깔면 안 된다.

1, 4

הִדְלָה עָלֶיהָ אֶת הַגֶּפֶן וְאֶת הַדְּלַעַת וְאֶת הַקִּסּוֹם וְסִכֵּךְ עַל גַּבָּהּ, פְּסוּלָה. וְאִם הָיָה סִכּוּךְ הַרְבֵּה מֵהֶן, אוֹ שֶׁקְּצָצָן, כְּשֵׁרָה. זֶה הַכְּלָל, כֹּל שֶׁהוּא מְקַבֵּל טֻמְאָה וְאֵין גִּדּוּלוֹ מִן הָאָרֶץ, אֵין מְסַכְּכִין בּוֹ. וְכָל דָּבָר שֶׁאֵינוֹ מְקַבֵּל טֻמְאָה וְגִדּוּלוֹ מִן הָאָרֶץ, מְסַכְּכִין בּוֹ:

[초막] 위로 포도나무, 박, 담쟁이 덩굴을 끌어 올린 후 초막 지붕을 덮으면 무효다. 하지만 지붕의 [면적]이 그것들보다 훨씬 넓거나 그것들을 잘라냈으면 유효하다. 다음이 일반 원칙이다. 부정해지지만 땅에서 자라지 않은 것은 무엇이든지 초막을 만들 수 없다. 부정해지지 않고 땅에서 자란 것은 무엇이든지 초막을 만들 수 있다.

- 초막은 땅에서 자라는 식물로 지붕을 올려서는 안 된다. 식물들을 잘라서 땅과 분리시켜 지붕으로 사용하면 그 초막은 유효하다.
- 옷이나 의자, 탁자, 그릇처럼 사람이 만든 것은 부정해질 수 있기 때문에 초막의 재료로 부적절하다. 오직 땅에서 자란 식물이 초막에 적절하다.

1, 5

חֲבִילֵי קַשׁ וַחֲבִילֵי עֵצִים וַחֲבִילֵי זְרָדִין, אֵין מְסַכְּכִין בָּהֶן. וְכֻלָּן שֶׁהִתִּירָן, כְּשֵׁרוֹת. וְכֻלָּן כְּשֵׁרוֹת לִדְפָנוֹת:

밀짚 더미, 나무 더미, 줄기 더미로 초막 지붕을 만들 수 없다. 하지만 모든 [더미들이] 묶어져 있지 않으면 [초막 지붕으로] 유효하다. 모든 [더미들]은 [초막] 벽으로 유효하다.

- 밀짚, 나무, 줄기 더미는 평소에 말려서 불을 피울 때 사용되는 식물들이다. 묶어진 상태로는 초막 지붕을 만드는 데 사용할 수 없고 다만 풀어진 상태로는 가능하다. 묶어진 상태에서 초막의 벽으로는 사용할 수 있다.

1, 6

מְסַכְּכִין בִּנְסָרִים, דִּבְרֵי רַבִּי יְהוּדָה. וְרַבִּי מֵאִיר אוֹסֵר. נָתַן עָלֶיהָ נֶסֶר שֶׁהוּא רָחָב אַרְבָּעָה טְפָחִים, כְּשֵׁרָה, וּבִלְבַד שֶׁלֹּא יִישַׁן תַּחְתָּיו:

"널판으로 초막 지붕을 덮을 수 있습니다." 랍비 예후다의 말이다. 하지만 랍비 메이르는 금한다. 4테팍 너비의 널판을 사용한 경우에 〔초막〕은 유효하다. 하지만 그 아래에서 잠을 자면 안 된다.

- 랍비 예후다는 널판으로 초막의 지붕을 덮을 수 있다고 말하지만 랍비 메이르는 안 된다고 말한다.
- 하지만 랍비 메이르는 4테팍 너비의 널판으로 초막 지붕을 덮을 수 있다고 말한다. 단, 이때 그 초막에서 잠을 자서는 안 된다.

1, 7

תִּקְרָה שֶׁאֵין עָלֶיהָ מַעֲזִיבָה, רַבִּי יְהוּדָה אוֹמֵר, בֵּית שַׁמַּאי אוֹמְרִים, מְפַקְפֵּק וְנוֹטֵל אַחַת מִבֵּינְתַיִם, וּבֵית הִלֵּל אוֹמְרִים, מְפַקְפֵּק אוֹ נוֹטֵל אַחַת מִבֵּינְתַיִם. רַבִּי מֵאִיר אוֹמֵר, נוֹטֵל אַחַת מִבֵּינְתַיִם, וְאֵין מְפַקְפֵּק:

회반죽으로 〔마감하지〕 않은 지붕에 대하여 랍비 예후다는 말한다. "샴마이 학파는 〔널판을〕 느슨하게 해서 둘 사이에 있는 것을 옮긴다고 말합니다. 그리고 힐렐 학파는 〔널판을〕 느슨하게 하거나 둘 사이에 있는 것을 옮긴다고 말합니다." 랍비 메이르는 말한다. "둘 사이에 있는 것을 옮길 수는 있지만 느슨하게 해서는 안 됩니다."

- 초막 주제에서 벗어나 일반 집의 지붕에 관하여 말하고 있다. 일반 집의 지붕은 널판으로 덮은 후 비를 막기 위해 회반죽으로 마감한다. 만약 지붕이 회반죽으로 마무리되지 않으면 초막으로 간주한다.
- 회반죽으로 마감하지 않은 지붕은 초막의 규정을 받게 된다. 따라서 유효한 초막이 되기 위해서는 연결되어 있는 널판과 널판을 느슨하도록 풀어서 하나씩 들어올린 후 다시 제자리에 놓아야 한다. 샴마이 학파는 두 가지 작업을 모두 해야 한다고 주장하고 힐렐 학파는 둘 중 한 가지 작업만 수행하면 된다고 한다. 한편, 랍비 메이르는 둘 사이에 있는 널판을 옮기는 작업만 가능하고 널판들을 느슨하게 푸는 작업을 해서는 안 된다고 주장한다.

1, 8

הַמְקָרֶה סֻכָּתוֹ בְּשִׁפּוּדִין אוֹ בַּאֲרֻכּוֹת הַמִּטָּה, אִם יֵשׁ רֶוַח בֵּינֵיהֶן כְּמוֹתָן, כְּשֵׁרָה. הַחוֹטֵט בְּגָדִישׁ לַעֲשׂוֹת בּוֹ סֻכָּה, אֵינָהּ סֻכָּה:

초막 지붕에 〔쇠〕꼬챙이나 침대 기둥이 있는 경우에, 그것들 사이 공간이 동일하면 유효하다. 건초 더미를 파서 그 안에 초막을 만든 경우에, 그 초막은 무효다.

- 쇠로 된 꼬챙이나 침대 기둥은 초막을 짓는 재료로 부적절하다. 다만 지붕 재료가 대부분 규정에 맞는 재료로 채워져 있고 부분적으로 들어가 있는 경우는 유효하다.
- 건초 더미를 판 경우처럼 지붕에 나뭇가지를 올리는 것과 같은 수고를 하지 않고 만들었을 때 그 초막은 무효다.

המְשַׁלְשֵׁל דְּפָנוֹת מִלְמַעְלָה לְמַטָּה, אִם גָּבוֹהַ מִן הָאָרֶץ שְׁלֹשָׁה טְפָחִים,
פְּסוּלָה. מִלְמַטָּה לְמַעְלָה, אִם גָּבוֹהַ מִן הָאָרֶץ עֲשָׂרָה טְפָחִים, כְּשֵׁרָה. רַבִּי
יוֹסֵי אוֹמֵר, כְּשֵׁם שֶׁמִּלְמַטָּה לְמַעְלָה עֲשָׂרָה טְפָחִים, כָּךְ מִלְמַעְלָה לְמַטָּה
עֲשָׂרָה טְפָחִים. הִרְחִיק אֶת הַסְּכּוּךְ מִן הַדְּפָנוֹת שְׁלֹשָׁה טְפָחִים, פְּסוּלָה:

[초막] 벽을 위에서 아래로 걸어놓은 경우에, 높이가 땅에서 3테팍
이면 무효다. 아래에서 위로 [세워놓은 경우에], 높이가 땅에서 10테
팍이면 유효하다. 랍비 요쎄는 말한다. "아래에서 위로 10테팍인 것처
럼, 위에서 아래로 10테팍입니다." 초막이 벽에서 3테팍 멀어지면 무
효다.

- 초막 벽 전체 높이는 10테팍은 되어야 한다. 단 초막 벽을 위 기둥에
  걸어 아래로 늘여놓은 경우에 아래에서 3테팍의 틈이 있으면 무효
  다. 그리고 초막 벽을 아래에서 위로 세울 경우에는 10테팍 이상이
  되어야 유효하다.
- 랍비 요쎄는 첫 번째 견해에 반대한다. 위에서 아래로 걸어놓은 경우
  에 아래에서 3테팍 이하로 내려오는 것과 무관하게 내려오는 길이
  가 10테팍이면 유효하다고 주장한다.

בַּיִת שֶׁנִּפְחַת וְסִכֵּךְ עַל גַּבָּיו, אִם יֵשׁ מִן הַכֹּתֶל לַסִּכּוּךְ אַרְבַּע אַמּוֹת, פְּסוּלָה.
וְכֵן חָצֵר שֶׁהִיא מֻקֶּפֶת אַכְסַדְרָה. סֻכָּה גְדוֹלָה, שֶׁהִקִּיפוּהָ בְּדָבָר שֶׁאֵין
מְסַכְּכִין בּוֹ, אִם יֵשׁ תַּחְתָּיו אַרְבַּע אַמּוֹת, פְּסוּלָה:

지붕이 뚫린 집에서 [뚫린 곳] 위에 초막 지붕을 만든 경우에, 벽에
서 초막까지 4아마면 무효다. 현관 지붕으로 둘러싸인 성전 뜰도 같
은 식으로 [적용된다]. 초막을 만들 때 사용하지 않는 재료들을 두른

큰 초막은, 그 아래 4아마가 있으면 무효다.

- 일반 주택의 뚫려 있는 지붕에 초막 지붕을 얹을 경우에 그 집의 벽에서 초막까지 4테팍이면 무효가 된다. 거리가 그 이하이면 집 지붕의 남은 부분을 마치 초막의 벽처럼 간주되어 유효하다.
- 성전의 뜰 가장자리는 기둥들이 있고 그 위는 지붕으로 덮여 있고 가운데 부분은 열린 공간이다. 이 열린 공간에 초막 지붕으로 덮을 때 벽에서 4테팍이면 무효가 된다.
- 같은 방식으로 크게 둘러친 주변부 벽이 초막 지붕에서 4테팍 떨어져 있으면 무효가 된다.

1, 11

הָעוֹשֶׂה סֻכָּתוֹ כְּמִין צְרִיף, אוֹ שֶׁסְּמָכָהּ לְכֹתֶל, רַבִּי אֱלִיעֶזֶר פּוֹסֵל, מִפְּנֵי שֶׁאֵין
לָהּ גַּג, וַחֲכָמִים מַכְשִׁירִין. מַחְצֶלֶת קָנִים גְּדוֹלָה, עֲשָׂאָהּ לִשְׁכִיבָה, מְקַבֶּלֶת
טֻמְאָה וְאֵין מְסַכְּכִין בָּהּ. לְסִכּוּךְ, מְסַכְּכִין בָּהּ וְאֵינָהּ מְקַבֶּלֶת טֻמְאָה. רַבִּי
אֱלִיעֶזֶר אוֹמֵר, אַחַת קְטַנָּה וְאַחַת גְּדוֹלָה, עֲשָׂאָהּ לִשְׁכִיבָה, מְקַבֶּלֶת טֻמְאָה
וְאֵין מְסַכְּכִין בָּהּ. לְסִכּוּךְ, מְסַכְּכִין בָּהּ וְאֵינָהּ מְקַבֶּלֶת טֻמְאָה:

초막을 원뿔 모양 움막으로 만든 경우나 담장에 기댄 경우에, 랍비 엘리에제르는 지붕이 없기 때문에 무효라고 한다. 하지만 다른 랍비들은 유효하다고 말한다. 앉기 위해 만든 큰 갈대 돗자리는, 쉽게 부정해지기 때문에 그것으로 초막 지붕을 얹으면 안 된다. 초막 지붕을 얹으려고 〔만들었다면〕, 그것으로 초막 지붕을 만들어도 쉽게 부정해지지 않는다. 랍비 엘리에제르는 말한다. "작은 것이든 큰 것이든, 앉기 위해 만들어진 〔돗자리는〕 쉽게 부정해져서 그것으로 초막을 만들지 않습니다. 초막 지붕을 얹기 위해서 〔만들었다면〕, 그것으로 초막 지붕을 만들어도 쉽게 부정해지지 않습니다."

- 랍비 엘리에제르는 원뿔형 초막이 지붕이 없다는 이유로 무효라고 했지만 다른 랍비들은 유효하다고 말한다.
- 앉기 위한 목적으로 만들어진 갈대 돗자리는 쉽게 부정해지기 때문에 그것을 초막 지붕으로 사용하면 안 된다. 하지만 본래부터 초막 지붕을 엮기 위해 갈대를 사용하는 것은 가능하다.

제2장

이번 장에서는 어떤 초막이 가능한지 계속해서 다룬다. 특별히 초막을 만들 수 있는 장소나 위치에 대해 말한다. 자라는 나무를 이용해서 초막을 만들 수도 있다. 그리고 초막절과 같은 명절에는 안식일처럼 나무나 짐승의 등에 올라가는 것이 금지되어 있다.

2, 1

הַיָּשֵׁן תַּחַת הַמִּטָּה בַסֻּכָּה, לֹא יָצָא יְדֵי חוֹבָתוֹ. אָמַר רַבִּי יְהוּדָה, נוֹהֲגִין הָיִינוּ, שֶׁהָיִינוּ יְשֵׁנִים תַּחַת הַמִּטָּה בִּפְנֵי הַזְּקֵנִים, וְלֹא אָמְרוּ לָנוּ דָבָר. אָמַר רַבִּי שִׁמְעוֹן, מַעֲשֶׂה בְטָבִי עַבְדּוֹ שֶׁל רַבָּן גַּמְלִיאֵל שֶׁהָיָה יָשֵׁן תַּחַת הַמִּטָּה, וְאָמַר לָהֶן רַבָּן גַּמְלִיאֵל לַזְּקֵנִים, רְאִיתֶם טָבִי עַבְדִּי, שֶׁהוּא תַּלְמִיד חָכָם וְיוֹדֵעַ שֶׁעֲבָדִים פְּטוּרִין מִן הַסֻּכָּה, לְפִיכָךְ יָשֵׁן הוּא תַּחַת הַמִּטָּה. וּלְפִי דַרְכֵּנוּ לָמַדְנוּ, שֶׁהַיָּשֵׁן תַּחַת הַמִּטָּה, לֹא יָצָא יְדֵי חוֹבָתוֹ:

초막 안 침대 아래에서 잠을 잔 사람은 의무를 이행한 것이 아니다. 랍비 예후다는 말한다. "우리는 장로들이 있을 때 관례적으로 침대 아래에서 잤습니다. 이에 대해 그들이 특별히 말한 바는 없습니다." 랍비 쉼온은 말한다. "침대 아래에서 자던 라반 감리엘의 종 타비에 관한 일입니다. 라반 감리엘은 장로들에게 물었습니다. '당신들은 내

종 타비를 보지 않았습니까? 그는 학자이며 〔비유대인〕종들은 초막
〔의무〕에서 면제된다는 것을 알고 있습니다. 그래서 그는 침대 아래
에서 잤던 것입니다.' 그래서 우리는 우연히 침대 아래에서 잠을 잔 사
람은 〔초막에서 자야 한다는〕의무를 이행하지 않은 것이라는 사실을
알게 된 것입니다."

- 침대 아래에서 잠을 자게 되면 사람 위에 초막이 아니라 이동 수단
  으로도 사용되는 침대가 있는 것이므로 초막에서 잠을 자는 의무를
  이행한 것으로 보지 않는다.
- 랍비 쉼온은 라반 감리엘의 종의 경우를 통해 침대 아래에서 자게
  되면 초막의 의무를 이행한 것이 아님을 알게 되었다고 전한다.

2, 2

הַסּוֹמֵךְ סֻכָּתוֹ בְּכַרְעֵי הַמִּטָּה, כְּשֵׁרָה. רַבִּי יְהוּדָה אוֹמֵר, אִם אֵינָהּ יְכוֹלָה
לַעֲמֹד בִּפְנֵי עַצְמָהּ, פְּסוּלָה. סֻכָּה הַמְדֻבְלֶלֶת, וְשֶׁצִּלָּתָהּ מְרֻבָּה מֵחַמָּתָהּ,
כְּשֵׁרָה. הַמְעֻבָּה כְּמִין בַּיִת, אַף עַל פִּי שֶׁאֵין הַכּוֹכָבִים נִרְאִים מִתּוֹכָהּ,
כְּשֵׁרָה:

초막을 침대 다리로 지탱하는 경우는 유효하다. 랍비 예후다는 말한
다. "〔초막이〕단독으로 서 있지 못하면 무효입니다." 초막 지붕이 불
규칙하게 엮어지거나 그늘진 곳이 햇빛 든 곳보다 넓은 경우는 유효하
다. 〔초막이〕집처럼 두터워서 〔초막〕안에서 별을 볼 수 없는 경우라
도 유효하다.

- 초막 지붕이 불규칙하다는 것은 식물의 가지가 위로 솟거나 아래로
  뻗은 상태로 엮어진 경우로 이런 초막도 유효하다.

הָעוֹשֶׂה סֻכָּתוֹ בְרֹאשׁ הָעֲגָלָה אוֹ בְרֹאשׁ הַסְּפִינָה, כְּשֵׁרָה, וְעוֹלִין לָהּ בְּיוֹם
טוֹב. בְרֹאשׁ הָאִילָן אוֹ עַל גַּבֵּי גָמָל, כְּשֵׁרָה, וְאֵין עוֹלִין לָהּ בְּיוֹם טוֹב. שְׁתַּיִם
בָּאִילָן וְאַחַת בִּידֵי אָדָם, אוֹ שְׁתַּיִם בִּידֵי אָדָם וְאַחַת בָּאִילָן, כְּשֵׁרָה, וְאֵין
עוֹלִין לָהּ בְּיוֹם טוֹב. שָׁלֹשׁ בִּידֵי אָדָם וְאַחַת בָּאִילָן, כְּשֵׁרָה, וְעוֹלִין לָהּ בְּיוֹם
טוֹב. זֶה הַכְּלָל, כֹּל שֶׁנִּטַּל הָאִילָן וִיכוֹלָה לַעֲמוֹד בִּפְנֵי עַצְמָהּ, כְּשֵׁרָה, וְעוֹלִין
לָהּ בְּיוֹם טוֹב:

초막을 마차나 배의 앞부분에 만든 경우는 유효하다. 그래서 명절에 그 위로 올라갈 수 있다. 나무 위나 낙타 등에 있는 [초막도] 유효하다. 하지만 명절에 그 위에 올라갈 수 없다. [초막의 벽을] 두 개는 나무에 [있고] 하나는 사람이 [만들었거나], 두 개를 사람이 [만들고] 하나는 나무에 [있다면] 유효하다. 하지만 [초막]절에는 그 위에 올라가지 않는다. 세 개가 사람이 [만들고] 하나는 나무가 만들었으면 유효하다. 그리고 명절에 그 위에 올라갈 수 있다. 이것이 일반 원칙이다. 나무가 옮겨져도 [초막이] 스스로 서 있으면 유효하다. 그리고 명절에 그 위에 올라갈 수 있다.

- 안식일과 동일하게 명절날 나무 위나 가축의 등에 올라가서는 안 된다. 나무라도 부러진다면 이것이 일하는 것으로 간주되기 때문이다. 따라서 나무 위나 낙타 위에 초막을 만들 수는 있지만 명절날 올라가서는 안 된다.
- 초막의 벽을 살아있는 나무를 이용해서 만든 경우도 유효하다. 하지만 초막절 명절날 그 위에 올라가서는 안 된다. 왜냐하면 안식일과 동일하게 나무가 부러지면 일을 하는 것으로 간주되기 때문이다.

2, 4

הָעוֹשֶׂה סֻכָּתוֹ בֵּין הָאִילָנוֹת, וְהָאִילָנוֹת דְּפָנוֹת לָהּ, כְּשֵׁרָה. שְׁלוּחֵי מִצְוָה
פְּטוּרִין מִן הַסֻּכָּה. חוֹלִין וּמְשַׁמְּשֵׁיהֶן פְּטוּרִין מִן הַסֻּכָּה. אוֹכְלִין וְשׁוֹתִין עֲרַאי
חוּץ לַסֻּכָּה:

초막을 나무 사이에 짓고 나무가 그 벽으로 사용되는 것은 유효하다.
의무 대상자는 초막절 〔의무〕에서 제외된다. 환자들과 그 관련자들은
초막절 〔의무〕에서 제외된다. 초막 밖에서 편히 먹고 마신다.

- 나무 위가 아니라 나무들 사이에 초막을 만드는 것은 가능하다.
- 이미 다른 의무를 수행하고 있는 사람이나 환자는 초막을 짓고 그
  안에서 잠을 자는 초막절 의무에서 면제된다.

2, 5

מַעֲשֶׂה וְהֵבִיאוּ לוֹ לְרַבָּן יוֹחָנָן בֶּן זַכַּאי לִטְעוֹם אֶת הַתַּבְשִׁיל, וּלְרַבָּן גַּמְלִיאֵל
שְׁתֵּי כוֹתָבוֹת וּדְלִי שֶׁל מַיִם, וְאָמְרוּ, הַעֲלוּם לַסֻּכָּה. וּכְשֶׁנָּתְנוּ לוֹ לְרַבִּי צָדוֹק
אֹכֶל פָּחוֹת מִכַּבֵּיצָה, נְטָלוֹ בַמַּפָּה וַאֲכָלוֹ חוּץ לַסֻּכָּה, וְלֹא בֵרַךְ אַחֲרָיו:

한번은 다음과 같은 일이 있었다. 라반 요하난 벤 자카이에게 맛을
보게 하려고 요리한 음식을 가져왔다. 그리고 라반 감리엘에게 두 개
의 대추와 물 한 통을 가져왔다. 그들이 말했다. "초막으로 가져오세
요." 랍비 짜독에게 계란보다 적은 양을 주었다. 그는 천으로 잡고 초
막 밖에서 먹었다. 그는 〔음식을 먹은〕 후에 축복하지 않았다.

- 식사가 아닌 간식은 초막 밖에서 먹어도 된다. 하지만 위에서 말하
  고 있는 두 라반은 초막 안에서 먹음으로써 초막절을 다른 사람들보
  다 더 엄격하게 지키고 있다.
- 랍비 짜독은 반대로 소량의 음식은 초막 밖에서 먹어도 된다는 입장

이다. 랍비 짜독은 계란 하나보다 적은 양의 음식을 먹은 경우에는 축복(기도문)을 낭송하지 않아도 된다는 입장이다.

2, 6

רַבִּי אֱלִיעֶזֶר אוֹמֵר, אַרְבַּע עֶשְׂרֵה סְעוּדוֹת חַיָּב אָדָם לֶאֱכֹל בַּסֻּכָּה, אַחַת בַּיּוֹם וְאַחַת בַּלָּיְלָה. וַחֲכָמִים אוֹמְרִים, אֵין לַדָּבָר קִצְבָה, חוּץ מִלֵּילֵי יוֹם טוֹב רִאשׁוֹן שֶׁל חַג בִּלְבָד. וְעוֹד אָמַר רַבִּי אֱלִיעֶזֶר, מִי שֶׁלֹּא אָכַל לֵילֵי יוֹם טוֹב הָרִאשׁוֹן, יַשְׁלִים בְּלֵילֵי יוֹם טוֹב הָאַחֲרוֹן. וַחֲכָמִים אוֹמְרִים, אֵין לַדָּבָר תַּשְׁלוּמִין, עַל זֶה נֶאֱמַר (קהלת א) מְעֻוָּת לֹא יוּכַל לִתְקֹן, וְחֶסְרוֹן לֹא יוּכַל לְהִמָּנוֹת:

랍비 엘리에제르는 말한다. "초막절에는 모두 열네 번 식사해야 합니다. 아침에 한 번, 저녁에 한 번 [합니다]." 다른 랍비들은 말한다. "명절 첫날 저녁을 제외하고 정해진 [식사 횟수]는 없습니다." 랍비 엘리에제르는 추가적으로 말한다. "명절 첫날 저녁에 먹지 않은 사람은 명절 마지막 저녁에 보충해야 합니다." 다른 랍비들은 말한다. "이것을 보상하는 것은 없습니다. [성서에] 다음과 같이 기록되어 있습니다. '구부러진 것도 곧게 할 수 없고 모자란 것도 셀 수 없도다'(전 1:15)."

- 당시 이스라엘 사회에서 식사는 하루에 아침과 저녁 두 차례 했던 것으로 보인다. 그래서 랍비 엘리에제르는 명절에 하루 2회 7일 동안 총 14회의 식사를 초막 안에서 해야 한다고 주장하지만 다른 랍비들은 명절 첫날만 아침과 저녁 두 차례 초막 안에서 식사하고 나머지는 정해지지 않았다고 말한다.
- 랍비 엘리에제르는 만약 명절 첫날 저녁에 초막에서 식사를 하지 못했다면 대신 명절 마지막 날인 제8일이 시작하는 저녁 식사를 초막에서 해야 한다고 주장한다. 하지만 다른 랍비들은 전도서 1:15을 인용하면서 한 번 지키지 못한 법은 고칠 수 없다는 식으로 말한다.

מִי שֶׁהָיָה רֹאשׁוֹ וְרֻבּוֹ בַסֻּכָּה, וְשֻׁלְחָנוֹ בְתוֹךְ הַבַּיִת, בֵּית שַׁמַּאי פּוֹסְלִין,
וּבֵית הַלֵּל מַכְשִׁירִין. אָמְרוּ לָהֶן בֵּית הַלֵּל לְבֵית שַׁמַּאי, לֹא כָךְ הָיָה מַעֲשֶׂה,
שֶׁהָלְכוּ זִקְנֵי בֵית שַׁמַּאי וְזִקְנֵי בֵית הַלֵּל לְבַקֵּר אֶת רַבִּי יוֹחָנָן בֶּן הַחוֹרָנִי,
וּמְצָאוּהוּ שֶׁהָיָה יוֹשֵׁב רֹאשׁוֹ וְרֻבּוֹ בַסֻּכָּה, וְשֻׁלְחָנוֹ בְתוֹךְ הַבַּיִת, וְלֹא אָמְרוּ
לוֹ דָבָר. אָמְרוּ לָהֶן בֵּית שַׁמַּאי, מִשָּׁם רְאָיָה, אַף הֵם אָמְרוּ לוֹ, אִם כֵּן הָיִיתָ
נוֹהֵג, לֹא קִיַּמְתָּ מִצְוַת סֻכָּה מִיָּמֶיךָ:

머리와 신체 대부분은 초막 안에 있고 식탁은 집 안에 있는 경우에, 샴마이 학파는 무효라고 했고 힐렐 학파는 유효하다고 했다. 힐렐 학파가 샴마이 학파에게 말했다. "다음과 같은 일이 있지 않았습니까? 샴마이 학파의 장로들과 힐렐 학파의 장로들이 랍비 요하난 벤 하호라니를 방문했습니다. 그분이 앉아 있었는데 머리와 신체 대부분은 초막 안에 있고 식탁은 집에 있었는데 그분에게 [장로들이] 아무 말도 하지 않았습니다." 샴마이 학파가 그들에게 말했다. "거기에서 증거를 [찾습니까?] 사실 장로들은 랍비에게 다음과 같이 말했습니다. '이것이 당신의 관습이라면, 당신은 평생 초막절 의무를 지킨 것이 아닙니다.'"

- 집 안에 작은 초막을 설치한 경우를 말한다. 머리와 대부분의 몸이 들어갈 정도의 초막이며 식탁은 집 안에 있다. 이런 경우에 샴마이 학파는 초막이 무효라고 주장하고 힐렐 학파는 유효하다고 말한다.
- 힐렐 학파는 그들의 장로들이 샴마이 학파의 장로들과 함께 랍비 요하난 벤 하호라니를 방문했을 때 그의 머리와 신체 대부분은 초막 안에 있고 식탁은 집에 있는 것을 근거로 유효하다고 주장한다. 하지만 샴마이 학파는 사실 당시에 장로들이 그 랍비에게 이런 식으로 해왔다면 평생 한 번도 초막절 의무를 지킨 것이 아니라고 말했다면서 힐렐 학파의 주장을 부정한다.

נָשִׁים וַעֲבָדִים וּקְטַנִּים, פְּטוּרִים מִן הַסֻּכָּה. קָטָן שֶׁאֵינוֹ צָרִיךְ לְאִמּוֹ, חַיָּב בַּסֻּכָּה. מַעֲשֶׂה. מַעֲשֶׂה וְיָלְדָה כַלָּתוֹ שֶׁל שַׁמַּאי הַזָּקֵן וּפִחֵת אֶת הַמַּעֲזִיבָה וְסִכֵּךְ עַל גַּבֵּי הַמִּטָּה בִּשְׁבִיל הַקָּטָן:

여성, 종, 아이들은 초막 [의무]에서 면제된다. 어머니의 도움이 불필요한 어린이는 초막에 [머물러야] 한다. 한번은 이런 일이 있었다. 샴마이 장로의 며느리가 아이를 낳았을 때, 그는 천장을 열고 침대 위쪽에 아이를 위해 초막을 설치했다.

- 여성, 종, 아이들은 초막절 의무에서 제외된다. 하지만 어머니의 도움에서 자유롭게 된 아이는 초막에 머물러야 한다.
- 샴마이 학파는 좀 더 엄격하게 갓난아이도 초막에 머물도록 했다. 이것은 샴마이 장로의 며느리가 아이를 낳았을 때 그가 천장을 열고 초막 지붕을 만든 것에서 유래한다.

כָּל שִׁבְעַת הַיָּמִים אָדָם עוֹשֶׂה סֻכָּתוֹ קֶבַע וּבֵיתוֹ עֲרַאי. יָרְדוּ גְשָׁמִים, מֵאֵימָתַי מֻתָּר לְפַנּוֹת, מִשֶּׁתִּסְרַח הַמִּקְפָּה. מָשְׁלוּ מָשָׁל, לְמָה הַדָּבָר דּוֹמֶה, לְעֶבֶד שֶׁבָּא לִמְזוֹג כּוֹס לְרַבּוֹ, וְשָׁפַךְ לוֹ קִיתוֹן עַל פָּנָיו:

칠일 동안 내내 초막을 영구 [주거지]로 그리고 자신의 집을 임시 [주거지]로 만들어야 한다. 만약 비가 내리면 언제부터 [초막]을 떠나는 것이 가능할까? 호밀죽이 상하는 때다.[1] [랍비들은] 예를 들어 설명한다. "이것은 어떤 상황과 비슷할까요? 종이 자기 주인의 잔에 [포도주를] 붓기 위해 왔는데 [주인이] 종의 얼굴에 단지의 [물을] 부

---

1) 여기에서 호밀죽은 요리해서 끓인 음식을 대표한다.

은 꼴입니다."

- 비가 내려 초막에 흘러내린 빗물에 호밀죽이 상하게 되면 초막을 떠날 수밖에 없다. 이러한 상황은 마치 종의 봉사가 마음에 들지 않는 주인이 더 이상 종의 봉사를 원하지 않는 것처럼 하나님이 더 이상 초막절에 대한 이스라엘의 봉사를 원치 않아 비로 심판하는 저주스러운 상황이다.

제3장

이번 장에서는 초막절에 사용하는 여러 가지 식물에 대하여 말한다. 나무 가지와 열매로 초막절을 기뻐하라는 명령은 레위기 23: 40에 나와 있다. 레위기에서 언급하는 나무들 중에는 특정되지 않은 것도 있는데 랍비들은 이러한 나무들을 네 가지 식물로 구체적으로 지정했다. 아름다운 나무 실과는 '에트로그'(etrog), 종려나무 가지는 '룰라브'(lulav), 무성한 나무 가지는 '하다스'(hadas), 그리고 시내 버들은 '아라바'(aravah)다.

후반부에서는 안식일에 이러한 식물들을 어떻게 해야 하는지를 다룬다. 안식일에는 기본적으로 어떠한 물건도 운반해서는 안 된다. 따라서 이러한 네 가지 식물들도 안식일이 되기 전에 미리 성전에 가져다 놓아야 한다.

3, 1

לוּלָב הַגָּזוּל וְהַיָּבֵשׁ, פָּסוּל. שֶׁל אֲשֵׁרָה וְשֶׁל עִיר הַנִּדַּחַת, פָּסוּל. נִקְטַם רֹאשׁוֹ, נִפְרְצוּ עָלָיו, פָּסוּל. נִפְרְדוּ עָלָיו, כָּשֵׁר. רַבִּי יְהוּדָה אוֹמֵר, יֶאֶגְדֶנּוּ מִלְמָעְלָה.

צִנֵּי הַר הַבַּרְזֶל, כְּשֵׁרוֹת. לוּלָב שֶׁיֵּשׁ בּוֹ שְׁלֹשָׁה טְפָחִים כְּדֵי לְנַעֲנֵעַ בּוֹ, כָּשֵׁר:

훔쳤거나 마른 룰라브는 무효다. 아세라 (나무)나 저주받은 도시에서 (자란) 것은 무효다. 머리 부분이 끊어졌거나 잎이 별로 없는 것은 무효다. 그 잎이 펼쳐져 있어도 유효하다. 랍비 예후다는 말한다. "윗부분을 묶어야 합니다." 철산의 가시 대추야자는 유효하다. 3테팍 길이의 종려나무 가지는 흔들기 충분하기 때문에 유효하다.

- 종려나무로 불리는 것은 정확히는 대추야자다. 대추야자 가지를 랍비들은 '룰라브'라고 부른다. 룰라브는 좁은 의미로 대추야자 잎을 뜻하지만 넓은 의미로는 네 가지 식물 전체를 포괄하는 개념으로 사용되기도 한다. 이 둘을 구별하기 위해서 후자의 의미로 사용될 때는 '룰라브'로 부르는 것이 타당하다(아래 미쉬나 3, 8).
- 훔친 물건으로 토라의 의무를 이행하는 것은 바람직하지 않다. 그리고 마른 것은 아름답지 못하기 때문에 거부되었다.
- 아세라(asherah)를 숭배하기 위한 목적으로 사용된 대추야자 나무 가지를 사용해서는 안 된다.
- '저주받은 도시'는 이스라엘 백성의 일부가 토착민을 따라 이방신을 섬기게 된 도시를 말한다. 일찍이 신명기 13:12-18에서는 이러한 도시를 진멸하라고 명하고 있다.
- 머리 부분이 끊어졌거나 잎이 별로 없는 것은 아름답지 않기 때문에 이러한 가지들을 사용해서는 안 된다.
- 잎사귀가 펼쳐져 있는 가지도 유효하다. 랍비 예후다는 대신 윗부분을 묶어야 한다고 주장한다.
- 유대 역사가 요세푸스에 따르면 '철산'(iron mountain)은 요단강 건너편 모압 북쪽에 위치한 산으로 여기에서 자란 대추야자는 모양이 다소 차이가 난 것으로 보인다.

- 대추야자 나무 가지를 흔들기 위한 최소 길이는 3테팍이다.

3, 2

הֲדַס הַגָּזוּל וְהַיָּבֵשׁ, פָּסוּל. שֶׁל אֲשֵׁרָה וְשֶׁל עִיר הַנִּדַּחַת, פָּסוּל. נִקְטַם רֹאשׁוֹ,
נִפְרְצוּ עָלָיו אוֹ שֶׁהָיוּ עֲנָבָיו מְרֻבּוֹת מֵעָלָיו, פָּסוּל. וְאִם מִעֲטָן, כָּשֵׁר. וְאֵין
מְמַעֲטִין בְּיוֹם טוֹב:

훔쳤거나 마른 하다스는 무효다. 아세라 〔나무〕나 저주받은 도시에서 〔자란〕 것은 무효다. 머리 부분이 끊어졌거나 잎이 별로 없거나 열매가 잎보다 많은 것은 무효다. 〔열매가 잎보다〕 적게 만들었으면 유효하다. 하지만 명절에 적게 만들지는 않는다.

- 레위기 23:40에서 말하는 '무성한 나무 가지'를 랍비들은 하다스 (הדס, hadas)라는 나무로 특정했다. 이 나무는 작고 검은 열매가 지나치게 많이 달리는 것이 특징이다. 잎보다 열매가 더 많이 달린 하다스는 무효가 되고 열매보다 잎이 더 많으면 유효하다.

3, 3

עֲרָבָה גְזוּלָה וִיבֵשָׁה, פְּסוּלָה. שֶׁל אֲשֵׁרָה וְשֶׁל עִיר הַנִּדַּחַת, פְּסוּלָה. נִקְטַם
רֹאשָׁהּ, נִפְרְצוּ עָלֶיהָ, וְהַצַּפְצָפָה, פְּסוּלָה. כְּמוּשָׁה, וְשֶׁנָּשְׁרוּ מִקְצָת עָלֶיהָ,
וְשֶׁל בַּעַל, כְּשֵׁרָה:

훔쳤거나 마른 아라바는 무효다. 아세라 〔나무〕나 저주받은 도시에서 〔자란〕 것은 무효다. 머리 부분이 끊어졌거나 잎이 별로 없거나 짜프짜파는 무효다. 〔잎〕이 시들었거나 잎의 일부가 떨어졌거나 건천에서 〔자란〕 것은 유효하다.

- 레위기 23:40에서 말하는 '시내 버들'을 랍비들은 아라바(ערבה,

aravah)라는 나무로 특정했다.

- 산지에서 자라는 버들 종류인 짜프짜파(צפצפה, tzaftzafah)는 모양이 아라바와 사뭇 달라 초막절 식물로 사용할 수 없다.

- 버들은 잘 시드는 특징이 있다. 그래서 아라바는 시들어 잎이 떨어진 것도 유효하다.

3, 4

רַבִּי יִשְׁמָעֵאל אוֹמֵר, שְׁלֹשָׁה הֲדַסִּים וּשְׁתֵּי עֲרָבוֹת, לוּלָב אֶחָד וְאֶתְרוֹג אֶחָד, אֲפִלּוּ שְׁנַיִם קְטוּמִים וְאֶחָד אֵינוֹ קָטוּם. רַבִּי טַרְפוֹן אוֹמֵר, אֲפִלּוּ שְׁלָשְׁתָּן קְטוּמִים. רַבִּי עֲקִיבָא אוֹמֵר, כְּשֵׁם שֶׁלּוּלָב אֶחָד וְאֶתְרוֹג אֶחָד, כָּךְ הֲדַס אֶחָד וַעֲרָבָה אֶחָת:

랍비 이쉬마엘은 말한다. "하다스 세 개, 아라바 두 개, 룰라브 한 개, 에트로그 한 개를 [가져와야 합니다]. [하다스] 두 개는 [끝이] 상하고, 한 개는 상하지 않았더라도 [유효합니다]." 랍비 타르폰이 말한다. "심지어 [하다스의 끝이] 세 개 모두 상했더라도 [유효합니다]." 랍비 아키바는 말한다. "룰라브가 한 개, 에트로그가 한 개인 것처럼 하다스도 한 개, 아라바도 한 개 [가져오면 됩니다]."

- 여기서는 가져와야 할 식물들의 개수를 말하고 있다. 랍비 이쉬마엘이 말한 식물의 개수에 대하여 랍비 타르폰은 동의한다. 하지만 랍비 타르폰은 하다스의 끝 상태가 모두 좋지 못하더라도 유효하다고 말한다.

- 가져오는 식물의 개수에 대하여 랍비 아키바는 견해를 달리해서 모두 한 개면 된다고 주장한다.

אֶתְרוֹג הַגָּזוּל וְהַיָּבֵשׁ, פָּסוּל. שֶׁל אֲשֵׁרָה וְשֶׁל עִיר הַנִּדַּחַת, פָּסוּל. שֶׁל עָרְלָה,
פָּסוּל. שֶׁל תְּרוּמָה טְמֵאָה, פָּסוּל. שֶׁל תְּרוּמָה טְהוֹרָה, לֹא יִטֹּל, וְאִם נָטַל,
כָּשֵׁר. שֶׁל דְּמַאי, בֵּית שַׁמַּאי פּוֹסְלִין, וּבֵית הִלֵּל מַכְשִׁירִין. שֶׁל מַעֲשֵׂר שֵׁנִי
בִּירוּשָׁלַיִם, לֹא יִטֹּל, וְאִם נָטַל, כָּשֵׁר:

훔쳤거나 마른 에트로그는 무효다. 아세라〔나무〕나 저주받은 도시
에서〔자란〕것은 무효다.〔심은 지 삼 년 미만인 나무의 열매인〕오를
라는 무효다. 부정한 거제는 무효다. 정결한 거제는 사용하지 않을 것이
다. 하지만 사용했다면 유효하다. 의심 소산물(드마이)에 대하여 샴
마이 학파는 무효라고 말하고 힐렐 학파는 유효하다고 말한다. 만약 그
것이 예루살렘의 둘째 십일조이면 사용하지 않을 것이다. 하지만 사
용했다면 유효하다.

- 레위기 23:40에서 말하는 '아름다운 나무 실과'를 랍비들은 레몬과
  비슷한 에트로그(אתרוג, etrog)로 특정했다.
- 에트로그는 네 가지 식물 중에서 유일하게 먹을 수 있는 음식이다.
  따라서 거제나 십일조의 대상이 된다. 이러한 용도로 사용된 에트로
  그는 기본적으로 초막절에 사용해서는 안 된다. 하지만 이미 사용했
  다면 유효하다.
- 오를라(ערלה, orlah)로 불리는 심은 지 3년 된 나무 열매는 아직 할
  례 받지 않은 것으로 여겨 금지된다(레 19:23).

3, 6

עָלְתָה חֲזָזִית עַל רֻבּוֹ, נִטְּלָה פִּטְמָתוֹ, נִקְלַף, נִסְדַּק, נִקַּב וְחָסַר כָּל שֶׁהוּא,
פָּסוּל. עָלְתָה חֲזָזִית עַל מִעוּטוֹ, נִטַּל עֻקְצוֹ, נִקַּב וְלֹא חָסַר כָּל שֶׁהוּא, כָּשֵׁר.
אֶתְרוֹג הַכּוּשִׁי, פָּסוּל. וְהַיָּרוֹק כְּכַרְתִי, רַבִּי מֵאִיר מַכְשִׁיר, וְרַבִּי יְהוּדָה פּוֹסֵל:

〔에트로그〕 대부분에 딱지가 끼었거나 위 꼭지가 떨어졌거나 껍질
이 벗겨졌거나 물이 흐르거나 구멍이 나서 일부라도 소실되었으면
무효다. 일부에 딱지가 끼었거나 아래 꼭지가 떨어졌거나 구멍이 났
지만 소실된 부분이 없으면 유효하다. 에티오피아산 에트로그는 무
효다. 랍비 메이르는 초록 채소처럼 푸른 것을 유효하다고 했지만 랍
비 예후다는 무효라고 했다.

- 에트로그 상태에 따라서 무효인 경우들이 있다.
- 검정색으로 알려진 에티오피아산 에트로그는 사용해서는 안 된다.
- 초록색 에트로그에 대하여 랍비 메이르는 유효하다고 주장하고 랍
  비 예후다는 반대한다.

3, 7

שִׁעוּר אֶתְרוֹג הַקָּטָן, רַבִּי מֵאִיר אוֹמֵר, כָּאֱגוֹז. רַבִּי יְהוּדָה אוֹמֵר, כַּבֵּיצָה.
וּבְגָדוֹל, כְּדֵי שֶׁיֹּאחַז שְׁנַיִם בְּיָדוֹ אַחַת, דִּבְרֵי רַבִּי יְהוּדָה. רַבִּי יוֹסֵי אוֹמֵר,
אֲפִלּוּ אֶחָד בִּשְׁתֵּי יָדָיו:

에트로그의 최소 크기에 대하여 랍비 메이르는 말한다. "호두 정도
입니다." 랍비 예후다는 말한다. "계란 정도입니다." "최대 크기는 두
개를 한 손으로 잡을 정도입니다." 랍비 예후다의 말이다. 랍비 요쎄
는 말한다. "두 손으로 잡을 정도입니다."

- 에트로그의 최소 크기에 대하여 랍비 메이르와 예후다의 견해가 다
  르고, 최대 크기에 대해서는 랍비 예후다와 요쎄의 주장이 다르다.

3, 8

אֵין אוֹגְדִין אֶת הַלּוּלָב אֶלָּא בְמִינוֹ, דִּבְרֵי רַבִּי יְהוּדָה. רַבִּי מֵאִיר אוֹמֵר,
אֲפִלּוּ בִמְשִׁיחָה. אָמַר רַבִּי מֵאִיר, מַעֲשֶׂה בְאַנְשֵׁי יְרוּשָׁלַיִם, שֶׁהָיוּ אוֹגְדִין אֶת
לוּלְבֵיהֶן בְּגִימוֹנִיּוֹת שֶׁל זָהָב. אָמְרוּ לוֹ, בְּמִינוֹ הָיוּ אוֹגְדִין אוֹתוֹ מִלְמַטָּה:

"룰라브를 같은 종류가 아니면 묶으면 안 됩니다." 랍비 예후다의
말이다. 랍비 메이르는 말한다. "끈으로도 [가능합니다]." 랍비 메이
르는 말한다. "예루살렘 주민들에게 다음과 같은 일이 있었습니다. 그
들은 룰라브를 금으로 된 줄로 묶었습니다." [랍비들은] 그에게 말했
다. "안에서는 같은 종류로 묶었습니다."

- 네 가지 식물을 묶을 때에 랍비 예후다는 다른 재료를 사용하면 안
  된다고 주장하고 랍비 메이르는 예루살렘 주민들이 금으로 된 끈으
  로 묶은 것을 근거로 다른 끈으로 묶어도 된다고 말한다. 하지만 랍
  비들은 안쪽에는 같은 종류의 식물로 묶인 것을 지적하면서 랍비 예
  후다의 주장을 받아들인다.

3, 9

וְהֵיכָן הָיוּ מְנַעְנְעִין, בְּהוֹדוּ לַה' תְּחִלָּה וָסוֹף, וּבְאָנָּא ה' הוֹשִׁיעָה נָּא, דִּבְרֵי
בֵית הִלֵּל. וּבֵית שַׁמַּאי אוֹמְרִים, אַף בְּאָנָּא ה' הַצְלִיחָה נָא. אָמַר רַבִּי
עֲקִיבָא, צוֹפֶה הָיִיתִי בְרַבָּן גַּמְלִיאֵל וּבְרַבִּי יְהוֹשֻׁעַ, שֶׁכָּל הָעָם הָיוּ מְנַעְנְעִים
אֶת לוּלְבֵיהֶן, וְהֵן לֹא נִעְנְעוּ אֶלָּא בְּאָנָּא ה' הוֹשִׁיעָה נָּא. מִי שֶׁבָּא בַדֶּרֶךְ וְלֹא
הָיָה בְיָדוֹ לוּלָב לִטֹּל, לִכְשֶׁיִּכָּנֵס לְבֵיתוֹ יִטֹּל עַל שֻׁלְחָנוֹ. לֹא נָטַל שַׁחֲרִית, יִטֹּל
בֵּין הָעַרְבַּיִם, שֶׁכָּל הַיּוֹם כָּשֵׁר לַלּוּלָב:

[찬양 낭송 중] 어느 부분에서 [룰라브]를 흔드는가? [시 118] 처음
과 마지막에 있는 "여호와께 감사하라"(1절, 29절) 그리고 "여호와여
구하옵나니 이제 구원하소서"(25절 전반절)입니다." 힐렐 학파의 말
이다. 샴마이 학파는 말한다. "여호와여 우리가 구하옵나니 이제 형통

하게 하소서"(25절 하반절)에서도〔흔듭니다〕." 랍비 아키바는 말했다.
"제가 라반 감리엘과 랍비 예호슈아를 보았을 때, 모든 사람들이 룰라
브를 흔들었습니다. 그런데 그들은 "여호와여 구하옵나니 이제 구원
하소서"(25절 전반절) 외에는 룰라브를 흔들지 않았습니다." 어떤 사
람이 여행에서 돌아왔는데 사용할 룰라브가 손에 없었다면, 그가 집
에 들어가면 탁자 위에 그것〔룰라브〕을 놓아야 한다. 그가 오전에 준
비하지 못했으면 오후에 준비해야 한다. 왜냐하면 하루 전체가 룰라
브에 유효하기 때문이다.

- 초막절에 시편 가운데 '할렐'이라고 불리는 찬양을 부른다. 이때 룰
  라브를 흔드는데 힐렐 학파는 처음(1절)과 마지막 단락(29절)을 부
  를 때 흔든다고 주장하고 샴마이 학파는 25절을 부를 때 흔든다고
  말한다. 랍비 아키바도 샴마이 학파의 주장과 동일하다.
- 여행이나 다른 일로 룰라브를 미처 준비하지 못했다면 집에 와서 식
  사를 하던 중이라도 룰라브를 준비해야 한다. 오전에 준비하지 못했
  다면 오후에 하루 중 어느 때라도 의무를 행할 수 있다.

3, 10

מִי שֶׁהָיָה עֶבֶד אוֹ אִשָּׁה אוֹ קָטָן מַקְרִין אוֹתוֹ, עוֹנֶה אַחֲרֵיהֶן מַה שֶׁהֵן
אוֹמְרִין, וּתְהִי לוֹ מְאֵרָה. אִם הָיָה גָדוֹל מַקְרֵא אוֹתוֹ, עוֹנֶה אַחֲרָיו הַלְלוּיָהּ:

종이나 여자나 아이가 그를 위해 〔찬양〕을 부르면, 그는 뒤이어 그
들이 부르는 것을 따라 불러야 한다. 그러나 그는 저주를 받을 것이다.
만약 성인이 그를 위해 부르면, 그를 뒤이어 "할렐루야!"라고 따라 불
러야 한다.

- 할렐 찬양을 모르는 사람은 찬양을 도와줄 사람이 필요한데 성인이

없을 경우에는 종이나 여자 심지어 아이의 도움을 받아서라도 의무를 이행해야 한다. 하지만 이런 경우 당연히 알아야 할 것을 몰랐기 때문에 다른 사람들의 비난을 피할 수는 없다.

3, 11

מָקוֹם שֶׁנָּהֲגוּ לִכְפֹּל, יִכְפֹּל. לִפְשֹׁט, יִפְשֹׁט. לְבָרֵךְ אַחֲרָיו, יְבָרֵךְ אַחֲרָיו. הַכֹּל כְּמִנְהַג הַמְּדִינָה. הַלּוֹקֵחַ לוּלָב מֵחֲבֵרוֹ בַשְּׁבִיעִית, נוֹתֵן לוֹ אֶתְרוֹג בְּמַתָּנָה, לְפִי שֶׁאֵין רַשַּׁאי לְלָקְחוֹ בַשְּׁבִיעִית:

〔할렐을〕반복하는 지역에서는 반복한다. 〔반복하지 않고〕낭송만 하면 낭송한다. 그 뒤에 축복을 하면 축복한다. 모든 것을 그 지역의 방식대로 한다. 룰라브를 안식년에 친구로부터 받은 사람은 그에게 선물로 에트로그를 준다. 왜냐하면 안식년에 〔에트로그를〕사는 것은 금지되었기 때문이다.

- 할렐을 낭송할 때 지역에 따라서 특정 구절을 반복하기도 하고 그냥 낭송하기도 한다. 모든 것은 지역의 관례를 따르면 된다.
- 안식년의 판매한 산물들은 들에 더 이상 열매가 없을 때에는 집 안에 두어서는 안 되고 그전에 처분해야 한다. 이러한 안식년법을 어기지 않기 위해 에트로그를 사지 않고 선물로 주어 문제를 해결한다.

3, 12

בָּרִאשׁוֹנָה הָיָה לוּלָב נִטָּל בַּמִּקְדָּשׁ שִׁבְעָה, וּבַמְּדִינָה יוֹם אֶחָד. מִשֶּׁחָרַב בֵּית הַמִּקְדָּשׁ, הִתְקִין רַבָּן יוֹחָנָן בֶּן זַכַּאי שֶׁיְּהֵא לוּלָב נִטָּל בַּמְּדִינָה שִׁבְעָה, זֵכֶר לַמִּקְדָּשׁ. וְשֶׁיְּהֵא יוֹם הָנֵף כֻּלּוֹ אָסוּר:

처음에 룰라브는 성전에서 칠 일 동안 사용하였고 지방에서는 하루였다. 성전이 파괴된 이후에는 라반 요하난 벤 자카이가 이를 수정해서 룰라브를 지방에서도 칠 일 동안 사용하였는데 이것은 성전을 기억하기 위해서다. 흔드는 날 전체에 〔음식을 먹는 것이〕 금지된다.

- 성전이 있는 동안에는 룰라브를 성전에서 7일 동안 사용하고 그 외 지역에서는 명절 첫날 즉 하루 동안 사용했다(레 23:40). 그 이유는 레위기 23:41에 있는 "이레 동안 여호와께" 부분을 성전에서는 7일 동안 지키는 것으로 해석했기 때문이다. 하지만 성전 파괴 이후에는 성전을 기억한다는 의미로 지방에서도 7일 동안 사용하게 되었다.

- 요하난 벤 자카이는 성전과 관련된 또 하나의 규정을 말한다. 첫 이삭 곡식을 '흔드는 날' 하루 동안은 새 곡식으로 만든 음식을 먹어서는 안 된다. 성전이 있는 동안에는 곡물의 첫 이삭 한 단(오메르)을 초실절 기간에 있는 안식일 다음 날에 제사장이 '흔드는' 의식으로 바쳤다. 그리고 이날 하나님께 번제와 소제 그리고 전제를 바친다. 이러한 의식을 모두 거행하고 난 후에야 비로소 새 곡식을 먹을 수 있었다(레 23:9-14).

3, 13

יוֹם טוֹב הָרִאשׁוֹן שֶׁל חָג שֶׁחָל לִהְיוֹת בְּשַׁבָּת, כָּל הָעָם מוֹלִיכִין אֶת לוּלְבֵיהֶן לְבֵית הַכְּנֶסֶת. לְמָחֳרַת מַשְׁכִּימִין וּבָאִין, כָּל אֶחָד וְאֶחָד מַכִּיר אֶת שֶׁלּוֹ, וְנוֹטְלוֹ. מִפְּנֵי שֶׁאָמְרוּ חֲכָמִים, אֵין אָדָם יוֹצֵא יְדֵי חוֹבָתוֹ בְּיוֹם טוֹב הָרִאשׁוֹן שֶׁל חָג בְּלוּלָבוֹ שֶׁל חֲבֵרוֹ. וּשְׁאָר יְמוֹת הֶחָג, אָדָם יוֹצֵא יְדֵי חוֹבָתוֹ בְּלוּלָבוֹ שֶׁל חֲבֵרוֹ:

명절 첫날이 안식일에 시작하면, 모든 백성들은 자신의 룰라브를 회당에 가져다 놓아야 한다. 다음 날 일찍 일어나서 〔회당으로〕 온다. 각자 자신의 〔룰라브〕를 알아보고 가져가야 한다. 왜냐하면 랍비들이 다음과 같이 말했기 때문이다. "자신의 룰라브를 가지고 있지 않으면 명절 첫날의 의무를 이행할 수 없습니다. 명절 다른 날에는 친구의 룰라브를 가지고도 의무를 이행할 수 있습니다."

- 초막절 첫날이 안식일과 겹친다면 물건을 운반하여 안식일법 어기는 것을 피하기 위해 룰라브를 전날에 미리 회당에 갖다둔다. 이때 자신이 갖다둔 것을 다른 것과 섞이지 않도록 잘 찾아야 한다.

3, 14

רַבִּי יוֹסֵי אוֹמֵר, יוֹם טוֹב הָרִאשׁוֹן שֶׁל חָג שֶׁחָל לִהְיוֹת בְּשַׁבָּת, וְשָׁכַח וְהוֹצִיא אֶת הַלּוּלָב לִרְשׁוּת הָרַבִּים, פָּטוּר, מִפְּנֵי שֶׁהוֹצִיאוֹ בִרְשׁוּת:

랍비 요쎄는 말한다. "명절 첫날이 안식일에 시작하는데 룰라브를 공적 장소로 가져오는 것을 잊었다면 〔속죄제가〕 면제됩니다. 왜냐하면 그것을 허락하에 가져왔기 때문입니다."

- 초막절의 의무를 수행하려는 목적으로 룰라브를 공적 장소로 가져왔는데 그날이 안식일이라면 실제로 그는 안식일을 범한 것이다. 하지만 이 경우는 의무를 이행하기 위한 선한 의도였기 때문에 속죄제를 드릴 필요는 없다.

3, 15

מְקַבֶּלֶת אִשָּׁה מִיַּד בְּנָהּ וּמִיַּד בַּעְלָהּ וּמַחֲזִירָתוֹ לַמַּיִם בְּשַׁבָּת. רַבִּי יְהוּדָה אוֹמֵר, בְּשַׁבָּת מַחֲזִירִין, בְּיוֹם טוֹב מוֹסִיפִין, וּבַמּוֹעֵד מַחֲלִיפִין. קָטָן הַיּוֹדֵעַ לְנַעֲנֵעַ, חַיָּב בַּלּוּלָב:

여성은 아들이나 남편의 〔룰라브〕를 받아서 안식일에 다시 물에 담가놓을 수 있다. 랍비 예후다는 말한다. "안식일에 〔물에〕 담가놓습니다. 명절에는 〔물을〕 추가합니다. 명절 동안에 〔물을〕 바꿀 수 있습니다." [룰라브]를 흔들 줄 아는 아이는 룰라브의 의무가 있다.

- 룰라브에서 시내 버들인 아라바나 무성한 가지인 하다스는 특별히
  잘 마르기 때문에 물에 넣어둔다. 땅에 있는 식물에 물을 주는 일은
  안식일에 해서는 안 된다. 하지만 룰라브를 물에 넣어두는 것은 예
  외적으로 허락된다.
- 여성은 룰라브를 흔드는 의무가 주어지지 않지만 이것을 받아서 물
  에 넣는 것은 허락된다.
- 룰라브를 흔들 줄 아는 정도의 아이는 의무를 이행할 수 있다.

제4장

앞서 제3장에서는 룰라브(네 종류의 식물)를 회당으로 가져갔을 때
어떻게 해야 하는지를 말했다면, 이번 장에서는 룰라브를 성전산으로
가져올 때 어떻게 해야 하는지를 말한다. 이것은 성전이 여전히 존재
했을 때를 상정한 규정들이다.

초막절 기간 중에 여러 가지 의무들이 행해지는데 각각의 의무가
행해지는 날수가 다르다. 이것은 주로 안식일에도 수행되는지 여부
와 마지막 8일에 하는지에 따라 달라진다.

4, 1

לוּלָב וַעֲרָבָה, שִׁשָּׁה וְשִׁבְעָה. הַהַלֵּל וְהַשִּׂמְחָה, שְׁמֹנָה. סֻכָּה וְנִסּוּךְ הַמַּיִם,
שִׁבְעָה. וְהֶחָלִיל, חֲמִשָּׁה וְשִׁשָּׁה:

룰라브와 아라바 [관련 제의는] 6 또는 7[일 동안 실행한다]. 찬양
과 기쁨은 8[일]. 초막과 헌수는 7[일]. 피리는 5 또는 6[일이다].

- 초막절에 이루어지는 여러 가지 의무들이 행해지는 날짜가 각각 다르다. 그 이유를 아래 두 번째와 세 번째 미쉬나(4, 2-3)에서 설명한다.
- 구체적으로 각각의 의무들이 어떻게 실행되는지 룰라브 의무는 아래 네 번째 미쉬나(4, 4), 아라바 의무는 다섯 번째 미쉬나(4, 5), 그리고 찬양과 기쁨의 의무는 여덟 번째 미쉬나(4, 8)에서 자세하게 설명한다.
- 제3장에서 설명했듯이 룰라브는 대추야자의 가지이고 아라바는 시내 버들의 한 종류다.

4, 2

לוּלָב שִׁבְעָה כֵּיצַד, יוֹם טוֹב הָרִאשׁוֹן שֶׁל חַג שֶׁחָל לִהְיוֹת בְּשַׁבָּת, לוּלָב שִׁבְעָה, וּשְׁאָר כָּל הַיָּמִים, שִׁשָּׁה:

룰라브 〔의무를〕 7〔일 동안〕 어떻게 〔시행하는가〕? 명절의 첫날이 안식일에 시작하면 룰라브 〔의무〕는 7〔일 동안 행한다〕. 하지만 〔명절 첫날이〕 나머지 다른 날이면 6〔일 동안 행한다〕.

- 식물을 가지고 초막절을 기뻐하는 의식은 명절 첫날에 시행했다(레 23:40). 그런데 랍비들은 나머지 지역에서는 명절 첫날만 지키지만 레위기 23:41의 "이레 동안 여호와께" 부분을 성전에서는 7일 동안 지키는 것으로 해석했다. 그러다가 성전 파괴 이후에는 모든 지역에서 7일 동안 지키는 것으로 확대했다(「쑤카」 3, 12).
- 초막절 첫날이 안식일에 시작하면 안식일에도 룰라브를 가지고 기뻐할 수 있기 때문에 전체 7일 동안 의식을 거행할 수 있다. 이것은 명절 첫날 룰라브 의무가 안식일법을 능가한다고 해석할 수 있다. 하지만 초막절이 다른 날에 시작하면 룰라브 의식은 중간에 있는 안

식일을 능가하지 못해 안식일에는 행하지 않고 나머지 6일 동안만
지킨다.

4, 3

עֲרָבָה שִׁבְעָה כֵּיצַד, יוֹם שְׁבִיעִי שֶׁל עֲרָבָה שֶׁחָל לִהְיוֹת בְּשַׁבָּת, עֲרָבָה
שִׁבְעָה, וּשְׁאָר כָּל הַיָּמִים שִׁשָּׁה:

아라바 [의무를] 7[일 동안] 어떻게 [시행하는가?] 아라바 [의무]의
일곱째 날이 안식일에 시작하면, 아라바 [의무]는 7[일 동안 행한다].
하지만 [명절 일곱째 날이] 나머지 다른 날이면 6[일 동안 행한다].

- 위 4, 2 미쉬나와 매우 유사하다. 다만 차이점은 룰라브는 명절 첫날
  이 안식일에 시작하고, 여기 아라바는 명절 일곱째 날이 안식일에
  시작하는 경우다. 이것은 초막절의 일곱째 날이 명절의 절정이라고
  볼 수 있는데, 이날만이 안식일을 능가하는 것으로 간주해서 아라바
  를 가지고 기뻐하는 의식을 행할 수 있다.

4, 4

מִצְוַת לוּלָב כֵּיצַד. יוֹם טוֹב הָרִאשׁוֹן שֶׁל חָג שֶׁחָל לִהְיוֹת בְּשַׁבָּת, מוֹלִיכִין אֶת
לוּלְבֵיהֶן לְהַר הַבַּיִת, וְהַחַזָּנִין מְקַבְּלִין מֵהֶן וְסוֹדְרִין אוֹתָן עַל גַּב הָאִצְטַבָּא,
וְהַזְּקֵנִים מַנִּיחִין אֶת שֶׁלָּהֶן בַּלִּשְׁכָּה. וּמְלַמְּדִים אוֹתָם לוֹמַר, כָּל מִי שֶׁמַּגִּיעַ
לוּלָבִי בְיָדוֹ, הֲרֵי הוּא לוֹ בְמַתָּנָה. לְמָחָר מַשְׁכִּימִין וּבָאִין, וְהַחַזָּנִין זוֹרְקִין
אוֹתָם לִפְנֵיהֶם. וְהֵן מְחַטְּפִין וּמַכִּין אִישׁ אֶת חֲבֵרוֹ. וּכְשֶׁרָאוּ בֵית דִּין שֶׁבָּאוּ
לִידֵי סַכָּנָה, הִתְקִינוּ שֶׁיְּהֵא כָל אֶחָד וְאֶחָד נוֹטֵל בְּבֵיתוֹ:

룰라브 계명을 [안식일에] 어떻게 [실행하는가]? 명절 첫날이 안식
일에 시작하면, 그들은 룰라브를 성전산으로 가져온다. 관리자가 그
것을 받아서 [성전] 현관 지붕 위에 정렬해놓는다. 하지만 장로들은
자신의 [룰라브]를 방에 넣어둔다. 그들은 사람들에게 다음과 같이

말하도록 가르친다. "나의 룰라브를 가져가는 누구든지 그에게 선물입니다." 다음 날 사람들은 일찍 일어나서 [성전산]으로 간다. 관리자들은 그들 앞에 [룰라브]를 던진다.[2] 그러면 그들은 [룰라브]를 [서로 좋은 것을 차지하려고] 잡아채고 서로 때리기도 한다. 법정에서 위험한 상황이라고 보이면, 각자 [룰라브]를 집으로 가져가도록 명한다.

- 안식일에 룰라브를 가져가는 것은 '운반하는 일'로 간주되어 금지된다. 따라서 룰라브를 전날 미리 성전산에 갖다두기 때문에 모든 룰라브가 섞이게 된다. 그렇다고 주인이 없거나 분실된 룰라브를 사용하면 제의는 무효가 된다. 따라서 누구든지 주인처럼 룰라브를 사용할 수 있도록 룰라브를 놓는 사람이 이런 선포를 한다.
- 서로 좋은 것을 차지하려고 경쟁하는 상황이 벌어지고 심지어 폭력을 행사하여 위험한 상황이라고 판단되면 법정은 사람들에게 룰라브를 가지고 집에 가서 의무를 지키도록 명령한다.

4, 5

מִצְוַת עֲרָבָה כֵּיצַד, מָקוֹם הָיָה לְמַטָּה מִירוּשָׁלַיִם, וְנִקְרָא מוֹצָא. יוֹרְדִין
לְשָׁם וּמְלַקְּטִין מִשָּׁם מֻרְבִּיּוֹת שֶׁל עֲרָבָה, וּבָאִין וְזוֹקְפִין אוֹתָן בְּצִדֵּי הַמִּזְבֵּחַ,
וְרָאשֵׁיהֶן כְּפוּפִין עַל גַּבֵּי הַמִּזְבֵּחַ. תָּקְעוּ וְהֵרִיעוּ וְתָקְעוּ. בְּכָל יוֹם מַקִּיפִין אֶת
הַמִּזְבֵּחַ פַּעַם אַחַת, וְאוֹמְרִים, אָנָּא ה' הוֹשִׁיעָה נָּא, אָנָּא ה' הַצְלִיחָה נָּא.
רַבִּי יְהוּדָה אוֹמֵר, אֲנִי וָהוֹ הוֹשִׁיעָה נָּא. וְאוֹתוֹ הַיּוֹם מַקִּיפִין אֶת הַמִּזְבֵּחַ שֶׁבַע
פְּעָמִים. בִּשְׁעַת פְּטִירָתָן, מָה הֵן אוֹמְרִים, יֹפִי לְךָ מִזְבֵּחַ, יֹפִי לְךָ מִזְבֵּחַ. רַבִּי
אֱלִיעֶזֶר אוֹמֵר, לְיָהּ וּלְךָ, מִזְבֵּחַ. לְיָהּ וּלְךָ, מִזְבֵּחַ:

---

2) '관리자'(attendant) 역할을 하는 '하잔'(חזן)은 성전(temple), 회당(synagogue), 법정(court), 학교(school)에서 각각의 기관이 부여하는 고유 업무를 담당한다.

아라바 의무는 어떻게 〔실행하는가〕? 예루살렘 아래에 모짜(Motza)
라고 불리는 곳이 있었다. 그곳으로 내려가서 많은 아라바를 모은다.
〔예루살렘〕으로 돌아와서 제단 옆쪽에 세워둔다. 〔시내 버들〕 윗부분
이 제단 맨 위에 기울어지게 둔다. 〔제사장들은 뿔나팔을〕 길게 불고
짧게 끊어서 불고 길게 분다. 매일 제단 주변을 한 번씩 돌며 말한다.
"여호와여 구하옵나니 이제 구원하소서 여호와여 우리가 구하옵나
니 이제 형통하게 하소서"(시 118:25). 랍비 예호슈아가 말한다. "아니
바호, 이제 구원하소서." 그들은 그날 제단 주위를 일곱 번 돌았다. 그
들은 떠나면서 무슨 말을 했는가? "아름다움은 당신의 것입니다, 제
단이여! 아름다움은 당신의 것입니다, 제단이여!" 랍비 엘리에제르
는 말한다. "여호와께 당신에게, 제단이여! 여호와께 당신에게, 제단
이여!"

- 제사장들이 뿔나팔(쇼파르)을 부는 것은 기쁨을 표현하기 위함이다.
  뿔나팔은 길게 '테키아'(tekiah)로 불거나, 짧고 강하게 끊어서 '테루
  아'(teruah)로 부는 방식이 있다.
- 랍비 예호슈아는 하나님을 부를 때 사용하는 'אנא יהוה'(ana adonay)
  라는 표현 대신 'אני והו'(ani vaho)를 사용하고 있다. '아니 바호'의 정
  확한 의미는 불분명하다.
- 제단에서 행해지는 제사에 의해 사람은 속죄된다. 따라서 이스라엘
  백성들은 "아름다움은 당신의 것입니다"라고 말하면서 제단 자체를
  칭송하는 단계까지 이른다. 하지만 사물을 숭배하는 이러한 표현이
  위험하다는 것을 랍비들은 인식했다. 그래서 랍비 엘리에제르는 다
  른 표현을 사용해야 한다고 주장한다.

4, 6

כְּמַעֲשֵׂהוּ בְחֹל כָּךְ מַעֲשֵׂהוּ בְשַׁבָּת, אֶלָּא שֶׁהָיוּ מְלַקְּטִין אוֹתָן מֵעֶרֶב שַׁבָּת
וּמַנִּיחִים אוֹתָן בְּגִיגִיּוֹת שֶׁל זָהָב, כְּדֵי שֶׁלֹּא יִכְמֹשׁוּ. רַבִּי יוֹחָנָן בֶּן בְּרוֹקָה
אוֹמֵר, חֲרִיּוֹת שֶׁל דֶּקֶל הָיוּ מְבִיאִין, וְחוֹבְטִין אוֹתָן בַּקַּרְקַע בְּצִדֵּי הַמִּזְבֵּחַ,
וְאוֹתוֹ הַיּוֹם נִקְרָא יוֹם חִבּוּט חֲרִיּוֹת:

〔아라바 의무를〕 평일에 행하는 것처럼 안식일에도 행한다. 다만
예외적으로 안식일 저녁에는 〔아라바를〕 모아서 금으로 만든 그릇에
담아 시들지 않게 한다. 랍비 요하난 벤 브로카는 말한다. "〔아라바가
아니라〕 그들은 〔룰라브〕 가지를 가지고 와서 그것들로 제단 옆쪽 땅
을 때렸습니다. 그래서 그날이 '〔룰라브〕 가지 때리기의 날'이라고 부
르게 되었습니다."

- 초막절 일곱째 날이 안식일에 오면 이날은 안식일을 능가한다고 간
  주하고 다른 평일처럼 아라바 의무를 이행한다(「쑤카」 4, 2-3).
- 금으로 만든 그릇 안에 물이 담겨 있어서 버들가지 잎사귀가 시들지
  않게 한다.
- 랍비 요하난 벤 브로카는 이 의무가 아라바로 행하는 것이 아니고
  룰라브로 행하는 것이라고 주장한다.

4, 7

מִיָּד הַתִּינוֹקוֹת שׁוֹמְטִין אֶת לוּלְבֵיהֶן וְאוֹכְלִין אֶתְרוֹגֵיהֶן:

아이들은 룰라브를 푼 직후에 에트로그를 먹을 수 있다.

- 룰라브와 관련된 의무가 끝이 나면 아이들은 한데 묶어진 룰라브를
  풀어서 놀기도 한다. 그리고 이때 에트로그를 먹어도 된다.

הַהַלֵּל וְהַשִּׂמְחָה שְׁמֹנָה כֵּיצַד. מְלַמֵּד שֶׁחַיָּב אָדָם בַּהַלֵּל וּבַשִּׂמְחָה וּבִכְבוֹד
יוֹם טוֹב הָאַחֲרוֹן שֶׁל חָג, כְּשְׁאָר כָּל יְמוֹת הֶחָג. סֻכָּה שִׁבְעָה כֵּיצַד. גָּמַר
מִלֶּאֱכֹל, לֹא יַתִּיר סֻכָּתוֹ, אֲבָל מוֹרִיד אֶת הַכֵּלִים מִן הַמִּנְחָה וּלְמַעְלָה, מִפְּנֵי
כְּבוֹד יוֹם טוֹב הָאַחֲרוֹן שֶׁל חָג:

찬양과 기쁨은 8[일 동안 시행한다는 규정은] 어떤 [경우를 말하는 가]? [이 규정은] 명절 마지막 날에 누구나 찬양과 기쁨, 그리고 존경 의 의무를 [행하되] 명절의 다른 날처럼 [행한다고] 가르쳐준다. 초막 의 [의무를] 8[일 동안 시행한다는 규정은] 어떤 [경우를 말하는가]? 마지막으로 음식을 먹은 후에, 그는 [곧바로] 초막을 해체하지 않고, [저녁] 소제 시간 이후부터 물건들을 내려놓는다. 이는 절기의 마지 막 날을 존경하기 위해서다.

- '물건들'은 초막을 집처럼 아늑한 곳으로 만들기 위해 초막으로 가 져온 것들로 그릇들과 침대 그리고 의자가 여기에 속한다.
- 초막에 머무는 의무는 7일 뒤에 마친다. 하지만 초막절 마지막 8일 째에 경의를 표하기 위해서 곧바로 초막을 해체해서는 안 된다. 7일 째 날에 마지막 점심 식사를 초막에서 했다 하더라도, 하나님께 소 제를 드리는 시간 이후에 물건들을 집으로 옮기기 시작하면 된다. '저녁 소제와 그 이후'는 하루가 끝나기 두 시간 반 전이다(「로쉬 하 샤나」 4, 4).

4, 9

נִסּוּךְ הַמַּיִם כֵּיצַד. צְלוֹחִית שֶׁל זָהָב מַחֲזֶקֶת שְׁלֹשֶׁת לֻגִּים הָיָה מְמַלֵּא מִן
הַשִּׁלּוֹחַ. הִגִּיעוּ לְשַׁעַר הַמַּיִם, תָּקְעוּ וְהֵרִיעוּ וְתָקְעוּ. עָלָה בַכֶּבֶשׁ וּפָנָה
לִשְׂמֹאלוֹ, שְׁנֵי סְפָלִים שֶׁל כֶּסֶף הָיוּ שָׁם. רַבִּי יְהוּדָה אוֹמֵר, שֶׁל סִיד הָיוּ, אֶלָּא
שֶׁהָיוּ מֻשְׁחָרִין פְּנֵיהֶם מִפְּנֵי הַיָּיִן. וּמְנֻקָּבִין כְּמִין שְׁנֵי חֲטָמִין דַּקִּין, אֶחָד מְעֻבֶּה

וְאֶחָד דַּק, כְּדֵי שֶׁיְּהוּ שְׁנֵיהֶם כָּלִין בְּבַת אַחַת. מַעֲרָבִי שֶׁל מַיִם, מִזְרָחִי שֶׁל
יַיִן. עֵרָה שֶׁל מַיִם לְתוֹךְ שֶׁל יַיִן, וְשֶׁל יַיִן לְתוֹךְ שֶׁל מַיִם, יָצָא. רַבִּי יְהוּדָה
אוֹמֵר, בְּלֹג הָיָה מְנַסֵּךְ כָּל שְׁמֹנָה. וְלַמְנַסֵּךְ אוֹמְרִים לוֹ, הַגְבַּהּ יָדֶךָ, שֶׁפַּעַם
אַחַת נִסֵּךְ אֶחָד עַל גַּבֵּי רַגְלָיו, וּרְגָמוּהוּ כָל הָעָם בְּאֶתְרוֹגֵיהֶן:

헌수는 어떻게 실행하는가? 〔제사장〕은 금으로 만든 로그 용량의 물병에 실로암 못의 물을 채운다. 그들이 수문에 도착했을 때, 그들은 〔뿔나팔을〕 길게 불고 짧게 끊어서 불고 〔다시〕 길게 분다. 〔제단의〕 경사면에 올라와서 왼쪽으로 돌아간다. 거기에 은으로 만든 두 개의 사발이 있다. 랍비 예후다는 말했다. "그것들은 석고로 만들었습니다. 그런데 포도주 때문에 표면이 거무스름합니다." 두 개의 좁은 콧구멍처럼 구멍이 뚫려 있다. 하나는 넓고 다른 하나는 좁은데 그 둘이 마치 한 쌍과 같다. 서쪽에 있는 것은 물을 담은 사발이고, 동쪽에 있는 것은 포도주를 담는 사발이다. 물이 담긴 병을 포도주 사발에 붓고 포도주가 담긴 병을 물 사발에 부으면 그는 의무를 다하는 것이다. 랍비 예후다는 말했다. "그는 8〔일〕 동안 1로그씩 길어야 합니다." 〔물을〕 붓는 사람들에게 그는 말한다. "당신의 손을 드십시오." 한번은 〔사두개파 제사장이〕 자신의 발 등에 부었다. 모든 사람들이 자신들의 에트로그를 그에게 던졌다.

- 실로암 못물을 길어 제단에 바치는 '헌수'(獻水)는 초막절 기간의 가장 중요한 의무다. 보통 때는 제단에 포도주를 바치는 헌주 의례가 진행되지만 초막절에는 유일하게 헌수 의식이 펼쳐진다. 이것은 다가오는 우기에 많은 비를 내려주기를 바라고 기대하는 의식이다.
- 랍비 예후다는 두 가지 면에서 의견을 달리한다. 첫째, 7일이 아니라 8일 동안 헌수 의례가 진행된다. 둘째, 3로그가 아니라 1로그다.
- 자신의 발등에 물을 부은 제사장은 사두개파 제사장으로 보인다. 사

두개파는 헌수와 관련된 랍비 전통을 받아들이지 않았다. 그럼에도 불구하고 사람들은 바리새파 랍비들의 견해를 더 선호하여 사두개 파 제사장의 행위에 분노하여 에트로그를 그에게 내던졌다.

4, 10

כְּמַעֲשֵׂהוּ בְחֹל כָּךְ מַעֲשֵׂהוּ בְשַׁבָּת, אֶלָּא שֶׁהָיָה מְמַלֵּא מֵעֶרֶב שַׁבָּת חָבִית
שֶׁל זָהָב שֶׁאֵינָהּ מְקֻדֶּשֶׁת, מִן הַשִּׁלוֹחַ, וּמַנִּיחָהּ בַּלִּשְׁכָּה. נִשְׁפְּכָה אוֹ
נִתְגַּלְּתָה, הָיָה מְמַלֵּא מִן הַכִּיּוֹר, שֶׁהַיַּיִן וְהַמַּיִם הַמְגֻלִּין, פְּסוּלִים לְגַבֵּי הַמִּזְבֵּחַ:

평일에 실행하는 것처럼 안식일에도 실행한다. 단지 실로암 [못]에 서 성별되지 않은 금으로 만든 물병으로 안식일 저녁에 채워 방에 두 는 것은 예외이다. [물이] 쏟아졌거나 노출되었으면 놋대야에서 채워 넣는다. 왜냐하면 노출된 포도주나 물은 제단에 무효가 된다.[3]

- 실로암 못이라는 공적 공간에서 성전이라는 사적 공간으로 안식일 에 물을 옮기는 것은 금지된다. 여기에서 성전은 사적 공간으로 여겨 진다. 따라서 미리 전날 물을 성전 안으로 옮겨놓아야 한다. 안식일 에 성전 내에서 옮기는 것은 허락된다.

제5장

제5장은 물 긷기 축하 행사에 대하여 소개한다. 물 긷기 행사는 헌 주를 위해 실로암 연못에서 물을 길어 오는 의식이다. 이 행사는 초막 절의 기쁨을 배가하는 의식 중 하나다. 사람들의 흥을 돋우기 위해 피

---

3) 『제라임』 「트루못」 8, 5를 참조하라.

리와 같은 악기도 사용된다.

5, 1

הֶחָלִיל חֲמִשָּׁה וְשִׁשָּׁה. זֶהוּ הֶחָלִיל שֶׁל בֵּית הַשּׁוֹאֵבָה, שֶׁאֵינָהּ דּוֹחָה לֹא אֶת הַשַּׁבָּת וְלֹא אֶת יוֹם טוֹב. אָמְרוּ, כָּל מִי שֶׁלֹּא רָאָה שִׂמְחַת בֵּית הַשּׁוֹאֵבָה, לֹא רָאָה שִׂמְחָה מִיָּמָיו:

피리는 5 또는 6(일 동안 분다). 이것은 물 긷는 집에서 사용하는 피리인데, 안식일이나 명절 (규정을) 능가하지 않는다. 그들은 말한다. "물 긷는 집의 기쁨을 맛보지 못한 사람은 그의 삶에서 기쁨을 보지 못한 사람이다."

- 피리는 전체 명절 7일 가운데 5-6일 동안만 분다. 왜냐하면 안식일이나 명절 첫날에는 불지 않기 때문이다. 만약 안식일과 명절 첫날이 겹친다면 6일 동안 불게 되고 그렇지 않다면 5일 동안 불게 된다.
- '물 긷는 집'은 히브리어로 '베트 하쇼에파'(בית השואבה, Bet Hasho-evah)이다. 물을 긷는 동안 축제의 피리를 불게 된다. 이때 사람들이 느끼는 기쁨이 일생 중에 느끼는 가장 큰 기쁨이라고 말한다.

5, 2

בְּמוֹצָאֵי יוֹם טוֹב הָרִאשׁוֹן שֶׁל חָג, יָרְדוּ לְעֶזְרַת נָשִׁים, וּמְתַקְּנִין שָׁם תִּקּוּן גָּדוֹל. וּמְנוֹרוֹת שֶׁל זָהָב הָיוּ שָׁם, וְאַרְבָּעָה סְפָלִים שֶׁל זָהָב בְּרָאשֵׁיהֶן, וְאַרְבָּעָה סֻלָּמוֹת לְכָל אֶחָד וְאֶחָד, וְאַרְבָּעָה יְלָדִים מִפִּרְחֵי כְהֻנָּה וּבִידֵיהֶם כַּדִּים שֶׁל שֶׁמֶן שֶׁל מֵאָה וְעֶשְׂרִים לֹג, שֶׁהֵן מַטִּילִין לְכָל סֵפֶל וָסֵפֶל:

명절 첫날 끝 무렵에 그들은 여인들의 뜰로 내려가서 거기에서 대대적인 수리를 한다. 그곳 윗부분에 금 등잔대와 네 개의 금 그릇이 있고, 각각의 사다리가 네 개 있다. 제사장 생도 중 네 명의 아이들이 120

로그의 기름이 담겨 있는 단지를 들고 있다. 그들은 〔기름〕을 각각의
그릇에 붓는다.

● 이 미쉬나에서 말하고 있듯이 명절 첫날에는 물 긷는 축하 행사를 거
  행하지 않는다. 대신 명절 첫날이 끝날 무렵 거대한 등잔에 불을 피
  우는 것부터 시작한다. 제사장 생도들이 붓는 기름의 양이 무려 120
  로그다. 이 양은 대략 15리터에 해당한다.

5, 3

מְבִלָאֵי מִכְנְסֵי כֹהֲנִים וּמֵהֶמְיָנֵיהֶן מֵהֶן הָיוּ מַפְקִיעִין, וּבָהֶן הָיוּ מַדְלִיקִין, וְלֹא
הָיְתָה חָצֵר בִּירוּשָׁלַיִם שֶׁאֵינָה מְאִירָה מֵאוֹר בֵּית הַשׁוֹאֵבָה:

해진 제사장의 바지는 그것으로 심지를 만들어 불을 붙인다. 예루
살렘에는 물 긷는 집의 불빛이 비치지 않는 뜰이 하나도 없다.

● 제사장이 입었던 바지를 재활용해서 등잔의 심지로 사용한다. 등불
  이 온 예루살렘을 밝힐 정도로 밝았다.

5, 4

חֲסִידִים וְאַנְשֵׁי מַעֲשֶׂה הָיוּ מְרַקְּדִים לִפְנֵיהֶם בַּאֲבוּקוֹת שֶׁל אוֹר שֶׁבִּידֵיהֶן,
וְאוֹמְרִים לִפְנֵיהֶן דִּבְרֵי שִׁירוֹת וְתִשְׁבָּחוֹת. וְהַלְוִיִּם בְּכִנּוֹרוֹת וּבִנְבָלִים
וּבִמְצִלְתַּיִם וּבַחֲצוֹצְרוֹת וּבִכְלֵי שִׁיר בְּלֹא מִסְפָּר, עַל חֲמֵשׁ עֶשְׂרֵה מַעֲלוֹת
הַיּוֹרְדוֹת מֵעֶזְרַת יִשְׂרָאֵל לְעֶזְרַת נָשִׁים, כְּנֶגֶד חֲמִשָּׁה עָשָׂר שִׁיר הַמַּעֲלוֹת
שֶׁבַּתְּהִלִּים, שֶׁעֲלֵיהֶן לְוִיִּם עוֹמְדִין בִּכְלֵי שִׁיר וְאוֹמְרִים שִׁירָה. וְעָמְדוּ שְׁנֵי
כֹהֲנִים בַּשַּׁעַר הָעֶלְיוֹן שֶׁיּוֹרֵד מֵעֶזְרַת יִשְׂרָאֵל לְעֶזְרַת נָשִׁים, וּשְׁתֵּי חֲצוֹצְרוֹת
בִּידֵיהֶן. קָרָא הַגֶּבֶר, תָּקְעוּ וְהֵרִיעוּ וְתָקָעוּ. הִגִּיעוּ לַמַּעֲלָה עֲשִׂירִית, תָּקְעוּ
וְהֵרִיעוּ וְתָקָעוּ. הִגִּיעוּ לָעֲזָרָה, תָּקְעוּ וְהֵרִיעוּ וְתָקָעוּ. הָיוּ תוֹקְעִין וְהוֹלְכִין,
עַד שֶׁמַּגִּיעִין לַשַּׁעַר הַיּוֹצֵא מִזְרָח. הִגִּיעוּ לַשַּׁעַר הַיּוֹצֵא מִמִּזְרָח, הָפְכוּ פְּנֵיהֶן

לַמַּעֲרָב, וְאָמְרוּ, אֲבוֹתֵינוּ שֶׁהָיוּ בַּמָּקוֹם הַזֶּה אֲחוֹרֵיהֶם אֶל הֵיכַל ה' וּפְנֵיהֶם
קֵדְמָה, וְהֵמָּה מִשְׁתַּחֲוִים קֵדְמָה לַשָּׁמֶשׁ, וְאָנוּ לְיָהּ עֵינֵינוּ. רַבִּי יְהוּדָה אוֹמֵר,
הָיוּ שׁוֹנִין וְאוֹמְרִין, אָנוּ לְיָהּ, וּלְיָהּ עֵינֵינוּ:

독실한 사람들과 〔선〕행하는 사람들은 타오르는 횃불을 손에 들고
있는 사람들 앞에서 춤을 춘다. 그리고 그들 앞에서 노래하고 찬양한
다. 레위인들은 비파, 수금, 제금, 나팔, 그리고 수없이 많은 악기들을
들고 이스라엘의 뜰에서 여인들의 뜰로 열다섯 칸 내려가 〔서〕 있는
데, 이것은 시편에 있는 〔성전에〕 올라가는 노래 열다섯 개에 상응한
다. 그것을 레위인들은 악기를 들고 서서 노래한다. 두 명의 제사장들
이 이스라엘의 뜰에서 여인들의 뜰로 내려가는 곳에 있는 위 문에 서
있는데, 손에 〔하나씩〕 두 개의 나팔을 들고 있다. 남자가 외치면, 그
들은 나팔을 길게, 짧게, 그리고 길게 분다. 열 번째 계단에 도달하면,
그들은 〔나팔〕을 길게 불고, 짧게 끊어서 불고, 길게 분다. 뜰에 도착
하면, 그들은 〔다시 나팔〕을 길게 불고, 짧게 끊어서 불고, 길게 분다.
그들은 동쪽에 있는 출입문까지 불면서 걸어간다. 동쪽에 도착하면
그들은 서쪽으로 돌아 말한다. "여호와의 성전을 뒤로하고 얼굴은 동
쪽으로 향하고 여기 이곳에 서있던 우리 조상들은 동쪽 해를 향해 절
하였습니다. 하지만 우리는 우리의 눈이 여호와를 〔바라봅니다〕." 랍
비 예후다는 말했다. "이와 달리 다음과 같이 말했습니다. '우리는 여
호와를 〔바라봅니다〕, 우리의 눈이 여호와를 〔바라봅니다〕'."

● 고대의 악기와 오늘날 악기는 다소 차이가 있다. 다만, 영어 성경에
  서 비파는 하프, 수금은 리라, 제금은 심벌즈, 나팔은 트럼펫으로 번
  역한다.

אֵין פּוֹחֲתִין מֵעֶשְׂרִים וְאַחַת תְּקִיעוֹת בַּמִּקְדָּשׁ, וְאֵין מוֹסִיפִין עַל אַרְבָּעִים
וּשְׁמֹנֶה. בְּכָל יוֹם הָיוּ שָׁם עֶשְׂרִים וְאַחַת תְּקִיעוֹת בַּמִּקְדָּשׁ, שָׁלֹשׁ לִפְתִיחַת
שְׁעָרִים, וְתֵשַׁע לְתָמִיד שֶׁל שַׁחַר, וְתֵשַׁע לְתָמִיד שֶׁל בֵּין הָעַרְבָּיִם. וּבַמּוּסָפִין
הָיוּ מוֹסִיפִין עוֹד תֵּשַׁע. וּבְעֶרֶב שַׁבָּת הָיוּ מוֹסִיפִין עוֹד שֵׁשׁ, שָׁלֹשׁ לְהַבְטִיל
הָעָם מִמְּלָאכָה, וְשָׁלֹשׁ לְהַבְדִּיל בֵּין קֹדֶשׁ לְחֹל. עֶרֶב שַׁבָּת שֶׁבְּתוֹךְ הֶחָג הָיוּ
שָׁם אַרְבָּעִים וּשְׁמֹנֶה, שָׁלֹשׁ לִפְתִיחַת שְׁעָרִים, שָׁלֹשׁ לַשַּׁעַר הָעֶלְיוֹן, וְשָׁלֹשׁ
לַשַּׁעַר הַתַּחְתּוֹן, וְשָׁלֹשׁ לְמִלּוּי הַמַּיִם, וְשָׁלֹשׁ עַל גַּבֵּי מִזְבֵּחַ, תֵּשַׁע לְתָמִיד שֶׁל
שַׁחַר, וְתֵשַׁע לְתָמִיד שֶׁל בֵּין הָעַרְבַּיִם, וְתֵשַׁע לַמּוּסָפִין, שָׁלֹשׁ לְהַבְטִיל אֶת
הָעָם מִן הַמְּלָאכָה, וְשָׁלֹשׁ לְהַבְדִּיל בֵּין קֹדֶשׁ לְחֹל:

성전에서 최소 스물한 번 나팔을 분다.[4] 〔그렇지만〕 마흔여덟 번 이
상은 불지 않는다. 매일 성전에서 스물한 번 나팔을 길게 부는데, 세
번은 문을 열 때, 아홉 번은 아침 상번제 때, 아홉 번은 오후 상번제 때
다. 그리고 추가할 경우에 여기에 아홉 번을 더한다. 안식일 전날 저녁
에 여섯 번을 추가하는데, 세 번은 백성들을 일에서 구별시키기 위해
서, 그리고 세 번은 거룩함과 속됨을 구별하기 위해서다. 명절 중간에
안식일 저녁이 있을 때에 〔성전〕에서 마흔여덟 번 〔분다〕. 세 번은 문
을 열 때, 세 번은 위 문을 열 때, 세 번은 아래 문을 열 때, 세 번은 물
을 채울 때, 세 번은 제단을 위해서, 아홉 번은 아침 상번제 때, 아홉 번
은 오후 상번제 때, 아홉 번은 추가 제사를 위해서, 세 번은 백성들을
일에서 구별시키기 위해서, 그리고 세 번은 거룩함과 속됨을 구별하
기 위해서다.

---

4) 성전 파괴 이후에 나팔을 부는 역할을 제사장들을 대신해서 '관리자'(하잔)
들이 했다는 견해는 다음의 문헌을 참조하라. Akiva Cohen, *Matthew and the
Mishnah: Redefining Identity and Ethos in the Shadow of the Second Temple's Destruction*,
Tübingen: Mohr Siebeck, 2016, p. 475.

- 성전에서 나팔은 평일에 21회를 분다. 안식일이 있을 경우에는 전날 저녁에 9회가 추가된다. 명절 기간 중에 안식일이 올 경우에는 평일보다 9회씩 세 번 27회가 추가되어 총 48회 나팔을 불게 된다.

5, 6

יוֹם טוֹב הָרִאשׁוֹן שֶׁל חָג הָיוּ שָׁם שְׁלֹשָׁה עָשָׂר פָּרִים, וְאֵילִים שְׁנַיִם, וְשָׂעִיר אֶחָד. נִשְׁתַּיְּרוּ שָׁם אַרְבָּעָה עָשָׂר כְּבָשִׂים לִשְׁמֹנֶה מִשְׁמָרוֹת. בַּיּוֹם הָרִאשׁוֹן, שִׁשָּׁה מַקְרִיבִין שְׁנַיִם שְׁנַיִם, וְהַשְּׁאָר אֶחָד אֶחָד. בַּשֵּׁנִי, חֲמִשָּׁה מַקְרִיבִין שְׁנַיִם שְׁנַיִם, וְהַשְּׁאָר אֶחָד אֶחָד. בַּשְּׁלִישִׁי, אַרְבָּעָה מַקְרִיבִין שְׁנַיִם שְׁנַיִם, וְהַשְּׁאָר אֶחָד אֶחָד. בָּרְבִיעִי, שְׁלֹשָׁה מַקְרִיבִין שְׁנַיִם שְׁנַיִם, וְהַשְּׁאָר אֶחָד אֶחָד. בַּחֲמִשִׁי, שְׁנַיִם מַקְרִיבִין שְׁנַיִם שְׁנַיִם, וְהַשְּׁאָר אֶחָד אֶחָד. בַּשִּׁשִׁי, אֶחָד מַקְרִיב שְׁנַיִם, וְהַשְּׁאָר אֶחָד אֶחָד. בַּשְּׁבִיעִי, כֻּלָּן שָׁוִין. בַּשְּׁמִינִי, חָזְרוּ לְפַיִס כָּבְרְגָלִים. אָמְרוּ, מִי שֶׁהִקְרִיב פָּרִים הַיּוֹם, לֹא יַקְרִיב לְמָחָר, אֶלָּא חוֹזְרִין חֲלִילָה:

명절 첫날 [성전]에 황소 열세 마리가 있고, 숫양 두 마리, 염소 한 마리가 있다. 여덟 반열을 위해서 양 열네 마리가 남겨져 있다. 첫날에 여섯 반열이 각각 두 마리씩 바치고 나머지는 한 마리씩 바친다. 둘째 날에 다섯 반열이 각각 두 마리씩 바치고 나머지는 한 마리씩 바친다. 셋째 날에 네 반열이 각각 두 마리씩 바치고, 나머지는 한 마리씩 바친다. 넷째 날은 세 반열이 각각 두 마리씩 바치고, 나머지는 한 마리씩 바친다. 다섯째 날에 두 반열이 각각 두 마리씩 바치고, 나머지는 한 마리씩 바친다. 여섯째 날에 한 반열이 두 마리를 바치고, 나머지는 한 마리씩 바친다. 일곱째 날에는 모두 동일하다. [각각 한 마리씩 바친다.] 여덟째 날에는 [다른 명절들처럼] 일반적인 제비뽑기로 돌아온다. [랍비들]은 말했다. "오늘 황소를 바친 [대제사장]은 다음 날은 바쳐서는 안 됩니다. 대신 순번대로 돌아갑니다."

- 처음에 성전은 대제사장들을 8개 반열이 하나의 팀이 되어 성전 제사를 담당했다. 후에는 24개조가 1년에 두 번씩 순번으로 봉사한 것으로 보인다.

5, 7

בִּשְׁלֹשָׁה פְרָקִים בַּשָּׁנָה הָיוּ כָל מִשְׁמָרוֹת שָׁווֹת בְּאֵמוּרֵי הָרְגָלִים וּבְחִלּוּק
לֶחֶם הַפָּנִים. בָּעֲצֶרֶת אוֹמְרִים לוֹ, הֵילָךְ מַצָּה הֵילָךְ חָמֵץ. מִשְׁמָר שֶׁזְּמַנּוֹ
קָבוּעַ, הוּא מַקְרִיב תְּמִידִין, נְדָרִים וּנְדָבוֹת וּשְׁאָר קָרְבְּנוֹת צִבּוּר, וּמַקְרִיב אֶת
הַכֹּל. יוֹם טוֹב הַסָּמוּךְ לְשַׁבָּת, בֵּין מִלְּפָנֶיהָ בֵּין מִלְּאַחֲרֶיהָ, הָיוּ כָל הַמִּשְׁמָרוֹת
שָׁווֹת בְּחִלּוּק לֶחֶם הַפָּנִים:

일 년 세 분기 동안 모든 〔스물네 개〕 수행조는 정해진 명절 제사와 진설병 분병에서 동일하다. 성회에서 그들은 그에게 이렇게 말한다. "여기 당신을 위해 무교병이 있습니다. 여기 당신을 위해 누룩이 있습니다." 수행조의 직무 시간은 정해져 있다. 상번제 드리기, 서원제와 자원제, 나머지 공동체 번제, 그리고 〔그 외〕 모든 것을 바친다. 명절이 안식일 가까이 있으면, 그전이든지 그 후든지, 모든 수행조는 진설병 분병을 동일하게 행한다.

- 랍비들은 칠칠절 혹은 맥추절을 '성회'라고 부른다. 이것은 칠칠절이 유월절에서 시작하는 추수 시기를 마무리하는 의미가 있다.

5, 8

חָל לִהְיוֹת יוֹם אֶחָד לְהַפְסִיק בֵּינְתַיִם, מִשְׁמָר שֶׁזְּמַנּוֹ קָבוּעַ, הָיָה נוֹטֵל עֶשֶׂר
חַלּוֹת, וְהַמִּתְעַכֵּב נוֹטֵל שְׁתַּיִם. וּבִשְׁאָר יְמוֹת הַשָּׁנָה, הַנִּכְנָס נוֹטֵל שֵׁשׁ,
וְהַיּוֹצֵא נוֹטֵל שֵׁשׁ. רַבִּי יְהוּדָה אוֹמֵר, הַנִּכְנָס נוֹטֵל שֶׁבַע, וְהַיּוֹצֵא נוֹטֵל חָמֵשׁ.
הַנִּכְנָסִין חוֹלְקִין בַּצָּפוֹן, וְהַיּוֹצְאִין בַּדָּרוֹם. בִּלְגָּה לְעוֹלָם חוֹלֶקֶת בַּדָּרוֹם,
וְטַבַּעְתָּהּ קְבוּעָה, וְחַלּוֹנָהּ סְתוּמָה:

한 날이 〔안식일과 명절날〕 사이에 오게 되면, 자기 시간이 정해진 수행조는 열 개의 빵을 취하고 뒤에서 기다리는 〔수행조〕가 두 개를 취한다. 나머지 연중에는, 들어가는 〔수행조〕가 여섯 개를 취하고 나오는 〔수행조〕가 여섯 개를 취한다. 랍비 예후다는 말한다. "들어가는 〔수행조〕가 일곱 개를 취하고 나오는 〔수행조〕가 다섯 개를 취합니다." 들어가는 〔수행조〕가 북쪽에 있는 〔빵〕을 나누고, 나오는 〔수행조〕가 남쪽에 있는 〔빵〕을 나눈다. 빌가 〔수행조〕는 항상 남쪽의 〔빵〕을 나눈다. 그 고리가 고정되어 있고 벽감은 닫혀 있다.

- 집까지 너무 멀어 하루 만에 집에 다녀올 수 없는 제사장들은 진설병을 추가적으로 더 받는 방식으로 보상이 이루어졌다.
- 나머지 경우에 제사장조들은 진설병을 정확하게 절반씩 분배한다. 하지만 랍비 예후다는 들어가는 조가 더 받아야 한다고 주장한다.
- 성전 앞에는 제사장 숫자에 따라 모두 24개의 고리가 있다. 이 고리는 가축의 가죽을 벗길 때 사용한다. 하지만 빌가의 고리는 사용하지 못하도록 덮여 있고 주로 칼을 넣어두는 벽감은 사용한 지 오래된 듯이 닫혀 있다.

ביצה

7

베짜

계란

다음은 계명 중에 피해야 하는 의무들이다. 희생제사를 드리
지 않는다. 서원하지 않는다. 진멸을 맹세하지 않는다. 거제
나 십일조를 떼놓지 않는다. 이 모든 것은 명절날에도 선포
된다. 그래서 당연히 안식일에 적용된다. 명절날과 안식일
의 차이가 없다. 다만 음식 준비만 예외적이다. _「베짜」5, 2

개요

마쎄켓(제7부)「베짜」의 명칭은 '계란'을 뜻한다. 제1장 첫 번째 미쉬나의 첫 단어가 베짜(계란)이기 때문에 붙여진 이름이다.「베짜」에서는 계란과 같은 음식과 관련해서 명절날 해도 되는 일들과 하면 안 되는 일들을 설명한다.

이 마쎄켓은 때로 명절날이라는 의미의 '욤 토브'(יום טוב, Yom Tov)라는 이름으로 불리기도 한다. 그 이유는 여기서 다루는 대부분의 내용이 명절날과 관련 있기 때문이다. 명절날에는 기본적으로 안식일에 해서는 안 되는 39가지 대표적인 일들을 금지하는데, 토라도 이미 절기의 첫날과 마지막 날에 안식일처럼 일을 하지 말라고 명령한다. 전체 명절 기간에서 첫날과 마지막 날은 안식일처럼 일을 해서는 안 되고, 그 사이 날들에는 일할 수 있다. 그럼에도 불구하고 명절날 일할 수밖에 없는 상황들이 발생한다. 그래서 랍비들은 명절날 해도 되는 일들을 세부적으로 열거해주고 있다. 거의 모든 규정에 대하여 샴마이 학파와 힐렐 학파는 견해를 달리한다. 전체적으로 샴마이 학파가 좀 더 엄격한 규정을 제시하고, 힐렐 학파는 상대적으로 온건한 입장을 보인다.

여기서 말하는 명절날은 유월절, 칠칠절, 초막절과 같은 절기에 일하지 않고 쉬는 날인 첫날과 마지막 날 그리고 신년을 포함한다.[1] 속죄일은 여기에 포함되지 않는데, 속죄일에는 안식일에 금하는 모든 일이 적용되기 때문이다. 특별히 랍비들은 전체 명절 기간과 명절의 첫날과 마지막 날을 구별하여 부른다. 예를 들어, 유월절 전체 기간은 7일이지만 여기에서 일하지 않는 날은 첫날과 마지막 날이다. 이때를 랍비들은 '욤 토브'라고 부르는데, 직역하면 '좋은 날'이라는 의미다. 이 책에서는 '욤 토브'를 '명절날'로 번역했다.

• 관련 성경구절 | 레위기 17:13; 신명기 15:21-22

---

1) 전체 절기 기간이 유월절과 칠칠절은 7일, 초막절은 8일이다. 이 가운데 일하지 않고 쉬는 날은 절기의 첫날과 마지막 날이다. 이날을 미쉬나에서는 '욤 토브'로 부르고, 이것을 '명절날'로 번역했다.

제1장

명절날 짐승이나 새를 도살할 수 있다. 그러기 위해서는 잡을 대상을 명절 전날 미리 준비해야 한다. 명절날 낳은 계란의 경우 삼마이 학파는 준비된 것으로 해석하지만 힐렐 학파는 준비된 것이 아니라고 해석한다. 우리 안의 비둘기도 명절 전에 미리 정해놓아야 한다.

1, 1

בֵּיצָה שֶׁנּוֹלְדָה בְּיוֹם טוֹב, בֵּית שַׁמַּאי אוֹמְרִים, תֵּאָכֵל. וּבֵית הִלֵּל אוֹמְרִים, לֹא תֵאָכֵל. בֵּית שַׁמַּאי אוֹמְרִים, שְׂאֹר בְּכַזַּיִת וְחָמֵץ בְּכַכּוֹתֶבֶת. וּבֵית הִלֵּל אוֹמְרִים, זֶה וְזֶה בְּכַזָּיִת:

명절날 낳은 알에 대하여, 삼마이 학파는 말한다. "〔당일에〕 먹을 수 있습니다." 반면에 힐렐 학파는 말한다. "〔당일에는〕 먹을 수 없습니다." 삼마이 학파는 말한다. "〔유월절에〕 효모는 올리브 크기, 발효된 빵은 대추야자 크기면 〔금지됩니다〕." 힐렐 학파는 말한다. "이것이든 저것이든 올리브 크기면 〔금지됩니다〕."

- 명절날에는 일하는 것이 금지되어 있기 때문에 음식을 전날 미리 준비해야 한다. 그래서 명절날 태어난 계란이 준비된 것인지 여부가 문제된다. 삼마이 학파는 명절날 닭을 도살할 수 있듯이 계란도 먹을 수 있다고 주장한다. 하지만 힐렐 학파는 계란은 아직 존재하지 않았기에 준비된 것으로 볼 수 없어 먹을 수 없다는 입장이다.
- 출애굽기 13:7에서 보듯이, 유월절 전에 발효된 빵뿐만 아니라 발효의 원인이 되는 효모 자체를 없애야 한다고 말하고 있다. 다만 삼마이 학파는 원재료인 효모는 올리브 크기 정도면 금지되고 빵은 더 큰 대추야자 열매 크기면 금지된다고 주장한다. 하지만 힐렐 학파는

두 경우 모두 올리브 크기면 금지된다고 말한다.

1, 2

הַשּׁוֹחֵט חַיָּה וָעוֹף בְּיוֹם טוֹב, בֵּית שַׁמַּאי אוֹמְרִים, יַחְפֹּר בְּדֶקֶר וִיכַסֶּה,
וּבֵית הִלֵּל אוֹמְרִים, לֹא יִשְׁחֹט, אֶלָּא אִם כֵּן הָיָה לוֹ עָפָר מוּכָן מִבְּעוֹד יוֹם.
וּמוֹדִים, שֶׁאִם שָׁחַט, שֶׁיַּחְפֹּר בְּדֶקֶר וִיכַסֶּה, שֶׁאֵפֶר כִּירָה מוּכָן הוּא:

명절날 들짐승이나 새를 도살하려는 것에 대하여, 삼마이 학파는
말한다. "삽으로 〔흙을〕 파서 〔피를〕 덮어야 합니다." 힐렐 학파는 말
한다. "흙이 그 전날 미리 준비되지 않았다면 도살해서는 안 됩니다."
〔두 학파 모두〕 그들이 동의하는 것은 만약 이미 도살했다면 삽으로
흙을〕 파서 〔피를〕 덮어야 한다는 것이다. 그리고 〔추가적으로 동의하
는 바는〕 화로의 재를 준비된 것으로 〔간주한다는 점이다〕.

- 들짐승이나 새를 사냥해서 잡은 것은 도살 후에 피를 땅에 쏟은 후
  흙으로 덮어야 한다(레 17:13). 삼마이 학파는 삽으로 흙을 파서 덮
  으면 된다고 말한다. 하지만 힐렐 학파는 명절 전에 흙이 미리 준비
  되지 않으면 안 된다고 말한다.
- 두 학파 모두 동의하는 바는 이미 도살한 경우에는 삽으로 흙을 파
  서 덮어야 한다는 것이다. 그리고 화로에 있는 재를 미리 준비된 흙
  으로 간주해서 그것으로 덮어도 된다고 인정한다.

1, 3

בֵּית שַׁמַּאי אוֹמְרִים, אֵין מוֹלִיכִין אֶת הַסֻּלָּם מִשּׁוֹבָךְ לְשׁוֹבָךְ, אֲבָל מַטֵּהוּ
מֵחַלּוֹן לְחַלּוֹן. וּבֵית הִלֵּל מַתִּירִין. בֵּית שַׁמַּאי אוֹמְרִים, לֹא יִטֹּל, אֶלָּא אִם כֵּן
נִעֲנֵעַ מִבְּעוֹד יוֹם. וּבֵית הִלֵּל אוֹמְרִים, עוֹמֵד וְאוֹמֵר זֶה וָזֶה אֲנִי נוֹטֵל:

삼마이 학파는 말한다. "사다리를 비둘기 우리에서 우리로 옮기면

안 되지만 구멍에서 구멍으로 옮기는 것은 〔가능합니다〕. 힐렐 학파
는 그것을 허락한다. 샴마이 학파는 말한다. "미리 전날 잡아두지 않
았다면 〔명절에 비둘기를 우리에서 밖으로〕 꺼낼 수 없습니다." 힐렐
학파는 말한다. "그는 서서 〔이렇게〕 말하면 됩니다. "나는 이 〔새와〕
저 〔새를〕 가져갈 것입니다.""

- 비둘기 우리는 보통 땅속 깊이 구덩이를 파고 구멍을 여러 개 파서
  그 구멍 하나가 비둘기집이 되도록 만든다. 높은 곳에 있는 구멍에
  도달하기 위해서는 사다리가 필요하다. 샴마이 학파는 사다리를 비
  둘기 우리에서 다른 우리로 옮기는 것은 안 되고 같은 우리 내에서
  이 구멍에서 저 구멍으로 옮기는 것은 가능하다고 주장한다. 힐렐
  학파는 우리에서 다른 우리로 옮기는 것도 가능하다고 말한다.
- 명절날 비둘기를 잡기 위해서는 전날 미리 준비해야 한다. 샴마이 학
  파는 실제로 특정 비둘기를 전날 잡아둔다. 하지만 힐렐 학파는 다음
  날 잡을 비둘기가 어떤 것인지 구두로 선언하면 된다고 주장한다.

1, 4

זְמֵּן שְׁחוֹרִים וּמָצָא לְבָנִים, לְבָנִים וּמָצָא שְׁחוֹרִים, שְׁנַיִם וּמָצָא שְׁלֹשָׁה,
אֲסוּרִים. שְׁלֹשָׁה וּמָצָא שְׁנַיִם, מֻתָּרִים. בְּתוֹךְ הַקֵּן וּמָצָא לִפְנֵי הַקֵּן, אֲסוּרִים.
וְאִם אֵין שָׁם אֶלָּא הֵם, הֲרֵי אֵלּוּ מֻתָּרִים:

〔명절날 전에〕 검정색 〔비둘기〕를 정해두었는데 〔명절날〕 흰색을 찾
은 경우, 흰색을 〔정했는데〕 검정색을 찾은 경우, 두 마리를 〔정했는데〕
세 마리를 찾은 경우는 금지된다. 세 마리를 〔정했는데〕 두 마리를 찾
은 경우는 허락된다. 그물 안에 있는 〔비둘기를 정했는데〕 그물 앞에
서 찾은 경우는 금지된다. 〔근처에 다른 비둘기들은 없고〕 이것들만 있
다면 허락된다.

- 전날 잡아둔 비둘기와 실제로 명절날 찾은 비둘기가 다르면 도살하면 안 된다. 다만 다른 비둘기들은 우리 안에 없고 이것들만 있다면 잡아도 된다.

1, 5

בֵּית שַׁמַּאי אוֹמְרִים, אֵין מְסַלְּקִין אֶת הַתְּרִיסִין בְּיוֹם טוֹב. וּבֵית הֶלֵּל מַתִּירִין
אַף לְהַחֲזִיר. בֵּית שַׁמַּאי אוֹמְרִים, אֵין נוֹטְלִין אֶת הָעֱלִי לְקַצֵּב עָלָיו בָּשָׂר.
וּבֵית הֶלֵּל מַתִּירִין. בֵּית שַׁמַּאי אוֹמְרִים, אֵין נוֹתְנִין אֶת הָעוֹר לִפְנֵי הַדּוֹרְסָן
וְלֹא יַגְבִּיהֶנּוּ, אֶלָּא אִם כֵּן יֵשׁ עִמּוֹ כַזַּיִת בָּשָׂר. וּבֵית הֶלֵּל מַתִּירִין. בֵּית שַׁמַּאי
אוֹמְרִים, אֵין מוֹצִיאִין לֹא אֶת הַקָּטָן וְלֹא אֶת הַלּוּלָב וְלֹא אֶת סֵפֶר תּוֹרָה
לִרְשׁוּת הָרַבִּים. וּבֵית הֶלֵּל מַתִּירִין:

샴마이 학파는 말한다. "명절날에 미닫이문을 옮길 수 없습니다." 하지만 힐렐 학파는 심지어 다시 설치하는 것도 허락한다. 샴마이 학파는 말한다. "막자로 고기를 다지는 데 사용할 수 없습니다." 하지만 힐렐 학파는 허락한다. 샴마이 학파는 말한다. "[도살된 동물] 가죽을 밟을 사람 앞에 놓을 수 없습니다. 거기에 올리브 크기의 고기가 있지 않다면 들어 올릴 수도 없습니다." 하지만 힐렐 학파는 허락한다. 샴마이 학파는 말한다. "우리는 공적 공간으로 아이나 룰라브 혹은 두루마리 토라를 옮길 수 없습니다.[2]" 하지만 힐렐 학파는 허락한다.

- 샴마이 학파는 명절날 해서는 안 되는 일들을 열거하고 있다. 하지만 힐렐 학파는 이러한 일들을 명절날 할 수 있다고 말한다.
- 가죽을 밟는 것은 무두질을 하기 위해서다. 하지만 무두질은 안식일과 명절에 해서는 안 되는 금지된 일이다.
- 가죽은 음식이 아니기 때문에 명절날 손대는 물건이 아니다. 하지만

---

2) 룰라브는 초막절에 흔드는 네 가지 식물 묶음이다(「쑤카」).

가죽에 고기가 남아 있다면 이것은 음식으로 간주하여 손을 대어 처리할 수가 있다.

1, 6

בֵּית שַׁמַּאי אוֹמְרִים, אֵין מוֹלִיכִין חַלָּה וּמַתְּנוֹת לַכֹּהֵן בְּיוֹם טוֹב, בֵּין שֶׁהוּרְמוּ מֵאֶמֶשׁ, בֵּין שֶׁהוּרְמוּ מֵהַיּוֹם. וּבֵית הִלֵּל מַתִּירִין. אָמְרוּ לָהֶם בֵּית שַׁמַּאי, גְּזֵרָה שָׁוָה, חַלָּה וּמַתְּנוֹת מַתָּנָה לַכֹּהֵן, וּתְרוּמָה מַתָּנָה לַכֹּהֵן, כְּשֵׁם שֶׁאֵין מוֹלִיכִין אֶת הַתְּרוּמָה, כָּךְ אֵין מוֹלִיכִין אֶת הַמַּתָּנוֹת. אָמְרוּ לָהֶם בֵּית הִלֵּל, לֹא, אִם אֲמַרְתֶּם בַּתְּרוּמָה, שֶׁאֵינוֹ זַכַּאי בַּהֲרָמָתָהּ, תֹּאמְרוּ בַמַּתָּנוֹת, שֶׁזַּכַּאי בַּהֲרָמָתָן:

삼마이 학파는 말한다. "명절날 할라 빵과 선물을 제사장에게 전달할 수 없습니다. 그것을 어제 구별했든지 아니면 오늘 구별했든지 〔상관없습니다〕." 하지만 힐렐 학파는 허락한다. 삼마이 학파가 〔힐렐 학파〕에게 말했다. "다음과 같이 비유할 수 있습니다. 할라 빵과 선물이 제사장에게 주는 선물이라는 것은 거제가 제사장에게 주는 선물인 것과 같습니다. 같은 방식으로 〔명절날 제사장에게〕 거제를 전달하지 않는 것처럼, 선물을 전달하면 안 됩니다." 힐렐 학파는 〔삼마이 학파〕에게 대답했다. "그렇지 않습니다. 당신들이 〔명절날〕 구별할 수 없는 거제를 말했다면, 〔명절날〕 구별할 수 있는 선물을 말할 수 있습니까?"

● 삼마이 학파는 명절날 제사장에게 거제를 주지 않는 것처럼 할라 빵과 선물을 줄 수 없다고 말한다. 하지만 힐렐 학파는 이것은 적절한 비유가 아니라고 반박한다. 왜냐하면 거제는 명절날 구별해서는 안 되지만 할라와 선물은 명절날 구별할 수 있는 물건으로 전혀 다르다고 주장한다.

1, 7

בֵּית שַׁמַּאי אוֹמְרִים, תְּבָלִין נִדוֹכִין בְּמָדוֹךְ שֶׁל עֵץ, וְהַמֶּלַח בְּפַךְ, וּבְעֵץ
הַפָּרוּר. וּבֵית הִלֵּל אוֹמְרִים, תְּבָלִין נִדוֹכִין כְּדַרְכָּן בְּמָדוֹךְ שֶׁל אֶבֶן, וְהַמֶּלַח
בְּמָדוֹךְ שֶׁל עֵץ:

샴마이 학파는 말한다. "향신료는 〔명절날〕 나무 막자로 으깰 수 있고 소금은 단지나 나무 국자로 으깰 수 있습니다." 하지만 힐렐 학파는 말한다. "향신료는 돌 막자로 으깰 수 있고 소금은 나무 막자로 으깰 수 있습니다."

● 향신료나 소금을 명절날 으깨는 것은 가능하다. 샴마이 학파는 평소에 향신료는 돌 막자로 으깨고 소금은 나무 막자로 으깨면 되지만 명절날에는 다른 방식으로 으깨야 한다고 주장한다. 힐렐 학파는 평소처럼 하면 된다고 말한다.

1, 8

הַבּוֹרֵר קִטְנִית בְּיוֹם טוֹב, בֵּית שַׁמַּאי אוֹמְרִים, בּוֹרֵר אֹכֶל וְאוֹכֵל. וּבֵית הִלֵּל
אוֹמְרִים, בּוֹרֵר כְּדַרְכּוֹ בְּחֵיקוֹ, בְּקָנוֹן וּבְתַמְחוּי, אֲבָל לֹא בְטַבְלָא וְלֹא בְנָפָה
וְלֹא בִכְבָרָה. רַבָּן גַּמְלִיאֵל אוֹמֵר, אַף מֵדִיחַ וְשׁוֹלֶה:

명절날 콩을 구분하는 문제에 대하여 샴마이 학파는 말한다. "〔곧바로〕 먹을 수 있는 것을 구별해서 먹으면 됩니다." 하지만 힐렐 학파는 말한다. "해오던 방식대로 자신의 무릎, 바구니, 그릇으로 구별해야 합니다. 하지만 널판, 가는 체, 굵은 체로 〔구별하면〕 안 됩니다." 라반 감리엘은 말한다. "심지어 〔물에〕 씻어 〔껍질〕을 흘려 보낼 수 있습니다."

● 안식일에 콩을 흙이나 먼지와 '구분하기'는 금지된 39개 일 가운데

하나다(「샤밧」7, 2). 하지만 명절날 콩을 구별하는 것은 이와 달리 음식준비의 일환으로 허락된다. 다만 구체적인 방식은 학파나 랍비에 따라 달라진다.

- 샴마이 학파는 특별한 조치 없이 곧바로 먹을 수 있는 부분을 먹어야 한다고 주장한다. 힐렐 학파도 평상시처럼 체로 구별해서는 안 되고 다른 도구들을 사용해서 최소한의 방식으로 구별해서 먹어야 한다고 말한다.

1, 9

בֵּית שַׁמַּאי אוֹמְרִים, אֵין מְשַׁלְּחִין בְּיוֹם טוֹב אֶלָּא מָנוֹת. וּבֵית הִלֵּל אוֹמְרִים, מְשַׁלְּחִין בְּהֵמָה חַיָּה וָעוֹף, בֵּין חַיִּין בֵּין שְׁחוּטִין. מְשַׁלְּחִין יֵינוֹת שְׁמָנִים וּסְלָתוֹת וְקִטְנִיּוֹת, אֲבָל לֹא תְבוּאָה, וְרַבִּי שִׁמְעוֹן מַתִּיר בִּתְבוּאָה:

샴마이 학파는 말한다. "[다른 선물들을] 명절날 보내는 것은 안 되고 [음식의] 일부는 됩니다." 하지만 힐렐 학파는 말한다. "가축, 들짐승, 새를 보낼 수 있습니다. 살아 있든지 도살된 것이든지." 포도주, 기름, 고운 가루, 콩을 보낼 수 있다. 하지만 곡물은 안 된다. 하지만 랍비 쉼온은 곡물도 허락한다.

- 명절날 이웃에 보낼 수 있는 선물에 대하여 샴마이 학파는 당장 먹을 수 있는 음식만 가능하다고 말한다. 힐렐 학파는 곡물을 제외하고 대부분 가능하다는 입장이다. 랍비 쉼온은 심지어 곡물도 가능하다고 주장한다.

1, 10

מְשַׁלְּחִין כֵּלִים, בֵּין תְּפוּרִין בֵּין שֶׁאֵינָן תְּפוּרִין, וְאַף עַל פִּי שֶׁיֵּשׁ בָּהֶן כִּלְאַיִם, וְהֵן לְצֹרֶךְ הַמּוֹעֵד, אֲבָל לֹא סַנְדָּל הַמְסֻמָּר וְלֹא מִנְעָל שֶׁאֵינוֹ תָפוּר. רַבִּי

〔명절날〕 옷을 보낼 수 있다. 바느질이 된 것이든 안 된 것이든, 심지어 〔양모와 아마〕 혼방이라도 절기에 필요하다면 〔보낼 수 있다〕. 하지만 못이 박힌 샌들이나 바느질이 안 된 신발은 안 된다. 랍비 예후다는 말한다. "백색 신발도 안 됩니다. 왜냐하면 장인이 〔마무리할〕 필요가 있기 때문입니다." 이것이 일반 원칙이다. 〔명절날〕 사용되는 것은 무엇이든지 〔명절날〕 보낼 수 있다.

• 랍비들마다 저마다 명절날 선물로 보낼 수 있는 것과 없는 것이 다르다. 하지만 랍비 다수의 견해에 따르면 옷이든 음식이든 명절날 사용되는 것은 무엇이든지 명절날 보낼 수 있다.

제2장

명절날이 안식일 전날에 오거나 그 다음 날 오면 여러 가지 문제가 발생한다. 우선 명절날 다음 날 안식일이 오면 음식을 준비하는 문제가 발생한다. 전날 미리 준비된 재료를 명절날 도살하거나 요리하는 것은 허락된다. 그리고 이렇게 준비된 음식들은 명절날 먹을 수 있는 분량으로 제한되고 그 다음 날 먹어서는 안 된다. 그 다음 날 먹을 음식을 명절날 준비하는 것은 원천적으로 금지된다. 하지만 그 다음 날이 안식일이면 안식일에 음식을 요리할 수 없기 때문에 그 전날 준비해야만 한다.

안식일 다음에 명절날이 시작하면 정결례 문제가 생긴다. 관례적으로 명절날 전날 그릇이나 몸을 물에 담그는 정결례를 시행했다. 하지만 안식일에 다음 날 오는 명절을 위해 정결의식을 해야 하는 문제에 대하여 랍비들은 의견을 달리한다.

2, 1

יוֹם טוֹב שֶׁחָל לִהְיוֹת עֶרֶב שַׁבָּת, לֹא יְבַשֵּׁל אָדָם בַּתְּחִלָּה מִיּוֹם טוֹב לַשַּׁבָּת, אֲבָל מְבַשֵּׁל הוּא לְיוֹם טוֹב, וְאִם הוֹתִיר, הוֹתִיר לַשַּׁבָּת, וְעוֹשֶׂה תַבְשִׁיל מֵעֶרֶב יוֹם טוֹב וְסוֹמֵךְ עָלָיו לַשַּׁבָּת. בֵּית שַׁמַּאי אוֹמְרִים, שְׁנֵי תַבְשִׁילִין. וּבֵית הִלֵּל אוֹמְרִים, תַּבְשִׁיל אֶחָד. וְשָׁוִין בְּדָג וּבֵיצָה שֶׁעָלָיו שֶׁהֵן שְׁנֵי תַבְשִׁילִין. אֲכָלוֹ אוֹ שֶׁאָבַד, לֹא יְבַשֵּׁל עָלָיו בַּתְּחִלָּה. וְאִם שִׁיֵּר מִמֶּנּוּ כָּל שֶׁהוּא, סוֹמֵךְ עָלָיו לַשַּׁבָּת:

명절날이 안식일 저녁에 시작할 때, 먼저 안식일을 위해서 명절날 요리해서는 안 된다. 〔우선은〕 명절날을 위해서 요리해야 한다. 〔먹고〕 남은 것은 안식일을 위해 남은 것이다. 명절날 전날 저녁에 요리를 시작한다면, 안식일을 위한 요리는 여기에 근거하여 〔요리한다〕. 삼마이 학파는 말한다. "두 접시입니다." 하지만 힐렐 학파는 말한다. "한 접시입니다." 〔두 학파는〕 물고기와 계란에 대해서 그것이 두 접시라고 동의한다. 먹었든지 아니면 잃어버린 경우에는, 〔안식일〕 요리를 시작할 때 고려할 필요가 없다. 하지만 얼마라도 남았으면, 안식일 음식을 준비할 때 그것을 근거로 〔요리한다〕.

- 명절날 다음에 안식일이 올 때 두 가지 방식으로 문제를 해결한다. 첫째는 명절날 먹어야 할 음식 중에서 남은 음식을 다음 날 안식일에 먹는 것이다. 둘째는 명절날 전날에 요리를 시작해서 먼저 명절날을 위한 음식을 준비한다. 그리고 요리를 명절날에도 계속하여 다음 날 안식일에 먹을 음식을 준비한다. 명절날 다음 날 안식일을 위해서 요리를 시작해서는 안 된다. 따라서 전날부터 했던 요리를 계속하는 방식으로 문제를 해결한다.

2, 2

חָל לִהְיוֹת אַחַר הַשַּׁבָּת, בֵּית שַׁמַּאי אוֹמְרִים, מַטְבִּילִין אֶת הַכֹּל מִלִּפְנֵי
הַשַּׁבָּת, וּבֵית הִלֵּל אוֹמְרִים, כֵּלִים מִלִּפְנֵי הַשַּׁבָּת, וְאָדָם בַּשַּׁבָּת:

[명절날이] 안식일 다음에 시작할 때, 샴마이 학파는 말한다. "모든
것을 안식일 전에 물에 담가야 합니다." 하지만 힐렐 학파는 말한다.
"도구들은 안식일 전에 [담그고], 사람은 안식일에 [담그면 됩니다]."

- 명절 전날 몸이나 그릇을 물에 담가 정결하게 했다. 하지만 명절 전
  날이 안식일이면 안식일을 범하지 않기 위해 샴마이 학파는 안식일
  전날 미리 정결례를 해야 한다고 말한다. 반면에 힐렐 학파는 그릇
  은 전날 하고 사람은 안식일에 정결례를 해도 된다고 주장한다.

2, 3

וְשָׁוִין שֶׁמַּשִׁיקִין אֶת הַמַּיִם בִּכְלִי אֶבֶן לְטַהֲרָן, אֲבָל לֹא מַטְבִּילִין. וּמַטְבִּילִין
מִגַּב לְגַב וּמֵחֲבוּרָה לַחֲבוּרָה:

[두 학파는] 돌 그릇 안에 담겨 있는 물을 정결하게 하기 위해서
[정결례장에서] 접촉시키지만 [완전히] 담가서는 안 된다는 점에는
동의한다. 그러나 [도구들을] 한 목적에서 다른 목적으로 사용할 때,
[사람이] 한 모임에서 다른 모임으로 옮길 때 물에 담가야 한다.

- 돌 그릇 자체가 아니라 그 안에 있는 물을 정결하게 하는 의식에서
  는 돌 그릇을 완전히 물에 잠기게 할 필요는 없다.

2, 4

בֵּית שַׁמַּאי אוֹמְרִים, מְבִיאִין שְׁלָמִים וְאֵין סוֹמְכִין עֲלֵיהֶן, אֲבָל לֹא עוֹלוֹת.
וּבֵית הִלֵּל אוֹמְרִים, מְבִיאִין שְׁלָמִים וְעוֹלוֹת וְסוֹמְכִין עֲלֵיהֶם:

샴마이 학파는 말한다. "〔명절날〕 화목제물을 옮길 수는 있지만 그
위에 안수해서는 안 됩니다. 그런데 번제물을 옮겨서는 안 됩니다."
힐렐 학파는 말한다. "화목제물과 번제물 〔모두〕 옮겨도 되고 안수해
도 됩니다."

- 화목제물의 일부는 제사장이나 제주가 먹는 음식이다. 따라서 명절
  날 화목제물을 바치는 것은 허락된다. 하지만 안수는 미리 전날 해야
  한다는 것이 샴마이 학파의 입장이다. 힐렐 학파는 안수는 제물을
  바치기 직전에 해야 하므로 명절날 해도 된다고 주장하고, 번제물은
  비록 음식이 아니지만 명절을 범하는 일도 아니라는 입장이다.

2, 5

בֵּית שַׁמַּאי אוֹמְרִים, לֹא יָחֵם אָדָם חַמִּין לְרַגְלָיו, אֶלָּא אִם כֵּן רְאוּיִין לִשְׁתִיָּה.
וּבֵית הִלֵּל מַתִּירִין. עוֹשֶׂה אָדָם מְדוּרָה וּמִתְחַמֵּם כְּנֶגְדָּהּ:

샴마이 학파는 말한다. "발을 위해서 물을 데워서는 안 됩니다. 대
신 마시기 위해서는 가능합니다." 하지만 힐렐 학파는 허락한다. 사람
이 불을 피워 몸을 따뜻하게 할 수 있다.

- 명절날 음식을 데우는 목적 외에 불을 피우는 문제에 대하여 샴마이
  학파는 마실 물을 위해서는 가능하다고 말한다. 힐렐 학파는 발을
  씻는 목적으로도 가능하다는 입장이다. 다수의 랍비들은 몸을 따뜻
  하게 하기 위해서 불을 피우는 것도 가능하다고 말한다.

2, 6

שְׁלֹשָׁה דְבָרִים רַבָּן גַּמְלִיאֵל מַחֲמִיר כְּדִבְרֵי בֵית שַׁמַּאי, אֵין טוֹמְנִין אֶת
הַחַמִּין מִיּוֹם טוֹב לְשַׁבָּת, וְאֵין זוֹקְפִין אֶת הַמְּנוֹרָה בְיוֹם טוֹב, וְאֵין אוֹפִין פַּתִּין

세 가지에 대하여 라반 감리엘은 샴마이 학파의 가르침대로 엄격하
게 한다. 명절날 안식일을 위해 음식을 〔식지 않게〕 덮어두어서는 안
된다. 명절날 등잔을 조립해서는 안 된다. 〔명절날〕 빵을 두툼한 덩어
리로 만들어서는 안 되며, 얇은 〔덩어리로〕 만들어야 한다. 라반 감리
엘이 말했다. "제 아버지 댁에서는 〔명절날〕 빵을 두툼한 덩어리로 굽
지 않고 얇게 구웠습니다." 그들이 그에게 말했다. "우리가 당신의 아
버지 댁을 어찌 하겠습니까? 그분들은 자신들에게는 엄격하게 했고,
〔일반〕 이스라엘 사람들에게는 관대하게 하여 두툼한 빵이나 얇은 빵
모두를 허락했습니다."

- 라반 감리엘은 힐렐 학파의 견해와 일치한다. 하지만 몇 가지 경우에
  서는 샴마이 학파를 따라 좀 더 엄격한 규칙을 주장했다. 후대의 랍
  비들도 일반적으로 힐렐 학파의 견해를 따랐지만, 일부의 경우에 샴
  마이 학파의 견해를 받아들였다.
- 명절날에는 음식을 만들 수 있지만 안식일에는 해서는 안 된다. 음
  식이 식지 않도록 덮어두는 것도 같은 의미로 해석할 수 있다.
- 등잔이 여러 개의 부분으로 이루어졌을 때, 등잔의 조립을 일종의 '세
  우기' 일로 볼 수 있어서 샴마이 학파는 금하고 있다.
- 라반 감리엘 집에서 지키는 규칙은 보다 엄격했지만, 일반 사람들은
  보다 관대한 규칙을 따르도록 허락했다.

2, 7

אַף הוּא אָמַר שְׁלֹשָׁה דְבָרִים לְהָקֵל, מְכַבְּדִין בֵּין הַמִּטּוֹת, וּמַנִּיחִין אֶת
הַמֻּגְמָר בְּיוֹם טוֹב, וְעוֹשִׂין גְּדִי מְקֻלָּס בְּלֵילֵי פְסָחִים. וַחֲכָמִים אוֹסְרִין:

그는 또한 세 가지에 대하여 관대하게 말했다. 〔안식일이나 명절날〕
긴 의자 사이를 쓸어낼 수 있고, 명절날 불 속에 향을 넣을 수 있고, 유
월절 밤에 들염소 새끼를 구울 수 있다. 하지만 랍비들은 이것들을 금
한다.

- 미쉬나 시대에 안식일이나 명절날 사람들은 누운 상태에서 긴 의자
  에 기대어 쟁반 위에 놓인 음식을 먹었다. 라반 감리엘과 달리 랍비
  들은 긴 의자 사이를 쓸어내는 과정에서 의도치 않게 바닥의 구멍을
  메우는 '일'을 할 수 있다는 이유로 금지한다.
- 음식의 향을 가미하기 위해 숯불에 향을 첨가하곤 한다. 하지만 랍
  비들은 이것을 금한다.
- 성전 멸망 이후에도 유월절에 양이나 들염소 새끼를 잡아서 가족들
  이 먹는 관습이 이어졌다. 들염소 새끼는 히브리어로 '게디'(גדי)[3]라
  고 한다. 랍비들은 이것이 성전 희생제물로 여겨지는 것을 염려해 금
  지했다.

2, 8

שְׁלֹשָׁה דְבָרִים רַבִּי אֶלְעָזָר בֶּן עֲזַרְיָה מַתִּיר, וַחֲכָמִים אוֹסְרִין. פָּרָתוֹ יוֹצְאָה
בִרְצוּעָה שֶׁבֵּין קַרְנֶיהָ, וּמְקָרְדִין אֶת הַבְּהֵמָה בְּיוֹם טוֹב, וְשׁוֹחֲקִין אֶת
הַפִּלְפְּלִין בָּרֵחַיִם שֶׁלָּהֶם. רַבִּי יְהוּדָה אוֹמֵר, אֵין מְקָרְדִין אֶת הַבְּהֵמָה בְּיוֹם
טוֹב, מִפְּנֵי שֶׁעוֹשֶׂה חַבּוּרָה, אֲבָל מְקָרְצְפִין. וַחֲכָמִים אוֹמְרִים, אֵין מְקָרְדִין,

---

3) 게디는 한글성경(개역개정)에서는 주로 들염소로 번역하고 있으며, 영어권에
   서는 아이벡스(ibex)로 옮기고 있다.

세 가지에 대하여 랍비 엘아자르 벤 아자르야는 허락하지만, 랍비
들은 금한다. 소가 〔안식일에〕 뿔 사이에 끈을 매고 〔공적 공간으로〕
나간다. 명절날 가축에 글겅이질할 수 있다. 후추를 〔명절날〕 방앗간
에서 빻을 수 있다. 랍비 예후다가 말한다. "상처를 입을 수 있기 때문
에 명절날 가축에 글겅이질해서는 안 됩니다. 하지만 빗질할 수는 있
습니다." 랍비들은 말한다. "글겅이질해서도 안 되고, 빗질해서도 안
됩니다."

- 뿔 사이에 있는 끈은 장식품이기 때문에 안식일에 매고 나가도 된다.
- 글겅이는 쇠로 된 도구로 말이나 소의 털을 다듬는 데 사용된다. 나
  무로 된 빗은 쇠보다 훨씬 부드럽다.
- 후추를 방앗간에서 빻는다는 것은 일반적인 방식으로 빻는다는 의
  미다. 후추 갈이에 대한 설명은 아래 미쉬나에서 자세히 언급한다.

2, 9

הָרֵחַיִם שֶׁל פִּלְפְּלִין טְמֵאָה, מִשּׁוּם שְׁלֹשָׁה כֵלִים, מִשּׁוּם כְּלִי קִבּוּל, וּמִשּׁוּם
כְּלִי מַתָּכוֹת, וּמִשּׁוּם כְּלִי כְבָרָה:

후추 갈이는 세 가지 도구로 인해 부정해질 수 있다. 담는 도구 때
문에, 가는 도구 때문에, 체질 도구 때문에.

- 후추 갈이는 세 가지 부분으로 구성되어 있다. 맨 아래 부분에는 갈
  린 후추를 담는 그릇이다. 맨 위에 후추를 가는 쇠로 된 도구가 있다.
  가운데 부분에 덜 갈린 후추를 걸러내는 체가 있다.

עֲגָלָה שֶׁל קָטָן טְמֵאָה מִדְרָס וְנִטֶּלֶת בְּשַׁבָּת, וְאֵינָהּ נִגְרֶרֶת אֶלָּא עַל גַּבֵּי כֵלִים. רַבִּי יְהוּדָה אוֹמֵר, כָּל הַכֵּלִים אֵין נִגְרָרִין חוּץ מִן הָעֲגָלָה, מִפְּנֵי שֶׁהִיא כוֹבֶשֶׁת:

아이들 수레는 미드라스[4] 부정이 전이될 수 있고 안식일에 옮길 수는 있지만 옷으로 감싸지 않는 한 끌고 갈 수는 없다. 랍비 예후다는 말한다. "수레를 제외하고 모든 도구들은 끌 수 없습니다. 왜냐하면 그것은 [땅]을 누르기 때문입니다."

- 수레는 땅을 누르기만 할 뿐 땅이 파이거나 흙이 옮겨지지 않기 때문에 쟁기질과 같다고 여기지 않는다. 따라서 명절날 이동시킬 수 있다. 다만, 부정한 사람이 수레와 접촉하여 생기는 부정의 문제는 해결되어야 하기 때문에 옷가지 같은 것으로 감싸서 이동시키면 된다.

제3장

제3장에서는 명절날 물고기를 잡거나 들짐승을 사냥해도 되는지 여부 등 유사한 문제들을 다룬다. 보통 명절날 사냥해서는 안 된다.

3, 1

אֵין צָדִין דָּגִים מִן הַבֵּיבָרִין בְּיוֹם טוֹב, וְאֵין נוֹתְנִין לִפְנֵיהֶם מְזוֹנוֹת. אֲבָל צָדִין חַיָּה וָעוֹף מִן הַבֵּיבָרִין, וְנוֹתְנִין לִפְנֵיהֶם מְזוֹנוֹת. רַבָּן שִׁמְעוֹן בֶּן גַּמְלִיאֵל אוֹמֵר,

---

4) '미드라스'(midras)는 압력이라는 의미가 있다. 여기에서 파생된 '미드라스 부정'은 유출병자(자브)처럼 부정한 사람이 어떤 물건을 밟거나 앉거나 눕거나 기대어 전이되는 부정을 뜻한다. 이 규정은 레위기 15:4에서 파생되었다.

לֹא כָל הַבֵּיבָרִין שָׁוִין. זֶה הַכְּלָל, כָּל הַמְחֻסָּר צֵידָה אָסוּר, וְשֶׁאֵינוֹ מְחֻסָּר צֵידָה מֻתָּר:

명절날 양어장 안에 있는 물고기를 잡으면 안 되고 그들에게 먹이를 주어서도 안 된다.[5] 하지만 사육장 안에 있는 들짐승이나 새를 잡을 수 있고 그들에게 먹이를 줄 수 있다. 라반 쉼온 벤 감리엘은 말한다. "모든 사육장이 다 같은 것이 아닙니다. 이것이 일반 원칙입니다. 덫이 필요한 것은 금지하고 덫이 필요하지 않은 것은 허락합니다."

- 물고기는 양식장 안에 있다고 하더라도 잡기 위해서는 많은 수고를 해야 하므로 명절날 물고기를 잡는 것은 금지된다. 하지만 우리 안에 있는 짐승이나 새는 이미 잡혀 있는 상태이므로 잡아도 된다. 라반 감리엘은 덫이 없이 잡을 수 있는 것은 가능하다고 주장한다.

3, 2

מְצוּדוֹת חַיָּה וָעוֹף וְדָגִים שֶׁעֲשָׂאָן מֵעֶרֶב יוֹם טוֹב, לֹא יִטֹּל מֵהֶן בְּיוֹם טוֹב, אֶלָּא אִם כֵּן יוֹדֵעַ שֶׁנִּצּוֹדוּ מֵעֶרֶב יוֹם טוֹב. וּמַעֲשֶׂה בְּנָכְרִי אֶחָד, שֶׁהֵבִיא דָגִים לְרַבָּן גַּמְלִיאֵל, וְאָמַר, מֻתָּרִין הֵן, אֶלָּא שֶׁאֵין רְצוֹנִי לְקַבֵּל הֵימֶנּוּ:

명절 전날 저녁에 [설치한] 들짐승, 새, 물고기 용 덫에 대하여, 명절 전날 저녁에 알지 못했다면, 명절날에는 거기에서 [노획물]을 가져오면 안 된다. 한번은 [명절날] 라반 감리엘에게 어떤 외국인이 물고기를 가져오자 [라반]은 이렇게 말했다. "그것들은 허락됩니다만, 나는 그에게 [이것들]을 받고 싶지 않습니다."

---

5) 사육장(בִיבָר, 비바르)은 라틴어 비바리움(vivarium)에서 온 말로 기르는 동물이 물고기이면 양식장으로 새나 짐승이면 사육장 등으로 번역된다.

- 명절 전날 덫에 잡힌 짐승이나 새를 명절날 도살하여 요리하는 것은 가능하지만 명절날 잡힌 것을 사용할 수는 없다.

3, 3

בְּהֵמָה מְסֻכֶּנֶת לֹא יִשְׁחֹט, אֶלָּא אִם כֵּן יֵשׁ שָׁהוּת בַּיּוֹם לֶאֱכֹל מִמֶּנָּה כַּזַּיִת צָלִי. רַבִּי עֲקִיבָא אוֹמֵר, אֲפִלּוּ כַזַּיִת חַי מִבֵּית טְבִיחָתָהּ. שְׁחָטָהּ בַּשָּׂדֶה, לֹא יְבִיאֶנָּה בְמוֹט וּבְמוֹטָה. אֲבָל מֵבִיא בְיָדוֹ אֵבָרִים אֵבָרִים:

생명이 위태로운 가축에 대하여, 올리브 열매 크기의 구운 고기를 먹을 시간이 있지 않으면 도살해서는 안 된다. 랍비 아키바는 말한다. "도살장에서 가져온 올리브 열매 크기의 생고기를 [먹을 시간만 있으면 도살해도 됩니다]." 들에서 도살한 경우, 그것들을 장대나 수레로 운반하면 안 되고 부분부분을 손에 들고 운반해야 한다.

- 죽은 짐승의 고기를 먹어서는 안 되기 때문에 죽기 전에 도살해야 한다. 하지만 어떤 이유로 살아 있는 시간이 얼마 남지 않은 가축은 죽은 것과 다름없다고 간주한다. 음식 최소량인 올리브 열매 크기를 다먹을 시간이 없다면 도살해서는 안 된다. 왜냐하면 명절날 먹지 못하고 다음 날 먹을 고기를 명절날 도살해서는 안 되기 때문이다.

3, 4

בְּכוֹר שֶׁנָּפַל לְבוֹר, רַבִּי יְהוּדָה אוֹמֵר, יֵרֵד מֻמְחֶה וְיִרְאֶה, אִם יֶשׁ בּוֹ מוּם, יַעֲלֶה וְיִשְׁחֹט. וְאִם לָאו, לֹא יִשְׁחֹט. רַבִּי שִׁמְעוֹן אוֹמֵר, כֹּל שֶׁאֵין מוּמוֹ נִכָּר מִבְּעוֹד יוֹם, אֵין זֶה מִן הַמּוּכָן:

구덩이에 빠진 초태생에 대하여, 랍비 예후다는 말한다. "전문가가 내려가서 보았는데, 만약 흠이 있다면 꺼내서 도살해야 합니다. 하지만 [흠이] 없다면, 도살해서는 안 됩니다." 랍비 쉼온은 말한다. "명절 전날까지 흠이 발견되지 않은 모든 [초태생은], 준비된 것이 아닙니다."6)

- 흠이 있는 초태생은 하나님께 바칠 수 없고 대신 도살해서 먹어야 한다(신 15:21-22).
- 랍비 쉼온은 흠이 있다고 하더라도 명절 전날 발견되지 않았다면 준비된 가축이 아니기 때문에 명절날 도살하면 안 된다고 주장한다.

3, 5

בְּהֵמָה שֶׁמֵּתָה, לֹא יְזִיזֶנָּה מִמְּקוֹמָהּ. וּמַעֲשֶׂה וְשָׁאֲלוּ אֶת רַבִּי טַרְפוֹן עָלֶיהָ וְעַל הַחַלָּה שֶׁנִּטְמֵאָה, וְנִכְנַס לְבֵית הַמִּדְרָשׁ וְשָׁאַל, וְאָמְרוּ לוֹ, לֹא יְזִיזֵם מִמְּקוֹמָם:

죽은 가축에 대하여, [명절날] 그것을 치우지 않는다. 한번은 그들이 랍비 타르폰에게 이에 대하여 그리고 부정해진 할라 빵에 대하여 물어보았다. 그가 학교에 가서 물어보니 그들이 다음과 같이 대답했다. "그 장소에서 치우면 안 됩니다."

- 명절날 가축이 죽으면 치우는 일을 해서는 안 되고 그대로 두었다가 다음 날 치운다. 일반적으로 가죽은 벗기고 고기는 개에게 준다.
- 명절날 부정해진 동그란 빵(할라)도 마찬가지로 명절날은 치워서는 안 되고 다음 날 치워야 한다.

---

6) '준비된' 가축은 명절날 먹어도 되는 가축을 말하고 이와 별개로 명절날 먹지 않고 뜰 한쪽에 남겨둔 가축도 있는데, 이것을 '무크쩨'(מוקצה, 치워둔 물건)라고 부른다.

3, 6

אֵין נִמְנִין עַל הַבְּהֵמָה לְכַתְּחִלָּה בְּיוֹם טוֹב, אֲבָל נִמְנִין עָלֶיהָ מֵעֶרֶב יוֹם טוֹב וְשׁוֹחֲטִין וּמְחַלְּקִין בֵּינֵיהֶן. רַבִּי יְהוּדָה אוֹמֵר, שׁוֹקֵל אָדָם בָּשָׂר כְּנֶגֶד הַכְּלִי אוֹ כְּנֶגֶד הַקּוֹפִיץ. וַחֲכָמִים אוֹמְרִים, אֵין מַשְׁגִּיחִין בְּכַף מֹאזְנַיִם כָּל עִקָּר:

명절날 처음으로 가축을 셈해서는 안 되고, 대신 그것을 명절 전날 저녁에 셈해야 한다. 그리고 〔명절날〕 도살하고 분배한다. 랍비 예후다는 말한다. "고기를 도구나 작은 도끼를 이용해서 무게를 잴 수 있습니다." 하지만 랍비들은 말한다. "〔명절날 고기〕의 크기에 신경을 써서는 안 됩니다."

- 명절날 가축을 일반적인 방식으로 구매하는 것은 금지된다. 그래서 선택과 지불을 분리함으로써 이 문제를 해결한다. 가축의 어떤 부위를 살지 여부를 명절 전날 미리 정해두고 명절날은 정한 부위를 가져간다. 그리고 값은 다른 날 지불하면 된다.
- 명절날 저울뿐만 아니라 작은 도끼처럼 무게를 알 수 있는 다른 도구를 사용해서 무게를 재는 일이 금지된다.

3, 7

אֵין מַשְׁחִיזִין אֶת הַסַּכִּין בְּיוֹם טוֹב, אֲבָל מַשִּׁיאָהּ עַל גַּבֵּי חֲבֶרְתָּהּ. לֹא יֹאמַר אָדָם לְטַבָּח, שְׁקוֹל לִי בְדִינָר בָּשָׂר. אֲבָל שׁוֹחֵט וּמְחַלְּקִים בֵּינֵיהֶן:

명절날 칼을 〔도구〕로 갈아서는 안 되지만 다른 칼에 문지를 수는 있다. 사람이 푸줏간 주인에게 다음과 같이 말해서는 안 된다. "고기 1디나르어치를 달아주세요." 단지 〔푸주간 주인〕이 도살하면 그들은 서로 나누어 가진다.

- 명절날은 보통 때처럼 고기를 판매하는 것이 금지된다. 따라서 구매자가 특정 무게만큼 달라고 요구할 수 없고 푸주간 주인이 적당한 크기로 나누어주는 것은 가능하다.

3, 8

אוֹמֵר אָדָם לַחֲבֵרוֹ, מַלֵּא לִי כְלִי זֶה, אֲבָל לֹא בַמִּדָּה. רַבִּי יְהוּדָה אוֹמֵר, אִם הָיָה כְלִי שֶׁל מִדָּה, לֹא יְמַלְאֶנּוּ. מַעֲשֶׂה בְאַבָּא שָׁאוּל בֶּן בָּטְנִית, שֶׁהָיָה מְמַלֵּא מִדּוֹתָיו מֵעֶרֶב יוֹם טוֹב וְנוֹתְנָן לַלָּקוֹחוֹת בְּיוֹם טוֹב. אַבָּא שָׁאוּל אוֹמֵר, אַף בְּמוֹעֵד עוֹשֶׂה כֵן, מִפְּנֵי בֵרוּרֵי הַמִּדּוֹת. וַחֲכָמִים אוֹמְרִים, אַף בְּחֹל עוֹשֶׂה כֵן, מִפְּנֵי מִצּוּי הַמִּדּוֹת. הוֹלֵךְ אָדָם אֵצֶל חֶנְוָנִי הַרְגִיל אֶצְלוֹ, וְאוֹמֵר לוֹ, תֶּן לִי בֵיצִים וֶאֱגוֹזִים בְּמִנְיָן, שֶׁכֵּן דֶּרֶךְ בַּעַל הַבַּיִת לִהְיוֹת מוֹנֶה בְּתוֹךְ בֵּיתוֹ:

[명절날] 사람이 자신의 친구에게 "이 그릇에 채워주게"라고 말할 수 있다. 하지만 [특정한] 양을 [요구하면] 안 된다. 랍비 예후다는 말한다. "만약 그것이 재는 그릇이면 채우면 안 됩니다. 압바 샤울 벤 바트닛이란 사람에게 다음과 같은 일이 있었습니다. 그는 명절 전날 저녁에 자신의 재는 그릇으로 채운 다음 명절날 손님들에게 주곤 했습니다." 압바 샤울이 말했다. "그는 명절 중간에도 그렇게 했습니다. 왜냐하면 정확하게 재기 위해서입니다." 하지만 랍비들은 말한다. "그는 평일에도 그렇게 합니다. 왜냐하면 잰 것이 [마지막까지] 떨어지게 하기 위해서 입니다." 사람은 자신에게 친근한 가게 주인에게 가서 다음과 같이 말할 것이다. "계란과 견과류를 세어주세요." 이것이 가장이 자기 집에서 재는 방식이다.

- 명절 첫날과 마지막 날 사이의 중간은 안식일처럼 쉬는 날은 아니다.
- 음료수 종류는 도량형 그릇에 정확하게 측정해서 담았어도 그것을 손님 그릇에 담아줄 때 소량이라도 남을 수 있다. 남은 것이 마지막 한 방울까지 떨어지게 하려면 시간이 걸린다.

제4장

제4장에서는 명절날 물건을 운반하는 것을 다룬다. 명절날에도 물건을 운반하는 것이 일부 허락된다. 하지만 평일처럼 자유롭게 운반할 수는 없다.

4, 1

הַמֵּבִיא כַדֵּי יַיִן מִמָּקוֹם לְמָקוֹם, לֹא יְבִיאֵם בְּסֵל וּבְקֻפָּה, אֲבָל מֵבִיא הוּא עַל כְּתֵפוֹ אוֹ לְפָנָיו. וְכֵן הַמּוֹלִיךְ אֶת הַתֶּבֶן, לֹא יַפְשִׁיל אֶת הַקֻּפָּה לַאֲחוֹרָיו, אֲבָל מְבִיאָהּ הוּא בְּיָדוֹ. וּמַתְחִילִין בַּעֲרֵמַת הַתֶּבֶן, אֲבָל לֹא בָעֵצִים שֶׁבַּמֻּקְצֶה:

포도주 단지를 한 곳에서 다른 곳으로 옮기는 사람은, 그것들을 〔일반〕 바구니나 대형 바구니에 담아서 옮기면 안 된다. 하지만 그것을 어깨에 〔매거나〕 앞으로 〔들고〕 옮길 수는 있다. 같은 방식으로 〔밀〕짚을 옮기는 사람은, 대형 바구니를 등에 둘러메서는 안 되고 그것을 손에 들고 옮길 수는 있다. 〔밀〕짚단을 처음으로 사용할 수는 있지만, 뜰에 치워둔 나무를 사용해서는 안 된다.

- 명절날에는 평상시 방식으로 물건을 운반해서는 안 된다.
- '처음으로' 사용한다는 말은 그전에 사용하지 않고 따로 모아둔 것을 처음으로 사용한다는 의미다.
- 뜰에 '치워둔' 나무는 안식일이나 명절에 사용하지 않기 위해 '무크쩨'로 남겨둔 나무다. 이것을 명절날 갑자기 사용해서는 안 된다.

4, 2

אֵין נוֹטְלִין עֵצִים מִן הַסֻּכָּה, אֶלָּא מִן הַסָּמוּךְ לָהּ. מְבִיאִין עֵצִים מִן הַשָּׂדֶה מִן הַמְכֻנָּס, וּמִן הַקַּרְפֵּף אֲפִלּוּ מִן הַמְפֻזָּר. אֵיזֶהוּ קַרְפֵּף, כֹּל שֶׁסָּמוּךְ לָעִיר, דִּבְרֵי

רַבִּי יְהוּדָה. רַבִּי יוֹסֵי אוֹמֵר, כֹּל שֶׁנִּכְנָסִין לוֹ בִּפוֹתַחַת, וַאֲפִלּוּ בְתוֹךְ תְּחוּם שַׁבָּת:

초막에 있는 나무를 〔땔감으로〕 가져오면 안 된다. 그 옆에 있는 것은 가능하다. 들판에 모아놓은 나무를 가져올 수 있다. 그리고 울타리, 심지어 흩어진 울타리에서도 가능하다. 울타리란 무엇인가? 랍비 예후다는 말한다. "도시 근처에 있는 것 전부입니다." 랍비 요쎄는 말한다. "열쇠로 들어가는 것 전부입니다. 심지어 안식일 영역 안에 있어야 합니다."[7]

- 초막처럼 만든 건축물에서 나무를 가져오려면 떼어내는 일을 해야만 하는데 이것은 명절날 금지된다. 여기서 말하는 초막은 초막절에 사용하기 위해 만들어놓은 초막을 의미하지 않고 농지 근처에 그늘을 위해 만들어둔 오두막을 뜻한다.

4, 3

אֵין מְבַקְּעִין עֵצִים, לֹא מִן הַקּוֹרוֹת, וְלֹא מִן הַקּוֹרָה שֶׁנִּשְׁבְּרָה בְיוֹם טוֹב. וְאֵין מְבַקְּעִין לֹא בְקַרְדֹּם וְלֹא בִמְגֵרָה וְלֹא בְמַגָּל, אֶלָּא בְקוֹפִיץ. בַּיִת שֶׁהוּא מָלֵא פֵרוֹת, סָתוּם וְנִפְחַת, נוֹטֵל מִמְּקוֹם הַפְּחָת. רַבִּי מֵאִיר אוֹמֵר, אַף פּוֹחֵת לְכַתְּחִלָּה וְנוֹטֵל:

나무를 절단해서는 안 된다. 〔기존〕 기둥이든지 명절날 부러진 기둥이든지 〔안 된다〕. 도끼, 톱, 낫으로 절단해서는 안 되고, 단지 손도끼만 가능하다. 열매로 가득 찬 봉인된 방이 부서진 경우, 부서진 자리에서 〔열매를〕 가져갈 수 있다. 랍비 메이르는 말한다. "심지어 처음부터 부수고 가져갈 수도 있습니다."

---

7) 안식일에 걸어갈 수 있는 최대 거리는 2,000아마(대략 1킬로미터)다.

- '손도끼'는 일반 칼보다는 크고 도끼보다는 작은 도구로 도살업자가 사용하기도 한다.
- 방을 '처음부터' 부쉈다는 것은 열매를 가져가기 위해 의도적이고 주도적으로 방의 일부를 뚫었다는 말이다.

4, 4

אֵין פּוֹתְחִין אֶת הַנֵּר, מִפְּנֵי שֶׁהוּא עוֹשֶׂה כְלִי. וְאֵין עוֹשִׂין פֶּחָמִין בְּיוֹם טוֹב, וְאֵין חוֹתְכִין אֶת הַפְּתִילָה לִשְׁנַיִם. רַבִּי יְהוּדָה אוֹמֵר, חוֹתְכָהּ בָּאוּר לִשְׁתֵּי נֵרוֹת:

[명절날] 등잔[이 되도록 진흙 덩어리에 구멍]을 뚫으면 안 된다. 왜냐하면 이것은 그릇을 만드는 [일이기] 때문이다. 명절날 숯을 만들면 안 되며 [등잔의] 심지를 둘로 잘라서도 안 된다. 랍비 메이르는 말한다. "불꽃을 등잔 두 개로 나눌 수는 있습니다."

- 명절날 준비된 등잔에 불을 밝히는 것은 가능하지만 그 외 등잔을 만들기 위해 구멍을 뚫거나 숯을 만들거나 심지를 두 가닥으로 자르는 일을 해서는 안 된다.

4, 5

אֵין שׁוֹבְרִין אֶת הַחֶרֶס, וְאֵין חוֹתְכִין אֶת הַנְּיָר לִצְלוֹת בּוֹ מָלִיחַ, וְאֵין גּוֹרְפִין תַּנּוּר וְכִירַיִם, אֲבָל מְכַבְּשִׁין, וְאֵין מַקִּיפִין שְׁתֵּי חָבִיּוֹת לִשְׁפֹּת עֲלֵיהֶן אֶת הַקְּדֵרָה, וְאֵין סוֹמְכִין אֶת הַקְּדֵרָה בַּבְּקַעַת, וְכֵן בְּדֶלֶת, וְאֵין מַנְהִיגִין אֶת הַבְּהֵמָה בַּמַּקֵּל בְּיוֹם טוֹב, וְרַבִּי אֶלְעָזָר בְּרַבִּי שִׁמְעוֹן מַתִּיר:

절인 물고기를 굽기 위해 토기를 조각내거나 종이를 찢으면 안 된다. 화덕이나 화로에서 [재를] 긁어내서는 안 되지만 누를 수는 있다. 그 위에 단지를 올려두기 위해 두 개의 통을 나란히 세우면 안 된다.

나무 조각으로 단지를 지탱해서는 안 되지만 문은 [허락한다]. 명절 날 막대로 가축을 몰아서는 안 된다. 하지만 랍비 엘아자르와 랍비 쉼 온은 허락한다.

- 조각난 토기 위에 물고기를 올려놓고 구우면 센 불로 인해 물고기가 타는 것을 막을 수 있다.
- 두 개의 통을 세워 그 사이에 불을 피우면 임시 화로와 같다.
- 불을 피우기 위해 준비한 나무 조각을 다른 용도로 써서는 안 된다.

4, 6

רַבִּי אֱלִיעֶזֶר אוֹמֵר, נוֹטֵל אָדָם קֵיסָם מִשֶּׁלְפָנָיו לַחֲצֹץ בּוֹ שִׁנָּיו. וּמְגַבֵּב מִן
הֶחָצֵר וּמַדְלִיק, שֶׁכָּל מַה שֶּׁבֶּחָצֵר מוּכָן הוּא. וַחֲכָמִים אוֹמְרִים, מְגַבֵּב
מִשֶּׁלְפָנָיו וּמַדְלִיק:

랍비 엘리에제르는 말한다. "사람은 자기 앞에 있는 [나무] 조각으로 치아의 [이물질]을 빼낼 수 있습니다. 뜰에서 [나무 조각]들을 모아서 불을 피울 수 있습니다. 왜냐하면 뜰에 있는 모든 것은 준비된 것이기 때문이다." 하지만 랍비들은 말한다. "자신 앞에 있는 것만 모아서 불을 피울 수 있습니다."

- 당시 사람들은 나무 조각으로 치아 사이에 낀 이물질을 제거하곤 했다.
- 명절날 나무를 사용하기 위해서는 미리 준비되어야 한다. 랍비 엘리 에제르는 뜰에 있는 나무도 준비된 것이라고 주장하지만 다른 랍비 들은 집 안에 있는 것만 준비된 것이라고 말한다.

אֵין מוֹצִיאִין אֶת הָאוּר לֹא מִן הָעֵצִים, וְלֹא מִן הָאֲבָנִים, וְלֹא מִן הָעָפָר, וְלֹא מִן הַמַּיִם, וְאֵין מְלַבְּנִין אֶת הָרְעָפִים לְצָלוֹת בָּהֶן. וְעוֹד אָמַר רַבִּי אֱלִיעֶזֶר, עוֹמֵד אָדָם עַל הַמֻּקְצֶה עֶרֶב שַׁבָּת בַּשְּׁבִיעִית, וְאוֹמֵר, מִכָּאן אֲנִי אוֹכֵל לְמָחָר. וַחֲכָמִים אוֹמְרִים, עַד שֶׁיִּרְשֹׁם וְיֹאמַר, מִכָּאן וְעַד כָּאן:

〔명절날〕 나무나 돌이나 흙이나 물로 불을 〔새로〕 만들면 안 된다. 그 위에서 〔음식〕을 굽기 위해 타일을 만들어서는 안 된다. 랍비 엘리에제르는 덧붙여 말했다. "안식년에 안식일 저녁에 치워둔 〔열매〕 옆에 서서 '여기부터 저는 내일 먹을 것입니다'라고 말할 것입니다." 하지만 랍비들은 말한다. "〔열매〕에 표시하고 '여기부터 여기까지 〔먹을 것입니다〕'라고 말할 때에만 〔그렇다〕."

- 랍비들이 여기서 말하는 '물'은 실제로는 석유를 말한다. 로마 시대에 이미 석유를 사용해서 불 피운 것을 알 수 있다.
- 앞 문장과 연결해서 이해하면 아마도 구이용 타일을 만들어 처음 사용하는 것을 금지하는 것으로 보인다.
- 안식년에는 농사를 별도로 짓지 않기 때문에 들에서 자란 곡식은 주인이 없는 것으로 간주된다. 따라서 십일조를 위해 별도로 구별해놓을 필요 없이 치워둔(무크쩨) 음식이 되어 먼저 지정한 사람이 먹을 수 있다.

제5장

제5장에서는 명절날 할 수 있는 기타 여러 가지 일들을 열거한다. 특별히 두 번째 미쉬나는 명절날과 안식일의 차이를 간략하게 잘 설

명해주고 있다. 안식일에 해서는 안 되는 대부분의 일들은 역시 명절날에도 해서는 안 된다. 다만 예외적으로 안식일에 요리를 해서는 안 되지만 명절날은 가능하다.

5, 1

מַשִּׁילִין פֵּרוֹת דֶּרֶךְ אֲרֻבָּה בְּיוֹם טוֹב, אֲבָל לֹא בְשַׁבָּת, וּמְכַסִּים פֵּרוֹת בְּכֵלִים מִפְּנֵי הַדֶּלֶף, וְכֵן כַּדֵּי יַיִן וְכַדֵּי שֶׁמֶן. וְנוֹתְנִין כְּלִי תַּחַת הַדֶּלֶף בְּשַׁבָּת:

명절날 [지붕에서 말리고 있는] 과일을 [천장의] 채광창을 통해 내릴 수 있지만, 안식일에는 안 된다. 그릇에 있는 과일을 새는 빗물로부터 [보호하기 위해] 덮을 수 있고, 포도주 항아리도 기름 항아리도 그렇다. 비가 새는 자리에 안식일에도 그릇을 놓을 수 있다.

- 명절날 비를 피하기 위해 햇볕에 말리던 과일을 천장에 있는 채광창을 통해 내릴 수 있다. 그리고 과일이 담긴 그릇이나, 포도주 항아리, 기름 항아리를 비에 젖지 않도록 덮을 수 있다. 이 모든 것은 막대한 경제적 손실을 피하기 위해서다.

5, 2

כֹּל שֶׁחַיָּבִין עָלָיו מִשּׁוּם שְׁבוּת, מִשּׁוּם רְשׁוּת, מִשּׁוּם מִצְוָה, בְּשַׁבָּת, חַיָּבִין עָלָיו בְּיוֹם טוֹב. וְאֵלּוּ הֵן מִשּׁוּם שְׁבוּת, לֹא עוֹלִין בָּאִילָן, וְלֹא רוֹכְבִין עַל גַּבֵּי בְהֵמָה, וְלֹא שָׁטִין עַל פְּנֵי הַמַּיִם, וְלֹא מְטַפְּחִין, וְלֹא מְסַפְּקִין, וְלֹא מְרַקְּדִין. וְאֵלּוּ הֵן מִשּׁוּם רְשׁוּת, לֹא דָנִין, וְלֹא מְקַדְּשִׁין, וְלֹא חוֹלְצִין, וְלֹא מְיַבְּמִין. וְאֵלּוּ הֵן מִשּׁוּם מִצְוָה, לֹא מַקְדִּישִׁין, וְלֹא מַעֲרִיכִין, וְלֹא מַחֲרִימִין, וְלֹא מַגְבִּיהִין תְּרוּמָה וּמַעֲשֵׂר. כָּל אֵלּוּ בְּיוֹם טוֹב אָמְרוּ, קַל וָחֹמֶר בְּשַׁבָּת. אֵין בֵּין יוֹם טוֹב לְשַׁבָּת אֶלָּא אֹכֶל נֶפֶשׁ בִּלְבָד:

안식일법 규정 때문에, 선택 사항이기 때문에, 계명 때문에, 〔안식일에 피할〕 의무가 있는 것들은 명절날에도 의무가 있다. 다음은 안식일 법규정 때문에 〔피해야 하는 의무들이다〕. 나무에 올라가지 않는다. 가축의 등에 올라타지 않는다. 물에서 수영하지 않는다. 손뼉을 치거나 넓적다리를 때리거나 춤을 추지 않는다. 다음은 선택 사항으로 〔피해야 하는 의무들이다〕. 재판하지 않는다. 약혼하지 않는다. 〔신발〕 벗기기를 하지 않는다. 〔죽은 형제의 아내와〕 결혼하지 않는다. 다음은 계명 중에 〔피해야 하는 의무들이다〕. 희생제사를 드리지 않는다. 서원하지 않는다. 진멸을 맹세하지 않는다. 거제나 십일조를 떼놓지 않는다. 이 모든 것은 명절날에도 선포된다. 그래서 당연히 안식일에 〔적용된다〕. 명절날과 안식일의 차이가 없다. 다만 음식 준비만 예외적이다.

- 안식일에 지키는 규정들을 세 가지 '요인'으로 구별해 나열한다. 첫째, 안식일법과 관련된 요인은 안식을 하기 위해서 피해야 하는 일들이다. 둘째, 선택 사항인 요인은 안식일이나 명절날이 아닌 평일을 선택할 수 있는 일이다. 셋째, 계명과 관련된 요인은 성서에 나오는 명령을 어길 위험성이 있는 일들이다.
- 죽은 형제의 아내와 결혼(역연혼逆緣婚)하는 것은 고대 이스라엘 사회의 의무였다(신 25:5-10; 창 38).
- 죽은 형제의 아내와 결혼을 원치 않는 형제는 신발 벗기기(חליצה, 할리짜) 의식을 통해 역연혼 의무를 면제받는다.
- 거제는 개인적으로 성전에 바치는 헌물(תרומה, 테루마)이다.
- 안식일에 지켜지는 것들은 대체적으로 명절날에도 지켜진다. 다만, 예외적으로 명절날에는 음식을 준비할 수 있다.

5, 3

הַבְּהֵמָה וְהַכֵּלִים כְּרַגְלֵי הַבְּעָלִים. הַמּוֹסֵר בְּהֶמְתּוֹ לִבְנוֹ אוֹ לְרוֹעֶה, הֲרֵי אֵלּוּ
כְּרַגְלֵי הַבְּעָלִים. כֵּלִים הַמְיֻחָדִין לְאֶחָד מִן הָאַחִין שֶׁבַּבַּיִת, הֲרֵי אֵלּוּ כְּרַגְלָיו.
וְשֶׁאֵין מְיֻחָדִין, הֲרֵי אֵלּוּ כִּמְקוֹם שֶׁהוֹלְכִין:

가축과 도구는 주인의 발과 같다. 아들이나 목동에게 가축을 맡겼
을 때 그것은 그 주인의 발과 같다. 집에 있는 형제 중 한 명에게 맡겨
둔 도구는 자신의 발과 같다. 하지만 맡기지 않은 도구는 [사람이 갈
수 있는] 장소까지 갈 수 있다.

- 도구는 자신의 발과 같기 때문에 안식일이나 명절날 이동할 수 있는
  거리도 사람에게 적용되는 것과 마찬가지로 2,000아마(대략 1킬로
  미터)로 제한되어 있다.
- 주거지에서 2,000아마 떨어진 곳에 '에루브'(eruv)를 만들 경우 거기
  에서 2,000아마 거리가 추가되어 총 4,000아마까지 이동할 수 있다.
  하지만 이 경우 다른 형제에게 맡겨둔 도구는 이동거리 밖에 위치
  한 것으로 간주되어 안식일이나 명절날 가져갈 수 없다.

5, 4

הַשּׁוֹאֵל כְּלִי מֵחֲבֵרוֹ מֵעֶרֶב יוֹם טוֹב, כְּרַגְלֵי הַשּׁוֹאֵל. בְּיוֹם טוֹב, כְּרַגְלֵי
הַמַּשְׁאִיל. הָאִשָּׁה שֶׁשָּׁאֲלָה מֵחֲבֶרְתָּהּ תְּבָלִין וּמַיִם וּמֶלַח לְעִסָּתָהּ, הֲרֵי אֵלּוּ
כְּרַגְלֵי שְׁתֵּיהֶן. רַבִּי יְהוּדָה פּוֹטֵר בַּמַּיִם, מִפְּנֵי שֶׁאֵין בָּהֶן מַמָּשׁ:

명절 전날 저녁에 친구에게 빌린 도구는 빌린 사람의 발과 같다. 명
절날에 [빌린 도구는] 빌려준 사람의 발과 같다. 친구에게 빌린 향신
료, 물, 소금은 두 여성의 발과 같다. 랍비 예후다는 물을 제외시킨다.
왜냐하면 [물]은 실체가 없기 때문이다.

- 전날 빌린 도구는 명절날에는 빌려준 사람의 발처럼 그가 이동할 수 있는 거리로 제한된다.
- 향신료, 물, 소금은 빌려준 여인과 빌려간 여인 두 사람의 발과 같기 때문에 이들이 이동할 수 있는 거리 내로 제한된다.

5, 5

הַגַּחֶלֶת כְּרַגְלֵי הַבְּעָלִים, וְשַׁלְהֶבֶת בְּכָל מָקוֹם. גַּחֶלֶת שֶׁל הֶקְדֵּשׁ מוֹעֲלִין
בָּהּ, וְשַׁלְהֶבֶת לֹא נֶהֱנִין וְלֹא מוֹעֲלִין. הַמּוֹצִיא גַּחֶלֶת לִרְשׁוּת הָרַבִּים, חַיָּב.
וְשַׁלְהֶבֶת, פָּטוּר. בּוֹר שֶׁל יָחִיד, כְּרַגְלֵי הַיָּחִיד. וְשֶׁל אַנְשֵׁי אוֹתָהּ הָעִיר, כְּרַגְלֵי
אַנְשֵׁי אוֹתָהּ הָעִיר. וְשֶׁל עוֹלֵי בָבֶל, כְּרַגְלֵי הַמְמַלֵּא:

타고 있는 숯은 주인의 발과 같다. 하지만 불꽃은 어디든지 옮겨질 수 있다. 성물인 숯은 전용할 수 있고, 불꽃은 이득을 취하거나 전용하면 안 된다. 타고 있는 숯을 〔사적 공간에서〕 공적 공간으로 옮긴 사람은 〔속죄제〕 책임이 있다. 하지만 불꽃을 〔옮겼으면〕 면제된다. 개인 소유의 웅덩이 〔물〕은 개인의 발과 같다. 같은 도시 사람들의 〔웅덩이 물〕은 같은 도시 사람들의 발과 같다. 바벨 귀향민의 〔물은 물을〕 채운 사람의 발과 같다.

- 숯은 실체가 있는 물질로 보고 안식일이나 명절날 옮기는 것이 제약된다. 이와 달리 불꽃은 이동시킬 수 있는 것으로 간주한다.

5, 6

מִי שֶׁהָיוּ פֵרוֹתָיו בְּעִיר אַחֶרֶת, וְעֵרְבוּ בְנֵי אוֹתָהּ הָעִיר לְהָבִיא אֶצְלוֹ
מִפֵּרוֹתָיו, לֹא יָבִיאוּ לוֹ. וְאִם עֵרַב הוּא, פֵּרוֹתָיו כָּמוֹהוּ:

자신의 과일이 다른 도시에 있는 경우에, 〔명절날〕 그 열매를 자기 집으로 운반하기 위해 같은 도시 사람들이 에루브를 만들었다 하더라도 그들은 그에게 가져올 수 없다. 하지만 만약 자기 자신이 에루브를 만들었다면 그 열매는 자신의 것과 같다.

- 다른 도시에 있는 열매도 주인의 발처럼 이동거리의 제약을 받는다. 따라서 그 열매를 안식일이나 명절날 가져오기 위해서는 그 열매의 주인이 에루브를 직접 만들어야 한다.

5, 7

מִי שֶׁזִּמֵּן אֶצְלוֹ אוֹרְחִים, לֹא יוֹלִיכוּ בְיָדָם מָנוֹת, אֶלָּא אִם כֵּן זִכָּה לָהֶם מְנוֹתֵיהֶם מֵעֶרֶב יוֹם טוֹב. אֵין מַשְׁקִין וְשׁוֹחֲטִין אֶת הַמִּדְבָּרִיּוֹת, אֲבָל מַשְׁקִין וְשׁוֹחֲטִין אֶת הַבַּיָּתוֹת. אֵלּוּ הֵן בַּיָּתוֹת, הַלָּנוֹת בָּעִיר. מִדְבָּרִיּוֹת, הַלָּנוֹת בָּאֶפָר:

어떤 사람이 손님을 집으로 초대할 경우에, 명절 전날 저녁에 그들에게 정해주지 않았다면 〔어떤〕 음식을 가지고 나올 수 없다. 〔명절날〕 들에 있는 가축에게 물을 마시게 하고 도살할 수 없다. 다만 집에 있는 가축에게 물을 마시게 하고 도살할 수 있다. 다음이 집의 가축들이다. 도시에서 밤을 지내는 〔가축들〕이다. 들에 있는 가축들은 밤을 초장에서 보낸다.

- 명절날 손님이 집에 가져가게 싸줄 음식은 명절 전날에 미리 정해져 있어야 한다.
- 들에 있는 가축은 명절날 사용하기 위해 남겨둔 가축으로 인정되지 않는다. 따라서 명절날 도살해서는 안 된다.

ראש השנה

8

로쉬 하샤나
신년

새해에 부는 들염소 뿔로 만든 뿔나팔은 곧고 입구는 금으로
감쌌다. 뿔나팔 양쪽에 두 개의 나팔이 있다. 뿔나팔로 길게
불고 나팔로 짧게 분다. 왜냐하면 이날의 명령은 뿔나팔로
부는 것이기 때문이다. _「로쉬 하샤나」3, 3

개요

　마쎄켓(제8부) 「로쉬 하샤나」의 명칭은 '해의 처음', 즉 새해 첫날이라는 의미다.[1] 여기서는 크게 두 가지 사안을 다룬다. 하나는 언제 새해가 시작되는지를 말한다. 법정은 새해 첫날을 선포하는 역할을 한다. 또 하나는 신년에 행해지는 주요 행사들을 언급한다. 주요 행사 중에 나팔을 부는 것이 포함된다.

　새해 첫날을 알기 위해서는 새해의 첫 달을 알 필요가 있다. 출애굽 장면을 묘사하는 곳에서는 이집트에서 나오던 니싼월을 달의 시작으로 삼았다(출 12:2). 하지만 구약성서 안에서도 이미 티슈리월을 달의 시작으로 삼은 전통이 있었다(출 23:16; 신 11:12). 랍비들은 여기에 두 가지 새해를 더해 모두 네 가지 새해를 소개한다.

　미쉬나 시대에도 구약 시대처럼 달이 사라졌다가 새로 나오는 것을 관찰함으로써 새달의 시작을 알 수 있었다. 그래서 처음 두 장에서는 새달이 시작되는 것을 관찰하고 그 사실을 전하는 사람의 자격과 그

---

1) '로쉬 하샤나'라는 표현은 성서에서 에스겔 40:1에서 단 한 번 사용되었다. 여기에서 '로쉬 하샤나'는 새해 첫날이 아니라 새해 첫 달을 의미한다.

들의 진술을 어떻게 신뢰할 수 있는지 설명한다.

- 관련 성경구절 | 출애굽기 12:2; 23:16; 레위기 23:24; 민수기 29:1; 신명기 11:12

제1장

유대 전통에서는 네 가지 새해 개념이 있다. 그리고 새해에 닥치는
심판에 대하여 논의한다.

1, 1

אַרְבָּעָה רָאשֵׁי שָׁנִים הֵם. בְּאֶחָד בְּנִיסָן רֹאשׁ הַשָּׁנָה לַמְּלָכִים וְלָרְגָלִים.
בְּאֶחָד בֶּאֱלוּל רֹאשׁ הַשָּׁנָה לְמַעְשַׂר בְּהֵמָה. רַבִּי אֶלְעָזָר וְרַבִּי שִׁמְעוֹן
אוֹמְרִים, בְּאֶחָד בְּתִשְׁרֵי. בְּאֶחָד בְּתִשְׁרֵי רֹאשׁ הַשָּׁנָה לַשָּׁנִים וְלַשְׁמִטִּין
וְלַיּוֹבְלוֹת, לַנְּטִיעָה וְלַיְרָקוֹת. בְּאֶחָד בִּשְׁבָט, רֹאשׁ הַשָּׁנָה לָאִילָן, כְּדִבְרֵי בֵּית
שַׁמַּאי. בֵּית הִלֵּל אוֹמְרִים, בַּחֲמִשָּׁה עָשָׂר בּוֹ:

네 [가지] 새해가 있다. 니싼월 첫날은 왕과 절기를 위한 새해다. 엘
룰월 첫날은 가축 십일조를 위한 새해다. 랍비 엘아자르와 랍비 쉼온
은 말한다. "[그날은] 티슈리월 첫날입니다." 티슈리월 첫날은 해와
면제년과 희년과 식목과 채소 [십일조]를 위한 새해다. 스밧월 첫날
은 나무를 위한 새해라고 샴마이 학파는 말한다. 힐렐 학파는 그 달
15일이라고 말한다.

- 각각의 기준에 따라 네 가지 새해가 있다. 왕들의 재위년과 절기의
  기준이 되는 니싼(Nisan)월, 가축의 십일조를 위한 엘룰(Elul)월,
  면제년과 희년을 위한 티슈리(Tishri)월, 그리고 나무를 위한 스밧
  (Shvat)월이 그것이다.
- 랍비 엘아자르는 소수 의견으로 가축 십일조를 드리기 시작한 시점
  을 엘룰월이 아니라 티슈리월 첫날이라고 주장한다.

1, 2

בְּאַרְבָּעָה פְרָקִים הָעוֹלָם נִדּוֹן, בְּפֶסַח עַל הַתְּבוּאָה, בַּעֲצֶרֶת עַל פֵּרוֹת
הָאִילָן, בְּרֹאשׁ הַשָּׁנָה כָּל בָּאֵי הָעוֹלָם עוֹבְרִין לְפָנָיו כִּבְנֵי מָרוֹן, שֶׁנֶּאֱמַר,
הַיּוֹצֵר יַחַד לִבָּם, הַמֵּבִין אֶל כָּל מַעֲשֵׂיהֶם. וּבֶחָג נִדּוֹנִין עַל הַמָּיִם:

세상은 〔한 해〕 네 시점에 심판을 받는다. 유월절은 생산물에 대하여, 〔칠칠절〕 성회에는 나무 열매에 대하여, 새해에는 그분 앞으로 지나가는 세상의 모든 사람들이 양처럼 〔심판을 받는다〕. 〔성서〕에 기록되기를, "그는 그들 모두의 마음을 지으시며 그들이 하는 일을 굽어살피시는 이로다"(시 33:15). 〔초막〕절에는 물에 대하여 심판을 받는다.

- 한 해에 네 번 심판을 받는다. 그중에서 세 번(유월절, 칠칠절, 초막절)은 생산물과 연관이 있고 새해에 받는 심판은 사람의 행동과 관련 있다.
- 물은 이듬해에 내릴 비를 의미한다. 비는 초막절 즈음에 내리기 시작하는데, 어느 정도 내릴지가 초막절에 정해진다는 의미다. 그래서 오늘날 유대교는 초막절에 비를 위해 기도를 드린다.

1, 3

עַל שִׁשָּׁה חֳדָשִׁים הַשְּׁלוּחִין יוֹצְאִין, עַל נִיסָן מִפְּנֵי הַפֶּסַח, עַל אָב מִפְּנֵי
הַתַּעֲנִית, עַל אֱלוּל מִפְּנֵי רֹאשׁ הַשָּׁנָה, עַל תִּשְׁרֵי מִפְּנֵי תַּקָּנַת הַמּוֹעֲדוֹת,
עַל כִּסְלֵו מִפְּנֵי חֲנֻכָּה, וְעַל אֲדָר מִפְּנֵי הַפּוּרִים. וּכְשֶׁהָיָה בֵית הַמִּקְדָּשׁ קַיָּם,
יוֹצְאִין אַף עַל אִיָּר מִפְּנֵי פֶּסַח קָטָן:

여섯 달에 전달자를 보낸다. 니싼월은 유월절 때문에, 아브월은 금식 때문에, 엘룰월은 새해 때문에, 티슈리월은 절기 결정 때문에, 키슬레브월은 하누카[2] 때문에, 아다르월은 부림 때문에, 그리고 성전이 있었을 때에는 이야르월에 작은 유월절을 위해서 나아갔다.

- '전달자'는 새로 뜨는 달을 관찰하여 달의 시작을 알려주는 사람이다.
- 부정으로 인해 니싼월 유월절에 제물을 드리지 못한 사람은 '작은 유월절'이라고 불리는 다음 달 이야르(Iyar)월 14일 저녁에 드린다.

1, 4

עַל שְׁנֵי חֳדָשִׁים מְחַלְּלִין אֶת הַשַּׁבָּת, עַל נִיסָן וְעַל תִּשְׁרֵי, שֶׁבָּהֶן הַשְּׁלוּחִין
יוֹצְאִין לְסוּרְיָא, וּבָהֶן מְתַקְּנִין אֶת הַמּוֹעֲדוֹת. וּכְשֶׁהָיָה בֵית הַמִּקְדָּשׁ קַיָּם,
מְחַלְּלִין אַף עַל כֻּלָּן מִפְּנֵי תַקָּנַת הַקָּרְבָּן:

두 개의 달 때문에 안식일을 어긴다. 전달자는 니싼월과 티슈리월 때문에 시리아로 가서 절기를 정한다. 성전이 있었을 때에는 〔전달자는〕 제사를 정하기 위해 심지어 매달 〔안식일을〕 어겼다.

- 새로 뜨는 달을 관찰하기 위해 예루살렘을 떠나 시리아로 여행하기 때문에 부득이 안식일을 범하게 된다.
- 첫째 달인 니싼월과 일곱째 달인 티슈리월을 정확히 알게 되면 대부분의 절기가 정해진다. 니싼월에 유월절을, 이로부터 50일 후에 칠칠절을 지킨다. 티슈리월에 새해와 속죄일과 초막절을 지킨다.

1, 5

בֵּין שֶׁנִּרְאָה בַעֲלִיל בֵּין שֶׁלֹּא נִרְאָה בַעֲלִיל, מְחַלְּלִין עָלָיו אֶת הַשַּׁבָּת, רַבִּי
יוֹסֵי אוֹמֵר, אִם נִרְאָה בַעֲלִיל, אֵין מְחַלְּלִין עָלָיו אֶת הַשַּׁבָּת:

〔달이〕 선명하게 보이든 선명하게 보이지 않든 그로 인해 안식일을

---

2) 유대교에서 지키는 절기인 하누카(Hanukkah)는 '봉헌'이라는 뜻이다. 안티오쿠스 4세에 의해 더럽혀진 예루살렘 성전을 기원전 164년 마카베오 혁명으로 하나님께 다시 봉헌한다는 데에서 유래했다.

어길 수 있다. 랍비 요쎄는 말한다. "〔달이〕 선명하게 보인다면, 그로 인해 안식일을 어기면 안 됩니다."

- 랍비들은 달이 선명하게 보이든 보이지 않든 증언하기 위해서 예루살렘으로 가려면 안식일을 어길 수 있다고 말한다. 하지만 랍비 요쎄는 달이 선명하게 보이면 예루살렘에서도 달을 보고 이미 알기 때문에 안식일을 어기면서 예루살렘으로 갈 필요는 없다고 말한다.

1, 6

מַעֲשֶׂה שֶׁעָבְרוּ יוֹתֵר מֵאַרְבָּעִים זוּג, וְעִכְּבָן רַבִּי עֲקִיבָא בְּלוֹד. שָׁלַח לוֹ רַבָּן גַּמְלִיאֵל, אִם מְעַכֵּב אַתָּה אֶת הָרַבִּים, נִמְצֵאתָ מַכְשִׁילָן לֶעָתִיד לָבֹא:

〔전달자〕 사십 쌍이 〔예루살렘에 가려고〕 지나가는 것을 랍비 아키바가 롯[3]에 붙들어둔 적이 있었다. 라반 감리엘이 그에게 사람을 보내 말했다. "그 많은 사람을 붙들어둔 것은, 다가오는 미래에 장애물을 설치하는 꼴입니다."

- 랍비 아키바는 그렇게 많은 전달자들이 안식일을 어기면서 새 달이 뜨는 것을 알릴 필요는 없다고 생각해서 그들을 예루살렘으로 가지 못하게 했다. 하지만 라반 감리엘은 이러한 조치가 적절하지 않다고 반대한다.

1, 7

אָב וּבְנוֹ שֶׁרָאוּ אֶת הַחֹדֶשׁ, יֵלְכוּ. לֹא שֶׁמִּצְטָרְפִין זֶה עִם זֶה, אֶלָּא שֶׁאִם יִפָּסֵל אֶחָד מֵהֶן, יִצְטָרֵף הַשֵּׁנִי עִם אַחֵר. רַבִּי שִׁמְעוֹן אוֹמֵר, אָב וּבְנוֹ וְכָל

---

3) 롯(Lod)은 욥바에서 예루살렘으로 올라가는 길에 있는 도시다.

הַקְּרוֹבִין, כְּשֵׁרִין לְעֵדוּת הַחֹדֶשׁ. אָמַר רַבִּי יוֹסֵי, מַעֲשֶׂה בְּטוֹבִיָּה הָרוֹפֵא, שֶׁרָאָה אֶת הַחֹדֶשׁ בִּירוּשָׁלַיִם, הוּא וּבְנוֹ וְעַבְדּוֹ מְשֻׁחְרָר, וְקִבְּלוּ הַכֹּהֲנִים אוֹתוֹ וְאֶת בְּנוֹ, וּפָסְלוּ אֶת עַבְדּוֹ. וּכְשֶׁבָּאוּ לִפְנֵי בֵית דִּין, קִבְּלוּ אוֹתוֹ וְאֶת עַבְדּוֹ, וּפָסְלוּ אֶת בְּנוֹ:

아버지와 아들이 새 달을 목격했으면, 〔두 사람 모두〕 가면 된다. 〔두 사람〕이 〔전달자〕로 동참하기 위함이 아니라, 둘 중 한 사람이 무효가 될 때, 남은 사람이 다른 〔전달자〕와 동참하기 위함이다. 랍비 쉼온이 말한다. "아버지와 아들, 그리고 모든 친척들이 새 달의 증인으로서 자격이 됩니다." 랍비 요쎄는 말한다. "의사 토비야가 예루살렘에서 새 달을 본 적이 있었습니다. 그와 그의 아들, 그리고 그의 자유로운 종이 〔보았습니다〕. 제사장들은 그와 그의 아들은 받아들였지만, 그의 종의 〔증언을〕 무효로 만들었습니다. 그런데 그들이 법정으로 갔을 때에, 〔랍비〕들은 그와 그의 종은 받아들였지만, 그의 아들을 무효로 만들었습니다."

- 새 달을 목격한 증인들의 자격에 대하여 성전의 제사장들과 법정의 랍비들이 서로 견해가 달랐음을 알 수 있다.

1, 8

אֵלּוּ הֵן הַפְּסוּלִין, הַמְשַׂחֵק בְּקֻבְיָא, וּמַלְוֵי בְרִבִּית, וּמַפְרִיחֵי יוֹנִים, וְסוֹחֲרֵי שְׁבִיעִית, וַעֲבָדִים. זֶה הַכְּלָל, כָּל עֵדוּת שֶׁאֵין הָאִשָּׁה כְשֵׁרָה לָהּ, אַף הֵן אֵינָן כְּשֵׁרִים לָהּ:

다음과 같은 사람들의 〔증언은〕 무효가 된다. 도박하는 자, 고리대금업자, 비둘기 날리는 자, 안식년 생산물 판매자, 종. 이것이 일반 원칙이다. 여인의 증언이 적절하지 않은 모든 〔경우에 재판〕에도 적절하지 않다.

- '도박하는 자'를 직역하면 '주사위 놀이하는 자'라는 의미다.
- 비둘기를 날리는 것은 주사위를 던지는 것처럼 일종의 도박행위로 보인다.
- 위 미쉬나는 증인의 자격을 다루는 「산헤드린」 3, 3과 일치한다.

1, 9

מִי שֶׁרָאָה אֶת הַחֹדֶשׁ וְאֵינוֹ יָכוֹל לְהַלֵּךְ, מוֹלִיכִין אוֹתוֹ עַל הַחֲמוֹר, אֲפִלּוּ בְמִטָּה. וְאִם צוֹדֶה לָהֶם, לוֹקְחִין בְּיָדָם מַקְלוֹת. וְאִם הָיְתָה דֶּרֶךְ רְחוֹקָה, לוֹקְחִין בְּיָדָם מְזוֹנוֹת, שֶׁעַל מַהֲלַךְ לַיְלָה וָיוֹם מְחַלְּלִין אֶת הַשַּׁבָּת וְיוֹצְאִין לְעֵדוּת הַחֹדֶשׁ, שֶׁנֶּאֱמַר, אֵלֶּה מוֹעֲדֵי ה' אֲשֶׁר תִּקְרְאוּ אוֹתָם בְּמוֹעֲדָם:

[안식일에] 새 달을 목격한 사람이 걷지 못할 경우에, 그를 나귀에 태워 옮길 수 있다. 심지어 침대로 [옮길 수 있다]. 매복하는 사람이 있다면, 손에 막대기를 들 수 있다. 거리가 멀다면, 손에 먹거리를 들 수 있다. 왜냐하면 밤낮 걸어서 안식일을 어기고 새 달을 증언하기 위해 가기 때문이다. [성서에] 기록되었듯이, "이것이 너희가 그 정한 때에 공포할 여호와의 절기들이니라"(레 23:4).

- 증언하는 사람이 걸을 수 없게 된 경우에 비록 안식일이라도 예외적으로 나귀에 태워 옮기거나 침대로 운반할 수 있다.
- 새 달이 뜬 것을 증언하기 위해 예루살렘으로 오는 사람은 부득이 안식일에 걸을 수 있는 거리 이상을 걷는 '일'을 하게 된다.

제2장

새 달을 관찰한 것을 다른 방식으로 전달했던 과거의 경우를 설명한다. 처음에는 전달하는 사람의 신원에 상관없이 받아들여졌다. 하지만 이단들이 날짜를 교란시킨 이후부터는 신뢰할 만한 사람의 증언만 받아들여졌다. 초기에 전달하는 방법 중에는 횃불로 전달하는 방법도 있었다. 하지만 사마리아 사람들이 교란시킨 후부터는 더 이상 이 방법을 사용하지 않게 되었다.

2, 1

אִם אֵינָן מַכִּירִין אוֹתוֹ, מְשַׁלְּחִין אַחֵר עִמּוֹ לְהַעִידוֹ. בָּרִאשׁוֹנָה הָיוּ מְקַבְּלִין
עֵדוּת הַחֹדֶשׁ מִכָּל אָדָם. מִשֶּׁקִּלְקְלוּ הַמִּינִין, הִתְקִינוּ שֶׁלֹּא יְהוּ מְקַבְּלִין אֶלָּא
מִן הַמַּכִּירִים:

[증인이] 신원미상이면, [새 달을] 증명하기 위해서는 그와 함께 다른 [믿을 만한] 사람을 같이 보내야 한다. 처음에는 새 달에 대하여 어떤 증인의 증언이든지 받아들였다. 하지만 이단들이 교란시킨 후부터는 [신원이] 알려진 [증언만] 받아들이는 것으로 수정했다.

- 당시에는 바리새파뿐만 아니라 에세네파나 사두개파 등 다양한 유대교 종파들이 있었다. 그리고 쿰란 공동체도 랍비 유대교와 다른 달력을 사용했다. 바리새파 사람들 입장에선 이들은 모두 신원미상인 사람들이다.

2, 2

בָּרִאשׁוֹנָה הָיוּ מַשִּׂיאִין מַשּׂוּאוֹת. מִשֶּׁקִּלְקְלוּ הַכּוּתִים, הִתְקִינוּ שֶׁיְּהוּ שְׁלוּחִין
יוֹצְאִין:

처음에는 [새 달을 전달하기 위해] 횃불을 켰다. 하지만 쿠타인들이 교란시킨 후부터는 전달자들이 [직접] 갔다.

- '쿠타인'(Cuthean)은 사마리아 사람들을 부르는 다른 호칭이다. 북이스라엘이 멸망할 때 앗슈르는 메소포타미아 지역에 있는 쿠타인들 일부를 사마리아 지역으로 이주시켰다(왕하 17:24).

2, 3

כֵּיצַד הָיוּ מַשִּׂיאִין מַשּׂוּאוֹת, מְבִיאִין כְּלוּנְסָאוֹת שֶׁל אֶרֶז אֲרֻכִּין וְקָנִים וַעֲצֵי שֶׁמֶן וּנְעֹרֶת שֶׁל פִּשְׁתָּן וְכוֹרֵךְ בִּמְשִׁיחָה, וְעוֹלֶה לְרֹאשׁ הָהָר וּמַצִּית בָּהֶן אֶת הָאוּר, וּמוֹלִיךְ וּמֵבִיא וּמַעֲלֶה וּמוֹרִיד, עַד שֶׁהוּא רוֹאֶה אֶת חֲבֵרוֹ שֶׁהוּא עוֹשֶׂה כֵן בְּרֹאשׁ הָהָר הַשֵּׁנִי, וְכֵן בְּרֹאשׁ הָהָר הַשְּׁלִישִׁי:

어떻게 횃불을 켰는가? 상수리나무 긴 막대, 갈대, 기름나무, 아마 섬유를 가져와서 끈으로 한데 묶는다. 산 정상으로 올라가 [횃불에] 불을 붙여 앞뒤 위아래로 흔든다. 두 번째 산에 있는 동료가 같은 식으로 하는 것이 보일 때까지 [한다]. 같은 방식으로 세 번째 산 정상에서도 한다.

- 기름나무는 무엇인지 모호하다. 올리브나무라는 주장도 있고 발삼나무라는 견해도 있다.

2, 4

וּמֵאַיִן הָיוּ מַשִּׂיאִין מַשּׂוּאוֹת, מֵהַר הַמִּשְׁחָה לְסַרְטְבָא, וּמִסַּרְטְבָא לִגְרוֹפִינָא, וּמִגְּרוֹפִינָא לְחַוְרָן, וּמֵחַוְרָן לְבֵית בִּלְתִּין, וּמִבֵּית בִּלְתִּין לֹא זָזוּ מִשָּׁם, אֶלָּא מוֹלִיךְ וּמֵבִיא וּמַעֲלֶה וּמוֹרִיד עַד שֶׁהָיָה רוֹאֶה כָל הַגּוֹלָה לְפָנָיו כְּמְדוּרַת הָאֵשׁ:

어느 [산에서] 횃불을 켰는가? [예루살렘]의 올리브산에서 사르테바⁴⁾로, 사르테바에서 그로피나로, 그로피나에서 하브란으로, 하브란에서 베트 빌틴으로. 베트 빌틴에서는 [다른 산으로] 전달하지 않는다. 거기에서 [횃불]을 앞뒤 위아래로 흔든다. 그러면 그 앞에 있는 포로지 전역에서 [밝히는] 거대한 불을 보게 된다.

- 베트 빌틴(Bet Biltin) 산 정상은 바벨 지역에서 잘 보이는 곳에 있어서 더 이상 다른 산으로 횃불을 전달할 필요가 없다.

2, 5

חָצֵר גְּדוֹלָה הָיְתָה בִירוּשָׁלַיִם, וּבֵית יַעְזֵק הָיְתָה נִקְרֵאת, וּלְשָׁם כָּל הָעֵדִים מִתְכַּנְּסִים, וּבֵית דִּין בּוֹדְקִין אוֹתָם שָׁם. וּסְעֻדּוֹת גְּדוֹלוֹת עוֹשִׂין לָהֶם בִּשְׁבִיל שֶׁיְּהוּ רְגִילִין לָבֹא. בָּרִאשׁוֹנָה לֹא הָיוּ זָזִין מִשָּׁם כָּל הַיּוֹם, הִתְקִין רַבָּן גַּמְלִיאֵל הַזָּקֵן שֶׁיְּהוּ מְהַלְּכִין אַלְפַּיִם אַמָּה לְכָל רוּחַ. וְלֹא אֵלּוּ בִלְבַד, אֶלָּא אַף הַחֲכָמָה הַבָּאָה לְיַלֵּד, וְהַבָּא לְהַצִּיל מִן הַדְּלֵקָה וּמִן הַגַּיִס וּמִן הַנָּהָר וּמִן הַמַּפֹּלֶת, הֲרֵי אֵלּוּ כְאַנְשֵׁי הָעִיר, וְיֵשׁ לָהֶם אַלְפַּיִם אַמָּה לְכָל רוּחַ:

예루살렘에 베트 야젝이라는 큰 뜰이 있었다. 그곳으로 모든 증인들이 모여들면 법정[의 재판관들]은 그곳에서 그들을 조사한다. 증인들이 오는 관례를 위해서 그곳에 큰 잔치를 배설한다. 처음에는 [증인들이] 하루 종일 그곳을 떠날 수 없었다. 하지만 라반 감리엘 장로가 사방 2,000아마 [이내로] 걸을 수 있게 제정했다. 이들뿐만 아니라, 출산을 돕기 위해 온 산파, 화재, [외국] 군대, [홍수가 난] 강, [건물] 붕괴로부터 구하기 위해 온 사람도 [걸을 수 있다]. 이들은 도시민으로 간주되기 때문에 사방으로 2,000아마가 [허락된다].

---

4) 사르테바(Sartaba)를 비롯해서 그로피나(Gripina), 하브란(Havran)과 같은 지명이 정확히 어디인지 불명확하다.

- 증인들은 예루살렘에 있는 베트 야젝(Bet Yazek)이라는 큰 뜰에 모여 법정의 재판관들에게 증언하게 된다. 이곳에서 증언자들의 수고를 격려하기 위해 큰 잔치를 배설한다.

2, 6

כֵּיצַד בּוֹדְקִין אֶת הָעֵדִים. זוּג שֶׁבָּא רִאשׁוֹן, בּוֹדְקִין אוֹתוֹ רִאשׁוֹן. וּמַכְנִיסִין אֶת הַגָּדוֹל שֶׁבָּהֶן וְאוֹמְרִים לוֹ, אֱמֹר, כֵּיצַד רָאִיתָ אֶת הַלְּבָנָה, לִפְנֵי הַחַמָּה אוֹ לְאַחַר הַחַמָּה, לִצְפוֹנָה אוֹ לִדְרוֹמָהּ, כַּמָּה הָיָה גָבוֹהַּ וּלְאַיִן הָיָה נוֹטֶה, וְכַמָּה הָיָה רָחָב. אִם אָמַר לִפְנֵי הַחַמָּה, לֹא אָמַר כְּלוּם. וְאַחַר כָּךְ הָיוּ מַכְנִיסִין אֶת הַשֵּׁנִי וּבוֹדְקִין אוֹתוֹ. אִם נִמְצְאוּ דִבְרֵיהֶם מְכֻוָּנִים, עֵדוּתָן קַיָּמֶת. וּשְׁאָר כָּל הַזּוּגוֹת שׁוֹאֲלִין אוֹתָם רָאשֵׁי דְבָרִים, לֹא שֶׁהָיוּ צְרִיכִין לָהֶן, אֶלָּא כְּדֵי שֶׁלֹּא יֵצְאוּ בְּפַחֵי נֶפֶשׁ, בִּשְׁבִיל שֶׁיְּהוּ רְגִילִים לָבֹא:

어떻게 증인들을 조사하는가? 맨 먼저 온 두 사람을 조사한다. 연장자가 먼저 들어가고 그들이 그에게 질문한다. "당신은 어떻게 달을 보았습니까? 태양 앞쪽입니까, 아니면 뒤쪽입니까? 〔태양〕 북쪽입니까, 아니면 남쪽입니까? 얼마나 높이 떴습니까? 어느 쪽으로 기울었습니까? 얼마나 컸습니까?" 만약에 그가 "태양 앞쪽입니다"라고 말하면, 그는 다른 말은 하지 않는다. 그러면 그들은 두 번째 증인을 들어오게 해서 조사한다. 두 증인의 말이 일치하면 증거로 인정된다. 나머지 증인들에게 핵심 내용들을 질문한다. 그들이 필요해서가 아니라 그들이 실망해서 돌아가지 않도록 하기 위해서다. 그들이 관례적으로 오도록 하기 위해서다.

- 일치된 두 증인의 대답이 있으면 증거로 채택된다. 하지만 법정은 나머지 증인들에게도 핵심적인 질문들을 한다. 왜냐하면 증언을 위해 먼 곳에서 온 사람들이 실망하여 다음에 오지 않게 되면 점차 증인들이 줄어들어 문제가 생기기 때문이다.

רֹאשׁ בֵּית דִּין אוֹמֵר מְקֻדָּשׁ, וְכָל הָעָם עוֹנִין אַחֲרָיו מְקֻדָּשׁ מְקֻדָּשׁ. בֵּין
שֶׁנִּרְאָה בִזְמַנּוֹ בֵּין שֶׁלֹּא נִרְאָה בִזְמַנּוֹ, מְקַדְּשִׁין אוֹתוֹ. רַבִּי אֶלְעָזָר בְּרַבִּי
צָדוֹק אוֹמֵר, אִם לֹא נִרְאָה בִזְמַנּוֹ, אֵין מְקַדְּשִׁין אוֹתוֹ, שֶׁכְּבָר קִדְּשׁוּהוּ שָׁמָיִם:

법원장이 "거룩하게 되었습니다"라고 선포한다. 그러면 모든 백성
이 뒤를 이어 "거룩하게 되었습니다, 거룩하게 되었습니다"라고 대답
한다. 새 달이 〔예상했던〕 시간에 보이든지, 그 시간에 보이지 않든지,
그것을 거룩하게 한다. 랍비 엘아자르 바르[5) 짜독은 말한다. "만약 새
달이 〔예상〕 시간에 나타나지 않으면, 그것을 거룩하게 하지 않는다.
왜냐하면 하늘이 이미 그것을 거룩하게 했기 때문이다."

- 법원장은 산헤드린의 수장으로 '나씨'로 불리기도 한다.
- 새 달이 나타나지 않은 것을 '하늘이 거룩하게 했다'고 말하는 것은
  하늘이 이미 거룩하게 했으니 '거룩하게 되었다'라는 별도의 선포
  의례가 필요하지 않다는 말이다.

דְּמוּת צוּרוֹת לְבָנוֹת הָיוּ לוֹ לְרַבָּן גַּמְלִיאֵל בַּטַּבְלָא וּבַכֹּתֶל בַּעֲלִיָּתוֹ, שֶׁבָּהֶן
מַרְאֶה אֶת הַהֶדְיוֹטוֹת וְאוֹמֵר, הֲכָזֶה רָאִיתָ אוֹ כָזֶה. מַעֲשֶׂה שֶׁבָּאוּ שְׁנַיִם
וְאָמְרוּ, רְאִינוּהוּ שַׁחֲרִית בַּמִּזְרָח וְעַרְבִית בַּמַּעֲרָב. אָמַר רַבִּי יוֹחָנָן בֶּן נוּרִי,
עֵדֵי שֶׁקֶר הֵם. כְּשֶׁבָּאוּ לְיַבְנֶה קִבְּלָן רַבָּן גַּמְלִיאֵל. וְעוֹד בָּאוּ שְׁנַיִם וְאָמְרוּ,
רְאִינוּהוּ בִזְמַנּוֹ, וּבְלֵיל עִבּוּרוֹ לֹא נִרְאָה, וְקִבְּלָן רַבָּן גַּמְלִיאֵל. אָמַר רַבִּי דוֹסָא
בֶּן הַרְכִּינַס, עֵדֵי שֶׁקֶר הֵן, הֵיאַךְ מְעִידִין עַל הָאִשָּׁה שֶׁיָּלְדָה, וּלְמָחָר כְּרֵסָהּ
בֵּין שִׁנֶּיהָ. אָמַר לוֹ רַבִּי יְהוֹשֻׁעַ, רוֹאֶה אֲנִי אֶת דְּבָרֶיךָ:

라반 감리엘의 다락방 벽에 달의 모형들이 〔그려진〕 서판이 있었다.

---

5) '바르'(בר) 대신 '베랍비'(ברבי)라고 표기한 사본도 있다.

그것들을 평민들에게 보여주면서 다음과 같이 묻곤 했다. "이렇게 생긴 것을 보았습니까, 아니면 이렇게 생긴 것입니까?" 한번은 〔증인〕두 명이 와서 말했다. "우리는 아침에 동쪽에서 보았습니다. 그리고 저녁에 서쪽에서 보았습니다." 랍비 요하난 벤 누리가 말했다. "그들은 거짓 증인들입니다." 〔하지만〕 그들이 야브네6)로 왔을 때 라반 감리엘은 그들〔의 증언〕을 받아들였다. 또 한번은 두 〔증인〕이 와서 말했다. "우리는 〔예상〕 시간에 그것을 보았습니다. 하지만 다음 날 밤에는 보지 못했습니다." 라반 감리엘은 그들〔의 증언〕을 받아들였다. 랍비 도싸 벤 하르키나스는 말했다. "그들은 거짓 증인들입니다. 어떻게 여인이 아이를 낳았는데 다음 날 그녀의 〔부른〕 배가 치아 사이에 있다고 증언할 수 있습니까?" 랍비 예호슈아가 그에게 대답했다. "저도 그 말씀에 동의합니다."

● 라반 감리엘이 야브네 법정(산헤드린)의 수장으로 있을 당시의 유명한 이야기다. 증언을 받아들이는 라반 감리엘과 달리 랍비 예호슈아는 랍비 도싸 벤 하르키나스처럼 증언을 거짓으로 보고 있다. 여자가 아이를 낳았는데 다음 날에도 여전히 배가 부르다고 말한다면 이는 거짓이다. 이처럼 보였던 달이 다음 날 밤에 보이지 않는다는 것은 거짓이다.

2,9

שָׁלַח לוֹ רַבָּן גַּמְלִיאֵל, גּוֹזְרַנִי עָלֶיךָ שֶׁתָּבֹא אֶצְלִי בְּמַקֶּלְךָ וּבִמְעוֹתֶיךָ בְּיוֹם
הַכִּפּוּרִים שֶׁחָל לִהְיוֹת בְּחֶשְׁבּוֹנְךָ. הָלַךְ וּמְצָאוֹ רַבִּי עֲקִיבָא מֵצֵר, אָמַר לוֹ,

6) 야브네(Yavneh)는 이스라엘 중부 해안평야에 있는 도시다. 그리스 로마 시대에는 얌니아(Jammia)로 불렸는데, 예루살렘 멸망 이후 유대교의 중심지 역할을 수행했다.

יֶשׁ לִי לִלְמֹד שֶׁכָּל מַה שֶׁעָשָׂה רַבָּן גַּמְלִיאֵל עָשׂוּי, שֶׁנֶּאֱמַר, אֵלֶּה מוֹעֲדֵי יְיָ
מִקְרָאֵי קֹדֶשׁ, אֲשֶׁר תִּקְרְאוּ אֹתָם, בֵּין בִּזְמַנָּן בֵּין שֶׁלֹּא בִזְמַנָּן, אֵין לִי מוֹעֲדוֹת
אֶלָּא אֵלּוּ. בָּא לוֹ אֵצֶל רַבִּי דוֹסָא בֶּן הַרְכִּינָס, אָמַר לוֹ, אִם בָּאִין אָנוּ לָדוּן
אַחַר בֵּית דִּינוֹ שֶׁל רַבָּן גַּמְלִיאֵל, צְרִיכִין אָנוּ לָדוּן אַחַר כָּל בֵּית דִּין וּבֵית דִּין
שֶׁעָמַד מִימוֹת מֹשֶׁה וְעַד עַכְשָׁיו, שֶׁנֶּאֱמַר, וַיַּעַל מֹשֶׁה וְאַהֲרֹן נָדָב וַאֲבִיהוּא
וְשִׁבְעִים מִזִּקְנֵי יִשְׂרָאֵל. וְלָמָּה לֹא נִתְפָּרְשׁוּ שְׁמוֹתָן שֶׁל זְקֵנִים, אֶלָּא לְלַמֵּד,
שֶׁכָּל שְׁלֹשָׁה וּשְׁלֹשָׁה שֶׁעָמְדוּ בֵית דִּין עַל יִשְׂרָאֵל, הֲרֵי הוּא כְבֵית דִּינוֹ שֶׁל
מֹשֶׁה. נָטַל מַקְלוֹ וּמְעוֹתָיו בְּיָדוֹ, וְהָלַךְ לְיַבְנֶה אֵצֶל רַבָּן גַּמְלִיאֵל בַּיּוֹם שֶׁחָל
יוֹם הַכִּפּוּרִים לִהְיוֹת בְּחֶשְׁבּוֹנוֹ. עָמַד רַבָּן גַּמְלִיאֵל וּנְשָׁקוֹ עַל רֹאשׁוֹ, אָמַר לוֹ,
בֹּא בְשָׁלוֹם, רַבִּי וְתַלְמִידִי, רַבִּי בְחָכְמָה, וְתַלְמִידִי שֶׁקִּבַּלְתָּ דְּבָרָי:

라반 감리엘이 그에게 〔편지를〕 보냈다. "지팡이와 여행 경비를 가
지고 그대가 추산한 속죄일에 나에게 오기를 권고합니다." 랍비 아
키바가 와서 그가 고민하고 있다는 사실을 알고 그에게 말했다. "라
반 감리엘이 했던 모든 것은 타당하다고 말할 수 있습니다. 왜냐하면
'이것이 너희가 그 정한 때에 성회로 공포할 여호와의 절기들이니라'
(레 23:4). 〔적절한〕 시간에 〔선포되든지〕 아니면 〔적절한〕 시간에 〔선
포되지〕 않든지, 이것들 외에 〔다른〕 절기들이 없습니다." 그가 랍비
도싸 벤 하르키나스에게 갔다. 그가 말했다. "만약 우리가 와서 라반
감리엘 법정의 〔결정을〕 재고한다면, 모세의 시대부터 지금까지 행
해진 법정의 〔결정을〕 재고할 필요가 있습니다. 〔성서에〕 '모세와 아
론과 나답과 아비후와 이스라엘 장로 칠십 인이 올라가서'라고 기록
되었습니다(출 24:9). 왜 장로들의 이름이 분명하게 언급되지 않을까
요? 그것은 이스라엘 위에 법정으로 서 있는 세 조로 모두 모세의 법
정과 같기 때문입니다." 〔그래서〕 그는 자기의 지팡이와 여행 경비를
손에 들고 야브네에 있는 라반 감리엘에게 속죄일로 추정되는 날에
갔다. 라반 감리엘은 서서 그의 머리에 입맞추고 말했다. "평안히 오
십시오, 나의 스승이자 나의 제자여! 지혜에 있어 나의 스승이고 나의
말을 받아들이니 〔또한〕 나의 제자입니다."

- 날짜와 달에 대하여 랍비 예호슈아는 법정(산헤드린)의 수장인 라반 감리엘과 다른 입장이었다. 그러자 라반 감리엘이 랍비 예호슈아에게 그가 생각하는 속죄일에 지팡이와 여행 경비를 가지고 오라고 말한다. 랍비 예호슈아가 가지 않는다면 라반 감리엘의 권위를 따르지 않는 것이 되며, 만약 간다면 자신이 속죄일이라고 말하면서 속죄일을 범하는 결과를 초래하게 된다.
- 랍비 아키바와 랍비 도싸는 결국 라반 감리엘이 속죄일로 정한 날짜가 속죄일이 되기 때문에 라반 감리엘의 견해를 받아들일 수밖에 없다고 말한다. 랍비 도싸는 현재의 법정이 가지고 있는 권위는 모세의 법정과 동일하다고 주장한다. 결국 라반 감리엘과 랍비 예호슈아는 화해하게 되었다.

제3장

첫 미쉬나는 제2장까지 소개했던 새 달을 관찰한 증인들에 대하여 말한다. 하지만 나머지 미쉬나에서는 '쇼파르'라고 부르는 뿔나팔에 대하여 규정하고 있다. 특별히 새해를 알릴 때 어떤 종류의 뿔나팔을 부르는지 정한다.

3, 1

רָאוּהוּ בֵית דִּין וְכָל יִשְׂרָאֵל, נֶחְקְרוּ הָעֵדִים, וְלֹא הִסְפִּיקוּ לוֹמַר מְקֻדָּשׁ, עַד שֶׁחֲשֵׁכָה, הֲרֵי זֶה מְעֻבָּר. רָאוּהוּ בֵית דִּין בִּלְבַד, יַעַמְדוּ שְׁנַיִם וְיָעִידוּ בִּפְנֵיהֶם, וְיֹאמְרוּ מְקֻדָּשׁ מְקֻדָּשׁ. רָאוּהוּ שְׁלֹשָׁה וְהֵן בֵּית דִּין, יַעַמְדוּ הַשְּׁנַיִם וְיוֹשִׁיבוּ מֵחַבְרֵיהֶם אֵצֶל הַיָּחִיד וְיָעִידוּ בִּפְנֵיהֶם, וְיֹאמְרוּ מְקֻדָּשׁ מְקֻדָּשׁ, שֶׁאֵין הַיָּחִיד נֶאֱמָן עַל יְדֵי עַצְמוֹ:

법정과 모든 이스라엘이 〔새 달을〕 보았고 증인들을 조사했는데, 어두워지기 전까지 "거룩하게 되었습니다!"라고 선언할 시간이 충분하지 않다면, '꽉 찬 달'이다. 〔만약〕 법정만 〔새 달을〕 보았다면 〔그 중〕 두 명이 서서 다른 이들 앞에서 증언한 다음 "거룩하게 되었습니다. 거룩하게 되었습니다"라고 말할 수 있다. 세 명이 〔새 달〕을 보았고 그들이 법정을 구성했다면, 두 명이 서서 혼자 있는 사람 옆에 동료를 앉게 한 후, 그들 앞에서 증언한다. 그리고 그들은 "거룩하게 되었습니다. 거룩하게 되었습니다"라고 말할 수 있다. 왜냐하면 개인 한 사람이 스스로에 의해 신뢰받지는 않습니다.

- '꽉 찬 달'이 된다는 말은 그날이 다음 달 1일이 아니라 30일이 되어 일종의 윤달이 된다는 의미다.
- 실제로는 초승달이 뜬 것을 확인했지만 법정이 이것을 선포할 시간이 없다면 그날은 새 달의 1일이 되지 못하고 이전 달의 30일이 된다.

3, 2

כָּל הַשּׁוֹפָרוֹת כְּשֵׁרִין חוּץ מִשֶּׁל פָּרָה, מִפְּנֵי שֶׁהוּא קֶרֶן. אָמַר רַבִּי יוֹסֵי, וַהֲלֹא כָל הַשּׁוֹפָרוֹת נִקְרְאוּ קֶרֶן, שֶׁנֶּאֱמַר, בִּמְשֹׁךְ בְּקֶרֶן הַיּוֹבֵל:

암소의 〔뿔을〕 제외하면 모든 뿔나팔은 유효하니, 뿔이라고 부르기 때문이다. 랍비 요쎄는 말했다. "모든 뿔나팔을 뿔이라고 부르지 않는가? 〔성서〕에 기록되었듯이, "양각 나팔을 길게 불어"(수 6:5).

- 랍비들은 암소의 뿔은 뿔나팔(שופר, 쇼파르)이라고 부르지 않고 단지 뿔(קרן, 케렌)이라고 부른다. 하지만 랍비 요쎄는 양의 뿔도 '케렌'으로 부르는 여호수아 6:5을 근거로 암소의 케렌도 뿔나팔(쇼파르)이 될 수 있다고 주장한다.

3, 3

שׁוֹפָר שֶׁל רֹאשׁ הַשָּׁנָה שֶׁל יָעֵל, פָּשׁוּט, וּפִיו מְצֻפֶּה זָהָב, וּשְׁתֵּי חֲצוֹצְרוֹת מִן הַצְּדָדִין. שׁוֹפָר מַאֲרִיךְ וַחֲצוֹצְרוֹת מְקַצְּרוֹת, שֶׁמִּצְוַת הַיּוֹם בַּשּׁוֹפָר:

새해에 부는 들염소 〔뿔로 만든〕 뿔나팔은 곧고 입구는 금으로 감쌌다. 〔뿔나팔〕 양쪽에 두 개의 나팔이 있다. 뿔나팔로 길게 불고 나팔로 짧게 분다. 왜냐하면 이날의 명령은 뿔나팔로 〔부는 것이기〕 때문이다.

- 새해에 부는 뿔나팔은 들염소(야엘)의 뿔로 만들어졌다. 이 뿔나팔은 들염소 뿔의 모양을 따라 곧다. 뿔나팔 양쪽에는 양의 뿔로 만든 일반 나팔이 선다. 새해에는 뿔나팔을 길게 불고 일반 나팔은 짧게 분다. 뿔나팔과 함께 일반 나팔을 부는 것은 시편 98:6에서 영감을 받은 것으로 보인다.

3, 4

בַּתַּעֲנִיּוֹת, בְּשֶׁל זְכָרִים, כְּפוּפִין, וּפִיהֶן מְצֻפֶּה כֶסֶף, וּשְׁתֵּי חֲצוֹצְרוֹת בָּאֶמְצַע. שׁוֹפָר מְקַצֵּר וַחֲצוֹצְרוֹת מַאֲרִיכוֹת, שֶׁמִּצְוַת הַיּוֹם בַּחֲצוֹצְרוֹת:

금식일에는 숫양의 〔뿔로 만든 나팔로 부는데〕, 구부러지고 입구는 은으로 감쌌다. 가운데에 두 나팔이 있다. 뿔나팔로 짧게 불고, 나팔로 길게 불어야 한다. 왜냐하면 이날의 명령은 나팔로 〔부는 것이기〕 때문이다.

- 금식일에는 숫양의 것으로 만든 뿔나팔을 불어야 하는데 이 뿔나팔은 양의 뿔 모양대로 구부러졌다. 금식일에 일반 나팔은 뿔나팔 중간에 선다. 금식일에는 일반 나팔을 길게 불고 뿔나팔을 짧게 분다.

3, 5

שָׁוֶה הַיּוֹבֵל לְרֹאשׁ הַשָּׁנָה לַתְּקִיעָה וְלַבְּרָכוֹת. רַבִּי יְהוּדָה אוֹמֵר, בְּרֹאשׁ הַשָּׁנָה תּוֹקְעִין בְּשֶׁל זְכָרִים, וּבַיּוֹבְלוֹת בְּשֶׁל יְעֵלִים:

희년에는 나팔 불기와 축복하는 〔예식이〕 새해와 비슷하다. 랍비 예후다는 말한다. "새해에는 숫양의 〔뿔〕로 불어야 하고, 희년에는 들염소의 〔뿔〕로 〔불어야 합니다〕."

- 희년의 속죄일에 나팔을 부는 방식과 축복문을 낭송하는 것이 새해와 동일하다. 하지만 랍비 예후다는 새해에 들염소 뿔이 아니라 숫양의 것으로 만든 뿔나팔을 불어야 한다고 주장한다.

3, 6

שׁוֹפָר שֶׁנִּסְדַּק וְדִבְּקוֹ, פָּסוּל. דִּבֵּק שִׁבְרֵי שׁוֹפָרוֹת, פָּסוּל. נִקַּב וּסְתָמוֹ, אִם מְעַכֵּב אֶת הַתְּקִיעָה, פָּסוּל. וְאִם לָאו, כָּשֵׁר:

금이 가서 붙인 뿔나팔은 무효다. 부서진 뿔나팔을 붙인 것은 무효다. 〔뿔나팔에〕 구멍이 나서 메웠는데, 부는 데 방해가 되면 무효이고, 방해가 되지 않으면 유효하다.

- 금이 가거나 부서진 뿔나팔로 부는 것은 무효다. 하지만 구멍이 난 것은 메워서 부는데 방해가 없다면 유효하다.

3, 7

הַתּוֹקֵעַ לְתוֹךְ הַבּוֹר אוֹ לְתוֹךְ הַדּוּת אוֹ לְתוֹךְ הַפִּטָּס, אִם קוֹל שׁוֹפָר שָׁמַע, יָצָא. וְאִם קוֹל הֲבָרָה שָׁמַע, לֹא יָצָא. וְכֵן מִי שֶׁהָיָה עוֹבֵר אֲחוֹרֵי בֵית הַכְּנֶסֶת, אוֹ שֶׁהָיָה בֵיתוֹ סָמוּךְ לְבֵית הַכְּנֶסֶת, וְשָׁמַע קוֹל שׁוֹפָר אוֹ קוֹל מְגִלָּה, אִם כִּוֵּן לִבּוֹ, יָצָא, וְאִם לָאו, לֹא יָצָא. אַף עַל פִּי שֶׁזֶּה שָׁמַע וְזֶה שָׁמַע,

〔뿔〕나팔을 구덩이나 물 저장고 또는 통에 불 경우에, 뿔나팔 소리
가 들리면 명령을 완수한 것이다. 하지만 〔그 대신〕 울림 소리를 들었
다면 명령을 완수하지 못했다. 이와 유사하게, 누군가 회당 뒤편으로
지나거나 그의 집이 회당 근처에 있어서 뿔나팔 소리나 두루마리 〔읽
는〕 소리를 들은 경우에, 만약 집중했다면 명령을 완수한 것이다. 하
지만 〔집중하지〕 못했다면 명령을 완수하지 못한 것이다. 비록 이 사
람도 듣고 저 사람도 들었지만, 이 사람은 집중하고 저 사람은 집중하
지 못했다.

- 뿔나팔은 직접 전달된 소리를 들어야 하고 메아리 소리를 들었다면
  의무를 다한 것이 아니다. 뿔나팔 소리가 날 때 집중해서 들어야지
  흘려들어도 안 된다.

3, 8

וְהָיָה כַּאֲשֶׁר יָרִים מֹשֶׁה יָדוֹ וְגָבַר יִשְׂרָאֵל וְגוֹ, וְכִי יָדָיו שֶׁל מֹשֶׁה עוֹשׂוֹת
מִלְחָמָה אוֹ שׁוֹבְרוֹת מִלְחָמָה. אֶלָּא לוֹמַר לָךְ, כָּל זְמַן שֶׁהָיוּ יִשְׂרָאֵל
מִסְתַּכְּלִים כְּלַפֵּי מַעְלָה וּמְשַׁעְבְּדִין אֶת לִבָּם לַאֲבִיהֶם שֶׁבַּשָּׁמַיִם הָיוּ
מִתְגַּבְּרִים. וְאִם לָאו, הָיוּ נוֹפְלִין. כַּיּוֹצֵא בַדָּבָר אַתָּה אוֹמֵר, עֲשֵׂה לְךָ שָׂרָף
וְשִׂים אֹתוֹ עַל נֵס, וְהָיָה כָּל הַנָּשׁוּךְ וְרָאָה אֹתוֹ וָחָי. וְכִי נָחָשׁ מֵמִית, אוֹ נָחָשׁ
מְחַיֶּה. אֶלָּא, בִּזְמַן שֶׁיִּשְׂרָאֵל מִסְתַּכְּלִין כְּלַפֵּי מַעְלָה וּמְשַׁעְבְּדִין אֶת לִבָּם
לַאֲבִיהֶן שֶׁבַּשָּׁמַיִם, הָיוּ מִתְרַפְּאִים, וְאִם לָאו, הָיוּ נִמּוֹקִים. חֵרֵשׁ, שׁוֹטֶה,
וְקָטָן, אֵין מוֹצִיאִין אֶת הָרַבִּים יְדֵי חוֹבָתָן. זֶה הַכְּלָל, כָּל שֶׁאֵינוֹ מְחֻיָּב בַּדָּבָר,
אֵינוֹ מוֹצִיא אֶת הָרַבִּים יְדֵי חוֹבָתָן:

"모세가 손을 들면 이스라엘이 이기고"(출 17:11). 모세의 손은 전쟁
을 벌인 것인가, 아니면 전쟁을 끝낸 것인가? 그게 아니라, 이것은 너
희에게 〔다음과 같은〕 교훈을 주기 위함이다. 이스라엘이 위를 바라

보고 그들의 마음이 하늘에 계신 아버지를 향할 때마다 승리했다. 하지만 그렇지 않을 때, 패배했다. 같은 식으로 너희는 이것을 배운다. "불뱀을 만들어 장대 위에 매달아라. 물린 자마다 그것을 보면 살리라"(민 21:8). 뱀은 죽게 만드는가, 아니면 살게 하는가? 그게 아니라, 이스라엘이 위를 바라보고 그들의 마음이 하늘에 계신 아버지를 향할 때마다 치유를 받았다. 그리고 그렇지 않을 때, 멸망했다. 청각장애인, 지적장애인, 아이들은 일반인들이 [행하는] 의무를 수행할 수 없다. 이것이 일반 원칙이다. 의무를 수행할 필요가 없는 사람은, 다른 사람들이 의무를 수행하도록 만들 수 없다.

- 랍비들은 종교적인 의례에서 외형적인 형식보다 내면적인 의도가 더 중요하다는 것을 가르치기 위해 출애굽 당시 광야에 있었던 사건들을 가져와 비유한다.
- 다른 사람에게 의무를 수행하도록 돕는 사람은 자신이 먼저 의무를 이행해야 한다. 장애우나 아이들은 율법을 수행할 의무가 없듯이 다른 사람들이 의무를 수행하도록 만들 수 없다. 예를 들어, 아이들에게 뿔나팔(쇼파르)을 불게 하지는 않는다.

제4장

앞 장에 이어서 뿔나팔을 부는 문제에 대하여 설명한다. 중간 부분에서는 요하난 벤 자카이가 성전 파괴로 인해 발생한 문제점을 해결하기 위해 취한 조치들을 설명한다. 그리고 다시 새로 뜬 달을 목격한 증인의 증언을 어떻게 받아들일 수 있는지 말한다.

4, 1

יוֹם טוֹב שֶׁל רֹאשׁ הַשָּׁנָה שֶׁחָל לִהְיוֹת בְּשַׁבָּת, בַּמִּקְדָּשׁ הָיוּ תוֹקְעִים, אֲבָל
לֹא בַמְּדִינָה. מִשֶּׁחֲרַב בֵּית הַמִּקְדָּשׁ, הִתְקִין רַבָּן יוֹחָנָן בֶּן זַכַּאי, שֶׁיִּהוּ תוֹקְעִין
בְּכָל מָקוֹם שֶׁיֵּשׁ בּוֹ בֵית דִּין. אָמַר רַבִּי אֶלְעָזָר, לֹא הִתְקִין רַבָּן יוֹחָנָן בֶּן זַכַּאי
אֶלָּא בְיַבְנֶה בִּלְבָד. אָמְרוּ לוֹ, אֶחָד יַבְנֶה וְאֶחָד כָּל מָקוֹם שֶׁיֵּשׁ בּוֹ בֵית דִּין:

새해 명절날이 안식일이면, 성전에서 나팔을 불지만 지방에서는 불지 않는다. 하지만 성전이 파괴된 후에 라반 요하난 벤 자카이는 법정이 있는 모든 지역에서 [뿔]나팔을 불 수 있다고 정했다. 랍비 엘아자르는 말했다. "요하난 벤 자카이는 [모든 지역을 위해] 정한 것이 아니라 단지 야브네만을 위한 것입니다." 하지만 [랍비들]은 말했다. "야브네와 법정이 있는 모든 지역을 위한 것입니다."

- 새해 명절날이 안식일과 겹치면 지방에서는 뿔나팔을 불어서는 안 된다(단, 그 이유는 불명확하다). 성전이 파괴된 후에는 법정이 있는 지방에서는 뿔나팔을 불 수 있다. 이것은 예루살렘에 있던 산헤드린 (Sanhedrin)의 권위가 각 지방의 법정으로 이양된 것을 의미한다.

4, 2

וְעוֹד זֹאת הָיְתָה יְרוּשָׁלַיִם יְתֵרָה עַל יַבְנֶה, שֶׁכָּל עִיר שֶׁהִיא רוֹאָה וְשׁוֹמַעַת
וּקְרוֹבָה וִיכוֹלָה לָבֹא, תּוֹקְעִין. וּבְיַבְנֶה לֹא הָיוּ תוֹקְעִין אֶלָּא בְּבֵית דִּין בִּלְבָד:

다음 주제에서도 예루살렘이 야브네보다 우위에 있다. [예루살렘을] 보고, 듣고, 가까이 있어서 [안식일에 예루살렘으로] 올 수 있는 모든 도시는, [안식일에 뿔]나팔을 불 수 있다. 하지만 야브네는 [뿔]나팔을 단지 법정 앞에서만 불 수 있다.

- 성전 파괴 이후 야브네는 예루살렘의 기능을 대체하게 된다. 그럼에

도 불구하고 예루살렘에서 했던 모든 것들이 야브네에서 그대로 이루어지지는 못했다. 이것은 예루살렘의 권위가 상대적으로 높았기 때문이다.

4, 3

בָּרִאשׁוֹנָה הָיָה הַלּוּלָב נִטָּל בַּמִּקְדָּשׁ שִׁבְעָה, וּבַמְּדִינָה יוֹם אֶחָד. מִשֶּׁחָרַב בֵּית הַמִּקְדָּשׁ, הִתְקִין רַבָּן יוֹחָנָן בֶּן זַכַּאי שֶׁיְּהֵא לוּלָב נִטָּל בַּמְּדִינָה שִׁבְעָה זֵכֶר לַמִּקְדָּשׁ, וְשֶׁיְּהֵא יוֹם הָנֵף כֻּלּוֹ אָסוּר:

처음에는 룰라브를 성전에서는 칠일 동안 그리고 지방에서는 하루만 가져갔다. 성전이 파괴된 후부터는 라반 요하난 벤 자카이가 성전을 기억하기 위해서 룰라브를 지방에서도 칠일 동안 가져가도록 정했다. 그리고 또한 〔새 곡식단을〕 흔드는 날 하루 종일 〔먹는 것을〕 금지했다.

● 라반 요하난 벤 자카이는 성전 파괴 후 생기는 문제점들을 인식하고 몇 가지 조치를 취한다. 우선, 성전 파괴 이후에는 지방에서 룰라브를 하루만 가져갔다. 그러면서 점차 본래 룰라브를 성전에 7일 동안 가져갔었다는 전통을 잊게 되었다. 따라서 이것을 기억하기 위해 지방에서도 7일 동안 룰라브를 사용하게 되었다. 이 규정은 이미 「쑤카」 3, 2에 나온 내용이다.

● 다음으로 제사장들이 새 곡식단을 성전에서 '흔든' 후에야 새 곡식을 먹던 전통이 희미해졌다(레 23:9-14). 성전 파괴 후 사람들이 이 사실을 망각하고 곧바로 새 곡식을 먹는 것을 막기 위해 유월절 다음 날인 니싼월 16일 하루 동안 새 곡식을 먹는 것을 금지했다.

בָּרִאשׁוֹנָה הָיוּ מְקַבְּלִין עֵדוּת הַחֹדֶשׁ כָּל הַיּוֹם. פַּעַם אַחַת נִשְׁתַּהוּ הָעֵדִים
מִלָּבֹא, וְנִתְקַלְקְלוּ הַלְוִיִּם בַּשִּׁיר. הִתְקִינוּ שֶׁלֹּא יְהוּ מְקַבְּלִין אֶלָּא עַד הַמִּנְחָה.
וְאִם בָּאוּ עֵדִים מִן הַמִּנְחָה וּלְמַעְלָה, נוֹהֲגִין אוֹתוֹ הַיּוֹם קֹדֶשׁ וּלְמָחָר קֹדֶשׁ.
מִשֶּׁחָרַב בֵּית הַמִּקְדָּשׁ הִתְקִין רַבָּן יוֹחָנָן בֶּן זַכַּאי, שֶׁיְּהוּ מְקַבְּלִין עֵדוּת הַחֹדֶשׁ
כָּל הַיּוֹם. אָמַר רַבִּי יְהוֹשֻׁעַ בֶּן קָרְחָה, וְעוֹד זֹאת הִתְקִין רַבָּן יוֹחָנָן בֶּן זַכַּאי,
שֶׁאֲפִלּוּ רֹאשׁ בֵּית דִּין בְּכָל מָקוֹם, שֶׁלֹּא יְהוּ הָעֵדִים הוֹלְכִין אֶלָּא לִמְקוֹם
הַוַּעַד:

처음에는 새 달에 대한 증언을 하루 종일 받아들였다. 한번은 증인
들이 도착하는데 늦어져서 레위인들의 〔매일 부르는〕 찬양에 차질이
생겼다. 그 후로는 〔증언을 저녁〕 소제 〔시간〕까지만 받는 것으로 수
정했다. 그래서 만약 증인이 소제 이후에 오면 그날은 거룩하다고 간
주하고 그 다음 날도 거룩하다. 성전이 파괴된 후부터 요하난 벤 자카
이는 새해 증언을 하루 종일 받기로 정했다. 랍비 예호슈아 벤 카르하
는 말했다. "랍비 요하난 벤 자카이께서는 추가적으로 이것도 정하셨
습니다. 법원장이 어느 장소에 있든지 증인들은 다른 곳이 아니라 의
회가 있는 곳으로 가야 합니다."

- 처음에는 새 달을 관찰한 증인들을 하루 종일 받아들였다. 하지만
  늦게 도착하는 이들로 인해 레위인들이 찬양을 부를 때 실수가 있었
  다. 그래서 그 후로는 저녁 소제를 드릴 때까지만 받기로 했다. 소제
  를 '민하'(Minchah)라고 하는데 저녁에 드린다(왕하 16:15). 성전이
  파괴되어 더 이상 제사를 드리지 않는 미쉬나-탈무드 시대에 민하
  는 오후 3시 30분경에 드리는 '오후 기도' 또는 '오후 기도 시간'을
  의미했다. 그리고 레위인들이 더는 찬양을 부르지 않게 되었다. 따
  라서 다시 증인들을 하루 종일 받는 것으로 바뀌었다.
- 증인들은 법정의 수장이 있는 곳으로 가는 것이 아니라 의회가 있는

곳으로 가야 한다. '의회'는 입법기관으로 분류되는 오늘날 개념과 달리 재판을 하기 위해 법정이 세워지는 집합체로 산헤드린이라 불린다.

4, 5

סֵדֶר בְּרָכוֹת, אוֹמֵר אָבוֹת וּגְבוּרוֹת וּקְדֻשַּׁת הַשֵּׁם, וְכוֹלֵל מַלְכֻיּוֹת עִמָּהֶן, וְאֵינוֹ תוֹקֵעַ. קְדֻשַּׁת הַיּוֹם, וְתוֹקֵעַ. זִכְרוֹנוֹת, וְתוֹקֵעַ. שׁוֹפָרוֹת, וְתוֹקֵעַ. וְאוֹמֵר עֲבוֹדָה וְהוֹדָאָה וּבִרְכַּת כֹּהֲנִים, דִּבְרֵי רַבִּי יוֹחָנָן בֶּן נוּרִי. אָמַר לוֹ רַבִּי עֲקִיבָא, אִם אֵינוֹ תוֹקֵעַ לַמַּלְכֻיּוֹת, לָמָּה הוּא מַזְכִּיר. אֶלָּא אוֹמֵר אָבוֹת וּגְבוּרוֹת וּקְדֻשַּׁת הַשֵּׁם, וְכוֹלֵל מַלְכֻיּוֹת עִם קְדֻשַּׁת הַיּוֹם, וְתוֹקֵעַ. זִכְרוֹנוֹת, וְתוֹקֵעַ. שׁוֹפָרוֹת, וְתוֹקֵעַ. וְאוֹמֵר עֲבוֹדָה וְהוֹדָאָה וּבִרְכַּת כֹּהֲנִים:

다음은 축복하는 순서다. "조상, 권능, 그 이름의 거룩함[에 대한 축복을 낭송합니다], 여기에 왕권[에 대한 축복]이 포함됩니다. 하지만 [아직] 나팔은 불지는 않습니다. [새해] 첫날의 거룩함[에 대한 축복을 낭송하고] 나팔을 붑니다. 기억[에 대한 축복을 낭송하고] 나팔을 붑니다. 뿔나팔[에 관한 축복을 낭송하고] 나팔을 붑니다. 그리고 희생제의[에 대한 축복], 감사, 제사장에 대한 축복을 낭송합니다." 랍비 요하난 벤 누리의 말이다. 그에게 랍비 아키바가 말했다. "왕권[에 대한 축복]에서 나팔을 불지 않는다면, 왜 [그것]을 언급하겠는가? 그보다는 조상, 권능, 그 이름의 거룩함[에 대한 축복을 낭송합니다]. 여기에 왕권, 새해의 거룩함[에 대한 축복을 낭송하고] 나팔을 붑니다. 기억[에 대한 축복을 낭송하고] 나팔을 붑니다. 뿔나팔[에 관한 축복을 낭송하고] 나팔을 붑니다. 그리고 희생제의[에 대한 축복], 감사, 제사장에 대한 축복을 낭송합니다."

● 새해 의례에서는 축복(기도문) 낭송이 추가된다. 각각의 주제에 대해 축복을 낭송한 후에 뿔나팔을 불 때도 그렇지 않을 때도 있다. 왕권에 대한 축복과 관련해 랍비 요하난 벤 누리는 앞쪽 축복에 포함

시켜 낭송하고 나팔을 불지 않는다고 주장한다. 반면 랍비 아키바는
뒤쪽 축복과 연결해 낭송하고 나팔을 불어야 한다고 말한다.

4, 6

אֵין פּוֹחֲתִין מֵעֲשָׂרָה מַלְכֻיּוֹת, מֵעֲשָׂרָה זִכְרוֹנוֹת, מֵעֲשָׂרָה שׁוֹפָרוֹת. רַבִּי
יוֹחָנָן בֶּן נוּרִי אוֹמֵר, אִם אָמַר שָׁלֹשׁ שָׁלֹשׁ מִכֻּלָּן, יָצָא. אֵין מַזְכִּירִין זִכְרוֹן
מַלְכוּת וְשׁוֹפָר שֶׁל פֻּרְעָנוּת. מַתְחִיל בַּתּוֹרָה וּמַשְׁלִים בַּנָּבִיא. רַבִּי יוֹסֵי אוֹמֵר,
אִם הִשְׁלִים בַּתּוֹרָה, יָצָא:

왕권[에 대한 구절]이 최소 열 개다. 기억[에 대한 구절도 최소] 열
개, 뿔나팔[에 대한 구절도 최소] 열 개. 랍비 요하난 벤 누리는 말했다.
"만약 여기에서 각각 세 구절씩 낭독했어도, 의무를 이행한 것입니다.
기념, 왕권, 뿔나팔[에 관한] 심판 [구절]을 낭독하지 않는다. 토라에
서 시작해서 예언서로 마무리한다. 랍비 요쎄는 말한다. "토라로 마무
리했어도 의무를 이행한 것입니다."

- 왕권, 기억, 뿔나팔에 관한 축복을 담고 있는 성서 구절들을 최소 열
  개씩 낭독한다. 랍비 요하난 벤 누리는 각각 세 구절씩만 낭독해도
  된다고 주장한다.
- 낭송은 토라에서 시작해서 예언서로 마치는 것이 일반적이다. 랍비
  요쎄는 토라로 마무리해도 무방하다고 말한다.
- 오늘날 유대교는 토라에서 셋, 예언서에서 셋, 성문서에서 셋, 그리
  고 토라 한 구절로 마무리한다.

4, 7

הָעוֹבֵר לִפְנֵי הַתֵּבָה בְּיוֹם טוֹב שֶׁל רֹאשׁ הַשָּׁנָה, הַשֵּׁנִי מַתְקִיעַ. וּבִשְׁעַת
הַהַלֵּל, רִאשׁוֹן מַקְרֵא אֶת הַהַלֵּל:

〔기도를 인도하기 위해〕 새해 명절날 언약궤 앞을 지나는 〔제사장 중에서〕, 두 번째 〔제사장〕이 나팔을 분다. 할렐을 부르는 시간에 첫 번째 〔제사장〕이 할렐을 부른다.

- 제사장은 새해 명절날 언약궤 앞에서 기도를 한다. 이때 한 제사장은 나팔을 불고 다른 제사장은 할렐을 부른다.

4, 8

שׁוֹפָר שֶׁל רֹאשׁ הַשָּׁנָה, אֵין מַעֲבִירִין עָלָיו אֶת הַתְּחוּם, וְאֵין מְפַקְּחִין עָלָיו
אֶת הַגַּל, לֹא עוֹלִין בְּאִילָן, וְלֹא רוֹכְבִין עַל גַּבֵּי בְהֵמָה, וְלֹא שָׁטִין עַל פְּנֵי
הַמַּיִם, וְאֵין חוֹתְכִין אוֹתוֹ בֵּין בְּדָבָר שֶׁהוּא מִשּׁוּם שְׁבוּת, וּבֵין בְּדָבָר שֶׁהוּא
מִשּׁוּם לֹא תַעֲשֶׂה. אֲבָל אִם רָצָה לִתֵּן לְתוֹכוֹ מַיִם אוֹ יַיִן, יִתֵּן. אֵין מְעַכְּבִין
אֶת הַתִּינוֹקוֹת מִלְּתְקֹעַ, אֲבָל מִתְעַסְּקִין עִמָּהֶן עַד שֶׁיִּלְמְדוּ. וְהַמִּתְעַסֵּק, לֹא
יָצָא, וְהַשּׁוֹמֵעַ מִן הַמִּתְעַסֵּק, לֹא יָצָא:

새해 뿔나팔은 〔불어도, 안식일〕 한계를 넘어서는 안 되고, 바위 무더기를 치우면 안 되고, 나무 위에 올라가면 안 되고, 가축의 등에 올라타지 않고, 물에서 수영하지 않는다. 랍비들이 금지한 도구나 성서에서 금지한 도구로 그것을 잘라서는 안 된다. 하지만 그 안에 물이나 포도주를 넣기를 원한다면 가능하다. 아이들이 〔새해에〕 뿔나팔을 불려고 하는 것을 막을 필요는 없고, 오히려 〔부는 것〕을 배울 때까지 그들을 도와준다. 〔아이들〕을 도운 사람은 〔나팔을 부는〕 의무를 수행한 것은 아니다. 도운 사람이 〔부는 소리를〕 들은 사람은 의무를 수행한 것은 아니다.

- 새해 뿔나팔을 부는 명절날이 안식일과 겹칠 때 금지되는 여러 가지 목록들이 열거되고 있다.
- 안식일에 걸을 수 있는 한계 거리는 2,000아마로 약 1킬로미터다.

סֵדֶר תְּקִיעוֹת, שָׁלֹשׁ, שֶׁל שָׁלֹשׁ שָׁלֹשׁ. שִׁעוּר תְּקִיעָה כִּשְׁלֹשׁ תְּרוּעוֹת. שִׁעוּר
תְּרוּעָה כְּשָׁלֹשׁ יְבָבוֹת. תָּקַע בָּרִאשׁוֹנָה, וּמָשַׁךְ בַּשְּׁנִיָּה כִּשְׁתַּיִם, אֵין בְּיָדוֹ
אֶלָּא אֶחָת. מִי שֶׁבֵּרַךְ וְאַחַר כָּךְ נִתְמַנָּה לוֹ שׁוֹפָר, תּוֹקֵעַ וּמֵרִיעַ וְתוֹקֵעַ שָׁלֹשׁ
פְּעָמִים. כְּשֵׁם שֶׁשְּׁלִיחַ צִבּוּר חַיָּב, כָּךְ כָּל יָחִיד וְיָחִיד חַיָּב. רַבָּן גַּמְלִיאֵל
אוֹמֵר, שְׁלִיחַ צִבּוּר מוֹצִיא אֶת הָרַבִּים יְדֵי חוֹבָתָן:

뿔나팔 부는 절차는 세 가지에 각각 세 번이다. 테키아 한 번의 길이
는 테루아 세 개와 같다. 테루아 한 번의 길이는 [짧게 끊어진] 소리
세 개와 같다. 첫 번째로 분 테키아가 두 번째 [테키아]까지 길어져서
두 배로 불었다면 이것은 그의 손으로 [단지] 한 번 [수행한 것이다].
만약 누군가 축복을 낭독한 후에 뿔나팔을 사용할 수 있다면, 테키아,
테루아, 테키아를 세 번 불어야 한다. 기도 인도자가 수행하듯이, 그
런 식으로 모든 개개인이 의무를 이행해야 한다. 라반 감리엘은 말한
다. "기도 인도자는 공동체를 위해서 의무를 수행하는 것입니다."

- 세 가지는 왕권, 기억, 뿔나팔에 관한 축복을 말한다. 각각의 주제마
  다 세 번씩 나팔을 불어 총 9회 불게 된다. 뿔나팔을 길게 불거나 짧
  게 끊어 부는 방식에 따라 구별한다. 테키아(tekiah)는 길게 부는 방
  법이고 테루아(teruah)는 짧게 끊어 부는 방식이다. 테키아-테루아-
  테키아, 즉 길게-짧게-길게 부는 방식이 한 조를 이룬다.
- 마지막 미쉬나는 기도의 의무를 모든 개인이 수행해야 한다고 말한
  다. 하지만 라반 감리엘은 기도 인도자가 공동체 전체를 위해 대신
  수행하는 것이라고 주장한다.

תענית

9

타아닛
금식

이 금식들이 지났는데 비 응답을 받지 못했으면, 그 장소에 탐탁치 않은 사람이 된 것처럼, 상거래, 건축, 식목, 약혼, 결혼, 안부인사를 줄인다. 니싼월이 끝날 때까지 개인별로 금식을 다시 시작한다. 니싼월이 끝날 때까지 비가 내리지 않는다면, 이것은 저주의 징조다. 성서에 기록되었듯이, "오늘은 밀 베는 때가 아니냐?"_「타아닛」1, 7

개요

마쎄켓(제9부) 「타아닛」의 명칭은 '금식'을 뜻한다. 따라서 「타아닛」은 일차적으로 공동체와 개인의 금식에 대해 다룬다. 토라(오경)는 금식을 이스라엘 백성들이 지켜야 할 의무로 말하고 있지는 않다. 다만 비슷한 상황으로 속죄일에 자신의 몸을 괴롭게 하는 정도의 내용이 있을 뿐이다. 물론 잠언이나 성문서에서는 금식이 종종 언급된다.

「타아닛」이 다루는 또 하나의 주제는 '기도'다. 유대교 전통에서는 초막절에 비가 어느 정도 내리면 좋을지 결정한다. 그래서 다가오는 우기에 비를 충분히 내려달라는 의미로 초막절에 기도를 드린다.

• 관련 성경구절 | 민수기 6:24-26; 28:2; 요엘 1:14; 예레미야 14:11-12; 요나 3:5-8; 느헤미야 9:1; 다니엘 9:3

제1장

이번 장에서는 언제 금식을 하는지 설명한다. 금식은 주로 비가 내리지 않을 때 비를 내려주시기를 간구할 때 행해진다. 랍비 회의체인 법정에서 금식을 선포하면 공동체 전체가 금식한다. 금식을 했는데도 비가 내리지 않으면 다시 금식한다.

1, 1

מֵאֵימָתַי מַזְכִּירִין גְּבוּרוֹת גְּשָׁמִים. רַבִּי אֱלִיעֶזֶר אוֹמֵר, מִיּוֹם טוֹב הָרִאשׁוֹן
שֶׁל חָג. רַבִּי יְהוֹשֻׁעַ אוֹמֵר, מִיּוֹם טוֹב הָאַחֲרוֹן שֶׁל חָג. אָמַר לוֹ רַבִּי יְהוֹשֻׁעַ.
הוֹאִיל וְאֵין הַגְּשָׁמִים אֶלָּא סִימַן קְלָלָה בֶּחָג, לָמָּה מַזְכִּיר. אָמַר לוֹ רַבִּי
אֱלִיעֶזֶר, אַף אֲנִי לֹא אָמַרְתִּי לִשְׁאוֹל, אֶלָּא לְהַזְכִּיר מַשִּׁיב הָרוּחַ וּמוֹרִיד
הַגֶּשֶׁם בְּעוֹנָתוֹ. אָמַר לוֹ, אִם כֵּן, לְעוֹלָם יְהֵא מַזְכִּיר:

언제부터 비를 [몰고 오는] 힘에 대하여 언급하는가? 랍비 엘리에 제르는 말했다. "[초막]절의 명절 첫날입니다." 랍비 예호슈야는 말했다. "[초막]절의 명절 마지막 날입니다." 랍비 예호슈아가 [랍비 엘리에제르]에게 말했다. "[초막]절의 명절에 [내리는] 비는 다름 아닌 저주의 징조인데 왜 [그것]을 언급합니까?" 랍비 엘리에제르가 [랍비 예호슈아]에게 말했다. 저 또한 [비]를 간구한 것이 아닙니다. 다만 바람이 불어서 적절한 때에 [비]가 내리도록 말한 것입니다." [랍비 예호슈아]가 그에게 대답했다. "만약 그렇다면 어느 때나 언급할 수 있다는 말입니다."

● 랍비 시대에는 초막 절기에 비를 간구하는 제의가 추가된다. 그래서 하나님이 비를 내릴 수 있는 힘(권능)을 가지고 있다는 사실을 사람들이 초막절 언제부터 말하기 시작하는지 논쟁하고 있다.

- 랍비 예호슈아는 그렇다고 비가 초막절 기간에 내려버리면 초막절을 지키지 못하게 되는 저주스러운 상황이기 때문에(「쑤카」 2, 9), 초막절 마지막 때부터 말할 수 있다고 주장한다(한편, 오늘날 유대교는 랍비 예호슈아의 주장을 따른다).

1, 2

אֵין שׁוֹאֲלִין אֶת הַגְּשָׁמִים אֶלָּא סָמוּךְ לַגְּשָׁמִים. רַבִּי יְהוּדָה אוֹמֵר, הָעוֹבֵר לִפְנֵי הַתֵּבָה בְּיוֹם טוֹב הָאַחֲרוֹן שֶׁל חַג, הָאַחֲרוֹן מַזְכִּיר, הָרִאשׁוֹן אֵינוֹ מַזְכִּיר. בְּיוֹם טוֹב הָרִאשׁוֹן שֶׁל פֶּסַח, הָרִאשׁוֹן מַזְכִּיר, הָאַחֲרוֹן אֵינוֹ מַזְכִּיר. עַד אֵימָתַי שׁוֹאֲלִין אֶת הַגְּשָׁמִים, רַבִּי יְהוּדָה אוֹמֵר, עַד שֶׁיַּעֲבֹר הַפָּסַח. רַבִּי מֵאִיר אוֹמֵר, עַד שֶׁיֵּצֵא נִיסָן, שֶׁנֶּאֱמַר (יואל ב) וַיּוֹרֶד לָכֶם גֶּשֶׁם, מוֹרֶה וּמַלְקוֹשׁ בָּרִאשׁוֹן:

우기가 가깝지 않을 때 비를 간구하면 안 된다. 랍비 예후다는 말했다. "[초막]절의 명절 마지막 날에 언약궤 앞을 지날 때 마지막 [기도를 인도하는] 자가 [비를] 언급합니다. 첫 번째 [기도를 인도하는] 자는 [비를] 언급해서는 안 됩니다. 유월절 명절 첫날 첫 번째 [기도를 인도하는] 자가 [비를] 언급하고, 마지막 [기도를 인도하는] 자는 [비를] 언급하지 않습니다." 언제까지 비를 간구할 것인가? 랍비 예후다는 말했다. "유월절이 끝날 때까지입니다." 랍비 메이르는 말했다. "니싼월 끝까지입니다. 성서에 기록되기를, '너희를 위하여 이른 비와 늦은 비를 첫 달에 [내리리라]'(욜 2:23)."

- 명절에 언약궤 앞을 지나는 두 명의 제사장이 기도를 인도한다. 초막절에는 마지막 기도를 인도하는 제사장이 비를 언급하고, 유월절에는 첫 번째 기도를 인도하는 제사장이 비를 언급한다. 기도문의 아홉 번째 항목에서 비가 언급되어 있다.
- 요엘 2:23에서는 "이른 비와 늦은 비가 예전과 같을 것이라"고 말한

다. 하지만 랍비들은 '예전'을 '첫 달' 즉, 니싼월로 해석한다.

1, 3

בִּשְׁלֹשָׁה בְמַרְחֶשְׁוָן שׁוֹאֲלִין אֶת הַגְּשָׁמִים. רַבָּן גַּמְלִיאֵל אוֹמֵר, בְּשִׁבְעָה בוֹ, חֲמִשָּׁה עָשָׂר יוֹם אַחַר הֶחָג, כְּדֵי שֶׁיַּגִּיעַ אַחֲרוֹן שֶׁבְּיִשְׂרָאֵל לִנְהַר פְּרָת:

마르헤슈반월 3일에 비를 간구한다. 라반 감리엘은 말했다. "일곱째 달 [초막] 절기 15일 후에 [간구해야 합니다]. 이스라엘 마지막 사람이 유프라테스강에 도착할 수 있도록 하기 위해서입니다."

- 마르헤슈반(Marcheshvan)월은 초막절이 있는 티슈리월 다음 달이다. 이달 3일에 비를 간구한다. 라반 감리엘은 며칠 더 연기해서 이달 7일 즉 초막절 15일 후에 간구해야 한다고 주장한다.

1, 4

הִגִּיעַ שִׁבְעָה עָשָׂר בְּמַרְחֶשְׁוָן וְלֹא יָרְדוּ גְשָׁמִים, הִתְחִילוּ הַיְחִידִים מִתְעַנִּין שָׁלֹשׁ תַּעֲנִיּוֹת. אוֹכְלִין וְשׁוֹתִין מִשֶּׁחֲשֵׁכָה, וּמֻתָּרִין בִּמְלָאכָה וּבִרְחִיצָה וּבְסִיכָה וּבִנְעִילַת הַסַּנְדָּל וּבְתַשְׁמִישׁ הַמִּטָּה:

마르헤슈반월 17일이 되었는데도 [아직] 비가 내리지 않으면, 유대인들은 세 [번의] 금식을 시작한다. 어두워지면 먹고 마실 수 있다. 그리고 일, 목욕, 기름 바르기, 샌들 신기, 부부생활이 허락된다.

- 첫 번째 금식은 공동체가 아니라 개인별로 가볍게 하는 금식이다. 먹고 마시는 것만 금지되며 나머지 일들은 허락된다. 먹고 마시는 것도 새벽까지 가능하고 아침부터 금식하면 된다.
- 세 금식은 연일 지속해서 행하지 않고 월요일, 목요일, 그다음 월요일 이렇게 이루어진다(「타아닛」 2, 9).

1, 5

הִגִּיעַ רֹאשׁ חֹדֶשׁ כִּסְלֵו וְלֹא יָרְדוּ גְשָׁמִים, בֵּית דִּין גּוֹזְרִין שָׁלֹשׁ תַּעֲנִיּוֹת עַל
הַצִּבּוּר. אוֹכְלִין וְשׁוֹתִין מִשֶּׁחֲשֵׁכָה, וּמֻתָּרִין בִּמְלָאכָה וּבִרְחִיצָה וּבְסִיכָה
וּבִנְעִילַת הַסַּנְדָּל וּבְתַשְׁמִישׁ הַמִּטָּה:

키슬레브월 첫날이 되었는데 비가 아직 내리지 않으면, 법정은 공동체에 세 (번의) 금식을 명한다. 어두워지면 먹고 마실 수 있다. 일, 목욕, 기름 바르기, 샌들 신기, 부부생활이 허락된다.

- 개인별로 세 번의 금식을 했는데도 키슬레브월 첫날까지 비가 내리지 않으면 법정은 공동체 전체의 금식을 명령한다. 세부적인 내용은 위 개인별 금식과 동일하다.

1, 6

עָבְרוּ אֵלּוּ וְלֹא נַעֲנוּ, בֵּית דִּין גּוֹזְרִין שָׁלֹשׁ תַּעֲנִיּוֹת אֲחֵרוֹת עַל הַצִּבּוּר. אוֹכְלִין
וְשׁוֹתִין מִבְּעוֹד יוֹם, וַאֲסוּרִין בִּמְלָאכָה וּבִרְחִיצָה וּבְסִיכָה וּבִנְעִילַת הַסַּנְדָּל
וּבְתַשְׁמִישׁ הַמִּטָּה, וְנוֹעֲלִין אֶת הַמֶּרְחֲצָאוֹת. עָבְרוּ אֵלּוּ וְלֹא נַעֲנוּ, בֵּית דִּין
גּוֹזְרִין עֲלֵיהֶם עוֹד שֶׁבַע, שֶׁהֵן שָׁלֹשׁ עֶשְׂרֵה תַּעֲנִיּוֹת עַל הַצִּבּוּר. הֲרֵי אֵלּוּ
יְתֵרוֹת עַל הָרִאשׁוֹנוֹת, שֶׁבְּאֵלּוּ מַתְרִיעִין וְנוֹעֲלִין אֶת הַחֲנוּיוֹת, בַּשֵּׁנִי מַטִּין
עִם חֲשֵׁכָה, וּבַחֲמִישִׁי מֻתָּרִין מִפְּנֵי כְבוֹד הַשַּׁבָּת:

이 (금식들)이 지났는데 응답이 없으면, 법정은 공동체에 다시 금식 세 (번을) 명한다. (전날) 낮까지만 먹고 마실 수 있다. 일, 목욕, 기름 바르기, 샌들 신기, 부부생활이 금지된다. 그리고 목욕탕이 닫힌다. 이것들이 지났는데 응답이 없으면, 추가로 일곱 (번의) 금식을 명하여, 이것이 공동체 금식 열세 (번)이다. 이 (일곱 금식)이 앞 (금식)보다 엄중하여 이때 뿔나팔을 불고 상가들을 닫는다. 둘째 날이 어두워질 때 (상가 문이) 열리고 다섯째 날에는 (상가 문이) 안식일의 영광을 위해 허락된다.

- 비가 내리지 않아 추가로 금식할 때에는 전날 저녁부터 먹고 마시는 것이 금지된다. 이때에는 전날 낮까지만 음식 섭취가 가능하다.
- '둘째 날'은 월요일이다. 유대 관습에서는 안식일이 마지막 일곱째 날이고 일요일이 새로운 한 주가 시작되는 첫째 날이다. 따라서 '다섯째' 날은 목요일이 된다.

1, 7

עָבְרוּ אֵלּוּ וְלֹא נַעֲנוּ, מְמַעֲטִין בְּמַשָּׂא וּמַתָּן, בְּבִנְיָן וּבִנְטִיעָה, בְּאֵרוּסִין וּבְנִשּׂוּאִין וּבִשְׁאֵלַת שָׁלוֹם בֵּין אָדָם לַחֲבֵרוֹ, כִּבְנֵי אָדָם הַנְּזוּפִין לַמָּקוֹם. הַיְחִידִים חוֹזְרִים וּמִתְעַנִּים עַד שֶׁיֵּצֵא נִיסָן. יָצָא נִיסָן וְלֹא יָרְדוּ גְשָׁמִים, סִימַן קְלָלָה, שֶׁנֶּאֱמַר, הֲלוֹא קְצִיר חִטִּים הַיּוֹם, וְגוֹ׳:

이 금식들이 지났는데 〔비〕 응답을 받지 못했으면, 그 장소에 탐탁치 않은 사람이 된 것처럼, 〔상〕거래, 건축, 식목, 약혼, 결혼, 안부인사를 줄인다. 니싼월이 끝날 때까지 개인별로 금식을 다시 시작한다. 니싼월이 끝날 때까지 비가 내리지 않는다면, 이것은 저주의 징조다. 〔성서〕에 기록되었듯이, "오늘은 밀 베는 때가 아니냐?"(삼상 12:17).

- '그 장소'는 하나님을 뜻한다. 유대 관습에서는 하나님의 이름을 함부로 부르지 않는 전통에 따라 '그 이름'이나 '그 장소' 등 다양한 방식으로 부른다.
- 니싼월 끝까지 비가 내리지 않고 그 다음에 비가 내리면 이제 밀 추수기에 접어든다. 이때 비가 내리면 오히려 곡식에 막대한 피해를 주게 된다. 이것은 일종의 심판으로 받아들여진다.

제2장

　금식과 관련하여 종교 및 정치 지도자들부터 일반 백성들에게 주어진 규례들이 있다. 회중들은 기도문을 읊기 위해 모여야 하고 회개를 위한 다양한 의례들이 주어진다. 그리고 성전 제의를 담당하는 제사장들은 금식일에 예외적으로 성전 업무에 집중한다. 이것은 비를 내리게 하는 금식도 중요하지만 제사장들의 본연의 업무가 제사라는 점을 확인시켜준다.

2, 1

סֵדֶר תַּעֲנִיוֹת כֵּיצַד, מוֹצִיאִין אֶת הַתֵּבָה לִרְחוֹבָה שֶׁל עִיר, וְנוֹתְנִין אֵפֶר מִקְלֶה
עַל גַּבֵּי הַתֵּבָה, וּבְרֹאשׁ הַנָּשִׂיא וּבְרֹאשׁ אַב בֵּית דִּין, וְכָל אֶחָד וְאֶחָד נוֹתֵן
בְּרֹאשׁוֹ. הַזָּקֵן שֶׁבָּהֶן אוֹמֵר לִפְנֵיהֶן דִּבְרֵי כִבּוּשִׁין, אַחֵינוּ, לֹא נֶאֱמַר בְּאַנְשֵׁי
נִינְוֵה, וַיַּרְא הָאֱלֹהִים אֶת שַׂקָּם וְאֶת תַּעֲנִיתָם, אֶלָּא, וַיַּרְא הָאֱלֹהִים אֶת
מַעֲשֵׂיהֶם, כִּי שָׁבוּ מִדַּרְכָּם הָרָעָה. וּבַקַּבָּלָה הוּא אוֹמֵר, וְקִרְעוּ לְבַבְכֶם וְאַל
בִּגְדֵיכֶם:

　금식 [의례] 절차는 어떻게 되는가? 언약궤를 도시 광장으로 가져온다. 언약궤 위, 지도자의 머리, 법원장의 머리에 재를 [올려]놓는다. 다른 개인들은 자신의 머리에 재를 [올려]놓는다. 그들 중 최고령자가 다음과 같은 책망의 말씀을 선포한다. "우리 형제들이여! 니느웨 사람들에게 '하나님께서 그들의 거친 옷과 그들의 금식을 보셨다'라고 말씀하지 않았습니다. 다만 '하나님이 그들이 행한 것 곧 그 악한 길에서 돌이켜 떠난 것을 보시고'(욘 3:10)라고 말씀하고 있습니다. 그리고 책망의 [말씀]에 '너희는 옷을 찢지 말고 마음을 찢고'(욜 2:13)라고 기록하였습니다."

- 성전 멸망 후에는 왕이 아니라 '나씨'가 유대 사회의 '지도자'였다.
- 재는 공기 중으로 뿌리는 것이 아니라 머리 위에 올려놓는다.
- '거친 옷'은 검정 염소 털로 만드는데, 상복이나 금식하는 옷 용도다.

2, 2

עָמְדוּ בִתְפִלָּה, מוֹרִידִין לִפְנֵי הַתֵּבָה זָקֵן וְרָגִיל, וְיֵשׁ לוֹ בָנִים, וּבֵיתוֹ רֵיקָם,
כְּדֵי שֶׁיְּהֵא לִבּוֹ שָׁלֵם בַּתְּפִלָּה, וְאוֹמֵר לִפְנֵיהֶם עֶשְׂרִים וְאַרְבַּע בְּרָכוֹת, שְׁמֹנֶה
עֶשְׂרֵה שֶׁבְּכָל יוֹם, וּמוֹסִיף עֲלֵיהֶן עוֹד שֵׁשׁ:

기도하기 위해 섰을 〔때〕, 그들은 〔기도에〕 정통한 연장자를 언약궤 앞으로 내려 보낸다. 그는 아들들이 있고 그의 집은 비어 있어서 기도에 전념할 수 있다. 그는 그들 앞에서 스물네 개의 축복을 낭송한다. 열여덟 〔축복〕은 매일 〔낭송하고〕, 거기에 여섯 〔축복〕이 추가된다.

- 아들들이 있고 집이 비어 있다는 것은 두 가지 해석이 가능하다.
  1) 부양할 아들들이 있다는 것이며, 집에 먹을 것이 없다는 뜻이다.
  2) 아들들이 농사일에서 그를 대신할 수 있다는 것이며, 아내나 분가한 자녀들이 별도의 장소에 있어서 그가 해야 할 가사일이 없다는 것을 뜻한다. 어떤 경우나 기도에 전념할 수 있는 사람을 기도 인도자로 선발해야 한다는 것이다.
- 축복을 낭송한다는 것은 기도문을 낭송한다는 의미다. '열여덟' 축복(기도문)은 히브리어 숫자를 일반명사처럼 사용하여 '쉬모네 에쓰레'(שמנה עשרה)로 부르기도 한다.

2, 3

וְאֵלּוּ הֵן, זִכְרוֹנוֹת, וְשׁוֹפָרוֹת, אֶל ה' בַּצָּרָתָה לִּי קָרָאתִי וַיַּעֲנֵנִי, אֶשָּׂא עֵינַי אֶל
הֶהָרִים וְגוֹ', מִמַּעֲמַקִּים קְרָאתִיךָ ה', תְּפִלָּה לְעָנִי כִי יַעֲטֹף. רַבִּי יְהוּדָה אוֹמֵר,

לֹא הָיָה צָרִיךְ לוֹמַר זִכְרוֹנוֹת וְשׁוֹפָרוֹת, אֶלָּא אוֹמֵר תַּחְתֵּיהֶן, רָעָב כִּי יִהְיֶה
בָאָרֶץ, דֶּבֶר כִּי יִהְיֶה וְגוֹ', אֲשֶׁר הָיָה דְבַר ה' אֶל יִרְמְיָהוּ עַל דִּבְרֵי הַבַּצָּרוֹת,
וְאוֹמֵר חוֹתְמֵיהֶן:

〔여섯 축복〕은 다음과 같다. 기억, 뿔나팔, "내가 환난 중에 여호와
께 부르짖었더니 내게 응답하셨도다"(시 120:1), "내가 산을 향하여 눈
을 들리라"(121:1), "여호와여 내가 깊은 곳에서 주께 부르짖었나이
다"(130:1), "고난당한 자가 마음이 상했을 때 〔드리는〕 기도"(102:1)[1].
랍비 예후다는 말했다. "기념과 뿔나팔을 낭독할 필요는 없습니다.
대신 "만일 이 땅에 기근이나 전염병이 있든지"(왕상 8:37), "가뭄에
대하여 예레미야에게 임한 여호와의 말씀이라"(렘 14:1)을 낭독하면
됩니다. 그리고 그는 각 〔축복〕에 마무리 말을 낭독한다.

- 처음 두 가지 기억과 뿔나팔에 관한 축복은 새해 첫 세 가지 축복 가
  운데 두 가지와 일치한다. 이것들은 비를 구하는 기도에 적합하다.
- 나머지는 네 개의 시편 구절이다. 미쉬나에는 각 시편의 시작 부분만
  언급되었는데 전체 시편을 낭독한다는 의미다.

2, 4

עַל הָרִאשׁוֹנָה הוּא אוֹמֵר, מִי שֶׁעָנָה אֶת אַבְרָהָם בְּהַר הַמּוֹרִיָּה, הוּא יַעֲנֶה
אֶתְכֶם וְיִשְׁמַע בְּקוֹל צַעֲקַתְכֶם הַיּוֹם הַזֶּה, בָּרוּךְ אַתָּה ה' גּוֹאֵל יִשְׂרָאֵל.
עַל הַשְּׁנִיָּה הוּא אוֹמֵר, מִי שֶׁעָנָה אֶת אֲבוֹתֵינוּ עַל יַם סוּף, הוּא יַעֲנֶה
אֶתְכֶם וְיִשְׁמַע קוֹל צַעֲקַתְכֶם הַיּוֹם הַזֶּה, בָּרוּךְ אַתָּה ה' זוֹכֵר הַנִּשְׁכָּחוֹת.
עַל הַשְּׁלִישִׁית הוּא אוֹמֵר, מִי שֶׁעָנָה אֶת יְהוֹשֻׁעַ בַּגִּלְגָּל, הוּא יַעֲנֶה אֶתְכֶם
וְיִשְׁמַע קוֹל צַעֲקַתְכֶם הַיּוֹם הַזֶּה, בָּרוּךְ אַתָּה ה' שׁוֹמֵעַ תְּרוּעָה. עַל הָרְבִיעִית
הוּא אוֹמֵר, מִי שֶׁעָנָה אֶת שְׁמוּאֵל בַּמִּצְפָּה, הוּא יַעֲנֶה אֶתְכֶם וְיִשְׁמַע בְּקוֹל

---

1) 히브리어 성서 시편 102:1은 한글성경(개역개정)에서는 제목으로 나온다. 이처
럼 히브리어 성서의 1절이 한글성경의 제목으로 기재한 구절들이 있다.

צַעֲקַתְכֶם הַיּוֹם הַזֶּה, בָּרוּךְ אַתָּה ה' שׁוֹמֵעַ צְעָקָה. עַל הַחֲמִישִׁית הוּא אוֹמֵר,
מִי שֶׁעָנָה אֶת אֵלִיָּהוּ בְּהַר הַכַּרְמֶל, הוּא יַעֲנֶה אֶתְכֶם וְיִשְׁמַע בְּקוֹל צַעֲקַתְכֶם
הַיּוֹם הַזֶּה, בָּרוּךְ אַתָּה ה' שׁוֹמֵעַ תְּפִלָּה. עַל הַשִּׁשִּׁית הוּא אוֹמֵר, מִי שֶׁעָנָה
אֶת יוֹנָה מִמְּעֵי הַדָּגָה, הוּא יַעֲנֶה אֶתְכֶם וְיִשְׁמַע בְּקוֹל צַעֲקַתְכֶם הַיּוֹם הַזֶּה,
בָּרוּךְ אַתָּה ה' הָעוֹנֶה בְּעֵת צָרָה. עַל הַשְּׁבִיעִית הוּא אוֹמֵר, מִי שֶׁעָנָה אֶת
דָּוִד וְאֶת שְׁלֹמֹה בְנוֹ בִּירוּשָׁלַיִם, הוּא יַעֲנֶה אֶתְכֶם וְיִשְׁמַע בְּקוֹל צַעֲקַתְכֶם
הַיּוֹם הַזֶּה, בָּרוּךְ אַתָּה ה' הַמְרַחֵם עַל הָאָרֶץ:

첫 번째 [축복]에 그는 말한다. "모리아산에서 아브라함에게 응답
하신 분이 오늘 너에게 응답하시고 너의 부르짖음을 들으시리로다.
이스라엘을 구원하신 여호와여! 찬양받으소서." 두 번째에 그는 말
한다. "갈대 바다에서 우리 조상에게 응답하신 분이 오늘 너에게 응
답하시고 너의 부르짖음을 들으시리로다. 잊힌 것을 기억하시는 여
호와여! 찬양받으소서." 세 번째에 그는 말한다. "길갈에서 여호수아
에게 응답하신 분이 오늘 너에게 응답하시고 너의 부르짖음을 들으
시리로다. 나팔 소리를 들으시는 여호와여! 찬양받으소서." 네 번째
에 그는 말한다. "미스바에서 사무엘에게 응답하신 분이 오늘 너에게
응답하시고 너의 부르짖음을 들으시리로다. 부르짖음을 들으시는 여
호와여! 찬양받으소서." 다섯 번째에 그는 말한다. "갈멜산에서 엘리
야에게 응답하신 분이 오늘 너에게 응답하시고 너의 부르짖음을 들
으시리로다. 기도를 들으시는 여호와여! 찬양받으소서." 여섯 번째에
그는 말한다. "물고기 뱃속에서 요나에게 응답하신 분이 오늘 너에게
응답하시고 너의 부르짖음을 들으시리로다. 고통 중에 응답하시는 여
호와여! 찬양받으소서." 일곱 번째에 그는 말한다. "예루살렘에서 다
윗과 그의 아들 솔로몬에게 응답하신 분이 오늘 너에게 응답하시고
너의 부르짖음을 들으시리로다. 이 땅에 긍휼을 베푸시는 여호와여!
찬양받으소서."

- 이것은 여섯 개의 축복 마지막에 첨가되는 마무리 어구들이다. 위에서는 총 일곱 개가 있는데 첫 번째가 후대에 첨가된 것이다.

2, 5

מַעֲשֶׂה בִּימֵי רַבִּי חֲלַפְתָּא וְרַבִּי חֲנַנְיָה בֶּן תְּרַדְיוֹן, שֶׁעָבַר אֶחָד לִפְנֵי הַתֵּבָה
וְגָמַר אֶת הַבְּרָכָה כֻּלָּהּ, וְלֹא עָנוּ אַחֲרָיו אָמֵן. תִּקְעוּ הַכֹּהֲנִים תְּקָעוּ. מִי
שֶׁעָנָה אֶת אַבְרָהָם אָבִינוּ בְּהַר הַמּוֹרִיָּה הוּא יַעֲנֶה אֶתְכֶם וְיִשְׁמַע בְּקוֹל
צַעֲקַתְכֶם הַיּוֹם הַזֶּה. הָרִיעוּ בְּנֵי אַהֲרֹן הָרִיעוּ. מִי שֶׁעָנָה אֶת אֲבוֹתֵינוּ עַל יַם
סוּף, הוּא יַעֲנֶה אֶתְכֶם וְיִשְׁמַע בְּקוֹל צַעֲקַתְכֶם הַיּוֹם הַזֶּה. וּכְשֶׁבָּא דָבָר אֵצֶל
חֲכָמִים, אָמְרוּ, לֹא הָיִינוּ נוֹהֲגִין כֵּן אֶלָּא בְּשַׁעַר מִזְרָח וּבְהַר הַבָּיִת:

랍비 할라프타와 랍비 하나냐 벤 트라드욘 시대에 있었던 일이다. 누군가 언약궤 앞을 지났고 전체 축복을 마쳤는데 그 뒤에 사람들이 아멘을 하지 않았다.[2] "제사장들이여 뿔나팔을 길게 불어라. 모리아 산에서 우리의 조상 아브라함에게 응답하신 분께서 너희에게 응답하시고 오늘 너희가 외친 소리를 들으실 것이다." "아론의 자손들이여 뿔나팔을 짧게 불어라. 홍해에서 우리의 조상들에게 응답하신 분이 너희에게 응답하시고 오늘 너희가 외친 소리를 들으실 것이다." 이 문제가 랍비들에게 전해졌을 때 그들이 말했다. "동쪽 문과 성전산을 제외하면 이것은 우리의 관례가 아닙니다."

- 앞 미쉬나에서 정하고 있는 구절들과 다른 내용이다. 랍비들은 이것들을 받아들이지 않았다.

---

2) '언약궤 앞을 지난다'는 말은 지성소 안에서 섬겼다는 의미다.

שָׁלֹשׁ תַּעֲנִיּוֹת הָרִאשׁוֹנוֹת, אַנְשֵׁי מִשְׁמָר מִתְעַנִּין וְלֹא מַשְׁלִימִין, וְאַנְשֵׁי בֵית
אָב לֹא הָיוּ מִתְעַנִּין כְּלָל. שָׁלֹשׁ שְׁנִיּוֹת, אַנְשֵׁי מִשְׁמָר מִתְעַנִּין וּמַשְׁלִימִין,
וְאַנְשֵׁי בֵית אָב מִתְעַנִּין וְלֹא מַשְׁלִימִין. שֶׁבַע אַחֲרוֹנוֹת, אֵלּוּ וָאֵלּוּ מִתְעַנִּין
וּמַשְׁלִימִין, דִּבְרֵי רַבִּי יְהוֹשֻׁעַ. וַחֲכָמִים אוֹמְרִים, שָׁלֹשׁ תַּעֲנִיּוֹת הָרִאשׁוֹנוֹת,
אֵלּוּ וָאֵלּוּ לֹא הָיוּ מִתְעַנִּין כְּלָל. שָׁלֹשׁ שְׁנִיּוֹת, אַנְשֵׁי מִשְׁמָר מִתְעַנִּין וְלֹא
מַשְׁלִימִין, וְאַנְשֵׁי בֵית אָב לֹא הָיוּ מִתְעַנִּין כְּלָל. שֶׁבַע אַחֲרוֹנוֹת, אַנְשֵׁי מִשְׁמָר
מִתְעַנִּין וּמַשְׁלִימִין, וְאַנְשֵׁי בֵית אָב מִתְעַנִּין וְלֹא מַשְׁלִימִין:

"처음 세 금식 때, 〔그 주에 성전에서 봉사하는〕 반열의 제사장들은 금식을 하지만 마무리하지는 않습니다. 〔그날에 성전에서 봉사하는〕 가문의 제사장들은 금식을 하지 않습니다. 두 번째 세 금식 때, 〔성전 봉사 주〕 반열의 제사장들은 금식을 하고 마무리도 합니다. 〔성전 봉사일〕 가문의 제사장들은 금식을 하지만 마무리하지는 않습니다. 마지막 일곱 금식 때, 두 그룹이 금식도 하고 마무리도 합니다." 이것이 랍비 예호슈아의 주장이다. 하지만 랍비들은 말한다. "처음 세 금식 때, 〔성전 봉사 주간의〕 제사장들이든지 〔성전 봉사일〕 제사장들이든지 금식을 전혀 하지 않습니다. 두 번째 세 금식 때, 〔성전 봉사 주간〕 반열의 제사장들은 금식을 하지만 마무리하지는 않습니다. 〔성전 봉사일〕 가문의 제사장들은 금식을 전혀 하지 않습니다. 마지막 세 〔금식 때〕, 〔성전 봉사 주간〕 반열의 제사장들은 금식을 하고 마무리도 합니다. 하지만 〔성전 봉사일〕 가문의 제사장들은 금식을 하지만 마무리하지는 않습니다."

● 성전에서 봉사하는 전체 제사장들은 24반열(מִשְׁמָר, 미쉬마르)로 구성되었다. 각 반열이 1주일씩 성전에서 봉사한다. 그리고 각각의 반열은 6개의 가문(בֵית אָב, 베트 아브)이라는 소집단으로 이루어졌다. 그리고 각각의 집안이 하루씩 6일간 봉사하고 마지막 제7일, 안식일

에는 공동으로 봉사한다.

- 제사장들은 일반 백성들보다 금식에 참여하는 날이 훨씬 적다. 이것은 금식보다 성전 자체 봉사가 더 중요하기 때문이다. 그리고 랍비 예호슈아의 견해보다 다수 랍비들의 견해가 성전 제의를 더 중요시하고 있다.

2, 7

אַנְשֵׁי מִשְׁמָר מֻתָּרִים לִשְׁתּוֹת יַיִן בַּלֵּילוֹת, אֲבָל לֹא בַיָּמִים. וְאַנְשֵׁי בֵית אָב,
לֹא בַיּוֹם וְלֹא בַלַּיְלָה. אַנְשֵׁי מִשְׁמָר וְאַנְשֵׁי מַעֲמָד אֲסוּרִין מִלְּסַפֵּר וּמִלְּכַבֵּס,
וּבַחֲמִישִׁי מֻתָּרִין מִפְּנֵי כְבוֹד הַשַּׁבָּת:

〔그 주에 성전에서 봉사하는〕반열의 제사장들은 밤에 포도주를 마시는 것은 허락되지만 낮에는 안 된다. 〔그날 성전에서 봉사하는〕가문의 제사장들은 낮에 마시는 것도 안 되고 밤에 마시는 것도 안 된다. 반열의 제사장들과 시무자들은 이발과 세탁이 금지된다.[3] 하지만 다섯째 요일에는 안식일의 영광을 위해 허락된다.[4]

- 여섯 가문이 한 반열인 제사장들이 1주일씩 봉사한다. 한 집안에서 하루씩 시무하게 된다. 당일 시무하는 '가문'(베트 아브Bet Av)의 제사장들은 낮이든 밤이든 포도주를 마시면 안 된다. 하지만 당일 시무하지 않는 제사장들은 밤에는 마실 수 있다.
- 24반열의 제사장들을 돕는 24개조의 시무자('마아마드')들이 있다. 이들은 제주(祭主)들을 대신하여 제사에 입회하고 제사장들이 제사를 드리는 동안 기도문을 낭송한다.

---

3) 시무자들('마아마드')에 대해서는 아래 「타아닛」 4, 2를 참조하라.
4) 다섯째 요일은 목요일이다.

- 24반열의 제사장들이나 시무자들 모두 평일에는 세탁과 이발이 금
  지된다. 하지만 안식일을 준비하는 목요일에는 가능하다. 안식일에
  제사장들의 임무가 교대된다.

2, 8

כֹּל הַכָּתוּב בִּמְגִלַּת תַּעֲנִית דְּלָא לְמִסְפַּד, לְפָנָיו אָסוּר, לְאַחֲרָיו מֻתָּר. רַבִּי יוֹסֵי
אוֹמֵר, לְפָנָיו וּלְאַחֲרָיו אָסוּר. דְּלָא לְהִתְעַנָּאָה בְהוֹן, לְפָנָיו וּלְאַחֲרָיו מֻתָּר. רַבִּי
יוֹסֵי אוֹמֵר, לְפָנָיו אָסוּר, לְאַחֲרָיו מֻתָּר:

금식 두루마리에 기록된 어떤 [날이든지], 애곡하지 말라는 [날은]
전날에는 금지되고 다음 날은 허락된다. 랍비 요쎄는 말했다. "전날
이든지 다음 날이든지 금지됩니다." 금식해서는 안 된다는 [날은], 전
날이나 다음 날은 허락된다. 랍비 요쎄는 말한다. "전날에는 금지되
지만 다음 날에는 허락됩니다."

- 애곡하지 말라는 날은 애도(mourning)를 표하는 날이기 때문에 그
  전날에 애곡해서는 안 되지만, 그 다음 날 애곡하는 것은 가능하다.
  하지만 금식해서는 안 된다는 날은 그 전날이나 그 다음 날 금식해
  도 된다는 뜻이다.

2, 9

אֵין גּוֹזְרִין תַּעֲנִית עַל הַצִּבּוּר בַּתְּחִלָּה בַּחֲמִישִׁי, שֶׁלֹּא לְהַפְקִיעַ הַשְּׁעָרִים,
אֶלָּא שָׁלֹשׁ תַּעֲנִיּוֹת הָרִאשׁוֹנוֹת שֵׁנִי וַחֲמִישִׁי וְשֵׁנִי, וְשָׁלֹשׁ שְׁנִיּוֹת חֲמִישִׁי שֵׁנִי
וַחֲמִישִׁי. רַבִּי יוֹסֵי אוֹמֵר, כְּשֵׁם שֶׁאֵין הָרִאשׁוֹנוֹת בַּחֲמִישִׁי, כָּךְ לֹא שְׁנִיּוֹת וְלֹא
אַחֲרוֹנוֹת:

시장 가격이 상승하지 않도록 금식을 다섯째 [날에] 시작하라고 공
동체에 선포하지 않는다. 대신 처음 세 금식은 둘째 [날], 다섯째 [날],

둘째 [날]에 [행한다]. 두 번째 세 [금식]은 다섯째 [날], 둘째 [날], 다섯째 [날]에 [행한다]. 랍비 요쎄는 말한다. "처음 [세 금식]이 다섯째 [날에 시작하지] 않은 것처럼, 두 번째 [세 금식]도 그렇고, 세 번째 마지막 [일곱 금식]도 그렇다."

- 다섯째 날 즉 목요일부터 금식을 시작하면 왜 곡물의 시장 가격이 올라가는지 불분명하다. 아무튼 첫 세 금식은 둘째 날(월요일), 다섯째 날(목요일), 둘째 날(월요일)에 실시한다.
- 랍비 요쎄는 금식은 다섯째 날(목요일) 시작해서는 안 되고 항상 둘째 날(월요일) 시작해야 한다고 주장한다.

2, 10

אֵין גּוֹזְרִין תַּעֲנִית עַל הַצִּבּוּר בְּרֹאשׁ חֹדֶשׁ, בַּחֲנֻכָּה וּבְפוּרִים, וְאִם הִתְחִילוּ, אֵין מַפְסִיקִין, דִּבְרֵי רַבָּן גַּמְלִיאֵל. אָמַר רַבִּי מֵאִיר, אַף עַל פִּי שֶׁאָמַר רַבָּן גַּמְלִיאֵל אֵין מַפְסִיקִין, מוֹדֶה הָיָה שֶׁאֵין מַשְׁלִימִין. וְכֵן תִּשְׁעָה בְאָב שֶׁחָל לִהְיוֹת בְּעֶרֶב שַׁבָּת:

"금식을 공동체에 새해, 수전절, 부림절에 선포하지 않습니다. [이미] 시작했으면, [금식]을 중단하면 안 됩니다." 라반 감리엘의 말이다. 랍비 메이르는 말했다. "비록 라반 감리엘은 [금식]을 중단하면 안 된다고 말씀했지만, [금식]을 마무리하지 않는다는 것에는 동의했습니다." 안식일 저녁에 시작하는 아브월 9일도 같은 방식이다.

- 처음에는 서로 겹치지 않도록 주의하지만, 연속되는 금식일이 중간에 새해, 수전절, 부림절과 겹칠 경우에 라반 감리엘은 금식을 중단하면 안 된다고 말한다. 랍비 메이르는 라반 감리엘도 저녁까지 금식할 필요는 없다는 데에 동의했다고 말한다. 저녁에 이러한 명절을

축하하면 된다.

- 성전이 파괴된 날을 기억하는 아브월 9일이라도 금식을 저녁까지 할 필요는 없다. 왜냐하면 너무 주린 상태에서 거룩한 안식일을 지켜서는 안 되기 때문이다.

제3장

지금까지 미쉬나는 주로 가뭄이 들었을 때 금식을 어떻게 하는지에 대한 규정들을 다루었다. 이번 제3장에서는 가뭄 외에 어떠한 국가적인 재난이 있을 때 금식을 선포하는지 말한다. 비를 위한 금식은 연중 대략적인 날짜가 정해져 있다. 하지만 갑자기 생긴 일에 대하여 금식이 필요하다고 판단될 때에는 긴급하게 선포해야 한다.

3, 1

סֵדֶר תַּעֲנִיּוֹת אֵלּוּ הָאָמוּר, בִּרְבִיעָה רִאשׁוֹנָה. אֲבָל צְמָחִים שֶׁשָּׁנוּ, מַתְרִיעִין עֲלֵיהֶם מִיָּד. וְכֵן שֶׁפָּסְקוּ גְשָׁמִים בֵּין גֶּשֶׁם לְגֶשֶׁם אַרְבָּעִים יוֹם, מַתְרִיעִין עֲלֵיהֶם מִיָּד, מִפְּנֵי שֶׁהִיא מַכַּת בַּצֹּרֶת:

위에서 말한 금식 절차들은 이른 비가 〔내리지 않았을〕 때 〔적용된다〕. 하지만 식물들이 〔비정상적으로〕 바뀌었으면, 이에 대하여 즉시 뿔나팔을 분다. 같은 식으로, 비가 40일 동안 내리지 않으면, 이에 대하여 즉시 〔뿔〕나팔을 분다. 왜냐하면 이것은 가뭄이기 때문이다.

- '즉시 뿔나팔을 분다'는 것은 금식의 정도가 심한 마지막 세 번째 단계의 금식으로 들어가라는 신호다.

3, 2

יָרְדוּ לַצְּמָחִין אֲבָל לֹא יָרְדוּ לָאִילָן, לָאִילָן וְלֹא לַצְּמָחִים, לְזֶה וְלָזֶה אֲבָל לֹא
לַבּוֹרוֹת לַשִּׁיחִין וְלַמְּעָרוֹת, מַתְרִיעִין עֲלֵיהֶן מִיָּד:

〔비가〕 채소들에 맞게 내렸지만 나무에 맞게 내리지 않았거나 나
무에는 맞지만 야채에 맞게 〔내리지〕 않았다면, 이것〔채소〕에도 맞고
저것〔나무〕에도 맞게 〔내렸는데〕 물저장소, 도랑, 동굴에 맞게 〔내리
지〕 않았다면, 이에 대하여 즉시 뿔나팔을 분다.

- 채소나 나무가 자랄 수 있도록 비가 내리는 것도 중요하지만 건기에
  사용할 물을 저장할 수 있도록 충분한 비가 내려야 한다. 우기에 내
  린 물을 웅덩이, 도랑, 동굴 같은 곳에 저장하여 건기에 사용한다.

3, 3

וְכֵן עִיר שֶׁלֹּא יָרְדוּ עָלֶיהָ גְשָׁמִים, דִּכְתִיב, וְהִמְטַרְתִּי עַל עִיר אֶחָת וְעַל עִיר
אַחַת לֹא אַמְטִיר, חֶלְקָה אַחַת תִּמָּטֵר וְגוֹ', אוֹתָהּ הָעִיר מִתְעַנָּה וּמַתְרַעַת,
וְכָל סְבִיבוֹתֶיהָ, מִתְעַנּוֹת וְלֹא מַתְרִיעוֹת. רַבִּי עֲקִיבָא אוֹמֵר, מַתְרִיעוֹת וְלֹא
מִתְעַנּוֹת:

비가 내리지 않은 도시도 동일하다. 〔성서〕에 기록되었듯이, "어떤
성읍에는 내리고 어떤 성읍에는 내리지 않게 하였더니 한 부분은 비
를 얻고 한 부분은 얻지 못하여"(암 4:7). 그 도시는 금식을 하고 〔뿔〕
나팔을 불어야 한다. 주변 모든 지역에서는 금식을 하지만 〔뿔〕나팔
을 불 필요는 없다. 아키바 랍비는 말한다. "〔뿔나팔을〕 불지만 금식할
필요는 없다."

- 가뭄이 지역적으로 발생할 때에는 전국에 금식을 선포할 필요없이
  해당 지역에만 선포하면 된다.

וְכֵן עִיר שֶׁיֵּשׁ בָּהּ דֶּבֶר אוֹ מַפֹּלֶת, אוֹתָהּ הָעִיר מִתְעַנָּה וּמַתְרַעַת, וְכָל
סְבִיבוֹתֶיהָ מִתְעַנּוֹת וְלֹא מַתְרִיעוֹת. רַבִּי עֲקִיבָא אוֹמֵר, מַתְרִיעוֹת וְלֹא
מִתְעַנּוֹת. אֵיזֶהוּ דֶּבֶר, עִיר הַמּוֹצִיאָה חֲמֵשׁ מֵאוֹת רַגְלִי, וְיָצְאוּ מִמֶּנָּה שְׁלֹשָׁה
מֵתִים בִּשְׁלֹשָׁה יָמִים זֶה אַחַר זֶה, הֲרֵי זֶה דֶּבֶר. פָּחוֹת מִכָּאן, אֵין זֶה דֶּבֶר:

같은 식으로 전염병이 있거나 〔건물들〕이 붕괴된 도시도 동일하다.
그 도시는 금식을 하고 〔뿔〕나팔을 분다. 주변 모든 지역에서는 금식
을 하지만 〔뿔〕나팔을 불지는 않는다. 랍비 아키바는 말했다. "〔뿔〕나
팔을 불지만 금식은 하지 않습니다." 어떤 경우가 전염병인가? 도시
의 장정 500명 중에서 3일 동안 3명이 죽으면 전염병이다. 이보다 적
으면 전염병이 아니다.

- 전염병이나 건물이 붕괴된 경우에도 해당 도시는 금식하고 뿔나팔을
  분다. 주변 지역은 금식으로 동참하지만 뿔나팔을 불 필요는 없다.

עַל אֵלּוּ מַתְרִיעִין בְּכָל מָקוֹם, עַל הַשִּׁדָּפוֹן וְעַל הַיֵּרָקוֹן, עַל הָאַרְבֶּה וְעַל
הֶחָסִיל, וְעַל הַחַיָּה רָעָה וְעַל הַחֶרֶב, מַתְרִיעִין עָלֶיהָ, מִפְּנֵי שֶׁהִיא מַכָּה
מְהַלֶּכֶת:

다음 〔재앙들〕을 위해서는 전 지역에서 〔뿔〕나팔을 불어야 한다. 돌
풍, 황변,[5] 메뚜기 떼, 하씰,[6] 들짐승, 칼에 대하여 〔뿔〕나팔을 불어야
한다. 왜냐하면 이것은 퍼지는 전염병과 같다.

---

5) 황변은 식물이 질병 등으로 인해 노랗게 마르는 증상이다.
6) '하씰'(חסיל, hasil)은 메뚜기의 일종이다.

- 이 미쉬나가 나열한 재앙들은 전염병처럼 쉽게 주변으로 퍼질 가능성이 있고, 특정 지역만이 아니라 전역에 영향을 미치기 때문에 모든 지역에서 금식을 해야 한다.

3, 6

מַעֲשֶׂה שֶׁיָּרְדוּ זְקֵנִים מִירוּשָׁלַיִם לְעָרֵיהֶם, וְגָזְרוּ תַעֲנִית עַל שֶׁנִּרְאָה כִּמְלֹא פִי תַנּוּר שִׁדָּפוֹן בְּאַשְׁקְלוֹן. וְעוֹד גָּזְרוּ תַעֲנִית עַל שֶׁאָכְלוּ זְאֵבִים שְׁנֵי תִינוֹקוֹת בְּעֵבֶר הַיַּרְדֵּן. רַבִּי יוֹסֵי אוֹמֵר, לֹא עַל שֶׁאָכְלוּ, אֶלָּא עַל שֶׁנִּרְאָה:

장로들이 예루살렘에서 자신들의 도시로 내려간 적이 있었다. 아쉬켈론(Ashkelon)에서 화덕 입구만한 크기의 돌풍(shidafon)이 〔곡식 위에서〕 보였기 때문에 금식을 선포했다. 그리고 요르단 건너편에서 아이 두 명을 삼킨 늑대들 때문에 금식을 선포했다. 랍비 요쎄는 말했다. "〔아이들을〕 먹었기 때문이 아닙니다. 그냥 〔늑대〕가 보여서 〔금식을 선포했습니다〕."

- 지역에서 발생한 일 때문에 금식을 선포했던 구체적인 예를 든다.

3, 7

עַל אֵלּוּ מַתְרִיעִין בְּשַׁבָּת, עַל עִיר שֶׁהִקִּיפוּהָ גוֹיִם אוֹ נָהָר, וְעַל הַסְּפִינָה הַמְּטֹרֶפֶת בַּיָּם. רַבִּי יוֹסֵי אוֹמֵר, לְעֶזְרָה וְלֹא לִצְעָקָה. שִׁמְעוֹן הַתִּמְנִי אוֹמֵר, אַף עַל הַדֶּבֶר, וְלֹא הוֹדוּ לוֹ חֲכָמִים:

다음의 경우에 안식일에도 〔뿔〕나팔을 분다. 이방인들이 〔포위하거나 범람한〕 강으로 둘러싸인 도시, 배가 바다에서 조난당할 때에 〔뿔나팔을 분다〕. 랍비 요쎄는 말했다. "〔나팔을 분 것은〕 도움을 〔청하기〕 위해서입니다. 울부짖기 위함이 아닙니다." 팀나[7] 사람 쉼온은 말했다. "전염병에 대해서도 〔나팔을 불어야 합니다〕." 하지만 랍비들은 그의 〔주장〕에 동의하지 않았다.

- 일반적인 경우에는 안식일에 뿔나팔을 불거나 금식을 선포하지 않는다. 하지만 매우 긴급한 때에 예외적으로 실시한다.

3, 8

עַל כָּל צָרָה שֶׁלֹּא תָבֹא עַל הַצִּבּוּר, מַתְרִיעִין עֲלֵיהֶן, חוּץ מֵרוֹב גְּשָׁמִים. מַעֲשֶׂה שֶׁאָמְרוּ לוֹ לְחוֹנִי הַמְעַגֵּל, הִתְפַּלֵּל שֶׁיֵּרְדוּ גְשָׁמִים. אָמַר לָהֶם, צְאוּ וְהַכְנִיסוּ תַנּוּרֵי פְסָחִים, בִּשְׁבִיל שֶׁלֹּא יִמּוֹקוּ. הִתְפַּלֵּל, וְלֹא יָרְדוּ גְשָׁמִים. מֶה עָשָׂה, עָג עוּגָה וְעָמַד בְּתוֹכָהּ, וְאָמַר לְפָנָיו, רִבּוֹנוֹ שֶׁל עוֹלָם, בָּנֶיךָ שָׂמוּ פְנֵיהֶם עָלַי, שֶׁאֲנִי כְּבֶן בַּיִת לְפָנֶיךָ. נִשְׁבָּע אֲנִי בְשִׁמְךָ הַגָּדוֹל שֶׁאֵינִי זָז מִכָּאן, עַד שֶׁתְּרַחֵם עַל בָּנֶיךָ. הִתְחִילוּ גְּשָׁמִים מְנַטְּפִין. אָמַר, לֹא כָךְ שָׁאַלְתִּי, אֶלָּא גִּשְׁמֵי בוֹרוֹת שִׁיחִין וּמְעָרוֹת. הִתְחִילוּ לֵירֵד בְּזָעַף. אָמַר, לֹא כָךְ שָׁאַלְתִּי, אֶלָּא גִּשְׁמֵי רָצוֹן, בְּרָכָה וּנְדָבָה. יָרְדוּ כְתִקְנָן, עַד שֶׁיָּצְאוּ יִשְׂרָאֵל מִירוּשָׁלַיִם לְהַר הַבַּיִת מִפְּנֵי הַגְּשָׁמִים. בָּאוּ וְאָמְרוּ לוֹ, כְּשֵׁם שֶׁהִתְפַּלַּלְתָּ עֲלֵיהֶם שֶׁיֵּרְדוּ כָּךְ הִתְפַּלֵּל שֶׁיֵּלְכוּ לָהֶן. אָמַר לָהֶן, צְאוּ וּרְאוּ אִם נִמְחַת אֶבֶן הַטּוֹעִים. שָׁלַח לוֹ שִׁמְעוֹן בֶּן שָׁטָח, אִלְמָלֵא חוֹנִי אַתָּה, גּוֹזְרַנִי עָלֶיךָ נִדּוּי. אֲבָל מָה אֶעֱשֶׂה לָךְ, שֶׁאַתָּה מִתְחַטֵּא לִפְנֵי הַמָּקוֹם וְעוֹשֶׂה לָךְ רְצוֹנָךְ כְּבֵן שֶׁהוּא מִתְחַטֵּא עַל אָבִיו וְעוֹשֶׂה לוֹ רְצוֹנוֹ. וְעָלֶיךָ הַכָּתוּב אוֹמֵר, יִשְׂמַח אָבִיךָ וְאִמֶּךָ וְתָגֵל יוֹלַדְתֶּךָ:

공동체에 닥친 모든 재난에 대하여 〔뿔〕나팔을 불어야 한다. 많은 비는 예외다. 〔사람들이〕 원을 그리는 자, 호니에게 "비가 내리도록 기도하시오"라고 말했다. 그가 그들에게 대답했다. "〔비에〕 녹지 않도록 나가서 유월절〔용〕 화덕을 들여놓으십시오."[8] 그는 기도했다. 하지만 비가 내리지 않았다. 그가 무엇을 했는가? 그는 원을 그리고 그 안에 섰다. 그분께 말했다. "세상의 주재여! 당신의 자녀들이 얼굴을 나에

---

7) 사사기 14:2에 '딤나'로 등장하는 팀나(Timnite)는 블레셋 도시 중 하나다.
8) 화덕은 흙으로 만들어져서 많은 비를 맞으면 허물어져내린다.

게 향했습니다.9) 마치 내가 당신 집의 아들인 것처럼 말입니다. 나는 당신의 위대한 이름으로 맹세하오니, 당신의 자녀들에게 긍휼을 베풀기 전까지는 여기서 움직이지 않겠습니다." 빗방울이 떨어지기 시작하자 그가 소리쳤다. "이런 [비를] 간구한 것이 아닙니다. 물저장소, 도랑, 동굴을 [가득 채울] 비를 [간구했습니다]." 비가 세차게 내리기 시작했다. [그러자] 그가 말했다. "이런 비를 간구한 것이 아닙니다. 선의, 축복, 은혜의 비를 [구했습니다]." 이스라엘 백성들이 예루살렘에서 나와 성전산으로 비를 향해 나아갈 때까지 [비가] 정상적으로 내렸다. 그들이 와서 말했다. "비가 내리도록 당신이 기도했던 것처럼 비가 그치도록 기도해주십시오." 그가 그들에게 말했다. "나가서 실족자들의 돌이 씻어졌는지 보시오."10) 쉼온 벤 샤타흐가 사람을 보내어 말했다. "만약 당신이 호니가 아니었다면, 나는 당신에게 추방을 선포했을 것입니다. 그러나 내가 무엇을 할 수 있겠습니까? 아버지에게 버릇없지만 그의 뜻대로 해주는 아들처럼 당신은 그분 앞에서 버릇없지만 당신 뜻대로 행하시니 말입니다." 당신과 같은 사람에 대하여 성서에 기록되기를, "네 부모를 즐겁게 하며 너를 낳은 어미를 기쁘게 하라" (잠 23:25).

- 이 미쉬나는 호니(חוני, Honi)11)가 어떻게 '원을 그리는 자'라는 별명을 얻게 되었는지 설명한다. 그가 하나님께 비를 내려주실 것을 기도했는데 그로 인해 비가 내린 경우다. 심지어 가랑비나 거친 비가 내릴 때 다시 간구하여 정상적인 비가 내리게 한 유명한 이야기다.

---

9) 얼굴을 향했다는 것은 와서 요청했다는 말이다.
10) '실족자들의 돌'은 길을 잃지 않도록 세워 둔 것이다.
11) 자기 주위에 원을 그리고 비가 올 때까지 움직이지 않았기 때문에 그런 이름이 붙게 되었다. 호니는 1세기 타나임(Tannaim) 시대의 인물로 알려졌다.

הָיוּ מִתְעַנִּין וְיָרְדוּ לָהֶם גְּשָׁמִים קֹדֶם הָנֵץ הַחַמָּה, לֹא יַשְׁלִימוּ. לְאַחַר הָנֵץ
הַחַמָּה, יַשְׁלִימוּ. רַבִּי אֱלִיעֶזֶר אוֹמֵר, קֹדֶם חֲצוֹת לֹא יַשְׁלִימוּ, לְאַחַר חֲצוֹת
יַשְׁלִימוּ. מַעֲשֶׂה שֶׁגָּזְרוּ תַעֲנִית בְּלוֹד, וְיָרְדוּ לָהֶם גְּשָׁמִים קֹדֶם חֲצוֹת. אָמַר
לָהֶם רַבִּי טַרְפוֹן, צְאוּ וְאִכְלוּ וּשְׁתוּ וַעֲשׂוּ יוֹם טוֹב. וְיָצְאוּ וְאָכְלוּ וְשָׁתוּ וְעָשׂוּ
יוֹם טוֹב, וּבָאוּ בֵּין הָעַרְבַּיִם וְקָרְאוּ הַלֵּל הַגָּדוֹל:

〔만약〕그들이 금식을 했는데 해가 뜨기 전에 비가 내렸으면, 〔금식〕을 마무리할 필요가 없다. 해가 뜬 후에 〔비가 내리기 시작했으면〕, 〔금식〕을 마무리한다. 랍비 엘리에제르는 말했다. "오전에 〔비가 내리기 시작했다면〕, 마무리할 필요가 없고, 오후에 〔내리기 시작했다면〕, 마무리해야 합니다." 롯에서 금식을 선포했는데 오전에 비가 내린 적이 있었다. 랍비 타르폰이 사람들에게 말했다. "나가서 먹고 마시고 경축일로 보내십시오." 그들은 나가서 먹고 마시고 경축일로 보냈다. 오후에 〔회당으로〕 돌아와서 대(大)할렐을 불렀다.[12]

● 금식을 끝까지 마무리하거나 더 이상 할 필요가 없이 중단하는 경우를 설명한다.

제4장

제4장에서는 제사장들의 임무 중에서 손을 들어 축복하는 일과 금식을 언제 하는지를 설명한다.

---

12) 대할렐(הלל הגדול)이란 시편 136편을 가리킨다.

4, 1

בִּשְׁלֹשָׁה פְרָקִים בַּשָּׁנָה כֹּהֲנִים נוֹשְׂאִין אֶת כַּפֵּיהֶן אַרְבַּע פְּעָמִים בַּיּוֹם,
בַּשַּׁחֲרִית, בַּמּוּסָף וּבַמִּנְחָה וּבִנְעִילַת שְׁעָרִים, בַּתַּעֲנִיּוֹת וּבַמַּעֲמָדוֹת וּבְיוֹם
הַכִּפּוּרִים:

일 년에 세 차례 제사장들은 하루에 네 번, 즉 아침 기도, 추가 기도,
오후 기도, 성문 닫는 기도 시간에 그들의 손을 드는데, 금식일, 시무
일, 그리고 속죄일이다.

- 제사장들이 축복문(민 6:24-26)을 낭송하는 날은 1년에 세 번으로
  낭송할 때에는 손을 든다.
- '시무일'은 제사장들이 성전에서 '시무자'(마아마드)들과 함께 일
  하는 주간이다. 시무자들에 대해 다음 미쉬나에서 자세하게 다룬다.

4, 2

אֵלּוּ הֵן מַעֲמָדוֹת, לְפִי שֶׁנֶּאֱמַר, צַו אֶת בְּנֵי יִשְׂרָאֵל וְאָמַרְתָּ אֲלֵהֶם אֶת קָרְבָּנִי
לַחְמִי, וְכִי הֵיאַךְ קָרְבָּנוֹ שֶׁל אָדָם קָרֵב, וְהוּא אֵינוֹ עוֹמֵד עַל גַּבָּיו, הִתְקִינוּ
נְבִיאִים הָרִאשׁוֹנִים עֶשְׂרִים וְאַרְבַּע מִשְׁמָרוֹת. עַל כָּל מִשְׁמָר וּמִשְׁמָר הָיָה
מַעֲמָד בִּירוּשָׁלַיִם שֶׁל כֹּהֲנִים, שֶׁל לְוִיִּם, וְשֶׁל יִשְׂרְאֵלִים. הִגִּיעַ זְמַן הַמִּשְׁמָר
לַעֲלוֹת, כֹּהֲנִים וּלְוִיִּם עוֹלִים לִירוּשָׁלַיִם, וְיִשְׂרָאֵל שֶׁבְּאוֹתוֹ מִשְׁמָר מִתְכַּנְּסִין
לְעָרֵיהֶן וְקוֹרְאִין בְּמַעֲשֵׂה בְרֵאשִׁית:

다음은 시무자들이다. [성서]에 기록되기를, "이스라엘 자손에게 명
령하여 그들에게 이르라. 내 헌물 내 음식을…"(민 28:2). 사람이 똑바
로 서지 않고 어떻게 자기 제물을 바칠 수 있는가? 초기 예언자들은
24반열을 구성했다. 각각의 반열에는 [이에 상응하는] 예루살렘에 제
사장들, 레위인들, 일반 이스라엘 백성들로 [구성된] 시무자들이 있었
다. 어떤 반열이 [예루살렘]으로 올라갈 시간이 되면, 제사장들과 레
위인들은 예루살렘으로 올라가고, 같은 반열의 일반 백성들은 자기

도시에 모여서 천지창조 단락을 낭독한다.

- 랍비들은 제물을 드리는 것을 제사장들뿐만 아니라 이스라엘 백성
  들 모두에게 주어진 명령으로 이해한다. 제사장직은 한 반열이 한 주
  씩 제사장 업무를 수행하는 전체 24반열로 구성된다. 그리고 각각의
  반열에 상응하는 제사장들, 레위인들, 일반 백성들로 구성된 '마아
  마드'(מעמד)라는 시무자들이 배치된다.[13] 이들의 주요 업무는 서서
  축복문(기도문)을 낭송하는 것이다. 그 내용은 주로 성서에 기록된
  것이다.

4, 3

וְאַנְשֵׁי הַמַּעֲמָד הָיוּ מִתְעַנִּין אַרְבָּעָה יָמִים בַּשָּׁבוּעַ, מִיּוֹם שֵׁנִי וְעַד יוֹם חֲמִישִׁי.
וְלֹא הָיוּ מִתְעַנִּין עֶרֶב שַׁבָּת, מִפְּנֵי כְבוֹד הַשַּׁבָּת. וְלֹא בְּאֶחָד בַּשַּׁבָּת, כְּדֵי
שֶׁלֹּא יֵצְאוּ מִמְּנוּחָה וְעֹנֶג לִיגִיעָה וְתַעֲנִית וְיָמוּתוּ. בַּיּוֹם הָרִאשׁוֹן, בְּרֵאשִׁית,
וִיְהִי רָקִיעַ. בַּשֵּׁנִי, יְהִי רָקִיעַ, וְיִקָּווּ הַמַּיִם. בַּשְּׁלִישִׁי, יִקָּווּ הַמַּיִם, וִיְהִי מְאֹרֹת.
בָּרְבִיעִי, יְהִי מְאֹרֹת, וְיִשְׁרְצוּ הַמַּיִם. בַּחֲמִישִׁי, יִשְׁרְצוּ הַמַּיִם, וְתוֹצֵא הָאָרֶץ.
בַּשִּׁשִּׁי, תּוֹצֵא הָאָרֶץ, וַיְכֻלּוּ הַשָּׁמַיִם. פָּרָשָׁה גְדוֹלָה, קוֹרִין אוֹתָהּ בִּשְׁנַיִם,
וְהַקְּטַנָּה בְּיָחִיד, בַּשַּׁחֲרִית וּבַמּוּסָף. וּבַמִּנְחָה נִכְנָסִין וְקוֹרִין עַל פִּיהֶן, כְּקוֹרִין
אֶת שְׁמַע. עֶרֶב שַׁבָּת בַּמִּנְחָה לֹא הָיוּ נִכְנָסִין, מִפְּנֵי כְבוֹד הַשַּׁבָּת:

〔성전에서〕 시무자들이 둘째 날부터 다섯째 날까지 4일 동안 금식
했으면, 안식일 저녁에 안식일의 영광을 위해서 금식하지 않는다. 안
식일에 한 번도 안 된다. 이것은 휴식과 기쁨에서 〔벗어나〕 피로와 금
식 때문에 죽지 않기 위해서다. 첫째 날 "태초에"와 "궁창이 있으라"를
〔읽는다〕. 둘째 날 "궁창이 있으라"와 "물이 모이라"를 〔읽는다〕. 셋째
날 "물이 모이라"와 "광명체들이 있으라"를 〔읽는다〕. 넷째 날 "광명

---

13) 시무자들(마아마드)이 일반 백성으로만 구성된다는 견해도 있다.

체들이 있으라"와 "물이 떼를 지어라"를 〔읽는다〕. 다섯째 날 "물이 떼를 지어라"와 "뭍은 드러나라"를 〔읽는다〕. 여섯째 날은 "뭍은 드러나라"와 "하늘과 〔땅은〕 끝마치라"를 〔읽는다〕. 긴 단락은 두 사람이 읽고 짧은 것은 한 사람이 읽는다. 〔이것이〕 아침 기도와 추가 기도 때 〔읽는 것이다〕. 오후 기도 시간에는 모여서 쉐마를 읽는 것처럼 마음으로 읽는다. 안식일 전날 오후 기도 시간에는 안식일의 영광을 위해서 모이지 않는다.

- 시무자들은 일주일 중에서 둘째 날(월요일)부터 다섯째 날(목요일)까지 대부분을 금식하지만 안식일 전날(금요일)과 안식일 다음 날(일요일)에는 금식하지 않는다.
- 오후 기도 시간에는 두루마리에 기록된 토라를 낭송하지 않고 쉐마를 암송하듯이 마음으로 읽어야 한다.

4, 4

כָּל יוֹם שֶׁיֵּשׁ בּוֹ הַלֵּל, אֵין בּוֹ מַעֲמָד בְּשַׁחֲרִית. קָרְבַּן מוּסָף, אֵין בּוֹ בַּנְּעִילָה. קָרְבַּן עֵצִים, אֵין בּוֹ בַּמִּנְחָה, דִּבְרֵי רַבִּי עֲקִיבָא. אָמַר לוֹ בֶּן עַזַּאי, כָּךְ הָיָה רַבִּי יְהוֹשֻׁעַ שׁוֹנֶה, קָרְבַּן מוּסָף, אֵין בּוֹ בַּמִּנְחָה. קָרְבַּן עֵצִים, אֵין בּוֹ בַּנְּעִילָה. חָזַר רַבִּי עֲקִיבָא לִהְיוֹת שׁוֹנֶה כְּבֶן עַזַּאי:

"할렐을 낭송하는 날은 아침 기도 시간에 시무자들이 없습니다. 추가 제사를 〔드리는〕 날에는 〔성문〕을 닫는 기도 시간에도 〔시무자들〕이 없습니다. 나무 제사[14] 때에는 〔시무자들〕이 오후 기도 시간에 〔시무자들〕이 없습니다." 랍비 아키바의 말이다. 그에게 벤 아자이가 말했다. "랍비 예호슈아의 〔견해〕는 달랐습니다. 추가 제사를 〔드리는〕

---

14) 나무 제사를 드리는 날이란 제단에 쏠 나무를 바치는 날이다(「타아닛」4, 5; 느 10:35〔개역개정 성경 10:34〕).

날에는 오후 기도 시간에 [시무자들]이 없습니다. 그리고 나무 제사를 [드리는] 날에는 [성문]을 닫는 기도 시간에 [시무자들]이 없습니다." 랍비 아키바는 벤 아자이를 따르기 위해 [자신의 견해]를 철회했다.

- 특정 날에는 시무자들이 기도문을 낭독할 시간이 없을 정도로 분주하다. 이런 날은 기도문을 낭독하지 못한다.

4, 5

זְמַן עֲצֵי כֹהֲנִים וְהָעָם, תִּשְׁעָה. בְּאֶחָד בְּנִיסָן, בְּנֵי אָרַח בֶּן יְהוּדָה. בְּעֶשְׂרִים בְּתַמּוּז, בְּנֵי דָוִד בֶּן יְהוּדָה. בַּחֲמִשָּׁה בְאָב, בְּנֵי פַרְעשׁ בֶּן יְהוּדָה. בְּשִׁבְעָה בוֹ, בְּנֵי יוֹנָדָב בֶּן רֵכָב. בַּעֲשָׂרָה בוֹ, בְּנֵי סְנָאָה בֶן בִּנְיָמִין. בַּחֲמִשָּׁה עָשָׂר בּוֹ, בְּנֵי זַתּוּא בֶן יְהוּדָה, וְעִמָּהֶם כֹּהֲנִים וּלְוִיִּם וְכָל מִי שֶׁטָּעָה בְשִׁבְטוֹ, וּבְנֵי גוֹנְבֵי עֱלִי בְנֵי קוֹצְעֵי קְצִיעוֹת. בְּעֶשְׂרִים בּוֹ, בְּנֵי פַחַת מוֹאָב בֶּן יְהוּדָה. בְּעֶשְׂרִים בֶּאֱלוּל, בְּנֵי עָדִין בֶּן יְהוּדָה. בְּאֶחָד בְּטֵבֵת שָׁבוּ בְנֵי פַרְעשׁ שְׁנִיָּה. בְּאֶחָד בְּטֵבֵת לֹא הָיָה בוֹ מַעֲמָד, שֶׁהָיָה בוֹ הַלֵּל וְקָרְבָּן מוּסָף וְקָרְבַּן עֵצִים:

제사장들과 백성들의 나무 [제사를 바치는] 시간은 [1년에] 아홉 번이다. 니싼월 1일에는 유다 지파 아라흐(Arah)의 자손이 [행한다]. 탐무즈(Tammuz)월 20일에는 유다 지파 다윗의 자손들이 [행한다]. 아브월 5일에는 유다 지파 파로쉬(Parosh)의 자손들이 [행한다]. 그 달 7일에는 레갑의 후손 요나답(Yonadav)의 자손들이 [행한다]. 그 달 10일에는 베냐민 지파 스나아(Snaah)의 자손들이 [행한다]. 그달 15일에는 유다 지파 자투(Zattu)의 자손들이 [행한다]. 이들과 함께 제사장들과 레위인들과 자신의 지파가 불분명한 사람들, 막자를 훔친 자와 마른 무화과를 다듬던 자의 후손들이 [행한다]. 그달 20일에는 유다 지파 파하트 모압(Pahat Moav) 자손들이 [행한다]. 엘룰월 20일에는 유다 지파 아딘(Adin)의 자손들이 [행한다]. 테벳(Tevet)월 1일에는 파로쉬의 자손들이 다시 [행한다]. 테벳월 1일에는 성전 담당자들이 없다. 왜냐하면 할렐과 추가 제사와 나무 제사가 있기 때문이다.

- 당시 제단에서 사용할 나무를 구하는 것은 매우 가치 있고 귀중한 일이다. 따라서 특정한 가문이 차례에 따라 제단에서 사용할 나무를 바치는 날이 정해져 있는데, 모두 아홉 번이다.

4, 6

חֲמִשָּׁה דְבָרִים אֵרְעוּ אֶת אֲבוֹתֵינוּ בְּשִׁבְעָה עָשָׂר בְּתַמּוּז וַחֲמִשָּׁה בְּתִשְׁעָה
בְּאָב. בְּשִׁבְעָה עָשָׂר בְּתַמּוּז נִשְׁתַּבְּרוּ הַלּוּחוֹת, וּבָטַל הַתָּמִיד, וְהֻבְקְעָה הָעִיר,
וְשָׂרַף אַפּוֹסְטְמוֹס אֶת הַתּוֹרָה, וְהֶעֱמִיד צֶלֶם בַּהֵיכָל. בְּתִשְׁעָה בְּאָב נִגְזַר עַל
אֲבוֹתֵינוּ שֶׁלֹּא יִכָּנְסוּ לָאָרֶץ, וְחָרַב הַבַּיִת בָּרִאשׁוֹנָה וּבַשְּׁנִיָּה, וְנִלְכְּדָה בֵיתָר,
וְנֶחְרְשָׁה הָעִיר. מִשֶּׁנִּכְנַס אָב, מְמַעֲטִין בְּשִׂמְחָה:

우리 조상들에게 탐무즈월 17일에 다섯 가지, 아브월 9일에 다섯 가지 사건들이 일어났다. 탐무즈월 17일에 돌판이 쪼개졌고,[15] 상번 제사가 중단되었고, 성[벽]이 파괴되었고, 아포스투모스[16]가 토라를 불태웠고, 성전에 우상을 세웠다. 아브월 9일에 조상들이 [이스라엘] 땅에 들어가지 못하게 되었고, 성전이 처음으로 그리고 두 번째로 무너졌고, 베타르[17]가 점령되었고, [예루살렘]성이 파괴되었다. [그래서] 아브월이 시작되면 기뻐하는 일을 삼간다.

- 과거에 탐무즈월 17일과 아브월 9일에 각종 비극적인 사건들이 발

---

15) '돌판'은 십계명이 적혀 있는 돌판을 말한다.
16) '아포스투모스'(Apostumos)는 그리스 장군이다.
17) 베타르(Betar)는 로마에 저항하며 일어난 바르 코크바(Bar Kochba) 반란 당시 유대인의 주요 요새 가운데 하나였다.

생했다. 따라서 이날을 기념하여 금식한다.

4, 7

שַׁבָּת שֶׁחָל תִּשְׁעָה בְאָב לִהְיוֹת בְּתוֹכָהּ, אָסוּר מִלְּסַפֵּר וּמִלְּכַבֵּס, וּבַחֲמִישִׁי
מֻתָּרִין מִפְּנֵי כְבוֹד הַשַּׁבָּת. עֶרֶב תִּשְׁעָה בְאָב לֹא יֹאכַל אָדָם שְׁנֵי תַבְשִׁילִין,
לֹא יֹאכַל בָּשָׂר וְלֹא יִשְׁתֶּה יָיִן. רַבָּן שִׁמְעוֹן בֶּן גַּמְלִיאֵל אוֹמֵר, יְשַׁנֶּה. רַבִּי
יְהוּדָה מְחַיֵּב בִּכְפִיַּת הַמִּטָּה, וְלֹא הוֹדוּ לוֹ חֲכָמִים:

안식일이 아브월 9일〔주간〕에 있으면 이발과 세탁이 금지된다. 다
섯째 날에는 안식일의 영광을 위해서 허락된다. 아브월 9일〔전날〕
저녁에 요리한 음식 두 가지를 먹어서는 안 되며, 고기를 먹어서는 안
되며, 포도주를 마시면 안 된다. 라반 쉼온 벤 감리엘은 말했다. "〔약
간〕 변화를 주면 됩니다." 랍비 예후다는 침대를 뒤집어야 한다고 했
다. 하지만 랍비들은 동의하지 않았다.

● 뒤집어진 침대에서 자는 것은 슬픔을 표현하는 하나의 방식이다. 하
  지만 이날은 그렇게까지 할 필요는 없다.

4, 8

אָמַר רַבָּן שִׁמְעוֹן בֶּן גַּמְלִיאֵל, לֹא הָיוּ יָמִים טוֹבִים לְיִשְׂרָאֵל כַּחֲמִשָּׁה עָשָׂר
בְּאָב וּכְיוֹם הַכִּפּוּרִים, שֶׁבָּהֶן בְּנוֹת יְרוּשָׁלַיִם יוֹצְאוֹת בִּכְלֵי לָבָן שְׁאוּלִין, שֶׁלֹּא
לְבַיֵּשׁ אֶת מִי שֶׁאֵין לוֹ. כָּל הַכֵּלִים טְעוּנִין טְבִילָה. וּבְנוֹת יְרוּשָׁלַיִם יוֹצְאוֹת
וְחוֹלוֹת בַּכְּרָמִים. וּמֶה הָיוּ אוֹמְרוֹת, בָּחוּר, שָׂא נָא עֵינֶיךָ וּרְאֵה, מָה אַתָּה
בוֹרֵר לָךְ. אַל תִּתֵּן עֵינֶיךָ בַנּוֹי, תֵּן עֵינֶיךָ בַּמִּשְׁפָּחָה. שֶׁקֶר הַחֵן וְהֶבֶל הַיֹּפִי,
אִשָּׁה יִרְאַת ה' הִיא תִתְהַלָּל, וְאוֹמֵר, תְּנוּ לָהּ מִפְּרִי יָדֶיהָ, וִיהַלְלוּהָ בַשְּׁעָרִים
מַעֲשֶׂיהָ. וְכֵן הוּא אוֹמֵר, צְאֶינָה וּרְאֶינָה בְּנוֹת צִיּוֹן בַּמֶּלֶךְ שְׁלֹמֹה בָּעֲטָרָה
שֶׁעִטְּרָה לּוֹ אִמּוֹ בְּיוֹם חֲתֻנָּתוֹ וּבְיוֹם שִׂמְחַת לִבּוֹ, בְּיוֹם חֲתֻנָּתוֹ, זֶה מַתַּן
תּוֹרָה. וּבְיוֹם שִׂמְחַת לִבּוֹ, זֶה בִּנְיַן בֵּית הַמִּקְדָּשׁ, שֶׁיִּבָּנֶה בִמְהֵרָה בְיָמֵינוּ.
אָמֵן:

라반 쉼온 벤 감리엘이 말했다. "이스라엘에 아브월 15일이나 속죄일보다 더 기쁜 날은 없습니다. 이날은 예루살렘의 딸들이 하얀 옷을 빌려 입고 나갑니다. 이것은 [하얀 옷]이 없는 사람을 난처하지 않도록 하기 위해서입니다. 모든 옷은 [물]에 담가야 합니다." 예루살렘의 딸들은 나가서 포도원에서 춤을 추었다. 그들이 무슨 말을 했는가? 젊은이여! 눈을 들고 네가 자신을 위해 선택한 것을 쳐다보라. 너의 눈을 아름다움에 두지 말고 너의 눈을 가족에게 두라. "고운 것도 거짓되고 아름다운 것도 헛되나 오직 여호와를 경외하는 여자는 칭찬을 받을 것이라"(잠 31:30). 그리고 기록되기를, "그 손의 열매가 그에게로 돌아갈 것이요, 그 행한 일로 말미암아 성문에서 칭찬을 받으리라"(잠 31:31). 이와 유사하게 기록되기를, "시온의 딸들아 나와서 솔로몬 왕을 보라. 혼인날 마음이 기쁠 때에 그의 어머니가 씌운 왕관이 그 머리에 있구나"(아 3:11). '혼인날', 이것은 토라 수여다. 그리고 '마음이 기쁠 때'는 성전 건축이다. 우리 시대에 속히 지어지기를! 아멘.

- 가뭄이나 각종 슬픔의 사건들로 인해 생긴 금식 규정들을 다루는 「타아닛」 마지막 미쉬나는 아브월 15일과 속죄일이 왜 기쁨의 날인지 소개한다.
- 마지막 미쉬나는 속죄일에 성전이 다시 세워지는 것을 소원하는 것으로 마친다. 이 부분은 아마도 「타아닛」이 편집되는 과정에서 마지막에 추가된 것으로 보인다.

מגילה

10

메길라
두루마리

두루마리는 11일, 12일, 13일, 14일, 그리고 15일에 읽는다. 이 기간 이전에도 읽으면 안 되고 이후에도 안 된다. 눈의 아들 여호수아 시대에 성벽으로 둘러싸여 있던 도시들은 15일에 읽는다. 성읍들과 큰 마을들은 14일에 읽는다. 하지만 현자들은 마을에서 날짜를 앞당겨 명절로 들어가는 날에 읽어도 좋다고 말한다. _「메길라」1, 1

개요

마쎄켓(제10부) 「메길라」의 명칭은 '두루마리'라는 의미다. 정확하게 '메길랏 에스더'를 줄여서 '메길라'라고 불렀다. 따라서 본문에서 말하는 '두루마리'는 에스더 두루마리 즉 에스더서를 가리킨다. 「메길라」는 에스더서 읽기와 부림절에 관한 규정을 다룬다. 처음 두 장에서는 에스더서 읽기에 대해 말하고, 그 이후에는 토라와 예언서 중에서 읽어야 할 단락들에 대해 설명한다.

유대 전통에 따르면 일상적으로 읽는 오경 외에 특별한 절기에 따라 읽는 성경 목록이 있다. 부림절에는 에스더서를 읽으면서 절기를 기념한다. 오늘날 유대교와 달리 미쉬나 시대의 절기에는 오경 대신 특별한 성경구절만 읽었다. 오늘날에는 바벨 공동체의 전통에 따라 1년에 한 번 오경을 읽는 반면 미쉬나 시대의 이스라엘에서는 3년에 한 번 오경 읽기를 마치는 것도 차이가 있다.

• 관련 성경구절 | 에스더서

제1장

부림절 기간에 에스더서를 읽는다. 하지만 읽는 날짜는 지역에 따라 다를 수 있다. 보통은 14일과 15일 중에 읽지만 작은 마을의 경우 11일에서 13일에 읽기도 한다. 도시와 마을에서 읽는 날짜가 다르기 때문에 도시와 마을을 구별하는 기준도 정해야 한다. 이 장 후반부에서는 에스더서와 관련이 없는 질병에 관한 내용도 나온다. 후반부에서는 부림절 에스더 읽기와 무관한 다른 주제들도 다룬다.

1, 1

מְגִלָּה נִקְרֵאת בְּאַחַד עָשָׂר, בִּשְׁנֵים עָשָׂר, בִּשְׁלֹשָׁה עָשָׂר, בְּאַרְבָּעָה עָשָׂר,
בַּחֲמִשָּׁה עָשָׂר, לֹא פָחוֹת וְלֹא יוֹתֵר. כְּרַכִּין הַמֻּקָּפִין חוֹמָה מִימוֹת יְהוֹשֻׁעַ בֶּן
נוּן, קוֹרִין בַּחֲמִשָּׁה עָשָׂר. כְּפָרִים וַעֲיָרוֹת גְּדוֹלוֹת, קוֹרִין בְּאַרְבָּעָה עָשָׂר, אֶלָּא
שֶׁהַכְּפָרִים מַקְדִּימִין לְיוֹם הַכְּנִיסָה:

두루마리는 11일, 12일, 13일, 14일, 그리고 15일에 읽는다. [이 기간] 이전에도 [읽으면] 안 되고 이후에도 안 된다. 눈의 아들 여호수아 시대에 성벽으로 둘러싸여 있던 도시들은 15일에 읽는다. 성읍들과 큰 마을들은 14일에 읽는다. 하지만 [현자들은] 마을에서 [날짜를] 앞당겨 [명절로] 들어가는 날에 [읽어도 좋다고 말한다].

- 에스더 9:18-19에 착안하여 요새화된 도시에서는 15일에 읽고 나머지 작은 마을이나 큰 성읍에서는 14일에 읽는다. 흥미로운 사실은 요새화의 시작을 여호수아 시대로 소급하고 있다.
- 14일은 바로 부림절이 시작되는 날이다. 이날이 어떤 요일에 오느냐에 따라, 그리고 마을이나 도시의 규모에 따라 에스더서를 읽는 날에 차이가 있다.

- 마을별로 흩어져 읽는 것보다 장이 서거나 재판이 열리는 큰 마을에 모여 함께 읽는 것을 권장한다. 그래서 작은 마을들은 날짜를 앞당겨 장이 서는 큰 마을로 '들어가는 날'에 읽을 수 있다.

1, 2

כֵּיצַד. חָל לִהְיוֹת יוֹם אַרְבָּעָה עָשָׂר בַּשֵּׁנִי, כְּפָרִים וַעֲיָרוֹת גְּדוֹלוֹת קוֹרִין בּוֹ בַיּוֹם, וּמֻקָּפוֹת חוֹמָה לְמָחָר. חָל לִהְיוֹת בַּשְּׁלִישִׁי אוֹ בָרְבִיעִי, כְּפָרִים מַקְדִּימִין לְיוֹם הַכְּנִיסָה וַעֲיָרוֹת גְּדוֹלוֹת קוֹרִין בּוֹ בַיּוֹם, וּמֻקָּפוֹת חוֹמָה לְמָחָר. חָל לִהְיוֹת בַּחֲמִישִׁי, כְּפָרִים וַעֲיָרוֹת גְּדוֹלוֹת קוֹרִין בּוֹ בַיּוֹם, וּמֻקָּפוֹת חוֹמָה לְמָחָר. חָל לִהְיוֹת עֶרֶב שַׁבָּת, כְּפָרִים מַקְדִּימִין לְיוֹם הַכְּנִיסָה, וַעֲיָרוֹת גְּדוֹלוֹת וּמֻקָּפוֹת חוֹמָה קוֹרִין בּוֹ בַיּוֹם. חָל לִהְיוֹת בְּשַׁבָּת, כְּפָרִים וַעֲיָרוֹת גְּדוֹלוֹת מַקְדִּימִין וְקוֹרִין לְיוֹם הַכְּנִיסָה, וּמֻקָּפוֹת חוֹמָה לְמָחָר. חָל לִהְיוֹת אַחַר הַשַּׁבָּת, כְּפָרִים מַקְדִּימִין לְיוֹם הַכְּנִיסָה, וַעֲיָרוֹת גְּדוֹלוֹת קוֹרִין בּוֹ בַיּוֹם, וּמֻקָּפוֹת חוֹמָה לְמָחָר:

어떻게 (이것이 가능한가)? 14일이 둘째 날이면 마을들과 큰 성읍들은 그날 읽는다.[1] 성벽으로 요새화된 도시들은 그 다음 날 (읽는다). (14일이) 셋째 날이나 넷째 날이면 마을들은 (날짜를) 앞당겨 (명절로) 들어가는 날에 (읽는다). 큰 성읍들은 그날 읽는다. 요새화된 도시들은 그 다음 날 (읽는다). (14일이) 다섯째 날이면 마을들과 큰 성읍들은 그날 읽는다. 요새화된 도시들은 그 다음 날 (읽는다). (14일이) 안식일 전날이면, 마을들은 (날짜를) 앞당겨 (명절로) 들어가는 날에 (읽는다). 큰 성읍들과 요새화된 도시들은 그날 읽는다. (14일이) 안식일이면, 마을들과 큰 성읍들은 (날짜를) 앞당겨 (명절로) 들어가는 날에 (읽는다). 요새화된 도시들은 다음 날 읽는다. (14일이) 안식일 다음 날이면, 마을들은 (날짜를) 앞당겨 (명절로) 들어가는 날

---

1) 일요일부터 첫째 날이다. 따라서 둘째 날은 월요일, 셋째 날은 화요일, 넷째 날은 수요일, 다섯째 날은 목요일, 여섯째 날은 금요일, 일곱째 날이 토요일이다.

에 〔읽는다〕. 큰 성읍들은 그날 읽는다. 요새화된 도시들은 다음 날 읽는다.

- 작은 마을들은 장이 서는 큰 마을에 모여 읽을 수 있다. 따라서 날짜를 앞당겨 읽을 수 있다. 하지만 어떤 경우에도 안식일에 읽지는 않는다. 날짜를 앞당겨 읽든지 아니면 다음 날로 미루어 읽어야 한다.

1, 3

אֵיזוֹ הִיא עִיר גְּדוֹלָה, כֹּל שֶׁיֵּשׁ בָּהּ עֲשָׂרָה בַטְלָנִים. פָּחוֹת מִכָּאן, הֲרֵי זֶה
כְּפָר. בְּאֵלּוּ אָמְרוּ מַקְדִּימִין וְלֹא מְאַחֲרִין. אֲבָל זְמַן עֲצֵי כֹהֲנִים וְתִשְׁעָה בְאָב,
חֲגִיגָה וְהַקְהֵל, מְאַחֲרִין וְלֹא מַקְדִּימִין. אַף עַל פִּי שֶׁאָמְרוּ מַקְדִּימִין וְלֹא
מְאַחֲרִין, מֻתָּרִין בְּהֶסְפֵּד וּבְתַעֲנִיּוֹת וּמַתָּנוֹת לָאֶבְיוֹנִים. אָמַר רַבִּי יְהוּדָה,
אֵימָתַי, מְקוֹם שֶׁנִּכְנָסִין בַּשֵּׁנִי וּבַחֲמִישִׁי. אֲבָל מְקוֹם שֶׁאֵין נִכְנָסִין לֹא בַּשֵּׁנִי
וְלֹא בַחֲמִישִׁי, אֵין קוֹרִין אוֹתָהּ אֶלָּא בִזְמַנָּהּ:

어느 정도가 큰 성읍인가? 무노동자가 열 명 이상인 곳이다. 이보다 적으면 마을이다. 이곳들은 〔낭송을〕 앞당길 수는 있어도 연기해서는 안 된다. 하지만 제사장들의 나무 드리기, 아브월 9일 〔금식〕, 명절 제사, 〔안식년 초막절에 모이는〕 집회는 연기해야 하고 앞당겨서는 안 된다. 〔랍비들은〕 연기하기보다는 앞당기라고 했지만, 조사〔弔辭〕, 금식, 빈자들을 위한 선물은 〔연기하는 것을〕 허락한다. 랍비 예후다는 말했다. "언제 〔앞당겨서 읽을 수 있는가〕? 〔큰 마을로〕 둘째 날이나 다섯째 날에 들어가는 곳입니다. 하지만 둘째 날이나 다섯째 날에 들어가지 않는 곳에서는 당일에 읽어야 합니다."

- 일하지 않는 무노동자는 회당이나 공부하는 집에 머물면서 공부하는 것 외에 일을 하지 않는 사람이다.

- 에스더서를 읽는 것이 안식일과 겹치면 앞당겨서 읽는다. 하지만 종류에 따라 안식일 이후로 연기해야 하는 일들이 있다. 대표적으로 제단에서 쓸 나무를 제사장들에게 바치는 날, 아브월 9일에 있는 금식, 절기의 첫날인 명절(욤 토브)에 드리는 제사, 안식년 초막절에 토라를 읽기 위해 모이는 집회는 안식일 이후로 연기된다.

1, 4

קָרְאוּ אֶת הַמְּגִלָּה בַּאֲדָר הָרִאשׁוֹן וְנִתְעַבְּרָה הַשָּׁנָה, קוֹרִין אוֹתָהּ בַּאֲדָר הַשֵּׁנִי, אֵין בֵּין אֲדָר הָרִאשׁוֹן לַאֲדָר הַשֵּׁנִי אֶלָּא קְרִיאַת הַמְּגִלָּה וּמַתָּנוֹת לָאֶבְיוֹנִים:

첫째 아다르월에 〔에스더서〕를 읽었는데 그해 윤달이 추가되면 둘째 아다르월에도 읽어야 한다. 첫째 아다르월과 둘째 〔아다르월〕은 에스더서 읽기와 빈자들에게 주는 선물을 제외하면 차이가 없다.

- 유대력에서는 윤달이 필요할 때는 마지막 달인 아다르월을 추가한다. 이때 처음 아다르월을 첫째 아다르월, 윤달로 추가된 아다르월을 둘째 아다르월이라고 부른다. 윤달이 있는 경우에는 둘째 아다르월에 부림절을 지킨다. 하지만 달력이 고정되고 예상되는 오늘날과 달리 당시에는 윤달이 필요한지를 미리 알 수 없는 문제가 있다. 따라서 아다르월 적절한 날에 에스더서를 읽었는데 그 이후에 부림절을 다음 둘째 아다르월에 지킨다고 결정되면 다시 읽어야 한다.
- 에스더서를 읽는 것과 가난한 사람들에게 선물을 주는 것은 둘째 아다르월에 행한다. 하지만 첫째 아다르월 14일이나 15일에도 둘째 아다르월과 동일하게 금식하는 것과 같은 일은 행하지 않는다.

1, 5

אֵין בֵּין יוֹם טוֹב לְשַׁבָּת אֶלָּא אֹכֶל נֶפֶשׁ בִּלְבָד. אֵין בֵּין שַׁבָּת לְיוֹם הַכִּפּוּרִים
אֶלָּא שֶׁזֶּה זְדוֹנוֹ בִּידֵי אָדָם וְזֶה זְדוֹנוֹ בְּכָרֵת:

명절과 안식일 사이에는 음식을 〔준비하는 것을〕 제외하면 차이가
없다. 안식일과 속죄일 사이에는 전자는 사람에 의해서 〔벌을 받고〕,
후자는 〔하나님에 의해〕 '카렛'형을 받는 것을 〔제외하면〕 차이가
없다.

- 모든 일은 동일하게 명절과 안식일에 금지되지만 예외적으로 명절
  에는 음식을 준비할 수 있다.
- 안식일을 위반하면 사람에 의해 사형에 처해지지만, 속죄일을 위반
  하면 하나님이 직접 '카렛'형을 집행한다고 말함으로써 속죄일이
  얼마나 중요한지 말하고 있다.

1, 6

אֵין בֵּין הַמֻּדָּר הֲנָאָה מֵחֲבֵרוֹ לַמֻּדָּר מִמֶּנּוּ מַאֲכָל אֶלָּא דְּרִיסַת הָרֶגֶל וְכֵלִים
שֶׁאֵין עוֹשִׂין בָּהֶן אֹכֶל נֶפֶשׁ. אֵין בֵּין נְדָרִים לִנְדָבוֹת אֶלָּא שֶׁהַנְּדָרִים חַיָּב
בְּאַחֲרָיוּתָן, וּנְדָבוֹת אֵינוֹ חַיָּב בְּאַחֲרָיוּתָן:

친구로부터 유익을 얻지 않겠다고 맹세한 사람과 그로부터 음식을
얻지 않겠다고 맹세한 사람 사이에는 〔그의 재산에〕 발을 들여놓는
것과 음식 준비에 사용한 적이 없는 도구를 〔빌리는 것을〕 제외하면
차이가 없다. 맹세와 자원하는 제사 사이에는 맹세는 사람이 확실하
게 책임져야 하고, 자원하는 제물은 확실하게 책임지지 않아도 되는
것을 제외하면 차이가 없다.

- 이웃(친구)의 음식을 얻는 것이 금지된 사람의 경우 그 음식을 만드는 데 사용된 도구도 금지에 포함시키면 이웃으로부터 유익을 얻는 것이 금지된 사람과 실제적인 차이가 없게 된다.
- 맹세의 제물은 분실이나 도난 시 보상을 해주어야 하지만 자원하는 제물은 그렇게 하지 않아도 된다.

1, 7

אֵין בֵּין זָב הָרוֹאֶה שְׁתֵּי רְאִיּוֹת לְרוֹאֶה שָׁלֹשׁ אֶלָּא קָרְבָּן. אֵין בֵּין מְצֹרָע מֻסְגָּר לִמְצֹרָע מֻחְלָט אֶלָּא פְּרִיעָה וּפְרִימָה. אֵין בֵּין טָהוֹר מִתּוֹךְ הֶסְגֵּר לְטָהוֹר מִתּוֹךְ הֶחְלֵט אֶלָּא תִגְלַחַת וְצִפֳּרִים:

[유출의] 증거를 2회 본 유출병자와 3회 본 [유출병자] 사이에는 [희생]제물을 제외하면 차이가 없다. 격리된 문둥병자와 확진을 받은 문둥병자는 머리카락을 자라게 두거나 옷을 찢는 것을 제외하면 차이가 없다. 격리된 정결한 자와 [문둥병] 확증 후에 정결하게 된 자는 털을 깎고 새를 [가져오는 것을] 제외하면 차이가 없다.

- 유출병이 있는 사람이 유출을 3회 목격했다면 희생제사를 드려야 한다.
- 제사장에 의해 문둥병자로 확증받지 않은 환자는 7일 동안 2회 격리된다(레 13:4-8).

1, 8

אֵין בֵּין סְפָרִים לִתְפִלִּין וּמְזוּזוֹת אֶלָּא שֶׁהַסְּפָרִים נִכְתָּבִין בְּכָל לָשׁוֹן, וּתְפִלִּין וּמְזוּזוֹת אֵינָן נִכְתָּבוֹת אֶלָּא אַשּׁוּרִית. רַבָּן שִׁמְעוֹן בֶּן גַּמְלִיאֵל אוֹמֵר, אַף בַּסְּפָרִים לֹא הִתִּירוּ שֶׁיִּכָּתְבוּ אֶלָּא יְוָנִית:

〔성경〕책과 테필린과 메주자[2]는 차이가 없다. 다만, 〔성경〕책은 모든 언어로 기록되고 테필린과 메주자는 앗슈르 〔문자〕로만 기록된다.[3] 그런데 라반 쉼온 벤 감리엘은 말했다. "〔성경〕책도 헬라어가 아니면 기록하지 않습니다."

- 라반 감리엘은 성경책의 경우 히브리어 외에 공인받는 유일한 언어가 헬라어라고 말한다. 미쉬나 시대에 헬라어는 국제공용어의 위상을 가지고 있었다.

1, 9

אֵין בֵּין כֹּהֵן מָשׁוּחַ בְּשֶׁמֶן הַמִּשְׁחָה לִמְרֻבֶּה בְגָדִים אֶלָּא פַּר הַבָּא עַל כָּל הַמִּצְוֹת. אֵין בֵּין כֹּהֵן מְשַׁמֵּשׁ לְכֹהֵן שֶׁעָבַר אֶלָּא פַּר יוֹם הַכִּפּוּרִים וַעֲשִׂירִית הָאֵיפָה:

기름 부음용 기름을 바른 〔대〕제사장과 추가로 옷이 제공된 제사장은 어떤 계명을 〔어겼을 때〕 바치는 황소를 제외하면 차이가 없다. 현직 〔대〕제사장과 전직 〔대〕제사장은 속죄일에 〔바치는〕 황소와 에파 1/10을 제외하면 차이가 없다.

- 기름 부음 받은 제사장은 구약 시대 대제사장이고 추가로 옷이 제공된 제사장은 제2성전 시대 대제사장이다. 구약 시대 대제사장은 속죄의 제물로 황소를 바쳤다.

---

2) 메주자(mezuzah)는 토라의 특정 구절(신 6:4-9; 11:13-21)을 적어 넣어 문설주에 붙여놓는 성구함이다.

3) '앗슈르' 문자로 기록했다는 의미를 실체로 앗시리아 문자로 적었다는 의미는 아니고 이 당시 랍비들은 고대 히브리어 문자를 이렇게 불렀다. 그 이유에 대해서는 앗시리아를 통해서 히브리어가 전해졌다는 설과 '수려한'(מאושר) 서체라 그렇게 불렀다는 설이 있지만 불명확하다.

- 현직 대제사장은 속죄일에 황소를 제물로 바치고(레 16:3, 6, 11), 매일 소제로 1/10에파를 드린다(레 6:12-15).

1, 10

אֵין בֵּין בָּמָה גְדוֹלָה לְבָמָה קְטַנָּה אֶלָּא פְּסָחִים. זֶה הַכְּלָל, כָּל שֶׁהוּא נִדָּר
וְנִדָּב, קָרֵב בַּבָּמָה. וְכֹל שֶׁאֵינוֹ לֹא נִדָּר וְלֹא נִדָּב, אֵינוֹ קָרֵב בַּבָּמָה:

대(大)산당과 소(小)산당은 유월절 제사를 제외하면 차이가 없다. 다음이 일반 원칙이다. 서원 제사와 자원하는 제사는 산당에 가져갈 수 있다. 하지만 서원 제사와 자원하는 제사가 아닌 [제물은] 산당에 가져가면 안 된다.

- 작은 산당에서는 유월절 제물을 바칠 수 없고 큰 산당으로 가져가야 한다.
- 자발적인 제물인 서원 제사와 자원하는 제사만 산당으로 가져갈 수 있고, 의무적인 제물은 가져가면 안 된다.

1, 11

אֵין בֵּין שִׁילֹה לִירוּשָׁלַיִם אֶלָּא שֶׁבְּשִׁילֹה אוֹכְלִים קָדָשִׁים קַלִּים וּמַעֲשֵׂר
שֵׁנִי בְּכָל הָרוֹאֶה, וּבִירוּשָׁלַיִם לִפְנִים מִן הַחוֹמָה. וְכָאן וְכָאן קָדְשֵׁי קָדָשִׁים
נֶאֱכָלִים לִפְנִים מִן הַקְּלָעִים. קְדֻשַּׁת שִׁילֹה יֵשׁ אַחֲרֶיהָ הֶתֵּר, וּקְדֻשַּׁת
יְרוּשָׁלַיִם אֵין אַחֲרֶיהָ הֶתֵּר:

실로와 예루살렘 사이에 차이가 없다. 다만, 실로에서는 덜 거룩한 제물과 둘째 십일조를 [실로에서] 보이는 어떤 곳에서든지 먹을 수 있지만, 예루살렘에서는 성벽 안에서만 [먹을 수 있다]. 여기든 저기든 지극히 거룩한 제물은 [지성소] 장막 안에서만 먹을 수 있다. 실로가 거룩하게 된 후에 [산당이] 허락되었지만, 예루살렘이 거룩하게 된 후에는 허락되지 않았다.

- 실로의 장막과 예루살렘 성전이 중앙 성소가 된 이후에 희생제물은 다른 곳에서는 드릴 수 없게 되었다. 실로와 예루살렘의 유일한 차이점은 실로에서 보이는 곳 어디에서나 덜 거룩한 제물과 둘째 십일조를 먹는 것이 가능했지만 예루살렘에서는 성내에서 먹어야 했다. 그리고 실로 시대에는 산당이 여전히 존재했지만 성전이 세워진 이후에는 원칙적으로 산당을 허락하지 않았다.[4]

제2장

제1장에서는 에스더서를 읽는 날짜에 대하여 말했다. 이번 장에서는 성서를 읽을 때 어떤 본문을 누가 하루 중 언제 읽어야 하는지 등을 구체적으로 규정한다. 그리고 성서를 잘못 읽은 경우에 어떻게 해야 하는지 말한다.

2, 1

הַקּוֹרֵא אֶת הַמְּגִלָּה לְמַפְרֵעַ, לֹא יָצָא. קְרָאָהּ עַל פֶּה, קְרָאָהּ תַּרְגּוּם, בְּכָל לָשׁוֹן, לֹא יָצָא. אֲבָל קוֹרִין אוֹתָהּ לַלּוֹעֲזוֹת בְּלַעַז. וְהַלּוֹעֵז שֶׁשָּׁמַע אַשּׁוּרִית, יָצָא:

〔만약〕 에스더서를 잘못된 순서로 읽으면 의무를 이행한 것이 아니다. 〔만약〕 그 〔책〕을 속으로 읽거나, 번역서로 읽거나, 다른 언어로 읽으면 의무를 이행한 것이 아니다. 하지만 외국어로 말하는 사람을 위

---

4) 성서에서는 예루살렘 이외의 장소에서 희생제물을 드리면 안 되었지만, 실제로는 유다 왕 요시야의 개혁이 완성되기 전까지는 여전히 존재했다.

해서는 외국어로 읽을 수 있다. 외국어를 말하는 사람이 앗슈르〔문자〕로〔기록한 히브리어〕를 들으면 그의 의무를 이행한 것이다.

- 에스더서를 읽을 때 장절 순서대로 읽어야 한다.
- 여기서 말하는 번역서는 주로 '타르굼'[5]이라고 불리는 아람어 번역본을 말한다.
- 당시에 히브리어를 앗슈르 문자로 기록했다. 고대 이스라엘에서 쓰던 문자가 아니라 아람어를 쓰던 문자로 기록한 히브리어다.

2, 2

קְרָאָהּ סֵרוּגִין, וּמִתְנַמְנֵם, יָצָא. הָיָה כוֹתְבָהּ, דּוֹרְשָׁהּ, וּמַגִּיהָהּ, אִם כִּוֵּן
לִבּוֹ, יָצָא. וְאִם לָאו, לֹא יָצָא. הָיְתָה כְּתוּבָה בְּסַם, וּבְסִקְרָא, וּבְקוֹמוֹס
וּבְקַנְקַנְתּוֹם, עַל הַנְּיָר וְעַל הַדִּפְתְּרָא, לֹא יָצָא, עַד שֶׁתְּהֵא כְּתוּבָה אַשּׁוּרִית,
עַל הַסֵּפֶר וּבִדְיוֹ:

〔여러 번〕 나누어 읽거나 졸면서 읽는 경우도 그는 의무를 이행한 것이다. 해석하고 수정하면서 필사하고 있을 때, 그가 의도적으로 했다면 그는 의무를 이행한 것이다. 그렇지 않았다면 그는 의무를 이행한 것이 아니다. 〔만약〕 웅황(雄黃), 적색 분필, 고무진, 황화철로 종이나 가공이 덜 된 양피지 위에 기록했으면 그는 의무를 이행한 것이 아니다. 양피지 위에 잉크로 앗슈르〔문자〕로 기록된 것이 아니라면.

- 영구적인 재료로 기록하지 않은 것은 의무를 이행한 것이 아니다. 따라서 히브리어(앗슈르 문자)로 양피지 위에 잉크로 기록한 두루마리를 사용해야 한다.

---

5) 타르굼(targum)의 문자적인 의미는 '번역' '해석'이라는 뜻이다.

בֶּן עִיר שֶׁהָלַךְ לִכְרַךְ וּבֶן כְּרַךְ שֶׁהָלַךְ לְעִיר, אִם עָתִיד לַחֲזֹר לִמְקוֹמוֹ, קוֹרֵא
כִּמְקוֹמוֹ. וְאִם לָאו, קוֹרֵא עִמָּהֶן. וּמֵהֵיכָן קוֹרֵא אָדָם אֶת הַמְּגִלָּה וְיוֹצֵא בָהּ
יְדֵי חוֹבָתוֹ, רַבִּי מֵאִיר אוֹמֵר, כֻּלָּהּ. רַבִּי יְהוּדָה אוֹמֵר, מֵאִישׁ יְהוּדִי, רַבִּי יוֹסֵי
אוֹמֵר, מֵאַחַר הַדְּבָרִים הָאֵלֶּה:

성읍 사람이 요새화된 도시로 갔거나, 요새화된 도시에서 성읍으로
간 경우에, 집으로 돌아가고자 했다면, 그는 집에 있는 것처럼 읽는
다. 하지만 그렇지 않다면, 그는 그들과 함께 읽는다. 의무를 이행하
기 위해서는 에스더서 어느 부분부터 읽어야 하는가? 랍비 메이르는
말했다. "전체입니다." 랍비 예후다는 말했다. "'유다인이 있었다'부
터입니다." 랍비 요쎄는 말했다. "'이 일 후에'부터입니다."

- 성읍에서는 아다르월 14일에 읽고 요새화된 도시에서는 15일에 읽
  는다. 자신의 고향으로 가고자 했던 사람은 고향 관습에 따라 읽으
  면 되고, 새로운 곳으로 가고자 원한 사람은 현지의 관례에 따라 읽
  으면 된다.
- 에스더서를 읽는 범위가 랍비들마다 다르다. 랍비 메이르는 전체를
  읽어야 한다고 말하고, 랍비 예후다는 모르드개를 소개하는 2:5(유
  다인이 있었다)부터, 그리고 랍비 요쎄는 하만이 등장하는 3:1(이 일
  후에)부터 읽으면 된다고 말한다.

2, 4

הַכֹּל כְּשֵׁרִין לִקְרוֹת אֶת הַמְּגִלָּה, חוּץ מֵחֵרֵשׁ, שׁוֹטֶה, וְקָטָן. רַבִּי יְהוּדָה
מַכְשִׁיר בְּקָטָן. אֵין קוֹרִין אֶת הַמְּגִלָּה, וְלֹא מָלִין, וְלֹא טוֹבְלִין, וְלֹא מַזִּין, וְכֵן
שׁוֹמֶרֶת יוֹם כְּנֶגֶד יוֹם לֹא תִטְבֹּל, עַד שֶׁתָּנֵץ הַחַמָּה. וְכֻלָּן שֶׁעָשׂוּ מִשֶּׁעָלָה
עַמּוּד הַשַּׁחַר, כָּשֵׁר:

누구나 에스더서를 읽을 자격이 된다. 하지만 청각장애인, 지적장애인, 어린이는 제외된다. 랍비 예후다는 어린이도 자격이 된다고 말했다. 우리는 [해가 뜨기 전에는] 에스더서를 읽지 않고, 할례를 하지 않고, 정결례를 하지 않고, 물을 뿌리지 않습니다. 같은 식으로, 날에 따라 날짜를 세는 여성은 해가 뜨기 전에는 몸을 담그지 않습니다. 하지만 여명이 밝아올 때 행한 것은 유효하다.

- 다른 의무들처럼 에스더서를 읽는 의무도 해가 완전히 떠오른 후에 읽어야 한다. 하지만 해가 밝기 시작하는 여명에 읽어도 유효하다.

2, 5

כָּל הַיּוֹם כָּשֵׁר לִקְרִיאַת הַמְּגִלָּה, וְלִקְרִיאַת הַהַלֵּל, וְלִתְקִיעַת שׁוֹפָר, וְלִנְטִילַת לוּלָב, וְלִתְפִלַּת הַמּוּסָפִין, וְלַמּוּסָפִין, וּלְוִדּוּי הַפָּרִים, וּלְוִדּוּי הַמַּעֲשֵׂר, וּלְוִדּוּי יוֹם הַכִּפּוּרִים, לַסְּמִיכָה, לַשְּׁחִיטָה, לַתְּנוּפָה, לַהַגָּשָׁה, לַקְּמִיצָה וְלַהַקְטָרָה, לַמְלִיקָה, וְלַקַּבָּלָה, וְלַהַזָּיָה, וּלְהַשְׁקָיַת סוֹטָה, וְלַעֲרִיפַת הָעֶגְלָה, וּלְטַהֲרַת הַמְּצֹרָע:

낮 동안 [어느 때나] 가능한 일들이다. 에스더서 읽기, 할렐 낭송하기, 뿔나팔 불기, 룰라브 가져오기, 추가 기도문 낭독하기, 추가 제물 드리기, 황소 [제사 때 낭독하는] 고백, 십일조 고백, 속죄일 고백, [희생제물에] 안수하기, 도살하기, [제물] 흔들기, [소제물을 제단] 가까이 가져가기, [소제물] 한 움큼 취해서 태우기, [새 제물의 목] 부러뜨리기, [제물의 피] 받기, [제물의 피] 뿌리기, 의심받는 여인 마시게 하기, 암소 목 꺾기, 악성피부병자 정결하게 하기.

- 위에 열거되는 의례들은 하루 중 아무 때나 가능하다.
- 룰라브는 초막절에 축하하기 위하여 흔드는 식물들 묶음이다(「쑤카」).

כָּל הַלַּיְלָה כָּשֵׁר לִקְצִירַת הָעֹמֶר וּלְהַקְטֵר חֲלָבִים וְאֵבָרִים. זֶה הַכְּלָל, דָּבָר שֶׁמִּצְוָתוֹ בַיּוֹם, כָּשֵׁר כָּל הַיּוֹם. דָּבָר שֶׁמִּצְוָתוֹ בַלַּיְלָה, כָּשֵׁר כָּל הַלָּיְלָה:

밤 중 [어느 때나] 가능한 일들이다. 이삭 한 단 자르기, [희생제물의] 기름과 사지 태우기. 다음은 일반 원칙이다. 낮에 행하던 의례는 낮 어느 때나 행하면 되고, 밤에 행하던 의례는 밤 어느 때나 행하면 된다.

● 이삭 한 단을 자르는 것은 레위기 23:9-14에 잘 나와 있다.

제3장

이 장에서는 회당을 판 수익금으로 무엇을 살 수 있는지를 다룬다. 특별히 첫 번째 미쉬나에서는 회당에서 시작해 토라에서 마침으로써 토라가 얼마나 중요한지를 말한다. 후반부에서는 아다르월에 읽어야 할 성경구절들을 차례로 지적한다. 이어서 각 절기마다 읽을 성서 단락이 어디인지 말한다.

בְּנֵי הָעִיר שֶׁמָּכְרוּ רְחוֹבָה שֶׁל עִיר, לוֹקְחִין בְּדָמָיו בֵּית הַכְּנֶסֶת. בֵּית הַכְּנֶסֶת, לוֹקְחִין תֵּבָה. תֵּבָה, לוֹקְחִין מִטְפָּחוֹת. מִטְפָּחוֹת, לוֹקְחִין סְפָרִים. סְפָרִים, לוֹקְחִין תּוֹרָה. אֲבָל אִם מָכְרוּ תוֹרָה, לֹא יִקְחוּ סְפָרִים. סְפָרִים, לֹא יִקְחוּ מִטְפָּחוֹת. מִטְפָּחוֹת, לֹא יִקְחוּ תֵבָה. תֵּבָה, לֹא יִקְחוּ בֵית הַכְּנֶסֶת. בֵּית הַכְּנֶסֶת, לֹא יִקְחוּ אֶת הָרְחוֹב. וְכֵן בְּמוֹתְרֵיהֶן. אֵין מוֹכְרִין אֶת שֶׁל רַבִּים לְיָחִיד, מִפְּנֵי שֶׁמּוֹרִידִין אוֹתוֹ מִקְּדֻשָּׁתוֹ, דִּבְרֵי רַבִּי יְהוּדָה. אָמְרוּ לוֹ, אִם כֵּן, אַף לֹא מֵעִיר גְּדוֹלָה לְעִיר קְטַנָּה:

〔만약〕 성읍 주민들이 성읍의 광장을 팔았다면, 그 수익금으로 회당을 구입해야 한다. 회당을 〔팔았다면, 그 수익금으로〕 성구함을 〔구입해야 한다〕. 성구함을 〔팔았다면〕, 성경 덮개를 〔구입해야 한다〕. 성경 덮개를 〔팔았다면〕,[6) 두루마리 〔성경〕을 〔구입해야 한다〕. 두루마리 〔성경〕을 〔팔았다면〕, 토라를 〔구입해야 한다〕. 하지만 만약 그들이 토라를 팔았다면, 그 수익금으로 〔성경〕 두루마리를 살 수 없다. 두루마리 〔성경〕을 〔팔았다면〕, 성경 덮개를 구입할 수 없다. 〔성경〕 덮개를 〔팔았다면〕, 성구함을 구입할 수 없다. 성구함을 〔팔았다면〕, 회당을 구입할 수 없다. 회당을 〔팔았다면〕, 광장을 구입할 수 없다. 남은 〔수익금〕도 마찬가지다. "공동체의 기물을 개인을 위해 팔 수 없습니다. 왜냐하면 그 물건의 거룩성을 약화시키기 때문입니다." 랍비 예후다의 말이다. 현자들이 그에게 말했다. "그렇다면 큰 성읍의 〔회당〕을 작은 성읍에 팔 수 없습니다."

- 덜 거룩한 물건을 팔아서 더 거룩한 물건을 살 수 있다는 설명이다. 반대로 더 거룩한 것을 팔아서 덜 거룩한 것을 살 수 없다. 이를 통해 가장 거룩한 것은 바로 토라라고 말하고 있다.
- 랍비 예후다는 더 많은 사람이 사용하는 장소나 물건이 더 거룩하다고 주장한다. 하지만 다수의 랍비들은 그렇다면 큰 도시의 회당을 작은 도시에 파는 것도 안 되는 것이라며 반대한다.

3, 2

אֵין מוֹכְרִין בֵּית הַכְּנֶסֶת, אֶלָּא עַל תְּנַאי שֶׁאִם יִרְצוּ יַחֲזִירוּהוּ, דִּבְרֵי רַבִּי מֵאִיר. וַחֲכָמִים אוֹמְרִים, מוֹכְרִים אוֹתוֹ מִמְכַּר עוֹלָם, חוּץ מֵאַרְבָּעָה דְבָרִים,

---

6) 당시에는 성경이나 귀한 서적을 천으로 감싸 보관했다.

לְמֶרְחָץ וּלְבֻרְסְקִי וְלִטְבִילָה וּלְבֵית הַמָּיִם. רַבִּי יְהוּדָה אוֹמֵר, מוֹכְרִין אוֹתוֹ
לְשֵׁם חָצֵר, וְהַלּוֹקֵחַ מַה שֶּׁיִּרְצֶה יַעֲשֶׂה:

"원할 경우에 다시 구입할 수 있는 조건이 아니면 회당을 팔 수 없습니다." 랍비 메이르의 말이다. 하지만 현자들은 말했다. "다음 네 가지 경우를 제외하면 영구히 팔 수 있습니다. 목욕탕, 무두질 공장, 정결례장, 화장실용으로." 랍비 예후다는 말했다. "뜰 용도로 팔 수 있습니다. 그리고 구매자는 자신이 원하는 것으로 만들 수 있습니다."

- 랍비 메이르는 회당을 다시 살 수 없는 조건이면 팔아서는 안 된다고 주장하지만 랍비들은 목욕탕, 무두질 공장, 정결례장, 화장실 용도로 사용되는 경우를 제외하고는 팔 수 있다고 말한다.

3, 3

וְעוֹד אָמַר רַבִּי יְהוּדָה, בֵּית הַכְּנֶסֶת שֶׁחָרַב, אֵין מַסְפִּידִין בְּתוֹכוֹ, וְאֵין
מַפְשִׁילִין בְּתוֹכוֹ חֲבָלִים, וְאֵין פּוֹרְשִׂין לְתוֹכוֹ מְצוּדוֹת, וְאֵין שׁוֹטְחִין עַל
גַּגּוֹ פֵּרוֹת, וְאֵין עוֹשִׂין אוֹתוֹ קַפַּנְדַּרְיָא, שֶׁנֶּאֱמַר, וַהֲשִׁמּוֹתִי אֶת מִקְדְּשֵׁיכֶם,
קְדֻשָּׁתָן אַף כְּשֶׁהֵן שׁוֹמֵמִין. עָלוּ בוֹ עֲשָׂבִים, לֹא יִתְלֹשׁ, מִפְּנֵי עָגְמַת נָפֶשׁ:

랍비 예후다는 추가해서 말했다. "파괴된 회당이라도 그 안에서 추도사를 해서는 안 되고, 그 안에서 밧줄을 꼬아서는 안 되고, 그 안에서 그물을 펴서는 안 되고, 지붕에 농산물을 [말리려고] 펼쳐 두어서는 안 되고, 지름길로 사용해서도 안 됩니다."[7] [토라]에 기록되기를, "내가 너희의 성소들을 황량하게 할 것이요"(레 26:31). [이것은] 그것이 황량하게 된 후에도 거룩하다는 의미다. [폐허 속에서] 풀이 자라

---

7) 오늘날 회당에서 죽은 자를 위해 추도사를 하는 관습은 중세 이후에 생겨난 것으로 추정된다.

더라도, 슬픔 때문에 사람들이 뽑지 않을 것이다.

- 레위기 26:31에 대한 랍비들의 해석은 오늘날 주석가들과 차이를 보인다. 하나님께서 성소를 황폐하게 만든다는 것은 가장 중요한 장소도 파괴할 정도로 이스라엘 죄의 심판이 심각하다는 의미다.

3, 4

רֹאשׁ חֹדֶשׁ אֲדָר שֶׁחָל לִהְיוֹת בְּשַׁבָּת, קוֹרִין בְּפָרָשַׁת שְׁקָלִים, חָל לִהְיוֹת
בְּתוֹךְ הַשַּׁבָּת, מַקְדִּימִין לְשֶׁעָבַר וּמַפְסִיקִין לְשַׁבָּת אַחֶרֶת. בַּשְּׁנִיָּה, זָכוֹר,
בַּשְּׁלִישִׁית, פָּרָה אֲדֻמָּה, בָּרְבִיעִית, הַחֹדֶשׁ הַזֶּה לָכֶם, בַּחֲמִישִׁית, חוֹזְרִין
לִכְסִדְרָן. לַכֹּל מַפְסִיקִין, בְּרָאשֵׁי חֳדָשִׁים, בַּחֲנֻכָּה וּבְפוּרִים, בַּתַּעֲנִיּוֹת
וּבַמַּעֲמָדוֹת וּבְיוֹם הַכִּפּוּרִים:

아다르월 초하루가 안식일이면, 쉐켈 단락을 읽는다. [초하루]가 주중에 오면, [쉐켈 단락을] 전 안식일에 [읽고], 다음 안식일에 멈춘다. 둘째 [안식일]에 '기억하라' [단락을 읽는다]. 셋째 [안식일]에는 '붉은 암소' [단락을 읽는다]. 넷째 [안식일]에는 '이 달을 너희에게' [단락을 읽는다]. 다섯째 [안식일]에는 다시 돌아가 [오경의 해당] 순서를 [읽는다]. [다음] 경우에 우리는 [정해진 순서]를 멈춘다. 초하루, 수전절, 부림절, 금식일, 시무일, 속죄일.

- 쉐켈 단락은 출애굽기 30:11-16이다.
- '기억하라' 단락은 아말렉에 관한 신명기 25:17-19이다.
- '붉은 암소' 단락은 민수기 19:1-22이다.
- '이 달을 너희에게'는 출애굽기 12:2의 첫 대목이며, 전체 12:1-20은 '유월절' 단락이다.

3, 5

בְּפֶסַח קוֹרִין בְּפָרָשַׁת מוֹעֲדוֹת שֶׁל תּוֹרַת כֹּהֲנִים, בַּעֲצֶרֶת, שִׁבְעָה שָׁבֻעוֹת,
בְּרֹאשׁ הַשָּׁנָה, בַּחֹדֶשׁ הַשְּׁבִיעִי בְּאֶחָד לַחֹדֶשׁ, בְּיוֹם הַכִּפּוּרִים, אַחֲרֵי מוֹת.
בְּיוֹם טוֹב הָרִאשׁוֹן שֶׁל חָג קוֹרִין בְּפָרָשַׁת מוֹעֲדוֹת שֶׁבְּתוֹרַת כֹּהֲנִים, וּבִשְׁאָר
כָּל יְמוֹת הֶחָג בְּקָרְבְּנוֹת הֶחָג:

유월절에는 제사장들의 토라에 있는 '절기' 단락을 읽는다. 〔칠칠절〕
성회에는 '일곱 주' 〔단락을 읽는다〕. 새해에는 '일곱째 달 첫날에' 〔단
락을 읽는다〕. 속죄일에는 '죽은 후에' 〔단락을 읽는다〕. 〔장막절〕 명절
첫날에는 제사장들의 토라에 있는 〔해당〕 '절기' 단락을 읽는다. 그리
고 절기 나머지 날에는 '절기의 제사' 〔단락〕을 읽는다.

- '제사장들의 토라'는 레위기를 말한다. 이 가운데 '절기' 단락은 레
  위기 23장이다.
- '일곱 주' 단락은 칠칠절 규정이 있는 신명기 16:9-12이다.
- '일곱째 달 첫날에' 단락은 레위기 23:23-25이다.
- '죽은 후에' 단락은 레위기 16장이다.

3, 6

בַּחֲנֻכָּה, בַּנְּשִׂיאִים. בְּפוּרִים, וַיָּבֹא עֲמָלֵק, בְּרָאשֵׁי חֳדָשִׁים, וּבְרָאשֵׁי
חָדְשֵׁיכֶם, בַּמַּעֲמָדוֹת, בְּמַעֲשֵׂה בְרֵאשִׁית, בַּתַּעֲנִיּוֹת, בְּרָכוֹת וּקְלָלוֹת, אֵין
מַפְסִיקִין בַּקְּלָלוֹת, אֶלָּא אֶחָד קוֹרֵא אֶת כֻּלָּן. בַּשֵּׁנִי וּבַחֲמִישִׁי וּבַשַּׁבָּת
בַּמִּנְחָה, קוֹרִין כְּסִדְרָן, וְאֵין עוֹלִין לָהֶם מִן הַחֶשְׁבּוֹן, שֶׁנֶּאֱמַר, וַיְדַבֵּר מֹשֶׁה
אֶת מֹעֲדֵי יְיָ אֶל בְּנֵי יִשְׂרָאֵל, מִצְוָתָן שֶׁיְּהוּ קוֹרִין כָּל אֶחָד וְאֶחָד בִּזְמַנּוֹ:

수전절에 '지휘관들' 〔단락을 읽는다〕. 부림절에는 '아말렉이 와서'
〔단락을 읽는다〕. 달 초하루에는 '초하루에는' 〔단락을 읽는다〕. 시무
일에는 '태초에' 〔단락을 읽는다〕. 금식일에는 '축복과 저주' 〔단락을

읽는다〕. 저주 〔부분〕은 끊지 말고 한 사람이 전체를 읽는다. 둘째 날에, 다섯째 날에, 안식일 오후에는 순서대로 〔정해진 단락〕을 읽는다. 그리고 이것을 계산에 넣지 않는다. 〔성서〕에 기록되었듯이, "모세는 이와 같이 여호와의 절기를 이스라엘 자손에게 공포하였더라"(레 23: 44). 규칙은 각각의 〔단락〕을 정해진 때에 읽는 것이다.

- '지휘관들' 단락은 민수기 7:11-89이다. 성막을 봉헌한 후에 지파의 대표들이 제물을 드리는 이 부분은 헬라인들로부터 성전과 제단을 회복하여 제사를 다시 드리게 된 수전절에 읽기 적합한 단락이다.
- '아말렉이 와서' 단락은 출애굽기 17:8-16이다.
- '초하루에는' 단락은 민수기 28:11-15이다.
- '태초에' 단락은 창세기 1:1-2:4이다.
- '축복과 저주' 단락은 레위기 26:3-46이다.

제4장

공동체가 에스더서를 읽는 방법을 설명하고, 마지막 부분에서는 이 단들의 방식들을 소개한다.

4, 1

הַקּוֹרֵא אֶת הַמְּגִלָּה עוֹמֵד וְיוֹשֵׁב. קְרָאָהּ אֶחָד, קְרָאוּהָ שְׁנַיִם, יָצְאוּ. מְקוֹם
שֶׁנָּהֲגוּ לְבָרֵךְ, יְבָרֵךְ. וְשֶׁלֹּא לְבָרֵךְ, לֹא יְבָרֵךְ. בְּשֵׁנִי וּבַחֲמִישִׁי וּבְשַׁבָּת בַּמִּנְחָה,
קוֹרִין שְׁלֹשָׁה, אֵין פּוֹחֲתִין וְאֵין מוֹסִיפִין עֲלֵיהֶן, וְאֵין מַפְטִירִין בַּנָּבִיא. הַפּוֹתֵחַ
וְהַחוֹתֵם בַּתּוֹרָה, מְבָרֵךְ לְפָנֶיהָ וּלְאַחֲרֶיהָ:

에스더서를 서서 읽어도 되고 앉아서 읽어도 된다. 혼자 읽든지 두 사람이 읽든지 그들은 의무를 이행한 것이다. 축복을 낭송하던 지역에서는 축복을 낭송한다. 낭송하지 않던 〔지역〕에서는 축복을 낭송하지 않는다. 둘째 날, 다섯째 날, 안식일 오후 〔기도시간〕에 세 〔사람〕이 〔토라를〕 읽는다. 여기에 빼거나 더해서는 안 된다. 예언서를 읽으면서 마치지 않는다. 〔토라〕 읽기를 시작했거나 마무리한 사람은 그 전이나 그 이후에 축복을 낭독한다.

- 에스더서 읽기와 함께 축복(기도문)을 낭송하던 지역에서는 낭송하고 낭송하지 않던 지역에서는 안 해도 된다.
- 평일 중에서 둘째 날(월요일), 다섯째 날(목요일), 안식일 오후에는 세 사람이 토라를 읽는다. 읽는 사람을 줄여서도 안 되고 늘려서도 안 된다.

4, 2

בְּרָאשֵׁי חֳדָשִׁים וּבְחֻלּוֹ שֶׁל מוֹעֵד, קוֹרִין אַרְבָּעָה, אֵין פּוֹחֲתִין מֵהֶן וְאֵין מוֹסִיפִין עֲלֵיהֶן, וְאֵין מַפְטִירִין בַּנָּבִיא. הַפּוֹתֵחַ וְהַחוֹתֵם בַּתּוֹרָה, מְבָרֵךְ לְפָנֶיהָ וּלְאַחֲרֶיהָ. זֶה הַכְּלָל, כָּל שֶׁיֶּשׁ בּוֹ מוּסָף וְאֵינוֹ יוֹם טוֹב, קוֹרִין אַרְבָּעָה. בְּיוֹם טוֹב, חֲמִשָּׁה. בְּיוֹם הַכִּפּוּרִים, שִׁשָּׁה. בְּשַׁבָּת, שִׁבְעָה. אֵין פּוֹחֲתִין מֵהֶן, אֲבָל מוֹסִיפִין עֲלֵיהֶן, וּמַפְטִירִין בַּנָּבִיא. הַפּוֹתֵחַ וְהַחוֹתֵם בַּתּוֹרָה, מְבָרֵךְ לְפָנֶיהָ וּלְאַחֲרֶיהָ:

초하루나 절기 동안에는 네 〔사람〕이 〔토라〕를 읽는다. 여기에 빼거나 더해서는 안 된다. 예언서를 읽으면서 마치지 않는다. 〔토라〕 읽기를 시작했거나 마무리한 사람은 그전이나 그 이후에 축복을 낭송한다. 이것이 일반 원칙이다. 추가 제사가 있지만 명절날이 아닐 때에는 네 〔사람〕이 〔토라〕를 읽는다. 명절날에는 다섯 〔사람이 읽는다〕.

속죄일에는 여섯 [사람이 읽는다]. 안식일에는 일곱 [사람이 읽는다]. 여기에서 뺄 수는 없지만 더할 수는 있다. 예언서를 읽으면서 마친다. [토라] 읽기를 시작했거나 마무리한 사람은 그전이나 그 이후에 축복을 낭송한다.

- 초하루와 절기 중간에는 평소보다 1명 추가하여 4명이 토라를 읽는다. 명절날에는 5명, 속죄일에는 6명, 안식일에는 7명이 읽는다.
- 안식일에는 특별히 예언서 읽기로 마친다.

4, 3

אֵין פּוֹרְסִין אֶת שְׁמַע, וְאֵין עוֹבְרִין לִפְנֵי הַתֵּבָה, וְאֵין נוֹשְׂאִין אֶת כַּפֵּיהֶם, וְאֵין קוֹרִין בַּתּוֹרָה, וְאֵין מַפְטִירִין בַּנָּבִיא, וְאֵין עוֹשִׂין מַעֲמָד וּמוֹשָׁב, וְאֵין אוֹמְרִים בִּרְכַּת אֲבֵלִים וְתַנְחוּמֵי אֲבֵלִים וּבִרְכַּת חֲתָנִים, וְאֵין מְזַמְּנִין בַּשֵּׁם, פָּחוֹת מֵעֲשָׂרָה. וּבַקַּרְקָעוֹת, תִּשְׁעָה וְכֹהֵן. וְאָדָם, כַּיּוֹצֵא בָהֶן:

쉐마를 나누어 [낭독하지] 않는다. 법궤 앞으로 가지 않는다. [제사장들은 축복하기 위해] 손을 들지 않는다. [공적으로는] 토라부터 읽지 않는다. 예언서로 끝마치지 않는다. [조사弔辭]를 서거나 앉아서 하지 않는다. 조문객의 축복이나 조문객의 위로, 그리고 결혼 축복을 낭송하지 않는다. 열 [사람] 이하일 때 [하나님]의 이름을 거론하지 않는다. 땅을 [속량할 때] 아홉 [사람]과 한 명의 제사장이 [필요하다]. 사람을 [속량할 때]도 마찬가지다.

- 쉐마를 나누어 낭독한다는 의미가 무엇인지 불분명하다. 상당수 학자들은 인도자가 절반 낭독하고 회중이 절반 낭독하는 방식으로 해석하고 있다. 최소인원 10명이 모이지 않을 때에는 토라를 교독하거나, 매일 기도문(아미다)을 낭송하거나 제사장이 손을 들어 제사장

의 축복(민 6:24-26)을 낭송하지 않는다.

- 법궤 앞으로 지나간다는 것은 쉬모네 에쓰레(아미다) 기도문을 낭송한다는 의미다.
- 10명 이상이 모여 있을 때에는 제사장이 손을 들어 제사장의 축복(민 6:24-26)을 낭송한다
- 하나님의 이름을 거론하기 위해서는 최소 10명의 성인 남성이 모여야 한다.
- 땅이나 사람을 속량할 때에는 9명의 성인 남성과 한 명의 제사장이 입회해야 한다.

4, 4

הַקּוֹרֵא בַּתּוֹרָה לֹא יִפְחֹת מִשְּׁלֹשָׁה פְסוּקִים. לֹא יִקְרָא לַמְּתֻרְגְּמָן יוֹתֵר מִפָּסוּק אֶחָד, וּבַנָּבִיא שְׁלֹשָׁה. הָיוּ שְׁלָשְׁתָּן שָׁלֹשׁ פָּרָשִׁיּוֹת, קוֹרִין אֶחָד אֶחָד. מְדַלְּגִין בַּנָּבִיא וְאֵין מְדַלְּגִין בַּתּוֹרָה. וְעַד כַּמָּה הוּא מְדַלֵּג, עַד כְּדֵי שֶׁלֹּא יִפְסֹק הַמְּתֻרְגְּמָן:

토라를 읽는 사람이 세 절 이하로 읽으면 안 된다. 통역을 위해서 [한 번에] 한 절 이상을 읽으면 안 된다. 예언서 단락은 [한 번에] 세 절 [이상을 읽으면 안 된다]. 세 [절]이 세 단락이면 하나씩 읽는다. 예언서 [읽기]를 건너뛸 수 있지만, 토라 [읽기]를 건너뛰어서는 안 된다. 어느 정도 생략할 수 있는가? 통역자가 멈추지 않을 만큼이면 된다.

- 건너뛰어 읽는다는 것은 이곳을 읽다가 나머지 부분을 생략하고 다음 단락을 읽는다는 의미다. 단 통역자가 멈추는 동안에 새로 읽을 단락을 찾아야 한다.

4, 5

הַמַּפְטִיר בַּנָּבִיא, הוּא פּוֹרֵס עַל שְׁמַע, וְהוּא עוֹבֵר לִפְנֵי הַתֵּבָה, וְהוּא נוֹשֵׂא
אֶת כַּפָּיו. וְאִם הָיָה קָטָן, אָבִיו אוֹ רַבּוֹ עוֹבְרִין עַל יָדוֹ:

예언서를 [읽으면서] 끝마친 사람이 쉐마를 나누어 [낭독]하거나,
법궤 앞으로 가거나, [축복하기 위해] 손을 든다. 그가 어린이면 아버
지나 선생이 그를 대신해 [법궤 앞으로] 지나간다.

- 예언서를 읽는 사람이 어린이이면 그의 아버지나 선생이 대신해서
  쉬모네 에쓰레(아미다) 기도문을 낭송한다.

4, 6

קָטָן קוֹרֵא בַּתּוֹרָה וּמְתַרְגֵּם, אֲבָל אֵינוֹ פּוֹרֵס עַל שְׁמַע, וְאֵינוֹ עוֹבֵר לִפְנֵי
הַתֵּבָה, וְאֵינוֹ נוֹשֵׂא אֶת כַּפָּיו. פּוֹחֵחַ פּוֹרֵס אֶת שְׁמַע וּמְתַרְגֵּם, אֲבָל אֵינוֹ
קוֹרֵא בַּתּוֹרָה וְאֵינוֹ עוֹבֵר לִפְנֵי הַתֵּבָה וְאֵינוֹ נוֹשֵׂא אֶת כַּפָּיו. סוּמָא פּוֹרֵס אֶת
שְׁמַע וּמְתַרְגֵּם. רַבִּי יְהוּדָה אוֹמֵר, כֹּל שֶׁלֹּא רָאָה מְאוֹרוֹת מִיָּמָיו, אֵינוֹ פּוֹרֵס
עַל שְׁמַע:

어린이도 토라를 읽거나 통역으로 봉사할 수 있다. 하지만 쉐마를
나누어 [낭독]하거나, 법궤 앞으로 가거나, [사람들을 축복하기 위해]
손을 들어서는 안 된다. 누더기를 입은 사람이 쉐마를 나누어 [낭독]
하거나 통역으로 봉사할 수 있다. 하지만 그는 토라를 읽거나 법궤 앞
으로 가거나 [축복하기 위해] 손을 들어서는 안 된다. 시각장애인은
쉐마를 나누어 [낭독]하거나 통역으로 봉사할 수 있다. 랍비 예후다
가 말했다. "빛을 한 번도 보지 못한 사람은 쉐마를 나누어 낭독할 수
없습니다."

- 어린이도 토라를 읽거나 통역할 수는 있지만 쉐마를 나누어 낭독하

거나 법궤 앞으로 지나가거나 손을 들어 사람들을 축복할 수 없다.

- 누더기를 입은 사람은 찢어진 천 사이로 살이 비친다. 따라서 사람들의 눈에 띄는 역할을 할 수 없다.

- 쉐마 앞의 축복문 중 하나는 "빛을 창조하신 분"이다. 그래서 랍비 예후다는 시각장애인이 하나님께 감사하기 어렵다고 판단했다.

4, 7

כֹּהֵן שֶׁיֵּשׁ בְּיָדָיו מוּמִין, לֹא יִשָּׂא אֶת כַּפָּיו. רַבִּי יְהוּדָה אוֹמֵר, אַף מִי שֶׁהָיוּ יָדָיו צְבוּעוֹת אִסְטִיס וּפוּאָה, לֹא יִשָּׂא אֶת כַּפָּיו, מִפְּנֵי שֶׁהָעָם מִסְתַּכְּלִין בּוֹ:

손에 흠이 있는 제사장은 [축복하기 위해] 손을 들면 안 된다. 랍비 예후다는 말했다. "대청색이나 꼭두서니 물감으로 얼룩진 제사장도 [축복하기 위해] 손을 들어서는 안 됩니다. 왜냐하면 백성들이 쳐다보기 때문입니다."

- 제사장의 손에 흠이 있으면 손을 들어 축복할 수 없다. 랍비 예후다는 물감으로 얼룩져 있어도 안 된다고 주장한다.

4, 8

הָאוֹמֵר אֵינִי עוֹבֵר לִפְנֵי הַתֵּבָה בִּצְבוּעִין, אַף בִּלְבָנִים לֹא יַעֲבֹר. בְּסַנְדָּל אֵינִי עוֹבֵר, אַף יָחֵף לֹא יַעֲבֹר. הָעוֹשֶׂה תְפִלָּתוֹ עֲגֻלָּה, סַכָּנָה וְאֵין בָּהּ מִצְוָה. נְתָנָהּ עַל מִצְחוֹ אוֹ עַל פַּס יָדוֹ, הֲרֵי זוֹ דֶּרֶךְ הַמִּינוּת. צִפָּן זָהָב, וּנְתָנָהּ עַל בֵּית אֻנְקְלִי שֶׁלּוֹ, הֲרֵי זוֹ דֶּרֶךְ הַחִיצוֹנִים:

[만약] 어떤 사람이 "저는 색깔 있는 옷을 입고 법궤 앞으로 가지 않을 것입니다"라고 말했다면, 그는 심지어 흰옷을 입고 가서도 안 된다. "저는 샌들을 신고 [법궤 앞으로] 가지 않을 것입니다"라고 [말했다면], 그는 심지어 맨발로 가서도 안 된다. 어떤 사람이 테필린을 원

형으로 만들다가 위험하게 되었어도, 규율을 완수하지 못한 것이다. 〔만약〕 그가 〔테필린〕을 이마나 혹은 손바닥에 두었다면, 이것은 이단들의 방식이다. 〔만약〕 그가 그것을 금으로 감쌌거나, 그것을 소매 위에 두었다면, 이것은 이방인의 방식으로 간주된다.

- 특별한 옷 색깔을 입거나 신발을 신겠다고 맹세하는 일은 계명에 어긋난다.
- 테필린은 원형이 아니라 육면체 모양으로 만들어야 한다. 그리고 정해진 위치에 감고 기도해야 한다.

4, 9

הָאוֹמֵר יְבָרְכוּךָ טוֹבִים, הֲרֵי זוֹ דֶּרֶךְ הַמִּינוּת. עַל קַן צִפּוֹר יַגִּיעוּ רַחֲמֶיךָ, וְעַל טוֹב יִזָּכֵר שְׁמֶךָ, מוֹדִים מוֹדִים, מְשַׁתְּקִין אוֹתוֹ. הַמְכַנֶּה בָּעֲרָיוֹת, מְשַׁתְּקִין אוֹתוֹ. הָאוֹמֵר, וּמִזַּרְעֲךָ לֹא תִתֵּן לְהַעֲבִיר לַמֹּלֶךְ, וּמִזַרְעָךְ לֹא תִתֵּן לְאַעְבָּרָא בְּאַרְמָיוּתָא, מְשַׁתְּקִין אוֹתוֹ בִנְזִיפָה:

〔만약〕 어떤 사람이 "선한 사람들이 당신을 축복합니다"라고 말했다면, 그것은 이단들의 방식이다. 〔만약〕 어떤 사람이 "당신의 긍휼이 새의 둥지까지 이릅니다", 혹은 "당신의 이름이 기억되는 것이 선입니다", 혹은 "감사합니다, 감사합니다"라고 말했다면, 그를 잠잠하도록 해야 한다. 〔만약〕 어떤 사람이 금지를 상징적으로 해석한다면, 그를 잠잠하도록 해야 한다. 〔만약〕 어떤 사람이 "너는 결단코 자녀를 몰렉에게 주지 말라는 〔구절〕을 너의 자손이 이방인 여성과 임신하도록 두지 말라"고 말한다면, 우리는 그를 비난하여 잠잠하도록 해야 한다.

- 기도하는 도중에 생기는 이단적인 내용에 대하여 말하고 있다.

- 몰렉에게 주는 것을 이방 여성을 통해 후손을 남기는 것으로 성서를 해석하는 것도 이단적이다.

4, 10

מַעֲשֵׂה רְאוּבֵן, נִקְרָא וְלֹא מִתַּרְגֵּם. מַעֲשֵׂה תָמָר, נִקְרָא וּמִתַּרְגֵּם. מַעֲשֵׂה עֵגֶל
הָרִאשׁוֹן, נִקְרָא וּמִתַּרְגֵּם. וְהַשֵּׁנִי, נִקְרָא וְלֹא מִתַּרְגֵּם. בִּרְכַּת כֹּהֲנִים, מַעֲשֵׂה
דָוִד, וְאַמְנוֹן, לֹא נִקְרָאִין וְלֹא מִתַּרְגְּמִין. אֵין מַפְטִירִין בַּמֶּרְכָּבָה, וְרַבִּי יְהוּדָה
מַתִּיר. רַבִּי אֱלִיעֶזֶר אוֹמֵר, אֵין מַפְטִירִין בְּהוֹדַע אֶת יְרוּשָׁלִָם:

르우벤 이야기는 읽지만 통역하지는 않는다. 다말 이야기는 읽고 통역도 한다. 첫 번째 〔금〕송아지 이야기는 읽고 통역도 한다. 하지만 두 번째 〔금송아지 이야기〕는 읽지만 통역하지는 않는다. 제사장들의 축복과 다윗과 암논 이야기는 읽지도 통역하지도 않는다. 마차 〔환상〕을 읽으면서 마치지 않는다. 하지만 랍비 예후다는 그것을 허락했다. 랍비 엘리에제르는 말했다. "우리는 '예루살렘으로 알게 하여' 〔단락〕을 읽으면서 마치지 않습니다."

- 기도문으로 사용되는 제사장들의 축복(민 6:24-26)은 토라를 낭독할 때 제외된다.
- 암논이 누이 다말을 강간하고 결국 다른 형제인 압살롬에게 살해당하는 이야기(삼하 13장)는 다윗의 치부이기 때문에 읽거나 통역하지 않는다.
- '마차 〔환상〕'은 에스겔 1장에 묘사된 장면이다.
- '예루살렘으로 알게 하여' 단락은 에스겔 16장에 나오는 예언의 말씀이다.

מועד קטן

11

모에드 카탄
소절기

이 사람들은 절기 중간 동안에 머리를 깎을 수 있다. 해외에
서 온 사람, 구속에서 풀려난 사람, 감옥에서 출소한 사람,
추방되었다가 랍비들이 출입을 허락한 사람. 이와 마찬가지
로 랍비들에게 요청하여 맹세에서 해방된 사람, 나실인 또는
부정한 상태에서 정결한 상태로 돌아간 피부병자도 그렇다.
_「모에드 카탄」 3, 1

개요

마쎄켓(제11부)「모에드 카탄」의 명칭은 '작은 절기'라는 의미로 절기의 중간 기간에 어떻게 해야 하는지를 다룬다. 유월절 전체 기간에서 중간 5일 동안, 그리고 초막절 전체 기간에서 중간 6일 동안이 작은 절기에 해당한다. 유월절이나 초막절과 같은 절기 때 첫날과 마지막 날은 안식일처럼 일을 해서는 안 된다. 하지만 절기 중간 기간에는 일반적인 노동이 허용된다. 모든 일이 평일처럼 허용되는 것은 아니며 일하는 방법과 대상이 제한된다. 그래서 절기의 중간 기간을 랍비들은 작은 절기로 구별하고 해서는 안 되는 일들을 규정하고 있다.

절기 중간에 일반적으로 다음의 원칙이 적용된다. 1) 경제적인 손실이 크리라 예상되는 경우 일이 허락된다. 2) 공공의 이익을 위한 일들은 가능하다. 3) 막중한 노동력이 요구되는 일은 금지된다. 4) 절기 전에 미리 할 수 있는 일을 이 기간으로 연기해서는 안 된다.

마지막 장에서는 이 기간에 애도하는 일이 생겼을 때 어떻게 해야 하는지 규정하고 있다.

제1장

절기의 중간에 위치한 날들은 일부 일이 허락된다. 들에 물을 대는 일이 대표적이다. 물을 대지 않으면 추수에 막대한 손실이 생길 수 있다. 특별히 유월절이나 초막절은 마지막 추수 전으로 적절한 물이 공급되어야 할 시기다. 한편, 물을 대는 일은 과중한 노동력이 요구되는 일이다. 따라서 너무 힘이 들게 물을 대는 일은 금지된다.

1, 1

מַשְׁקִין בֵּית הַשְׁלָחִין בַּמּוֹעֵד וּבַשְּׁבִיעִית, בֵּין מִמַּעְיָן שֶׁיָּצָא בַתְּחִלָּה, בֵּין
מִמַּעְיָן שֶׁלֹּא יָצָא בַתְּחִלָּה. אֲבָל אֵין מַשְׁקִין לֹא מִמֵּי הַגְּשָׁמִים וְלֹא מִמֵּי
הַקִּילוֹן. וְאֵין עוֹשִׂין עוּגִיּוֹת לַגְּפָנִים:

절기〔중간〕이나 안식년에[1] 이제 막 흐르기 시작한 샘〔물〕로 혹은 이제 막 흐르기 시작한 샘〔물〕이 아니더라도 마른 밭에 물을 댈 수 있다. 하지만 빗물이나 방아두레막[2]으로 〔마른 밭에〕 물을 대서는 안 된다. 포도덩굴 주변에 배수로를 파서는 안 된다.

- 샘물은 흘러넘치기 때문에 최소한의 수로만 제공하면 쉽게 물을 댈 수 있지만 저장된 빗물이나 저수조 물을 두레박을 이용해서 공급하는 일은 너무나 많은 노동력이 소요되어 금지된다.

---

1) 안식년 동안에는 본래 농사일을 해서는 안 된다. 하지만 마른 땅에 물을 공급하는 것은 가능하다.
2) 방아두레박은 이집트와 같은 곳에서 관개용으로 사용한 두레박이다.

רַבִּי אֶלְעָזָר בֶּן עֲזַרְיָה אוֹמֵר, אֵין עוֹשִׂין אֶת הָאַמָּה בַתְּחִלָּה בַּמּוֹעֵד
וּבַשְּׁבִיעִית, וַחֲכָמִים אוֹמְרִים, עוֹשִׂין אֶת הָאַמָּה בַתְּחִלָּה בַּשְּׁבִיעִית, וּמְתַקְּנִין
אֶת הַמְּקֻלְקָלוֹת בַּמּוֹעֵד. וּמְתַקְּנִין אֶת קִלְקוּלֵי הַמַּיִם שֶׁבִּרְשׁוּת הָרַבִּים
וְחוֹטְטִין אוֹתָן. וּמְתַקְּנִין אֶת הַדְּרָכִים וְאֶת הָרְחוֹבוֹת וְאֶת מִקְווֹת הַמַּיִם,
וְעוֹשִׂין כָּל צָרְכֵי הָרַבִּים, וּמְצַיְּנִין אֶת הַקְּבָרוֹת, וְיוֹצְאִין אַף עַל הַכִּלְאָיִם:

랍비 엘아자르 벤 아자리야는 말했다. "절기 [중간]이나 안식년에 관개수로를 새로 파서는 안 됩니다." 랍비들은 말했다. "안식년에 관개수로를 새로 팔 수 있고, 절기 [중간]에 손상된 [부분]을 고칠 수 있습니다." 공공 장소에 있는 손상된 저수조를 고칠 수 있고, 깨끗하게 비울 수도 있다. 길, 거리, 정결례장을 고칠 수 있다. 대중이 필요한 일을 하고, 무덤에 표시를 하고, 섞어짓기를 시찰하기 위해 나갈 수 있다.[3]

- 안식년에 정상적인 농업은 하지 않지만 관개수로를 파는 것은 가능하다. 그리고 절기 중간에 손상된 수로를 고치는 일은 가능하다.
- 공공의 이익에 부합한 일들은 가능하다.

רַבִּי אֱלִיעֶזֶר בֶּן יַעֲקֹב אוֹמֵר, מוֹשְׁכִים אֶת הַמַּיִם מֵאִילָן לְאִילָן, וּבִלְבַד שֶׁלֹּא
יַשְׁקֶה אֶת כָּל הַשָּׂדֶה. זְרָעִים שֶׁלֹּא שָׁתוּ לִפְנֵי הַמּוֹעֵד, לֹא יַשְׁקֵם בַּמּוֹעֵד.
וַחֲכָמִים מַתִּירִין בָּזֶה וּבָזֶה:

랍비 엘리에제르 벤 야아콥은 말했다. "물을 이 나무에서 저 나무로

---

3) '섞어짓기'는 여러가지 작물을 같은 곳에 혼합하여 농사짓는 방법이다. 랍비들은 이것을 기본적으로 금한다. 따라서 섞어짓기를 하지 않는지 시찰 감독할 필요가 있다.

바꿔줄 수가 있습니다. 〔이렇게 해서〕 들 전체를 적시는 것이 아니라면. 절기 전에 물을 주지 못한 씨앗은 절기 〔중간〕에 물을 주면 안 됩니다." 랍비들은 두 경우 〔모두 물대기를〕 허락했다.

- 씨앗을 뿌린 후 절기 전에 물을 주지 않았으면 절기가 끝나고 물을 주어도 씨앗은 손상되지 않는다. 그래서 랍비 엘리에제르는 절기 중간에 굳이 물을 줄 필요가 없다고 주장한다. 하지만 랍비들은 씨앗에 물을 주는 정도는 힘든 노동이 아니기 때문에 허락했다.

1, 4

צָדִין אֶת הָאִישׁוּת וְאֶת הָעַכְבָּרִים מִשְּׂדֵה הָאִילָן וּמִשְּׂדֵה הַלָּבָן, שֶׁלֹּא כְדַרְכּוֹ, בַּמּוֹעֵד וּבַשְּׁבִיעִית. וַחֲכָמִים אוֹמְרִים, מִשְּׂדֵה הָאִילָן כְּדַרְכּוֹ, וּמִשְּׂדֵה הַלָּבָן שֶׁלֹּא כְדַרְכּוֹ. וּמְקָרִין אֶת הַפִּרְצָה בַּמּוֹעֵד, וּבַשְּׁבִיעִית בּוֹנֶה כְדַרְכּוֹ:

절기 〔중간〕이나 안식년에 두더지나 쥐를 과수원이나 들에서 잡아도 된다. 하지만 현자들은 말했다. "과수원에서는 일반적인 방법으로 〔잡아도 됩니다〕. 하지만 들에서는 일반적인 방법으로 잡아서는 안 됩니다." 절기 〔중간〕에 〔울타리의〕 구멍을 막을 수 있다. 하지만 안식년에는 그것을 일반적인 방식으로 세울 수 있다.

- 절기 중간에는 임시 울타리로 뚫린 곳을 막는 것은 가능하지만 영구적인 울타리를 새로 세우는 것은 안 된다. 반면에 안식년에는 새로 울타리를 세워도 된다.

1, 5

רַבִּי מֵאִיר אוֹמֵר, רוֹאִין אֶת הַנְּגָעִים בַּתְּחִלָּה לְהָקֵל, אֲבָל לֹא לְהַחְמִיר. וַחֲכָמִים אוֹמְרִים, לֹא לְהָקֵל וְלֹא לְהַחְמִיר. וְעוֹד אָמַר רַבִּי מֵאִיר, מְלַקֵּט אָדָם

עַצְמוֹת אָבִיו וְאִמּוֹ, מִפְּנֵי שֶׁשִּׂמְחָה הִיא לוֹ. רַבִּי יוֹסֵי אוֹמֵר, אֵבֶל הוּא לוֹ. לֹא
יְעוֹרֵר אָדָם עַל מֵתוֹ וְלֹא יַסְפִּידֶנּוּ קֹדֶם לָרֶגֶל שְׁלֹשִׁים יוֹם:

랍비 메이르는 말했다. "처음에는 악성 피부질환을[4] 관대하게 조
사하고 엄중하게 하지 않습니다." 현자들은 말했다. [악성 피부질환
을] 관대하게 조사해도 안 되고 엄중하게 해도 [안 됩니다]." 랍비 메
이르가 추가적으로 말했다. "아버지와 어머니의 뼈를 [매장하려고]
모을 수 있습니다. 그것은 그에게 기쁜 [일]입니다." 랍비 요세가 말
했다. "그것은 그에게 슬픈 [일]입니다." 죽은 [친척]을 위해 [애가를]
불러서는 안 되고, 절기 전 30일 동안 그를 애곡해도 안 된다.

- 랍비 메이르와 달리 랍비들은 절기 기간에는 악성 피부질환자를 처
  음부터 살펴보지 않는다고 말한다. 환자를 조사하면 어쩔 수 없이
  부정하다고 선포하는 일이 발생하기 때문이다.
- 절기 동안에는 죽은 자를 애도하거나 뼈를 모아 매장해서도 안 된다.

1, 6

אֵין חוֹפְרִין כּוּכִין וּקְבָרוֹת בַּמּוֹעֵד, אֲבָל מְחַנְּכִים אֶת הַכּוּכִין בַּמּוֹעֵד. וְעוֹשִׂין
נִבְרֶכֶת בַּמּוֹעֵד, וְאָרוֹן עִם הַמֵּת בֶּחָצֵר. רַבִּי יְהוּדָה אוֹסֵר, אֶלָּא אִם כֵּן יֵשׁ
עִמּוֹ נְסָרִים:

절기 [중간]에 매장지를 파거나 무덤을 [만들어서는] 안 된다. 하
지만 절기 [중간]에 [죽은 사람에 맞게] 매장지를 조정할 수는 있다.
세탁 연못을 절기 [중간]에 만들 수 있다. 망자가 있는 뜰에서 관을
[만들 수 있다]. 랍비 예후다는 그가 널빤지를 가지고 있지 않는 한
[후자를] 금지했다.

---

4) 최근 학계에서는 문둥병이라는 용어 대신 악성 피부질환을 주로 사용한다.

- 절기 중간에 매장지나 무덤을 새로 파서는 안 되지만 기존의 매장 지나 무덤에 시체가 들어가게 크기를 좀 넓히는 것은 가능하다.
- 랍비 예후다는 관을 만드는 일이 너무나 힘든 노동이기 때문에 이미 널빤지가 있는 경우에만 관을 만들 수 있다고 말한다.

1, 7

אֵין נוֹשְׂאִין נָשִׁים בַּמּוֹעֵד, לֹא בְתוּלוֹת, וְלֹא אַלְמָנוֹת, וְלֹא מְיַבְּמִין, מִפְּנֵי
שֶׁשִּׂמְחָה הִיא לוֹ. אֲבָל מַחֲזִיר הוּא אֶת גְּרוּשָׁתוֹ. וְעוֹשָׂה אִשָּׁה תַּכְשִׁיטֶיהָ
בַּמּוֹעֵד. רַבִּי יְהוּדָה אוֹמֵר, לֹא תָסוּד מִפְּנֵי שֶׁנִּוּוּל הוּא לָהּ:

절기 〔중간〕에 아내를 취하지 않는다. 처녀도 안 되고 과부도 된 다. 역연혼도 안 된다.[5] 왜냐하면 그것은 행하는 자에게 기쁜 〔일〕이 기 때문이다. 하지만 이혼녀와 재결합은 가능하다. 여자는 절기 〔중 간〕에 장신구를 만들 수 있다. 랍비 예후다는 말했다. "석고를 발라서 는 안 됩니다. 왜냐하면 그것은 꼴사납기 때문입니다."

- 절기 중에 결혼하는 것은 금지된다. 해당 절기와 관련해서 기뻐해야 하는데 결혼의 기쁨으로 그 의미가 분산되기 때문이다.

1, 8

הַהֶדְיוֹט תּוֹפֵר כְּדַרְכּוֹ, וְהָאֻמָּן מַכְלִיב. וּמְסָרְגִין אֶת הַמִּטּוֹת. רַבִּי יוֹסֵי אוֹמֵר,
אַף מְמַתְּחִין:

일반인은 평상시처럼 바느질할 수 있다. 하지만 장인(匠人)은 불규 칙적인 바늘땀으로만 바느질할 수 있다. 침대를 엮을 수 있다. 랍비 요

---

5) '역연혼'은 죽은 형제의 아내를 다른 형제가 취하는 형식의 결혼제도다(『나쉼』 「예바못」).

쎄는 말했다. "그것을 조여 맬 수도 있습니다."

- 긴급한 상황에서 임시방편으로 하는 바느질은 가능하다. 하지만 장인이 직업적인 목적으로 바느질을 하는 것은 금지된다.

1, 9

מַעֲמִידִין תַּנּוּר וְכִירַיִם וְרֵחַיִם בַּמּוֹעֵד. רַבִּי יְהוּדָה אוֹמֵר, אֵין מְכַבְּשִׁין אֶת הָרֵחַיִם בַּתְּחִלָּה:

절기 [중간]에 화덕, 화로, 맷돌을 설치할 수 있다. 랍비 예후다가 말했다. "맷돌을 처음으로 거칠게 다듬으면 안 됩니다."

- 음식을 준비하는 데 필요한 장치들을 설치하는 것은 가능하다.

1, 10

עוֹשִׂין מַעֲקֶה לְגַג וּלְמִרְפֶּסֶת מַעֲשֵׂה הֶדְיוֹט, אֲבָל לֹא מַעֲשֵׂה אֻמָּן. שָׁפִין אֶת הַסְּדָקִין וּמַעֲגִילִין אוֹתָן בַּמַּעֲגִילָה בַּיָּד וּבָרֶגֶל, אֲבָל לֹא בַּמַּחֲלָצַיִם. הַצִּיר וְהַצִּנּוֹר וְהַקּוֹרָה וְהַמַּנְעוּל וְהַמַּפְתֵּחַ שֶׁנִּשְׁבְּרוּ, מְתַקְּנָן בַּמּוֹעֵד, וּבִלְבַד שֶׁלֹּא יְכַוֵּן מְלַאכְתּוֹ בַּמּוֹעֵד, וְכָל כְּבָשִׁין שֶׁהוּא יָכוֹל לֶאֱכוֹל מֵהֶן בַּמּוֹעֵד, כּוֹבְשָׁן:

지붕이나 베란다에 대충 망을 설치할 수 있지만, 장인을 [불러서 설치하면] 안 된다. [진흙을] 반죽해서 굴림대 [갈라진] 틈을 손이나 발로 바를 수 있다. 하지만 흙손을 [사용해서는] 안 된다. 절기 [중간]에 부서진 돌쩌귀,[6] 대들보, 자물쇠, 열쇠를 수리할 수 있다. 단 절기 [중간]에 일을 하려고 [미리] 계획해서는 안 된다. 절기에 먹을 수 있는

---

6) '돌쩌귀'는 여닫이 문틀에 달아서 고정시킬 수 있는 장치로 경첩이라고도 부른다. 우리 문화에서는 암수 한 쌍을 지칭하는데 영어권에서는 힌지(hinge)와 소켓(socket)으로 구별해서 말한다.

절인 음식은 절기 [중간]에 절일 수 있다.

- 임시방편으로 망을 설치하는 것은 가능하지만 절기에 공사를 하려고 처음부터 계획해서는 안 된다.
- 생선이나 채소를 식초와 소금에 절인다. 오늘날에는 절임이라고 불리는 음식과 유사하다.

제2장

절기가 시작하기 전에 마쳐야 할 일들이 부득이한 사정으로 인해 절기에 계속해야 할 경우에, 절기 동안 작업을 이어서 해도 되는지 랍비들마다 견해가 다르다. 절기 동안에도 물건들을 판매할 수 있는데, 다만 절기에 필요한 음식이나 물건만 가능하다. 집이나 노예처럼 단위가 너무 큰 것은 절기 동안에 거래할 수 없다.

2, 1

מִי שֶׁהָפַךְ אֶת זֵיתָיו וְאֵרְעוֹ אֵבֶל אוֹ אֹנֶס, אוֹ שֶׁהִטְעוּהוּ פוֹעֲלִים, טוֹעֵן קוֹרָה רִאשׁוֹנָה וּמַנִּיחָהּ לְאַחַר הַמּוֹעֵד. דִּבְרֵי רַבִּי יְהוּדָה. רַבִּי יוֹסֵי אוֹמֵר, זוֹלֵף וְגוֹמֵר וְגָף כְּדַרְכּוֹ:

올리브를 뒤집었는데, 애도할 일이 생겼거나 어쩔 수 없는 일이 일어났거나 일꾼들이 실수한 경우에, "첫 번째 기둥을 [올려]놓고 절기가 끝날 때까지 둡니다." 랍비 예후다의 말이다. 랍비 요쎄는 말했다. "늘 하던 방식대로 [올리브를] 담아서, [과정을] 마무리하고, [통]을 봉인합니다."

- 올리브기름을 짜는 과정은 길고 복잡하지만 대략적으로 간추리면 다음과 같다. 1) 자루에 넣기, 2) 뒤집기, 3) 기둥으로 압착하기, 4) 기둥에 돌을 올려 압착하기, 5) 봉인하기.
- 자루에 넣은 올리브는 일정 시간 후에 뒤집는다. 이러한 과정은 기름이 원활히 나오도록 올리브를 부드러운 상태로 만들기 위한 것이다. 하지만 뒤집은 올리브를 장시간 방치하면 올리브가 상한다. 따라서 뒤집은 후에는 즉시 기름을 짜야 한다.
- 올리브를 짤 수 없는 일들이 갑자기 생긴 경우에는 기둥을 올려두어 그 압력으로 자연스럽게 기름이 나올 수 있도록 해야 상하지 않는다.
- 일꾼들의 실수로 절기 전에 일을 마치지 못한 경우 랍비 예후다는 절기가 끝나고 해야지 절기 중간에 해서는 안 된다고 주장한다. 하지만 랍비 요쎄는 일하던 방식 그대로 이어서 할 수 있다고 말한다.

2, 2

וְכֵן מִי שֶׁהָיָה יֵינוֹ בְּתוֹךְ הַבּוֹר וְאֵרְעוֹ אֵבֶל אוֹ אֹנֶס, אוֹ שֶׁהִטְעוּהוּ פּוֹעֲלִים,
זוֹלֵף וְגוֹמֵר וְגָף כְּדַרְכּוֹ, דִּבְרֵי רַבִּי יוֹסֵי. רַבִּי יְהוּדָה אוֹמֵר, עוֹשֶׂה לוֹ לְמוּדִים,
בִּשְׁבִיל שֶׁלֹּא יַחְמִיץ:

이와 유사하게, 포도주가 구덩이 속에 있는데 애도할 일이 생겼거나 어쩔 수 없는 일이 [발생했거나] 일꾼들이 실수한 경우에, "늘 하던 방식대로, [포도주를 통에] 담을 수 있고 [통]을 봉인할 수 있습니다." 랍비 요쎄의 말이다. 랍비 예후다는 말했다. "포도주가 시큼해지지 않도록 [통]을 판자로 막을 수 있습니다."

- 포도주를 짜다가 절기 전에 마치지 못한 경우에 랍비 예후다는 올리브기름과 같이 절기가 끝나고 다시 일해야 한다는 입장이고, 랍비 요쎄는 절기 중간에 이어서 일할 수 있다고 말한다.

מַכְנִיס אָדָם פֵּרוֹתָיו מִפְּנֵי הַגַּנָּבִים, וְשׁוֹלֶה פִּשְׁתָּנוֹ מִן הַמִּשְׁרָה בִּשְׁבִיל שֶׁלֹּא תֹאבַד, וּבִלְבַד שֶׁלֹּא יְכַוֵּן אֶת מְלַאכְתּוֹ בַּמּוֹעֵד. וְכֻלָּן אִם כִּוְּנוּ מְלַאכְתָּן בַּמּוֹעֵד, יֹאבֵדוּ:

도난을 방지하기 위해 과일들을 들여놓을 수 있다. 담가둔 아마가 상하지 않도록 연못에서 〔꺼내〕 치워둔다. 단 절기 〔중간〕에 일을 하려고 〔미리〕 계획해서는 안 된다. 이 모든 경우에, 만약 그들이 절기 〔중간〕에 일하려고 계획했다면, 〔그 열매를〕 잃게 된다.

- 아마를 엮기 전에 부드럽게 만들기 위해 물에 담가둔다. 하지만 너무 오랫동안 담가두면 아마가 상하게 된다.

אֵין לוֹקְחִין בָּתִּים, עֲבָדִים וּבְהֵמָה, אֶלָּא לְצֹרֶךְ הַמּוֹעֵד, אוֹ לְצֹרֶךְ הַמּוֹכֵר, שֶׁאֵין לוֹ מַה יֹּאכַל. אֵין מְפַנִּין מִבַּיִת לְבַיִת, אֲבָל מְפַנֶּה הוּא לַחֲצֵרוֹ. אֵין מְבִיאִין כֵּלִים מִבֵּית הָאֻמָּן. וְאִם חוֹשֵׁשׁ לָהֶם, מְפַנָּן לְחָצֵר אַחֶרֶת:

절기에 필요한 경우이거나 〔달리〕 먹을 것이 없는 판매자를 제외하고 집이나 종이나 가축을 구입하지 않는다. 〔물건을〕 이 집에서 저 집으로 옮길 수 없다. 하지만 자신의 뜰 안에서는 옮길 수 있다. 장인(匠人)의 점포에서 도구를 가져올 수 없다. 하지만 만약 그것들이 〔분실될까〕 염려한다면 다른 뜰로 옮겨놓을 수 있다.

- 집이나 종처럼 거래의 단위가 큰 것은 절기에 구매해서는 안 된다.
- 안식일과 마찬가지로 짐을 이 집에서 저 집으로 운반하는 것은 안 되고, 자신의 뜰 내에서만 가능하다.
- 수리를 맡긴 물건이 절기 중간에 분실될까 염려된다면 보다 안전한

다른 뜰로 옮겨놓을 수는 있다.

2, 5

מְחַפִּין אֶת הַקְּצִיעוֹת בְּקַשׁ. רַבִּי יְהוּדָה אוֹמֵר. מוֹכְרֵי פֵּרוֹת,
כְּסוּת וְכֵלִים, מוֹכְרִים בְּצִנְעָה לְצֹרֶךְ הַמּוֹעֵד. הַצַּיָּדִין וְהַדָּשׁוֹשׁוֹת וְהַגָּרוֹסוֹת,
עוֹשִׂין בְּצִנְעָה לְצֹרֶךְ הַמּוֹעֵד. רַבִּי יוֹסֵי אוֹמֵר, הֵם הֶחֱמִירוּ עַל עַצְמָן:

짚으로 마른 무화과를 덮어둘 수 있다. 랍비 예후다는 말했다. "그
것들을 심지어 쌓아둘 수도 있습니다." 과일, 의류, 도구 상인은 절기
에 꼭 필요할 때 소량만 판매할 수 있다. 사냥꾼, 곡물업자, 콩을 빻는
사람은 절기에 꼭 필요할 때 소량만 거래할 수 있다. 랍비 요쎄는 말했
다. "그들은 자신들에게 엄격했습니다."

- 절기에 필요한 음식이나 도구들은 판매가 가능하다.

제3장

이발을 하거나 옷을 세탁하는 일은 절기가 시작하기 전에 미리 마
쳐야 한다. 하지만 부득이한 사정이 있는 사람들은 예외적으로 절기
중간에 이런 일들을 할 수 있다. 가족의 죽음으로 인해 애도하는 사람
이 절기 동안에 어떻게 해야 하는지도 문제가 된다.

3, 1

וְאֵלּוּ מְגַלְּחִין בַּמּוֹעֵד, הַבָּא מִמְּדִינַת הַיָּם, וּמִבֵּית הַשִּׁבְיָה, וְהַיּוֹצֵא מִבֵּית
הָאֲסוּרִין, וְהַמְנֻדֶּה שֶׁהִתִּירוּ לוֹ חֲכָמִים, וְכֵן מִי שֶׁנִּשְׁאַל לְחָכָם וְהִתַּר, וְהַנָּזִיר,
וְהַמְצֹרָע הָעוֹלֶה מִטֻּמְאָתוֹ לְטָהֳרָתוֹ:

이 [사람]들은 절기 [중간] 동안에 머리를 깎을 수 있다. 해외에서 온 사람, 구속에서 [풀려난 사람], 감옥에서 출소한 사람, 추방되었다가 랍비들이 [출입을] 허락한 사람. 이와 마찬가지로 랍비들에게 요청하여 [맹세에서] 해방된 사람, 나실인 또는 부정한 [상태]에서 정결한 [상태]로 돌아간 피부병자도 그렇다.

- 절기를 준비하는 일환으로 절기 전에 미리 이발을 해야 한다. 하지만 부득이한 사정이 있는 사람들은 절기 중간에도 가능하다.
- 삭발하지 않기로 맹세한 사람은 랍비의 허락이 있어야 맹세로부터 자유롭게 된다.

3, 2

וְאֵלּוּ מְכַבְּסִין בַּמּוֹעֵד, הַבָּא מִמְּדִינַת הַיָּם, וּמִבֵּית הַשִּׁבְיָה, וְהַיוֹצֵא מִבֵּית
הָאֲסוּרִים, וְהַמְנֻדֶּה שֶׁהִתִּירוּ לוֹ חֲכָמִים, וְכֵן מִי שֶׁנִּשְׁאַל לֶחָכָם וְהֻתַּר,
מִטְפְּחוֹת הַיָּדַיִם וּמִטְפְּחוֹת הַסְּפָרִים וּמִטְפְּחוֹת הַסְּפָג, הַזָּבִין וְהַזָּבוֹת וְהַנִּדּוֹת
וְהַיּוֹלְדוֹת, וְכָל הָעוֹלִין מִטֻּמְאָה לְטָהֳרָה, הֲרֵי אֵלּוּ מֻתָּרִין. וּשְׁאָר כָּל אָדָם,
אֲסוּרִין:

이 [사람]들은 절기 [중간] 동안에 세탁할 수 있다. 해외에서 온 사람, 구속에서 [풀려난 사람], 감옥에서 출소한 사람, 추방되었다가 랍비들이 [출입을] 허락한 사람. 이와 마찬가지로 랍비들에게 요청하여 [맹세에서] 해방된 사람. 손수건, 이발사의 수건, 목욕 수건들은 [세탁할 수 있다]. 남자 유출병자, 여자 유출병자, 월경 중인 여자, 산모, 부정한 [상태]에서 정결한 [상태]로 돌아온 모든 사람, 이들은 [옷 세탁이] 허락된다. 하지만 다른 모든 사람들은 금지된다.

- 이발과 마찬가지로 세탁도 절기가 시작하기 전에 미리 해야 한다.

하지만 사정이 있는 사람들은 절기 중간에 할 수도 있다.

3, 3

וְאֵלּוּ כּוֹתְבִין בַּמּוֹעֵד, קִדּוּשֵׁי נָשִׁים, גִּטִּין וְשׁוֹבָרִין, דְּיָתֵיקֵי, מַתָּנָה וּפְרוֹזְבּוּלִין,
אִגְּרוֹת שׁוּם וְאִגְּרוֹת מָזוֹן, שִׁטְרֵי חֲלִיצָה וּמֵאוּנִים, וְשִׁטְרֵי בֵרוּרִין, וּגְזֵרוֹת
בֵּית דִּין, וְאִגְּרוֹת שֶׁל רָשׁוּת:

다음 〔문서〕들은 절기 〔중간〕 동안 작성할 수 있다. 약혼증서, 이혼
증서, 영수증, 유언장, 선물증서, 채무이행각서, 평가서, 지원서, 역연
혼 면제서, 〔혼인〕 거절서, 〔판사〕 선택 약정서, 판결문, 공문서.

- 미쉬나 시대에 글을 쓰는 것은 여전히 전문적인 직업인이나 가능했
  고 따라서 절기 동안에는 허락되지 않았다. 위에 언급한 대부분의
  문서는 법정에서 발급되는 문서들로 절기 중간에도 가능했다.

3, 4

אֵין כּוֹתְבִין שִׁטְרֵי חוֹב בַּמּוֹעֵד. וְאִם אֵינוֹ מַאֲמִינוֹ אוֹ שֶׁאֵין לוֹ מַה יֹּאכַל,
הֲרֵי זֶה יִכְתֹּב. אֵין כּוֹתְבִין סְפָרִים, תְּפִלִּין וּמְזוּזוֹת, בַּמּוֹעֵד, וְאֵין מַגִּיהִין אוֹת
אַחַת, אֲפִלּוּ בְּסֵפֶר (הָעֲזָרָה) עֶזְרָא. רַבִּי יְהוּדָה אוֹמֵר, כּוֹתֵב אָדָם תְּפִלִּין
וּמְזוּזוֹת לְעַצְמוֹ, וְטוֹוֶה עַל יְרֵכוֹ תְּכֵלֶת לְצִיצִיתוֹ:

절기 〔중간〕 동안에 차용증을 작성해서는 안 된다. 하지만 그를 신
뢰하지 않거나 먹을 것이 없을 때에는 작성할 수 있다. 〔성경〕책이나
기도문, 메주자를 절기 〔중간〕에 기록해서는 안 된다. 심지어 성전 뜰
에 있는 〔토라〕 두루마리에 있는 글자 한 자라도 수정해서는 안 된다.
랍비 예후다는 말했다. "기도문이나 메주자는 개인용으로 작성할 수
있습니다. 옷술을 위해 대퇴골 위에서 푸른색 실을 엮는 것은 가능합
니다."

- 절기 동안에는 일반적으로 차용증 대신 증인을 세워 돈을 빌릴 수 있다. 하지만 당장 먹을 것이 없는 경우는 차용증을 작성하더라도 절기 중에 돈을 빌리기 용의하도록 돕는다.
- 절기 동안에는 거룩한 문서라도 작성해서는 안 된다.
- 옷술 장식을 만들기 위해 물레를 돌리는 일을 해서는 안 되지만 허벅지 위에 놓고 간단히 하는 작업은 가능하다.

3, 5

> הַקּוֹבֵר אֶת מֵתוֹ שְׁלֹשָׁה יָמִים קֹדֶם לָרֶגֶל, בָּטְלָה הֵימֶנּוּ גְזֵרַת שִׁבְעָה. שְׁמֹנָה,
> בָּטְלָה הֵימֶנּוּ גְזֵרַת שְׁלֹשִׁים, מִפְּנֵי שֶׁאָמְרוּ, שַׁבָּת עוֹלָה וְאֵינָה מַפְסֶקֶת,
> רְגָלִים מַפְסִיקִין וְאֵינָן עוֹלִין:

순례 절기 3일 전에 죽은 [가족]을 매장한 사람은 7일 [애곡] 명령이 취소된다. [절기] 8[일 전에 죽은 가족을 매장한 사람]은 30[일 애곡] 명령이 취소된다. [이것은] 다음과 같이 말했기 때문이다. "안식일은 [애곡 기간에] 포함되지만, [그것]을 방해하지 않습니다. [하지만] 명절은 방해하지만 포함되지는 않습니다."

- 가까운 친척이 죽은 경우에 애도 기간은 7일(일주일)이다. 하지만 절기 3일 전에 매장하여 절기 기간에 애도를 하지 못한 경우에는 7일 애도가 취소된다. 절기 이후에 이어서 애도할 필요가 없다.
- 애도 기간은 우선 보다 엄격한 7일간이 있고, 그 다음 단계에는 보다 완화된 30일간이 있다.
- 안식일은 애도 기간에 포함된다. 하지만 절기는 포함되지 않기 때문에 절기 기간에는 애도할 수 없다.

רַבִּי אֱלִיעֶזֶר אוֹמֵר, מִשֶּׁחָרַב בֵּית הַמִּקְדָּשׁ, עֲצֶרֶת כְּשַׁבָּת. רַבָּן גַּמְלִיאֵל
אוֹמֵר, רֹאשׁ הַשָּׁנָה וְיוֹם הַכִּפּוּרִים, כָּרְגָלִים. וַחֲכָמִים אוֹמְרִים, לֹא כְדִבְרֵי זֶה
וְלֹא כְדִבְרֵי זֶה, אֶלָּא עֲצֶרֶת כָּרְגָלִים, רֹאשׁ הַשָּׁנָה וְיוֹם הַכִּפּוּרִים כְּשַׁבָּת:

랍비 엘리에제르가 말했다. "성전이 파괴된 이후부터 〔칠칠절〕 성
회는 마치 안식일과 같습니다." 라반 감리엘은 말했다. "새해와 속죄
일은 순례 절기와 같습니다." 하지만 랍비들은 둘 중 누구의 〔견해〕도
동의하지 않았다. 대신, 〔칠칠절〕 성회는 〔다른〕 순례 절기와 같고, 새
해와 속죄일은 안식일과 같다.

● 랍비 엘리에제르는 '칠칠절'을, 성대한 축제로 지켜지는 유월절이나
 초막절보다는 조금 낮은 위상의 안식일처럼 여기고 지키기 시작한
 것은 성전 파괴 이후부터였다고 주장한다. 라반 감리엘은 정반대로
 새해와 속죄일도 다른 절기들과 마찬가지라고 주장한다. 하지만 다
 수의 랍비들은 두 주장 모두 거부한다. 대신, 칠칠절은 유월절이나
 초막절과 함께 3대 절기에 속하고, 새해와 속죄일은 안식일과 같다
 고 말한다.

אֵין קוֹרְעִין, וְלֹא חוֹלְצִין, וְאֵין מַבְרִין, אֶלָּא קְרוֹבָיו שֶׁל מֵת, וְאֵין מַבְרִין אֶלָּא
עַל מִטָּה זְקוּפָה. אֵין מוֹלִיכִין לְבֵית הָאָבֵל לֹא בְטַבְלָא וְלֹא בְאִסְקוּטְלָא
וְלֹא בְקָנוֹן, אֶלָּא בְסַלִּים. וְאֵין אוֹמְרִים בִּרְכַּת אֲבֵלִים בַּמּוֹעֵד, אֲבָל עוֹמְדִין
בְּשׁוּרָה וּמְנַחֲמִין וּפוֹטְרִין אֶת הָרַבִּים:

죽은 자의 가까운 친척이 아니면 옷을 찢어 어깨를 노출시키거나[7)]

---

7) 애도할 때 어깨 부위가 노출될 정도까지 옷을 찢는다.

〔애도하는〕 사람에게 음식을 주지 않는다. 애도하는 사람에게 음식은 〔평소대로〕 세운 침대 위에서만 제공한다. 〔음식〕을 상갓집에 쟁반이나 장식된 바구니로 가져가면 안 된다. 단지 〔단순한〕 바구니만 사용한다. 절기 〔중간〕 동안에 애도하는 사람에게 축복하지 않는다. 다만 줄에 서서 위로한다. 그러면 그들은 사람들을 해산시킨다.

- 절기 동안에는 가까운 친척들만 애도한다. 그리고 매장 이후에 애도하는 사람들에게 이웃들은 음식을 제공한다.
- 애도의 의미로 침대는 뒤집어놓고 그 위에 앉는다. 하지만 절기 동안에는 침대를 뒤집을 필요가 없다.
- 매장 이후에 사람들은 애도한 사람들을 축복한다. 하지만 절기 동안에는 이러한 의식을 생략한다.

3, 8

אֵין מַנִּיחִין אֶת הַמִּטָּה בָּרְחוֹב, שֶׁלֹּא לְהַרְגִּיל אֶת הַהֶסְפֵּד, וְלֹא שֶׁל נָשִׁים לְעוֹלָם, מִפְּנֵי הַכָּבוֹד. נָשִׁים בַּמּוֹעֵד מְעַנּוֹת, אֲבָל לֹא מְטַפְּחוֹת. רַבִּי יִשְׁמָעֵאל אוֹמֵר, הַסְּמוּכוֹת לַמִּטָּה, מְטַפְּחוֹת:

〔절기 동안에〕 상여를 거리에 내려놓지 않는다. 평소처럼 애곡하는 일을 막기 위해서다. 여성의 〔상여〕는 예의상 절대 내려놓지 않는다. 절기 〔중간〕에 여성들이 통곡할 수 있지만, 박수를 쳐서는 안 된다.[8] 랍비 이쉬마엘이 말했다. "상여 가까이 있는 사람은 박수를 칠 수 있습니다."

- 절기 동안에는 이웃사람들이 추모에 참여할 수 없다. 따라서 절기에

---

8) 여기서의 박수는 슬픔을 표현하는 행위다.

는 거리에 상여를 내려놓지 않는다.

- 평상시에도 죽은 여성의 상여는 거리에 내려놓지 않는다. 랍비들은
  죽은 사람이지만 여성의 시체가 보이는 것을 원치 않았다.
- 전문적으로 통곡하는 여성들이 있었다. 이들이 절기 동안 통곡하는
  것은 허락되지만 박수를 쳐서는 안 된다.

3, 9

בְּרָאשֵׁי חֳדָשִׁים, בַּחֲנֻכָּה וּבְפוּרִים, מְעַנּוֹת, וּמְטַפְּחוֹת בָּזֶה וּבָזֶה, אֲבָל
לֹא מְקוֹנְנוֹת. נִקְבַּר הַמֵּת, לֹא מְעַנּוֹת וְלֹא מְטַפְּחוֹת. אֵיזֶהוּ עִנּוּי, שֶׁכֻּלָּן
עוֹנוֹת כְּאֶחָת. קִינָה, שֶׁאַחַת מְדַבֶּרֶת וְכֻלָּן עוֹנוֹת אַחֲרֶיהָ, שֶׁנֶּאֱמַר, וְלַמֵּדְנָה
בְנֹתֵיכֶם נֶהִי, וְאִשָּׁה רְעוּתָהּ קִינָה. אֲבָל לֶעָתִיד לָבֹא הוּא אוֹמֵר, בִּלַּע הַמָּוֶת
לָנֶצַח, וּמָחָה ה' אֱלֹהִים דִּמְעָה מֵעַל כָּל פָּנִים וְגוֹ':

초하루, 수전절, 부림절에는 이날이든지 저날이든지 통곡하거나 박
수를 칠 수 있다. 하지만 애가를 불러서는 안 된다. 일단 사망자가 매
장되면, 통곡하거나 박수를 쳐서는 안 된다. 통곡하는 것은 무엇인가?
모두가 함께 통곡하는 것이다. 애가란 [무엇인가]? 한 사람이 말하고
다른 사람이 이어서 대답하는 것이다. [성서에] 기록되었듯이, "너희
딸들에게 애곡하게 하고 각기 이웃에게 슬픈 노래를 가르치라"(렘 9:
20). 하지만 오는 미래에 대하여 [성서에] 기록되기를, "사망을 영원
히 멸하실 것이라. 주 여호와께서 모든 얼굴에서 눈물을 씻기시며 자
기 백성의 수치를 온 천하에서 제하시리라. 여호와께서 이같이 말씀
하셨느니라"(사 25:8).

- 절기 [중간]과 달리 초하루, 수전절, 부림절에는 통곡하거나 박수를
  칠 수 있다. 즉 절기 [중간]보다는 덜 엄격하게 적용되는 것을 알 수
  있다. 하지만 이런 날에도 애가나 장송곡을 불러서는 안 된다.

חגיגה

12

하기가
축제

칠칠절 성회가 안식일 전날 저녁에 오는 경우에 대하여, 샴마이 학파는 말한다. "도살하는 날은 안식일 다음 날입니다." 힐렐 학파는 말한다. "도살하는 날이 안식일 다음 날이 아닙니다." 하지만 그들은 칠칠절이 안식일에 올 때, 도살하는 날이 안식일 다음 날이라는 것에는 동의했다. _「하기가」 2, 4

개요

마쎄켓(제12부) 「하기가」의 명칭은 '절기를 축하하기' 또는 '절기의 제물'이라는 의미다. 절기를 뜻하는 히브리어 '하그'(גח)에서 파생한 개념이다. 그래서 「하기가」는 절기에 드리는 제물을 다룬다. 랍비들은 절기의 첫날 화목제물을 드려야 한다고 말한다. 이 제물을 '절기의 제물' 또는 '절기의 화목제물'이라고 부른다.

이스라엘 남성들은 일 년에 세 번 곧 무교절과 칠칠절과 초막절에 하나님께 나아가야 했다(신 16:16). 그리고 나아올 때 빈손으로 오지 말 것을 권한다. 랍비들은 하나님을 뵙는 일을 특별히 '알현'(謁見)이라고 명명하고 이때 번제의 제사를 드려야 한다고 말한다. 이 번제물을 '알현의 제물' 또는 간단히 '알현'이라고 부른다.

마지막 장은 3대 절기에 드리는 제사와 정결 문제를 다룬다. 이것은 제사 이후에 정결법에 따라 음식을 먹어야 하기 때문이다.

• 관련 성경구절 | 출애굽기 23:14-17; 신명기 16:17; 전도서 1:15.

제1장

절기에 예루살렘에 와서 하나님을 알현할 의무는 성인 남성에게 주어진다. 여성, 아이, 노인, 그리고 신체적인 질환이 있는 남성은 의무에서 제외된다. 이때 바치는 제물은 번제물과 화목제물이다.

1, 1

הַכֹּל חַיָּבִין בָּרְאִיָּה, חוּץ מֵחֵרֵשׁ, שׁוֹטֶה וְקָטָן, וְטֻמְטוּם, וְאַנְדְּרוֹגִינוֹס, וְנָשִׁים,
וַעֲבָדִים שֶׁאֵינָם מְשֻׁחְרָרִים, הַחִגֵּר, וְהַסּוּמָא, וְהַחוֹלֶה, וְהַזָּקֵן, וּמִי שֶׁאֵינוֹ
יָכוֹל לַעֲלוֹת בְּרַגְלָיו. אֵיזֶהוּ קָטָן, כֹּל שֶׁאֵינוֹ יָכוֹל לִרְכּוֹב עַל כְּתֵפָיו שֶׁל אָבִיו
וְלַעֲלוֹת מִירוּשָׁלַיִם לְהַר הַבַּיִת, דִּבְרֵי בֵית שַׁמַּאי. וּבֵית הִלֵּל אוֹמְרִים, כֹּל
שֶׁאֵינוֹ יָכוֹל לֶאֱחוֹז בְּיָדוֹ שֶׁל אָבִיו וְלַעֲלוֹת מִירוּשָׁלַיִם לְהַר הַבַּיִת, שֶׁנֶּאֱמַר,
שָׁלֹשׁ רְגָלִים:

청각장애인, 지적장애인, 아이, 외성기이상자, 자웅동체인 자, 여성, 자유롭지 않은 종, 다리를 저는 사람, 시각장애인, 병약자, 노인, 그리고 자신의 발로 〔걸어〕 올라가지 못하는 사람을 제외한 모든 남자는 알현의 의무가 있다. 어떤 자가 아이인가? "아버지 등에 올라타지 못하면 예루살렘 성전산에 오르지 못하는 자입니다." 〔이것이〕 샴마이 학파의 말이다. 힐렐 학파는 말했다. "아버지의 손을 잡지 않으면 예루살렘 성전산에 오르지 못하는 자입니다." 〔성서에〕 세 번이라고 기록되었다(출 23:14).

- 지위가 높은 사람을 찾아 뵙는 것을 '알현'(ראיה, 레이야)이라고 하는데, 여기서는 하나님 앞에 나오는 것을 뜻한다. 성서에서는 1년에 세 번 하나님을 알현하라고 말한다(출 23:14-17).
- 아이의 기준에 대하여 샴마이 학파는 아이가 아버지 등에 올라가지 못할 정도의 아주 어린 나이로 보고 있고, 힐렐 학파는 아버지 손을

잡고 성전산을 오르지 못할 정도의 아이로 보고 있다.

1, 2

בֵּית שַׁמַּאי אוֹמְרִים, הָרְאִיָּה שְׁתֵּי כֶסֶף, וַחֲגִיגָה מָעָה כָסֶף. וּבֵית הִלֵּל
אוֹמְרִים, הָרְאִיָּה מָעָה כֶסֶף, וַחֲגִיגָה שְׁתֵּי כָסֶף:

샴마이 학파는 말했다. "알현 [제물]은 은 두 [마아]이고, 절기의 제
물은 은 한 마아입니다." 힐렐 학파는 말한다. "알현 [제물]은 한 마아
이고, 절기의 제물은 은 두 마아입니다."

* 알현 제물은 번제물로 온전히 하나님께 바치는 것이고 절기의 제물
  은 일부는 제사장이 먹고 일부는 제주가 먹는다. 샴마이 학파는 하
  나님께 더 많은 제물을 바쳐야 한다는 입장이고 힐렐 학파는 사람이
  제사에 참여하는 즐거움을 강조한 입장이다.

1, 3

עוֹלוֹת בַּמּוֹעֵד בָּאוֹת מִן הַחֻלִּין, וְהַשְּׁלָמִים מִן הַמַּעֲשֵׂר. יוֹם טוֹב רִאשׁוֹן שֶׁל
פֶּסַח, בֵּית שַׁמַּאי אוֹמְרִים, מִן הַחֻלִּין, וּבֵית הִלֵּל אוֹמְרִים, מִן הַמַּעֲשֵׂר:

절기 [중간]에는 번제물을 속된 것들로부터 가져온다. 그리고 화목
제물은 [둘째] 십일조로 [구입할 수 있다]. 유월절 첫날 [명절]에 관
하여 샴마이 학파는 말한다. "속된 것들로 [구입 가능합니다]." 힐렐
학파는 말한다. "십일조로 [구입 가능합니다]."

* 알현 제물인 번제물은 성별하지 않은 속된 것으로 구입해야 하고,
  절기 제물인 화목제물은 둘째 십일조로 구입한다.

1, 4

יִשְׂרָאֵל יוֹצְאִין יְדֵי חוֹבָתָן בִּנְדָרִים וּנְדָבוֹת וּבְמַעְשַׂר בְּהֵמָה, וְהַכֹּהֲנִים
בַּחַטָּאוֹת וּבָאֲשָׁמוֹת וּבַבְּכוֹר וּבֶחָזֶה וְשׁוֹק, אֲבָל לֹא בָעוֹפוֹת וְלֹא בַמְּנָחוֹת:

일반 이스라엘 백성들은 서원 제물, 자원하는 제물, 가축 십일조로
그들의 의무를 이행한다. 그리고 제사장들은 속죄제물, 속건제물, [가
축]의 장자, [화목제물]의 가슴과 넓적다리로 [의무를 이행하지만], 새
[제물]이나 곡식 제물은 아니다.

- 일반 백성들은 각종 자원하는 제물로 자신들의 의무를 이행한다.
- 제사장들은 자신들이 받은 여러 가지 제물로 자신들의 의무를 이행
  하기 위해 사용할 수 있다.

1, 5

מִי שֶׁיֵּשׁ לוֹ אוֹכְלִים מְרֻבִּים וּנְכָסִים מֻעָטִים, מֵבִיא שְׁלָמִים מְרֻבִּים וְעוֹלוֹת
מֻעָטוֹת. נְכָסִים מְרֻבִּים וְאוֹכְלִין מֻעָטִין, מֵבִיא עוֹלוֹת מְרֻבּוֹת וּשְׁלָמִים
מֻעָטִין. זֶה וָזֶה מֻעָט, עַל זֶה נֶאֱמַר, מָעָה כֶסֶף וּשְׁתֵּי כָסֶף. זֶה וָזֶה מְרֻבִּים, עַל
זֶה נֶאֱמַר, אִישׁ כְּמַתְּנַת יָדוֹ כְּבִרְכַּת יְיָ אֱלֹהֶיךָ אֲשֶׁר נָתַן לָךְ:

식구가 많지만 재산이 적은 사람은 화목제물을 많이 가져오고 번제
물은 적게 가져온다. 재산은 많지만 식구가 적은 사람은 번제물을 많
이 가져오고 화목제물은 적게 가져와야 한다. [재산과 식구] 둘 다 적
은 경우에 대해 말한다. "은 한 마아와 은 두 [마아]입니다." 만약 [재
산과 식구] 둘 다 많은 경우에 대해 말한다. "각 사람이 네 하나님 여호
와께서 주신 복을 따라 그 힘대로 드릴지니라"(신 16:17).

- 번제물은 불에 모두 태워서 사람은 먹지 않는 제물이고 화목제물은
  제주와 가족들이 먹는 제물이다. 따라서 재산이 많은 사람은 번제물

을 많이 가져와야 하고 식구가 많은 사람은 같이 먹을 화목제물을 많이 가져온다.

1, 6

מִי שֶׁלֹּא חַג בְּיוֹם טוֹב הָרִאשׁוֹן שֶׁל חַג, חוֹגֵג אֶת כָּל הָרֶגֶל וְיוֹם טוֹב הָאַחֲרוֹן שֶׁל חָג. עָבַר הָרֶגֶל וְלֹא חַג, אֵינוֹ חַיָּב בְּאַחֲרָיוּתוֹ. עַל זֶה נֶאֱמַר, מְעֻוָּת לֹא יוּכַל לִתְקֹן, וְחֶסְרוֹן לֹא יוּכַל לְהִמָּנוֹת:

절기 첫날에 절기의 제물을 드리지 못했으면, 절기 중간이나 명절 마지막 날에 제물을 드릴 수 있다. 절기가 끝날 때까지 절기의 제물을 드리지 못했으면, 이것은 더 이상 그의 책임이 아니다. 이에 대하여 말한다. "구부러진 것도 곧게 할 수 없고 모자란 것도 셀 수 없도다"(전 1:15).

- 절기 첫날에 제물을 드리지 못했으면 절기 중간에 바칠 수 있고, 심지어 절기 마지막 날에 바쳐도 된다. 절기에 바치지 못한 제물은 나중에 자원하는 제물로 바치게 된다.
- 정해진 절기에 바치지 못한 상황을 전도서 1:15에 빗대어 구부러진 것을 곧게 하지 못한 것으로 비판한다.

1, 7

רַבִּי שִׁמְעוֹן בֶּן מְנַסְיָא אוֹמֵר, אֵיזֶהוּ מְעֻוָּת שֶׁאֵינוֹ יָכוֹל לִתְקֹן, זֶה הַבָּא עַל הָעֶרְוָה וְהוֹלִיד מִמֶּנָּה מַמְזֵר. אִם תֹּאמַר בְּגוֹנֵב וְגוֹזֵל, יָכוֹל הוּא לְהַחֲזִירוֹ וִיתַקֵּן. רַבִּי שִׁמְעוֹן בֶּן יוֹחַאי אוֹמֵר, אֵין קוֹרִין מְעֻוָּת אֶלָּא לְמִי שֶׁהָיָה מְתֻקָּן בַּתְּחִלָּה וְנִתְעַוֵּת, וְאֵיזֶה, זֶה תַּלְמִיד חָכָם הַפּוֹרֵשׁ מִן הַתּוֹרָה:

랍비 쉼온 벤 므나스야는 말한다. "[말씀대로] 구부러진 것을 곧게 할 수 없는 것은 어떤 [경우]인가? 부적절한 관계를 갖고 사생아를

낳은 자입니다. 훔치거나 도적질의 경우는 〔해당되지 않습니다. 왜냐
하면〕돌려주고 고칠 수 있기 때문입니다." 랍비 쉼온 벤 요하이는 말
한다. "우리는 처음에는 곧았는데 구부러진 경우가 아니라면 구부러
진 자라고 부르지 않습니다. 그러면 누가 이런 자인가요? 토라에서
떠난 학자입니다."

● 앞 미쉬나에 이어서 잘못된 것을 고치지 못한 여러 경우들을 소개한
다. '사생아'로 번역한 히브리어는 '맘제르'(ממזר)다(신 23:2). 부적
절한 성관계는 레위기 18:6-18에 대표적으로 나와 있다.

1, 8

הֻתַּר נְדָרִים פּוֹרְחִין בָּאֲוִיר, וְאֵין לָהֶם עַל מַה שֶׁיִּסְמֹכוּ. הִלְכוֹת שַׁבָּת, חֲגִיגוֹת
וְהַמְּעִילוֹת, הֲרֵי הֵם כַּהֲרָרִים הַתְּלוּיִין בְּשַׂעֲרָה, שֶׁהֵן מִקְרָא מְעַט וַהֲלָכוֹת
מְרֻבּוֹת. הַדִּינִין וְהָעֲבוֹדוֹת, הַטְּהָרוֹת וְהַטֻּמְאוֹת וַעֲרָיוֹת, יֵשׁ לָהֶן עַל מַה
שֶׁיִּסְמֹכוּ. הֵן הֵן גּוּפֵי תוֹרָה:

맹세를 취소시키는 것은 허공을 나는 것과 〔같고〕근거로 삼을 것
이 없다. 안식일, 절기의 제물, 전용 관련 법규정들은[1] 머리카락에 매
달아놓은 산과 같다. 왜냐하면 그것들은 성서적인 근거는 약하고 법
규정은[2] 많기 때문이다. 배상법, 희생제사, 정결, 부정, 그리고 부적절
한 관계〔를 다루는 법〕은 근거로 삼을 것이 있다. 이 모든 것들은 토라
의 기본이다.

● 랍비들이 한번 한 맹세를 취소하기도 했는데, 이것은 성서적 근거가

---

1) '전용'은 하나님께 바쳐야 할 제물을 다른 용도로 잘못 사용한 경우로 『코다
쉼』「메일라」에서 자세히 다룬다.
2) '할라카'라 불리는 법률로 성서에 근거하기보다는 랍비들의 전승에 기초한다.

없는 허공을 나는 행위와 같다. 이와 함께 미쉬나에서 다루는 안식일, 절기의 제물, 전용에 관한 법들도 성서적 근거보다는 랍비들의 가르침에 기초한다.

- 반면에 손해배상법, 희생제사, 정결, 부정, 부적절한 관계 등을 다룬 규정들은 이미 토라(오경)에서 말하는 법들에 기초한다.

제2장

명절 첫날이나 마지막 날 희생제물을 바친다. 이때 안수해도 되는지 해서는 안 되는지 삼마이 학파와 힐렐 학파가 서로 다른 주장을 편다. 칠칠절이 안식일과 겹친다면 도살은 안식일 다음 날 해야 한다. 제물로 바친 음식을 먹기 위해서는 먼저 정결한 상태가 되어야 한다.

2, 1

אֵין דּוֹרְשִׁין בַּעֲרָיוֹת בִּשְׁלֹשָׁה. וְלֹא בְמַעֲשֵׂה בְרֵאשִׁית בִּשְׁנַיִם. וְלֹא בַמֶּרְכָּבָה
בְּיָחִיד, אֶלָּא אִם כֵּן הָיָה חָכָם וּמֵבִין מִדַּעְתּוֹ. כָּל הַמִּסְתַּכֵּל בְּאַרְבָּעָה דְבָרִים,
רָאוּי לוֹ כְּאִלּוּ לֹא בָא לָעוֹלָם, מַה לְמַעְלָה, מַה לְמַטָּה, מַה לְפָנִים, וּמַה
לְאָחוֹר. וְכָל שֶׁלֹּא חָס עַל כְּבוֹד קוֹנוֹ, רָאוּי לוֹ שֶׁלֹּא בָא לָעוֹלָם:

우리는 그가 현명하거나 스스로 이해하는 경우가 아니라면 부적절한 관계를 세 사람 [이상에게] 자세하게 설명해서는 안 된다. 창조 이야기에 대하여 두 사람 [이상에게, 천상의] 마차에 대하여 한 사람에게 [설명하면 안 된다]. 네 가지를 주시하는 사람은 이 세상에 오지 않는 편이 그에게는 더 좋았을 것이다. 위에 무엇이 있는지, 아래에 무엇이 있는지, 과거에 무엇이 있었는지, 미래에 무엇이 있을지. 이와 유사하게 자신의 창조자에게 경의를 표하지 않는 사람도 이 세상에 오지 않은 편이 그에게는 더 좋았을 것이다.

- 일반인들이 이해하기 어려운 내용들을 너무 자세하게 설명하는 것은 이단에 빠질 위험도 있고 오히려 바람직하지 못하다.
- 인간이 이해할 수 없는 영역을 알기 위해 몰두하는 사람은 차라리 이 세상에 태어나지 않은 것이 본인에게는 더 좋았을 것이다. 창조주 하나님을 인정하지 않는 사람도 마찬가지다.

2, 2

יוֹסֵי בֶּן יוֹעֶזֶר אוֹמֵר שֶׁלֹּא לִסְמוֹךְ, יוֹסֵי בֶּן יוֹחָנָן אוֹמֵר לִסְמוֹךְ. יְהוֹשֻׁעַ בֶּן פְּרַחְיָה אוֹמֵר שֶׁלֹּא לִסְמוֹךְ, נִתַּאי הָאַרְבֵּלִי אוֹמֵר לִסְמוֹךְ. יְהוּדָה בֶּן טַבַּאי אוֹמֵר שֶׁלֹּא לִסְמוֹךְ, שִׁמְעוֹן בֶּן שָׁטַח אוֹמֵר לִסְמוֹךְ. שְׁמַעְיָה אוֹמֵר לִסְמוֹךְ. אַבְטַלְיוֹן אוֹמֵר שֶׁלֹּא לִסְמוֹךְ. הִלֵּל וּמְנַחֵם לֹא נֶחְלְקוּ. יָצָא מְנַחֵם, נִכְנַס שַׁמַּאי. שַׁמַּאי אוֹמֵר שֶׁלֹּא לִסְמוֹךְ, הִלֵּל אוֹמֵר לִסְמוֹךְ. הָרִאשׁוֹנִים הָיוּ נְשִׂיאִים, וּשְׁנִיִּים לָהֶם אַב בֵּית דִּין:

요쎄 벤 요에제르는 [명절날 그의 손을 희생 동물의 머리에] 가까이 대지 말라고 말하고, 요쎄 벤 요하난은 대라고 말한다. 예호슈아 벤 프라히야는 대지 말라고 말하고, 아르벨 사람 니타이는 대라고 말한다. 슈마야는 대라고 말하고, 아브탈이욘은 대지 말라고 말한다. 힐렐과 므나헴은 [의견이] 다르지 않다. 므나헴은 나갔고, 샴마이는 들어갔다. 샴마이는 대지 말라고 말하고, 힐렐은 대라고 말한다. [각 쌍에서] 전자들은 법원장이 되었고, 후자들은 법원장보가 되었다.

- 절기의 첫날이나 마지막 날에 바치는 제물의 머리에 안수할 수 있다는 주장과 안수해서는 안 된다는 주장으로 갈리고 있다.

בֵּית שַׁמַּאי אוֹמְרִים, מְבִיאִין שְׁלָמִים וְאֵין סוֹמְכִין עֲלֵיהֶם, אֲבָל לֹא עוֹלוֹת.
וּבֵית הִלֵּל אוֹמְרִים, מְבִיאִין שְׁלָמִים וְעוֹלוֹת וְסוֹמְכִין עֲלֵיהֶם:

샴마이 학파는 말한다. "화목제물은 [머리에 손을] 대지 않고 [명절날] 가져올 수 있지만, 번제물은 [가져와서는] 안 됩니다." 힐렐 학파는 말한다. "화목제물이나 번제물 [모두] 가져올 수 있고, 그들에게 [손을] 가까이 댈 수 있습니다."

- 명절날 희생제물을 가져올 수 있는지 문제와 안수하는 문제에 대하여, 샴마이 학파는 번제물은 가져오는 것 자체가 안 되지만, 화목제물은 가져오는 것은 되지만 안수는 안 된다는 입장이다. 힐렐 학파는 두 가지 모두 가져올 수도 있고 안수해도 된다고 주장한다.

עֲצֶרֶת שֶׁחָל לִהְיוֹת בְּעֶרֶב שַׁבָּת, בֵּית שַׁמַּאי אוֹמְרִים, יוֹם טְבוֹחַ אַחַר
הַשַּׁבָּת. וּבֵית הִלֵּל אוֹמְרִים, אֵין יוֹם טְבוֹחַ אַחַר הַשַּׁבָּת. וּמוֹדִים שֶׁאִם חָל
לִהְיוֹת בְּשַׁבָּת, שֶׁיּוֹם טְבוֹחַ אַחַר הַשַּׁבָּת. וְאֵין כֹּהֵן גָּדוֹל מִתְלַבֵּשׁ בְּכֵלָיו,
וּמֻתָּרִין בְּהֶסְפֵּד וּבְתַעֲנִית, שֶׁלֹּא לְקַיֵּם דִּבְרֵי הָאוֹמְרִין עֲצֶרֶת אַחַר הַשַּׁבָּת:

[칠칠절] 성회가 안식일 전날에 오는 경우에 [대하여], 샴마이 학파는 말한다. "도살하는 날은 안식일 다음 날입니다." 힐렐 학파는 말한다. "도살하는 날이 안식일 다음 날이 아닙니다." [하지만] 그들은 [칠칠절이] 안식일에 올 때, 도살하는 날이 안식일 다음 날이라는 것에는 동의했다. 대제사장은 [그의 특별한] 복장을 차려 입지 않고 [일반 복장을 입는다]. 그리고 사람들이 애곡하고 금식하는 것을 허락한다. 이 것은 [칠칠절] 성회가 늘 안식일 다음 날이라고 말하는 이들의 견해를 인정하지 않기 위함이다.

- 칠칠절이 안식일 전날과 겹칠 때 샴마이 학파는 안식일 다음 날 도살해야 한다고 주장한다. 반면에 힐렐 학파는 안식일 전날 도살할 수 있다는 입장이다. 하지만 두 학파 모두 칠칠절이 안식일에 오면 그 다음 날 도살해야 한다고 동의했다.
- 사두개인들은 봄철 곡식 첫 단을 안식일 다음 날 가져온다. 그렇게 되면 칠칠절은 이로부터 7주 후 안식일 다음 날에 규칙적으로 오게 된다. 반면에 바리새인들은 첫 곡식단을 유월절 둘째 날 가져온다. 따라서 칠칠절은 해마다 다른 요일에 해당한다. 바리새파 랍비들은 안식일 다음 날 칠칠절 제물을 도살할 때 제사장들이 절기를 위한 특별한 옷을 입게 되면 이날이 칠칠절이라는 사두개파의 주장을 확증하는 결과가 되기 때문에 일반 복장을 입어야 한다고 말한다.

2, 5

נוֹטְלִין לַיָּדַיִם לְחֻלִּין וּלְמַעֲשֵׂר וְלִתְרוּמָה. וּלְקֹדֶשׁ, מַטְבִּילִין. וּלְחַטָּאת, אִם נִטְמְאוּ יָדָיו, נִטְמָא גוּפוֹ:

속된 음식, 십일조, [성별하여 바친] 거제를 [먹기] 위해서는 손을 씻어야 한다. 거룩한 음식을 [먹기] 위해서는 [손을 정결례장]에 담가야 한다. 속죄제와 관련하여 손이 부정해졌으면 온 몸이 부정해진 것으로 [간주한다].

- 음식은 정결의 단계상 크게 세 가지로 구별된다. 첫째, 성별하지 않은 일반 음식은 '훌린'(חלין) 즉 속된 음식이다. 둘째, 성별하여 바친 '테루마'(תרומה, 거제). 마지막으로 가장 거룩한 음식은 '코데쉬'(קדש)다.
- 일반 음식을 먹기 위해서는 그냥 물에 씻으면 되지만, 정결한 음식을 먹기 위해서는 정결례를 할 수 있는 특별한 물에 손을 담가야 한다.

הַטּוֹבֵל לְחֻלִּין וְהֻחְזַק לְחֻלִּין, אָסוּר לְמַעֲשֵׂר. טָבַל לְמַעֲשֵׂר וְהֻחְזַק לְמַעֲשֵׂר,
אָסוּר לִתְרוּמָה. טָבַל לִתְרוּמָה, וְהֻחְזַק לִתְרוּמָה, אָסוּר לְקֹדֶשׁ. טָבַל לְקֹדֶשׁ
וְהֻחְזַק לְקֹדֶשׁ, אָסוּר לְחַטָּאת. טָבַל לֶחָמוּר, מֻתָּר לְקַל. טָבַל וְלֹא הֻחְזַק,
כְּאִלּוּ לֹא טָבַל:

어떤 사람이 속된 음식을 〔먹기〕 위해 〔정결례장에 손을〕 담갔고 속
된 음식에 〔어울리는 상태임을〕 의식했다면, 십일조로 〔드린 음식을
먹는 것〕이 금지된다. 십일조로 〔드린 음식〕을 먹기 위해 〔정결례장〕
에 〔손을〕 담근 사람이 십일조에 〔어울리는 상태임을〕 의식했다면,
그는 거제를 〔먹는 것이〕 금지된다. 거제를 〔먹기〕 위해 〔정결례장에
손을〕 담근 사람이 거제에 〔어울리는 상태임을〕 의식했다면, 거룩한
음식을 〔먹는 것이〕 금지된다. 거룩한 음식을 〔먹기〕 위해 〔정결례장
에 손을〕 담근 사람이 거룩한 음식에 〔어울리는 상태임을〕 의식했다
면, 속죄의 〔물을 만지는 것이〕 금지된다. 더 엄정한 것을 위해 〔손을〕
담갔다면, 가벼운 것을 〔취하는 것이〕 허락된다. 〔정결례장에 손을〕
담갔으나 그것을 의식하지 않았다면, 담그지 않은 것으로 간주된다.

- 처음에 의도한 정결례 단계에 맞는 음식을 먹을 수 있고 정결이 더
  높은 단계의 음식을 먹어서는 안 된다. 이를 통해 정결의 단계를 알
  수 있다. 정결이 낮은 것부터 높은 순서로 열거하면, 1) 속된 음식
  (חלין, 홀린), 2) 십일조(מעשר, 마아쎄르), 3) 성별(聖別)하여 바친 거
  제(תרומה, 테루마), 4) 거룩한 음식(קדש, 코데쉬), 5) 정결례를 위한
  속죄의 물이다.

בִּגְדֵי עַם הָאָרֶץ מִדְרָס לַפְּרוּשִׁין. בִּגְדֵי פְרוּשִׁין מִדְרָס לְאוֹכְלֵי תְרוּמָה. בִּגְדֵי אוֹכְלֵי תְרוּמָה מִדְרָס לַקֹּדֶשׁ. בִּגְדֵי קֹדֶשׁ מִדְרָס לַחַטָּאת. יוֹסֵף בֶּן יוֹעֶזֶר הָיָה חָסִיד שֶׁבַּכְּהֻנָּה, וְהָיְתָה מִטְפַּחְתּוֹ מִדְרָס לַקֹּדֶשׁ. יוֹחָנָן בֶּן גֻּדְגְּדָא הָיָה אוֹכֵל עַל טָהֳרַת הַקֹּדֶשׁ כָּל יָמָיו, וְהָיְתָה מִטְפַּחְתּוֹ מִדְרָס לַחַטָּאת:

암 하아레쯔의 의복은 바리새파 사람들에게는 얹기 부정을 〔전이한다〕. 바리새파 사람들의 의복은 거제물을 먹은 사람들에게 얹기 부정을 〔전이한다〕. 거제물을 먹는 사람들의 의복은 거룩한 음식을 먹은 사람들에게는 얹기 부정을 〔전이한다〕. 거룩한 음식을 먹은 사람들의 의복은 속죄의 물〔을 다루는〕 사람들에게 얹기 부정을 〔전이한다〕. 요셉 벤 요에제르는 제사장들 중에 가장 독실했다. 하지만 그의 수건은 거룩한 음식〔을 먹은 사람들〕에게 얹기 부정을 〔전이한다〕. 요하난 벤 구드게다는 평생 동안 거룩한 음식의 정결〔법〕에 따라 먹곤 했다. 하지만 그의 수건은 속죄의 물을 〔다루는 사람〕에게 얹기 부정을 〔전이한다〕.

- 사람들이 입는 의복도 그 사람의 거룩한 정도에 따라 다른 지위를 가진다. 낮은 단계의 거룩성을 가진 사람의 옷은 더 높은 단계의 거룩성을 가진 사람의 옷을 부정하게 만든다(여섯째 미쉬나 참조).
- 암 하아레쯔(עם הארץ) 즉 그 땅 사람들은[3] 정결법이나 십일조처럼 토라에서 규정한 법들을 준수하지 않는 사람들이다. 따라서 그들의 옷은 바리새파 사람들에게 얹기 부정을 전이한다고 간주한다. '얹기

3) '그 땅 사람들'은 히브리어로 '암 하아레쯔'라고 부른다. 이들은 토라에 대하여 잘 인지하고 있다고 스스로 생각하지만 랍비들은 그들이 토라의 법, 특별히 정결법을 철저히 지키지 않는다고 생각한다. 이에 대해서는 정결법을 다루는 『토호롯』「토호롯」7-8장에서 자세히 설명한다.

(מדרס, 미드라쓰)' 부정은 유출병자의 '앉기', '눕기', '기대기'와 같은 간접적인 접촉을 통해 전이된 부정이다. 얹기 부정으로 전이된 대표적인 물건은 침대와 의자다. 랍비들은 다양한 방식으로 부정이 전이된다고 설명한다. 자세한 내용은 쎄데르(제6권)『토호롯』'들어가며'를 참조하라.

제3장

제물로 바친 음식을 먹기 위해서는 우선 정결한 상태를 유지하고 있어야 한다. 먹을 음식의 거룩성에 따라 보다 더 정결한 상태가 요구된다. 그릇도 마찬가지로 더 거룩한 음식을 담는 그릇은 더 정결한 상태로 관리해야 한다.

3, 1

חֹמֶר בַּקֹּדֶשׁ מִבַּתְּרוּמָה, שֶׁמַּטְבִּילִין כֵּלִים בְּתוֹךְ כֵּלִים לַתְּרוּמָה, אֲבָל לֹא
לַקֹּדֶשׁ. אֲחוֹרִים וְתוֹךְ וּבֵית הַצְּבִיטָה בַּתְּרוּמָה, אֲבָל לֹא בַקֹּדֶשׁ. הַנּוֹשֵׂא
אֶת הַמִּדְרָס נוֹשֵׂא אֶת הַתְּרוּמָה, אֲבָל לֹא אֶת הַקֹּדֶשׁ. בִּגְדֵי אוֹכְלֵי תְרוּמָה,
מִדְרָס לַקֹּדֶשׁ. לֹא כְמִדַּת הַקֹּדֶשׁ מִדַּת הַתְּרוּמָה, שֶׁבַּקֹּדֶשׁ מַתִּיר וּמְנַגֵּב
וּמַטְבִּיל וְאַחַר כָּךְ קוֹשֵׁר, וּבַתְּרוּמָה קוֹשֵׁר וְאַחַר כָּךְ מַטְבִּיל:

거룩한 음식은 [성별하여 바친] 거제 [관련 규정]보다 더 엄격하니, [다른] 그릇들을 거제를 위한 그릇들과 함께 담글 수 있지만, 거룩한 음식을 위한 그릇과 함께 담글 수 없다. 겉면, 안쪽, 손가락 넣는 부분은 거제에 관하여는 [분리된 그릇으로 간주한다], 하지만 거룩한 음식에 관하여는 그렇지 않다. 부정을 나르는 사람은 거제를 운반할 수 있지만, 거룩한 음식을 나를 수 없다. 거제를 먹은 사람의 의복은 거룩

한 음식을 [먹은 사람]에게 얹기 부정을 [전이한다].[4] 거룩한 음식의
규정은 거제의 규정과 같지 않다.

- 거룩한 음식은 성별하여 바친 거제보다 더 정결하기 때문에 더 정결
  하게 다룬다. 일반 그릇들을 거제물을 담는 그릇과 함께 물에 담가
  씻어낼 수 있지만 거룩한 음식을 담는 그릇과 함께 담글 수는 없다.
- 거제물을 담는 그릇은 각 부분을 별개로 보고 부정과 접촉한 부분만
  정결하게 하면 된다. 하지만 거룩한 음식을 담는 그릇은 일부만 부
  정과 접촉했어도 전체를 정결하게 해야 한다.

3, 2

כֵּלִים הַנִּגְמָרִין בְּטָהֳרָה, צְרִיכִין טְבִילָה לַקֹּדֶשׁ, אֲבָל לֹא לַתְּרוּמָה. הַכְּלִי
מְצָרֵף מַה שֶּׁבְּתוֹכוֹ לַקֹּדֶשׁ, אֲבָל לֹא לַתְּרוּמָה. הָרְבִיעִי בַּקֹּדֶשׁ פָּסוּל,
וְהַשְּׁלִישִׁי בַּתְּרוּמָה. וּבַתְּרוּמָה, אִם נִטְמֵאת אַחַת מִיָּדָיו, חֲבֶרְתָּהּ טְהוֹרָה.
וּבַקֹּדֶשׁ, מַטְבִּיל שְׁתֵּיהֶן, שֶׁהַיָּד מְטַמְּא אֶת חֲבֶרְתָּהּ בַּקֹּדֶשׁ, אֲבָל לֹא
בַּתְּרוּמָה:

정결하게 완성한 그릇을 거룩한 음식에 [사용하기 전에] 담가야 하
지만, [성별하여 바친] 거제를 위해서는 [담글] 필요가 없다. 그릇은
그 안에 거룩한 [음식]이 들어있을 때 서로 연결되지만, 거제의 경우
는 그렇지 않다. 거룩한 음식은 제4차 감염자에 의해 무효가 되지만,
거제는 제3차 감염자에 의해 [무효가 된다]. 거제의 경우에, 만약 어
떤 사람의 한쪽 손이 부정해지더라도 다른 쪽 손은 [여전히] 정결하
다. 하지만 거룩한 음식의 경우에, 그는 두 손 모두 [정결례장에] 담
가야 한다. 왜냐하면 거룩한 음식의 경우에는 한쪽 손이 다른 쪽을 부
정하게 하지만, 거제의 경우에는 그렇지 않다.

---

4) '얹기' 부정과 관련한 설명은 앞 미쉬나 2, 7을 참조하라.

- 거룩한 음식은 성별하여 바친 거제(테루마)보다 더 정결한 상태에서 먹어야 한다.
- 정결의 단계가 더 높을수록 부정의 원인에 노출되기 쉽다.

3, 3

אוֹכְלִין אֳכָלִים נְגוּבִין בְּיָדַיִם מְסֹאָבוֹת בַּתְּרוּמָה, אֲבָל לֹא בַקֹּדֶשׁ. הָאוֹנֵן
וּמְחֻסַּר כִּפּוּרִים צְרִיכִין טְבִילָה לַקֹּדֶשׁ, אֲבָל לֹא לַתְּרוּמָה:

만약 [음식이 성별하여 바친] 거제일 때 마른 음식을 부정한 손으로 먹을 수 있다. 하지만 거룩한 음식은 그럴 수 없다. 상(喪) 중에 있는 사람과 속죄제를 드려야 하는 사람이 거룩한 음식을 [먹으려면 정결례장에] 담가야 하지만, 거제를 [먹기 위해서는] 필요하지 않다.

- 덜 거룩한 거제는 부정한 손으로 먹을 수 있지만 거룩한 음식은 부정한 손으로 먹을 수 없다.
- 가까운 친척이 죽었을 때 장례 절차를 아직 마치지 않은 상(喪) 중에 있는 사람을 '오넨'(אוֹנֵן)이라고 부른다. 오넨을 '죽은 자를 매장하지 않은 사람'이라고 번역하기도 한다.

3, 4

חֹמֶר בַּתְּרוּמָה, שֶׁבִּיהוּדָה נֶאֱמָנִים עַל טָהֳרַת יַיִן וְשֶׁמֶן כָּל יְמוֹת הַשָּׁנָה,
וּבִשְׁעַת הַגִּתּוֹת וְהַבַּדִּים אַף עַל הַתְּרוּמָה. עָבְרוּ הַגִּתּוֹת וְהַבַּדִּים וְהֵבִיאוּ
לוֹ חָבִית שֶׁל יַיִן שֶׁל תְּרוּמָה, לֹא יְקַבְּלֶנָּה מִמֶּנּוּ, אֲבָל מַנִּיחָהּ לַגַּת הַבָּאָה.
וְאִם אָמַר לוֹ, הִפְרַשְׁתִּי לְתוֹכָהּ רְבִיעִית קֹדֶשׁ, נֶאֱמָן. כַּדֵּי יַיִן וְכַדֵּי שֶׁמֶן
הַמְדֻמָּעוֹת, נֶאֱמָנִין עֲלֵיהֶם בִּשְׁעַת הַגִּתּוֹת וְהַבַּדִּים, וְקֹדֶם לַגִּתּוֹת שִׁבְעִים
יוֹם:

〔성별하여 바친〕 거제 〔관련법이 거룩한 음식보다〕 더 엄격한 〔경우도 있다〕. 왜냐하면 유대 지역에서는 포도주와 올리브의 정결에 관한 한 연중 내내 〔그 땅의 사람들을〕 믿을 수 있기 때문이다. 포도주틀과 기름틀을 〔사용하는〕 계절에는 심지어 거제에 대해서도 〔그 땅의 사람들을 믿을 수 있다〕. 포도주틀과 기름틀을 〔사용하는 계절이〕 지나서, 그들이 그에게 거제로 포도주통을 가져왔으면, 그는 그것을 그들에게 받으면 안 되고, 다음 계절을 위해 한쪽에 치워두어야 한다. 하지만 만약 그가 그에게 "그중에 1/4〔로그〕를 거룩한 음식으로 구별해두었습니다"라고 말한다면, 그의 말을 믿을 수 있다. 포도주병과 기름병 중 섞인 것에 〔관하여〕, 포도주틀과 기름틀을 〔사용하는〕 계절에는 그들을 믿을 수 있고, 〔심지어〕 포도주틀을 〔사용하는 계절〕 70일 전에도 〔믿을 수 있다〕.

- 여기에서는 유다 지역에서 그 땅 사람들로 불리는 '암 하아레쯔'가 생산하는 포도주와 올리브를 얼마나 신뢰할 수 있는지를 엿볼 수 있다. 1년 내내 그들이 생산하는 포도주와 올리브의 정결성을 믿을 수 있고, 포도주나 올리브를 집중적으로 압착하는 시기에는 심지어 거제로 성별되는 것도 믿을 수 있다고 설명한다.

3, 5

מִן הַמּוֹדִיעִית וְלִפְנִים, נֶאֱמָנִין עַל כְּלֵי חֶרֶס. מִן הַמּוֹדִיעִית וְלַחוּץ, אֵין נֶאֱמָנִים. כֵּיצַד, הַקַּדָּר שֶׁהוּא מוֹכֵר הַקְּדֵרוֹת, נִכְנַס לִפְנִים מִן הַמּוֹדִיעִית, הוּא הַקַּדָּר וְהֵן הַקְּדֵרוֹת וְהֵן הַלּוֹקְחִים, נֶאֱמָן. יָצָא, אֵינוֹ נֶאֱמָן:

모디인에서 이쪽〔예루살렘〕으로는 토기 그릇에 관하여 믿을 수 있다. 모디인에서 저쪽으로는 믿을 수 없다. 어떻게 그러한가? 만약 항아리를 파는 옹기장이가 모디인 이쪽에서 왔으면, 그 옹기장이와 그

항아리, 그 구매자에 대하여 그를 믿을 수 있다. 하지만 그가 저쪽으로 떠났다면, 그를 믿을 수 없다.

- 랍비들이 토기의 정결함을 신뢰하는 지역적 기준으로 모디인을 삼는다는 것을 엿볼 수 있다. 모디인에서 예루살렘 방향 안에서 만들어지고 거래되는 토기는 정결하다고 간주했다.

3, 6

הַגַּבָּאִין שֶׁנִּכְנְסוּ לְתוֹךְ הַבַּיִת, וְכֵן הַגַּנָּבִים שֶׁהֶחֱזִירוּ אֶת הַכֵּלִים, נֶאֱמָנִין לוֹמַר, לֹא נָגָעְנוּ. וּבִירוּשָׁלַיִם נֶאֱמָנִין עַל הַקֹּדֶשׁ, וּבִשְׁעַת הָרֶגֶל אַף עַל הַתְּרוּמָה:

집 안으로 들어온 세관원들과 또한 도구들을 돌려준 도둑들이 "우리는 〔그것들에〕 손대지 않았습니다"라고 말한다면 믿을 수 있다. 예루살렘에서는 거룩한 음식에 관하여 〔연중 내내〕 그들을 믿을 수 있다. 순례 명절 기간에는 〔성별하여 바친〕 거제에 관해서도 〔믿을 수 있다〕.

3, 7

הַפּוֹתֵחַ אֶת חָבִיתוֹ, וְהַמַּתְחִיל בְּעִסָּתוֹ עַל גַּב הָרֶגֶל, רַבִּי יְהוּדָה אוֹמֵר, יִגְמֹר. וַחֲכָמִים אוֹמְרִים, לֹא יִגְמֹר. מִשֶּׁעָבַר הָרֶגֶל, הָיוּ מַעֲבִירִין עַל טָהֳרַת עֲזָרָה. עָבַר הָרֶגֶל בְּיוֹם שִׁשִּׁי, לֹא הָיוּ מַעֲבִירִין, מִפְּנֵי כְבוֹד הַשַּׁבָּת. רַבִּי יְהוּדָה אוֹמֵר, אַף לֹא בְיוֹם חֲמִישִׁי, שֶׁאֵין הַכֹּהֲנִים פְּנוּיִין:

어떤 사람이 순례 명절이 되어 자기 〔포도주〕통을 열거나 반죽을 〔빚기〕 시작했다면, 랍비 예후다는 말한다. "그는 〔절기 이후까지 파는 것을〕 마칩니다." 랍비들은 말한다. "그는 끝마쳐서는 안 됩니다." 일단 순례 명절이 지나면, 성전 뜰을 정결하게 청소하기 위해 〔모든 것을〕치울 것입니다. 만약 절기 다음 날이 여섯째 날이면, 그들은 안식일의 영광에 경의를 표하기 위해 〔그릇들을〕 치우지 않을 것이다. 랍비 예후다는 말한다. "제사장들이 자유롭지 못하기 때문에, 심지어 〔절기 다음 날이〕 다섯째 날이라도 〔치우지〕 않을 것입니다."

- 어떤 사람이 포도주통이나 반죽통을 열어 팔기 시작했는데, 손님들이 거래를 하며 물건과 접촉했을 것으로 생각할 수 있고, 그중에 암 하아레쯔도 있었을 가능성이 있다. 암 하아레쯔도 순례 명절 기간에는 믿을 수 있다고 생각하고, 계속 판매하라는 의견과 반대하는 의견이 기록에 남아 있다.
- 순례 명절이 끝나면 성전 뜰을 정결하게 청소하는데, 여섯째 날 즉 금요일은 안식일 준비로 할 일이 많아 청소를 하지 않는다.

3, 8

כֵּיצַד מַעֲבִירִים עַל טָהֳרַת עֲזָרָה. מַטְבִּילִין אֶת הַכֵּלִים שֶׁהָיוּ בַמִּקְדָּשׁ, וְאוֹמְרִין לָהֶם, הִזָּהֲרוּ שֶׁלֹּא תִגְּעוּ בַשֻּׁלְחָן וּבַמְּנוֹרָה וּתְטַמְּאוּהוּ. כָּל הַכֵּלִים שֶׁהָיוּ בַמִּקְדָּשׁ, יֵשׁ לָהֶם שְׁנִיִּים וּשְׁלִישִׁים, שֶׁאִם נִטְמְאוּ הָרִאשׁוֹנִים, יָבִיאוּ שְׁנִיִּים תַּחְתֵּיהֶן. כָּל הַכֵּלִים שֶׁהָיוּ בַמִּקְדָּשׁ, טְעוּנִין טְבִילָה, חוּץ מִמִּזְבַּח הַזָּהָב וּמִזְבַּח הַנְּחֹשֶׁת, מִפְּנֵי שֶׁהֵן כַּקַּרְקַע, דִּבְרֵי רַבִּי אֱלִיעֶזֶר. וַחֲכָמִים אוֹמְרִים, מִפְּנֵי שֶׁהֵן מְצֻפִּין:

어떻게 그들은 성전 뜰을 정결하게 청소하기 위해 〔모든 것을〕 치웠는가? 그들은 다음과 같이 말한 후에, 성전에 있는 그릇들은 〔정결 례장에〕 담갔다. "탁자와 등잔대를 만지고 부정해지지 않도록 조심하세요." 성전에서 사용되는 모든 그릇들은 〔그것을 대체할〕 둘째와 셋째 〔그릇이〕 있다. 그래서 첫 번째 〔그릇들〕이 부정해지면 그것들을 대신하여 둘째 〔그릇을〕 가져온다. "금 제단과 구리 제단을 제외하고 성전에서 〔상용되는〕 모든 그릇들은 〔정결례장에〕 담글 필요가 있습니다. 왜냐하면 그것들은 땅과 같기 때문입니다." 이것은 랍비 엘리에제르의 말이다. 랍비들은 말한다. "그것들이 도금되었기 때문입니다."

- 성전에서 사용한 모든 그릇들은 물에 담가서 정결하게 만들지만, 탁자와 등잔대는 계속 사용해야 하기 때문에 물에 담글 수 없다(출 25:30; 레 24:2). 그래서 제사장에게 경고하는 말을 해야 한다.
- 금 제단(향단)과 구리 제단(번제단)도 물에 담그지 않는다. 그 이유에 관하여 랍비 엘리에제르는 제단이 부정해지지 않는 땅에 고정되어 있어서 땅과 같기 때문이라고 주장한다. 현인들은 제단을 금과 구리로 도금했기 때문에 부정이 전이되지 않는다고 주장한다.

랍비들의 생각과 주장을 이해하기까지

• 옮긴이의 말

돌아보면 『미쉬나』 번역 · 주해 작업을 할 수 있었던 원동력은 이스라엘 유학이었다. 극한 갈등과 대립이 상존하는 그 땅에서 고대 언어들과 씨름하며 보냈던 막막한 시간이, 오늘 이렇게 하나의 출판이라는 결실로 이어졌으니 감회가 새롭다.

이스라엘과 팔레스타인은 지난해인 2023년에 발발한 전쟁으로 지금도 고통 가운데 있다. 오래전 내가 이스라엘에 머물렀던 당시에도 그 땅은 불안하고 암담했다.

2001년 8월, 텔아비브 공항에 처음 도착했을 때, 사실 나는 이스라엘의 국내외 정세가 그토록 불안정하다는 것을 몰랐다. 하지만 바로 전해 9월, 이스라엘의 극우 정치인 아리엘 샤론이 알아크사 모스크를 무단 방문하면서 촉발된 팔레스타인들의 민중 봉기(인티파다)가 극으로 치닫던 때였다. 예루살렘을 비롯한 이스라엘 전역에 자살폭탄 테러가 빈발했고, 2002년 7월 31일 내가 공부하던 히브리대학교 구내식당에서도 발생했다. 7명이 숨지고 86명이 다친 대참사였는데, 그 자리에 있던 한국인 유학생과 선교사도 중경상을 입었다. 그중 한 명이 바로 『미쉬나』의 첫 번째 쎄데르 『제라임』을 번역한 권성달 교수님이었다.

테러의 위협은 상수로 두고, 유학 생활의 가장 큰 어려움은 무엇보다 언어적인 장벽이었다. 한국에서 성서 히브리어를 나름대로 공부했어도 히브리대학교의 모든 수업이 현대 히브리어로 진행되어서 내겐 각고의 노력이 필요했다. 그것은 연관 과목을 더 이수하고 모든 과목을 거듭해서 수강해야 했다는 뜻이다.

성서 히브리어는 교수법을 체득하기 위해 2년차, 3년차 수업을 다시 들었고, 성서 아람어는 사전까지 집필한 저명한 교수님의 수업 기회를 놓치고 싶지 않아 다시 청강했다. 구약 70인역 수업을 이수하기 위해 헬라어 과목도 수강했다.

또한 히브리대학교는 신약성서의 언어인 코이네 헬라어를 가르치지 않아서 부득이하게 고전 헬라어까지 배워야 했다. 현대 히브리어로 고전 헬라어를 힘겹게 배우던 때를 떠올리면 지금도 눈앞이 캄캄하지만 언어를 배우기 위한 지난했던 과정들이 『미쉬나』를 번역하고 주해하는 데 필요한 자양분이 되어 돌아왔다.

2017년 3월, 윤성덕 박사님의 추천으로 『미쉬나』 번역·주해서 프로젝트에 가장 늦게 합류하게 되었다. 2015년에 박사학위를 마치고 곧바로 이듬해 2016년부터 장로회신학대학교 신대원(M. Div)에서 공부를 이어가던 나로서는 시간적인 여유가 없었지만, 말로만 듣던 유대 고전 『미쉬나』를 번역할 기회를 놓칠 수는 없었다. 더구나 내게 맡겨진 두 번째 쎄데르 『모에드』는 평소에도 관심이 많았던 유대인들의 절기에 관한 주제여서 즐겁게 작업에 임할 수 있었다.

하지만 그런 즐거움과 별개로 『미쉬나』 번역이 만만치 않음을 깨닫는 데는 오랜 시간이 걸리지 않았다. 성서 히브리어와 차이가 있는 미쉬나 히브리어로 기록된 점도 그렇지만, 가장 큰 난관은 이해하기 어려운 문맥이었다.

유대교에 대한 피상적인 지식만으로 랍비들의 현란한 논쟁을 따라가기에는 버거웠다. 더디더라도 한 문장, 한 단어에 매달리고 파고드는 수밖에 없었다. 그러자 가령 첫 번째 마쎄켓인「샤밧」의 안식일 규정이 조금씩 납득이 되었다. 예수님과 랍비들의 안식일 논쟁의 핵심은 무엇이고, 복음서에서 랍비들이 안식일에 치료하는 것마저 왜 일로 여겼는지 알게 되었다. 『미쉬나』에 기록된 수많은 안식일 규정들을 읽어가면서 랍비들의 주장에 적어도 타당한 이유가 있음을 알았다.

안식일과 관련된 법은 『구약성서』 전체에서 채 10회도 나오지 않는다. 그런 안식일법이 수백 년 동안 여러 랍비 세대를 거치면서 전체 24장에 걸쳐 총 139개 '미쉬나'로 늘어나게 되었다. 비록 랍비들의 안식일 개념에 모두 동의할 수는 없지만, 거룩한 삶의 질서를 세워나가고자 안식일을 철저히 준행했던 그들의 노력이었음을 깨달았다. 한마디로 『모에드』의 전체 12개 마쎄켓(부)은 『구약성서』와 『신약성서』이후 유대인들이 절기를 어떻게 지켜왔는지 보여주는 방대하고도 귀중한 자료다.

한편, 독자들이 이런 랍비들의 생각과 주장을 이해하고 따라갈 수 있도록 원문을 최대한 쉽고 정확한 우리말로 표현하기 위해 고심했다. 즉 『미쉬나』의 용어를 음역보다는 가급적 한글이나 한자어로 번역하려 했으나 거기에는 한계가 있었다. 사실 한글 표현만이 능사는 아니며, 생소한 히브리어 음역을 그대로 받아들이는 것이 『미쉬나』를 제대로 공부하고 더 깊이 이해하는 방법일 수 있다.

'에루브'가 대표적이다. '혼합'과 '공유'를 의미하지만, 그 하나의 뜻만 취한다면 에루브가 유대교 문화 안에서 지니는 다의성을 잃게 된다. 안식일을 의미하는 '샤밧'이 오늘날 일반인들에게 어느 정도 알려져 있듯이, '에루브'를 비롯한 많은 용어도 그렇게 우리에게 다가 오리라 본다.

『미쉬나』는 수대에 걸쳐 전승된 가르침을 편집하고 집대성한 것인 만큼, 체계를 갖춘 하나의 방대한 문헌이 된 이후에도 그 텍스트를 읽고 수많은 주석을 달며 해석한 역사가 켜켜이 쌓여 있다. 『미쉬나』를 번역한다는 것은 그 해석의 역사를 추적하고 주석들을 참조한다는 뜻이다.

그런 측면에서 나는 『탈무드』를 기본 참고서로 장만했다. 미쉬나에 '게마라'(Gemara)라는 주해를 더한 것이 『탈무드』다. 일찍이 유대 주석가들도 『탈무드』를 참고해 『미쉬나』의 모호한 본문을 해석했다. 다행히 여러 『탈무드』 판본 중에서 권위를 인정받은 슈타인잘쯔(Steinsaltz) 판의 새로운 편집본이 최근에 출간되었다. 다양한 삽화들이 수록되어 『미쉬나』 본문을 이해하고 번역하는 데 큰 도움이 되었다. 『탈무드』가 없었다면 언급한 '에루브' 규정들이 모호한 상태로 남았을지도 모른다.

이번 『미쉬나』 번역·주해서 출판은 성서학, 유대학, 고대근동학 등 관련 연구자들이 오랜 시간 노력을 기울인 만큼, 저변이 얇은 히브리-유대학 분야의 소중한 학문적 성과가 아닐 수 없다. 학문 진흥에 힘써온 한국연구재단의 아낌없는 지원이 있었기에 가능한 일이었다. 아울러 어려운 사정에도 출판을 기꺼이 맡아준 한길사 김언호 대표님께 깊이 감사드린다. 백은숙 주간님을 비롯해 편집의 고된 실무를 감당해준 박희진 부장님, 그리고 수차례의 교정 수정과 디자인 작업을 위해 보이지 않는 곳에서 애써주신 모든 분께 감사의 마음을 전하고 싶다.

개인적으로는 이스라엘 유학을 마치고 장로회신학대학교 신대원

과정에 진학한 직후 참여한 이 『미쉬나』 프로젝트를 이 학교에 막 부임하게 된 시점에 마무리지을 수 있어서 기쁘다.

2024년 5월
광나루 선지동산에서
김성언

미쉬나
❷ 모에드(절기)

번역·주해 김성언
펴낸이 김언호

펴낸곳 (주)도서출판 한길사
등록 1976년 12월 24일
주소 10881 경기도 파주시 광인사길 37
홈페이지 www.hangilsa.co.kr
전자우편 hangilsa@hangilsa.co.kr
전화 031-955-2000~3 팩스 031-955-2005

부사장 박관순 총괄이사 김서영 관리이사 곽명호
영업이사 이경호 경영이사 김관영 편집주간 백은숙
편집 박희진 노유연 이한민 박홍민 배소현 임진영
관리 이주환 문주상 이희문 원선아 이진아 마케팅 정아린 이영은
디자인 창포 031-955-2097
CTP출력·인쇄 예림 제책 경일제책사

제1판 제1쇄 2024년 7월 22일

값 40,000원

ISBN 978-89-356-7867-9 94080
ISBN 978-89-356-6427-6 (세트)

이 책은 2017년부터 2020년까지 대한민국 교육부와 한국연구재단의
토대기초연구지원을 받아 수행된 연구다(2017S1A5B4053274).